Sophie Rantzow

Christus Victor Temporis

Zeitkonzeptionen im Epheserbrief

2008

Neukirchener Verlag

© 2008
Neukirchener Verlag
Neukirchener Verlagsgesellschaft mbH, Neukirchen-Vluyn
Alle Rechte vorbehalten
Umschlaggestaltung: Kurt Wolff, Düsseldorf
Satz und Druckvorlage: Felix John
Gesamtherstellung: Hubert & Co., Göttingen
Printed in Germany
ISBN 978-3-7887-2332-3
ISSN 0512-1582

Bibliografische Information der Deutschen Nationalbibliothek

Die Deutsche Nationalbibliothek verzeichnet diese Publikation in der Deutschen Nationalbibliografie; detaillierte bibliografische Daten sind im Internet über http://dnb.d-nb.de abrufbar.

Vorwort

Das vorliegende Buch ist die für den Druck überarbeitete Fassung meiner Dissertation, die 2007 von der Theologischen Fakultät der Christian-Albrechts-Universität zu Kiel angenommen wurde.

Ich danke meinem Doktorvater Herrn Prof. Dr. Reinhard von Bendemann, der durch Anstoß, engagierte Begleitung und Interesse die Entstehung der Arbeit ermöglichte. Ebenso gilt mein Dank Herrn Prof. Dr. Dieter Sänger für die Übernahme des Zweitgutachtens sowie seine freundliche Hilfsbereitschaft. Wertvolle Anregungen verdankt die Arbeit Herrn Prof. Dr. Gerhard Sellin durch Gespräche und das damals noch unveröffentlichte Manuskript seines 2008 erschienenen Kommentars. Der Theologischen Fakultät und der Christian-Albrechts-Universität danke ich für die Auszeichnung meiner Arbeit mit dem Fakultätspreis. Für die Aufnahme in die Reihe Wissenschaftliche Monographien zum Alten und Neuen Testament danke ich den Herausgebern Herrn Prof. Dr. Cilliers Breytenbach und Herrn Prof. Dr. Hermann Lichtenberger; ebenso Herrn Dr. Volker Hampel für die Zusammenarbeit. Freundlicherweise hat die Societas Theologicum Ordinem Adiuvantium die Veröffentlichung bezuschusst, wofür ich herzlich danke. Außerdem danke ich Herrn Dr. Matthias Hoffmann, Herrn Dr. Philip David und Frau Anke John für Korrekturlesen. Herrn Felix John danke ich für das Erstellen der Druckvorlage. Besonderer Dank gilt Frau Wencke Feuersenger für das fachliche Gespräch in entscheidenden Arbeitsphasen. Mein Mann Oleg Rantzow hat die Entstehung der Arbeit mitgetragen. Dafür danke ich ihm sehr.

Hamburg, September 2008   Sophie Rantzow

Wissenschaftliche Monographien
zum Alten und Neuen Testament

Begründet von
Günther Bornkamm und Gerhard von Rad

Herausgegeben von
Cilliers Breytenbach, Bernd Janowski,
Reinhard G. Kratz und Hermann Lichtenberger

123. Band
Sophie Rantzow
Christus Victor Temporis

Neukirchener Verlag

Vorwort

Das vorliegende Buch ist die für den Druck überarbeitete Fassung meiner Dissertation, die 2007 von der Theologischen Fakultät der Christian-Albrechts-Universität zu Kiel angenommen wurde.

Ich danke meinem Doktorvater Herrn Prof. Dr. Reinhard von Bendemann, der durch Anstoß, engagierte Begleitung und Interesse die Entstehung der Arbeit ermöglichte. Ebenso gilt mein Dank Herrn Prof. Dr. Dieter Sänger für die Übernahme des Zweitgutachtens sowie seine freundliche Hilfsbereitschaft. Wertvolle Anregungen verdankt die Arbeit Herrn Prof. Dr. Gerhard Sellin durch Gespräche und das damals noch unveröffentlichte Manuskript seines 2008 erschienenen Kommentars. Der Theologischen Fakultät und der Christian-Albrechts-Universität danke ich für die Auszeichnung meiner Arbeit mit dem Fakultätspreis. Für die Aufnahme in die Reihe Wissenschaftliche Monographien zum Alten und Neuen Testament danke ich den Herausgebern Herrn Prof. Dr. Cilliers Breytenbach und Herrn Prof. Dr. Hermann Lichtenberger; ebenso Herrn Dr. Volker Hampel für die Zusammenarbeit. Freundlicherweise hat die Societas Theologicum Ordinem Adiuvantium die Veröffentlichung bezuschusst, wofür ich herzlich danke. Außerdem danke ich Herrn Dr. Matthias Hoffmann, Herrn Dr. Philip David und Frau Anke John für Korrekturlesen. Herrn Felix John danke ich für das Erstellen der Druckvorlage. Besonderer Dank gilt Frau Wencke Feuersenger für das fachliche Gespräch in entscheidenden Arbeitsphasen. Mein Mann Oleg Rantzow hat die Entstehung der Arbeit mitgetragen. Dafür danke ich ihm sehr.

Hamburg, September 2008   Sophie Rantzow

Inhalt

Ἥν ἐνήργησεν ἐν τῷ Χριστῷ ἐγείρας αὐτὸν ἐκ νεκρῶν καὶ καθίσας ἐν δεξιᾷ αὐτοῦ ἐν τοῖς ἐπουρανίοις ὑπεράνω πάσης ἀρχῆς καὶ ἐξουσίας καὶ δυνάμεως καὶ κυριότητος καὶ παντὸς ὀνόματος ὀνομαζομένου, οὐ μόνον ἐν τῷ αἰῶνι τούτῳ ἀλλὰ καὶ ἐν τῷ μέλλοντι· καὶ πάντα ὑπέταξεν ὑπὸ τοὺς πόδας αὐτοῦ καὶ αὐτὸν ἔδωκεν κεφαλὴν ὑπὲρ πάντα τῇ ἐκκλησίᾳ, ἥτις ἐστὶν τὸ σῶμα αὐτοῦ, τὸ πλήρωμα τοῦ τὰ πάντα ἐν πᾶσιν πληρουμένου [Eph 1,20–23].

„[…] one feels that the writer intends to say something very important, but precisely what that is cannot be determined with any degree of certainty" [MITTON, Ephesians 76].

Kapitel I: Einführung in die Fragestellung

1 Einleitung

Der Epheserbrief gilt insgesamt als „seltsam"[1] und „rätselhaft"[2]. Bis heute wirft er hinsichtlich der Bestimmung seines Verfassers und Abfassungszweckes, seiner Adressaten sowie religionsgeschichtlichen Verortung viele Fragen und Problemkreise auf. Die Bandbreite der Bewertungen des Briefes reicht vom „Waterloo"[3] der Kommentare bis zu „the divinest composition of man"[4].

Eines von vielen ungelösten Rätseln des Briefes ist sein Zeitverständnis. Dass Kolosser- und Epheserbrief sich in dieser Hinsicht von den älteren Paulusbriefen unterscheiden, wurde schon lange bemerkt.[5] So stellt beispielsweise R. Bultmann fest, dass insbesondere „von der Parusie [...] nicht die Rede" sei – das Hauptgewicht falle auf „die Gegenwart als eine Zeit des Heils"[6]. Ausgehend von diesen Beobachtungen wirft E. Käsemann dem Epheserbrief eine sich selbst verherrlichende Ekklesiologie vor.[7] In diesem Zusammenhang ist wichtig, dass theologiegeschichtlich das gerade vergangene Jahrhundert als Jahrhundert der Eschatologie bezeichnet werden kann.[8] Vor dem Hinter-

---

[1] VOUGA, Société 5: „étrange épître".

[2] JÜLICHER/FASCHER, Einleitung 142.

[3] GOODSPEED, Meaning 15.

[4] COLERIDGE, Table Talk (May 19 1830) 142.

[5] Vgl. etwa schon TILLMANN, Die Wiederkunft Christi 18; HOLTZMANN, Epheser 301.

[6] BULTMANN, Theologie 526f. (518f. in der Erstauflage); vgl. auch DERS., Eschatologie 57–64, zu den Unterschieden zwischen der Eschatologie bei Paulus und in der deuteropaulinischen Literatur; siehe auch BORNKAMM, Die Hoffnung im Kolosserbrief 211: „Keiner der eschatologischen Gedankenkreise, weder Parusie noch Totenauferstehung noch Weltgericht [haben] im Kol wie im Eph einen Raum [...]."

[7] Siehe KÄSEMANN, Der Ruf der Freiheit 120: „Das Evangelium wird hier domestiziert. Mag die Welt weiterhin sein Raum sein. Sie ist es nur als der Rahmen, in den das Bild der Kirche sich fügt, und auf diesem Bilde ruht aller Glanz, zu dem auch das Ende der Geschichte nichts mehr beitragen kann."

[8] Vgl. das Urteil von v. BALTHASAR, Eschatologie 403: „Wenn für den Liberalismus des 19. Jahrhunderts das Wort von Troeltsch gelten konnte: ‚Das eschatologische Bureau ist meist geschlossen', so macht dieses im Gegenteil seit der Jahrhundertwende Überstunden."

grund des berühmten Votums von K. Barth, dass „Christentum, das nicht ganz und gar und restlos Eschatologie ist, [...] mit Christentum ganz und gar und restlos nichts zu tun"[9] habe, wird der Diskussionswert der Annahme einer „völligen Enteschatologisierung"[10] im Epheserbrief evident. Die eschatologischen Aussagen des Epheserbriefs als eines Textes der dritten Generation liefern einen wichtigen Beitrag zur frühchristlichen Theologiebildung. Einzeluntersuchungen haben sich deshalb mit der Eschatologie des Epheserbriefs befasst und sind zu unterschiedlichen Ergebnissen gekommen. Das Geheimnis um sie hat dabei wenig von sich Preis gegeben und bleibt nach wie vor groß. Da der Eschatologie nicht nur als Lehre von den letzten Dingen, sondern v.a. als Frage nach „d[em] Letztgültige[n] des christlichen Glaubens und seines Wirklichkeitsverständnisses"[11] unveränderte Bedeutung zukommt, ist eine erneute Auseinandersetzung mit diesem Rätsel des Epheserbriefs also erforderlich.

Diese neue Untersuchung hat sich zunächst von der bisherigen Forschung abzugrenzen. Anhand verschiedener Aporien wird der folgende forschungsgeschichtliche Überblick die Notwendigkeit eines methodischen Neueinsatzes aufzeigen. Dieser muss insbesondere die sprachliche Form eschatologischer Aussagen mitbedenken. Der gewählte Zugang zum Thema wird die Zeitkonzeptionen des Epheserbriefs als Teile einer metaphorischen Weltbildkonstruktion untersuchen. Die einzigartige eschatologische Konzeption, die der *auctor ad Ephesios* dadurch gestaltet, wird die weit verbreitete These eines geringen oder gar fehlenden Interesses an Zeit und Eschatologie widerlegen. Im Gegenteil wird aufgezeigt werden, dass der Epheserbrief ein durch und durch eschatologisch geprägtes Schreiben ist.

2   Forschungsgeschichte zur Eschatologie im Epheserbrief

Im Folgenden sollen die Einzeluntersuchungen, die sich seit der Mitte des letzten Jahrhunderts mit der Fragestellung nach dem Zeit- und Geschichtsverständnis des Epheserbriefs befasst haben, in der Reihenfolge ihrer Entstehung vorgestellt werden. An der Verschiedenheit der Interpretationsmodelle tritt die Komplexität des Themas deutlich zu Tage. An den einzelnen Entwürfen wird sich zeigen, dass die kontroverse Beurteilung der Eschatologie im Epheserbrief seit ihrer gnostischen Deutung eng mit der religionsgeschichtlichen Einordnung verknüpft ist. Auf die religionsgeschichtlichen Bezüge und ihre Vertreter muss deshalb jeweils mit eingegangen werden.

---

[9]　BARTH, Römerbrief 300.
[10]　HAHN, Christologische Hoheitstitel 131.
[11]　ROSENAU, Eschatologie 1568.

2.1 Untersuchungen zum Zeit- und Geschichtsverständnis im Epheserbrief

2.1.1 Äquivalente futurischer Eschatologie im Epheserbrief (F.-J. Steinmetz)

Für die Eschatologie im Kolosser- und Epheserbrief hebt F.-J. Steinmetz in seiner Dissertation aus dem Jahr 1969 im Gegensatz zu den paulinischen Briefen allgemein die Verschiebung von zeitlichen zu räumlichen Kategorien hervor. Er geht deshalb der Verhältnisbestimmung zwischen Raum und Zeit nach und äußert grundsätzlich die Ansicht, dass beide „miteinander zu tun haben" und „ineinander übergehen"[12]. Diese Einschätzung spiegelt sich in seinem Verständnis der Äonen in Eph 1,21; 2,2.7; 3,9.11.21. In Anlehnung an H. Schlier[13] bestimmt Steinmetz die Äonen als ,Zeiträume'.[14] Das Gewicht liegt dabei auf dem räumlichen Aspekt. Im Kolosser- und Epheserbrief sei eine „Bevorzugung ,räumlicher' Kategorien", eine „betont protologische Ausrichtung der gesamten Theologie"[15] und damit zusammenhängend eine „akzentuiert präsentische Eschatologie"[16] zu verzeichnen. Das bedeute aber nicht, dass zukunftsbezogene Aussagen im Epheserbrief fehlen würden.[17] Eine Parusie-Erwartung, wie sie „jüdisch-traditionell" in den Paulusbriefen begegne, fehle im Epheserbrief.[18] Damit teilt Steinmetz die seinerzeitige allgemeine Anschauung. Sie wird nach wie vor vertreten.[19] An die Stelle einer Wiederkunftserwartung Christi ist laut Steinmetz die Vorstellung sukzessiven Wachstums und Erfüllens getreten. Diese Metaphern aber gäben „den letztlich gemeinten Sachverhalt motiventsprechend wieder"[20]. Zum einen seien futurische Aussagen noch als „Spuren"[21] vorhanden. Wich-

---

[12] STEINMETZ, Heils-Zuversicht 51.
[13] Vgl. SCHLIER, Epheser 112–114.
[14] Vgl. STEINMETZ, Heils-Zuversicht 60–67.
[15] Ebd. 143.
[16] Ebd. 100.
[17] Ebd. 52.
[18] Vgl. DERS., Parusie-Erwartung 331f.
[19] Dagegen und direkt gegen die Arbeit von Steinmetz siehe aber: BARTH, Parusie 240: „Bevor man sich unbesehen dem Inhalt und den Konsequenzen der von Steinmetz vorgeschlagenen Lösung ausliefert, ist die Frage zu prüfen, ob im Epheserbrief […] nicht doch auch jene futuristische, strikt christologische Eschatologie einen festen Platz hat neben all dem, was einer kirchlichen oder säkularen Prozeßeschatologie zu entsprechen scheint." Barth beantwortet die Frage positiv, 249: in Eph 4,13 liege „eine traditionelle Form der Parusiebeschreibung vor […]". Vgl. aber z.B. ERLEMANN, Naherwartung 210; Erlemann spricht vom „auffällige[n] Zurücktreten von Nah-Aussagen. Strenggenommen, sind keine Aussagen über die Nähe zu erkennen, es ist allenfalls zu fragen, ob Eph 1,9f. ein Endzeitbewußtsein intendiert."
[20] STEINMETZ, Parusie-Erwartung 335.
[21] DERS., Heils-Zuversicht 29–35.

tiger sei zum anderen, dass die räumlichen Kategorien des Wachstums und der Erfüllung wie auch der Begriff der Hoffnung Äquivalente zu den vernachlässigten zeitlich-futurischen Vorstellungen bildeten.[22] Durch die räumlichen Äquivalente futurischer Eschatologie sieht Steinmetz die Gefahr einer „zu große[n] Zuversicht" und „unzulässigen Vorwegnahme des ἔσχατον"[23] gebannt.

Auf die Diskussion kontroverser religionsgeschichtlicher Bezugnahmen verzichtet Steinmetz ebenso wie auf die Berücksichtigung des brieflichen Charakters des Schreibens und die Frage nach der Rezeption paulinischer Theologie. Die Folgearbeiten zum Thema beziehen diese Aspekte stärker mit ein, wobei die bei Steinmetz grundsätzlich gestellte Frage nach der Verhältnisbestimmung zwischen Raum und Zeit jeweils aufgenommen wird. Der Großteil der Auslegungen hält es bei jeweils eigener Akzentuierung mit der durch Steinmetz bereits formulierten Verbindung zeitlicher und räumlicher Kategorien[24] und teilt die Auffassung, dass der Epheserbrief trotz Betonung der Heilsgegenwart und des Raumes eine futurische Heilskomponente kennt[25].

2.1.2 Heilsgegenwart und Zeitlosigkeit des Epheserbriefs vor dem Hintergund gnostischer Vorstellungen (A. Lindemann)

A. Lindemann ist an beiden Punkten pointiert anderer Meinung. Seine Dissertation von 1972/72 (gedruckt 1975) formuliert das eigene Zeitverständnis des Epheserbriefs durch die von H. Conzelmann[26] vorbereitete These einer ‚Aufhebung der Zeit'. Als stützende Textbefunde dienen ihm dabei v.a. Raumaussagen sowie Aorist- und Perfektformen

---

[22] Ebd. 129.

[23] Ebd. 100.

[24] Siehe z.B. LONA, Eschatologie 243; WITULSKI, Gegenwart und Zukunft 230: der Verfasser interpretiere „das eschatologische Heilsgut [...] räumlich"; siehe auch SCHWINDT, Weltbild 509, zur „in Eph auffallende[n] Eigentümlichkeit einer topologisch-kosmologischen Diktion, die die Christologie und Soteriologie in einen ‚weltbildlichen' Rahmen stellt"; 511, zur „zeitlich-räumlich erfaßbaren Welt"; vgl. GESE, Vermächtnis 158f.

[25] Vgl. z.B. SMALLEY, Eschatology 154f.; LEMMER, Pneumatology and eschatology in Ephesians 483; POKORNÝ, Epheser 27–30; LINCOLN, Ephesians xc; MUSSNER, Epheser 30; SCHLIER, Epheser 292f.; BEST, Ephesians 459; SCHNACKENBURG, Epheser 64f.; 101; GNILKA, Epheser 122–128; LONA, Eschatologie 427; POPKES, Bedeutung des zweiten Thessalonicherbriefs 50; KÄSEMANN, Ephesians and Acts, *passim*, vertritt eine eigene These, wenn er das Geschichtsverständnis des Epheserbriefs in Analogie zu dem des Lukas sieht und es als ausgeführte Heilsgeschichte begreift.

[26] Vgl. CONZELMANN, Epheser 88: „Im Epheserbrief hat die Raumvorstellung das für Paulus kennzeichnende Zeitdenken fast ganz verdrängt." Vgl. DERS., Grundriß 346: „Der Zeitfaktor ist bis auf den unauflösbaren Rest ausgeschieden, der notwendig ist, um ein Phänomen überhaupt darstellen zu können, nämlich die Kirche als Verwirklichung der göttlichen οἰκονομία."

im Kontext von Heilsvorstellungen. Im Unterschied zu Steinmetz gibt es für Lindemann im Epheserbrief keine Vermittlung oder Überschneidung von Raum- und Zeitkategorien im Sinne einer ‚Motiventsprechung'. Gegen Steinmetz vertritt Lindemann die Ansicht, dass es im Epheserbrief weder eine räumliche noch zeitliche Entwicklung gibt. Raum und Zeit stünden einander alternativ gegenüber: „die Zeitvorstellung [ist] durch eine Raumvorstellung abgelöst [...] die Eschatologie hat sich in eine Art ‚himmlischer Ekklesiologie' verwandelt."[27]

Die Äonen in Eph 1,21; 2,2.7; 3,9.11.21 als exegetischer Testfall für das Verhältnis von Zeit und Raum versteht Lindemann nicht zeitlich oder zeitlich-räumlich, sondern im Sinne gnostischer Texte personal als Machtwesen. Es gehe deshalb nicht um einen geschichtlichen, sondern um einen kosmologischen Begriff.[28] Der Epheserbrief vermeide generell „jede Bezugnahme auf die Geschichtlichkeit des Heilsgeschehens."[29]

Raumaussagen und Vergangenheitstempus in Bezug auf Heilsereignisse sind exponiert in Eph 1,10; 1,20–22 und 2,5f. verbunden. Alle drei Stellen sind von zentraler Bedeutung für Lindemanns These einer ‚Aufhebung der Zeit'. Aus Eph 1,10 schließt er: „Zeit ist nicht mehr"[30]. Eph 2,5f. verweise auf die Unmöglichkeit einer bevorstehenden Parusie oder allgemeinen Totenerweckung, da die Christen bereits lebendig gemacht worden und in die Himmel versetzt worden seien.[31] Die bereits angetretene Herrschaft Christi über das All spiegele eine „zeitlose Struktur [...]. Die ‚Endzeit' ist bereits Vergangenheit."[32] Von einer solch umfassenden Heilsgegenwart aus erübrige sich jede Zukunft(serwartung), und auch das Kreuzesgeschehen[33] trete in den Hintergrund. Vergangenheit, Gegenwart und Zukunft verbänden sich zu einer zeitlos-ewigen Einheit.[34] Es gehe dem Verfasser insgesamt um die „Ontologie einer zeitlosen Kirche"[35]. Von ihr her sei die „Enteschatologisierung"[36] zu verstehen.

Es liegt auf der Hand, dass von diesem Entwurf aus schlecht auf eine konkrete Gemeindesituation geschlossen werden kann, die An-

---

[27] LINDEMANN, Aufhebung 239. Lindemann bestreitet nicht, dass Raumaussagen auch zeitliche Aussagen wiedergeben *können*, dies sei aber aufgrund der Statik der vorliegenden Vorstellungen nicht der Fall.
[28] Vgl. ebd. 56–59.
[29] Ebd. 259.
[30] Ebd. 99.
[31] Ebd. 132f.
[32] Ebd. 212f.; vgl. auch 216.
[33] Vgl. ebd. 176; 253: „der Begriff des Kreuzes [...] wirkt im Kontext deutlich als Fremdkörper."
[34] Vgl. ebd. 237–239.
[35] Ebd. 248.
[36] Ebd. 252.

lass für das Schreiben darstellen würde.[37] Die pragmatische Ebene des Briefes bleibt ähnlich wie bei Steinmetz völlig unberücksichtigt. Anders als jener aber bezieht Lindemann eine Position innerhalb der religionsgeschichtlichen Debatte, die sich zwischen gnostischer[38], alttestamentlicher sowie allgemein frühjüdischer[39] und auch dezidiert hellenistisch-jüdischer[40] Interpretation bewegt.

---

[37] Siehe ebd.: „der Brief [hat] ein wirklich ‚aktuelles' Thema gar nicht [...]; er bezieht sich ja gar nicht auf eine konkrete Situation, die ihn etwa zu einer bestimmten polemischen Argumentation zwingen würde."

[38] Die Einordnung des Epheserbriefs in den Ideenkreis der Gnosis hat eine lange Tradition (vgl. zur Forschungsgeschichte MERKEL, Epheserbrief 3176–3195). Diese kann in vorliegendem Rahmen nur ansatzweise nachgezeichnet werden (zu einer ausführlichen Darstellung vgl. z.B. COLPE, Religionsgeschichtliche Schule 9–68). Ihren Anfang nimmt die ‚gnostische Interpretation' des Epheserbriefs bei F.C. Baur und der Tübinger Schule (vgl. BAUR, Das manichäische Religionssystem; DERS., Die christliche Gnosis). Bereits H.J. HOLTZMANN, Kritik der Epheser- und Kolosserbriefe (1872), und A. HILGENFELD, Einleitung (1875), äußern Kritik an bzw. Weiterführung von Baurs These zum ‚gnostischen Hintergrund' des Epheserbriefs. Zu Beginn des 20. Jahrhunderts entzündet die Religionsgeschichtliche Schule die Debatte um Eigenart von Gnosis und deren Verhältnis zum Neuen Testament mit der Arbeit von R. REITZENSTEIN, Poimandres (1904), erneut. Dieses Werk verfolgt das Ziel, „den hellenistischen Mythus vom Gotte Ἄνθρωπος zu finden" (81). Die Lehre vom Anthropos- oder Urmensch-Mythos wird durch W. BOUSSET, Religion des Judentums (1903); DERS., Hauptprobleme der Gnosis (1907), weiterverfolgt. Bousset berücksichtigt dabei iranische, indische wie gnostische Quellen. Nach der Entdeckung der Turfanfunde wie der Erschließung der Mandäertexte verschiebt Reitzenstein bei der Suche nach dem Gott Anthropos seinerseits sein Augenmerk von Ägypten nach Iran. In seinem Werk ‚Das iranische Erlösungsmysterium' von 1921 prägt er die Rede vom ‚erlösten Erlöser' (117, Anm. 2), die fortan die Analysen zum gnostischen Erlösermythos bestimmt. Den gnostischen Urmensch-Erlöser verbindet Reitzenstein in DERS./SCHAEDER, Studien zum antiken Synkretismus (1926), schließlich genealogisch mit dem iranischen Gayōmart (19–24; vgl. die philologische Vorbereitung dazu von SCHAEDER, a.a.O. 205–239). Auf der Basis der Ergebnisse Reitzensteins und Boussets zum Anthropos-Mythos stellt C.H. KRAELING, Anthropos and Son of Man (1927), eine systematisierende Genealogie des gnostischen Urmenschen und jüdischen Menschensohns vor. Während Reitzenstein und Bousset Verbindungen zum Neuen Testament nur am Rande beachten, bezieht R. Bultmann erstmals komprimiert das Modell vom gnostischen Erlösermythos auf Fragestellungen neutestamentlicher Wissenschaft (R. BULTMANN, Die Bedeutung der neuerschlossenen mandäischen und manichäischen Quellen für das Verständnis des Johannesevangeliums [1925]; DERS., Urchristliche Religion [1926] 138f.). Bultmann konzentriert sich auf gnostische Einflüsse in johanneischer wie paulinischer Theologie (siehe: Das Evangelium des Johannes [1941]; Theologie des Neuen Testaments [1953]). Seine Schüler (H. SCHLIER, Christus und die Kirche [1930]; E. KÄSEMANN, Leib und Leib Christi [1933]), widmen sich der unerledigten religionsgeschichtlichen Analyse der Deuteropaulinen sowie der ignatianischen Briefe (SCHLIER, Religionsgeschichtliche Untersuchungen zu den Ignatiusbriefen [1929]) unter dem Vorzeichen gnostischen Einflusses.

[39] Siehe v.a. PERCY, Leib Christi; MUSSNER, Christus, das All und die Kirche; DERS., Beiträge aus Qumran; KUHN, Die in Palästina gefundenen hebräischen

Den geschichtslosen Entwurf des Epheserbriefs setzt Lindemann religionsgeschichtlich zu gnostischen Erlösungsvorstellungen in Bezug, die seiner Meinung nach dieselbe Zeit- und Geschichtslosigkeit vertreten.[41] Im Wesentlichen folgt er den Gnosisdarstellungen von H. Jonas und H.-C. Puech.[42] Lindemann kommt zu dem Ergebnis, dass die Sprache des Epheserbriefes „weithin gnostisch *ist*"[43]. Eine Korrektur der übernommenen gnostischen Denkschemata vom christlichen Glaubensverständnis her finde nicht statt.[44]

2.1.3 Eschatologische Spannung im Epheserbrief und in gnostischen Texten (H. Lona)

In seiner Habilitationsschrift (publiziert 1984) verfolgt H. Lona das Ziel, die These einer gnostisch verstandenen Aufhebung der Zeit im Epheserbrief zu entkräften. Dazu dienen Lona zunächst Analysen zentraler Texte des Briefes (vgl. Eph 1,9f.23; 2,1–5.11–13.19–22; 3,2–13; 4,10. 13). Ähnlich wie Steinmetz hebt er hervor, dass „die Eschatologie in Eph [...] sich nicht erfassen [läßt] abseits dieser Einheit von zeitlichem und räumlichem Denken in der Darstellung des Heils"[45]. So interpretiert auch Lona die Metaphern vom Wachstum, Bau sowie der Fülle im Sinne einer „indirekt[en ...] Zukunftsperspektive"[46]. Die Texte, die Steinmetz als ‚Spuren futurischer Eschatologie' bezeichnet, verhandelt Lona vergleichbar unter der Überschrift „Der eschatologische Ausblick"[47].

Im Zusammenhang mit Eph 5,14 und 2,6f. untersucht Lona sodann gnostisches Tauf- und Auferstehungsverständnis anhand von Kirchen-

---

Texte; DERS., Der Epheserbrief im Lichte der Qumrantexte; MURPHY-O'CONNOR, Who Wrote Ephesians?; vgl. zur Kritik: BRAUN, Qumran und das Neue Testament 215–225.

[40] Siehe HEGERMANN, Schöpfungsmittler; SCHENKE, Der Gott „Mensch" in der Gnosis; SCHWEIZER, Die Kirche als Leib Christi; COLPE, Religionsgeschichtliche Schule; DERS., Leib-Christi-Vorstellung.

[41] Auch hier verfolgt Lindemann eine von CONZELMANN, Grundriß 344–348, vorgezeichnete Linie.

[42] JONAS, Gnosis; PUECH, Gnose; vgl. z.B. LINDEMANN, Aufhebung 242f.: „Es wird deutlich, warum der christliche Epheserbrief sich solcher gnostischen ‚Eschatologie' bedienen konnte: der auctor ad Ephesios bemüht sich ja ebenfalls um die Frage, wie der geglaubte Aufstieg als real verstanden werden kann; von seinem Raumdenken her kann er mindestens teilweise die gnostische Entweltlichungsthese akzeptieren, indem er sie mit der Himmelfahrtsvorstellung vereinigt oder geradezu identifiziert"; 244: „Gnostisches Vorstellungsmaterial, wie es sich in den Thomas-Psalmen und auch in mandäischen Texten findet, ist auch religionsgeschichtliche Voraussetzung für die Aussagen von Eph 2,14ff."

[43] LINDEMANN, Aufhebung 247 (Hervorhebung im Original).

[44] Vgl. ebd.

[45] LONA, Eschatologie 243.

[46] Ebd. 242.

[47] Vgl. ebd. 418–428.

väterzeugnissen[48] sowie Nag-Hammadi-Schriften[49]. Dabei stellt er
fest, dass apokalyptische Entwürfe in gnostisches Denken integriert
werden können. Insbesondere der auch von Lindemann herangezo-
gene Rheginusbrief rechne mit einer eschatologischen Spannung zwischen ‚schon‘ und ‚noch nicht‘, handle also seinerseits gar nicht von
einer ‚Aufhebung der Zeit‘.[50] Von einem einheitlichen gnostischen
Zeitverständnis könne ohnehin aufgrund der Vorstellungsfülle nicht
die Rede sein.[51]

Hinsichtlich des spezifischen Themas ‚Auferstehung im Leben des
Gläubigen‘ macht Lona auf die Schwierigkeiten der Annahme einer
vorchristlichen Gnosis aufmerksam. Er bezweifelt, dass sie zur Entstehungszeit der Deuteropaulinen bereits eine feste Größe gewesen sei
und Epheser- und Kolosserbrief sich so in ihrem Einflussbereich hätten befinden können.[52] Vielmehr seien die Deuteropaulinen als eine
Station auf dem sprachlichen Weg einer fortschreitenden Mythisie-
rung zu verstehen, der zur Gnosis führe: „Die Deuteropaulinen haben
diesen Weg viel früher verlassen, darum dürfen sie nicht ‚gnostisch‘
bezeichnet werden.“[53] Lona schließt sich mit dieser Vorstellung dem
Modell von C. Colpe an, der das Verhältnis zwischen Epheserbrief
und Gnosis in der Weise bestimmt, dass beide vor dem Hintergrund
einer Remythisierungstendenz der Sprache zu verstehen seien, wobei
der Epheserbrief aber „in der Mitte des Prozesses“[54] zwischen Aristoteles und Gnosis zu verorten sei.

Die hierin implizierte Kritik an der religionsgeschichtlichen Interpretation des Epheserbriefes bei Conzelmann und v.a. Lindemann bestätigt sich für Lona abschließend durch seine Untersuchung des
‚gnostischen Zeitverständnisses‘. Interpretationsbasis bilden dabei
zum einen die Arbeiten von H. Jonas[55] und H.C. Puech[56], die auch
Lindemann als Stütze seiner Interpretation dienen. Hinsichtlich der
Darstellung von Letzterem sieht Lona ein wesentliches Desiderat darin, dass „die Auswirkung des gnostischen Mythos, dessen soteriologisches Ziel die Aufhebung der Zeit ist, auf den in der Zeit lebenden

---

[48] Ebd. 374–381, bezieht sich auf Irenäus, Adv. Haer. I 23,4; II 31,2V 3,2; 31,1f.;
Tertullian, An. 50,2; Adv. Marc. III 5,4; Exc. Ex Theod. 23,2; 77,1f.; 78,2; 80,2;
Ps. Tertullian, Adv. Omn. Haer. I 5; VI 6; ; Justin, Dialog 80,4.

[49] Vgl. die Analysen zu ExAn; EvPhil; Rheg, bei LONA, Eschatologie 381–404.

[50] Vgl. ebd. 403.

[51] Vgl. ebd. 418.

[52] Hier richtet ebd. 407, sich speziell gegen die These bei CONZELMANN,
Grundriß 347f., der Apokalyptik und Gnosis als die zwei nachpaulinisch vorhandenen Möglichkeiten versteht, jenseitiges Heil darzustellen.

[53] LONA, Eschatologie 409.

[54] Siehe COLPE, Leib-Christi-Vorstellung 187.

[55] JONAS, Gnosis I.

[56] PUECH, Gnose.

Menschen"[57] unberücksichtigt bleibt. Anders sei dies bei Jonas: Da dieser sich mit der existentiellen Frage nach der menschlichen Haltung gegenüber der Zeit befasse[58], könne wenigstens im Anschluss an ihn „das gnostische Zeitverständnis nicht einfach als ‚Eliminierung' [...] der Zeit charakterisiert werden"[59]. Zum anderen bezeugten die Nag-Hammadi-Texte, dass innerhalb gnostischen Zeitverständnisses apokalyptische Vorstellungen integriert sein können.[60]

Zweifellos stellt Lindemanns Dissertation wichtige Beobachtungen zum Zeitverständnis des Epheserbriefes heraus. Als Verdienst Lonas ist dennoch hervorzuheben, die These von der ‚Aufhebung der Zeit' gerade hinsichtlich der religionsgeschichtlichen Untermauerung bei Lindemann, aber auch aus dem Brief selbst heraus, problematisiert zu haben.

Im Unterschied zu den vorangegangenen Arbeiten zum Zeitverständnis des Epheserbriefes unternimmt Lona abschließend den Versuch, die pragmatische Dimension der Eschatologie, die er freilich nur im Zusammenhang mit der Ekklesiologie versteht, herauszuarbeiten. Als Verstehenshintergrund verweist er auf die vielbeschworene „Krise der hellenistischen Welt im ersten Jahrhundert n.Chr."[61] Die Leistung der Eschatologie im Epheserbrief sei allgemein im Kontext der Bedrohung durch die heidnische Umwelt zu sehen. Die betreffende Gemeinde werde gestärkt durch „das Wissen um die eschatologische Qualifizierung der Zeit und um die Wirklichkeit der Kirche von Heiden und Juden als Realisierung des Heils in der Geschichte."[62]

2.1.4 Kontrafaktur imperialer Herrschaft und gnoseologische Heilsstrukturen im Epheserbrief (E. Faust)

Während die Situationsbestimmung und pragmatische Analyse bei Steinmetz und Lindemann nahezu unberücksichtigt bleiben und bei Lona wenig konkret ausfallen, ist als herausragende Leistung der Dissertation von E. Faust aus dem Jahr 1993 zu würdigen, dass sie die bis hierher vertretene Geschichtslosigkeit bzw. Geschichtsarmut des Epheserbriefes bestreitet. Als historische Ursprungssituation vermutet Faust eine aktuelle ethnokulturelle Auseinandersetzung zwischen Juden und Griechen in Kleinasien um die Zeit kurz nach dem Jüdischen Krieg.[63] Im Zusammenhang mit der unterdrückenden Zwangsintegra-

---

[57] LONA, Eschatologie 413.
[58] Vgl. ebd. 414.
[59] Ebd. 416.
[60] Vgl. ebd. 416f.
[61] Ebd. 435; vgl. dazu CHADWICK, Absicht 152; GNILKA, Epheser 45–49.
[62] LONA, Eschatologie 448.
[63] Siehe FAUST, Pax 476. Faust kann mit dieser These an einen Aufsatz von P. Stuhlmacher aus dem Jahre 1974 anknüpfen, der als aktuellen Hintergrund des Schreibens bereits den kleinasiatischen Antagonismus von Juden und Griechen bedenkt und auch den Begriff der ἔχθρα von dort her versteht (siehe: STUHL-

tion der jüdischen Bevölkerung insbesondere unter den flavischen Kaisern vermutet Faust als aktuelle Situation in Kleinasien einen „innerkirchlichen Achtungsverlust"[64] der Judenchristen. Vor diesem sozialpolitischen Hintergrund macht er die Textpassage Eph 2,11–22 transparent. Insbesondere Eph 2,14 (vgl. 1,20–23; 2,19b; 4,15f.) versteht Faust als „Kontrafaktur gegen ein einflußreiches politisch-soziales Überzeugungssystem, das eine in der Kirche repräsentierte Gruppe zu diskriminieren drohte"[65]. Dadurch interpretiert Faust den ekklesiologischen Entwurf des Epheserbriefes erstmalig als konkrete Stellungnahme innerhalb zeitgenössischer Politik und Gruppengeschichte.

Die Überlegungen zum sozialgeschichtlichen Hintergrund stellt Faust in den Rahmen eines religiösen Referenzsystems, dessen Argumentationsstrukturen seiner Meinung nach auch den Epheserbrief prägten. Ohne die Vertrautheit mit dem gnoseologischen Heilsverständnis des hellenistischen Judentums sei die zeitgeschichtliche Situation des Briefes nicht zu erfassen.[66] Was die traditionsgeschichtliche Bestimmung des Epheserbriefes vom hellenistischen Judentum her betrifft, knüpft Faust damit an Untersuchungen von C. Colpe[67], H. Hegermann[68], J. Gnilka[69] und C.J. Roetzel[70] an.

Am klarsten artikuliere sich das gnoseologische Heilsverständnis bei Philo von Alexandrien. Besonders in der Vorstellung der Geheimnisoffenbarung trete es zu Tage. Zentrales Element dieser hellenistisch-jüdischen Heilslehre sei das ontologische pyramidenförmige Gefälle von höchstem transzendenten Sein Gottes über die noetische Ideenwelt als Ort des Logos bis hin zur niederen materiebehafteten, sinnlich wahrnehmbaren Existenz. Soteriologisches Ziel sei der befreiende Aufstieg des menschlichen νοῦς aus dem materiellen Dasein heraus in die körperlose Ideenwelt. Der Aufstieg sei als pneumatische Inspira-

---

MACHER, „Er ist unser Friede" [Eph 2,14]). Die Ausführlichkeit in Darstellung und Auswertung historischen Quellenmaterials, mit der Faust diesen geschichtlichen Rahmen bedenkt, sowie die Analysen zum antiken Kaiserkult gehen weit über diese Anfangsthese hinaus. Einen Bezug des Epheserbriefs zur Herrscherideologie des Imperium Romanum wiederum sehen bereits SCOTT, Ephesians 131f.; RAUSCHENBUSCH, Christianity 113–118; Faust beruft sich insbesondere auf die Einschätzung v. HARNACKs, Die Mission und Ausbreitung des Christentums II 736: Die Geschichtsbetrachtung des Epheserbriefs „habe die herrliche Erfahrung von der Menschheit-bezwingenden Macht Christi und dem Völkerfrieden, den der Heiland gebracht, zur Voraussetzung [...]: Er ist der Friede, der aus Zwei Eins gemacht und den trennenden Zaun niedergerissen hat. Die Sprache der Kaiserverehrung ist auf den Erlöser angewendet (Ephes. 2,14)".

[64] FAUST, Pax 477.
[65] Ebd. 483.
[66] Siehe ebd. 10.
[67] COLPE, Zur Leib-Christi-Vorstellung im Eph 179–185.
[68] HEGERMANN, Schöpfungsmittler, *passim.*
[69] GNILKA, Epheser 33–45, bes. 43f.
[70] Vgl. ROETZEL, Relations 84–88.

tion vorzustellen, die sich in mehreren Etappen vollziehe. Am Ende dieser Stufenfolge stünde „die noetische Präsenz des Erlösten im Himmel"[71]. Kennzeichnend für das gnoseologische Heilsverständnis sei also der Dualismus von σάρξ und πνεῦμα.

Was eschatologische Aussagen betrifft, ergibt sich aus dem Konzept, dass „das Heil durch inspirierte Erkenntnis des ‚himmlischen' Seins der Gotteswelt über dem Kosmos schon präsentisch realisiert wird."[72] Notorisch umstrittene Aussagen wie v.a. Eph 2,5f. seien im Verbund mit 1,19 und 1,20ff. vor diesem gnoseologisch-soteriologischen Hintergrund zu deuten.[73] Vor diesem Hintergrund sei auch die Strukturierung kosmischer Verhältnisse durch die Begriffe κεφαλή und σῶμα zu verstehen. Der Logos nähme dabei die Haupt-Stellung über der als σῶμα vorgestellten Ideenwelt ein. Von diesem Bild aus erkläre sich die somatische Teilhabe der durch Erkenntnis Erlösten.[74] Die πλήρωμα-Vorstellung des Epheserbriefes deutet Faust von der Konzeption des Kolosserbriefs her ebenfalls aus dem philonischen Erlösungsmodell heraus.[75] Der σάρξ-πνεῦμα-Dualismus des philonischen Heilsverständnisses strukturiert nach Faust „die parallel konzipierten Abschnitte E 2,1–10 und 2,11–22."[76]

Für die pragmatische Dimension des Schreibens hält Faust abschließend drei Aspekte fest, deren Klärung der Verfasser des Epheserbriefes sich widme.[77] 1. „Das Problem der Mächte"; 2. „Das Problem des Miteinanders von Judenchristen und Heidenchristen"; 3. „Das Problem des Verhältnisses zum Imperium Romanum".

2.1.5 Die räumlichen und zeitlichen Strukturen des Epheserbriefes vor dem Hintergrund kleinasiatischen Lokalmilieus (R. Schwindt)

Insbesondere R. Schwindt versteht seine Dissertation zum Weltbild des Epheserbriefes (Druckfassung 2002) durch das zuletzt von Faust angelegte jüdisch-hellenistische Interpretationsmodell wesentlich inspiriert.[78] Explizit richtet er sich damit gegen die gnostische Interpre-

---

[71] FAUST, Pax 25.
[72] Ebd. 11. 69.
[73] Ebd. 43–45.
[74] Vgl. ebd. 25f.; siehe auch 471.
[75] Vgl. ebd. 56–58; 57: „Von der in Kol 2,10a gefundenen gnoseologischen πληρ-Konzeption (cf. Kol 1,9) ergibt sich auch zweifelsfrei der Gehalt des πλήρωμα-Begriffs im E: Ihm liegt der Sinn von Kol 2,9–10a zugrunde, nach dem die Glaubenden durch gnoseologisch-pneumatische Inspiration, die die Zugehörigkeit zum oberen noetischen Soma des Christus (Logos) vermittelt, ‚erfüllt' sind"; siehe auch 471: „Erkenntnis-Inspiration, oft mit πληρ-Begriffen formuliert, und Erhoben-Werden in den noetisch-pneumatischen Himmel sind nach diesem gnoseologischen Heilsverständnis äquivalent."
[76] Ebd. 471.
[77] Siehe ebd. 479–483.
[78] Vgl. SCHWINDT, Weltbild 46. Zur kritischen Einordnung s.u. ab Kap. II.2.1.

tation des Epheserbriefs.[79] Während Faust sich auf der Basis des philonischen Referenzsystems um den sozialgeschichtlichen und politischen Hintergrund des Briefes bemüht, legt Schwindt nun das Hauptaugenmerk auf die Erhellung des Lokalmilieus der kleinasiatischen Metropole, vor dem die Strukturen der „zeitlich-räumlich erfaßbaren Welt"[80] zu verstehen seien. Bezüglich der in Eph 2,5f. artikulierten Eschatologie übernimmt Schwindt die These Fausts, es handle sich um „pneumatisch-gnoseologische[s] Heilsverständnis [...] des alexandrinischen Judentums"[81]. Zugleich stellt er aber als Unterschied zu diesem religiösen Referenzsystem unter Hinweis auf Eph 1,14.18; 2,22; 3,16.19; 4,13.15.16.30 heraus, dass der Epheserbrief im Anschluss an Paulus „de[n] eschatologische[n] Vorbehalt"[82] wahre. Insgesamt biete der Epheserbrief „eine über die paulinischen Homologumena hinausgehende Synthese von christlicher Theologie und hellenistischer, sowohl jüdischer wie paganer, Soteriologie".[83]

2.2   Die Probleme bisheriger Zugangsweisen

2.2.1   *Zum Verhältnis zwischen dem Epheserbrief und Paulus*
C.H. Dodd hat zwar den Epheserbrief als „Krone paulinischer Theologie"[84] bezeichnet. Mit einem inzwischen erreichten breiten Forschungskonsens stammt der Epheserbrief aber nicht von Paulus selbst.[85] Diese Ansicht teilen alle vorgestellten Einzeluntersuchungen zur Eschatologie des Epheserbriefs. Die verschiedenen Gründe brauchen im Einzelnen hier nicht dargelegt zu werden. Generell liegen deutliche Unterschiede zu den anerkannten Paulusbriefen auf folgenden Ebenen: a) sprachlich-stilistische Eigenheiten[86] (Hapaxlegomena; besondere Wendungen; Neigung zu langen Satz- bzw. Satzteilkon-

---

[79] Siehe ebd. 46; 508.
[80] Ebd. 511.
[81] Ebd. 506.
[82] Ebd. 506.
[83] Ebd. 509.
[84] DODD, Ephesians 1224f.: „crown of Paulinism" (Zitat bei LINCOLN, Ephesians x).
[85] Eine Ausnahme bildet neuerdings HOEHNER, Ephesians (v.a. 2–61), der als Verfasser des Epheserbriefs wieder Paulus selbst ansieht; vgl. zur deuteropaulinischen Verfasserschaft unter den neutestamentlichen Einleitungen exemplarisch THEISSEN, Das Neue Testament 87f.; SCHNELLE, Einleitung 348–351; NIEBUHR, Grundinformation Neues Testament 248; 252; BURKETT, Introduction 371; vgl. z.B. folgende Kommentare: CONZELMANN, Epheser 86; DIBELIUS/GREEVEN, Epheser 57; ERNST, Epheser 258–263; GNILKA, Epheser 13–18; MUSSNER, Epheser 33f.; SCHNACKENBURG, Epheser 22–25; LINCOLN, Ephesians lx–lxxiii; LUZ, Epheser 108f; ferner YEE, Jews xi (Einl. v. J.D.G. Dunn).33 mit Anm. 149.
[86] Siehe dazu die ausführliche Analyse bei PERCY, Probleme der Kolosser- und Epheserbriefe 179–252.

struktionen [vgl. z.B. Genitivverbindungen[87]]); b) Darstellung der Ge-
meindestruktur[88]; c) literarische Abhängigkeit vom Kolosserbrief[89]; d)
perspektivische Veränderungen gegenüber paulinischer Theologie
(vgl. v.a. die Modifikationen innerhalb der Rechtfertigungsaussagen,
Eschatologie sowie Ekklesiologie); e) der Eindruck fehlender Vertrautheit zwischen Verfasser und adressierter Gemeinde in Ephesus –
wobei die Angabe ἐν Ἐφέσῳ aus textkritischen Gründen ohnehin als
sekundär anzusehen ist (s.u. Kap. I.3.2).

Dass der Epheserbrief nicht von Paulus verfasst wurde, wird auch in
vorliegender Untersuchung vorausgesetzt. Die folgenden Analysen
werden den Standpunkt des Epheserbriefs als Schreiben der dritten
frühchristlichen Generation an den verschiedenen genannten Punkten
bestätigen.

Lange Zeit war die Forschung im Zuge der Verfasserfrage damit beschäftigt, Differenzen und Weiterentwicklungen gegenüber Paulus
herauszustellen. In je unterschiedlicher Akzentuierung messen auch
alle genannten Untersuchungen zum Zeitverständnis den Epheserbrief
an seinem Verhältnis zu Paulus. Bezogen auf die Eschatologie profiliert Lindemann sich in seiner Dissertation programmatisch als Vertreter einer Exegese, die die Inkongruenz zu Paulus hervorhebt. Aufgrund der aoristischen Eschatologie konstatiert er ein Verfehlen des
paulinischen Ansatzes.[90] Steinmetz dagegen ist exemplarisch als früher Vertreter eines ‚harmonisierenden Messens‘ an Paulus zu nennen.
Er stellt die Suche nach Äquivalenten futurischer Eschatologie von
vornherein unter den Erkenntniszweck, dass sie die paulinische eschatologische Spannung gleichwertig zum Ausdruck bringen.[91] Besonders im Blick auf die Kategorien des Wachstums und des Hoffens
kommt er zu dem Schluss, dass in der Eschatologie „bei aller Verschiedenheit der Denkstrukturen und Terminologien zwischen [...
dem Epheserbrief] und den älteren Paulusbriefen‘‘[92] eine sachliche
Aussagekohärenz vorliege.

---

[87] Vgl. speziell dazu SELLIN, Ungewöhnliche Genitive.
[88] Siehe dazu speziell MERKLEIN, Das kirchliche Amt 57–117.
[89] Anders BEST, Who Used Whom?; DERS., Ephesians 36–40: Best bestreitet ein
direktes Abhängigkeitsverhältnis und führt die starken Übereinstimmungen zwischen beiden Briefen auf den Hintergrund von Schuldiskussionen zurück.
[90] Vgl. LINDEMANN, Aufhebung 125.
[91] Vgl. STEINMETZ, Heils-Zuversicht 113.
[92] Ebd. 139; ähnlich auch der Ansatz bei WESSELS, Eschatology, dem es v.a.
darum geht aufzuzeigen, dass die Eschatologie der Deuteropaulinen sich nicht wesentlich von der in den „undisputed letters“ unterscheide: „The above mentioned
remarks clearly show the importance of an examination of the role of eschatology
in Ephesians and Colossians [...] If it can be proved that (futurist) eschatology
plays no part in Ephesians and Colossians, it will be tantamount to saying that
these two letters diverge significantly from the essence of Pauline theology [...]“
(184).

Während Steinmetz nicht eigentlich an der Frage nach einer Einordnung des Epheserbriefes in die Geschichte frühchristlicher Theoriebildung interessiert ist, kann man in jüngeren Kommentaren und Einzeluntersuchungen verstärkt den Trend beobachten, nach der Anschlussfähigkeit paulinischer Theologie im Kolosser- und Epheserbrief zu fragen.

„Kolosser- und Epheserbrief haben in der Forschung der letzten Jahre ein bemerkenswertes Interesse gefunden. Dabei ging es vor allem um eine positive Darstellung der literarischen und theologischen Eigenart der beiden Briefe. Naturgemäß mußte dabei auch die Frage nach dem Verhältnis zu den anerkannt echten Paulusbriefen und deren Theologie mitdiskutiert werden. Doch geschah dies meist unter dem Aspekt der Authentizität und weniger in der Absicht, eine Theorie der Rezeption paulinischer Theologie im Kolosser- und Epheserbrief zu erstellen."[93]

Während die Beurteilung bezüglich der Eschatologie im Kolosserbrief uneindeutiger ausfällt[94], nähert man den Epheserbrief tendenziell wieder weiter an Paulus an. Sein Entstehen wird im Rahmen einer paulinischen Schule verstanden. Zwar herrschen bei der Bestimmung ihres Profils Unstimmigkeiten bezüglich des Alters (noch zu Lebzeiten des Paulus oder erst nach dessen Tod) und der Organisationsstruktur (Lehrbetrieb im Sinne hellenistisch-jüdischer Weisheitsschulen oder Sammlung der Paulusbriefe). Grundsätzlich sieht man aber die Intention einer im Einzelnen unterschiedlich verstandenen Paulusschule in der Pflege, Weitergabe sowie situationsbedingten Weiterentwicklung paulinischer Theologie.[95]

---

[93] MERKLEIN, Paulinische Theologie in der Rezeption des Kolosser- und Epheserbriefes 409.

[94] Vgl. zur These einer „paulinische[n] Argumentation in fortgeschrittener Situation" LÄHNEMANN, Kolosserbrief 164; zur aktuellen Diskussion siehe exemplarisch zwei unterschiedlich urteilende Aufsätze: STILL, Eschatology, sieht eine „basic congruity between the eschatology set forth in Colossians and that contained in the ‚genuine' Paulines" (137). Über mögliche Entwicklungslinien innerhalb der paulinischen Theologie sowie den Hintergrund kolossischer Gegner, die die Argumentation des Verfassers beeinflussen könnten, möchte er aber keine Entscheidung treffen (135–137), sondern allein darauf verweisen: „Paul's very own eschatoloy was (arguably) marked by variety" (137); HACKENBERG, Zukunft, dagegen kommt zu dem Schluss, dass in der Eschatologie des Kolosserbriefs „die Zukunft praktisch keine Rolle mehr spielt", was darauf zurückzuführen sei, dass der Verfasser „sehr alte Traditionen aufnimmt" (12); die Theologie des Kolosserbriefs sei „nicht als eine Fortentwicklung der paulinischen Theologie zu verstehen" (13), sondern bewahre „die präsentische Eschatologie eines frühen enthusiastischen Christentums" (14) – da dieser Aufsatz bisher noch nicht veröffentlicht ist, unterliegt die bibliographische Angabe entsprechend einer möglichen Änderung (vgl. bereits Käsemann).

[95] Vgl. zur Existenz einer Paulusschule in Bezug auf den Kolosser- und Epheserbrief z.B. SCHENKE, Das Weiterwirken des Paulus, *passim*; CONZELMANN, ‚Die Schule des Paulus', *passim*; LINDEMANN, Paulus im ältesten Christentum 36–42; SCHNELLE, Einleitung 45–50; zur ‚Schule des Paulus' im Sinne der eigenen

In dem Zusammenhang stößt man vermehrt auf zentrale Begriffe wie ‚Erbe' und ‚Vermächtnis'.[96] Sie heben gleichermaßen den Aspekt von Kontinuität, Bewahrung und Verpflichtetheit wie den impliziten Fortlauf der Geschichte hervor. Wo der Epheserbrief innerhalb dieses ‚Hinterlassenschaftsmodells' interpretiert wird, drängt sich die Frage nach einem sachgerechten Umgang mit dem verwalteten Nachlass auf. Hat der Epheserbrief ein angemessenes Bild von Paulus entworfen und hat er seine Ansichten ‚richtig' und ‚angemessen' wiedergegeben?[97] In jüngerer Zeit wird diese Frage zunehmend positiv beantwortet – der Verfasser des Epheserbriefs erweise sich als seines Erbes ‚würdig'.

M. Gese greift in seiner Dissertation die noch zurückhaltende Einschätzung P. Pokornýs von „unter gewissen Umständen […] logischen Entwicklungen paulinischer Theologie"[98] auf. Seine eigene Arbeit versteht er wesentlich als Vertiefung und Konkretisierung solcher Ansätze, die auf einen „geschichtlich bedingten Interpretationsprozess […]"[99] zwischen Paulus und dem Epheserbrief zielen. Gese kommt zu dem Ergebnis, dass der Epheserbrief eine „adäquate Neuinterpretation der paulinischen Theologie für die nachapostolische Generation"[100] sei. Ähnlich sieht U. Luz den Verfasser des Epheserbriefs als „gute[n] paulinische[n] Theologe[n]" an, der „Paulus nicht kritisieren, sondern bewahren und vertiefen wollte"[101].

Schulbildung des Paulus sowie des Schulbetriebs vgl. umfassend VEGGE, Paulus und das antike Schulwesen.

[96] Siehe dazu programmatisch den Titel der Arbeit von GESE: Das Vermächtnis des Apostels; POKORNÝ, Epheser 15f., spricht wiederholt vom „paulinischen Erbe"; SCHNELLE, Einleitung 49: „das Erbe der paulinischen Theologie"; LINCOLN, Ephesians lxxii: „an attempt to pass on the Pauline heritage".

[97] Vgl. zu diesem Gütemaßstab v.a. GESE, Vermächtnis, z.B. 110 „sachgemäß[e]" Rezeption; 161 „richtig[e]" Wiedergabe; 164 „adäquat[e]" Wiedergabe; 171 „dem paulinischen Ansatz entspr[e]ch[en] oder nicht"; auch BEST, Ephesians 43f.: „Is the picture of Paul presented in Ephesians in harmony with that which he gives of himself in the certainly genuine letters? […] , Yes'."; siehe auch schon STEINMETZ, Heils-Zuversicht 129, der von „passende[m] Äquivalent" spricht.

[98] POKORNÝ, Epheser 40.

[99] GESE, Vermächtnis 21.

[100] Ebd.; vgl. das Fazit am Ende der Arbeit, 275: „Unter den nachpaulinischen Briefen bietet der Epheserbrief als einziger eine Theologie, für die zugleich der Anspruch zeitloser Gültigkeit und Verbindlichkeit erhoben wird. Gerade das berechtigt, den Epheserbrief als das *theologische Vermächtnis der Paulusschule* anzusprechen" (Hervorhebung im Original).

[101] LUZ, Epheser 110; vgl. auch ähnlich LINCOLN, Ephesians lxxii „[...] the writer becomes the mouthpiece for the Pauline tradition as he both creates a hearing for it and reinterprets it for a new situation"; SCHNACKENBURG, Epheser 34, bezeichnet den Verfasser des Epheserbriefs als „Tradent[en] und Interpret[en] der paulinischen Tradition". Auch HOPPE, Erinnerung an Paulus 281, versteht den Verfasser des Eph ausdrücklich als „Paulus*interpret*[en]" (Hervorhebung im Original).

Wo im Hinblick auf die Geschichte des Frühchristentums der Schwerpunkt der Epheserbrief-Exegese stärker auf die religionsgeschichtliche Verortung gelegt wird, richtet sich der Blick nicht mehr nur ‚nach hinten' auf die paulinische Tradition, sondern auch ‚nach vorn' bzw. ‚zur Seite' auf das Verhältnis zur Gnosis bzw. gnostischen Vorstellungskreisen. Hier wird in Abgrenzung von den früheren Thesen der Religionsgeschichtlichen Schule der Epheserbrief als Angelpunkt auf dem Weg zur Ausbildung gnostischer Ideenkomplexe begriffen. Über „geschichtlich-apokalyptische" Begriffe des Paulus hinausgehend bediene der Verfasser des Epheserbriefes sich „wesentlich gnoseologischer und kosmologischer Kategorien"[102]. Sei zwar der Epheserbrief selbst nicht gnostisch zu lesen, sondern mit „de[m] paulinischen Mutterboden"[103] verwachsen, so gerate er doch nach R. Schwindt durch den Gebrauch dieser Kategorien „zum Motivspender und Anreger späterer gnostischer Ideen und Weltentwürfe". Er bereite damit die „von der Paulusschule ausgehende ‚tritopaulinische Kehre'" mit vor.[104]

E. Popkes stellt die Frage nach deuteropaulinischer Eschatologie sowohl hinsichtlich der Paulusschule als auch in Bezug auf spätere gnostische Vorstellungen. Insbesondere der 2. Thessalonicherbrief gibt seiner Meinung nach Einblick „in die theologischen Streitigkeiten der Paulusschule"[105], insofern er „gegen Frühformen gnostischer Systembildungen polemisier[t], die sich innerhalb der Paulusschule entwickelten."[106] Diese seien in der Auferstehungsvorstellung des Kolosser- und Epheserbriefs zu sehen, die selbst zwar noch nicht gnostisch sei, aber zu einem „Zentralaspekt gnostischer Paulusinterpretation [avancierte]."[107]

Die These der Nähe zu Paulus auf der einen Seite steht durch ihre harmonisierenden Tendenzen in der Gefahr, ‚Sprünge' und Dissonanzen vorschnell aufzulösen. Metaphernkomplexe aus den Bereichen der Archäologie (vgl. ‚Spuren' oder ‚Relikte' futurischer Eschatologie, ‚Bewahrung'), Hinterlassenschaft/Verwaltung (vgl. ‚Erbe', ‚Vermächtnis', ‚Pflege') und Genetik/Biologie (vgl. ‚Mutterboden') sowie die Richtigkeitsterminologie verraten, dass dem Epheserbrief ein eigener Entwurf tendenziell aberkannt wird. Die speziellen Anliegen des Epheserbriefes kommen somit schwerlich in den Blick. Wo auf der anderen Seite Unterschiede zu Paulus erkannt werden, sollte dies nicht nur als Schwierigkeit oder Unzulänglichkeit gewertet werden. Die vorliegende Untersuchung löst den Epheserbrief zunächst aus ei-

---

[102] SCHWINDT, Weltbild 508.
[103] Ebd. 506.
[104] Ebd. 508.
[105] POPKES, Bedeutung 64.
[106] Ebd. 63.
[107] Ebd.

ner umfassend postulierten Anbindung an Paulus, um ihn als Eigenentwurf zu verstehen und zu würdigen. Auf die Frage nach seinem Standort innerhalb der paulinischen Tradition soll jedoch nicht verzichtet werden, da sie die Möglichkeit einer Einzeichnung in die Geschichte des Frühchristentums erlaubt. Diese Frage kann aber erst im Anschluss an die Analyse zentraler Texte des Epheserbriefs gestellt werden, d.h. die Antwort ist nicht schon vorauszusetzen.

2.2.2 Der neutestamentliche Eschatologiebegriff

Bei der Analyse des Zeitverständnisses im Epheserbrief wird mit einem weithin gängigen Beschreibungsinventar neutestamentlicher Eschatologie gearbeitet, das von wenigen Ausnahmen abgesehen seit Jahrzehnten keine nennenswerten Neuerungen erfahren hat. Die neutestamentliche Eschatologie ist ein komplexes und kontrovers diskutiertes Thema. Idealtypisch lassen sich die folgenden Zugangsmöglichkeiten differenzieren, insoweit sie für die Interpretation des Epheserbriefs aufgenommen und terminologisch relevant geworden sind.[108]

Die einzelnen Forschungsthesen, die vornehmlich der Quellen- und Redaktionskritik entspringen, um auf diese Weise zwischen eschatologischen Vorstellungen Jesu und der Urgemeinde sowie den späteren literarischen Entwürfen der einzelnen Verfasser zu unterscheiden, sind hier ebenso wenig wie das damit einhergehende degenerative Geschichtsbild[109] zu erörtern. Grundsätzlich sind Zweifel gegenüber solchen Verfahren anzumelden, welche die einzelnen Überlieferungsstadien mit einem hermeneutischen Ungleichgewicht bedenken.[110] Die vorliegende Untersuchung sieht dagegen die vorhandene literarische Einbindung und Verknüpfung als Sinn konstituierend an.[111]

Die gängigen Beschreibungsschemata sind:

a) ‚Futurische' vs. ‚aoristisch-präsentische' Eschatologie. Diese Forschungsbegriffe greifen den neutestamentlichen Textbefund auf, in welchem „Zukunfts- und Gegenwartsaussagen [...ein] unlösliche[s] Beieinander"[112] bilden.

---

[108] Vgl. zu einer umfassenderen Darstellung der Thematik SAUTER, Eschatologie; KLEIN, Eschatologie; siehe zur älteren Forschungsgeschichte beispielsweise KÜMMEL, Das Neue Testament, *passim*; GOPPELT, Theologie des Neuen Testaments 101–104.

[109] Als erster hat OVERBECK, Christentum und Kultur 8, das Modell von „Anfang", „Blütezeitalter" und „Ende" auf das Christentum angewendet: „Auf den Boden der geschichtlichen Betrachtung versetzt, ist das Christentum rettungslos dem Begriff der Endlichkeit oder auch der Decadenz verfallen."

[110] Zur Kritik siehe ERLEMANN, Naherwartung 22f. und die dort genannte Literatur.

[111] So auch ebd. 23f.

[112] GRÄSSER, Naherwartung 138.

b) ‚Konsequente Eschatologie‘[113] vs. ‚realized eschatology‘[114]; der Gegensatz bezieht sich auf unterschiedliche hermeneutische Gewichtungen der erstgenannten Alternative. Während es Vertretern der konsequenten Eschatologie um die Betonung des futurischen Charakters der Basileia Gottes sowie der Naherwartung Jesu geht und sie sich dabei dem im Zuge der Aufklärung aufgeworfenen Problem eines Irrtums Jesu ausgesetzt sehen[115], akzentuiert das Modell der ‚realized eschatology‘ die präsentischen Aussagen. Das Reich Gottes ist nach diesen Entwürfen mit Jesu Christi irdischem Erscheinen bereits angebrochen. Von diesen Forschungsrichtungen ausgehend hat sich die Rede von ‚futurischer‘ vs. ‚realisierter‘ Eschatologie eingebürgert. Von den auch nach wie vor gebräuchlichen einseitigen Gewichtungen sind Ansätze zu unterscheiden, die zwischen Gegenwarts- und Zukunftsaussagen stärker zu vermitteln bemüht sind.

---

[113] Dieser Begriff bezeichnet eine Forschungsrichtung, die die eschatologische Bedeutung der Basileia-Verkündigung und des Messiasanspruchs Jesu stark betont (vgl. dazu auch ERLEMANN, Naherwartung 3–7; SAUTER, Eschatologie 31–35). Das ursprüngliche zukünftige Verständnis der Reich-Gottes-Verkündigung Jesu sei im Fortlauf der Geschichte des Frühchristentums immer stärker modifiziert und ent-eschatologisiert worden. Programmatische Vertreter dieser Einschätzung sind J. WEISS, Die Predigt vom Reiche Gottes (1892), 71: „Die Verkündigung des *kommenden* Reiches Gottes [ist] so zu sagen das Normale, die proleptischen Aussagen [sind] aber Ausnahmen [...]“; R. KABISCH, Die Eschatologie des Paulus (1893); P. WERNLE, Der Christ und die Sünde bei Paulus (1897); A. SCHWEITZER, Geschichte der Leben-Jesu-Forschung (1906); DERS., Die Mystik des Apostels Paulus (1930) VIII: „Meine Studien [...] drehen sich alle um die beiden Fragen, ob neben der eschatologischen Auffassung der Predigt Jesu eine andere noch irgendwie Raum hat und wie der ursprünglich durch und durch eschatologische Christusglaube bei der Ersetzung der eschatologischen Denkweise durch die hellenistische verfahren ist.“
[114] Diese Position verbindet sich mit dem englischen Neutestamentler C.H. DODD, The Parables of the Kingdom (1935). Als Antwort auf die starke Betonung der futurischen Komponente urchristlicher Reich-Gottes-Vorstellung hebt Dodd dagegen den Vorrang des präsentischen Verständnisses bei Jesus hervor. Zentraler Streitfall ist die Deutung des ἤγγικεν in Mk 1,15 (sowie die Deutung von Lk 11,20; 17,20ff.). Während J. Weiß hieran die konsequent-eschatologische Interpretation festmacht, ist Dodd die Stelle eindeutiger Beweis für den Entwurf einer ‚realized eschatology‘, a.a.O. 44: „We should translate both: ‚The kingdom of God has come‘“ (vgl. dazu auch Sauter, Eschatologie 61–65). – Aus freilich anderen Gründen, mit denen nicht durch das Interesse am historischen Jesus geleitet, legten K. Barth, R. Bultmann oder auch P. Tillich ihrerseits den hermeneutischen Schwerpunkt der Eschatologie auf die Gegenwart bzw. in ihr erfahrbare Dialektik von Zeit und Ewigkeit; vgl. dazu den Überblick bei SCHWÖBEL, Die Letzten Dinge 443–445.
[115] Um dieser Schwierigkeit entgegenzutreten, sucht W.G. Kümmel den Nachweis zu erbringen, dass Jesus mit einer Zwischenzeit zwischen seinem Tod und der Parusie gerechnet habe, ihm also aufgrund der Parusieverzögerung kein Irrtum unterstellt werden könne (siehe: KÜMMEL, Verheißung und Erfüllung 58–76). Zur Kritik vgl. GRÄSSER, Naherwartung 121–124.

c) Von der Beobachtung der ‚realized eschatology' her, dass das Reich Gottes zwar ‚schon jetzt' Gegenwart, seine universale und qualitativ vollgültige Manifestation aber ‚noch nicht' vollzogen sei, kommt es zur konzeptionellen Weiterführung, die Eschatologie als Zeit der Kirche im Spannungsfeld von gegenwärtiger Heilsfülle in Christus und zukünftiger vollständiger Offenbarung versteht.[116] Die Rede vom ‚eschatologischen Vorbehalt'[117] knüpft an diese Vorstellung an, dass zwar der entscheidende Kampf bereits ausgefochten ist, die Manifestation des endgültigen Siegs aber noch aussteht. Mit Jesus bricht das eschatologische Heil inmitten der alten Lebensordnung an: „gleichgültig, wie schnell und weit die grundsätzliche Überwindung der Apokalyptik urchristlich ins Bewußtsein trat und in der eschatologischen Dialektik von Schon jetzt und Noch nicht des Heils theologisch Gestalt gewann"[118]. Diese Dialektik zwischen „Futurum und christologischem Perfektum"[119] bilde bei aller unterschiedlichen Akzentuierung im Einzelnen die Konvergenz neutestamentlicher Eschatologie.

Generell basieren diese Modelle neutestamentlicher Eschatologie auf der Vorstellung von Zeit als linearer Chronologie[120], die durch absolute Tempora wiedergegeben wird[121]. Ihre Abschnitte werden in Vergangenheit, Gegenwart und Zukunft unterteilt und das Heilsgeschehen in diese eingeordnet. Das Novum frühchristlicher, insbesondere paulinischer Eschatologie bestehe gegenüber frühjüdischer Apokalyptik in der Etablierung eines Schnittfeldes zwischen dem alten und dem neuen Äon (vgl. ‚Schon jetzt – Noch nicht').[122] Neben dieser

---

[116] Vgl. CULLMANN, Christus und die Zeit 72f.; 124; die Entscheidungsschlacht sei schon gewonnen, der Krieg würde aber noch weiter geführt bis zur Parusie Christi.

[117] Vgl. zu dieser begrifflichen Prägung, die auf E. Peterson in seiner Römerbriefvorlesung zurückgehen soll, NICHTWEISS (Hg.), Römer XII: „über Käsemann [fand] der von Peterson in dieser Vorlesung kreierte Begriff des ‚eschatologischen Vorbehalts' in die allgemeine theologische Begrifflichkeit […] Einlaß."

[118] KLEIN, Eschatologie 276.

[119] Ebd. 295.

[120] Vgl. zur heilsgeschichtlichen Neustrukturierung in der Konzeption von Cullmann und zur Kritik der Forschung daran als ein dem lukanischen Geschichtswerk entsprechendes Geschichtsverständnis, SCHWÖBEL, Die Letzten Dinge 447f. Anders dagegen das Konzept qualitativ bestimmter Eschatologie bei BULTMANN, Theologie passim.

[121] Vgl. zu den Auswirkungen der verbal-aspect-Theorie exemplarisch meine Interpretation von Röm 6, s.u. VI.1.1.3.

[122] Siehe LINCOLN, Ephesians lxxxix.: „As is well known, one main strand in Paul's eschatological framework is the concept of the two ages found in some Jewish apocalypses. Paul modifies this in various ways because of what he believes to have happened in Christ. He sees the time between the resurrection and the parousia as the overlap of the ages in which there is a tension between present and future aspects of the blessing of the end-times"; vgl. auch SASSE, αἰών 207: „Das Neue Testament stimmt in der Anschauung von den beiden Aionen im we-

generellen Differenz bedienten sich aber die neutestamentlichen Verfasser zur Formulierung eschatologischer Sachverhalte zahlreicher Motive und Einzeltopoi der Apokalyptik.[123] Eine starre Antithese zwischen jüdischer Apokalyptik und neutestamentlicher Eschatologie sei deshalb problematisch.[124]

Die genannten Grundoppositionen finden ihre Erweiterung durch die oft synonym gebrauchte Antithese von ‚räumlicher vs. zeitlicher‘ Eschatologie. So avanciert unversehens Räumlichkeit zum Kennzeichen von aoristisch-präsentischer, realisierter Eschatologie und damit letztlich Ent-Eschatologisierung[125] – Zeitlichkeit dagegen zum Merkmal futurischer Eschatologie.

Auch die Zeitvorstellungen des Epheserbriefs werden mit den genannten Kategorien beschrieben. In besonderer Weise ist der zuletzt angeführte Gegensatz für die Erforschung des Zeitverständnisses im Epheserbrief wichtig geworden. Deshalb ist an dieser Stelle der Blick auf den Epheserbrief zu richten. Daran anschließend werden die übrigen Beschreibungsparameter in Bezug auf den Epheserbrief problematisiert. Exemplarisch sei der Beitrag zum Thema von T. Witulski genannt. Die Aoriste in Eph 2,6

„lassen deutlich werden, daß [der Verfasser …] die Auferweckung von den Toten und Einsetzung in die Himmel als ein Geschehen der Vergangenheit betrachtet […] Die Ergänzung um […] ἐν τοῖς ἐπουρανίοις in Eph 2,6 belegt, daß in der eschatologischen Konzeption des Eph der Dimension des Raumes erhebliches Gewicht zukommt. Die Apposition ἐν τοῖς ἐπουρανίοις macht deutlich, daß sein Verfasser den soteriologischen Inhalt seiner eschatologischen Konzeption, das eschatologische Heilsgut, offensichtlich räumlich […] interpretiert.“[126]

Der Grund für diese Kategorisierungen wird also am Epheserbrief selbst abgelesen und muss sogleich widerlegt werden. Zwar finden sich sowohl präsentische Heilsformulierungen als auch prägnante Raumvorstellungen in diesem Schreiben verstärkt auch in gemeinsamen Kontexten (vgl. z.B. 2,5f.). Erforderlich und sinnvoll ist aber we-

---

sentlichen mit der Apokalyptik des 1 Jhdts n Chr überein. Nur ist das Schema damit unterbrochen, daß der αἰὼν μέλλων nicht mehr nur in der Zukunft liegt.“
[123]   KLEIN, Eschatologie 285; vgl. zum Verhältnis von Apokalyptik und Eschatologie unter dem Aspekt des Gewissheitsproblems eschatologischer Aussagen WOLTER, Redeform 190f.
[124]   So beispielsweise ERLEMANN, Naherwartung 409f.
[125]   Vgl. ebd. 16.
[126]   WITULSKI, Gegenwart und Zukunft 230. Vgl. auch mit stärkerem Bezug auf die motivatorischen Konsequenzen POPKES, Heimat 241: „Konzeptionell bedeutsam ist das Vordringen von räumlichen Aussagestrukturen gegenüber zeitlichen (Eph, teilweise Hebr, Joh); darin kommt hellenistisches Denken zum Tragen. Die räumliche Vorstellung verbindet sich unterstützend mit der perfektisch-präsentischen: die Zukunft ist bereits lokalisierbar vorhanden; das verschafft Gewissheit und motiviert zum zielorientierten Verhalten.“

der diese Zuordnung – als ob Räumlichkeit und die Form des Präsens einander bedingten –, noch die Antithese Raum vs. Zeit – als ob Zeitaussagen mit Raumaussagen konkurrierten und einander ausschlössen. Beide Implikationen sind uneinsichtig und laufen zudem terminologisch darauf hinaus, dass das Präsens wie der Aorist im Unterschied zum Futur keine Zeiten darstellten.

Dass die Opposition ‚Zeit vs. Raum' schief ist, zeichnet sich bereits an einer wortstatistischen Gegenüberstellung des Epheserbriefs mit dem Kolosserbrief ab. Der Vergleich zeigt, dass der Verfasser des Epheserbriefs zusätzlich zu den vermehrt räumlichen gerade auch zunehmend zeitliche Begriffe verwendet. Bislang hat die Literatur zum Epheserbrief diesen Befund außer Acht gelassen. Das Auftreten der beiden Briefen gemeinsamen Zeitsubstantive καιρός und αἰών ist im Epheserbrief sehr viel häufiger zu beobachten. Während beide im Kolosserbrief je einmal belegt sind (Kol 1,26; 4,5), verwendet der Epheserbrief viermal καιρός (1,10; 2,12; 5,16; 6,18) und an sechs Stellen insgesamt achtmal αἰών (Eph 1,21; 2,2.7; 3,9.11.21). Das im Kolosserbrief zweimalige Wort ἡμέρα (1.6.9) erscheint im Epheserbrief dreimal (4,30; 5,16; 6,13). Die Zeitadverbien οὐκέτι und μηκέτι gebraucht der Kolosserbrief gar nicht, der Epheserbrief dagegen viermal (2,19; 4,14.17.28). Den Begriff χρόνος verwendet weder der Kolosser- noch der Epheserbrief (abgesehen von μακροχρόνιος in Eph 6,3), aber der Verfasser des Epheserbriefs gebraucht καιρός in der allgemeinen Bedeutung von Zeit. Das Spannungsmoment zwischen καιρός und χρόνος ist verblasst.[127] Νῦν bzw. νυνί findet sich fünfmal im Epheserbrief (2,2.13; 3,5.10; 5,8), zweimal im Kolosserbrief (1,24.26), ποτέ sechsmal im Epheserbrief (2,2.3.11.13; 5,8.29) und wiederum zweimal im Kolosserbrief (1,21; 3,7).

Die Vielzahl der Zeitbegriffe gibt ein besonderes Interesse am Thema Zeit zu erkennen, welches man dem Epheserbrief aufgrund der gleichzeitig starken Verwendung von räumlichen Kategorien zu Unrecht vielerorts abspricht.[128]

So erweist sich zum einen der Gegensatz zwischen räumlicher und zeitlicher Eschatologie hinsichtlich des Epheserbriefs als aporetisch. Zum anderen ist aber auch eine diffuse Verschmelzung räumlicher und zeitlicher Kategorien von fraglichem Erkenntniswert. Steinmetz z.B. folgert aus der Prämisse eines untrennbaren Zusammenhangs zwischen räumlichen und zeitlichen Kategorien, dass es im Kolosser-

---

[127] Vgl. BARR, Biblical words for Time 44.

[128] Vgl. aber THEOBALD, Augen des Herzens 76, der eine Liste zum Thema Zeit im Epheserbrief erstellt und darauf hinweist, dass „die Rede von der ‚Zeit' und den ‚Zeiten' […] den Epheserbrief in erstaunlicher Dichte [durchzieht]." Vgl. auch HÜBNER, Epheser.

und Epheserbrief um „Zeit-Räume"[129] gehe. Was sogenannte Zeit-Räume aber darstellen sollen, wird nicht näher beschrieben.

Nicht nur in Bezug auf die Opposition ‚Raum' vs. ‚Zeit' ist die einseitig an Verbalformen orientierte Alternative ‚präsentische' vs. ‚futurische Eschatologie' wenig aufschlussreich. Die Grenzen des beschriebenen Lösungsversuchs ihrer dialektischen Zuordnung werden deutlich, wo man sie auf die Interpretation des Epheserbriefs anwendet. Das mit aoristisch-präsentischen Formulierungen auf der einen, futurischen Formulierungen auf der anderen Seite korrelierte Begriffspaar ‚Schon jetzt - Noch nicht' setzt voraus, dass Tempusformen absolute Zeitaussagen beinhalten. Die Dialektik vergangenheitlicher und zukunftsbezogener Aussagen kann aber aufgrund ihres Ungleichgewichts im Epheserbrief nicht weiter helfen. Die Unzulänglichkeit manifestiert sich paradigmatisch in Kommentaren wie dem folgenden:

> „[A]s compared with the rest of the Pauline corpus, Ephesians has a much greater emphasis on the present or realized aspect of eschatology [...] The distinctive emphasis of Ephesians is on realized eschatology, but it does retain some future elements [...]."[130]

Ist man also in der Literatur zum Epheserbrief um eine ausgeglichene Sichtweise weithin bemüht, so bleibt doch deutlich, dass die Extremposition Lindemanns einen wunden Punkt getroffen hat. Freilich bedient sich auch Lindemann des Standardvokabulars bei seiner Betonung der ‚realisierten' bzw. aoristischen Eschatologie. Es ist aber einsichtig, dass diese − einmal so bezeichnete − im Epheserbrief in einer spannungsvollen Zuordnung zu futurischen Aussagen nicht mehr aufgeht. Dies jedenfalls nicht, wenn man die Dialektik in der Weise versteht, dass bei gegenwärtig schon erfahrbarem Heil seine zeitliche Zukünftigkeit doch stets gewahrt bleibt, d.h. wenn man die Verbalformen als Wiedergabe absoluter Zeitstufen versteht. Die Unergiebigkeit zeigt dann (neben quantitativen Befunden) in der Tat programmatisch Eph 2,5f. Denn von hier aus fällt es schwer, eine Spannung oder einen eschatologischen Vorbehalt in dem skizzierten Verständnis aufrechtzuerhalten. Wenn die Christen ‚Schon jetzt auferstanden und neben Christus eingesetzt' sind, bleibt für das ‚Noch nicht' eine Steigerung nicht denkbar. Da es gleichwohl futurische Aussagen im Epheserbrief gibt, diese in den herkömmlichen Kategorien von Spannung und ‚Vorbehalt' aber allenfalls gezwungen aufgehen, ist offensichtlich auch auf dieser Ebene ein Aufbrechen der bisherigen Terminologie und methodischen Zugangsweise gefordert.

Allerdings fehlt es auch nicht an kritischen Stimmen zu den konventionellen Beschreibungsparametern. Statt ‚präsentisch' möchte E.

---

129   STEINMETZ, Heils-Zuversicht 52.
130   LINCOLN, Ephesians lxxxix. xc.

Faust die Eschatologie des Epheserbriefs lieber ‚gnoseologisch' nennen.[131] So beschreibt er die im Epheserbrief vorhandene Spannung als zwischen gnoseologischer Heilsteilhabe und irdischem Warten auf Erlösung bestehend. Im Kontext der als Indiz für Erstere angeführten Textpassage Eph 2,5f. ist aber von einem Erkenntnis-Aufstieg in keiner Weise die Rede.[132] So ist die Formulierung von Faust mehr als Hinweis auf ein nach wie vor ungelöstes Problem zu werten denn als geglückter Versuch einer Neubeschreibung.

K. Erlemann beschließt seine Untersuchung zur neutestamentlichen Zeiterfahrung mit einer Problematisierung der gängigen Alternativen: jüdische Apokalyptik vs. neutestamentliche Eschatologie; futurische vs. präsentische Eschatologie; kollektiv-universale vs. individuell-hellenistische Naherwartung; Naherwartung vs. Stetserwartung; ‚absolute' vs. funktionalisierte Naherwartung. Da die vorliegende Arbeit dieses Anliegen grundsätzlich teilt, soll auf die Vorschläge speziell eingegangen werden. Es geht Erlemann weniger um die Terminologie selbst, als vielmehr um den hermeneutischen Wert der *Alternative*.[133] Das Verhältnis von Gegenwarts- und Zukunftsaussagen möchte er deshalb im Anschluss an B.J. Malina[134] als eines von „Anfang und Ganzem", „Keim und Frucht", „Potential und Realisierung" verstanden wissen. Bestätigung erfährt diese Ansicht nach Erlemann durch ein bestimmtes Metaphernfeld, das im Neuen Testament Verwendung findet und für das Konzept *Anfänge, die das Ganze verbürgen* steht.[135] Wenn aus Metaphern wie ‚Erstlingsgabe' (vgl. z.B. 1Kor 15,20.23), ‚Bürge' (vgl. Hebr 7,22), ‚Vorschussgabe' (vgl. z.B. 2Kor 5,5; Eph 1,13f.) oder ‚Vorgeschmack' (vgl. Hebr 6,4–6) gefolgert wird, dass „beide Zeitstufen hermeneutisch gleichwertig" sind und die „angebliche Spannung" nicht „literarkritisch oder durch Annahme einer [...] Entwicklung der Eschatologie zu erklären" ist, liefert dies nicht allzu weiterführende Ergebnisse. Zwar hält Erlemann fest, dass es bei seiner Verhältnisbestimmung weder um eine Antithese noch um eine „Dialektik" geht, „sondern um das Verhältnis von Teil und Ganzem, von Unsichtbarkeit und Sichtbarkeit"[136]. Gleichwohl entsteht der Ein-

---

[131] FAUST, Pax 69.

[132] Das angeblich dem gesamten Brief zugrundeliegende Referenzsystem eines σάρξ-πνεῦμα-Dualismus wird in weiteren Zusammenhängen zu widerlegen sein, siehe besonders Kap. IV.2.1.2.1.e).

[133] Siehe ERLEMANN, Naherwartung 411: „Die Alternative präsentische *versus* futurische Eschatologie bei Jesus [ist] unbrauchbar. Aber auch darüber hinaus, im Bereich des frühen Christentums, ist kein Gegensatz zwischen präsentischer und futurischer Eschatologie zu erkennen."

[134] Vgl. MALINA, Christ and Time 16.

[135] Siehe ERLEMANN, Naherwartung 412. Vgl. zu den metaphorologisch orientierten Überlegungen die Aufsätze: DERS., Der Geist als ἀρραβών (2Kor 5,5); DERS., Anfänge, die das Ganze verbürgen.

[136] ERLEMANN, Geist 223.

druck, dass Erlemann die aufgewiesenen Metaphern in einer Weise deutet, die nicht wesentlich mehr oder anderes als das zum Ausdruck bringt, was herkömmlich als eschatologischer Vorbehalt bezeichnet wird. Der terminologische Vorschlag von ‚evolutionistischer'[137] Eschatologie ändert daran nichts. Denn die Argumentation bewegt sich in den üblichen Begriffen. „Es geht um die Spannung zwischen dem, was man *jetzt* hat, und dem, was *noch* aussteht"[138]. Der Eindruck bestätigt sich durch die Aufnahme der konventionellen Formulierung vom „Schnittfeld von altem und neuem Äon"[139], in dem die Gemeinde stehe.

Zwar ist begrüßenswert, dass in der Diskussion um neutestamentliche Eschatologie verstärkt auf den philologischen Befund geachtet wird und metaphorologische Überlegungen eine Rolle zu spielen beginnen. Es bleibt aber v.a. das methodische Problem des metapherntheoretischen Zugangs offen. Erlemann diskutiert dieses Problem nicht, setzt aber anscheinend eine klassische Substitutionstheorie voraus. Bei der derzeitigen Fülle von Metapherntheorien wäre dieser Ansatz generell zu begründen – davon abgesehen, dass er sich m.E. nicht anbietet (s.u. Kap.I.4). Der inhaltlichen Auswertung der metaphorischen Aussagen ist entsprechend im Detail nicht immer zuzustimmen.

Ist Erlemann bei Gegenwarts- und Zukunftsaussagen daran gelegen, ihr sinnvolles Miteinander neu zu erschließen, und bietet er dabei tendenziell doch bekannte Lösungen an, so geht es ihm bei den Themen kollektive vs. individuelle Eschatologie sowie Naherwartung vs. Stetsbereitschaft mehr um den Aufweis unsystematischen Nebeneinanders. Diese verschiedenen Konzeptionen seien nicht nicht als sukzessive Entwicklungsstadien innerhalb des Frühchristentums zu interpretieren.[140] Dass Erlemann das parallele Vorkommen scheinbar inkongruenter Vorstellungen unter Berücksichtigung von Kommunikationstheorie und Textpragmatik erklärt, ist eine zentrale methodische Entscheidung. Bei der Beurteilung eschatologischer Entwürfe spielten unterschiedliche Gattungen, Erzählebenen und damit verbundene Funktionen und Wirkabsichten eine wichtige Rolle. Deshalb sei jeweils genau der literarische Kontext zu untersuchen, in den ein Teiltext eingebunden ist.[141] Dazu bezieht Erlemann auch soziohistorische und -psychologische Fragestellungen mit ein.[142] Der methodische Ansatz ist wichtig und führt zur Wahrnehmung von nicht-quantitativen

---

[137]   Vgl. z.B. DERS., Naherwartung 410–412; 419; DERS., Anfänge 84.

[138]   Ebd. 61 (Hervorhebung S.R.). Dazu passt folgendes Anliegen schlecht, DERS., Naherwartung 410: „Auch das [...] heuristische Modell von ‚schon' und ‚noch nicht' ist in Frage zu stellen."

[139]   ERLEMANN, Anfänge 84.

[140]   Vgl. DERS., Naherwartung, z.B. 413; 416f.

[141]   Vgl. ebd., insbesondere 18f.; 22–25.

[142]   Vgl. ebd. 46–50.

Zeitmodellen, die Erlemann beispielsweise als „emotional-affek-tiv[...]" beschreibt.[143]

Nach Durchsicht der bestehenden Probleme und Lösungsversuche sind für die vorliegende Untersuchung folgende Ansatzpunkte entscheidend. Zweifel bestehen daran, dass allein von der aoristischen, perfektischen, präsentischen oder futurischen Verbalform aus eindeutige Bezugnahmen auf eine absolute Zeitstufe (Vergangenheit, Gegenwart, Zukunft), auf der sich ein beschriebener Vorgang ereignet, hergestellt werden können. Vielmehr ist damit zu rechnen, dass auch der Aussagegehalt von Verbalformen ohne die präzise Analyse des Kontextes und die Einbeziehung weiterer Textebenen, insbesondere Form und Pragmatik, nicht ausreichend erfasst werden kann. Ob also eine Aussage beispielsweise im Futur formuliert ist, erlaubt *per se* nur begrenzte und relative Zeitaussagen. Vielmehr ist nach ihrer Einbindung in den literarischen Zusammenhang zu fragen. Auf wen bezieht sich die Aussage, welche deiktischen Elemente determinieren sie, auf welcher Erzähl- oder Argumentationsebene ist sie angesiedelt, was will der Verfasser bei seinem Leserkreis erreichen, welche Funktion hat die Aussage? Von diesen zahlreichen Einzelaspekten her erweisen sich die Parameter von präsentischer und futurischer Eschatologie als unergiebig.

Auffällig ist, dass Erlemann die Opposition ‚räumliche vs. zeitliche Eschatologie‘ keiner eigenen Thematisierung unterzieht. Gerade sie bildet eines der interpretatorischen Hauptdilemmata des Epheserbriefs. Bei der Frage nach Raum und Zeit im Kontext eschatologischer Entwürfe trifft man grundsätzlich auf ratlose Zurückhaltung, die sich in der oben beschriebenen Kompromissbildung spiegelt. Dies ist ein deutliches Indiz für den Bedarf einer Analyse. Unter Rückgriff auf die kognitivistische Metapherntheorie wird gezeigt werden, dass die herkömmliche Bestimmung eines Alternativverhältnisses nicht weiter führt.

Der Gebrauch der Oppositionen ‚präsentisch‘ vs. ‚futurisch‘, ‚realisiert‘ vs. ‚zukünftig‘, ‚räumlich‘ vs. ‚zeitlich‘ sowie die damit zusammenhängenden dialektischen Verhältnisbestimmungen zwischen den Gegensätzen sollen also aufgrund ihres für den Epheserbrief aporetischen Charakters zunächst vermieden werden.

2.2.3 Zur Diastase von jüdisch-christlichen und paganen Zeitkonzeptionen

Bis heute werden frühchristliche Zeitvorstellungen weitgehend einseitig zu alttestamentlichen und frühjüdischen Modellen in Bezug gesetzt. G. Stählin arbeitete bereits in seinen Ausführungen zum νῦν beispielsweise mit einem diastatischen Verhältnis von neutestament-

---

[143] Ebd. 408.

lichen Zeitvorstellungen einerseits und paganen Modellen anderseits. Dieses Vorgehen drückt sich deutlich im folgenden Zitat aus:

„Namentlich Aristoteles und im Anschluss an ihn die stoische und die skeptische Schule haben z.T. ausführliche Untersuchungen über das Jetzt und sein Verhältnis zur Zeit vorgenommen. Aber sie tragen für die Erfassung des ntl Jetzt-Begriffs wenig aus; denn die Griechen sind bei allen ihren Erwägungen in einem unfruchtbaren und formalen Theoretisieren steckengeblieben."[144]

Die scharfe Trennung zwischen neutestamentlichen und frühjüdischen Zeitvorstellungen einerseits und paganen andererseits ist hier durch eine radikale Abwertung hellenistischer Zeitmodelle begründet. Sogenannte pagane Vorstellungen werden nach wie vor bei der Frage nach der Auferstehung wenig berücksichtigt.[145] Während bei kosmologischen und soteriologischen Fragen zunehmend hellenistische Vergleichstexte herangezogen werden[146], beansprucht die Diastase von Frühchristentum und paganer Umwelt in den Untersuchungen zur Eschatologie des Epheserbriefs unveränderte Geltung. Zwar wird sie nicht thematisiert, aber oftmals zugrunde gelegt. Hellenistisch-römische Zeitvorstellungen (abseits der Gnosis) spielen in der Erforschung des Epheserbriefs bisher keine Rolle. Die vollständige Isolierung von frühchristlichen Vorstellungen zum Thema Zeit ist im Hinblick auf die gesamte römisch-hellenistische Welt problematisch. Wenn auch direkte Abhängigkeitslinien fraglich sind, so zeigt die frühjüdische Rezeption philosophischer Zeitvorstellungen doch, dass eine Auseinandersetzung mit paganen Zeitmodellen im Bereich des hellenistischen Judentums stattfand (vgl. zur Aufnahme platonischer und stoischer Vorstellungen bei Philo, Post. 14; Deus 31f.; Opif. 26; Prov. II 53).

Die neutestamentlichen Schriften, und so auch der Epheserbrief, beschreiben keine Spezialabhandlungen über das Wesen der Zeit. Trotzdem gilt, dass derjenige, der sich in der Antike mit diesem Thema befasst, an der Zeittheorie des Aristoteles nicht vorbeikommt. Sie bildet die Grundlage für jede weitere antike Beschäftigung mit Zeit. Insbesondere die Diskussionen innerhalb der Stoa nehmen ihren Anfangspunkt in der aristotelischen Theorie.[147] Wenn der Epheserbrief sich in Bezug auf ein Konzept von Zeit seiner Leserschaft in Kleinasien ver-

---

[144] STÄHLIN, νῦν 1103 Anm. 35.
[145] Eine Ausnahme stellt neuerdings die Untersuchung von PERES dar: Griechische Grabinschriften.
[146] Vgl. die oben dargestellten Untersuchungen von FAUST, Pax, und SCHWINDT, Weltbild.
[147] Siehe dazu LONG/SEDLEY, Philosophers 306: „Aristotle had discussed time at length in *Physics* IV.10–14. Whether directly, or through the mediation of later Peripatetics, his views seem to have been the starting-point for Stoic discussions. Both schools agreed that time has no existence in its own right, and the Stoics chose to classify it among the ‚incorporeals‘."

ständlich machen will, muss er möglichst zeitgenössische Sprach-
kompetenzen nutzen und Konzepte aktivieren.

Deshalb wird der Analyse des Epheserbriefs eine traditionsgeschichtliche Anzeige zur Zeittheorie des Aristoteles vorangestellt (s.u.
Kap. I.5). Diese soll an einem exemplarisch großen und wichtigen
Text klären, worüber eigentlich gesprochen wird, wenn man sich mit
antiken Zcitkonzepten beschäftigt. Der Zugang zum Thema versteht
sich dabei nicht lediglich als zusätzliche Anhäufung traditionsgeschichtlichen Vergleichsmaterials. Vielmehr geht es um einen notwendigen Schritt, frühchristliches Zeitverständnis vor der prominen-
ten Zeittheorie der Antike zu profilieren.

2.2.4 Gnostische Zeit und liturgische Zeit

Auf der Terminologie präsentische vs. futurische Eschatologie und
dem Textbefund, dass sich im Epheserbrief Heilsformulierungen im
Präsens, Perfekt und Aorist finden, bauen im Wesentlichen zwei traditionsgeschichtliche Erklärungsmodelle auf. Sie können als gnostische
und liturgische Lesart gekennzeichnet werden. Eine dritte, neuerdings
verstärkt Zuspruch findende Möglichkeit ist die einer gnoseologischen Lektüre der Präsensformen.

In seiner Dissertation deutet A. Lindemann im Anschluss an die
Bultmann-Schüler H. Schlier und E. Käsemann die Heilsaussagen des
Epheserbriefs gnostisch.[148] So wird die Auferweckung und Himmelfahrt der Christen (Eph 2,1–10) im Sinne gnostischen Existenzver-
ständnisses als bereits vollzogene Entrückung aus der Welt gedeutet.
Der Christ sei durch diese Entrückung real der Macht der Welt enthoben. Als vollendeter Heilsraum werde die Kirche zu einer ontologischen, zeitlosen Größe, die in einen Dualismus zur feindlichen Welt
gerate (vgl. v.a. Kampfesbilder in Eph 6). Die präsentisch-aoristischen
Heilsaussagen des Epheserbriefs bezögen sich auf dieses vollendete
Sein, das allen Christen individuell-existenziell zugänglich sei. Die
αἰών-Aussagen des Epheserbriefs werden räumlich-personal im Sinne
gnostischer Vorstellungen verstanden. Mit αἰών seien demnach keine
zukünftigen Zeiten gemeint.

Inzwischen bestehen mehrheitlich Zweifel an der gnostisch-anti-
gnostischen Lektüre. Eine differenzierte und kritische Darstellung der
religionsgeschichtlichen Erforschung des gnostischen Erlösermythus
bietet C. Colpe in seiner Habilitationsschrift von 1961[149]. Anhand von

---

[148] Siehe dazu oben Kap. I.2.1.2.

[149] COLPE, Religionsgeschichtliche Schule; siehe auch DERS., Leib-Christi-Vorstellung 174–179; vgl. aber bereits die Habilitationsschrift von H. HEGERMANN
aus dem Jahr 1958, die drei Jahre später im Druck erschien: ‚Die Vorstellung vom
Schöpfungsmittler im hellenistischen Judentum und Urchristentum‘. Ihr Anliegen
ist es, für kosmologische Christus- und Heilsvorstellungen im Kolosser- und
Epheserbrief, insbesondere für die Leib-Christi-Vorstellung, Einflüsse der hellenistischen Synagoge im Unterschied zu gnostischen Vorstellungen aufzuzeigen;

Analysen der auch von R. Reitzenstein und W. Bousset herangezogenen Texte unterzieht er die verschiedenen Etappen der Analyse des
gnostischen Urmensch-Erlösers sowie die etablierten Beschreibungsparameter sorgfältiger Prüfung. Der methodische Fehler, genetisch
„alles aus jedem erklären"[150] zu können, soll dabei nicht wiederholt
werden.

Einsichtig widerlegt Colpe die Genealogie, die die Wurzeln des
gnostischen Urmenschen über die jüdische Messiasvorstellung bis hin
zum iranischen Gayomart zurückverfolgt.[151] Bezüglich der überkom-
menen Kategorien erfährt speziell die Terminologie ,erlöster Erlöser'
und ,Urmensch-Erlöser' nachhaltige Einwände. Bei der Rede vom ,er-
lösten Erlöser' handle es sich zunächst nur um ein „modernes Inter-
pretament, das sich [...] in den Quellen nicht findet"[152]. Darüber hinaus sei die in den Formeln enthaltene Identität von Urmensch und
Erlöser nicht geeignet zur Kennzeichnung gnostischer Vorstellungen.[153] Was insbesondere die Leib-Christi-Vorstellung im Epheserbrief angeht, kommt Colpe zu dem Schluss, dass „die gnostische So-

---

vgl. auch SCHENKE, Der Gott „Mensch" in der Gnosis 155: „Damit heißt es, Ab-
schied zu nehmen von den so interessanten Theorien Schliers und Käsemanns."
Später äußert sich Schenke allerdings abweichend (SCHENKE, Neutestamentliche
Christologie und der gnostische Erlöser 221): „Der Kolosserbrief und der Epheserbrief sind als ganze erheblich von gnostischen Vorstellungen geprägt [...]." Im
Zusammenhang mit dem hellenistisch-jüdischen Interpretationsmodell des Eph
und speziell des Leib-Christi-Motivs ist außerdem wichtig: SCHWEIZER, Die Kirche als Leib Christi, *passim*.
[150]   COLPE, Religionsgeschichtliche Schule 196.
[151]   Siehe dazu insbesondere das 3. Kapitel, ebd. 140–170, das sich dem Nachweis widmet, „daß der iranische Urmensch Gayōmart weder in der Gnosis noch im
Spätjudentum eine Nachgeschichte gehabt hat" (169); vgl. das Fazit 152: „Auch
wenn man für den Menschensohn einerseits, Gayōmart und Yima andererseits so
viele gemeinsame Züge konzediert, wie wir es getan haben, kommt man über eine
Analogie nicht hinaus. [... 153] Weder direkt noch auf dem Umweg über den Menschensohn sind für den gnostischen Urmenschen Aufschlüsse aus dem awestischen
Gayōmart zu erwarten."
[152]   Ebd. 174: „[...] die Formel ,Erlöster Erlöser' ist eine Bezeichnung, die sich
aus der Konstruktion des Mythus *ergibt*, wenn man von verschiedenen Stellen des
mythologischen Dramas aus auf den Erlöser blickt. Das Partizip ,erlöst' gehört
also nicht in dem Sinne integrierend zur Begriffsbestimmung des Substantivs ,Er-
löser' hinzu wie bei Spinoza das Partizip ,naturata' zu ,natura'."
[153]   Vgl. ebd. 185: „Die Formeln ,Erlöster Erlöser' (diese noch dazu in ver-
schiedenem Sinn) und ,Urmensch-Erlöser' gewinnt man nur dann, wenn man die
verschiedenen Hypostasierungen ausschaltet, durch die a) der Urmensch vom
Erlöser, b) die verschiedenen Erlösergestalten voneinander und vom Urmenschen,
c) die obere, erlösende und die untere, zu erlösende Lichtsubstanz voneinander, d)
diese beiden Lichtsubstanzen vom Urmenschen und den verschiedenen Erlösergestalten getrennt sind [...]. Läßt man die Hypostasen so getrennt, wie die Texte
sie bieten, bestehen und identifiziert sie nicht, dann sind die Formeln [...] nur noch
in wenigen Fällen ablesbar."

teriologie [...] im Epheserbrief sicher nicht vorausgesetzt [ist]."[154] Während Colpe zunächst zur nachchristlichen Entstehung der gnostischen Erlöserlehre tendiert[155], modifiziert er diese Datierung später.[156]

Die umfassende und plausible Kritik am religionsgeschichtlichen Modell vom gnostischen Urmensch-Erlöser-Mythus schwächt die Basis der *interpretatio gnostica* des Epheserbriefs. In der programmatisch bei H. Schlier und E. Käsemann vertretenen Form wird sie sich deshalb nicht halten lassen. Die gnostische Interpretation des Epheserbriefs trifft daher gegenwärtig kaum noch auf Anhänger[157] und nicht zuletzt aufgrund der gegenüber den neutestamentlichen Quellen jüngeren Belege mit Recht auf große Zurückhaltung.[158]

Allerdings ist hiermit noch nicht der neueste Stand der Gnosis-Erforschung skizziert. Während es lange Zeit um den Nachweis ging, dass der Urmensch-Erlöser im 1. Jahrhundert nicht existierte, zeichnet sich in den letzten zehn Jahren erneut eine Trendwende ab. Insbesondere die Herausgabe und Kommentierung einzelner Schriften lässt neue Ergebnisse in der Nag-Hammadi-Forschung erwarten. Während beispielsweise die Schrift „Die Exegese über die Seele" den meisten Auslegern als gnostisch gilt[159], vertritt C. Kulawik die These, dass „ExAn [...] als christliche Schrift zu bezeichnen [ist], die im Rahmen

---

[154] COLPE, Leib-Christi-Vorstellung 177.

[155] Vgl. DERS., Religionsgeschichtliche Schule 201f. – dieser durch den Quellenbefund hervorgerufene Eindruck könne gleichwohl „ein historischer Zufall sein."

[156] Siehe DERS., Gnosis 542: „[...] ein gnostischer Erkenntnisbegriff und sicher Überlieferungen, Gestalten und Ideen, die auch einmal in den Gnostizismus eingegangen sind, [lassen sich vielleicht] vorchristlich nachweisen. Die integrierende Zueinanderordnung dieser Elemente zu gnostischen Erlösermythen hingegen ist erst nachchristlich."

[157] Siehe allenfalls vorsichtige Kompromissformulierungen z.B. bei SCHNACKENBURG, Epheser 116: „Mit einer Kenntnis gewisser Anthropos-Spekulationen wird man rechnen müssen"; POKORNÝ, Epheserbrief und Gnosis, hält noch am vorchristlichen Ursprung des Erlöser-Anthropos-Mythus fest und versteht das Leib-Christi-Motiv im Epheser als Auseinandersetzung mit diesem; in seinem späteren Kommentar (1992) ist Pokorný sehr viel vorsichtiger geworden, vgl. Epheser 23: „Die Gnosis ist also kein universaler Schlüssel zur Deutung des Epheserbriefes, und es ist nicht eindeutig bewiesen, daß der Verfasser zu direkten Vorgängern der uns bekannten Gnostiker in Beziehung stand [...] Eine historische Verbindung mit den Anfängen der Gnosis ist möglich, wenn auch die Untersuchung gnostischer Texte [...] die Existenz gnostischer Gruppen in der zweiten Hälfte des ersten Jahrhunderts noch nicht nachgewiesen hat."

[158] Vgl. zur Quellenlage und Ursprungsproblematik die Literatur bei KLAUCK, Umwelt II 149f.; zu den Hauptproblemen der neueren Diskussion siehe auch MARKSCHIES, Gnosis 26–35.

[159] Vgl. exemplarisch die Einschätzung bei TUCKETT, Nag Hammadi 51f.: „ExegSoul is perhaps the closest to what one might have expected a Gnostic text to look like from the reports of the Church Fathers."

des antiken Christentums alexandrinischer Prägung wahrgenommen werden sollte."[160] Die divergenten Bestimmungen hängen sicher mit den Schwierigkeiten der Quellenlage und Ursprungsproblematik und damit verbunden der klaren Beschreibung dessen, was ,Gnosis' eigentlich ist, zusammen. In diesem Bereich ist für die Zukunft weitere Klärung zu erwarten. Die vorliegende Untersuchung wird sich aber aus dieser zur Zeit offenen Problematik heraushalten. Eine Begrenzung des Untersuchungsgegenstandes ist an dieser Stelle sinnvoll. Damit soll ein Ausufern der Darstellung verhindert werden, deren primäres Anliegen nicht die Bestimmung des Wesens der Gnosis ist. Dies ist eine pragmatische Entscheidung, die unabhängig von der Einsicht getroffen wurde, dass generell die Berücksichtigung ,gnostischer' Texte für die neutestamentliche Exegese von Bedeutung sein kann.[161]

In der folgenden Untersuchung unausweichlich wird eine Auseinandersetzung jedoch am Punkt der αἰών-Vorstellung. Während bezüglich des Urmensch-Erlöser-Mythos inzwischen größtenteils die dargestellten Zweifel geteilt werden, ist eine solche Positionierung in der αἰών-Debatte noch nicht erreicht. Das αἰών-Problem ist nach wie vor ungelöst. Im Bereich der αἰών-Vorstellung

„[liegen] noch eine ganze Reihe von Problemen [...], die bisher nicht oder nicht scharf genug erkannt worden sind [...]; bis jetzt sehe ich zu ihrer Lösung noch keinen Weg. Die einzige These, die sich nach Einsicht in den komplizierten Sachverhalt vertreten läßt, dürfte die sein, daß das Αἰών-Problem aus der Erörterung der mit dem gnostischen Erlösermythus zusammenhängenden Einzelfragen herausgenommen werden darf."[162]

Dies gilt umso mehr für die Verwendung von αἰών im Epheserbrief, deren überzeugende Deutung bislang aussteht. Bereits R. Reitzenstein hatte Eph 2,2.7; 3,9 mit gnostischer αἰών-Lehre in Verbindung gesetzt.[163] Dieser vage Bezug wird für die Dissertation von A. Lindemann wichtig. Die vom Epheserbrief aufgenommene gnostische αἰών-Lehre versteht Lindemann kosmologisch in Antithese zu zeitlichen Strukturen. Die Rede von gnostischen, räumlich-personal akzentuierten Äonen prägt nach wie vor die Auslegungen des Epheserbriefs, ohne dabei an Klarheit zu gewinnen. An dieser Stelle ist ein Forschungsdesiderat deutlich. Der Anspruch, die Strukturen der soge-

---

[160]   KULAWIK, Die Erzählung über die Seele 9. Schon BETHGE, Ambivalenz 102 Anm. 42, bestreitet, dass es sich bei ExAn um eine gnostische Schrift handelt.
[161]   Vgl. dazu KLAUCK, Umwelt II 149: „Die neutestamentliche Exegese kommt somit nicht an der Gnosis vorbei, zumal auch die andere, in ihrer Art gleichfalls radikale Behauptung, im Neuen Testament fehle jeder gnostische Reflex, in Anbetracht der Diskussionslage ebenso der sachkundigen Absicherung bedürfte."
[162]   COLPE, Religionsgeschichtliche Schule 209.
[163]   Vgl. REITZENSTEIN, Erlösungsmysterium 235f.

nannten gnostischen αἰών-Lehre grundsätzlich aufzuhellen, kann in vorliegender Untersuchung selbstverständlich nicht erhoben werden. Was die Analyse des Epheserbriefs sowie seiner Zeitvorstellungen angeht, ist die Überprüfung zentraler Postulate und Beschreibungskategorien der religionsgeschichtlichen αἰών-Forschung jedoch unerlässlich, insofern zahlreiche neutestamentliche Exegeten sie zur Urteilsfindung bezüglich der Eschatologie im Epheserbrief beanspruchen. Die Plausibilität der von Reitzenstein postulierten Genealogie des Gottes Αἰών, dessen Ursprung seinerseits in iranischen Wurzeln erkannt und wie der Gott ‚Mensch' bis in gnostische Ideenkreise verfolgt wird, muss im Einzelnen widerlegt werden. Damit entfällt aber auch unter diesem Aspekt die entscheidende Grundlage für eine gnostische Lektüre des Epheserbriefs und damit zusammenhängenden Anschauungen bis hin zur ‚Aufhebung der Zeit'. Kann also das Ziel nicht sein, αἰών-Vorstellungen der Gnosis oder gar Letztere selbst in ihrem Wesen neu zu beschreiben, so wird doch die kritische Einordnung des αἰών-Gebrauches im frühchristlichen Umfeld, speziell desjenigen des Epheserbriefs, einen alternativen Verstehenshorizont eröffnen.

Was den Umgang mit der Gnosisforschung als Interpretationsmodell und Verstehenshintergrund für den Epheserbrief in der folgenden Auslegung des Textes angeht, ist abschließend festzuhalten, dass die ehemals heftige Kontroverse nicht ausführlich bemüht wird, wo sich im Anschluss an vorgebrachte Kritik eine weitgehende Einigung in den vergangenen Jahrzehnten abzeichnet. Das betrifft hauptsächlich die These vom gnostischen Erlöser-Mythus. Für die αἰών-Vorstellung, die ihrer einsichtigen Interpretation gerade auch im Epheserbrief noch harrt, gilt dies aber nicht. Da es sich hier um ein Forschungsdesiderat speziell der Forschung zum Epheserbrief handelt, welches das Thema Eschatologie unmittelbar berührt, wird die Untersuchung diese Thematik ausführlich behandeln. Nicht berücksichtigen wird die Analyse dagegen die neueste Erforschung und Diskussion von Texten aus der Nag-Hammadi-Bibliothek.

Im Hinblick auf Zeitvorstellungen ergibt sich als Alternative zur gnostischen v.a. die liturgische Lesart.[164] Als ‚Sitz im Leben' der ‚realized eschatology' im Epheserbrief wird in dieser Interpretation der frühchristliche Gemeindegottesdienst bestimmt.[165]

Als traditionsgeschichtlicher Anknüpfungspunkt werden dabei häufig die Hodajoth der Texte aus Qumran angesehen, deren Entwurf prä-

---

[164] Vgl. z.B. in je verschiedener Akzentuierung SCHILLE, Frühchristliche Hymnen, bes.: 24–31; 53–60; 65–73; MUSSNER, Epheser 28–30; GNILKA, Epheser 122–128; LINCOLN, Ephesians 92; 107f. u.a.

[165] Siehe SAUNDERS, ‚Learning Christ' 164: „The temporal experience of the hearers is no longer determined by the categories of the past, present or future, but by their having been drawn by the writer into the experience of worship, which fulfils what was planned before the foundation of the world."

sentischer Heilserfahrung Ähnlichkeiten zu eschatologischen Aussagen des Epheserbriefs aufweist (vgl. v.a. 1QH XIX [XI],8b–14; 1QH XIX [XI],15–35; 1QH XI [III],19–23; 1QH VII [XV],14–25).[166]
Durch die gottesdienstliche Versammlung lässt sich die Heilsgemeinschaft der Christen mit ihrem Herrn gegenwärtig erfahren und als solche preisend besingen. Einzelne Textpassagen des Epheserbriefs wie z.B. 2,4–6.14–18 werden vor diesem Hintergrund als Hymnen oder hymnusartige Abschnitte erkannt. U. Luz vertritt die These, der Epheserbrief sei ein „Gebetsbrief".[167] Die Eschatologie muss seiner Ansicht nach von diesem Gebetscharakter her bestimmt werden, der auch das starke Zurücktreten des Zukunftsaspektes in den Heilsaussagen erkläre: „Wer Gott preist, wird ihn für das preisen, was er getan *hat* und nicht dem nachdenken, was noch aussteht."[168]
Abgesehen davon, dass die liturgische Lesart ihrerseits mit dem unscharfen Eschatologiebegriff arbeitet, sind zwei Aspekte problematisch. 1. Was kann man tatsächlich von frühchristlicher Liturgie und vom liturgischen Gehalt des Epheserbriefs wissen? 2. Die liturgische Deutung berücksichtigt zu wenig, dass es sich beim Epheserbrief um einen Brief handelt. Da der Text sich durch die Merkmale Prä- und Postskript, durchweg in Anredeform gehaltenes Briefcorpus und paränetischer zweiter Hauptteil als Brief zu erkennen gibt, ist seine Form ernst zu nehmen. Seine Aussagen sollen also auch auf ihre briefliche Funktion befragt werden.[169] Die Gleichsetzung von Pragmatik und Polemik, die in der Forschung zum Epheserbrief häufig vorgenommen wird, steht dabei im Wege.[170] Wenn ein Schreiben keine Polemik aufweist, heißt dies noch nicht, dass es keine pragmatische Ausrichtung besitzt. Es gibt aktuelle Themen, die einen Brief veranlassen können, ohne dass es sich dabei um kämpferische Auseinandersetzungen handelt. Das liturgische Verständnis der Eschatologie im Epheserbrief, das die Pragmatik des Briefes nicht ausreichend reflektiert, bildet somit – wie es sich in der bisherigen Forschung darstellt – keine echte Alternative zur gnostischen Interpretation.

---

[166]   Siehe dazu speziell KUHN, Enderwartung und gegenwärtiges Heil; DERS., Der Epheserbrief im Lichte der Qumrantexte; MUSSNER, Beiträge aus Qumran; KEHL, Erniedrigung und Erhöhung.
[167]   Siehe LUZ, Epheser 118.
[168]   Ebd. 120. Siehe auch zu Eph 2,5f., 133: „Wer aber nach oben blickt und betet, redet nicht von dem, was Gott noch nicht getan hat, sondern faßt die ganze Zukunft in seinem Dank zusammen. Man darf das nicht in eine dogmatische Aussage ummünzen."
[169]   So auch SCHNACKENBURG, Epheser 19, der betont, „daß man die briefliche Form ernstnehmen und den Eph doch als einen theologisch fundierten, pastoral ausgerichteten Brief ansehen muß."
[170]   Siehe beispielsweise LINDEMANN, Aufhebung 238.

Zwei neuere Arbeiten zum Thema entdecken im Epheserbrief ein gnoseologisches Referenzsystem.[171] Von diesem werden dann auch die präsentischen Heilsaussagen her gedeutet.[172] Eine solche Argumentationsstruktur ist aber dem Text von außen angetragen. Insbesondere die Anlage der Arbeit von E. Faust erweckt diesen Eindruck. Diese Vermutung wird sich in den folgenden Einzelanalysen bestätigen.

3 Das brieflich-kommunikative Koordinatensystem

3.1 Ort und Zeit

Zwar gibt der Brief nicht zu erkennen, an welchem Ort er verfasst wurde. Die große Nähe zum Kolosserbrief sowie zu den paulinischen Schriften deutet aber klar auf den kleinasiatischen Raum als ehemaliges Missionsgebiet des Paulus hin.[173] Eine ungefähre Datierung des Briefes hat sich zunächst an den Eckdaten des *terminus ad quem* bzw. *post quem* zu orientieren. Als obere Grenze kann man mit einiger, aber nicht letzter Sicherheit die Briefe des Ignatius aus dem ersten Jahrzehnt des zweiten Jahrhunderts ansehen.[174] Besonders Ign Pol 5,1 (vgl. Eph 5,25) sowie Ign Eph 9,1 (vgl. Eph 2,20–22) und die Einleitung von Ign Eph lassen eine literarische Abhängigkeit vermuten.[175] Ob die obere Grenze außerdem dadurch bestimmt ist, dass der Apostel Paulus zwar einerseits deutlich als Größe der Vergangenheit erscheint, andererseits aber auch als den Gemeinden noch vertraute Gestalt zu gelten hat[176], ist bezüglich letzterer Annahme fraglich. Die untere Grenze bildet der Kolosserbrief, den der Verfasser des Epheserbriefs als Vorlage verwendet. Dieser ist in der Zeit zwischen 70–80 n.Chr. zu datieren.[177] Man wird die Entstehung des Epheserbriefs also um 90

---

[171] S.o. Kap. I.2.1.4.f. zu FAUST, Pax, und SCHWINDT, Weltbild.

[172] Vgl. FAUST, Pax 68f.

[173] Speziell für Ephesus argumentieren beispielsweise MUSSNER, Epheser 36; GNILKA, Epheser 20; POKORNÝ, Epheser 42; LINCOLN, Ephesians lxxxii, votiert für die kolossischen Nachbargemeinden Hierapolis und Laodizea.

[174] S. zu Echtheit und Datierung der Ignatianen zusamenfassend UEBELE, Verführer 20–27, insb. 27. Ferner die Vergleichspunkte: Eph 1,9 – Ign Eph 12,2; Eph 1,10 – Ign Eph 13,2; 18,2; 20,1; Eph 2,21f – Ign Eph 9,1; 15,3; Eph 3,3f.9 – Ign Eph 12,2; Eph 3,8 – Ign Eph 21,2; Eph 3,9(f.) – Ign Eph 18,2; 19,1; 20,1; Eph 3,17 – Ign Eph 15,3; Eph 5,1 – Ign Eph 1,1; Eph 5,6 – Ign Eph 8,1; Eph 5,23 – Ign Eph 12,2; Eph 5,30 – Ign Eph 4,2; Eph 6,19 – Ign Eph 12,2; vgl. FISCHER, Väter 111–161, insb. 122f.

[175] Präskr Ign Eph könnte auch geprägte Sprache sein, Ign Polyk 5,1; vgl. MERZ, Selbstauslegung 173; weiterhin GNILKA, Epheser 19; vgl. dagegen zu Ign Eph 12,2 LINDEMANN, Paulus im ältesten Christentum 84f.

[176] Vgl. MUSSNER, Epheser 36.

[177] Vgl. zur Begründung WOLTER, Kolosser 31.

n.Chr. anzusetzen haben.[178] Diese Datierung ist kohärent mit der vorauszusetzenden kultur-religiösen Situation in der Kleinasia (s.u. Kap.
I.3.3) und insbesondere der Situation innerhalb der christlichen Gemeinden, in denen auf die polemische Verhältnisbestimmung zwischen Judenchristen und Heidenchristen inzwischen verzichtet werden
konnte (s.u. Kap. VI.2).[179]

3.2 Empfänger

Die Ortsangabe ‚Ephesus' in Eph 1,1 ist textkritisch sekundär.[180] In
den ältesten Handschriften $\mathfrak{P}^{46}$, ℵ, B ist ἐν Ἐφέσῳ nicht enthalten.[181]
Die Überschrift ΠΡΟΣ ΕΦΕΣΙΟΥΣ hat sich seit der zweiten Hälfte des
2. Jahrhunderts etabliert.[182] Von da aus haben Abschreiber sie ins
Präskript übernommen.[183] Die syntaktischen Schwierigkeiten, die sich
aus der Streichung von ἐν Ἐφέσῳ für das substantivierte Partizip ὤν
ergeben[184], erklären sich aus der Nachbildung der Adresse des Kolosserbriefs.[185] Die Annahme eines ‚Lückentextes', der als Zirkular-
schreiben gedient habe[186], oder die Vornahme von Konjekturen[187],
sind also weder notwendig noch überzeugend. Vermutlich richtet der

---

[178]　Eine Datierung des Briefes um 90 n.Chr. vertreten GNILKA, Epheser 20;
SCHNACKENBURG, Epheser 30; MITTON, Epistle 260f.; LINCOLN, Ephesians lxxiii
(zwischen 80 und 90, so auch MUSSNER, Epheser 36); POKORNÝ, Epheserbrief
und die Gnosis 13; GOODSPEED, Ephesians and the first edition of Paul 288: „in
the early nineties"; KÜMMEL, Einleitung 323, weitet die Zeitspanne aus auf 80–
100. Zur Spätdatierung am Anfang des zweiten Jahrhunderts siehe SCHMID, Epheserbrief 5–13.
[179]　Gegen FAUST, Pax 476, der eine Entstehungszeit in den „frühen 70er Jahren"
annimmt, d.h. „zu einer Zeit, als der Triumphaladvent des flavischen Kaisers [...]
noch in frischer Erinnerung war und die despektierlichen Folgen der erzwungenen
Re-integration der Juden für die judenchristliche Position in der Kirche der Asia
neu und schmerzlich waren."
[180]　Gegen GNILKA, Epheser 5–7; LINDEMANN, Bemerkungen zu den Adressaten
238f.
[181]　Zu den verschiedenen Textvarianten vgl. im Einzelnen ALAND, Text und
Textwert 356–358.
[182]　Siehe SCHMID, Epheserbrief 67; SELLIN, Epheser 67.
[183]　Vgl. dazu DERS., Adresse 171–174; SCHENK, Zur Entstehung 73.
[184]　Siehe LINDEMANN, Bemerkungen 235f.
[185]　Siehe SELLIN, Epheser 68.
[186]　Siehe z.B. PERCY, Probleme 462. Zur Kritik vgl. beispielsweise GNILKA,
Epheser 4f.
[187]　Hierzu ist auch die Laodizea-Hypothese zu zählen, derzufolge der Epheserbrief mit dem in Kol 4,16 genannten Brief identisch ist; vgl. VAN KOOTEN, Cos-
mic Christology 195–201; LINCOLN, Ephesians 4. Eine große Schwierigkeit liegt
aber bereits darin, dass dann der Kolosser- den Epheserbrief voraussetzen würde
und nicht andersherum.

Brief sich ursprünglich an mehrere Gemeinden.[188] Die Adresse wird im Zuge einer Paulus-Briefsammlung als Angleichung an die übrigen Briefe hinzugekommen sein. Die Wahl des Ortes Ephesus kann dadurch motiviert sein, dass der Brief in der westlichen Kleinasia verbreitet und Ephesus deren Provinzhauptstadt war. Eine Parallele läge dann in der Adresse der Korintherbriefe in Bezug auf die Provinz Achaia vor.[189] Der Brief versteht sich damit zunächst als ‚katholisches Schreiben'[190], das an ‚alle Christen in der Kleinasia'[191] gerichtet ist.

3.3 Umstände und Abfassungszweck

Die Frage nach den Umständen, die zur Abfassung des Epheserbriefs geführt haben, wirft bekanntlich Probleme auf. Grob sind zwei Auslegungstypen zu unterscheiden.[192] Der eine sieht den Epheserbrief nicht eigentlich als Brief, sondern vielmehr als einen Traktat o.Ä. an. So verstanden bedarf es letztlich gar keines konkreten Umstandes oder Anlasses des Schreibens.[193] Das Schreiben gibt sich aber als Brief zu erkennen und damit als ein Text innerhalb einer bestimmten Kommunikationssituation mit einer ebenfalls bestimmten Intention. Letztere ist sowohl durch diese konkreten Abfassungsumstände bestimmt als auch durch die von der Tradition vorgebene Vorstellungswelt.

Ein zweiter Auslegungstyp macht verschiedene Vorschläge zu einem speziellen Anlass und Hintergrund des Schreibens. Die Vorschläge haben aber in der Regel kaum einen Anhaltspunkt am Text. Das betrifft zum einen Interpretationen, die den Epheserbrief beispielsweise als Taufliturgie bzw. Taufunterweisung[194] oder als Einleitung zu einer neu geschaffenen Paulusbriefsammlung[195] lesen; zum anderen werden historische Konflikte entweder zwischen dem Verfasser und jüdisch geprägten Gnostikern[196], oder – mit unterschiedlicher Ausrichtung – zwischen Judenchristen und Heidenchristen[197] oder

---

[188] So z.B. SCHNACKENBURG, Epheser 25. KREITZER, Hierapolis 9–25, meint dagegen, im Phrygischen Hierapolis die Adressaten des uns als Epheserbrief bekannten Schreibens nachweisen zu können.

[189] Siehe SELLIN, Epheser 70.

[190] Vgl. VIELHAUER, Literatur 213: „Der Eph […] ist seiner Intention nach das, was man einen ‚katholischen Brief' nennt."

[191] SELLIN, Epheser 70.

[192] Siehe dazu den Überblick bei LINCOLN, Ephesians lxxix–lxxxi.

[193] Vgl. das Urteil bei LINDEMANN, Aufhebung 7; 248.

[194] Vgl. 4,5 etc.; anders BROER, Einleitung 524; vgl. ferner DAHL, Concept.

[195] Vgl. GOODSPEED, key; dazu KREITZER, Hierapolis 4f.

[196] Vgl. POKORNÝ, Epheserbrief und die Gnosis 21.

[197] Vgl. zur These, dass das Problem nach wie vor in der Auseinandersetzung um die gesetzesfreie Heidenmission bestanden habe, GRUNDMANN, Die ΝΗΠΙΟΙ in der urchristlichen Paränese, bes. 194 Anm. 1; KLÖPPER, Epheser 19f.; KÄSEMANN, „Ephesians and Acts" 291, und FISCHER, Tendenz 79–94, nehmen an, dass das Problem im Gegenteil inzwischen darin besteht, dass die Heidenchristen die

zwischen Christen insgesamt und römischer Staatsgewalt unter Domitian[198] im Hintergrund des Schreibens postuliert.[199] E. Faust vertritt die These, das Schreiben sei als „Kontrafaktur" bzw. sogar als „diabolisch[e]" Darstellung der römischen Reichsideologie zu verstehen.[200] Hierfür fehlen aber eindeutige Anhaltspunkte im Text. Es ist deshalb T. Still zuzustimmen, der im Hinblick auf die Entstehungssituation des Kolosserbriefs äußert:

„Opinions proliferate, permutations escalate. The limited evidence to hand seems to heighten indecision and to mock conviction. Tentative conclusions, however, do not necessarily result from muddle-mindedness or loss of verve. Sometimes less is more, even if it does not settle the score." [201]

In der folgenden Lektüre eschatologischer Aussagen des Epheserbriefs bewährt sich ein Modell, das für das ausgehende 1. Jahrhundert n.Chr. in Kleinasien mit einer starken Pluriformität des religiösen Handelns und Glaubens wie des geistigen Lebens überhaupt rechnet. Hiervon sind selbstverständlich auch die christlichen Gemeinden betroffen. Dass diese deshalb in eine „weite geistige Krise"[202] gekommen waren, erschließt sich aus dem Epheserbrief aber nicht unmittelbar.

   Die sozio-kulturelle Situation hing mit einem sich ausbreitenden Kosmopolitismus innerhalb der römischen Provinz zusammen, der nicht allein durch Austausch von Waren gekennzeichnet war. Kleinasien entwickelte sich v.a. zu einer Hochburg des Kaiserkultes.[203] Formen der griechischen Herrscherverehrung, die seit 400 v.Chr. im östlichen Mittelmeerraum entstanden, boten später Möglichkeiten, die fremde Macht der militärisch und politisch vordringenden Römer zu akzeptieren und mit ihr umzugehen. Die Bewohner Kleinasiens übertrugen die Strukturen des ihnen vertrauten hellenistischen Herrscher-

---

Judenchristen zunehmend an den Rand der Gemeinde gedrängt haben. FAUST, Pax 476, präzisiert diesen Hintergrund als Zeit der Zwangsintegration der Juden unter den flavischen Kaisern, was zu einem „Achtungsverlust" der „jüdisch-judenchristliche[n] ‚Wurzel' der Kirche" geführt habe.
[198]   Vgl. LINDEMANN, Bemerkungen zu den Adressaten 242f.
[199]   Vgl. zu Kritik an den genannten Vorschlägen LINCOLN, Ephesians lxxix–lxxxi; SCHNACKENBURG, Epheser 30f.
[200]   FAUST, Pax 482.
[201]   STILL, Eschatology 137.
[202]   Vgl. CHADWICK, Absicht, 152; KÜMMEL, Einleitung 321; siehe auch SCHNACKENBURG, Epheser 30–32.
[203]   Vgl. zum antiken Herrscher- und Kaiserkult z.B. CLAUSS, Kaiser und Gott; HABICHT, Gottmenschentum; LOHMEYER, Christuskult; WLOSOK (Hg.), Kaiserkult; KLAUCK, Umwelt II 17–74.

kultes auf die römischen Kaiser.[204] Kaiser- bzw. Herrscherkult und bereits bestehende vielfältige Formen des Götterglaubens treten dabei nur selten in Konkurrenz zueinander. Die Verehrung des Herrschers kommt zu den Formen religiöser Verehrung hinzu und wird teilweise sogar in einen bestehenden Kult integriert, wenn der Kaiser in eine Kultgemeinschaft beispielsweise mit Zeus aufgenommen wurde.[205] Als Beispiel für ein aus dieser religiösen Vielfältigkeit erwachsenes Stadtbild und die Durchdringung verschiedener Kulte kann die Stadt Pergamon dienen.[206] An Kultstädten sind vorauszusetzen: der Temenos für den Herrscherkult aus der Zeit der Attaliden, der Zeusaltar, das Heroon für Diodoros Pasparos, der Tempel der Athene, das Demeterheiligtum, in das auch der Kult des Kaisers Augustus und seiner Gattin integriert wurde, der Tempel für Augustus und die *Dea Roma* (dessen genauer Standort bis heute unklar ist), der Tempel für Zeus Philios und Kaiser Trajan bzw. Kaiser Hadrian, das Asklepiosheiligtum außerhalb der Stadt mit einem Heroon für Telephos auf dem Weg dorthin. Die Statue der Athene innerhalb des Tempelhofs wurde 20 v.Chr. durch ein Standbild des Kaisers Augustus ersetzt. Statuen des Augustus und seiner Ehefrau Livia standen auch im größten Gymnasium der Stadt. Eine Statue des Kaisers Hadrian befand sich im Asklepiosheiligtum.

Wenn also Kleinasien zur Zeit des Neuen Testaments ein Ballungszentrum des Herrscherkultes darstellte, ist seine Verbreitung innerhalb dieses Gebietes trotzdem nicht gleichmäßig, sondern konzentriert sich auf dicht besiedeltes Land mit einer langen Tradition griechischer Sprache und Kultur (vgl. die in der Johannes-Apokalypse angeschriebenen Städte[207]). In ländlichen Regionen können dagegen noch einheimische Sprachen und alte Kulte gepflegt werden (vgl. Apg 14,11).[208] Unter Einfluss des religiösen Synkretismus bildeten sich Tendenzen zur Gründung von privaten Glaubensgemeinschaften und Mysterienvereinen und damit zur Individualisierung von Frömmigkeit aus.[209] Christen standen offensichtlich in der Gefahr, von dem breiten religiösen Auswahlangebot wechselnden Gebrauch zu machen. So äußert der Verfasser in Eph 4,14; 5,6 die Sorge darüber, dass sich die Gemeindemitglieder von fremdartigen Lehren verführen lassen könn-

---

[204] Vgl. dazu DERS., Sendschreiben 160: „So konnten sie diese teils als Demütigung, teils als Rettung erlebten Vorgänge in vertraute Lebenszusammenhänge einbinden."
[205] Siehe dazu KLAUCK, Umwelt II 72.
[206] Vgl. dazu RADT, Pergamon; KLAUCK, Sendschreiben 157–160.
[207] Vgl. zu religiös-kulturellen Gegebenheiten in den Empfängergemeinden der sieben Sendschreiben ROLOFF, Offenbarung 47–65.
[208] Vgl. KLAUCK, Umwelt II 70; OLSHAUSEN, Kleinasien 549.
[209] Vgl. dazu GNILKA, Epheser 47–49; vgl. zu den vielfältigen Formen der Volksfrömmigkeit zur Zeit des Urchristentums KLAUCK, Religiöse Umwelt I, *passim*.

ten. Das würde eine Assimilierung an ihre heidnische Umgebung bedeuten (vgl. Eph 4,17). Die Mahnung trägt allerdings allgemeinen
Charakter und kann auch topisch verstanden werden. Im Hintergrund
steht also weniger ein konkreter Fall als vielmehr die generelle Situation eines reichen religiösen Angebots, innerhalb dessen sich die
christliche Lehre zu profilieren hat. Dass Assimilierung an die nicht-
christliche Umwelt eine Gefahr für Christen, speziell in der Kleinasia,
am Ende des 1. Jahrhunderts darstellte, bestätigt die etwa zeitgleich
entstandene Apokalypse[210]. Dem Verfasser der Apokalypse geht es
dabei nicht nur um das offene Verhältnis zum Herrscherkult, sondern
gerade auch um die Gefahr einer subtilen Form der Anpassung an
nicht-christliche Religiosität, wie sie sich z.b. beim Essen von Göt-
zenopferfleisch vollziehen kann (vgl. Apk 2,14.20).[211] Für den
Epheserbrief fehlen entsprechende Hinweise auf solche Probleme. Es
bleibt nur der *allgemeine* Hintergrund einer zeitgenössischen Konfrontation verschiedener kultureller, religiöser Bereiche in der Provinz
Kleinasia. Dieser ist für die Auslegung des Briefes von Relevanz, insofern er die Aufnahme und Verbindung unterschiedlicher Vorstellungen aus hellenistisch-römischer, frühjüdischer und alttestamentlicher Literatur im Epheserbrief zu erklären vermag. Solche Durchdrin-
gungen werden sich insbesondere für die αἰών- und Himmelsvorstellungen, aber auch für formale, der Rhetorik entlehnte Darstellungs-
prinzipien zeigen.

So wenig Konkretes über den Entstehungsanlass des Epheserbriefes
gesagt werden kann, so ist auch der vorauszusetzende Bildungshinter-
grund der Adressaten unklar. Für die im weiteren Verlauf der vorliegenden Untersuchung herangezogenen sprachlichen Vergleichsstruk-
turen muss daher offenbleiben, in wie weit der Verfasser bei seinen
Adressaten an direkt Bekanntes anknüpft. Kompetenzen, die zumindest einem mittleren, antiken Bildungsstandard entsprechen, sind aber
für die frühchristlichen Gemeinden anzunehmen.[212]

Darüber hinaus gibt der Text selbst keinen konkreten Problemhori-
zont zu erkennen. Seine häufig festgestellte Situationslosigkeit bzw. -
armut ist Ausdruck einer bestimmten Pragmatik. Der Epheserbrief soll
nicht in einem konkreten Kontext aufgehen (wie z.B. der 1. Korintherbrief oder der Galaterbrief), sondern in verschiedenen Situationen
jeweils gültig aktualisierbar sein.[213] Das bestätigt besonders die Zu-
rücknahme polemischer Argumentationsformen gegenüber Paulus. Sie
lässt sich bei verschiedenen Themen beobachten, wie zu zeigen sein

---

[210]   Vgl. zur Abfassungszeit in den letzten Regierungsjahren des Domitian
ROLOFF, Offenbarung 16–19; MÜLLER, Offenbarung 41f.
[211]   Siehe dazu KLAUCK, Sendschreiben 181f.; MÜLLER, Offenbarung 113.
[212]   Zu diesem Thema: SÄNGER, Bildungsinstitutionen insb. 239f.
[213]   Vgl. dazu auch GESE, Vermächtnis 263, der die Situationslosigkeit des Briefes als Hinweis auf die „allgemeingültige Intention des Verfassers" wertet.

wird. Dass es sich hinsichtlich zentraler paulinischer Aussagen wie der Rechtfertigungs- und Kreuzesthematik oder der Metaphern von Leib und Bau beim Epheserbrief um eine Art Zusammenfassung paulinischer Theologumena handelt, betont gerade die jüngere Forschung wieder.[214] Die Briefpragmatik ist in der Tat nur traditionsgeschichtlich von Paulus her zu bestimmen. Entscheidend ist aber, wie man diesen Befund bewertet. Die häufig vorausgesetzte Nähe zwischen dem Epheserbrief und den Paulusbriefen ist bereits kritisiert worden. Sie verdeckt die besonderen Konzeptionen des Epheserbriefs, indem sie ihn von vornherein unter der Zielsetzung liest, Paulus lediglich adäquat wiedergeben zu wollen. Die vorliegende Untersuchung löst deshalb den Epheserbrief aus einer umfassend postulierten Anbindung an Paulus. Das genaue Verhältnis zwischen Paulus und der *epistula ad Ephesios* kann erst am Ende der Untersuchung beurteilt werden. Die grobe Alternative bewegt sich zwischen der Annahme eines treuen Paulusschülers, der die Lehren seines Lehrers bewahren und vertiefen wollte, und der eines eigenständig arbeitenden Verfassers, der auf der Grundlage paulinischer Theologie einen neuen Entwurf bietet. Im ersten Fall handelte es sich beim Epheserbrief um eine Verlängerung paulinischer Aussagen, im zweiten Fall stärker um ihre Neuformulierung. Der zweiten gegenwärtig weniger beachteten Möglichkeit, dass der Verfasser des Epheserbriefs mit den bekannten Begriffen eigene Konzepte ausgestaltet, soll in der folgenden Lektüre eschatologischer Aussagen Raum gegeben werden. Das impliziert die These, dass der Verfasser das Pseudonym Paulus nicht lediglich im Interesse der Traditionsvermittlung wählt.[215] Er ist mehr als bloß ein „Sprachrohr des Apostels"[216]. Der Verfasser greift auf die fiktive Absenderangabe zurück, weil er für *seine eigenständige* Relecture paulinischer Theologie die Autorität des Apostels beansprucht.

Dass diese Relecture in verschiedenen Situationen aktualisierbar sein soll, erklärt, warum der Stil trotz des brieflichen Charakters des Schreibens unpersönlich ist. Ein (vertrautes) Verhältnis zwischen Verfasser und Adressaten ist nicht erkennbar.[217] Über die Adressaten er-

---

[214] Vgl. v.a. ebd. 275: „umfassende und komprimierte Darstellung der paulinischen Theologie."

[215] Gegen ebd. 275: „Die Abfassung des Briefes unter dem Namen des Paulus beabsichtigt ja nicht eine literarische Fiktion, sondern sie ist der Ausdruck für den normativen Charakter der in diesem Brief festgehaltenen Paulustradition." Vgl. allgemein zur neutestamentlichen Pseudepigraphie das ähnliche Urteil von SCHNELLE, Einleitung 328: „Das Ziel der ntl. Pseudepigraphie bestand nicht nur darin, die Kontinuität der apostolischen Tradition in der Zeit nach dem Tod der Apostel sicherzustellen. Vielmehr sollte vor allem die Autorität der Apostel in der Gegenwart neu zur Sprache gebracht werden [...]. Die sekundären Verfasserangaben zeugen somit immer auch von der Bedeutung des Primären!"

[216] GNILKA, Epheser 21.

[217] Vgl. die lediglich literarischen Notizen in 6,21–24.

fährt man nichts Spezifisches. Deshalb hat man in der Forschung das Schreiben auch als „theologischen Traktat"[218], „Weisheitsrede"[219], „theologisches ‚Lehrschreiben'"[220] oder „liturgische Homilie"[221] klassifiziert. Diese Gattungsbestimmungen vernachlässigen aber die Form des Briefes zu sehr.

3.4 Gattung und Gliederung

Zunächst ist festzustellen, dass der Text sich formal eindeutig als Brief, genauer als Brief des Apostels Paulus, zu erkennen gibt. Er beginnt mit einem Präskript (Eph 1,1f.) und endet mit einem Postskript (Eph 6,23f.). Das Corpus ist in Anrede-Form gehalten. Durch den Wechsel zur Wir-Rede kann der Verfasser sich mit einschließen.

Das Präskript entspricht dem der Paulusbriefe, d.h. dem so genannten orientalischen. Es unterteilt sich in Absenderangabe (*superscriptio*), Adresse (*adscriptio*) und Gruß (*salutatio*).[222] Dieselbe (Haupt-)Absenderangabe liegt in 1Kor 1,1[223]; 2Kor 1,1 und Kol 1,1 vor. Auffällig ist, dass keine Mitabsender genannt werden. Außer im Römerbrief sind in den Paulusbriefen sowie im Kolosserbrief immer Mitabsender genannt. Gerade gegenüber der Vorlage des Kolosserbriefs ist dieser Befund im Epheserbrief als Besonderheit zu werten. Die alleinige Abfassung des Briefes durch den Apostel Paulus ist für den Epheserbrief entscheidend. Dieses Anliegen entspricht dem später dargestellten exklusiven Offenbarungsempfang des Paulus (vgl. Eph 3,3f.; vgl. anders 1Kor 1,1 und 15,3ff.; vgl. aber auch den Plural οἱ ἀπόστολοι, etwa 1Kor 9,5). Das Postskript (6,23f.) besteht aus einem Gnadens- und Friedenswunsch, enthält aber im Unterschied zum üblichen Formular der Paulusbriefe keine Grüße (vgl. Gal). Wieder fällt dies besonders gegenüber dem Kolosserbrief auf. In Kol 4,10–17 lag dem Verfasser des Epheserbriefs eine lange Grußliste vor. Dazu, dass eine persönliche Grußliste mit individuellen Namen fehlt, passt die Umformung in die 3. Person bei Friedens- und Gnadenswunsch. Üblicherweise wird in diesen Wünschen am Ende eines Briefes die persönliche Anrede gebraucht (vgl. Phil 4,23; 2Kor 13,13; Röm 15,33; Phlm 25; Kol 4,18; Hebr 13,25, 1Thess 5,28; 2Thess 3,18; nicht in

---

[218] Siehe LINDEMANN, Adressaten 240; KÄSEMANN, Epheserbrief 517; 520; CONZELMANN, Epheser 86: „theoretische theologische Abhandlung […] in Briefform"; VIELHAUER, Literatur 212f.: „Traktat […] oder predigtartige Abhandlung".

[219] So SCHLIER, Epheser 21.

[220] So – ohne weitere Begründung gleich zur Eröffnung seines Kommentars – MUSSNER, Epheser 17; MAYER, Einheit 22, schließt sich ihm an.

[221] GNILKA, Epheser 33.

[222] Vgl. SCHNIDER/STENGER, Briefformular 3–41; KLAUCK, Briefliteratur 36f.; 42–44; ROLLER, Formular 55–62.

[223] In 1Kor 1,1 steht zusätzlich das Adjektiv κλητός zur näheren Beschreibung des Apostels.

Gal und 1Kor). Dafür übernimmt der Epheserbrief in den ersten beiden Versen des Briefschlusses (6,21f.) die Tychikus-Notiz aus Kol 4,7–9 nahezu wörtlich, wobei er die Nennung des Onesimus auslässt. Tychikus bleibt damit der einzige Name, der über den des Paulus hinaus im Brief genannt wird. Dem Briefschluss geht in 6,10–20 eine Schlussparänese voran, die sich als Briefcorpusabschluss verstehen lässt.[224]

Der grobe Aufbau des Briefcorpus folgt einem zweiteiligen Modell, das aus dem Römer- und ansatzweise aus dem Galaterbrief bekannt ist (anders aber v.a. 1Kor und 2Kor). Es weist zwei große Hauptteile auf, einen theologisch-lehrhaften und einen paränetisch-mahnenden. Im Epheserbrief reicht der erste Hauptteil von 1,3 bis 3,21. In 4,1 setzt die Paränese durch παρακαλῶ οὖν ὑμᾶς ein (vgl. Röm 12,1). Verglichen mit paulinischen Briefen fällt dieser zweite Teil im Verhältnis zum ersten deutlich umfangreicher aus (vgl. noch 1Thess). Da das inhaltlich-argumentative Schwergewicht aber auf dem theologisch-lehrhaften Teil liegt[225], wird nach einem Grund für diese Proportionierung zu fragen sein.

In Hinsicht auf die feinere Untergliederung dieser Hauptteile fällt als Besonderheit gegenüber paulinischen Briefen auf, dass auf das Präskript zunächst eine ausladende[226] Eingangseulogie[227] folgt (1,3–14) und erst im Anschluss daran die topische Danksagung und Fürbitte in 1,15–19. In den Paulusbriefen steht nach dem Präskript üblicherweise (vgl. aber Gal) eine ‚Danksagung‘[228]. Sie leitet zum eigentlichen Briefcorpus über.[229] Allein in 2Kor 1,3ff.[230] steht eine

---

[224] Vgl. MÜLLER, Schluß 78–82.

[225] Gegen LUZ, Rechtfertigung 374: „Im Epheserbrief ist deutlich, daß die in Kap. 4–6 entfaltete Ethik nicht ein Appendix, sondern die Krönung der nach oben blickenden Gebetstheologie der Anfangskapitel sein will."

[226] Vgl. dazu die berühmt gewordene Beschreibung durch E. NORDEN, Agnostos Theos 253 Anm. 1: „das monströseste Satzkonglomerat (denn von einer Periode kann man da gar nicht mehr reden), das mir in griechischer Sprache begegnet ist."

[227] In der älteren Forschung hat man Eph 1,3–14 häufig als Hymnus bestimmt, womit sich die literarkritische Hypothese verband, dass der Verfasser das Textstück bereits zitiert; vgl. z.B. SCHILLE, Liturgisches Gut 16–24; DERS., Frühchristliche Hymnen 65–73; FISCHER, Tendenz 111–118; KÄSEMANN, „Epheserbrief" 519; COUTTS, Eph. 1,3–14; Inzwischen klassifiziert man den Abschnitt in der Regel als vom Verfasser selbst komponierte ‚Eulogie‘ bzw. ‚Briefeingangseulogie‘, wobei jeweils andere Analysekriterien (stärker rhetorisch oder grammatisch-syntaktisch oder semantisch ausgerichtet) zugrunde gelegt werden können; zur Gattungsbestimmung als ‚Eulogie‘ siehe z.B.: DAHL, Adresse 250–264; DEICHGRÄBER, Gotteshymnus 40–43; 65–76; GNILKA, Epheser 58–60; SCHNACKENBURG, Epheser 43–47; DERS., Eulogie; LINCOLN, Ephesians 15f.

[228] Zur brieflichen Gattung der Danksagung, die in der hellenistischen Epistolographie beheimatet ist, vgl. SCHUBERT, Thanksgivings 39ff.; 180ff.; BERGER, Apostelbrief 219–224; DERS., Hellenistische Gattungen 1330.

[229] Vgl. Röm 1,8ff.; 1Kor 1,4–9; Phil 1,3–11; 1Thess 1,2–10; Phlm 4–7; siehe auch: Kol 1,3ff.; 2Thess 1,3–12.

Briefeingangseulogie anstelle der Danksagung.[231] Nur der Epheserbrief weist beides auf. Im Anschluss an die Briefeingangseulogie
(1,3–14) steht die Danksagung (1,15–19). Das Gestaltungselement der
Briefeingangseulogie (vgl. sonst nur noch 2Kor 1,3ff.; 1Petr 1,3ff.;
2Chr 2,11) ist wahrscheinlich aus der alttestamentlich-jüdischen Eulogie entstanden. Die längere Form der Eulogie setzt sich aus vier
Elementen zusammen. 1. dem Prädikat בָּרוּךְ (εὐλογητός), 2. dem Subjekt יהוה (κύριος), 3. einer Apposition zum Subjekt (καὶ πατὴρ τοῦ
κυρίου ἡμῶν Ἰησοῦ Χριστοῦ) sowie 4. dem Begründungssatz.[232] Der
Begründungssatz wird relativ, kausal oder partizipial angeschlossen.
Er ist in Eph 1,4–14 stark ausgedehnt und nennt bereits die zentralen
Themen des ganzen Briefes, die im Briefcorpus näher ausgeführt werden. Der Bogen spannt sich von der vorweltlichen Erwählung über die
Kundgabe des Geheimnisses, die Evangeliumsverkündigung bis zur
eschatologischen Erlösung. Insbesondere im Vergleich mit der Vorlage des Kolosserbriefs, der keine Eulogie aufweist, lässt Eph 1,3–14
ein eigenes Aussageinteresse des Verfassers erkennen. Dieses liegt
entsprechend auf der Theozentrik, die in der Eulogie zum Ausdruck
kommt. Gegenüber Kol 1,15–20 hat sich das Schwergewicht von
Christus auf Gott verlagert.[233] Aufgrund des antizipatorischen Charakters der Eingangseulogie hat man den Abschnitt Eph 1,3–14 auch als
„Präludium"[234] oder als „Ouvertüre"[235] bezeichnet.

Nach der Danksagung in 1,15–19 setzt mit V. 20 eine Schilderung
von Gottes Auferweckungshandeln an Christus ein. Häufig wird 1,20–
23 als hymnischer Abschluss der Danksagung gewertet. Die VV. 20–
23 sind aber nicht mehr zur Fürbitte zu zählen. Zwar ist der syntaktische Anschluss durch das relativische ἥν zu Beginn von V. 20 eng.
Semantisch ist der Abschnitt aber deutlich dichter mit der Applikation
auf die christlichen Leser in 2,4–6 verbunden (vgl. das jeweilige Vorkommen der Verbstämme ἐγείρω, καθίζω, verbunden mit der Wendung ἐν τοῖς ἐπουρανίοις, sowie die semantische Entsprechung von ἐκ
νεκρῶν und συζωοποιέω).[236] Damit übereinstimmend teilt der Abschnitt

---

[230] Die Abgrenzung dieser Eingangseulogie ist umstritten: 2Kor 1,3f. oder 1,3–7
oder 1,3–10 (vgl. hierzu die folgende Anmerkung) oder 1,3–11.
[231] Siehe dazu HOPPE, Erinnerung 282–287: Eph 1,3–14 und 2Kor 1,3–10 –
Eulogien als Brieferöffnungen.
[232] Vgl. SELLIN, Epheser 77f.
[233] Vgl. GESE, Vermächtnis 218. Vgl. aber 1,7ff.
[234] DAHL, Adresse 262.
[235] THEOBALD, Augen des Herzens 40; 43.
[236] Auch SCHNACKENBURG, Epheser 100, wertet diesen Befund als Anhaltspunkt
seiner Gliederung und begründet damit die Zusammengehörigkeit von 1,20–23
und 2,1–10. Ihm geht es allerdings darum, dass das Briefcorpus erst mit Eph 2,11
wirklich einsetzt; vgl. 101 zu Eph 2,11–22: „Jetzt beginnt ein neuer Teil, der
theologische Hauptteil, der das Thema der einen Kirche aus Juden und Heiden behandelt […]."

mit diesen Versen den narrativen Charakter. Beide Teile stellen das Geschehen von Gottes Auferweckungshandeln an Christus bzw. an den Christen in der 3. Person Sg. Aorist dar. Übergreifendes Thema ist der Weg vom Unheil zum Heil, dessen Angelpunkt das Christusereignis ist. Eph 1,20–23 ist also schon eng auf den folgenden Teil bezogen. Der Abschnitt reicht bis 2,22. Die erzählende Darstellung in der 3. Person hält sich jedoch nicht komplett durch, da sich die Erzählung direkt an die Leserschaft richtet.

Mit 3,1 setzt ein neues Thema ein. Der Verfasser weist auf sich selbst hin und identifiziert sich ausdrücklich mit dem Apostel Paulus: ἐγὼ Παῦλος. Zentrales Thema der nun folgenden Paulus-Anamnese, die bis V. 13 reicht, ist die Offenbarung des Mysteriums an den Apostel. Es wird im Einzelnen gezeigt werden, inwiefern dabei Eph 3,3f. die Funktion einer Leseanleitung für den Brief zukommt. Eph 3,14–21 schließt den Abschnitt mit einem Fürbittgebet (vgl. Τούτου χάριν κάμπτω τὰ γόνατά μου πρὸς τὸν πατέρα [...] ἵνα) und einer Doxologie[237] (VV. 20f.) ab. Ringförmig korrespondiert dabei die Doxologie als Schluss mit dem Anfang, der Eingangseulogie in 1,3–14, und das Fürbittgebet mit der Danksagung und Fürbitte in 1,15–19.[238] Der Doxologie in Eph 3,20f. sind formal erstmals Od 12,15 und 4Makk 18,24 vergleichbar (vgl. auch 3Makk 7,23). Wichtig ist, dass diese jeweils Abschlüsse bzw. Buchschlüsse bilden. Auch die übrigen neutestamentlichen Doxologien stehen überwiegend am Ende eines Briefes[239]. Die Stellung einer Doxologie am Ende eines Briefteils ist dagegen seltener[240] (vgl. aber Röm 11,36; Gal 1,5; 1Petr 4,11). Zusammen mit der in sich geschlossenen Ringkomposition der ersten drei Kapitel[241] verstärkt sich dadurch der Eindruck einer Zäsur zum Folgenden und einer besonders zu unterscheidenden Aussageintention dieses Teils. Das ‚Amen‘[242] am Ende intensiviert die briefliche Kommunikation. Wie die Gemeinde das ‚Amen‘ im Gottesdienst zur Bekräftigung spricht, dient es auch im brieflichen Kontext dem Aufruf zur Zustimmung.[243]

Mit παρακαλῶ οὖν ὑμᾶς wird darauf der zweite Hauptteil eröffnet, der durch Mahnungen und deren Begründungen insbesondere innerhalb der Haustafel in Eph 5,21–6,9 gekennzeichnet ist. Auch hier liegt

---

[237] Vgl. DEICHGRÄBER, Gotteshymnus 24–40.
[238] Vgl. SELLIN, Epheser 292f.
[239] Vgl. Röm 16,27 (sek.); Phil 4,20; 1Tim 6,16; 2Tim 4,18; Hebr 13,21; 1Petr 5,11; 2Petr 3,18; Jud 25.
[240] Vgl. SCHNACKENBURG, Epheser 157.
[241] Siehe dazu auch THEOBALD, Augen des Herzens 22.
[242] Ob das ‚Amen‘ als Element einer Doxologie zu gelten hat, ist strittig: GÜTING, Amen 137, zählt es als viertes Element hinzu; DEICHGRÄBER, Gotteshymnus 25, sieht die Doxologie, ohne das Amen mitzuzählen, als dreigliedrig an.
[243] Vgl. GÜTING, Amen 138. Vgl. zum Gal: SÄNGER, Bekennendes Amen.

ein konzentrischer Aufbau vor.[244] Das inhaltliche Zentrum bildet Eph 5,1f. Hier ruft der Verfasser grundlegend zur Nachahmung von Gottes Liebe am Modell Christi auf. Um diese beiden Verse herum sind in 4,25–32 und 5,3–14 katalogartige Mahnungen gruppiert. Der alte und der neue Mensch ist Thema der Abschnitte 4,17–24 und 5,15–20. Den äußersten Kreis dieses zweiten Hauptteils bilden die Abschnitte 4,1–6.7–16 und 5,21–6,9. Sie handeln von der Einheit des Leibes Christi, zunächst im Großen, in der Kirche, dann im Kleinen, der Familie. Darauf folgt die eschatologische Schlussmahnung in 6,10–20.

A. Mayer macht auf die Möglichkeit aufmerksam, die Gliederung des Briefcorpus von den *partes orationes*[245] der antiken Rhetorik her zu verstehen. Ihrem Vorschlag nach entsprächen 1,3–14 dem *exordium*, 1,15–23 der (an Gott gerichteten) *captatio benevolentiae*, 2,1–22 der *narratio*, 3,6 der *propositio*, 3,1–21 der *argumentatio*, 4,1–6,9 der *exhortatio* und 6,10–20 der *peroratio*.[246] Grundsätzlich bietet sich die Berücksichtigung rhetorischer Strukturierungsaspekte an, um den Makroaufbau des Textes in den Blick zu bekommen. Die genauen Zuordnungen Mayers müssen aber überprüft werden.

Eph 1,3–14 weist die zentralen Eigenschaften eines *exordium* in der antiken Redelehre auf, da in diesen Versen bereits alle wichtigen Themen des Briefcorpus angesprochen werden. Zweck eines *exordium* ist es ja, den Gegenstand der folgenden Rede zu benennen und Aufmerksamkeit zu erregen.[247] Eph 1,15–19 kann vor dem Hintergrund des rhetorischen Redeschemas als *captatio benevolentiae* klassifiziert werden. Der Beginn der *narratio* als Schilderung des Sachverhaltes[248] ist aber trotz des relativischen Anschlusses schon in 1,20 anzusetzen. Bereits dort wechselt der Verfasser von der Form der Fürbitte (vgl. die finale durch ἵνα mit Konjunktiv und εἰς mit Infinitiv strukturierte Syntax der VV. 17–19) zur Erzählung dessen, was Gott getan hat (Wechsel in die 3. Person Sg. und Aorist Indikativ). Als *propositio*, also als Thema bzw. Ankündigung des Beweisziels, kann nicht allein 3,6 gelten, sondern der gesamte Zusammenhang, innerhalb dessen V. 6 steht. Die Aussage, dass die Heiden Mit-Erben sind, ist gerade nicht losgelöst vom Kontext zu verstehen, sondern aufs Engste mit der Geheimniseinsicht des Paulus verknüpft. Dieser nicht aufzulösende Verbund wird durch die Syntax bestätigt. V. 6 ist als AcI keine selbstständige Konstruktion, sondern abhängig von σύνεσις in V. 4. Der Abschnitt 3,1–13 kann in der Terminologie antiker Rhetorik insgesamt als *propositio* bezeichnet werden. Mayer interpretiert diesen

---

[244]   Vgl. dazu THEOBALD, Augen des Herzens 23.
[245]   Zu den Redeteilen vgl. FUHRMANN, Antike Rhetorik 75–98.
[246]   Siehe MAYER, Einheit 19f.
[247]   Vgl. Quintilian, Inst. Or. IV 1,33–39; Rhet. ad Her. I 7. Zum Verhälntis von Rede und Brief, vgl. u. Anm. 251.
[248]   Vgl. Quintilian, Inst. Or. IV 2,31.

Abschnitt – ausgenommen V. 6 – dagegen als *argumentatio* und den anschließenden langen Abschnitt 4,1–6,9 als *exhortatio*.[249] Die *exhortatio* stellt aber innerhalb der gängigen Redeschemata antiker Rhetorik, die sich an der Gerichtsrede orientieren, keinen eigenen Redeteil dar.[250] Zwar kann es selbstverständlich nicht darum gehen, ein exaktes Redeschema im Epheserbrief aufzuweisen.[251] Trotzdem ist es nicht notwendig, die *exhortatio* als äußerst ungewöhnliches Element rhetorischer *partes*, wie antike Handbücher sie überliefern, in der von Mayer vorgenommenen Weise in die Gliederung zu integrieren. Denn das Besondere im Epheserbrief ist, dass *argumentatio* und *exhortatio* annähernd zur Deckung kommen. Die ausführlichen Ermahnungen in 4,1–6,9 sind aus rhetorischer Perspektive zugleich Beweisführung. Das wird deutlich, wenn man sich vor Augen führt, welcher Sachverhalt im Briefaufriss zu bestätigen ist. Es ist nicht allein die Heilsteilhabe der Heiden – dann könnte man die Augenzeugenschaft des Paulus vielleicht als Beweisführung verstehen.[252] Sondern es ist das dem Apostel Paulus offenbarte und durch ihn verkündigte Mysterium, dessen zentrales Element freilich die Eingliederung der Heiden in die Christusgemeinschaft darstellt. Der Inhalt des Geheimnisses ist auch nach Eph 3,2 explizit Gegenstand der voranstehenden *narratio*.

Zu bestätigen ist also die Fiktion des Briefes, dass es sich bei seinem Inhalt (insbesondere der ersten beiden Kapitel) um die Einsicht des Paulus in das Mysterium handelt. In der Paränese ist vieles aus den paulinischen Briefen wiederzuerkennen. Das meiste davon gibt anders als in Eph 1–3 durch Paulus bereits Bekanntes wieder, ohne dass dabei nennenswerte Spannungen zu den Aussagen der Paulusbriefe entstehen (vgl. z.B. Eph 4,4–7 mit 1Kor 12,4–7.13; Eph 4,18f. mit Röm 1,21.24–28; Eph 4,25 mit Röm 12,5; Eph 4,28 mit 1Kor 4,12; Eph 5,2 mit Gal 2,20; Eph 5,8–14 mit Röm 13,12/1Thess 5,5; Eph 5,27 mit 2Kor 11,2; Eph 6,10–17 mit 1Thess 5,8). Zwar entwickelt der Verfasser paulinische Aussagen auch weiter. Zentrales Beispiel dafür ist die Leib-Haupt-Konzeption in Eph 4,15f. Während Paulus in 1Kor 12,12 (vgl. 1Kor 12,27) die σῶμα-Metapher zur Beschreibung der Gemeinde als Leib Christi verwendet, erweitert der

---

[249] BETZ, Galater 57–68, legt diese Gliederung seiner Analyse des Galaterbriefs als eines apologetischen Briefes zugrunde.

[250] Das konzediert auch MAYER, Einheit 19f. Sie leitet diesen Teil deshalb gesondert aus „der rhetorischen Tradition der kynisch-stoischen Diatribe" her.

[251] Das Votum von CLASSEN, Antike Rhetorik 28, gilt ja in verschiedenen Richtungen: „Wo ein *exordium*, eine *confirmatio* und eine *peroratio* vorkommen, muß nicht auch eine *narratio* zu finden sein […]". Grundsätzlich muss also immer damit gerechnet werden, dass nur bestimmte Teile der in Handbüchern zu findenden Vorschriften realisiert werden. So kann man umgekehrt schließen, dass auch Teile dazu kommen können, die in der Form und Anordnung nicht zum Regelwerk gehören.

[252] So MAYER, Einheit 20.

Verfasser des Epheserbriefs das Bild durch die κεφαλή-Relation bzw. präzisiert durch Nennung einzelner Gelenke und Verbindungsglieder die Leib-Metapher. Eine derartige Fortführung einzelner Vorstellungen ist aber nicht vergleichbar mit den konzeptionellen Veränderungen gegenüber Paulus innerhalb Eph 1–3. Grundsätzlich wird es in frühchristlicher wie auch in jüdischer Ethik weitgehend keine Kontroversen darüber gegeben haben, dass der Mensch sich nicht berauschen, nicht zürnen, lügen oder stehlen soll. Solche Ermahnungen bilden auch den Großteil der Ausführungen in Eph 4,17–5,20. Einzige Ausnahme ist die Eheermahnung in Eph 5,21–33. Nur an dieser Stelle geht der Verfasser deutlich über die bei Paulus formulierte Paränese hinaus. Das hat seinen Grund in der Vorlage des Kolosserbriefs. Aus ihr übernimmt der Verfasser die christliche Haustafel und dehnt zugleich ihren Umfang aus.

Von diesem Befund aus ist Teil der Arbeitshypothese, dass die primäre Funktion dieses zweiten Hauptteils nicht so sehr darin besteht, zu neuem Verhalten zu bewegen, sondern ein vorhandenes Verhalten bzw. vorhandene Wertmaßstäbe zu bestärken.[253] Wenn man bei den Adressaten ein qualifiziertes Pauluswissen voraussetzen darf, knüpft der Epheserbrief mit der Paränese inhaltlich stark an bereits Bekanntes und Akzeptiertes an.[254] Der paränetische Teil dient auf diese Weise zur Stärkung der pseudonymen Briefsituation. Denn diese kann nur auf der Basis von Vertrautem funktionieren. Andere neutestamentliche pseudonyme Schreiben verwenden überwiegend Namen und Grußlisten zur Herstellung einer vertrauten Basis, auf der die Paulus-Fiktion gründen kann. Was insbesondere in den Pastoralbriefen Adressenangaben, Grüße, Namensnennungen und persönliche Mitteilungen (vgl. 1Tim 1,1f.; 6,21; 2Tim 1,1–3; 4,19–22; Tit 1,1–4; 3,12–15) sowie detaillierte Schilderungen der jeweiligen Lebenssituation des Paulus (vgl. 1Tim 1,20; 2Tim 4,13) und sogar Überlegungen des Apostels bezüglich des bevorstehenden Todes (vgl. 2Tim 4,6–8.17f.) leisten sollen[255], strebt der Verfasser des Epheserbriefs ganz anders durch den Aufbau seines Briefes an[256]. Die ausführliche Paränese hat

---

[253] Vgl. DAHL, Studies 13: „Der Brief enthält keine neue Information, sondern erinnert die Adressaten an Dinge, die sie schon wissen oder hätten wissen sollen." Siehe auch 39: „Aus den parallelen Aussagen läßt sich kein entscheidendes Argument für oder gegen paulinische Abfassung des Epheserbriefes gewinnen. Der Vergleich bestätigt aber den Eindruck, daß der Epheserbrief in seinen einzelnen Formulierungen mehr traditionell und weniger originell ist, als Paulus in seinen Briefen zu sein pflegt."

[254] Dieses Wissen kann dann nicht die Kenntnis Todes des Apostels (vgl. Apg 20,25.28; 1Clem 5,5–7) beinhaltet haben.

[255] Vgl. SCHNELLE, Einleitung 328f.

[256] Diese Funktion des Briefaufbaus ist innerhalb meiner Arbeitshypothese von der Pseudepigraphie des Schreibens zu verstehen und kann nicht zu deren Begründung dienen.

bestätigende Funktion für die Paulus-Fiktion. Diese Wirkung wird nicht allein durch ihren Inhalt erzeugt, der zugleich frühjüdischer und frühchristlicher Konsens ist, sondern durch den Zusammenhang von Briefaufbau und Inhalt der Paränese. Dieser ist spezifisch für Paulus. So verstanden dient die Paränese (*exhortatio*) in erster Linie nicht der Einführung eines neuen Handelns, sondern kommt v.a. mit der Plausibilisierung der fiktiven Briefsituation zur Deckung. Als solche dient sie aber vielmehr als funktionale *argumentatio* der in Eph 3,1– 13 dargelegten *propositio*. Die an rhetorischen Gesichtspunkten gewonnene Grobgliederung unterteilt demzufolge den Makroaufriss des Briefes wie folgt:

Eph 1,1f.:	Präskript als Eröffnung der brieflichen Kommunikation und Teil der Paulus-Fiktion:
Eph 1,3–14:	*exordium* als Einleitung und voraus nehmende Hinführung zum Folgenden;
Eph 1,15–19:	*captatio benevolentiae* als Fürbitte und Lob gegenüber Gott;
Eph 1,20–2,22:	*narratio* als Schilderung des Sachverhaltes: der Weg vom Unheil und Heil, Christusereignis als Angelpunkt;
Eph 3,1–13:	*propositio* als Ankündigung des Beweisziels: Einsicht des Paulus in das Geheimnis;
Eph 4,1–6,9:	*exhortatio* mit *argumentativer* Funktion als Beweisführung der Paulus-Fiktion;
Eph 6,10–20:	*peroratio* als eschatologische Schlussmahnung;
Eph 6,21–24:	Briefschluss und Postskript als Abschluss der brieflichen Kommunikation und Teil der Paulus-Fiktion.

Dadurch sind die großen Abschnitte in ein spezifisches Verhältnis zueinander gesetzt. Die rhetorischen Termini werden nicht auf den Text angewendet, als handelte es sich um eine Rede. Der briefliche Charakter bleibt auch bei dieser Deutung entscheidend berücksichtigt. Denn nur auf der Grundlage der Fiktion eines paulinischen Schreibens, die v.a. in dem durch Prä- und Postskript hergestellten Kommunikationsrahmen inszeniert wird, sind die rhetorischen Zuordnungen an diesem Text plausibel.[257]

Beide Gliederungen – die konzentrische innerhalb des jeweiligen Hauptteils und die rhetorische für den Gesamtaufriss – schließen einander nicht aus, sondern ergänzen sich. Die rhetorischen Klassifikationen erfüllen dabei die Funktion einer Makrostruktur, die weniger die

---

[257] Die von HÜBNER, Epheser 23, formulierte Alternative von rhetorischer und ‚epistolographischer' Analyse ist deshalb nicht stichhaltig. Beide Vorgehensweisen können sinnvoll ineinander greifen. Siehe auch MAYER, Einheit 21, die die Einschätzung HÜBNERS folgendermaßen problematisiert: „Dies ist zweifellos zutreffend, schließt aber zum einen eine rhetorische Stilisierung der einzelnen Teile nicht aus und rechnet zum anderen nicht mit der Möglichkeit, daß Paulus selbst seine Briefe auch nach rhetorischen Gesichtspunkten gegliedert und abgefaßt haben könnte."

innere Struktur der beiden großen Hauptteile des Briefes als vielmehr
ihren Bezug zueinander bzw. ihre wechselseitige Funktion bestimmen. Ob der Verfasser die rhetorischen Kriterien dabei planvoll oder
eher unbewusst zugrunde gelegt hat, ist nicht sicher zu entscheiden.
Diese Entscheidung ist für die Analyse auch nicht notwendig, da die
vorgenommene rhetorische Analyse auch da geeignet sein kann, wo
ein antiker Text nicht bewusst nach den Regeln der entsprechenden
Handbücher strukturiert worden ist. Denn „viele Autoren [schreiben
oder reden] im Einklang mit den Ratschlägen der Theorie [...], ohne
sie zu kennen (wie denn die Praxis älter ist als die Theorie).“[258] Da
aber im Fall des Epheserbriefs in besonderer und kunstvoller Weise
Regeln der Epistolographie mit denen der Rhetorik kombiniert und
einander dienstbar gemacht werden, ist eher zur Annahme zu tendie-
ren, dass der Verfasser ein mit den Regeln vertrauter und begabter
Mensch war.[259]

Aus der vorgetragenen Deutung der Gliederung des Briefes ergeben
sich abschließend zwei Aspekte. Zum einen zeigt sich, warum der
zweite paränetische Hauptteil vom Umfang her gegenüber paulinischen Briefen (vgl. aber 1Thess) stark ausgedehnt ist, obwohl
zugleich das Aussageinteresse auf dem ersten Hauptteil liegt. Denn
wenn dieser zweite Teil im Sinne einer Beweisführung der voranstehenden *propositio* und *narratio* interpretiert wird, ist die Inkongruenz
von Argumentation und Umfang erklärlich. Der zweite ermahnende
Teil entspricht nicht den Proportionen des Römerbriefs und Galaterbriefs, da er hier im Epheserbrief eine wichtige Funktion über die
konkrete Ermahnung hinaus einnimmt. Er plausibilisiert die fiktive
Briefsituation, d.h. abstrakter formuliert: Eph 4–6 bestätigt Eph 1–3.
Daraus ergibt sich zum anderen, dass der Untersuchungsschwerpunkt
der vorliegenden Arbeit auf dem ersten Teil des Briefes liegt. In Eph
1–3 geht der Verfasser an zentralen Punkten über paulinische Traditionen hinaus. Das betrifft gerade auch den Bereich der Eschatologie.

---

[258] CLASSEN, Antike Rhetorik 31; siehe auch 4: Dadurch, „daß [Paulus] die
griechische Sprache beherrschte, [hatte er] Zugang zu griechisch abgefaßten
Schriften [...], die je nach Bildungsgrad ihrer Verfasser von den Regeln der Rhetorik geprägt waren; anders formuliert heißt das: Wer Griechisch schrieb, konnte
auch Griechisch lesen und kam dadurch, wenn auch vielleicht nur indirekt und un-
bewußt, mit den Regeln der Rhetorik in Berührung.“
[259] Vgl. ebd. 31: „Wer Paulus' Briefe – oder auch andere Teile der Bibel – mit
Hilfe der Kategorien der antiken Rhetorik und der antiken Epistolographie zu verstehen und zu interpretieren sucht, wird sich zunächst mit Gewinn deutlich machen, wie pagane Autoren die Regeln der Theorie beim Abfassen von Reden oder
Briefen oder anderen Gattungen handhaben (nämlich mit umso größerer Selbstän-
digkeit, je begabter und erfahrener sie sind) [...].“

3.5 Das Verhältnis zum Kolosserbrief – konzeptioneller Vergleich

Der Wortbestand des Epheserbriefs stimmt mit dem des Kolosserbriefs in so hohem Maß überein[260], dass man an der Annahme eines literarischen Abhängigkeitsverhältnisses nicht vorbei kommt. Mit einem inzwischen erreichten breiten Forschungskonsens ist die literarische Abhängigkeit des Epheserbriefs vom Kolosserbrief vorauszusetzen und dieses Problem hier nicht eigens zu diskutieren.[261] Unter dieser Voraussetzung ist im Folgenden ein konzeptioneller Vergleich beider Briefe durchzuführen.

M. Gese geht der Rezeption des Kolosserbriefs im Epheserbrief ausführlich nach.[262] Auf die durch ihn geleistete Vorarbeit kann deshalb hier zuerst zurückgegriffen werden. Gese stellt folgende Bearbeitungstendenzen fest:

1. Formulierungen werden geglättet.
2. Nur wenige Teile des Kolosserbriefs finden sich im Epheserbrief nicht wieder. Dazu gehören v.a. die persönlichen Notizen des ‚Paulus‘ sowie die historischen Angaben bezüglich der Missstände in Kolossä.
3. Der Verfasser des Epheserbriefs ergänzt Übernahmen aus dem Kolosserbrief durch Aussagen aus den Paulusbriefen.[263]
4. Was den Briefaufbau betrifft, sind die Übereinstimmungen hinsichtlich Eph 4–6 gegenüber Kol 3–4 groß. Das zeigt insbesondere die Rezeption der Haustafel, die der Verfasser des Epheserbriefs zwar christologisch-ekklesiologisch ergänzt, im Ganzen aber voraussetzt. Was den ersten Hauptteil Eph 1–3 betrifft, sind sehr viel stärkere Umformungen zu verzeichnen.
5. Die Zäsur zwischen lehrhaftem und ermahnendem Teil im Epheserbrief ist scharf (vgl. den Neueinsatz in 4,1), im Kolosserbrief dagegen ist der Übergang zwischen beiden Teilen in 2,6–3,4 fließend.
6. Während im Kolosserbrief alttestamentliche Zitate fehlen, fügt der Verfasser des Epheserbriefs sie wie Paulus in seine Darstellung

---

[260] Vgl. MITTON, Epistle 57: „[…] more than a third of the words in Colossians reappear in Ephesians." Vgl. auch die Synopse von Epheserbrief und Kolosserbrief bei REUTER, Synopse 533–619.

[261] Vgl. zu einer Auflistung von fünf Gründen, die die Abhängigkeit des Epheserbriefs vom Kolosserbrief zeigen, MITTON, Epistle 68–74; vgl. den Forschungsüberblick bei POLHILL, Relationship. – Verbleibende Gegenstimmen sind: BEST, Who 96, der nicht von einem Abhängigkeitsverhältnis beider Briefe ausgeht. Ihre Gemeinsamkeiten und Unterschiede erklärt er vor dem Hintergrund der etwa zeitgleichen Entstehung innerhalb der Paulusschule. SYNGE, Colossians 51–57, nimmt an, dass der Kolosserbrief eine Nachahmung des Epheserbriefs sei; COUTTS, Relationship 201, vermutet ebenfalls die Abhängigkeit des Kolosserbriefs vom Epheserbrief, wenngleich das genaue Verhältnis möglicherweise schwieriger zu bestimmen sei; ferner KREITZER, Hierapolis 5f.

[262] Vgl. GESE, Vermächtnis 42–54.

[263] Vgl. die ebd. 44, genannten Belege.

ein (vgl. Eph 4,8 [Ps 68,19]; Eph 1,22 [Ps 8,7]; Eph 5,31 [Gen 2,24];
Eph 6,2f. [Ex 20,12/Dtn 5,16]). Eine Zitationsformel liegt dabei nur in
Eph 4,8 vor (διὸ λέγει).
    7. Einige Abschnitte des Epheserbriefs haben keinen Anknüpfungspunkt im Kolosserbrief. In ihnen geht es um spezielle paulinische Themen, die der Epheserbrief allerdings ohne erkennbaren Bezug zu einer aktuellen Gemeindesituation aufnimmt (vgl. Eph 2,8–10;
4,4–6; 4,7–16; 5,1f.; 5,8–14; 6,10–17).
    8. Der Epheserbrief wechselt von der christologischen zur ekklesiologischen Perspektive. Das zeigt sich in mehrfacher Hinsicht: a) Ziel
der Versöhnung ist (nach Gese) nicht mehr Christus, sondern die Kirche (vgl. Kol 1,20.22 mit Eph 2,16); b) nach Kol 1,27 ist Christus das
Mysterium, nach Eph 3,6 ist es die Kirche; c) Aussagen über den einzelnen Christen in Kol 1,28; 2,10 werden in Eph 1,23; 3,19; 4,13 zu
ekklesiologischen; d) der Epheserbrief setzt eine Vermittlungsfunktion kirchlicher ‚Ämter‘ voraus (vgl. Eph 4,16 mit Kol 2,19; Eph 2,20
mit Kol 2,7; Kol 1,26 mit Eph 3,5).
    9. Der Schlussgruß wird in Eph 6,24 unpersönlich formuliert und
die missionarische Wendung aus Kol 4,3 in Eph 6,19 zu einer Formulierung über die allgemeine Situation der Verkündigung.
    Diese Bearbeitungstendenzen, die den Umgang mit dem Kolosserbrief seitens des Verfassers des Epheserbriefs bestimmen, sind kohärent mit den unterschiedlichen Entstehungssituationen der Briefe. Anders als der Epheserbrief setzt der Kolosserbrief eine Konfliktsituation
als aktuellen Anlass des Schreibens voraus. In seinem Brief an die
Gemeinde in Kolossä bemüht sich der Verfasser eine gegnerische
„Philosophie" zu widerlegen. Diese genau zu umreißen, ist äußerst
kompliziert, da sie sich nur indirekt aus dem Zeugnis des Kolosserbriefs erschließen lässt. Zur religionsgeschichtlichen Herleitung gibt
es eine Fülle verschiedener Vorschläge.[264] Für die vorliegende Fragestellung reicht eine grobe Orientierung über den Hauptstreitpunkt aus,
ohne auf religionsgeschichtliche Hintergründe einzugehen. Die Gegner erkennen der Gemeinde in Kolossä ihren Heilsstatus offenbar
nicht zu (vgl. κρίνω in 2,16; καταβραβεύω in 2,18). Dieses Urteil
gründet auf der Missachtung etwa der Speiseverbote seitens der Gemeinde (vgl. 2,16.21). Im Hintergrund steht wahrscheinlich eine
Heilslehre, die Nahrungsaskese als Befreiung von irdisch-materiellen
Zwängen der gottfernen Welt versteht.[265] Dadurch wird eine Reinheit

---

[264] Vgl. GUNTHER, Paul's Opponents 3f., der 44 verschiedene Vorschläge zählt.
[265] Anders STANDHARTINGER, Studien 181–194, die der Ansicht ist, dass die Bedrohung der kolossischen Gemeinde nicht von konkreten Gegnern mit einer bestimmten Lehre ausgeht. Stattdessen sei „[d]er Gegner, vor dem in Kol 2,4–23
gewarnt wird [...] v.a. der Pessimismus" (192). „Die antike Überzeugung, daß
Menschen vor ihrem Tod über besondere prophetische Gaben verfügen [...],
macht sich dieser Brief zunutze, um Frustration und Pessimismus [...] mit einer
optimistischen Wirklichkeitssicht zu begegnen."

erlangt, die Einlassbedingung zur von Engeln bewachten himmlischen Welt ist.[266] Um Verunsicherung und Anpassungstendenzen entgegenzuwirken, entfaltet der Verfasser seinen eigenen Standpunkt. Das Heil der Gemeinde gründet allein in Christus. Schon vor der eigentlichen *probatio* in Kol 2,9–15 wird der christozentrische Ansatz im Christus-Enkomion 1,15–20 grundlegend durchgeführt. Christus ist allen kosmischen Ordnungen übergeordnet. Über die Christusbeziehung hinaus sind deshalb keine Leistungen als Heilsvoraussetzung zu erbringen.[267]

In dieser Konfrontation greift der Verfasser des Kolosserbriefs auf das paulinische Pseudonym zurück. Von der geliehenen Autorität verspricht er sich Unterstützung in der Argumentation gegen die gegnerische Position.[268] Um die Absenderangabe plausibel zu halten, liefert der Verfasser eine ausführlichere Selbstvorstellung in Kol 1,24–2,5, eine ebenfalls ausführliche Grußliste am Schluss des Schreibens in Kol 4,10–14 (vgl. dazu 2Tim 4,9–15; Tit 3,12f.)[269] sowie im Schlussgruß Kol 4,18 Eigenhändigkeitsvermerk und Namensunterschrift (vgl. 2Thess 3,17)[270].

Hierin liegt ein wesentlicher Unterschied zum Gebrauch des Pseudonyms im Epheserbrief. Alle drei Elemente, die im Kolosserbrief der Authentizitätssicherung dienen, fehlen dort. Der Verfasser macht nur minimale Angaben zur Person des Paulus, in denen er die Gefangenschaft des Apostels voraussetzt (vgl. Eph 3,1.13; 6,20), und der einzige Name, der außer Paulus im Brief genannt wird, ist Tychikus (vgl. Eph 6,21).

Anders als der Kolosserbrief hält der Epheserbrief seine Absenderangabe durch den Briefaufbau sowie durch die Eintragung spezifischer paulinischer Themen plausibel. Während der Kolosserbrief zwischen lehrhaftem und paränetischem Hauptteil nicht so scharf trennt, insofern sich in Kol 2,6–3,4 lehrhafte mit mahnenden Elementen vermischen, übernimmt der Epheserbrief diese Grobgliederung des Römerbriefs und (eingeschränkt) des Galaterbriefs deutlich. Der Verfasser des Kolosserbriefs ermahnt speziell gegen die Gegner und ihre Speisevorschriften. Dem *auctor ad Ephesios* dagegen dient der ‚konventionelle‘ zweite paränetische Briefteil als Plausibilisierung der fiktiven Verfasserangabe. Zu dieser Anlehnung an paulinische ‚Ar-

---

[266] Vgl. WOLTER, Kolosser 37.
[267] Vgl. SCHWEIZER, Kolosser 117f.130.
[268] Vgl. WOLTER, Kolosser 33: Der Verfasser des Kolosserbriefs erweist sich „in jedem Fall als ein Theologe, der seine theologische Sozialisation der paulinischen Theologie und Tradition verdankt. Er bringt sie mit Hilfe eines fingierten Paulusbriefes in eine nachpaulinische Konfliktsituation ein und gibt damit zu erkennen, daß er von ihr einen entscheidenden Beitrag zur Problemlösung erwartet."
[269] Vgl. BROX, Verfasserangaben 61.
[270] Vgl. z.B. WOLTER, Kolosser 223; GNILKA, Kolosser 247; anders LINDEMANN, Kolosser 78.

beitsweise' passt die Aufnahme alttestamentlicher Zitate bzw. Bezüge in den Text (vgl. Eph 4,8 als Zitat von Ps 68,19; vgl. Eph 1,22 mit Ps 8,7; Eph 5,31 mit Gen 2,24; Eph 6,2f. mit Ex 20,12/Dtr 5,16).[271] Im Kolosserbrief finden sich keine deutlichen Anspielungen auf das Alte Testament.[272] Mit beiden Änderungen gegenüber dem Kolosserbrief stimmt insbesondere überein, dass der Verfasser des Epheserbriefs sich um die Aufnahme paulinischer Themen bemüht, ohne dass dabei allerdings ein Bezugspunkt zu einer bestimmten Gemeindesituation greifbar wäre. Das wird in vorliegender Untersuchung besonders im Blick auf die Aufnahme der Rechtfertigungs- und Kreuzesthematik in Eph 2,8–10 und 2,14–16 gezeigt werden. Beide Themen sind im Epheserbrief aus ihrem ursprünglich polemischen Kontext herausgelöst.

Es ergibt sich insgesamt für den Epheser- gegenüber dem Kolosserbrief (aber auch verglichen mit den Pastoralbriefen) eine subtilere Form des Authentizitätsbeweises. Dieser kommt nicht durch Grußlisten und biographische Schilderungen zustande, sondern durch Reminiszenzen formaler und inhaltlicher Art. Diese erfüllen aber nur da ihren Zweck, wo die Leserschaft über ein qualifiziertes Pauluswissen verfügt. Andernfalls müssen diese Elemente ihre beabsichtige Wirkung, die Absenderangabe bestätigen, verfehlen.

Die verschieden ausgestaltete Pseudonymität hat ihren Grund in der unterschiedlichen Briefpragmatik. Die jeweiligen Schwerpunkte entweder auf der Christologie oder auf der Ekklesiologie erklären sich aus ihr. Der Verfasser des Kolosserbriefs braucht innerhalb einer aktuellen Streitsituation eine Autorität, mit der er seine Ansicht bei der Gemeinde besser durchzusetzen erhofft. Er rekurriert deshalb auf eine berühme Größe der vergangenen Mission. Der Name des Paulus ist den Adressaten vertraut, aber persönlich war der Apostel den Kolossern unbekannt, da er die Gemeinde wohl nie selbst besucht hat. Der Kolosserbrief ist zwar selbstverständlich stark von Paulus geprägt. Die Themen, die ihn mit dem Corpus Paulinum verbinden, sind aber überwiegend „gemeinantiker und gemeinchristlicher Provenienz".[273] Genuin paulinische Vorstellungen wie die Rechtfertigungslehre, die der Epheserbrief wieder aufgreift, fehlen im Kolosserbrief (vgl. aber Kol 1,20; 2,14 zum σταυρός). Die übrigen Namensnennungen (vgl. zu ihnen auch Phlm 23f.) verstärken durch den Eindruck eines Argumentationsverbundes den autoritativen Anspruch, der hinter dem Schreiben steht.

Der Verfasser des Epheserbriefs verfolgt eine andere Pragmatik. Die ohnehin problematische Annahme einer generellen Autoritätsarmut in den Jahren zwischen 60 und 100, die für die Pseudepigraphen in aktu-

---

271   Vgl. LINCOLN, Use, *passim*.
272   Vgl. dazu auch HÜBNER, Theologie II 348f.
273   WOLTER, Kolosser 33.

ellen Auseinandersetzungen den Rückgriff auf eine vergangene Persönlichkeit erforderlich machte[274], ist nicht pauschal als Erklärung neutestamentlicher Pseudepigraphie geeignet. Der *auctor ad Ephesios* verteidigt weder seine eigene gegen eine fremde Lehre,[275] noch ist sein Anliegen als Traditionspflege oder Traditionsbildung hinreichend beschrieben.[276] Das wird die folgende Untersuchung durch den Aufweis eigenständiger Konzeptionen im Epheserbrief sowohl gegenüber Paulus als auch dem Kolosserbrief zeigen. Die Tendenz, neutestamentliche Pseudepigraphie von dem Begriff ‚Fälschung' fernzuhalten, ist verbreitet.[277] Hinsichtlich des Epheser- und des Kolosserbriefs ergibt sich dagegen doch die Frage, ob man in der Antike nicht Pseudonyme zu bestimmten Zwecken einsetzte, die ein stärkeres Eigeninteresse verfolgen, als es mit dem Begriff der Traditionspflege bezeichnet ist.[278] Die übliche Negativkonnotation im Sinne eines bewussten Betrugs oder vorsätzlicher Täuschung ist dabei aber nicht notwendig anzunehmen.[279]

---

[274] So SCHNELLE, Einleitung 328: „Weil es keine Persönlichkeiten mehr gab, die eine gesamtkirchliche Autorität besaßen, griffen die Verfasser pseudepigraphischer Schreiben auf die Autoritäten der Vergangenheit zurück, um ihren jeweiligen Zielen in der sich wandelnden kirchengeschichtlichen Situation einen adäquaten Ausdruck zu verleihen. Pseudepigraphie war […] ein literarisches Mittel, um in den Problemen und Konflikten des letzten Drittels des 1. Jhs. Einfluß zu gewinnen und sachgemäße Lösungen zu finden."

[275] Am Text kaum nachvollziehbar ist die These DAHLS, Einleitungsfragen 77, derzufolge der Epheserbrief sich gegen die „drohende Gefahr" von „Irrlehren" richte: „Die Form ist völlig unpolemisch aber der Brief ist dennoch voll indirekter Polemik gegen einen in Hellenismus und in der Spätantike verbreiteten Typ von Offenbarungs- und Erlösungsreligion, die auch im Judentum und Christentum Eingang fand."

[276] So aber die übliche Deutung der Pseudonymität auch im Epheserbrief, vgl. z.B. SCHNACKENBURG, Epheser 34: der Verfasser versteht sich ‚„nur' als Tradent und Interpret der paulinischen Tradition"; GNILKA, Epheser 21, mit Blick auf eine Paulusschule: „Traditionsbildungen und Traditionspflege sind nicht Sache eines einzelnen, sondern einer Gemeinschaft"; ZIMMERMANN, Unecht 30: „imitative Pseudepigraphie" der neutestamentlichen Pseudo-Paulusbriefe sei Folge gemeinschaftlicher Missionspraxis und Schultradition.

[277] Vgl. exemplarisch SCHNELLE, Einleitung 329: „Eine theologische Beurteilung darf nicht von den moralischen Kategorien der Fälschung oder des Betruges ausgehen."

[278] Z.B. gegen THEISSEN, Das Neue Testament 85, der aus dem Stellvertretungsbewusstsein der Paulusmitarbeiter schließt, dass diese nach dem Tod des Apostels in seinem Namen „ohne Fälschungsbewusstsein unechte Briefe" schrieben und verbreiteten.

[279] Gegen FRENSCHKOWSKI, Pseudepigraphie 251: „Es bleibt dabei, dass Pseudepigraphie eine bewusste und planmäßig durchgeführte Täuschung ist, welche – wenn sie erkannt worden wäre – damalige Leser im allgemeinen ebenso vor den Kopf gestoßen hätte, wie heutige. Nur die Arglosigkeit und Naivität christlicher Leser hat meist ihre Erkenntnis verhindert."

4 Methodischer Zugang

4.1 Metapherntheoretische Grundlagen

Der verfahrenen Diskussion über die Eschatologie im Epheserbrief wird in der folgenden Untersuchung eine neue Richtung gegeben. Um die innerhalb der Forschungsgeschichte dargestellten Aporien aufzubrechen (s.o. Kap. I.2), werden die Zeitaussagen des Epheserbriefs unter metaphorischen Aspekten analysiert werden. Aufgrund der derzeitigen Fülle von Metapherntheorien und eines inflationär-unspezifischen Gebrauchs des Metaphernbegriffs ist eine Beschränkung notwendig sowie methodische Entscheidung gefordert.[280] In groben Umrissen sollen zunächst Grundentscheidungen verschiedener Metapherntheorien dargestellt werden.[281]

4.1.1 Vergleichstheorie

Die klassische Vergleichstheorie hat ihre Wurzeln in der Antike.[282] Aristoteles beschreibt das Wesen der Metapher mit der im Terminus schon etymologisch enthaltenen Idee der Übertragung: „Die Metapher ist die Übertragung (ἐπιφορά) eines – verfremdet gebrauchten – Wortes" (Poetik 1457b).[283] Im Lateinischen steht dafür der Begriff *translatio*.[284] Dadurch entsteht ein Verhältnis zwischen zwei Bedeutungen. Konstitutives Kennzeichen dieses Verhältnisses ist die Similarität: „Denn gute Metaphern zu bilden bedeutet, daß man Ähnlichkeiten zu erkennen vermag" (Poet. 1459a 7f.; vgl. 1457b 8f.: Übertragung […] nach den Regeln der Analogie).[285] Die berühmte Definition

---

[280] Vgl. zur ausufernden Metapherndiskussion in Auswahl: BUNTFUSS, Tradition und Innovation; TAURECK, Metaphern und Gleichnisse in der Philosophie; OTTO, Wendungen der Metapher; DANNEBERG/GRAESER/PETRUS (Hg.), Metapher und Innovation; FRIELING, Untersuchungen zur Theorie der Metapher; ZIMMERMANN (Hg.), Bildersprache verstehen; PUSTER, Erfassen und Erzeugen; SCHUMACHER, Metapher; HAVERKAMP (Hg.), Theorie der Metapher; DERS. (Hg.), Die paradoxe Metapher; BERNHARDT/LINK-WIECZOREK (Hg.), Metapher und Wirklichkeit; BERTEAU, Sprachspiel Metapher.

[281] Vgl. zum typologischen Überblick über die Metapherntheorien: NÖTH, Handbuch 344.

[282] Vgl. dazu LAUSBERG, Handbuch §§ 558–564.

[283] Μεταφορὰ δέ ἐστιν ὀνόματος ἀλλοτρίου ἐπιφορά. Aristoteles fährt fort mit seiner berühmten Typologisierung vier verschiedener Möglichkeiten von Übertragung: ἢ ἀπὸ τοῦ γένους ἐπὶ εἶδος, ἢ ἀπὸ τοῦ εἴδους ἐπὶ τὸ γένος, ἢ ἀπὸ τοῦ εἴδους ἐπὶ εἶδος, ἢ κατὰ τὸ ἀνάλογον. Es folgt dann jeweils ein Beispiel, wobei die beiden ersten weniger eine Übertragung als vielmehr eine Teil-Ganzes-Beziehung illustrieren.

[284] Vgl. Cicero, De Or. III 152ff. (*verbum translatum, transferro, translationes*).

[285] Zu diesem konstitutiven Zusammenhang von Übertragung auf der Basis von Ähnlichkeit vgl. z.B. auch Cicero, De Or. III 157: *omnia fere […] translatis per similitudinem verbis dicta sunt.*

der Metapher als abgekürzter Vergleich bietet Quintilian, Inst. VIII 6,8: *metaphora brevior est similitudo.*[286] Wichtig ist in diesem Zusammenhang die Vorstellung eines *tertium comparationis.* Diese dritte Größe vermittelt zwischen dem eigentlichen und dem uneigentlichen Term. Als ‚eigen(tlich)‘ (*proprium*) wird die herkömmliche, konventionelle, als ‚uneigen(tlich)‘ (*improprium*) die übertragene, bildliche Bedeutung verstanden. Das *tertium comparationis* gilt entweder als Vergleichsbasis oder als das semantisch Gemeinsame dieser beiden Größen.

Die spätere Kritik, dass das klassische Ähnlichkeitsmodell durch einen unzulässigen Objektivismus geprägt sei, der die Ähnlichkeiten als den Dingen inhärent betrachtet, trifft in der Form nicht zu. Im Gegenteil weist Aristoteles darauf hin, dass die metaphorische Ähnlichkeit durchaus verborgen sein kann und sich infolgedessen nur besonders klugen Köpfen erschließen wird:

„Metaphern müssen von Gegenständen hergeleitet werden, die dem ursprünglichen Ding verwandt sind und zugleich doch nicht auf ganz augenfällige Weise – ganz wie ein scharfsinniger Geist in der Philosophie Ähnlichkeit sogar in weit voneinander entfernten Dingen erkennen wird.“ (Rhet. 1412a 9–13)

Dieser Aspekt einer Ähnlichkeit, die sich nicht ‚objektiv‘ allgemeingültig erschließt, wird durch ihre Bezeichnung als „rätselhaft“ noch gesteigert: „Metaphern beinhalten Rätsel, und deshalb kann ein gutes Rätsel eine gute Metapher abgeben“ (Rhet. 1405b 4f.).[287]

Klingt im Hinweis auf den scharfsinnigen Philosophengeist auch bereits eine Erkenntnis stiftende Funktion von Metaphern an, so wird dies umso deutlicher, wenn Aristoteles schreibt:

„Auf leichte Weise nämlich zu Wissen zu gelangen, ist für alle von Natur aus angenehm; es sind aber die Worte, die etwas bezeichnen. Folglich sind die Worte, die uns Wissen verschaffen, am angenehmsten. Die fremdartigen Worte sind uns unbekannt, während wir die gängigen kennen. Die Metapher aber versetzt uns am ehesten in diesen Zustand [der angenehmen Empfindung]“ (Rhet. 1410b 10–13).[288]

Die Metapher kommt demnach nicht nur auf paradigmatischer Satzebene zum Tragen, indem sie an die Stelle des eigentlichen Ausdrucks

---

[286] Vgl. Cicero, De Or. III 157: *Similitudinis est ad verbum unum contracta brevitas* […].

[287] Vgl. zu diesem weit differenzierteren Similaritätsverständnis des Aristoteles als es die Kognitivisten für ‚klassische‘ Entwürfe pauschal postulieren: NÖTH, Handbuch der Semiotik 345f.

[288] Zwar nehmen LAKOFF/JOHNSON, Leben 217, diesen Text und mit ihm das „Lob auf die Fähigkeit der Metapher, Erkenntnis zu fördern“ zur Kenntnis. Das anschließend geäußerte Bedauern, dass dieses „nie in das moderne philosophische Denken integriert“ (218) wurde, trifft aber zu einem Teil auch ihre eigene, pauschal geäußerte Ablehnung der abendländischen Tradition.

treten würde. Der Hinweis auf ihre teilweise ‚rätselhafte' Struktur gibt ihre Bedeutung auf syntagmatischer Ebene zu erkennen. Dort wirkt sie Erkenntnis und Wissen fördernd, indem sie unwahrscheinliche Ähnlichkeitsverhältnisse strukturiert.[289]

Traditionell hat die Metapher ihren Ort in antiker Rhetorik und Poetik. Der dritte Teil der rhetorischen Kunst, die *elocutio*, befasst sich damit, den zuvor geordneten Gedanken eine passende sprachliche Form zu verleihen. Dazu bietet sie eine Figurenlehre, deren Elemente als Redeschmuck fungieren. So rückt die Metapher in den Stand eines sprachlichen Ornaments. Sie dient *ad inlustrandam atque exornandam orationem* (Cicero, De Or. III 152). In jüngeren Diskussionen über Metaphorik setzt man diese *ornatus*-Funktion gegen das Postulat der Ubiquität der Metaphern in der Sprache (vgl. das nächste Kapitel). Aber auch wenn in antiken Theorien die Allgegenwärtigkeit metaphorischer Sprache nicht in der Weise wie in modernen Theorien hervorgehoben wird, ist die Antithese Redeschmuck vs. Alltagssprache doch auch für antike Autoren nicht zutreffend.[290] Das zeigt z.B. folgender Passus in der Poetik des Aristoteles: „Da die jambischen Verse nach Möglichkeit die Umgangssprache (λέξις) nachahmen, sind dort alle die Wörter angemessen, die man auch in der Alltagsrede (ἐν λόγοις) verwenden würde; dergleichen sind der übliche Ausdruck (τὸ κύριον), die Metapher (μεταφορά) und das Schmuckwort (κόσμος)" (Poet. 1459a 12–14). Aus dieser Anweisung geht zum einen hervor, dass die Metapher nicht im Schmuckwort aufgeht, zum anderen, dass sie durchaus ihre Anwendung in der alltäglichen Sprache findet[291].

Die verschiedenen Funktionen, die metaphorischer Rede bei Aristoteles zukommen können, erhellen sich aus vier Metaphern für Metaphern.[292] Aristoteles kann die Metapher durch die Opposition „einheimisch"/„fremd" (Rhet. 1404b 31), als „Schmuck" (Poet. 1459a 14),

---

[289] Siehe auch Quintilian, Inst. VIII 3,72f.: „Eine herrliche Erfindung aber, die Dinge ins rechte Licht zu rücken, sind die Gleichnisse (*similitudines*). Unter ihnen sind die einen, die der Beweisführung dienen, unter die Beweismittel zu rechnen, andere sind geschaffen, um das Bild der Dinge deutlich herauszubringen [...] denn es muß, was zur Klärung einer anderen Erscheinung dienen soll, selbst klarer sein als das, was es erhellt."

[290] Vgl. dazu auch EGGS, Metapher 1103: „Ebenso falsch ist die besonders seit RICHARDS im angelsächsischen Raum vertretene Auffassung, Aristoteles habe die Metapher bloß als ‚ein Mittel der *poetischen* Redeweise' bestimmt." Eggs verweist dazu auf Aristoteles, Rhet. 1404b 34 und betont, dass „nicht erst die Moderne [erkannt hat], daß die Metapher nicht nur dem Schmuck der Rede dient. Seit der Aristoteles wird formelhaft wiederholt, daß die Metapher gerade auch dann notwendig ist, wenn in der Umgangssprache für eine bestimmte Sache kein Wort vorhanden ist."

[291] Vgl. auch Cicero, De Or. III 155; Quintilian, Inst. VIII 6,4.

[292] Vgl. dazu DEMANDT, Metaphern 6f.: Aristoteles „gebraucht Metaphern für Metaphern. Wir finden bei Aristoteles drei Vergleiche, die alle auf die späteren Vorstellungen davon, was eine Metapher sei, prägend gewirkt haben."

„Kleidung" (Rhet. 1405a 10–14) oder als „Bild" (Rhet. 1412b 30) bezeichnen. Die erste Metapher bringt mittels eines topologischen Sprachverständnisses v.a. den Aspekt der ‚Differenz' zum Ausdruck. Die zweite Metapher des Schmucks kam schon zur Sprache. In ihr drückt sich v.a. die Vorstellung von der ‚Schönheit', des ‚Luxus' und damit des unnötigen ‚Überflusses' metaphorischer Sprache aus. Eine Präzision dazu liegt in der Metapher des Kleides vor. Sie unterstützt die Argumentation hinsichtlich der sittlichen ‚Angemessenheit' einer Metapher. Es ist wichtig, sich in Bezug auf sein Alter den Konventionen entsprechend zu kleiden. Ein Greis sollte sich nicht in leuchtendes Rot hüllen, da diese Farbe sich nur für die Jugend zieme. Für einen alten Menschen wäre dies also ‚unpassend'. Genauso wichtig ist es, eine ‚passende' (Rhet. 1405a 10f.: ἁρμοττούσα) Metapher zu wählen. Besonders wichtig an dieser Metapher ist, dass Aristoteles die Angemessenheit einer Metapher nicht an Objektivität bindet (ein alter Körper sähe z.B. nicht gut aus in leuchtendem Rot). Vielmehr geht es Aristoteles um Intersubjektivität, die er hier durch den Hinweis auf kulturell übliche Kleidungsformen anspricht.[293]

Die Metapher des ‚Bildes' bringt einen übergreifenden Aspekt zum Ausdruck (Rhet. 1412b 30).[294] Mit der Gewand-Metapher teilt sie, dass sie deutlicher als die Schmuck-Metapher eine Vorstellung versinnlicht. Das Kleid gibt dem Körper eine *forma* und ein bestimmtes Äußeres, so wie das Bild einer Vorstellung eine Form verleiht. Geht es aber bei Ersterem hauptsächlich um ‚Angemessenheit' einer Form, so akzentuiert die Metapher des Bildes überhaupt erst ‚Anschaulichkeit'. Die figürliche Konzipierung an sich ist hiermit hervorgehoben und lässt die Metapher zum ‚Sprachbild' werden. Während die Kleid-Metapher ‚anzieht', überträgt die Bild-Metapher eine Form, wo noch keine ist. Damit übereinstimmend hebt Cicero im Zusammenhang metaphorologischer Überlegungen wiederholt die Leistung des Gesichtssinns und die Bedeutung der Anschauung hervor:

„Jede Übertragung, die man mit Verstand vornimmt, spricht unmittelbar die Sinne an, vor allem den Gesichtssinn, der besonders lebhaft reagiert […] Die aber, die an den Gesichtssinn appellieren, sind viel lebendiger; sie stellen uns im Geiste fast vor Augen, was wir nicht sehen und betrachten können." (De Or. III 160f.; vgl. auch 163).

---

[293] Siehe ebd. 8: „Das ist bemerkenswert, denn in der späteren Metaphern-Metaphorik wird die ‚Angemessenheit' von Sprachbildern nicht mehr nach dem Muster der intersubjektiven Konvention, sondern nach der objektiven Paßform beurteilt."

[294] Vgl. zum ‚Bild' als Metapher für Metapher schon Platon, Rep. 487e; Symp. 215a.

4.1.2 Substitutionstheorie

Vertreter der Substitutionstheorie heben hervor, dass die Metapher einen anderen Ausdruck, für den sie steht, ersetzt.[295] Die ornamentale Funktion metaphorischer Rede wird radikalisiert und als ausschließliche Aufgabe gewertet.[296] Die Theorie setzt damit stark paradigmatisch an. Am Modell struktualer Semantik orientiert geht die metaphorische Ersetzung dabei mit der Tilgung bestimmter semantischer Merkmale einher. Wenn beispielsweise statt *beleidigt davon gehen* der Terminus *abdampfen* verwendet wird, werden die Eigenschaften *gasförmig, kochend heiß* von *Dampf* gelöscht.[297]

4.1.3 Interaktionstheorie

Ein weiteres Paradigma innerhalb der Geschichte der Metapherntheorie bildet der Ansatz der Interaktion. Vertreter dieser Theorie richten sich grundsätzlich gegen die Annahme, die Metapher sei allein Substitut eines anderen Wortes, das ebenso gut an ihrer Stelle stehen könnte. Insbesondere die sich daraus ergebende Konsequenz eines nicht vorhandenen semantischen Mehrwertes wird bestritten.[298] Die vielfältigen Ausprägungen der Interaktionstheorie brauchen hier nicht dargestellt zu werden. Es genügt ein Blick auf die Grundlinien. Die Interaktionstheorie hat ihre Ursprünge in den Arbeiten von I.A. Richards[299] und M. Black[300]. Bei diesem Modell wird eine ‚kreative Interaktion‘[301] innerhalb der semantischen Dichotomie von ‚eigentlichem‘ und ‚uneigentlichem‘ Term angenommen. Für die Unterscheidung zwischen den beiden Bedeutungen prägt Richards das Begriffs-

---

[295]   Vgl. z.B. DUBOIS, Rhetorik 176–186.

[296]   Vgl. zu diesem lange Zeit allgemein anerkannten Postulat exemplarisch HOBBES, Leviathan I 34: „Zum sechsten gelangt man zu unsinnigen Schlüssen, wenn man anstelle der eigentlichen Ausdrücke Metaphern oder andere bildliche Ausdrücke gebraucht. Zwar mag das in der alltäglichen Rede wohl angehen […], wer jedoch Überlegungen anstellt und nach der Wahrheit sucht, darf sich solcher Ausdrücke nicht bedienen."

[297]   Vgl. auch die Kritik bei BLACK, Metapher 60–65.

[298]   Vgl. dazu RICŒUR, Hauptproblem 364.

[299]   The Philosophy of Rhetoric, New York 1936, renewed 1964 by RICHARDS, 89–101: Lecture V „Metaphor"; 115–127, 134–137: Lecture VI „The Command of Metaphor", gekürzt und übersetzt abgedruckt in: HAVERKAMP, Metapher 31–52.

[300]   Metaphor: Proceedings of the Aristotelian Society 55 (1954), 273–294, übersetzt abgedruckt in: HAVERKAMP, Metapher 55–79; vgl. 68 zur eigenen Standortbestimmung innerhalb der Diskussion: „Ich wende mich nun einem Typ von Untersuchung zu, den ich *Interaktionstheorie* der Metapher nenne [*interaction view of metaphor*]. Diese Auffassung scheint mir frei von den Hauptschwächen der Substitutions- und der Vergleichstheorien zu sein und einige wichtige Einsichten in Gebrauch und Grenzen der Metapher zu vermitteln" (Hervorhebungen im Original).

[301]   Siehe HAUSMAN, Metapher 111–114.

paar ‚Tenor' und ‚Vehikel'[302], Black führt die Termini ‚Fokus' und ‚Rahmen'[303] ein. Letzterer hebt den Aspekt der Übertragung hervor. Die Übertragung, von der man bis dahin annimmt, dass sie in eine Richtung verläuft, wird aber nun für beide Richtungen im Sinne einer „semantische[n] Sphärenmischung"[304] veranschlagt. Diese Annahme führt zum Postulat der semantischen Innovation bzw. „Erweiterung des Bedeutungsumfangs".[305] Der innovative Charakter von Metaphern spiegelt sich in den Begriffsprägungen der „lebendigen Metapher"[306] bzw. der „kühnen Metapher"[307]. Solche überraschenden Metaphern entfalten ihre Wirklichkeit strukturierende Wirkung durch ihre spezielle Stellung in einem speziellen Kontext. Zwei Ideen, die konventionell nicht miteinander verknüpft sind, entwickeln durch das Zusammenspiel eine neue Aussage. Die „Metapher [löst] eine Ordnung auf […], um eine andere zu erfinden."[308] Durch die Herstellung von bis dahin nicht bemerkten Beziehungen bietet sie in hohem Maß ‚Erkenntnisvorschläge', neue Zugangsmöglichkeiten zum Gemeinten, an. Freilich liegt die Schwäche dieser Theorie in dem Zwang, stets Neues zu (er-)finden.

4.1.4 Kognitionstheorie
4.1.4.1 Der Ansatz von G. Lakoff und M. Johnson
In jüngerer Zeit ist mit der Kognitionstheorie ein weiteres Paradigma der Metapherntheorie entstanden.[309] Diese Theorie ist weit ausführlicher darzustellen als die bisher genannten, da sich zum einen in ihrer Weiterführung unabdingbare Einsichten für die Interpretation von Metaphern überhaupt ergeben haben. Zum anderen gibt sie, wie sich zeigen wird, Antworten auf die grundsätzliche Frage, wie überhaupt von Zeit gesprochen werden kann. Für den vorliegenden Untersuchungsgegenstand ist diese Wahl der Methode von zentraler Bedeutung.

Mit der Interaktionstheorie teilt die Kognitionstheorie die Überzeugung von der Sinn produzierenden Kraft der Metapher. Auch sie grenzt sich damit von einer einfachen Ersetzungstheorie ab. Wie die Interaktionstheorie ist sie primär syntagmatisch ausgerichtet. Was dort

---

[302] RICHARDS, Metapher 37: Tenor ist „die zugrunde gelegte Vorstellung oder de[r] Hauptgegenstand, die das Vehikel oder die Figur meint."
[303] Vgl. BLACK, Metapher 58: Das metaphorisch gebrauchte Wort ist der *Fokus* [*focus*], der „übrige[…] Teil des Satzes, in dem jenes Wort vorkommt, de[r] *Rahmen* [*frame*] der Metapher" (Hervorhebungen im Original).
[304] NÖTH, Handbuch 344.
[305] BLACK, Metapher 69.
[306] RICŒUR, Lebendige Metapher.
[307] WEINRICH, Semantik der kühnen Metapher.
[308] RICŒUR, Lebendige Metapher 28.
[309] Vgl. LAKOFF/JOHNSON, Leben in Metaphern; LAKOFF/TURNER, More than cool Reason; TURNER, Design for a Theory of Meaning; KITTAY, Metaphor.

als Beziehung z.B. zwischen ‚Fokus‘ und ‚Rahmen‘ klassifiziert ist,
kann hier als Projektion einer Struktur eines Ausgangsbereiches auf
einen Zielbereich gefasst werden.[310] Im Wesentlichen sind es aber
zwei Aspekte, die Kognitivisten von Interaktionstheoretikern unterscheiden. Zum einen richtet sich die Kognitionstheorie gegen die ‚Bi-
Direktionalität‘ der semantischen Wirkung zwischen ‚Tenor‘ und
‚Vehikel‘ und beharrt auf der Uni-Direktionalität dieses Einflusses.[311]
Der metaphorologische Zugang der Kognitivisten ist zum anderen anders als der quasi-poetologische der Interaktionstheorie physisch-em-
pirisch angelegt. Das bedingt einen Perspektivwechsel hin zum Aspekt des Regulären. Ging es in der terminologischen Nachfolge
Ricœurs um die innovative Leistung ‚lebendiger Metaphern‘, so sind
nunmehr ‚triviale‘ oder ‚konventionalisierte‘ Metaphern im Blick.
Diese sind im Lexikon der deutschen bzw. englischen Sprache fest
verankert. Aufgrund ihrer alltagssprachlichen Routiniertheit werden
sie zumeist nicht als Metaphern wahrgenommen. Deshalb sind sie
aber nicht als ‚tote Metaphern‘ zu verstehen.[312] Die kognitivistische
Theorie ist dabei nicht auf konventionalisierte Metaphern eingeschränkt. Sie kann auch zur Beschreibung ‚unkonventioneller‘ Metaphern dienen.[313]

Die grundlegende These lautet, dass metaphorische Rede in
empirischer Eindeutigkeit die metaphorische Gesamtstrukturierung
von Prozessen der kognitiven Wirklichkeitsaneignung aufzeigt. Theoretische Voraussetzungen dieser Annahme bilden Beiträge der holis-
tischen kognitiven Semantik[314] sowie der Prototypenkategorisie-
rung[315]. Diese Entwürfe gehen davon aus, dass über die Analyse
sprachlicher Phänomene Einsicht in die Kognition des Menschen gewonnen werden kann.[316]

Von daher versteht die Kognitionstheorie Metaphern als basale
Phänomene der Wirklichkeitsaneignung, die durch die Projektion vom
Konkreten, Physischen auf das Abstrakte gekennzeichnet ist. Anders
als in herkömmlichen Theorien wird die Metapher nicht sprachlich
definiert: „Die Metapher ist primär eine Sache des Denkens und Handelns und erst sekundär eine sprachliche Angelegenheit […] Die
primäre Funktion der Metapher ist die, uns zu ermöglichen, daß wir
eine Art der Erfahrung von einer anderen her verstehen können.“[317]
Die konkrete Basis der Übertragung konstituiert sich aus vertrauten

---

[310] Vgl. LAKOFF/TURNER, Metaphor 63f.
[311] Vgl. dazu NÖTH, Handbuch 344.
[312] Vgl. LAKOFF/JOHNSON, Leben 69.
[313] Vgl. ebd. 67.
[314] LANGACKER, Foundations of Cognitive Grammar.
[315] Siehe ROSCH, Human Categorization; KLEIBER, Prototypensemantik.
[316] Vgl. zu diesen Voraussetzungen der kognitivistischen Metapherntheorie
BALDAUF, Sprachliche Evidenz metaphorischer Konzeptualisierung 120–125.
[317] LAKOFF/JOHNSON, Leben 177.

Erfahrungen der Sinneswahrnehmung wie Sehen, Hören und Fühlen. Primäre Bedeutung kommt dabei der räumlichen Wahrnehmung zu. Mit ihr sind untrennbar die eigene Körperlichkeit und damit notwendige Orientierungsschemata verbunden sowie die Wahrnehmung anderer Gegenstände, Menschen, Tiere oder Pflanzen. Die Differenz zwischen sprachlichen Bildern und Sachsprache und zwischen Sprache einerseits und Denken und Handeln andererseits wird aufgrund der Einsicht in die kognitive Motiviertheit metaphorischer Operationen aufgeweicht. Überall dort, wo Vorstellungen thematisiert werden sollen, die keine konkrete Eigenstruktur aufweisen, wird aus dem vertrauten Erfahrungsbereich eine anschauliche Struktur auf die abstrakte unstrukturierte Idee übertragen. Das betrifft notwendig jeglichen sprachlichen Bereich, gerade auch Wissenschaftssprache, da es hier um höchst abstrakte Vorstellungen geht. Aufgrund der Basis der Konzeptbildung in der alltäglichen Erfahrungsbewältigung des Menschen prägen Lakoff/Johnson hierfür den Begriff des ‚Erfahrungsrealismus‘[318]. Die Autoren stellen v.a. drei Kategorien auf, die bei der metaphorischen Konzeptbildung wirksam werden können und insgesamt dem Erfahrungsbereich des Menschen entstammen. Sie unterscheiden zwischen 1. Orientierungsmetaphern, 2. ontologischen Metaphern und 3. Strukturmetaphern.

1. Orientierungsmetaphern arbeiten mit primären Orientierungsschemata im Raum, die unmittelbar mit der körperlichen Erfahrung zusammenhängen. Wichtigste Orientierungen sind die Unterscheidungen zwischen ‚oben‘/‚unten‘, ‚vorne‘/‚hinten‘, oder ‚nah‘/‚fern‘. ‚Oben‘ ist nach Lakoff/Johnson mit Einfluss, Macht, Aktivität, Intelligenz u.a. konnotiert. Zeit beispielsweise wird vornehmlich durch die Orientierungsmetaphorik ‚vorne‘/‚hinten‘ und ‚nah‘/‚fern‘ strukturiert.[319]

2. Auch bei den ‚ontologischen Metaphern‘ ist die körperliche Primärerfahrung maßgeblich. Diese Metaphernkategorie bezieht sich auf die Wahrnehmung und den Umgang mit Dingen als Objekten und Substanzen.[320] Abstrakta werden z.B. als Gefäß konzeptualisiert. Auch Personifikationen zählen Lakoff/Johnson zu diesem Bereich. Dadurch werden z.B. Situationen und Begebenheiten unter dem Aspekt von Eigenschaften und Intentionen beleuchtet.

3. Strukturmetaphern sind im Unterschied zu den beiden anderen Kategorien nicht notwendig dem direkten Erfahrungsbereich entnommen. Hier spielen vielmehr ganze Geschehenszusammenhänge oder im Alltag wiederkehrende Konstellationen die zentrale Rolle. Sie müssen dabei nicht aus eigener Anschauung bekannt sein. Ein Bei-

---

[318] Ebd. 22–30.
[319] Ebd. 35–43.
[320] Ebd. 75–83.

spiel für eine solche Konstellation ist Krieg. Kriegsmetaphorik dient zur Strukturierung beispielsweise von ‚Argumentation'.[321]

4.1.4.2 Weiterführung durch Ch. Baldauf

Ch. Baldauf hat auf die Probleme und den eher behelfsweisen Charakter dieser Kategorisierung hingewiesen, der ein einheitliches Einordnungskriterium fehlt.[322] So ist die Bezeichnung einer speziellen Klasse als ‚Strukturmetaphern' missverständlich vor dem Hintergrund, dass das grundsätzliche Kennzeichen aller Metaphern gerade darin besteht, Strukturen zu übertragen. Die Zuordnung ‚Behältermetapher' und ‚Personifikation' zur Gruppe der ontologischen Metaphern ist aufgrund ihrer Heterogenität von niedrigem heuristischen Wert. Baldauf schlägt deshalb eine neue Klassifikation vor, „die sich an dem Kriterium der Konzeptstruktur des jeweiligen Herkunftsbereichs orientiert"[323]. Sie unterscheidet zwischen Attributsmetaphern, die aus physischer Erfahrung stammende Merkmale als Eigenschaften auf Personen, Objekte oder Sachverhalte projizieren; ontologischen Metaphern, die abstrakte Vorstellungen als Dinge strukturieren; bildschematischen Metaphern, die gestalthafte, bildschematische Strukturen in abstrakte Bereiche tragen, und Konstellationsmetaphern, die ganze Konstellationen projizieren. Die strukturelle Dichte, die von den Metaphern in den Zielbereich hineingetragen wird, nimmt in der gegebenen Reihenfolge der Metaphernklassen zu. In den Konstellationsmetaphern ist also das Höchstmaß an Komplexität der metaphorischen Strukturen erreicht.

Gegen Lakoff/Johnson ist eine übergreifende Kohärenz der Alltagsmetaphorik nicht anzunehmen. Die Metaphernkonzepte *eine Argumentation ist eine Reise* und *eine Argumentation ist ein Behälter* beispielsweise sind nicht etwa aufgrund des jeweiligen Aspektes einer ‚Oberfläche' miteinander kohärent.[324] Für die Wahl dieser Metaphern ist die Tatsache, dass ein Behälter eine Oberfläche hat, wie auch ein Reiseweg eine Oberfläche aufweist, völlig bedeutungslos.[325] Aus der Kritik am Kohärenzpostulat der Alltagsmetaphorik ergibt sich die entscheidende Frage danach, was eigentlich Zielbereich metaphorischer Übertragung ist. Welcher Gegenstand wird metaphorisch konzeptualisiert?[326] Baldauf hat überzeugend dargelegt, dass dieser Zielbereich nicht einfach aus dem Kontext der Metapher abzulesen ist, d.h. in dem Metaphernkonzept *Kommunikation ist Wasser* (vgl. *spru-*

---

[321]   Ebd. 77–79; 83.
[322]   BALDAUF, Metapher und Kognition 82.
[323]   Ebd.
[324]   So aber LAKOFF/JOHNSON, Leben 106–113, bes. 111.
[325]   Vgl. zur Kritik am Kohärenzpostulat BALDAUF, Metapher und Kognition 251–258.
[326]   Vgl. zum Folgenden grundlegend ebd. 258–268.

deln, Reden wie ein Wasserfall, Redeschwall) ist der Zielbereich der Wasser-Metapher nicht direkt ‚Kommunikation'. Zur Beschreibung der Kommunikation mit einem wortkargen Gesprächspartner ist die Wasser-Metapher ungeeignet. Das lässt darauf schließen, dass diese Metapher einen anderen Auslöser hat. Die Wasser-Metapher konzeptualisiert nicht Kommunikation, sondern auf einer noch abstrakteren Ebene das Merkmal ‚Masse', das auf diese Weise zur Beschreibung einer bestimmten, an Worten besonders reichen Kommunikation wird. ‚Masse' ist das abstrakte Subkonzept, dem durch die Wasser-Metapher eine Struktur verliehen wird. Subkonzepte können unterschiedliche umfänglichere Erfahrungsdomänen charakterisieren und konstitutive Aspekte komplexerer, gestalthafter IKMs (Idealisiertes Kognitives Modell) darstellen. Sie sind Teil eines ganzen ‚Clusters', das aus informativen Merkmalen des jeweiligen Konzeptes besteht. Die Einsicht, dass Zielbereich metaphorischer Konzeptualisierung nicht der unmittelbare Kontext der Metaphorik auf sprachlicher Ebene, sondern ein Subkonzept ist, birgt zwei grundlegende Implikationen für die Interpretation metaphorischer Rede.

1. Eine bestimmte Metapher kann in vielen unterschiedlichen Kontexten auftreten, weil sie ein Subkonzept metaphorisiert, das in all diesen Kontexten enthalten ist und als Teil des Merkmalsclusters durch die Metapher hervorgehoben werden soll. Ausschlaggebend für das Auftreten der Weg-Metaphorik beispielsweise ist der abstrakte Aspekt des ‚Prozesshaften'. Prozesshaftigkeit liegt als Subkonzept ganz unterschiedlichen Vorstellungen zugrunde wie ‚Leben', ‚Karriere', ‚Entwicklung', ‚Zeit'. Diese Konzepte sind deshalb potentieller Kontext der Weg-Metaphorik. Je nach Konzept können dann zur Weg-Metaphorik weitere Metaphern treten, die zusätzliche Merkmale aus dem Merkmalsbündel der Vorstellung konzeptualisieren.

Von hier aus ergibt sich klar, dass keine Kohärenz angenommen zu werden braucht zwischen Vorstellungen, die durch dasselbe Konzept metaphorisiert werden. Nur weil sowohl ‚Kommunikation' als auch ‚Geld' (*Geld fließt, wird hingepumpt, sprudelt als Geldquelle*) als auch ‚Geschichte' (*Strom der Geschichte*) durch die Wasser-Metaphorik konzeptualisiert werden können, besteht kein Grund zur Annahme von Kohärenz zwischen Kommunikation, Geld und Geschichte. Die Gemeinsamkeit ist vielmehr dadurch bedingt, dass der abstrakte Aspekt der ‚Masse' Subkonzept ist, welches einen Teil des Merkmalsclusters des gesamten Konzeptes (z.B. ‚Geld') bildet. Wenn dieser Teil hervorgehoben werden soll, tritt die Metapher auf.[327] Die

---

[327] Theoretische Grundlage für dieses Verständnis bildet das Postulat von LANGACKER, A View of Linguistic Semantics 75, von der „relative salience of substructures", d.h. von der Möglichkeit eines verschieden deutlichen Hervortretens von Substrukturen eines Erfahrungsbereiches. Der jeweilige Kontext ent-

Individualität einer Metapher in Bezug auf eine bestimmte
Vorstellung ist deshalb ebenso wenig zu überschätzen wie die feste
Zugehörigkeit einer bestimmten Metapher zu einer Vorstellung.[328]
2. Der erste Punkt impliziert, dass es bei der Behandlung eines
Konzeptes leicht zu einer Metaphern-Mischung kommen kann. Die
Metaphern konzeptualisieren ja nicht das Konzept selbst, sondern
relevante Unteraspekte. Wenn mehr als ein solches Subkonzept im
Blick ist, d.h. als momentan relevant hervorgehoben werden soll,
treten unterschiedliche Metaphern im Kontext derselben Vorstellung
auf. Auch auf dieser Ebene besteht kein Anhaltspunkt für gemeinsame
Implikationen der verschiedenen Metaphern.[329] Insofern sie lediglich
Teile des Merkmalsclusters als kurzfristig relevant akzentuieren,
müssen sie nicht miteinander kohärent sein.[330]

Erweckt der Entwurf von Lakoff/Johnson an manchen Punkten noch
den Eindruck eines vorläufigen Ergebnisses bzw. ist er in einem
anderen wissenschaftlichen Kontext beheimatet, so stellt sich seine
linguistisch orientierte Weiterführung durch Ch. Baldauf als überzeugende Metapherntheorie dar. Da die besprochenen Ansätze zunächst
nicht in den Textwissenschaften beheimatet sind, ist dennoch Vorsicht
vor einfacher Anwendung auf die Interpretation neutestamentlicher
Texte geboten. Einige Fragen müssen deshalb vor einer exegetischen
Rezeption angesprochen werden.

Die Metapherntheorie von Lakoff/Johnson basiert auf der grundsätzlichen Annahme, dass metaphorische Rede empirische Evidenz
für die metaphorische Gesamtstrukturierung kognitiver Wirklichkeitsaneignung ist. Sprachlich evidente Metaphernkonzepte lassen so
Rückschlüsse auf die dahinter stehenden prototypischen Kognitions-
schemata zu. Ob dies als bewiesen gelten kann, oder ob nicht auch die
Möglichkeit eines Zirkelschlusses in Betracht zu ziehen ist, ist wenigstens zu bedenken.[331] Die exegetische Rezeption kann die Antwort auf
diese Frage nicht leisten, und wird sich an bestehende konstruktive
Kritik zu diesem Aspekt halten.[332]

---

scheidet darüber, welche Substrukturen einer Vorstellung akzentuiert werden; vgl.
dazu BALDAUF, Metapher und Kognition 261f.
[328] Siehe ebd. 262: „Die bisher übliche Annahme eines Metaphernkonzepts wie
Das Leben ist ein Weg legt […] nahe, Wegmetaphorik sei unweigerlich an das
Konzept *Leben* gebunden, konstituiere unser Konzept des Lebens, was irreführend
ist und die Bedeutung der Metapher für das jeweilige Konzept überschätzt. Das
Konzept *Leben* ist lediglich potentieller Kontext der Weg-Metapher, da das
metaphorisch strukturierte abstrakte Subkonzept des *Prozesshaften* in das relevante Merkmalcluster eingebunden ist."
[329] Vgl. dazu auch die „‚Priorisierung' der Einzelmetapher" in der Verbindung
mehrerer Metaphern bei GERBER, Paulus und seine ‚Kinder' 109.
[330] Vgl. BALDAUF, Metapher und Kognition 266f.
[331] Siehe zu dieser Kritik DERS., Sprachliche Evidenz 125.
[332] Siehe ebd. 125–132.

Mit diesem Problem hängt die Frage zusammen, wie die Ergebnisse von Lakoff/Johnson, deren sprachliche Ausgangsbasis das neuzeitliche Nordamerikanisch ist, in Bezug auf sprachliche Zeugnisse einer zeitlich und räumlich weit entfernten Kultur zu werten sind. Auch wenn Lakoff/Johnson auf das Zusammenwirken von physischer Erfahrung und „kulturelle[r] Kohärenz"[333] bei metaphorischen Konzeptualisierungen hinweisen, so bleibt ihr eigenes Interesse doch global ausgerichtet. Die Frage nach soziokulturellen Determinanten wird nicht verfolgt.

Gemäß dem Postulat einer körperlich empirischen Grundlage metaphorischer Prozesse und damit verbunden einer Übertragung vom Vertrauten bzw. Konkreten auf Abstraktes bzw. Unbekanntes werden bei Lakoff/Johnson Alltagsmetaphern fokussiert. Das Hauptinteresse gilt dem Regelfall, nicht der Ausnahme. Die semantische Innovation, die in der Interaktionstheorie unter dem Begriff der ‚lebendigen' oder ‚kühnen' Metapher thematisierbar ist, findet in der Kognitionstheorie wenig Raum. Zwar wird auch hier die Möglichkeit „unkonventionelle[r] Metaphern"[334] berücksichtigt. Interaktions- und Kognitionstheorie nehmen aber durchaus extreme Positionen bezüglich Konventionalität bzw. Innovativität von Metaphern ein.

4.1.4.3 Zum Verhältnis von aristotelischer und kognitivistischer Metapherntheorie

Ein äußerst schwieriges Problem der Theorie von Lakoff/Johnson liegt in ihrem Umgang mit der abendländisch-philosophischen Tradition der Metapherntheorie. Dieser steht generell im Lichte des von den Autoren viel traktierten „Mythos Objektivismus".[335] Hierbei kommt es im Interesse der eigenen historischen Positionsbestimmung zu teilweise erheblichen Karikierungen der klassischen Bemühungen um das Thema. Die von den Autoren vorgenommenen Abgrenzungen gegenüber antiken philosophischen Entwürfen zum Wahrheitsbegriff sind höchst vereinfachend. Im Wesentlichen ist die Wahrheitsproblematik für Lakoff/Johnson auf die Formel einer „Übereinstimmung von Verstehen des Satzes und Verstehen der Situation" zu bringen.[336] Die Kritik des antiken Wahrheitsbegriffs führt zur Unterstellung einer bestimmten Funktionsweise der Metapher. Das Verständnis rhetorischer Kommunikation lasse sich für die abendländische Tradition als „Röhren-Metapher" beschreiben. Pauschale Formulierungen wie „was der

---

[333] LAKOFF/JOHNSON, Leben 28; 31–34.

[334] Ebd. 67; 146.

[335] Siehe insbesondere die Kapitel 25. Die Mythen Objektivismus und Subjektivismus; 26. Der Mythos Objektivismus in der abendländischen Philosophie und Linguistik; 27. Wie die Metapher die Grenzen des objektivistischen Mythos sichtbar macht.

[336] Siehe z.B. LAKOFF/JOHNSON, Leben 197; vgl. auch 183ff.; 200f.; 206f.; 221.

Objektivist meint, wenn ..."[337] oder „Seit der Zeit der Griechen ..."[338] verstärken dabei den Eindruck einer relativen Unkenntnis zentraler antiker Texte. Nach dem Röhrenmodell funktioniere Kommunikation wie folgt: „Kommunikation heißt, daß ein Sprecher einem Hörer eine festgelegte Bedeutung übermittelt, und zwar mit Hilfe des sprachlichen Ausdrucks, der genau mit dieser Bedeutung verbunden ist."[339] In diesem Modell gehe der „Mythos Objektivismus" auf. Der Widerspruch zur kognitivistischen Theorie läge dabei v.a. im Postulat von den Objekten inhärenten Eigenschaften. Erst von solchen Eigenschaften aus, die die Objekte durch sich selbst immer schon aufweisen würden, könnten Ähnlichkeitsbeziehungen zwischen Objekten aufgezeigt werden. Nicht möglich sei demzufolge nach antikem Verständnis, dass Metaphern Ähnlichkeiten erst herstellen und somit nicht nur eine sprachliche, sondern eben v.a. eine kognitive Angelegenheit wären. Das ist aber das zentrale Anliegen von Lakoff/Johnson, und in diesem – freilich konstruierten – Gegensatz zur klassischen Position sehen sie ihre historische Selbstverortung.[340] Explizit richten sich Lakoff/Johnson hier gegen die „klassische[...] und noch immer weithin akzeptierte[...] Metapherntheorie, d[ie] *Theorie des Vergleichs*".[341] Diese Grenzziehung ist aber in der Form wesentlich vereinfachend und wird antiken Entwürfen, insbesondere Aristoteles, nicht gerecht.[342]

Es hat sich gezeigt, dass die metaphorische Übertragung auch nach Aristoteles keineswegs nur auf den Dingen inhärenten Ähnlichkeiten basiert. Im Gegenteil ist die Metapher „Quelle der Klarheit *und* der Rätselhaftigkeit"[343], insofern sich durch sie gerade auch unwahrscheinliche Ähnlichkeiten erschließen lassen (s.o. Kap. I.4.1.1; vgl. Rhet. 1412a 11–12). Die metaphorische Beschreibung der Metapher als ‚Bild' lässt eine den Kognitivisten ähnliche Überzeugung erkennen, dass nämlich die Metapher einer Vorstellung Anschaulichkeit erst verleiht, die diese zuvor nicht besaß. Deutet sich dieser Aspekt der Strukturübertragung vom Konkreten auf das Abstrakte in der Bild-Metapher an, so wird er an anderen Stellen bei Aristoteles, später auch bei Cicero, expliziert. Wenn Aristoteles sagt, dass „die Seele nie ohne

---

[337] Ebd. 236.
[338] Ebd. 240.
[339] Ebd. 236.
[340] Siehe ebd. 177f.: „Im Gegensatz dazu [scil. zum objektivistischen Denkmodell] behaupten wir, daß die einzigen Ähnlichkeiten, die für die Metapher relevant sind, solche Ähnlichkeiten sind, die wir über die Erfahrung erst wahrnehmen. Wir legen großen Wert auf die Unterscheidung zwischen objektiven Ähnlichkeiten und empirischen Ähnlichkeiten."
[341] Ebd. 176 (Hervorhebung im Original).
[342] Vgl. zu einer sachgerechteren Beurteilung des aristotelischen Metaphernverständnisses z.B. auch MAYER, Einheit 93–103.
[343] Ebd. 116.

ein Vorstellungsbild denkt"[344], gilt schon für ihn, dass Bildlichkeit nicht nur ein sprachliches, sondern eben ein allgemein kognitives Phänomen ist. Für Aristoteles steht fest: „Keiner könnte je etwas lernen oder verstehen, hätte er nicht die Fähigkeit zur Wahrnehmung; auch wenn er spekulativ denkt, muss er ein Vorstellungsbild haben, mit dem er denken kann."[345]

Den Begriff ‚Metapher‘ oder εἰκών bzw. εἶδος verwendet Aristoteles freilich nicht, sondern er spricht von φάντασμα. Dass Phantasmata aber mit Bildern identisch sein können, zeigt folgende Stelle, wo ebenfalls auf das Funktionieren des Denkvorgangs abgehoben wird (An. 427b 17–20): Denken kann man, sooft man es will, „denn wir können uns etwas vor Augen stellen, wie diejenigen, welche sich auf die Gedächtniskunst verlegt haben (οἱ ἐν τοῖς μνημονικοῖς τιθέμενοι) und etwas in Bildern darstellen (εἰδωλοποιοῦντες)". Über die Anknüpfung durch den Begriff ‚Bild‘ hinaus steht die Vorstellung von Metaphern dadurch im Hintergrund der Aussage, dass Aristoteles hier den bewussten Zugriff auf geistige Bilder, mit denen man nachdenken kann, mit der Konstruktion von ‚Erinnerungsbildern‘ in der Mnemotechnik vergleicht. In der antiken Gedächtniskunst, auf die Aristoteles sich hier bezieht, wird dieser Konnex zwischen Denken und Bildern, die aus Metaphern gewonnen werden, zum konstitutiven Element (vgl. insbesondere Cicero, De Or. II 357).[346] Bei der Herstellung dieser Bilder bzw. Metaphern greift der Redner auf die Erfahrungen seines Gesichtssinnes zurück, mit deren Hilfe er nun seine Gedächtnisfähigkeit optimiert.

Die schroffen Grenzziehungen der Kognitivisten gegenüber abendländisch-philosophischen Traditionen sind also äußerst problematisch sowohl hinsichtlich des unterstellten objektivistischen Ähnlichkeitsverständnisses als auch damit verbunden bezüglich der Rolle und Funktion metaphorischer Prozesse. Auch antike Überlegungen zum Thema haben diese Rolle bereits nicht nur in der Sprache, sondern auch im Denken gesehen. Es wäre deshalb anzufragen, ob antike Metaphorologie nicht vielmehr wichtige Aspekte aufweist, an die moderne Kognitivisten anknüpfen können. Wie also ist das Verhältnis zwischen beiden Ansätzen sachgerechter zu bestimmen?

---

[344] An. 431a 17 (οὐδέποτε νοεῖ ἄνευ φαντάσματος ἡ ψυχή); siehe auch der Rückbezug darauf in: Mem. reminis. 449b 31: ἐπεὶ δὲ περὶ φαντασίας εἴρηται πρότερον ἐν τοῖς περὶ ψυχῆς, καὶ νοεῖν οὐκ ἔσιν ἄνευ φαντάσματος.
[345] An. 432a 7–9: καὶ διὰ τοῦτο οὔτε μὴ αἰσθανόμενος μηθὲν οὐθὲν ἄν μάθοι οὐδὲ ξυνίοι· ὅταν τε θεωρῇ, ἀνάγκη ἅμα φαντάσματι θεωρεῖν.
[346] Die Bildfindung der Mnemotechnik richtet sich eng an der rhetorischen Tropenlehre aus. Bei den *imagines* handelt es sich weitgehend um Metaphern, Metonymien, Synekdochen. Vgl. dazu LACHMANN, Kultursemiotischer Prospekt XXI; BLUM, Mnemotechnik 23–30; WEINRICH, ‚Gedächtniskultur – Kulturgedächtnis‘ 571.

Abgesehen davon, dass Aristoteles seine Ansichten zu Bildlichkeit und Denkfunktion nicht in einer zusammenhängenden Theorie bietet, liegt ein wichtiger Differenzpunkt im ‚Ansatzwinkel'. Aristoteles sowie die späteren römischen Mnemotechniker setzen stärker bei der Kognition an (die Seele denkt nur in Bildern) und ziehen von da aus Rückschlüsse auf die Funktion von Bildern. Die Kognitivisten dagegen setzen bei der „sprachlichen Evidenz" metaphorischer Rede an und schließen von dort insgesamt auf eine metaphorische Gesamtstrukturierung von kognitiven Prozessen bei der Wirklichkeitsverarbeitung.

Dass die Metapher in der antiken Rhetorik *auch* die Funktion eines sprachlichen Ornaments einnimmt, darf also nicht zwangsläufig die These eines sprachlichen Sonderreservats der Metapher mit sich führen. So wird man es zwar als Verdienst der Kognitivisten würdigen dürfen, auf die Ubiquität der Metapher pointiert aufmerksam gemacht zu haben – völlig neu ist diese Idee freilich nicht.[347] Neu und ausgesprochen hilfreich ist aber beim Ansatz von Lakoff/Johnson die systematisierende – wenngleich in Zügen verbesserungsbedürftige – Darstellung der möglichen Strukturen, derer metaphorische Prozesse sich bedienen können sowie damit verbunden die Fokussierung der ‚regulären' Metapher, ohne dass diese zur ‚toten' Metapher abgestuft wird.[348]

4.2 Leistungen der Kognitionstheorie für die Exegese

Trotz einiger Schwächen bietet die Kognitionstheorie unter Einbezug ihrer Weiterführung unbestreitbare Vorzüge für die Exegese und den zur Diskussion stehenden Untersuchungsgegenstand der ‚Eschatologie'.

Lange Zeit war die exegetische Metapherndiskussion insbesondere von der ‚lebendigen' oder ‚kühnen' Metapher in den Bann geschla-

---

[347] Vgl. auch das Urteil von ECO, Semiotik und Philosophie der Sprache 133f.: „Nicht der geringste der Widersprüche, die in einer *Metaphorologie* angetroffen werden, ist der, daß von den Tausenden und Tausenden von Seiten, die über die Metaphern geschrieben wurden, wenige den ersten zwei oder drei fundamentalen Konzepten, die von Aristoteles dargelegt wurden, irgendetwas Substantielles hinzufügen." – Auch Vertreter, die man der Interaktionstheorie zuordnen darf, äußern Zweifel daran, dass es sich bei der Metapher um ein rein sprachliches Phänomen handelt; vgl. dazu BLACK, Mehr über die Metapher 398–401: „Denken in Metaphern", siehe besonders 401: „[M]etaphorisches Denken und Sprechen [verkörpern] manchmal Erkenntnisse […], die auf keine andere Art auszudrücken wären."

[348] Vgl. zum „blinde[n] Fleck der poetischen Metapherntheorien", der sich darin manifestiert, „daß eingebürgerte Metaphern nicht mehr als solche gelten dürften bzw. als ‚tote Metaphern' metaphorologisch uninteressant seien", BUNTFUSS, Tradition 51.

gen.[349] Die Ansätze kognitivistischer Metapherntheorie sind erst zaghaft für die Auslegung neutestamentlicher Texte erprobt worden.[350] Diese Theorie bietet aber gegenüber dem quasi-poetologischen Ansatz den Vorteil, dass mit ihr die metaphorische Strukturiertheit von Sprache und Denken im Ganzen in den Fokus rückt. Der kognitivistische Zugang setzt nicht beim sprachlichen Sonderfall, sondern beim regulären Fall an. „Routinierte" Metaphorik ist dabei keineswegs „tote" Metaphorik[351] etwa im Gegensatz zu der von der Interaktionstheorie postulierten ‚Lebendigkeit' der Metapher. Gerade für die Interpretation des Epheserbriefs ist diese Ausrichtung dienlich, da es sich bei ihm um ein Schreiben der dritten Generation handelt, das in wieten Teilen frühchristlich bereits vorgeprägte Sprache voraussetzt. Das schließt nicht aus, dass es auf dieser tradierten Basis zu Neubestimmungen bzw. semantischen Erweiterungen durch individuelle kontextuelle Einbindung kommen kann.[352]

Stärker als herkömmliche Metapherntheorien bietet die Kognitionstheorie die Möglichkeit, wechselseitige Abhängigkeiten zwischen den Strukturen einzelner Metaphern zu berücksichtigen. Die jeweilige Metapher wird nicht nur als Kunstmittel für sich betrachtet, sondern als eingebunden in einen Gesamttext, mit dem sie interagiert.

Von nicht zu überschätzendem Wert ist die kognitivistische Einsicht in die übergeordnete Funktion räumlicher Kategorien bei metaphorischer Konzeptualisierung. Die These der Kognitivisten, dass Metaphern das Denken und Handeln durch Übertragung räumlicher Strukturen auf abstrakte Konzepte beeinflussen, vermag das starke Auftreten räumlicher Vorstellungen in zahlreichen Zusammenhängen zu er-

---

[349] Vgl. aktuell wieder SCHLUEP, der in seiner Dissertation von 2005 die Interaktionstheorie zugrundelegt: Soteriologische Metaphern 54 Anm. 50: „Die Metapher ist also nicht durch die Substitutionstheorie zu erklären, sondern anhand der Interaktionstheorie: Aus der *Interaktion* von Subjekt und Prädikat in der ‚ist / ist nicht' Prädizierung resultiert eine [sic!] semantisch-ontologischer Neuwert."

[350] Siehe die Arbeiten von GERBER, Paulus und seine ‚Kinder'; MAYER, Einheit; ZIMMERMANN, Metapherntheorie und biblische Bildersprache; DERS., Geschlechtermetaphorik und Gottesverhältnis; DERS., Paradigmen einer metaphorischen Christologie; DERS., „Du wirst noch Größeres sehen …" (Joh 1,50); KLAUCK, Himmlisches Haus.

[351] Vgl. BALDAUF, Evidenz 117: „Zentrales Postulat dieses Ansatzes ist die Allgegenwart routinierter, aber dennoch lebendiger, d.h. wirksamer, keineswegs toter Metaphorik in der Sprache des Alltags, auch wenn diese als literal empfunden wird und ‚Realität' wiedergeben soll."

[352] Vgl. dazu LAKOFF/JOHNSON, Leben 146: „Konzepte, die unmittelbar aus unserer Erfahrung hervorgehen, sind nicht starr definiert, sondern unbegrenzt variabel. Metaphern und Modifikatoren (‚Hedges') können systematisch dazu verwendet werden, ein Konzept definitorisch zu erweitern und sein Anwendungsspektrum auszudehnen." Siehe auch BUNTFUSS , Tradition 51: „Metaphorische Texte sowie Kontextverbindungen sind niemals ausnahmslos innovativ, sondern stellen immer ein ‚corpus permixtum' aus traditionellen und innovativen Momenten dar."

klären. Dies ist aus kognitivistischer Sicht darauf zurückzuführen, dass Dinge oder Ideen, die „nicht eindeutig Einzelgebilde sind oder scharfe Grenzen haben", so kategorisiert werden, „als ob sie diese Eigenschaften besäßen"[353]. ‚Zeit' ist zunächst ein abstraktes Konzept ohne erkennbare Eigenstruktur und deshalb hervorragend dazu angetan, durch Übertragung physischer Strukturen veranschaulicht zu werden.[354]

Wo als Basis der metaphorischen Übertragung die unmittelbare physische Erfahrung der eigenen Körperorientierungen sowie der Umwelt zugrunde gelegt wird, eröffnet sich eine neue Perspektive für die problematische Verhältnisbestimmung von jüdisch-christlichen und ‚paganen' metaphorischen Aussagen. Allzu schroffe Abgrenzungen können unter dem Aspekt umgangen werden, dass die physisch-empirische Wirklichkeitsverarbeitung bzw. -aneignung potentiell Menschen auch verschiedener Zeiten und Kulturräume gleichermaßen betrifft. Dass davon unabhängig unterschiedliche sozial, kulturell und religiös bedingte Konnotationen bestehen, bleibt davon unberührt.

Aus den genannten Gründen ist die Rezeption des kognitivistischen Zugangs für die Interpretation sprachlicher Ausdrucksmittel im Epheserbrief besonders vielversprechend. Zugleich dürfen die Kategorien dem Text nicht undifferenziert aufgezwungen werden. Nur die Analyse der einzelnen metaphorischen Äußerungen kann über die Kompatibilität des Verfahrens entscheiden. Wie weit die beschriebenen Klassifikationen unterschiedlicher Metapherngruppen bei der Analyse jeweils zum Tragen kommen, muss ebenfalls im Einzelfall entschieden werden. Ein eklektisches Verfahren ist hierfür aus der Sache geboten, Überschematisierungen sollten vermieden werden.

Den inneren Zusammenhang von Zeit und räumlich-bildlicher Sprache, der in der Kognitionstheorie evident wird, nimmt man bislang in der neutestamentlichen Exegese in den seltensten Fällen wahr. Allenfalls kommt es zu eher vagen Andeutungen, so z.B., wenn H. Merklein feststellt, dass man bei der Beschäftigung mit dem Thema neutestamentlicher Eschatologie „auf [...] *apokalyptische Bilder und Metaphern* kaum gänzlich verzichten"[355] kann. Diese insbesondere durch „räumliche Kategorien" geprägten Metaphern ließen sich „nicht gänzlich abkoppeln, weil sonst auch die sogenannte eigentliche Aussage – ein menschlich Unsägliches – bewegungslos auf der Strecke bliebe."[356] Immerhin vermeidet Merklein aber die häufig antithetisch vollzogene Verhältnisbestimmung von Eschatologie und Raum.

---

[353]   LAKOFF/JOHNSON, Leben 35.
[354]   Vgl. zur metaphorischen Konzeptualisierung von ‚Zeit' ebd. 53–58.
[355]   MERKLEIN, Eschatologie im Neuen Testament 112 (Hervorhebung im Original).
[356]   Ebd.

Besonders wichtig sind in vorliegendem Zusammenhang Überlegungen zu eschatologischer Metaphorik von H.-J. Klauck, der die zitierte Beobachtung Merkleins an den Anfang stellt und durch den Bezug auf die kognitivistische Metapherntheorie präzisiert.[357] Das Auftreten räumlicher Kategorien wird vor dem Hintergrund empirischen Umgangs mit Räumen gedeutet: „Unsere Erfahrungen mit hohen und niedrigen, mit engen und weiten, mit überfüllten und gähnend leeren, mit wohnlichen und garstigen, mit bergenden und abweisenden Räumen gehen in die Konstruktion endzeitlicher Orte ein"[358].

Für die Interpretation der Zeitvorstellungen des Epheserbriefs ist der kognitivistische Zugang in hervorragender Weise geeignet. Denn eine der größten interpretatorischen Schwierigkeiten liegt in den vermehrten räumlichen Kategorien in der *epistula ad Ephesios*. Wo diese als Übertragung konkreter, erfahrungsnaher Strukturen auf abstrakte, unbekannte Ideen verstanden werden, ergeben sich neue Lösungsmöglichkeiten.

Die undifferenzierte Arbeit mit den Kategorien der Substitutionstheorie vermag der Konzeption des Epheserbriefs dagegen nicht gerecht zu werden. Dies zeigt vorausgreifend auf die Einzelanalysen exemplarisch die Einschätzung der Wendung ἐν τοῖς ἐπουρανίοις (2,6) bei M. Gese. Er ist der Ansicht, dass „die zeitliche Differenzierung durch eine räumliche *ersetzt*"[359] (Hervorhebung S.R.) wird. Die räumliche Kategorie der Überhimmel (s.u. Kap. II.2) wird zwar nicht explizit als Metapher benannt. Ihrer Interpretation liegt aber offensichtlich die Substitutionstheorie zugrunde, insofern postuliert wird, dass sie für etwas anderes steht. Diese Deutung geht aber auf Kosten der zeitlichen Aussage, die in der Formulierung ἐν τοῖς ἐπουρανίοις metaphorisch konzeptualisiert wird. Die besondere Konzeption, die der Verfasser des Epheserbriefs hier schafft, bleibt unerkannt, wo man die räumliche Ausgestaltung lediglich als Substitut einer futurischen Verbalform interpretiert (zu den einzelnen Schwierigkeiten s.u. Kap. II.2.2.2).

Die bisherige Forschung hat sich dem Problem der räumlichen und bildhaften Ausdrucksweise des Epheserbriefs v.a. über die traditionsgeschichtliche Rückfrage genähert. In dem Zuge bietet die Literatur zu den juridischen, kosmologischen, medizinischen oder architektonischen Metaphern im Epheserbrief zumeist eine Auflistung unzähliger antiker Vergleichstexte aus dem alttestamentlichen, sowie

---

[357] Siehe KLAUCK, Himmlisches Haus 6: „Als zweite Größe scheinen mir aus dem Zitat die ‚räumlichen Kategorien', die bei der konzeptuellen Entfaltung der Eschatologie zum Einsatz kommen, bedenkenswert zu sein, denn dadurch ist der Erfahrungsbezug sichergestellt, der nach den neueren Theorien zum Gelingen der Metaphorik hinzugehört."

[358] Ebd.

[359] GESE, Vermächtnis 153.

dem (hellenistisch-)jüdischen, hellenistisch-römischen oder gnostischen Bereich.[360] Die Traditionsgeschichte ist zweifellos ein unentbehrlicher Schritt, durch den sich anachronistische Fehldeutungen vermeiden lassen. Über den kognitivistischen Zugang hinaus darf er deshalb in der Exegese auf keinen Fall fehlen.[361]

Die folgende Untersuchung muss also Analyseschritte enthalten, die vorrangig traditionsgeschichtlich orientiert sind. Extrahierte Vorschläge der Forschung zur religionsgeschichtlichen Verortung einzelner Begriffe sind dabei kritisch zu diskutieren, da aus ihnen jeweils zentrale Rückschlüsse auch auf das Zeitverständnis des Briefes gezogen werden. Teilweise handelt es sich um eklatante Missverständnisse, die sich im Laufe der Jahre immer stärker verfestigt haben und inzwischen als faktisch vorausgesetzt werden (vgl. die αἰών-Problematik). Da solche Probleme bisher liegen geblieben sind, die Beurteilung der Eschatologie des Epheserbriefs aber direkt betreffen, müssen sie ausführlich besprochen werden. Insgesamt soll dabei vermieden werden, dass sich der Blick allein auf den je einzelnen Begriff konzentriert und wenig auf dessen Verknüpfung mit dem Gesamtkontext achtet. Hierfür ist die Kognitionstheorie in hohem Maße geeignet, insofern sie die metaphorische Strukturiertheit und Verwobenheit sprachlicher Äußerungen insgesamt in Rechnung stellt.

Im Folgenden werden die Grundlinien der aristotelischen Zeittheorie skizziert. Dieses Vorgehen ergibt sich aus zwei Gründen. Aristoteles herausragendes Beispiel einer antiken Zeittheorie stellt zum einen sicher, dass der metaphorologische Zugang zum Thema Zeit kein Modernismus und auch kein Proprium des Epheserbriefs ist. Das Vorgehen richtet sich zum anderen gegen die wahrgenommene Diastase von frühchristlich-jüdischen und paganen Zeitvorstellungen, die für den Epheserbrief bisher nahezu (gnoseologische Zugänge) uneingeschränkt gilt (s.o. Kap. I.2.2.3). Dass dieses Verhältnis jedoch zu Unrecht besteht, wird die folgende Untersuchung zeigen.

5 Zeitkonzeptionen bei Aristoteles

Aristoteles entfaltet seine Zeittheorie im vierten Buch der Φυσικῆς ἀκροάσις, welches nacheinander die Themen ‚Raum' (Kap. 1–5), ‚Leere' (Kap. 6–9) und ‚Zeit' (Kap. 10–14) behandelt. Diese Themen hängen wie ‚Kontinuität' (συνέχεια) und ‚Unbegrenztheit' (ἀπειρία) von der ‚Veränderung' logisch ab, und folgen im Buchaufbau auch auf ‚Veränderung' (κίνησις: Γ 1–3) und ‚Unendlichkeit' (ἄπειρος: Γ

---

[360] Vgl. die Kommentare zum Epheserbrief, aber auch insbesondere jüngere Monographien wie SCHWINDT, Weltbild; FAUST, Pax.

[361] Vgl. zur „Bedeutung der Bildfeldtradition [...] für das Verstehen einer Metapher" GERBER, Paulus und seine ‚Kinder' 107.

4–8). Das Thema Kontinuität wird in Buch Z erörtert. Am Anfang des
dritten Buches setzt Aristoteles programmatisch den in den späteren
Ausführungen wiederkehrenden unlösbaren Konnex von κίνησις,
τόπος, κενός und χρόνος fest:

„Zudem, ohne die Begriffe ‚Ort', ‚leer' und ‚Zeit' kann Veränderung nicht sein. Es
ist also klar, dass deswegen und wegen der Tatsache, dass diese Begriffe für alles
gemeinsam und allgemein sind, ihre Untersuchung durchzuführen ist, und zwar,
indem man jeden einzelnen von ihnen vornimmt" (Phys. 200b 20–24).

Die gegenseitige Bedingtheit dieser Begriffe setzt bei der Wahrnehmung des Körpers an. Ohne Körper gibt es, d.h. ist wahrzunehmen
weder Raum noch Zeit noch Bewegung. Genauso wenig gibt es aber
außerhalb von Raum, Bewegung und Zeit einen Körper.[362] Welcher
Art dieser untrennbare Zusammenhang ist, soll im Folgenden erläutert
werden.

5.1 Chronometrische Zeitstrukturen

Aristoteles stellt das Thema der Zeit in den übergreifenden Zusammenhang von Kontinua, derer er drei erkennt: das Größekontinuum,
das Bewegungskontinuum und das Zeitkontinuum. Sie zeichnen sich
alle durch die Folgeordnung des πρότερον καὶ ὕστερον aus, die zuerst
dem Ortsunterschied, also der verschiedenen Lage innerhalb des
Raumes eignet, von hier aus analog auf die Bewegung und von da aus
wiederum auf die Zeit übertragen wird:

„Da jede Bewegung, die ein Gegenstand vollzieht, ein Übergang aus einer Stelle in
eine andere Stelle ist, jede Ausdehnungsgröße (das Medium, μέγεθος) aber ein
Kontinuum (συνεχές) darstellt, so ist die Struktur der Bewegung (κίνησις) von der
Struktur dieser Ausdehnungsgröße abhängig. Weil die Ausdehnungsgröße ein
Kontinuum bildet, bildet ein solches auch die Bewegung; weil die Bewegung ein
Kontinuum bildet, bildet auch die Zeit (χρόνος) ein solches [...]. Der Begriff der
Folgeordnung (πρότερον καὶ ὕστερον) ist seinem Sinne nach ursprünglich auf den
Ortsunterschied (ἐν τόπῳ) bezogen und bedeutet hier einen Unterschied der Lage
(im Raum). Weil solche Folgeordnung nun der Ausdehnungsgröße/(Raum)Größe
(μέγεθος) eignet, eignet sie notwendig, und in Entsprechung zur Sachlage an der
Ausdehnungsgröße, auch der Bewegung. Aber schließlich eignet sie nicht weniger
auch der Zeit, auf Grund dessen, dass hier ja der eine Bereich dem anderen nach-
folgt. Denn die Strukturen der Ausdehnungsgröße, der Bewegung und der Zeit bil-

---

[362] Vgl. den Zusammenhang in De Cael. 279a 6f.: Φανερὸν τοίνυν ἐκ τῶν
εἰρημένων ὅτι οὔτ᾽ ἔστιν ἔξω οὔτ᾽ ἐγχωρεῖ γενέσθαι σώματος ὄγκον οὐθενός [...
11–18:] ἅμα δὲ δῆλον ὅτι οὐδὲ τόπος οὐδὲ κενὸν οὐδὲ χρόνος ἐστὶν ἔξω τοῦ
οὐρανοῦ. ἐν ἅπαντι γὰρ τόπῳ δυνατὸν ὑπάρξαι σῶμα· κενὸν δ᾽ εἶναί φασιν ἐν ᾧ
μὴ ἐνυπάρχει σῶμα, δυνατὸν δ᾽ ἐστὶ γενέσθαι· χρόνος δὲ ἀριθμὸς κινήσεως·
κίνησις δ᾽ ἄνευ φυσικοῦ σώματος οὐκ ἔστιν. ἔξω δὲ τοῦ οὐρανοῦ δέδεικται ὅτι
οὔτ᾽ ἔστιν οὔτ᾽ ἐνδέχεται γενέσθαι σῶμα. φανερὸν ἄρα ὅτι οὔτε τόπος οὔτε
κενὸν οὔτε χρόνος ἐστὶν ἔξωθεν.

den eine Abhängigkeitsreihe (διὰ τὸ ἀκολουθεῖν ἀεὶ θατέρῳ θάτερον)" (Phys. 219a 11–19).

Zwischen zeitlichen und räumlichen Kategorien (hier als μέγεθος und τόπος) besteht eine analoge Kontinuitätsstruktur (sie folgen einander), die durch die Bewegung wahrnehmbar wird. Bewegung aber kann sich nur an einem Körper vollziehen, ein Körper wiederum kann sich nur innerhalb eines Raumes bewegen. Zeit wird wahrnehmbar durch die Bewegung, indem ein früherer Zustand oder Ortspunkt eines Körpers von einem späteren unterschieden wird. Die Definition von Zeit lautet entsprechend: „Die Zeit ist die Zahl der Bewegung nach dem Vorher und Nachher" (Phys. 219b 1 τοῦτο γάρ ἐστιν ὁ χρόνος, ἀριθμὸς κινήσεως κατὰ τὸ πρότερον καὶ ὕστερον). Hier ist bereits die Projektionsrichtung vom Räumlich-Konkreten auf das Zeitlich-Abstrakte zu erkennen, mit deren Hilfe Aristoteles seine Überlegungen zu Zeit verdeutlicht. Die Begriffe πρότερον καὶ ὕστερον strukturieren Zeit durch die räumliche Orientierung einer Vorne-Hinten-Relation.

Die einfachste und ursprünglichste Form von Bewegung ist der Ortswechsel, aber daneben gibt es Eigenschaftswechsel, Wachsen/ Schwinden, Werden/Vergehen (vgl. Phys. 223b 12f.; 223a 30–32). Als Beispiel führt Aristoteles den Ortswechsel von Koriskos an, der als Fortbewegter ‚davor' im Lykeion ist, und ‚danach' auf dem Markt. Dadurch wird in der Folge der Bewegung Zeit wahrnehmbar (219b 20–25). Räumliche und zeitliche Kategorien bilden über die Wahrnehmung der Bewegung ein kontinuierlich-analoges Abhängigkeitsverhältnis. Ohne Bewegung im Raum findet keine (Wahrnehmung von) Zeit statt, und Wahrnehmung der Zeit setzt notwendig räumliche Bewegung voraus, die gemessen wird.

Ist die Bedingung dafür, dass Zeit wahrgenommen wird, also die Unterscheidung des Vorher und Nachher der Bewegung im Raum (vgl. Phys. 219a 23–25), so wird dieses auf zeitlicher Ebene mittels einer zweiten Größe, die zum χρόνος hinzutritt, gemessen, nämlich durch das νῦν. Die Seele muss zwei Zeit-/Jetztpunkte als voneinander unterschieden erleben (vgl. Phys. 223a 16ff.).[363] Wenn dies nicht der Fall ist wie im Beispiel der Sardischen Schläfer, die den früheren Jetztpunkt des Einschlafens mit dem späteren Jetztpunkt des Aufwachens zusammenfallen lassen, scheint keine Zeit vergangen zu sein (vgl. Phys. 218b 21–33).

Grundsätzlich sind damit in der Zeittheorie des Aristoteles zwei Dimensionen zu unterscheiden, deren Existenzen sich wechselseitig bedingen: χρόνος und νῦν. „Zweifellos gäbe es ohne die Zeit keinen Jetztpunkt und ohne den Jetztpunkt keine Zeit" (Phys. 219b 33–220a 1). Das Verhältnis beider Dimensionen zueinander kann wie folgt um-

---

[363] Zum Verhältnis von Zeit und Seele bei Aristoteles vgl. VOLPI, Chronos und Psyche, *passim*.

schrieben werden. Χρόνος ist als extensiver Zeitabschnitt zu verstehen, der quantitativ das Werden misst, wogegen νῦν einen intensiven Zeitschnitt bezeichnet, dessen Zweizahl Bedingung für die Wahrnehmung eines χρόνος ist.[364] Zur Verdeutlichung führt Aristoteles die Metapher einer Linie (γραμμή) und der auf ihr liegenden Punkte (στιγμή) ein, die jeweils eine Strecke (Zeitabschnitt) zusammenhalten (vgl. Phys. 220a). Diese Metapher widerspricht nicht dem zyklischen Zeitverständnis bei Aristoteles. Sie macht vielmehr deutlich, dass τὰ νῦν in der Funktion einer den χρόνος begrenzenden und ihn dadurch erst wahrnehmbar machenden Dimension (vgl. Phys. 220a 21 τὸ νῦν als πέρας) keine Teile der Zeit sind, wie auch der Punkt kein Teil der Linie ist. Teile der Zeit sind aber die durch τὰ νῦν entstandenen Zeitabschnitte. Zweitens wird an der geometrischen Verschiedenheit von Linie und Punkt deutlich, dass χρόνος und νῦν nicht aufeinander reduzierbar sind.[365] Sie gehen nicht ineinander auf, sondern bilden zwei unterschiedliche Dimensionen innerhalb des Komplexes ‚Zeit‘. Die Dimension des νῦν wird als ‚Grenze‘ (πέρας) metaphorisch konzeptualisiert. Dadurch erhält das νῦν eine Vorne-Hinten-Relation. Zugleich ergibt sich aus diesem Konzept, dass νῦν keinen ‚Inhalt‘ haben kann. Weder Ruhe noch Bewegung haben in ihm als Grenze Platz.

Dass das νῦν einen χρόνος begrenzt, bedeutet für die Zeit, dass sie unendlich ist. Denn ein νῦν ist stets „Ende der vorausgegangenen und Anfang der kommenden Zeit" (Phys. 222a 35f.; vgl. auch 251b 10ff.). Einem νῦν muss immer schon Zeit vorausgehen, deren Ende es sein kann, und Zeit folgen, deren Anfang es sein kann. Zeit ist somit anfangs- und endlos. Aufgrund des notwendigen, kontinuierlich-analogen Wahrnehmungszusammenhanges von Zeit, Bewegung und Raum trifft dies auch auf die Bewegung, die durch die Zeit gemessen wird, und den Raum, in dem die Bewegung stattfindet, zu (vgl. Phys. 239a 20ff.; 258b 10ff.). Über den chronometrischen Aspekt hinaus wird Zeit bei Aristoteles unter bestimmten Eigenschaften erfahrbar.

5.2 Zeit als zyklische Verfallsstruktur

Zeit im Sinne der umfassenden Kontinuitätsstruktur umfasst alle Bewegungen und alles Zeitliche, ohne selbst noch in einer Zeit zu sein.[366] Die Vorstellung eines umfassenden χρόνος ist explizit der räumlichen Erfahrung mit physischen Objekten entnommen: „Daher

---

[364] Vgl. zur Terminologie von ‚extensiv‘ und ‚intensiv‘ MOST, Problem 16.
[365] Vgl. ebd.
[366] Phys. 221b 28–30: „Alles also, was werden und vergehen kann, überhaupt alles, was nicht immer ist, ist notwendig in einer Zeit. (ὅσα μὲν οὖν φθαρτὰ καὶ γενητὰ καὶ ὅλως ὁτὲ μὲν ὄντα ὁτὲ δὲ μή, ἀνάγκη ἐν χρόνῳ εἶναι [...]) – Denn es gibt einen größeren Zeitraum, welcher seine Dauer überbietet und auch jene Zeit überbietet, mit welcher seine Dauer gemessen wird."

muß notwendig alles in der Zeit (ἐν χρόνῳ) Befindliche von Zeit ein-
gefasst werden (περιέχεσθαι ὑπὸ χρόνου), wie auch alles übrige, was
in etwas ist, z.b. was an einem Ort ist, von diesem Ort" (Phys. 221a
28–30). Zeit wird als Gefäß strukturiert. Als alles umschließender
wird der χρόνος zum Gegenspieler. Aristoteles konzeptualisiert ihn
metaphorisch als Macht, der alles unterworfen ist, was in ihr ist (καὶ
πάσχει δή τι ὑπὸ χρόνου, Phys. 221a 30). Diese Macht der Zeit äußert
sich v.a. im Verfall: „Denn an sich genommen ist die Zeit Urheberin
eher von Verfall" (φθορᾶς γὰρ αἴτιος καθ᾽ ἑαυτὸν μᾶλλον ὁ χρόνος,
Phys. 221b 1f.). Das ist folgerichtig, da doch die Zeit Anzahl der Bewegung ist, die wiederum das Bestehende fortnimmt (vgl. Phys. 221b
2f.). Die folgenden Metaphern konzeptualisieren das Konzept des
Verfalls unter Bezugnahme auf verschiedene Bereiche (Phys. 221a
31f.–221b 1): „die Zeit lässt schwinden" (κατατήκει ὁ χρόνος), „alles
altert mit der Zeit" (γηράσκει πάνθ᾽ ὑπὸ τοῦ χρόνου) und „man ver-
gisst im Laufe der Zeit" (ἐπιλανθάνεται διὰ τὸν χρόνον). Dagegen
sagt keiner „es ist jung geworden" oder „schön geworden" (οὐδὲ νέον
γέγονεν οὐδὲ καλόν). Mit dem Werden und Vergehen dessen, was in
der Zeit ist, ist die metaphorisierende Annahme korreliert, es handle
sich um zyklische Bewegungen. Diese wird letztlich auch für die Zeit
selbst angenommen. Ὥστε τὸ λέγειν εἶναι τὰ γιγνόμενα τῶν
πραγμάτων κύκλον τὸ λέγειν ἐστὶν τοῦ χρόνου εἶναι τινα κύκλον
(Phys. 223b 31f.).[367]
Das, was in der Zeit ist, kann also werden und vergehen, wodurch
sich als konstitutives Merkmal des in einer Zeit Seienden ergibt, dass
es nicht immer ist. Von dem, was nicht immer und deswegen notwendig in einer Zeit ist, unterscheidet Aristoteles das unzeitliche Nichtseiende einerseits und das Immerseiende andererseits. Unter Ersterem
ist solches zu verstehen, „das weder war noch ist noch je sein wird"
(Phys. 222a 4). Das Immerseiende ist genauso wenig wie das unzeitliche Nichtseiende in einer Zeit. Die Zeit hat daher keine Macht über
das Immerseiende, das sie nicht umschließt und dessen Bestehen sie
nicht misst. Im Gegensatz zu allem Zeitlichen, das auch potentiell
immer ein Bewegtes ist (d.h. sich entweder in Bewegung oder in Ruhe
befindet), kennt das nicht in einer Zeit Seiende, also das Immer- oder
Nieseiende weder Bewegung noch Ruhe (vgl. Phys. 221b 4–15). Was
genauer hinter dem Immerseienden vorzustellen oder wo dieses zu
verorten ist, führt Aristoteles in *De Caelo* aus. Dies soll im Folgenden
im Hinblick auf die Vermittlung zwischen Zeit und Ewigkeit bzw.
Göttlichkeit skizziert werden.

---

[367] Zum zyklischen Kulturverständnis bei Aristoteles vgl. Metaph. 1074b10–12:
Wissenschaften und Künste werden mehrmals gefunden und gehen je wieder verloren.

5.3 Der erste Beweger als Garant der ewigen Bewegung

Zeit ist nach Aristoteles ohne Anfang und ohne Ende, immer schon und noch. Sie ist nicht wie bei Platon erst als Abbild der Ewigkeit geschaffen und in einem dualistischen Verhältnis mit ihr befindlich.[368] Während Platon die Zeit in Abhängigkeit zur Ewigkeit, denkt, braucht Zeit bei Aristoteles, um definiert und verstanden zu werden, nicht auf die Ewigkeit bezogen zu werden.[369] Aber auch wenn Aristoteles den (Sphären-)Dualismus Platons und dessen Ewigkeitskonzept nicht übernimmt, setzt seine Annahme von der ewigen Zeit doch ihrerseits eine Quelle oder erhaltende Instanz der immerseienden Bewegung voraus, ohne dabei selbst noch in der Zeit oder Bewegung zu sein[370]: Ἐπεὶ δὲ δεῖ κίνησιν ἀεὶ εἶναι καὶ μὴ διαλείπειν, ἀνάγκη εἶναί τι ἀίδιον ὃ πρῶτον κινεῖ, εἴτε ἕν εἴτε πλείω· καὶ τὸ πρῶτον κινοῦν ἀκίνητον (Phys. 258b 10). Der erste Beweger (bzw. das sich Bewegende) ist das „Ausgangsproblem der aristotelischen Theologie, in der [er] als der Garant der Erhaltung der Bewegung des Kosmos fungiert."[371]

Der erste Beweger oder unbewegt Bewegende teilt das Merkmal der Bewegungs- und Zeitlosigkeit mit dem Immerseienden. In der Schrift *De Caelo* führt Aristoteles aus, dass er unter dem Immerseienden, das nicht der Macht und Veränderung der Zeit untersteht, unsterbliche, göttliche Wesen oder ein göttliches Wesen versteht (vgl. Cael. 279a 31f. τὰ θεῖα/τὸ θεῖον ἀμετάβλητον).[372] Die zeitlich abstrakte Vorstellung von Ewigkeit wird dadurch zunächst personal strukturiert. Gleichwohl bleibt die Wohnstatt der göttlichen Wesen im Unklaren bzw. es ist gerade das Charakteristikum des Unzeitlichen, dass es, so wenig es Zeit, auch keinen Raum hat. Eine Lokalisation ist nur insofern möglich, als diese Entitäten sich außerhalb des Himmels befinden, wo weder Zeit noch Raum ist:

φανερὸν ἄρα ὅτι οὔτε τόπος οὔτε κενὸν οὔτε χρόνος ἐστὶν ἔξωθεν· διόπερ οὔτ' ἐν τόπῳ τἀκεῖ πέφυκεν, οὔτε χρόνος αὐτὰ ποιεῖ γηράσκειν, οὐδ' ἐστὶν οὐδενὸς οὐδεμία μεταβολὴ τῶν ὑπὲρ τὴν ἐξωτάτω τεταγμένων φοράν, ἀλλ' ἀναλλοίωτα καὶ ἀπαθῆ τὴν ἀρίστην ἔχοντα ζωὴν καὶ τὴν αὐταρκεστάτην διατελεῖ τὸν ἄπαντα αἰῶνα. (Cael. 279a 17–22)

Indem Aristoteles das Außerzeitliche außerhalb des entlegendsten Raumes ἔξω τοῦ οὐρανοῦ (Cael. 279a 12) lokalisiert, strukturiert er Ewigkeit durch eine räumliche Innen-Außen-Relation. Das zeitliche

---

[368] Vgl. zur Abgrenzung Aristoteles' von Platon: Phys. 251b 17f.: „Einzig Platon lässt sie [die Zeit] erschaffen sein."
[369] SOLMSEN, System 144.
[370] Vgl. zum ersten Beweger: RUDOLPH, Zeit und Gott bei Aristoteles 91ff.
[371] DERS., Zeit und Ewigkeit bei Platon und Aristoteles 127.
[372] Vgl. dazu SOLMSEN, System 159.

Abstraktum Nicht-In-Einer-Zeit-Sein wird mittels der räumlichen Vorstellung Nicht-In-Einem-Raum-Sein, d.h. außerhalb des letztverfügbaren himmlischen Raumes Sein, kognitiv bewältigt.

Aristoteles schließt sich der Meinung von „umlaufenden Schriften über die Weisheit" an und nimmt die „oberste und höchste Gottheit als allem Wandel entzogen" an (Cael. 279a 32). Wenn Aristoteles hinsichtlich der obersten unbeweglichen Gottheit bemerkt, dass „es nichts anderes gibt, das den Himmel in Bewegung setzt" (Cael. 279a 33f.: οὔτε γὰρ ἄλλο κρεῖττόν ἐστιν ὃ τι κινήσει), nimmt er eine Identifikation dieser Gottheit mit dem ersten, unbewegten Beweger alles Zeitlichen vor. Das Immerseiende, Unzeitliche, Unbewegte, unbewegt Bewegende, Göttliche steht dem aristotelischen Weltbild zufolge innerhalb eines gemeinsamen, nicht näher beschreibbaren Bezugsrahmens, der außerhalb des Himmels, des Raumes und der Zeit verortet wird. Wenn also das Immerseiend-Ewige bzw. der erste Beweger weder in der Zeit sind noch im Raum, stellt sich die Frage, ob bzw. wie sie überhaupt wahrgenommen werden können, ob und wie also Ewigkeit und Zeit vermittelt werden. Um diese Frage zu beantworten, ist abschließend noch einmal auf das νῦν als der zweiten Dimension der Zeit zurückzukommen.

Eine Funktion des νῦν besteht darin, den χρόνος zu begrenzen, um ihn wahrnehmbar zu machen. Ihm kommt aber noch eine zweite wichtige Funktion zu. Das νῦν verfügt ebenso wie der erste Beweger und das Göttliche über die Qualitäten des Immerseienden. Es ist unbewegt und unzeitlich, denn in ihm ist „für eine Bewegung kein Spielraum da" (Phys. 234a 24) und „auch kein Spielraum für einen Ruhezustand" (234a 31; vgl. auch zu beidem 239b 1). Sowohl Ruhe als auch Bewegung, also die Merkmale alles Zeitlichen, was nicht immer ist, sondern wird und vergeht, sind nur innerhalb einer Zeit möglich. Wenn sie im νῦν nicht statthaben können, folgt daraus, dass das νῦν nicht in der Zeit ist und in ihm nichts Zeitliches sein kann, sondern nur das bewegungs- und zeitlose Immerseiende. Das, was ewig ist, befindet sich nicht im χρόνος (vgl. Phys. 221b 3f.), aber anscheinend doch im νῦν. Das νῦν erhält eine „Doppelfunktion [...] als reine Grenze des χρόνος einerseits und als einziger Modus der Selbstoffenbarung des Seins andererseits."[373] In der intensiven Zeitdimension des νῦν wird offenbar, was in der extensiven Dimension des χρόνος unverfügbar, weil weder in Raum noch Zeit wahrnehmbar ist. Das νῦν erhält in dieser Hinsicht die Funktion eines vermittelnden Fensters zwischen dem in einer Zeit Seienden und dem verborgenen Immerseienden.

Der Überblick über die Grundzüge aristotelischer Zeittheorie hat generell gezeigt, dass Aristoteles verschiedene Zeitstrukturen mittels räumlicher und personaler Kategorien metaphorisch konzeptualisiert.

---

[373] MOST, Problem 22.

Vor dem Hintergrund seines Zeitverständnisses ergeben sich speziell folgende Möglichkeiten für antikes Reden über Zeit:

a) die metaphorische Konzeptualisierung spezifischer Eigenschaften von Zeit bzw. unterschiedlicher Zeitstrukturen (z.b. zyklisch; chronometrisch; geschaffen; ungeschaffen; positiven oder negativen Einfluss nehmend; gefäßhaft),

b) die Verhältnisbestimmung zwischen Gott und Zeit bzw. Ewigkeit und Zeit sowie

c) eine Einordnung in ein bestimmtes Weltbild. Hierbei spielt der Himmelsbegriff eine zentrale Rolle.

Zwar entwickelt der Verfasser des Epheserbriefs seine Zeitvorstellungen ganz anders als Aristoteles von Theologie und Soteriologie her. Dass die genannten Zugänge aber gleichwohl für seine Zeitvorstellungen von großer Bedeutung sind, werden die folgenden Exegesen von Texten des Epheserbriefs zeigen.

6 Zur Vorgehensweise der Untersuchung

Unter Rückgriff auf die dargelegte kognitivistische Metapherntheorie wird die vorliegende Untersuchung die Zeitkonzeptionen des Epheserbriefs in vier Hauptschritten erschließen. Die metaphorische Weltbildkonstruktion, durch die der *auctor ad Ephesios* seine Theologie zum Ausdruck bringt, ist als Sphärenmodell angelegt. Die folgende Darstellung seiner einzelnen Bereiche schreitet diese von außen nach innen ab. Daraus ergibt sich eine Anordnung der unterschiedlichen Zeitkonzepte, die auch der Reihenfolge ihrer Einführung innerhalb der ersten drei Kapitel des Briefes entspricht.

Ausgangspunkt ist die metaphorische Konzeptualisierung von Eschatologischem, deren wichtigstes Element die Wendung ἐν τοῖς ἐπουρανίοις bildet (vgl. Eph 1,3.20; 2,6; 3,10; 6,12). Sie begegnet zuerst in Eph 1,3 zur Näherbestimmung des vorweltlichen Erwählungsplanes Gottes. Da die Beschreibung dieses Erwählungshandelns dem Brief programmatisch vorangestellt ist und bereits alle wichtigen, später im Brief entfalteten Ereignisse beinhaltet, wird mit der Darstellung von Gottes Heilsplan begonnen, bevor die Konzeption der ἐπουράνιοι darauf im Einzelnen untersucht wird (Kap. II).

Eine zweite Zeitstruktur wird durch den Begriff αἰών metaphorisiert (vgl. Eph 1,21; 2,2.7; 3,9.11.21). Bei ihr handelt es sich im Unterschied zur eschatologischen Konzeption um irdische bzw. kosmische Zeit (Kap. III). Zugleich ist sie von den historisch-chronometrischen Zeitstrukturen noch zu unterscheiden (Kap. IV). Diese werden durch die Verbindung von Weg-Metaphorik und Einst-Jetzt-Schema konzeptualisiert (vgl. Eph 2,1–18). Die Besonderheit der historisch-chronometrischen Zeit besteht gegenüber den anderen Zeitkonzepten in der Korrelation mit Ereignissen der christlichen Anfänge. Inwiefern

,der neue Mensch' (vgl. Eph 2,15f.) und das ,wachsende Bauwerk'
(vgl. Eph 2,19–22) zentrale Metaphern für Geschichte sind, soll gezeigt werden.

Sind die Kreise von den überhimmlischen Bereichen über kosmische Sphären bis zum irdischen Geschehen hin enger geworden, so
folgt mit der Einführung des Apostels Paulus ein noch begrenzter ge-
fasster Bereich (vgl. Eph 3,1–13). Im Zusammenhang mit dem Revelationsschema dient dem Verfasser die Metaphorisierung des μυστήριον-Begriffs zur historischen Selbstlegitimierung (Kap. V). Zugleich
zeigt sich hier, dass alle Zeitkonzeptionen von Gott her zu-
sammengehören, insofern im Kontext der Geheimnisoffenbarung auf
Gottes vorweltlichen Heilsplan, die unendlichen Äonen sowie den
Einst-Jetzt-Gegensatz rekurriert wird.

Das darauf folgende Kapitel VI wird auf der Basis des herausgear-
beiteten metaphorischen Weltbildes einen Vergleich zwischen dem
Epheserbrief und paulinischer Theologie durchführen. Dabei sind
Aussagen zu Auferstehung, Kreuz, Rechtfertigung und Ekklesiologie
von zentraler Bedeutung. Der spezifische Gebrauch des Geheimnis-
begriffs veranschaulicht abschließend das Selbstverständnis des Verfassers gegenüber Paulus. Dass dieser Vergleich im Anschluss an die
Exegese des Eph stattfindet und also ein bestimmtes Verhältnis zwischen dem Verfasser des Epheserbriefs und Paulus der Untersuchung
nicht schon vorausgesetzt wird, trägt den Problemen bisheriger Forschung Rechnung.

Die Zusammenfassung der Ergebnisse soll im Schlussteil der Arbeit
(Kap. VII) zugleich dazu dienen, die Zeitvorstellungen des Epheserbriefs vor denen des aristotelischen Entwurfs und so exemplarisch
frühchristliche Zeitkonzepte vor der prominentesten antiken Zeittheorie zu profilieren.

Kapitel II:
Metaphorische Konzeptualisierung von Überzeit

1 Gottes vorzeitiger Heilsplan

Zum Konzept des protologischen Heilsplanes gehören alle Aussagen, die von Gottes vorweltlichem Erwählungshandeln sprechen. In dieses semantische Feld gliedern sich offenkundig die zahlreichen πρό-Komposita des ersten Hauptteils des Epheserbriefs ein. Sie stehen gehäuft in der Briefeingangseulogie, in der bereits alle wichtigen Themen des Briefes vorbereitet werden.

Eph 1,3a gibt als Thema für den folgenden Abschnitt den Lobpreis Gottes an (Εὐλογητὸς ὁ θεὸς). In Eph 1,3b–14 wird der Preis auf Gott inhaltlich begründet. Das geschieht in drei Abschnitten, die jeweils durch ein Partizip Aorist eingeleitet werden (V. 3b εὐλογήσας ἡμᾶς; V. 5 προορίσας ἡμᾶς; V. 9 γνωρίσας ἡμῖν).[1] Die drei Sinnabschnitte sind parallel gestaltet, insofern jeweils eine Nebensatzkonstruktion vom Partizip abhängt; die Referenz ist zunächst Gott, dann Christus (V. 4 καθὼς ἐξελέξατο; V. 7 Ἐν ᾧ ἔχομεν; V. 11 Ἐν ᾧ καὶ ἐκληρώθημεν; bei den beiden letzten handelt es sich um relativische Anschlüsse).[2] V. 13f. gehört zwar syntaktisch noch zur Eingangseulogie (vgl. auch das εἰς ἔπαινον τῆς δόξης αὐτοῦ am Ende von V. 14), erhält aber gegenüber den vorangehenden Abschnitten eine Eigenfunktion. Diese ist durch den Subjektwechsel (vgl. V. 13 καὶ ὑμεῖς) als Applikation auf die Adressaten zu beschreiben.

Den protologischen Bezugsrahmen des göttlichen Segenshandelns formuliert der Verfasser in 1,4 grundsätzlich mit πρὸ καταβολῆς κόσμου. Außerhalb eines Kompositums steht πρό im Epheserbrief nur

---

[1] Gegen den Gliederungsvorschlag von SCHLIER, Epheser 39, der den ganzen V. 3 als „Basis" versteht und die VV. 4–10 als dessen von καθώς abhängige Entfaltung in einem „komparativ-kausalen Konjunktionalsatz[...]"; als Stütze dieser Satzkonstruktion sieht Schlier die drei finiten Verben ἐξελέξατο (V. 4), ἐχαρίτωσεν (V. 6) und ἐπερίσσευσεν (V. 8). In der Forschung schließt man sich entweder generell diesem Modell an oder der zweiten Gliederungsmöglichkeit, die paradigmatisch von LOHMEYER, Proömium 120–122, vertreten wird: die Satzkonstruktion ruhe demnach auf den drei Partizipien εὐλογήσας, προορίσας und γνωρίσας (s.o. im Haupttext). Von diesen Grundentscheidungen aus sind dann im Einzelnen zahlreiche Gliederungsaspekte zu differenzieren, die hier aber nicht diskutiert zu werden brauchen.

[2] Vgl. SELLIN, Epheser 81.

hier und führt so exemplarisch und an exponierter Stelle vor allen folgenden Verbindungen die Konnotationen ein, die auch für das Präfix πρό- gelten. Die folgenden πρό-Komposita des Briefes sind alle von diesem vorweltlichen und somit auch vorzeitlichen Bezugsrahmen her zu verstehen. Dieser gründet grundsätzlich im präexistenten Christus (vgl. V. 3 ἐν Χριστῷ).[3]

In die Reihe der vorzeitlichen Ereignisse fällt die Vorherbestimmung zur Gottessohnschaft (V. 5 προορίσας [...] εἰς υἱοθεσίαν) und zum Lobpreis von Gottes Herrlichkeit (VV. 11f.: προορισθέντες [...] εἰς [...] ἔπαινον δόξης αὐτοῦ). Die Hoffnung ist ihrerseits vorzeitlich gegeben (V. 12 προηλπικότας) wie auch die guten Werke. Sie sind vorherbereitet (2,10 ἔργοις ἀγαθοῖς οἷς προητοίμασεν ὁ θεός). Dass diese eigens hervorgehobenen protologischen Handlungen Gottes Teil eines insgesamt vorzeitlich festgelegten Planes sind, zeigen Eph 1,9 (κατὰ τὴν εὐδοκίαν αὐτοῦ ἣν προέθετο ἐν αὐτῷ), 1,11 (προορισθέντες κατὰ πρόθεσιν; κατὰ τὴν βουλὴν τοῦ θελήματος αὐτου) und 3,11 (κατὰ πρόθεσιν τῶν αἰώνων). Der Zusammenhang zwischen Heilsplan und Vorzeitigkeit, den der Verfasser syntaktisch explizit herstellt (vgl. V. 11 προορισθέντες κατὰ πρόθεσιν), verstärkt sich durch das Spiel mit dem Gleichklang. Wie die selteneren πρό-Komposita ist der Begriff πρόθεσις nach demselben Muster aufgebaut.

Die Präexistenz Christi stellt der Verfasser in 1,3 programmatisch der Nennung der einzelnen Handlungen Gottes voran.[4] Sie ist die tragende Vorstellung auch des Christus-Enkomions[5] in Kol 1,15–20. Im Vergleich mit diesem fällt die eigene Konzeption des Epheserbriefs

---

[3] Vgl. zur Nähe von Eph 1,4 und 1Petr 1,1f.20; 2Tim 1,9, HOFIUS, „Erwählt vor Grundlegung der Welt" 123; Hofius weist auf Parallelen zur Vorstellung der vorweltlichen Erwählung im antiken Judentum hin (vgl. Jub 2,16ff.; JosAs 8,19). Der Akzent im Epheserbrief ist freilich ein besonderer: „Einzig und allein Gottes freie und souveräne Gnade, die jede menschliche Leistung und Würdigkeit radikal ausschließt, ist Grund für die Kirche konstituierenden Erwählung. So bringt das Bekenntnis zur Erwählung ,vor Grundlegung der Welt' in einzigartiger Weise das ,sola gratia' des Erlösungsratschlusses [...] zu Sprache" (vgl. 2,8f.15 u.ö.).

[4] Ein strukturell ähnliches Verfahren lässt der Hebräerbrief erkennen. Schon der erste Satz Hebr 1,1f. handelt vom präexistenten Gottessohn. Dieser ist Schöpfungsmittler und Schöpfungserhalter (vgl. auch V. 3). Wie der Verfasser des Epheserbriefs stellt der des Hebräerbriefs seinen folgenden Ausführungen die Präexistenzchristologie programmatisch voran. Sie „stellt eine unverzichtbare Voraussetzung für die Theologie des Hebräerbriefs insgesamt dar [...] Ganz gleich also, ob man die Christologie oder die Soteriologie oder die Theologie des Hebräerbriefs insgesamt ins Auge faßt, man sieht sich auf jeden Fall mit der grundlegenden Bedeutung der Präexistenzchristologie konfrontiert" (PILHOFER, Präexistenzchristologie 72). Der Epheserbrief legt dabei weniger Wert auf Schöpfungsmittlerschaft Christi (vgl. etwa Kol 1,16), sondern es geht ihm v.a. um die vorzeitliche Verankerung des Heilsplans und der darin festgelegten Erwählung der Christen (vgl. 3,59f etc).

[5] Vgl. zur (nicht unproblematischen) Terminologie des ,Enkomions' im Unterschied zur Formbestimmung als ,Hymnus' WOLTER, Kolosser 71f.

ins Auge. Die kosmische Orientierung der Christologie im Kolosserbrief hat sich zugunsten einer stärker geschichtlichen verschoben,
denn mit der Präexistenz Christi ist hier die Präexistenz des göttlichen
Heilsplanes verbunden: „Die kosmischen Dimensionen, in denen der
Kolosserbrief das Sein Christi geschildert hat, sind in die Ausmaße
des Heilsplans verwandelt, dessen Horizont sich von der Zeit der
Schöpfung bis zur endgültigen Erlösung spannt."[6] Aus der Konzeption eines präexistenten Heilsplans ergibt sich die überwiegende Theozentrik in Eph 1,3–14, die sich von der Christozentrik in Kol 1,15–
20 unterscheidet.

Die theozentrische Darstellungsperspektive liegt auch Röm 8,29f.
zugrunde. Dieser Text dient dem Verfasser des Epheserbriefs bei der
Komposition der Eingangseulogie offensichtlich als Leitfaden.[7] Die
einzelnen Heilsereignisse der Ausersehung, Vorherbestimmung zur
Ebenbildlichkeit des Sohnes, Berufung, Rechtfertigung und Verherrli-
chung werden dort schon unter die ‚Überschrift' der planmäßigen Berufung (vgl. V. 28 τοῖς κατὰ πρόθεσιν κλητοῖς οὖσιν) gestellt. Erst
der Verfasser des Epheserbriefs versteht diese soteriologische Abfolge
aber explizit als präexistenten Heilsplan und ordnet die einzelnen
‚Stationen' bestimmten Zeiten und historischen Daten zu. Die Erwählung und Vorherbestimmung erfolgt vorzeitlich (Eph 1,4–6), die
Erlösung geschieht am Kreuz (V. 7 διὰ τοῦ αἵματος αὐτοῦ), die Zusammenfassung des Alls in Christus vollzieht sich, wenn das dafür
bestimmte Zeitmaß voll ist (V. 10), das Gläubigwerden ereignet sich
im Zuge der Evangeliumsverkündigung (VV. 13f.). Wichtig sind gegenüber Röm 8,29f. v.a. zwei Zusätze. Die soteriologische Ereigniskette bei Paulus weist weder die Kundgabe des Geheimnisses noch die
(apostolische) Verkündigung des Evangeliums auf. Dass der Verfasser
diese beiden Elemente als Teil des vorzeitlich gefassten Heilsplans
über Paulus hinaus mit aufnimmt, hat seinen Grund in der speziellen
Fiktion des Epheserbriefs. Der Brief gibt die Geheimniseinsicht des
Apostels Paulus wieder. Die Offenbarung an Paulus sowie die Weitergabe durch den Apostel in der Evangeliumsverkündigung sind im
Mysterium und dessen planvoller Struktur bereits angelegt (s.u. Kap.
V.2). Diese inhaltliche Erweiterung sowie die zeitliche Erstreckung
der Ereignisse sind die wesentlichen Differenzen gegenüber Paulus,
während gegenüber dem Kolosserbrief die Weiterführung der spezifischen Präexistenzvorstellung entscheidende Bedeutung hat. Aus diesen Ansätzen schafft der Verfasser des Epheserbriefs ein syntaktisch
gleichermaßen umfangreiches wie durchstrukturiertes Gebilde, dessen
formale Gestaltung die inhaltliche Vorstellung eines geordneten, weit
gespannten Plans, unterstützt.

---

[6] GESE, Vermächtnis 218.
[7] Siehe dazu ebd. 219.

Die mit πρό- gebildeten Aussagen über vorzeitliche Ereignisse finden sich ausschließlich im ersten Hauptteil des Briefes. Von der Semantik her beziehen sich die πρό-Aussagen auf den Heilsstand der Christen. Unter der Prämisse, dass das, was von Anfang an feststeht, aus gegenwärtiger Sicht als bereits realisiert anzusehen sei, darf dieser Befund aber nicht einfach als „Erklärung für die betont präsentische Eschatologie"[8] gewertet werden. Die Funktion der Protologie muss stattdessen vom Gesamtentwurf des Schreibens her verstanden werden. Die protologisch festgelegten Ereignisse des Heilsplanes sind Ordnungselemente des Weltbildes. Da dieser als dem Apostel Paulus geoffenbartes Mysterium konzipiert ist, bietet sich die Strukturierung als planvolle Anlage Gottes besonders vor dem Hintergrund spezifischer apokalyptischer Geheimnisvorstellungen an (s.u. Kap. V.4). Denn dort sind „die Geheimnisse [...] die für die letzte Offenbarung bestimmten Ratschlüsse Gottes, d h die im Himmel schon real existierenden, überschaubaren [...] Zustände, die am Ende nur aus ihrer Verborgenheit heraustreten [...] werden."[9]

Ist mit dem Protologie-Konzept ein Element der zeitlichen Ordnung gegeben, so verweist der Verfasser in demselben Zusammenhang auf eine räumliche Orientierung. Schon in der ‚Überschrift' der Eingangseulogie (vgl. Eph 1,3 Εὐλογητὸς ὁ θεὸς [...] ὁ εὐλογήσας ἡμᾶς ἐν πάσῃ εὐλογίᾳ πνευματικῇ ἐν τοῖς ἐπουρανίοις ἐν Χριστῷ) nennt der Verfasser die eigentümliche Wendung ἐν τοῖς ἐπουρανίοις (V. 3). Die Stellung gleich zu Beginn des Schreibens ist ein erster Hinweis auf die besondere Bedeutung, die ihr für den Brief zukommt. Diese soll im Folgenden herausgearbeitet werden.

2 Die Überhimmel

2.1 Epouranische Aufenthaltsorte

Ἐν τοῖς ἐπουρανίοις stellt eine ausgesprochene Lieblingswendung des Epheserbriefs dar, die im Kolosserbrief nicht vorkommt. Der Verfasser gebraucht sie an fünf Stellen immer in derselben Form mit der Präposition ἐν und im Plural (vgl. Eph 1,3.20; 2,6; 3,10; 6,12).[10] Ein einheitlicher semantischer Kontext ist aber nicht gegeben, insofern sowohl Gottes Herrscherthron, Christus und mit ihm die auferweckten Christen (1,3.20; 2,6) als auch diverse böse Mächte (3,10; 6,12) in den ἐπουράνιοι beheimatet sind. Dies stellt ein bislang nicht gelöstes Problem dar.

---

[8] Steinmetz, Heils-Zuversicht 11; Broer, Einleitung 524.

[9] Bornkamm, μυστήριον 822.

[10] Für Odeberg, View 7, ist dies ein Hinweise darauf, dass ἐν τοῖς ἐπουρανίοις im Eph stereotype Bedeutung zukommt.

Generell ist bezüglich des Verständnisses der Wendung umstritten, ob der Nominativ ἐπουράνιοι oder ἐπουράνια lautet, ob die ἐπουράνιοι bzw. ἐπουράνια lokal[11] oder personal[12] bzw. relational zu verstehen sind und schließlich ob sie nicht nur lexikalisch, sondern auch semantisch von den οὐρανοί (vgl. Eph 1,10; 3,15; 4,10; 6,9) zu unterscheiden sind. Sollte Letzteres der Fall sein, käme in der Differenz von οὐρανοί und ἐπουράνιοι eine gestaffelte Himmelsarchitektur zur Sprache.

Die Frage nach der maskulinen oder neutrischen Nominativform ist vom Wortlaut her nicht zu beantworten, da der Epheserbrief den Stamm ἐπουραν- ausschließlich in der genannten Formel verwendet. Wichtiger ist die Frage, ob die Wendung lokal zu verstehen ist. Ihre Beantwortung ist unabhängig vom Genus des Nominativs, insofern beide Genera eine lokale Lesart zulassen. Nimmt man als Nominativ ἐπουράνιος an, so wäre die Wendung zu ἐν τοῖς ἐπουρανίοις τόποις zu ergänzen. Τὰ ἐπουράνια kann ebenso räumliche Bedeutung haben. Metonymisch bezeichnen sie als Inhalt des Himmels (himmlische Dinge) den Himmel selbst. Zugleich können beide Genera auch personal gebraucht sein. Οἱ ἐπουράνιοι wie auch τὰ ἐπουράνια können so die himmlischen Bewohner bezeichnen.[13] Die Nähe zur lokalen Semantik ist aber wie bei der letztgenannten Variante groß, da metonymischer Sprachgebrauch im Sinne von *contenta pro continente*[14] vorliegen kann. Die folgenden Analysen werden die lokale Semantik bestätigen. Es soll gezeigt werden, dass οὐρανοί und ἐπουράνιοι sich unter den Aspekten einerseits der Himmelstektonik und andererseits ihrer jeweiligen Bewohner betrachtet deutlich als verschiedene Räume zu erkennen geben. Daran anschließend ist zu klären, welche Bedeutung ihnen in den jeweiligen Zusammenhängen zukommt. Vorangeschickt werden Darstellung und Kritik bisheriger Deutungsmodelle der ἐπουράνιοι. Von ihnen wird sich die spätere Interpretation absetzen. Die Deutungsmodelle lassen sich grob in zwei Gruppen aufteilen. Sie unterscheiden sich darin, inwiefern sie der Wendung ἐν τοῖς ἐπουρανίοις eine übertragene Bedeutung beimessen oder nicht.

---

[11] Vgl. SCHWINDT, Weltbild 358; ODEBERG, View 8; SCHLIER, Epheser 45; LINDEMANN, Aufhebung 54f.; CARAGOUNIS, Mysterion 150; POKORNÝ, Epheser 56.
[12] Vgl. GRUNDMANN, σύν – μετά 794.
[13] Gegen LINDEMANN, Aufhebung 54–56.
[14] Siehe ODEBERG, View 7.

2.2　Bisherige Deutungsmodelle

2.2.1　Die ἐπουράνιοι als Aussageform einer realisierten Eschatologie

Im ersten Deutungsmodell werden die ἐπουράνιοι quasi als faktischer Aufenthaltsort gewertet: „der Christ [wurde] von Gott mit Christus auferweckt und in den Himmel versetzt."[15] Nach ihrer speziellen Funktion im jeweiligen Kontext wird dabei nicht weiter gefragt.[16] Zu diesem Deutungsmodell sind auch Auslegungen zu rechnen, die die Aoristformen antizipatorisch auffassen und deshalb den himmlischen Aufenthalt als *noch* nicht real verstehen.[17] Prominenter Vertreter dieses Zugangs ist A. Lindemann. Die Christen seien „nicht mehr auf der Erde, sondern im Himmel"[18] und dieses „durchaus *tatsächlich*"[19]. Zu diesem ‚tatsächlichen' Verständnis der ἐπουράνιοι tritt bei Lindemann das absolut-temporale Verständnis der Aoristformen. Beides zusammen ist für ihn deutliches Indiz einer realisierten Eschatologie[20], der zufolge „für ‚uns' […] die Auferweckung Vergangenheit [ist]" und „wir […] in die Himmel versetzt [*sind*] und nicht etwa noch auf dem Weg dahin."[21] Lindemann betont im Anschluss an Conzelmann, dass eine Differenzierung zwischen ‚real' und ‚geistig' im Text selbst nicht erkennbar ist.[22]

---

[15]　LONA, Eschatologie 363.

[16]　So z.B. TRAUB, οὐρανός 538ff.

[17]　Siehe dazu CARAGOUNIS, Mysterion 150: „In 2:6 the believers are seated ἐν τοῖς ἐπουρανίοις not in any real sense as yet, but in anticipation by virtue of their being the Body of Christ, Who is Himself seated there […]."

[18]　LINDEMANN, Aufhebung 125.

[19]　Ebd. 124 Anm. 106, Hervorhebung im Original; vgl. 122: die Vorstellung ist „realistisch"; 141: „[…] die Auferstehung in Eph 2,5ff. [ist] ganz konkret gefaßt". Siehe zu solch einer faktischen Sicht auch GNILKA, Epheser 120: „Die Stelle gibt nicht mehr frei, als daß unsere Erhöhung verursacht wurde durch das dynamische Wirken Gottes, das – wie es sich auf Christus richtete – mit ihm auch uns in die Höhe riß." Dieser Vorgang der „herrschaftlichen Einsetzung in den Himmeln" sei „der Gipfelpunkt dessen, was die Gemeinde erfuhr" (119). Vgl. ähnlich auch STEINMETZ, Heil-Zuversicht 41–43. Siehe auch BEST, Ephesians 117: „believers […] sit with him [scil. Christ] in the heavenlies."

[20]　So z.B. auch GNILKA, Epheser 119: „Gegenüber Röm 6,1ff. ist wieder das Konzept von der ‚realized eschatology' neu, das nicht proleptisch aufgefaßt werden darf." Siehe auch SCHNACKENBURG, Epheser 95: Es geht „dem Verf. um die bereits erfolgte Errettung […] In Eph erlangt die Gegenwart des Heils allen Nachdruck." Vgl. dagegen aber BEST, Ephesians 117: „‚In the heavenlies' does not then by itself provide a realised eschatological slant."

[21]　LINDEMANN, Aufhebung 124 (Hervorhebung im Original).

[22]　Siehe ebd. 123.

2.2.2 Die ἐπουράνιοι als Aussageform eines eschatologischen Vorbehaltes

Im Unterschied zur skizzierten Position, die von einer ‚realen' Bedeutung der ἐπουράνιοι ausgeht, versteht die Mehrzahl der Auslegungen die ἐπουράνιοι im Sinne eines ‚übertragenen' Ausdrucks.[23]

Auch wenn metapherntheoretische Überlegungen nicht expliziert werden, liegen sie offensichtlich zugrunde. Das zeigt sich, wo die Terminologie in folgender Weise verkürzt aufgelöst wird. Die ἐπουράνιοι bildeten das eschatologische Heilsgut ab, so dass Eschatologie im Epheserbrief als Raum dargestellt werde[24]. Dieser Überlegung liegt die metaphorische Substitutionstheorie zugrunde, insofern quasi der Herkunftsterm ‚eschatologisches Heilsgut' gegen den Zielterm ‚ἐπουράνιος' ersetzt wird. Dabei bringt der metaphorische Zielterm eigentlich nichts anderes zur Sprache als der Herkunftsterm.

In diesem Sinne ist man gerade in der jüngeren Forschung wieder bemüht zu zeigen, dass der Epheserbrief mit der Gestaltung von Räumen Aspekte paulinischer Verkündigung, insbesondere den „eschatologische[n] Vorbehalt"[25] äquivalent zum Ausdruck bringe. Eine eigene Aussage liege demnach in der ungewöhnlichen Wendung ἐν τοῖς ἐπουρανίοις nicht vor. Sie erfülle lediglich die Funktion der futurischen Verbalformen bei Paulus. „Denn wenn die zeitliche Differenzierung durch eine räumliche *ersetzt* (Hervorhebung S.R.) wird, ist gerade die bisherige Unterscheidung aufrechterhalten."[26]

---

[23] Der Begriff ‚übertragen' fällt in der Regel nicht. Eine Ausnahme bildet die explizite Formulierung: „the question remains whether this is to be taken literally or figuratively" (LINCOLN, Heavenlies 469). Die Unterscheidung ist aber für alle hier zu nennenden Entwürfe anzunehmen, insofern sie grundsätzlich davon ausgehen, dass der Ausdruck ἐπουράνιοι stellvertretend für etwas anderes steht: „[W]as sind die ἐπουράνια? Sie sind gewiß nicht einfach ‚der Himmel' in dem uns gewohnten Sinn des Wortes […] Was aber meint dieser Begriff?" (SCHLIER, Epheser 46). Den ἐπουράνιοι wird dadurch metaphorische Valenz zugeschrieben, freilich ohne dass der Begriff ‚Metapher' explizit fällt. Eine Ausnahme bildet WESSELS, Eschatology, der allerdings die Metapher nicht in den Überhimmeln erkennt, sondern in den Aussagen συνεζωοποίησεν τῷ Χριστῷ - χάριτί ἐστε σεσωσμένοι - καὶ συνήγειρεν καὶ συνεκάθισεν, z.B. 190: „the ‚rising and living with Christ' metaphor". Aufschlussreich ist die Analyse bei Wessels trotzdem nicht, was hauptsächlich daran liegt, dass er keine erkennbare Metapherntheorie zugrunde legt.

[24] Vgl. in diesem Sinne exemplarisch WITULSKI, Gegenwart und Zukunft 230: „Die Ergänzung der Prädikate συνεζωοποίησεν und συνήγειρεν um die Formulierung συνεκάθισεν ἐν τοῖς ἐπουρανίοις in Eph 2,6 belegt, daß in der eschatologischen Konzeption des Eph der Dimension des Raumes erhebliches Gewicht zukommt. Die Apposition ἐν τοῖς ἐπουρανίοις macht deutlich, daß sein Verfasser den soteriologischen Inhalt seiner eschatologischen Konzeption, das eschatologische Heilsgut, offensichtlich räumlich […] interpretiert."

[25] GESE, Vermächtnis 152.

[26] Ebd. 153. Dieses Zitat zeigt deutlich, dass der Substitutionsgedanke zugrunde liegt. Gese führt den Gedanken in diesem Sinne fort: „Die Umformulierung in eine

2.2.3 Kritik an den bisherigen Deutungsmodellen der ἐπουράνιοι

Die Interpretation der ἐπουράνιοι im Sinne einer realisierten Eschatologie weist zwei Hauptschwierigkeiten auf. Zum einen wird den Aoristformen eine absolute Zeitaussage zugemessen, ohne den Kontext des Abschnittes genauer zu berücksichtigen. Zum anderen müsste die auf diese Weise aus den Aoristen geschlossene ‚tatsächliche' Anwesenheit der Christen im Himmel problematisiert werden – ist doch faktische Anwesenheit im Himmel bei gleichzeitiger, offensichtlicher Anwesenheit an einem irdischen Ort eine mehr als klärungsbedürftige Aussage.[27] Wenn auch die Behandlung der ἐπουράνιοι bei A. Lindemann eine Reflexion über einen möglichen metaphorischen Gehalt der Wendung vermissen lässt bzw. ein solcher überhaupt nicht im Blick ist, so ist doch das Festhalten an einem eindeutigen Bezug der ἐπουράνιοι-Aussage wichtig. Kompromissformulierungen, die davon ausgehen, dass die Versetzung in die Himmel nur „in gewissem Sinne" geschehen sei, es sich also um eine „reale (wenn auch erst geistige) Teilnahme an dem himmlischen Leben Christi"[28] handle, vermögen dagegen nicht zu überzeugen. Denn in der Tat ist eine Differenzierung zwischen ‚real' und ‚geistig' oder auch ‚antizipatorisch' im Text selbst nicht erkennbar. Die metaphorische Interpretation der ἐπουράνιοι als Aussageform eines eschatologischen Vorbehaltes birgt zahlreiche miteinander verkettete Probleme.

1.   Der Bezug zwischen Herkunftsbereich (ἐν τοῖς ἐπουρανίοις) und Zielbereich (eschatologische Erwartung) bleibt vollkommen unklar – denn eine Ähnlichkeit zwischen Zeitformen und Räumen ist nicht vorhanden.

2.   Der Grund für eine Umformulierung von der ‚verbalen' in eine ‚räumliche' Konzeption bliebe deshalb unverständlich. Von einer Umformulierung sollte man eigentlich auch nicht sprechen. Denn in Eph 2,6 werden Verbalaussagen bezüglich des Heils getroffen. Die Wendung ἐν τοῖς ἐπουρανίοις ist (gegenüber Paulus in Röm 6,1–11) ein Zusatz zu den Verbalaussagen. Dieser Zusatz ist deshalb nicht einfach im Sinne des paulinischen „eschatologischen Vorbehalts"[29] zu verste-

---

räumliche Perspektive zeigt, daß auch für den Kolosser- und Epheserbrief *die bisherige Differenzierung nicht hinfällig geworden* ist. Obwohl Kol 2,12ff. und Eph 2,5f. die futurischen Verbformen der Herrlichkeitsaussagen in den Aorist umwandeln, soll offensichtlich – wie in Röm 6,1–11 – die Unterscheidung zwischen der gegenwärtigen Situation der Gläubigen und der durch Christus geschaffenen Heilswirklichkeit gewahrt bleiben" (Hervorhebung im Original).

[27]   SCHWINDT, Weltbild 359, spricht von einer „zweifache[n] ‚Verortung' [...] Das ἐν Χριστῷ-Sein der Gläubigen [...] siedelt sie wie Christus im Raum des Himmels an, gibt ihnen jedoch gleichzeitig eine geschichtliche Existenz [...]."

[28]   WEISS, Briefe 379. Vgl. ähnlich auch SCHWINDT, Weltbild 521: „Sowohl Kol 2,12; 2,1 und Eph 2,6 wie auch die Gegner der Pastoralbriefe (2Tim 2,18) sehen das Eschaton der Anastasis pneumatisch-gnoseologisch bereits vergegenwärtigt."

[29]   GESE, Vermächtnis 152.

hen, der „durch räumliche Kategorien [die zeitliche Differenzierung aus Röm 6,1–11] zum Ausdruck"[30] bringt. Die Räumlichkeit der epouranischen Bereiche substituiert nicht eine andere, zeitliche Vorstellung, die man gleichsam extrahieren könnte.

3. Genauso gravierende Probleme ergeben sich auf der inhaltlichen Ebene. Denn wäre das eschatologische Heilsgut substituierter Zielbereich der ἐπουράνιοι-Metaphorik, wäre es ausgesprochen problematisch, dass die bösen Mächte ebenfalls in den epouranischen Bereichen beheimatet sind (s.u. Kap. II.2.5). Man darf sich die ἐπουράνιοι also nicht „als einen neben und parallel zu einem Unheilsbereich existierenden Heilsbereich" vorstellen, „in den der gerettete Christ hineinversetzt wird"[31] (vgl. anders die Bedeutung von οὐρανοί bzw. ἄνω in Kol 1,5.13; 3,1–4[32]). Dass ἐπουράνιος im Epheserbrief ausschließlich dann gebraucht wird, wenn es um den erhöhten Christus geht, trifft nicht zu, auch wenn dies zweifelsfrei ein entscheidender Kontext ist.[33] Von einer solchen globalen Bedeutungsbestimmung der ἐπουράνιοι ist abzusehen.[34]

4. Dazu passt, dass sich die Verwendung von ἐπουράνιος einer dualisierenden Deutung von Heils- und Unheilsraum entzieht. Der Epheserbrief kennt keinen direkten Gegenbegriff zu den ἐπουράνιοι. Hierin liegt ein wesentlicher Unterschied zur paulinischen ἐπουράνιος-Konzeption (vgl. Kap. VI.1.1). Der Begriff begegnet bei Paulus ausschließlich in 1Kor 15, und hier ist ἐπουράνιος durchgehend antithetisch zu ἐπίγειος (V. 40 [zweimal]) bzw. χοϊκός (VV. 48f.) gebraucht.[35]

5. Wenn aber die ἐπουράνιοι nicht gleichbedeutend mit dem eschatologischen Heilsgut sind, so ist es schwierig, die dortige Anwesenheit der bösen Mächte als Strukturanalogie zur „für die ganze paulinische Eschatologie typischen Spannung von ‚schon' und ‚noch nicht', d.h. von bereits geschehener Erlösung und noch ausstehendem Ziel", anzusehen.[36]

---

[30] Ebd. 155.

[31] WITULSKI, Gegenwart und Zukunft 230.

[32] Siehe dazu WOLTER, Kolosser 166: „Der Verf. des Kol argumentiert hier also mit der traditionellen Vorstellung, daß sich Gottes himmlische Welt als Heilssphäre und die irdische Welt als Bereich der Heilsferne dualistisch gegenüberstehen und daß es Erlösung nur in jener und nicht in dieser gibt."

[33] Gegen HARRIS, Heavenlies 88f., der allerdings selbst auch Überschneidungen feststellt.

[34] So auch SELLIN, Epheser 88: „Abschließend lässt sich sagen, dass τὰ ἐπουράνια im Eph jeweils nach den im Kontext erkennbaren Relationen zu bestimmen ist."

[35] Dieselbe oppositionelle Verwendung zu ἐπίγειος findet sich auch in Joh 3,12 sowie Phil 2,10.

[36] Gegen SELLIN, Epheser 477f.

6. Die Schwierigkeiten lassen insgesamt vermuten, dass der Verfasser mit der Wendung ἐν τοῖς ἐπουρανίοις nicht dasselbe sagen wollte wie Paulus, wo dieser aoristische Verbalformen gebraucht. Aus dem Überblick ergibt sich, dass ἐν τοῖς ἐπουρανίοις plausibel weder als Aussageform einer realisierten Eschatologie noch eines eschatologischen Vorbehaltes gedeutet werden kann. Beide Interpretationen sind abzulehnen. Welche Aussageintention verfolgt also der Epheserbrief mit der besonderen Formulierung der ἐπουράνιοι, die sich bei Paulus so nicht findet? Um diese Frage zu beantworten, soll die Wendung ἐν τοῖς ἐπουρανίοις im Folgenden im Hinblick auf a) die syntaktische Verknüpfung, b) die Himmelsarchitektur und c) die Bewohner dieses Bereiches untersucht werden.

2.3 Zur Syntax

Den bisherigen Deutungsvorschlägen von ἐν τοῖς ἐπουρανίοις ist gemeinsam, dass sie die Wendung in Eph 2,6 syntaktisch falsch zuordnen. Von da aus treffen sie den Sinn des Textes nicht. Solche Aussagen sind z.B. die vom „epouranischen Sein […]“[37] der Gläubigen oder davon, dass „die Christen ἐν Χριστῷ in den Himmeln sind“[38]. Diese Aussagen implizieren die Frage, wann die Christen in den Himmeln bzw. Himmlische sein werden, die für Eph 2,6 dann mit dem Hinweis auf realisierte Eschatologie beantwortet wird.

Ἐν τοῖς ἐπουρανίοις darf aber nicht im Sinne einer prädikativen Identifikationsergänzung zum Objekt ἡμᾶς interpretiert werden. Die Wendung bildet in Eph 2,6 kein festes Element des Prädikatsverbandes. Darin liegt ein wesentlicher Unterschied gegenüber allen neutestamentlichen Referenzstellen zu ἐπουράνιος außerhalb des Epheserbriefs, in denen ἐπουράνιος als Subjekt, Objekt oder als Attribut zu bestehenden Satzgliedern stets festes Element des Prädikatsverbandes ist. Der Begriff ἐπουραν- wird außerhalb des Epheserbriefs nie präpositional konzipiert. In Joh 3,12 ist τὰ ἐπουράνια Objekt; in 1Kor 15,48; Hebr 9,23 ist ὁ ἐπουράνιος/ οἱ ἐπουράνιοι/ τὰ ἐπουράνια Subjekt; in 1Kor 15,40; Phil 2,10; Hebr 3,1 ist ἐπουράνια/ [τῶν] ἐπουρα-νίων/ ἐπουρανίου Subjektsattribut; in 1Kor 15,49; Hebr 6,4; 8,4; 11,16; 12,22 ist [τοῦ/τῆς] ἐπουρανίου/ τῶν ἐπουρανίων; ἐπουρανίῳ Objektsattribut. Allein in 2Tim 4,18 begegnet ἐπουράνιος zwar auch attributiv, das Bezugswort βασιλεία ist aber freie Umstandsangabe und gehört nicht notwendig zum Prädikatsverband. Für alle diese Texte wäre es prinzipiell möglich zu fragen, wann der *als himmlisch charakterisierte Geschehenszusammenhang* eintritt. Das lässt sich insbesondere an 1Kor 15,49 veranschaulichen: καὶ καθὼς ἐφορέσαμεν τὴν εἰκόνα τοῦ χοϊκοῦ, φορέσομεν καὶ τὴν εἰκόνα τοῦ ἐπουρανίου.

---

[37] SCHWINDT, Weltbild 359.
[38] LINDEMANN, Aufhebung 54.

Auf die Frage, wann die Christen das Bild des himmlischen Menschen tragen werden, liefert 1Kor 15,51f. eine Antwort. Mit der Information, dass nicht alle bis zur Verwandlung entschlafen werden, ist ein ungefährer Zeitrahmen von weniger als einer Generation angegeben.

An Eph 2,5f. darf diese Frage von der Syntax her aber nicht gestellt werden. Ἐν τοῖς ἐπουρανίοις ist grammatisch kein Objektsprädikativ in der entsprechenden Bedeutung von: Er hat uns [als] Himmlische auferweckt τοὺς ἐπουρανίους. Die Wendung ist stattdessen Umstandsangabe.[39] Von hier aus kann also nur danach gefragt werden, wo die Christen *mitauferweckt* und *miteingesetzt* werden. Darauf gibt die Ortsangabe ἐν τοῖς ἐπουρανίοις eine Antwort. Dass hiermit zugleich eine spezifische Zeitaussage korreliert ist, soll im Folgenden dargelegt werden.

Der Epheserbrief nimmt mit dem ἐπουράνιοι-Begriff eine frühchristlich im Zusammenhang eschatologischer Erwartungen bereits bekannte Metapher auf (vgl. v.a. 1Kor 15), interpretiert sie aber an entscheidender Stelle neu. Dadurch, dass er die ἐπουράνιοι-Vorstellung syntaktisch aus der Prädikatsaussage herauslöst, versteht er sie nicht mehr als Beschreibung eschatologischer Vorgänge selbst. Diesen engen Konnex, den die jeweiligen syntaktischen Konstruktionen der übrigen frühchristlichen Schriften zeigen, spiegelt exemplarisch deutlich die Frage in 1Kor 15,35 wider: πῶς ἐγείρονται οἱ νεκροί; ποίῳ δὲ σώματι ἔρχονται; V. 40 gibt durch den Hinweis auf die σώματα ἐπουράνια implizit eine Antwort hierauf. Wo es darum geht, die Beschaffenheit endzeitlicher Erwartung oder der Auferstehung zu beschreiben, dient ἐπουράνιος bei Paulus als Metapher einer veränderten Existenzweise, die sich negativ darüber bestimmt, dass sie ganz anders (ἕτερα) ist als die irdische (Kontrastbegriff ἐπίγειος). Zentraler Unterschied ist, dass das, was bei Paulus noch selbst Gegenstand eschatologischer Erwartung ist (das Tragen eines himmlischen Leibes), im Epheserbrief außerhalb jeden Kontrastes zur vorfindlichen Existenz und ohne Bezug auf eine bestimmte Seinsweise zu einer lokalen Angabe im Kontext einer Auferstehungsschilderung wird.

2.4 Die Himmelsarchitektur

Die Analyse der Himmelsarchitektur wird aufzeigen, dass der Epheserbrief auch semantisch zwischen οὐρανοί und ἐπουράνιοι unterscheidet.[40] Eine Aussagedifferenz zeigt auf formaler Ebene bereits die

---

[39] Siehe dazu HOFFMANN/SIEBENTHAL, Grammatik § 259.

[40] Gegen TRAUB, οὐρανός 539. Seine Begründung ist eher ein Gegenargument: „So wird das καθίζειν ἐν δεξιᾷ αὐτοῦ aus Ps 109,1[LXX] in Eph 1,20 (vgl. 2,6) regelmäßig bei anderen Zitierungen dieser Psalmstelle [...] im οὐρανός selber vorgestellt." Dieser Sachverhalt weist vielmehr darauf hin, dass im Epheserbrief im Unterschied zu anderen Zitierungen ein *eigenes* Verständnis vorliegt; vgl. die vor-

unterschiedliche Verwendung von ἐπουράνιοι stets in derselben stereotypen Verbindung und οὐρανός dagegen in immer anderer Verknüpfung an.[41] Das Weltbild des Epheserbriefs rechnet mit mehreren Himmeln (οὐρανοί). Dies zeigt über die durchgängig verwendeten Pluralformen, die wörtlich zu nehmen sind, hinaus die Formulierung in 4,10b καὶ ὁ ἀναβὰς ὑπεράνω πάντων τῶν οὐρανῶν. Hier ist an das Motiv vom Himmelsaufstieg als Anabasis angeknüpft, die durch mehrere übereinander liegende Himmel führt.[42] Bezüglich der οὐρανοί ist unstrittig, dass es sich um bestimmte Räume handelt. Aber auch mit ἐπουράνιοι ist ein spezieller Raum gemeint.[43] Dies zeigt zum einen die Präposition ἐν, mit der der Begriff im Epheserbrief in jedem Fall verbunden ist. Die feste Konstruktion mit ἐν ist ein Sprachgebrauch, der die besondere Aussagerelevanz der Wendung für den Epheserbrief unterstreicht.

Zum anderen zeigt die Ausgestaltung der ἐπουράνιοι durch die Motive von Gottes Herrscherthron (vgl. z.B. Jes 66,1; Pss 11,4; 103,19), seiner rechten Seite, durch das ‚Sitzen‘ sowie den Bereich unterhalb der Füße Christi (vgl. Ps 110,1; siehe dazu Eph 1,20 [2,6]), dass ἐν in der Grundbedeutung ‚in‘ mit lokalem Charakter verwendet ist. Diese Besonderheiten weisen darauf hin, dass die räumliche Präposition ἐπί im Kompositum hier ihrerseits bedeutungsrelevant ist. Als Bedeutung von ἐπί kommt das Spektrum von ‚auf‘, ‚an‘, ‚bei‘, ‚neben‘ in Frage (vgl. ἐπιθαλάσσιος ‚am Meer gelegen‘)[44]. ‚In‘ ist jedenfalls nicht gemeint[45]. Wo der Verfasser des Epheserbriefs aber ‚in den Himmeln‘ ausdrücken möchte, formuliert er ἐν οὐρανοῖς (Eph 3,15; 6,9) oder ἐπὶ τοῖς οὐρανοῖς (Eph 1,10). Das bedeutet zunächst für die Übersetzung von ἐν τοῖς ἐπουρανίοις, dass es sich nicht einfach um ‚Himmel‘ sondern um Bereiche ‚bei‘ oder ‚an‘ den Himmeln handelt.[46] Diese räumliche Verhältnisbestimmung passt zu dem sphärischen Weltmodell konzentrischer Himmelskreise, das sich in der Antike seit dem 5./4. Jahrhundert zu etablieren beginnt und auch die Grundlage für die Ausgestaltung frühjüdischer Himmelskonzeptionen bildet.[47]

sichtige Einschätzung bei SCHWINDT, Weltbild 358f.: „Eine wenigstens leichte Bedeutungsnuancierung ist m.E. zu erkennen"; mit LINDEMANN, Aufhebung 55.

[41] So auch ODEBERG, View 8.
[42] Siehe SCHWINDT, Weltbild 359.
[43] Vgl. z.B. SCHLIER, Epheser 45: „Offenbar ist mit ἐν τοῖς ἐπουρανίοις immer ein ‚Ort‘ angegeben, gleichgültig, ob das Substantiv maskulinisch oder neutrisch zu verstehen ist." Gegen SCHWINDT, Umbruch 32: die ἐπουράνια sind „nicht topologisch, sondern als ethisch-imperatives Existential gedacht."
[44] So auch TRAUB, οὐρανός 538.
[45] Z.B. gegen SCHWINDT, Weltbild 356.
[46] Gegen SCHLIER, Epheser 45; TRAUB, ἐπουράνιος 539; BEST, Ephesians 116f.; 118.
[47] Vgl. SCHWINDT, Umbruch 10.

Antike Himmelsvorstellungen und Weltbilder sind vielfältig und mit unterschiedlichen philosophischen und theologischen Konsequenzen verbunden. Ein umfassender Einblick ist deshalb in vorliegendem Rahmen nicht zu gewährleisten.[48] Hier sollen lediglich grobe Linien aufgezeigt werden. Sie werden sich hauptsächlich auf die Möglichkeiten des Himmelsaufbaus verschiedener Literaturgruppen beschränken, insofern für die Beurteilung der Konzeption im Epheserbrief besonders das Modell übereinander liegender Himmel wichtig sein wird.

Alttestamentliche Vorstellungen beschreiben den Kosmos in räumlichen Merismen[49] ohne ein übergreifendes Wort (vgl. die zweigliedrige Formel in Gen 1,1 הַשָּׁמַיִם וְאֵת הָאָרֶץ).[50] Die in Gen 1 beschriebene Schöpfung von Himmel und Erde basiert auf der Ausgrenzung des Urgewässers (תְּהוֹם) durch die Errichtung einer Himmelsfeste (רָקִיעַ) zwischen den Wassern. Die Wasser unter dem Himmel werden gesammelt, so dass das Trockene als Möglichkeit für Leben auf der Erde hervortritt. Der Himmel ist Wasserschranke und Sitz von Sternen, die die Zeiten angeben (vgl. Gen 1,14–18). Eine genauere Struktur oder Ausgestaltung weist der Himmel in dieser erdzentrierten Funktion nicht auf.[51]

Die in Gen 1 entworfene dreistufige Beschreibung des Kosmos als spannungsvolles Verhältnis von Himmel, Erde und Chaoswasser ist aber nicht allgemein für das Alte Testament vorauszusetzen. R. Bartelmus stellt heraus, dass neben der mesopotamisch geprägten Vorstellung einer „ausgegrenzten ‚Trockenzelle' im Chaoswasser"[52] noch ein zweites Weltbild existiert, das mit dem ersten kaum vereinbart werden kann. Die Vorstellung einer Urflut ist hier von keiner Bedeutung. Dieses zweite Weltbild gibt sich in Texten wie Jes 14,12–15; 38,10–20 oder Hi 11,7–10 zu erkennen und versteht den Himmel nicht im Sinne einer Wasserschranke, sondern als Wohnsitz oder Machtsphäre Gottes.[53] Diese kann mit dem Götterberg im Norden (vgl. Jes 14,13), mit Jahwes Thron bzw. seinem Tempel (vgl. Jes 66,1; Pss 11,4; 103,19) zusammenfallen. Die verschiedenen Elemente der Himmelsvorstellungen können in nachexilischer Zeit miteinander verschmelzen.[54]

Das kosmographische Schichtenmodell, das sich exemplarisch in Gen 1 abzeichnet, ist zunächst auch Ausgangspunkt griechischer Weltbilder. Homer setzt in der berühmten Schildbeschreibung eine kosmische Unterscheidung in γαῖα, οὐρανός und θάλασσα voraus (vgl. Il. 18 478–608). Der Himmel wiederum teilt sich in ver-

---

[48] Vgl. zu ausführlichen Darstellungen antiker Weltbilder z.B. JANOWSKI/EGO, Weltbild; SCHWINDT, Umbruch; DERS., Weltbild; JANOWSKI, Himmel auf Erden; SCHMID, Himmelsgott, Weltgott und Schöpfer; EGO, Denkbilder; KARRER, Himmel; FEHLING, Materie; LUMPE/BIETENHARD, Himmel; BIETENHARD, Himmlische Welt; SCRIBA, Welt; OEMING, Welt (mit Abbildungen); STUCKRAD, Astrologie.

[49] Zum zeitlichen Merismus siehe OEMING, Welt 569.

[50] Vgl. zu weiteren kosmologischen Formeln im Alten Testament und mesopotamischer und ägyptischer Literatur: KRÜGER, Himmel – Erde – Unterwelt.

[51] Siehe dazu SCHWINDT, Umbruch 7. Gegen die verbreitete Meinung, es handle sich bei diesem alttestamentlichen רָקִיעַ um eine Art ‚Käseglocke', betont SCHWINDT, a.a.O. 7f., dass der Himmel vielmehr als Plattform bzw. „ebene Dachfläche" über der Erde vorzustellen sei (vgl. auch Ez 1,22; Hi 37,18).

[52] BARTELMUS, שָׁמַיִם šâmajim 213; siehe auch den Beitrag: DERS., šâmajim – Himmel.

[53] Vgl. DERS., שָׁמַיִם šâmajim 214.

[54] Vgl. SCHWINDT, Umbruch 10: „Der Himmel ist Kosmosgrenze, Schöpfungs- und Ordnungselement, Raum von Wettererscheinungen und Theophanien sowie Wohnsitz und Machtsphäre Gottes."

schiedene Schichten (οὐρανός, αἰθήρ, ἀήρ).[55] Insbesondere Hesiod rechnet mit einem gleichmäßigen Weltaufbau, der sich aus den Bereichen Unterwelt, Erde und Himmel konstituiert (vgl. Theog. 720–725).

Kosmographische Vorstellungen werden durch die Entdeckung der Kugelförmigkeit von Himmel und Erde nahezu revolutioniert. Aufgabe dieser Darstellung kann nicht sein, dieser Entdeckungsgeschichte im Einzelnen nachzugehen. Wurde zunächst die Kugelförmigkeit des Himmels erkannt (vgl. Parmenides, Fragm. B 8,42–44), so findet sich erst bei Platon die Vorstellung auch der kugelförmigen Erde (vgl. Phaid. 108d 1–110a 8; 110b 6–7).[56] Grundsätzlich wird mit diesem Kugel-Modell der vormals als Ebene vorgestellten Erde der „Boden unter den Füßen weggezogen".[57] Auch unter der Erde ist jetzt Himmel. Insbesondere entfällt dadurch die Erdzentriertheit der Kosmographie. Das hat nicht nur Konsequenzen für die Unterwelts-Konzeption, sondern v.a. entsteht eine Kluft zwischen Erde und Himmel. Die vier Kosmosräume Feuer, Luft, Wasser und Erde werden deshalb bei Platon durch verschiedene Wesensklassen ‚pleromatisiert' (vgl. Tim. 39e–40a). Aristoteles geht noch deutlicher als Platon von konzentrischen Erd- und Himmelskugeln aus (vgl. Cael. 297a16–17). Entscheidend für Aristoteles ist die kategorische Verschiedenheit von unvergänglichem Äther und vergänglicher sublunarer Lebenswelt.[58] Eingehend haben sich die Vertreter der Philosophenschule der Stoa mit kosmologischen Vorstellungen beschäftigt. In vorliegendem Zusammenhang ist die Divinisierung des Himmels wichtig. Unter dem Einfluss astrologischer und mantischer Einflüsse wird der Himmel zum Ort der Willensbezeugungen und Zukunftsprognosen der Götter (vgl. z.B. Cicero, De Fat. 15).

Astrologische Einflüsse in Bereichen des antiken Judentums weisen besonders die Henochliteratur sowie die horoskopischen Texte aus Qumran auf.[59] Ungefähr ab dem 3. Jahrhundert v.Chr. ist eine vielfältige Ausgestaltung der himmlischen Welt verstärkt zu beobachten. Zentrale Elemente dabei sind der Thron Gottes, das himmlische Heiligtum, der himmlische Gottesdienst sowie meteorologische Erscheinungen und Ereignisse (vgl. Sonne, Mond, Gestirne und Winde), Engel und Dämonen[60]. Die Annahme verschiedener, übereinander liegender Himmelssphären findet sich besonders in frühjüdischen Pseudepigraphen. ÄthHen 70–71 beschreibt einen zweistufigen Himmel. Das Weltbild des slavischen Henochbuches setzt ein Schema mit sieben Himmeln voraus, die Henoch in Begleitung der Engel Samoil und Raguil durchreist.[61] Die Vorstellung von insgesamt sieben Himmeln strukturiert auch die Kosmographie in TestLev, ApkAbr und AscJes (vgl. in der rabbinischen Literatur bHag 12b).[62] Himmelsstrukturen sind mit Ordnungsstrukturen korreliert, die durch spezifische Offenbarungen empfangen und so legitimiert werden.[63]

Frühchristliche Himmelsvorstellungen setzen wesentliche Aspekte aus dem alttestamentlichen und frühjüdischen Schrifttum voraus. Eine verbreitete Vorstellung sind die Himmel als Ort des Gottesthrones (vgl. Mt 5,34; Mk 14,62; Apg 2,34;

---

[55]   FEHLING, Geschichte des griechischen Weltmodells 196–200.
[56]   Siehe dazu SCHWINDT, Umbruch 13–17.
[57]   FEHLING, Materie 12.
[58]   Vgl. dazu ausführlich HAPP, Weltbild, *passim*.
[59]   Vgl. SCHWINDT, Umbruch 30; Vergleichstexte bei ALBANI, Astronomie, *passim*.
[60]   Siehe dazu umfassend MACH, Entwicklungsstadien 65–278.
[61]   Vgl. zu den Merkmalen und Bewohnern der einzelnen Himmel BÖTTRICH, Weltweisheit 150.
[62]   Siehe dazu EGO, Denkbilder 187f.; siehe auch DIES., „Es gibt sieben Himmel".
[63]   Vgl. EGO, Denkbilder 179–181.

Hebr 8,1) sowie als Wohnort von Engeln und Dämonen (vgl. Mt 22,30 par.; 28,2; Mk 13,32; Gal 1,8; Apk 10,1; 1Kor 8,5f.; 15,24; Apg 7,42)[64], ferner die sphärische Gliederung in mehrere Himmelsbereiche (vgl. 2Kor 12,2–4: Paulus wird in den dritten Himmel entrückt; Hebr 4,14: Christus hat die Himmel durchschritten; 7,26: Christus ist höher als die Himmel; in Apk 12,12 sind die Vorstellungen mehrerer Himmel und ihrer Bewohner verbunden: [οἱ] οὐρανοὶ καὶ οἱ ἐν αὐτοῖς σκηνοῦντες).

Wenn der Verfasser des Epheserbriefs ein Weltbild mit mehreren Himmelsbereichen voraussetzt, die vielfach ‚besiedelt' und voneinander zu unterscheiden sind, kann er also offenbar an eine breite Traditionsbasis anknüpfen. Der Verfasser nimmt sowohl Vorstellungen aus dem alttestamentlich-jüdischen Bereich als auch frühjüdischer Himmelsmodelle sowie Elemente des aristotelisch-stoischen Kosmosmodells auf. Darüber hinaus führt er aber mit der eigenen Wendung ἐν τοῖς ἐπουρανίοις einen ganz speziellen Bereich seines Weltbildes ein.

Die Bereiche ‚an den Himmeln' hat man sich im Epheserbrief zunächst als außerhalb der äußersten Himmelssphäre befindlichen Raum zu denken. Dass die Bedeutung der Präposition ἐπί im Sinne von ‚an' oder ‚bei' noch präziser als ‚über' zu fassen ist, ergibt sich aus dem Wortlaut in Eph 4,10. Er stellt den Unterschied zwischen Himmelsbereich und ἐπουράνιος deutlich heraus. Christus, der nach Eph 1,20 ἐν τοῖς ἐπουρανίοις thront, ist hinaufgestiegen ὑπεράνω πάντων τῶν οὐρανῶν, d.h. in einen Bereich, der über allen Himmeln liegt.[65] Es ist deshalb für ein klares Verständnis sinnvoll, die Terminologie der Überhimmel im Unterschied zu den Himmeln zu verwenden, wenn von den ἐπουράνιοι die Rede ist. Ausgehend von dieser räumlichen Oben-Unten-Orientierung, die mit der Vorstellung von Gottes Thron gegeben ist, rücken die ἐπουράνιοι semantisch als höchster Bereich in den Blick – auch wenn sie sich innerhalb eines Sphärenmodells umfassend in alle Richtungen um die Himmelskreise ausdehnen (vgl. die in Eph 3,18 genannten kosmischen Außmaße τὸ πλάτος καὶ μῆκος καὶ ὕψος καὶ βάθος, die im Sinne einer isotropen Kosmosstruktur auf die Kugelförmigkeit der Welt verweisen). Eine teilweise ähnliche Vorstellung enthält der Hebräerbrief. Wie der Verfasser des Epheserbriefs rechnet der Verfasser des Hebräerbriefs mit einer Vielzahl von Himmeln, die Jesus durchschritten hat (vgl. 4,14 διεληλυθότα τοὺς οὐρανούς).[66] Wie im Epheserbrief ergibt sich daraus die Konsequenz eines Sitzes Christi *über* allen Himmeln (vgl. Hebr 7,26 ὑψηλότερος

---

[64] Vgl. SCHOENBORN, οὐρανός 1332.

[65] Dass in 4,10 nun nicht der Begriff ἐπουραν- selbst steht, sondern οὐρανοί, darf nicht über die Semantik hinwegtäuschen, die offensichtlich durch die Verbindung mit ὑπεράνω genau den Bereich als Ziel des Himmelsaufstiegs angibt, der sonst mit ἐπουραν- beschrieben ist; vgl. SELLIN, Epheser 87.

[66] Vgl. zum Verhältnis zwischen Eph 4,10 und Hebr 4,14 WEISS, Hebräer 422 Anm. 180: „Die mit der ἀνάβασις des Erlösers ursprünglich verbundene (gnostische?) Vorstellung vom ‚Siegeszug' des Erhöhten (im Sinne der Unterwerfung der kosmischen Mächte) erscheint dabei freilich im Hebr – im Unterschied zu Eph – nicht eigens betont."

τῶν οὐρανῶν) in einem offenbar von diesen unterschiedenen Bereich (vgl. das Verhältnis von Hebr 1,10 und 9,24).[67] Diesen Raum über allen Himmeln gestaltet aber der Hebräerbrief anders als der Epheserbrief.[68]

Die Überhimmel des Epheserbriefs unterscheiden sich durch eine geringere Fassbarkeit von den Himmeln. Dies zeigt die Gegenüberstellung mit der kosmologischen Merismusformel. Οὐρανός wird in drei von vier Fällen im Zusammenhang mit γῆ erwähnt[69] (ἐπουράνιος dagegen nie), d.h. als Gegenüber und aus der Perspektive einer durchaus vertrauten Größe.[70] Erde und Himmel werden als (ehemals) gespalten, dennoch aber als bipolare Bestandteile des Kosmos wahrgenommen.[71] In 6,9 ist zwar γῆ explizit nicht erwähnt, gleichwohl in der Vorstellung als Gegenpol zu οὐρανός mit enthalten, da es hier „um eine Entsprechung von irdischem und himmlischem Bereich"[72] geht. Der irdische Zusammenhang der Haustafel bedingt hier die Wahl von οὐρανοί. Ein oppositioneller Bereich zu ἐπουράνιος findet sich im Epheserbrief nicht. Dieser müsste ja, wenn οὐρανός und ἐπουράνιος äquivalent gebraucht wären, ἐπίγειος lauten. Γῆ ist aber, wie Eph 1,10; 3,15; 6,3 (im Kontext) zeigen, Kontrastbegriff zu οὐρανός, nie dagegen zu ἐπουράνιος.[73] Indem die ἐπουράνιοι deutlich der Vorstellung kosmischer Merismen enthoben sind, ist dieser überhimmlische Bereich zugleich von vergänglichen Strukturen abgegrenzt.[74]

---

[67] Vgl. MICHEL, Hebräer 204f.

[68] Vgl. WEISS, Hebräer 422 zu Hebr 7,26: „Hinsichtlich des in dieser Erhöhungsaussage vorausgesetzten Weltbildes – die ‚Himmel' gehören hier offenbar noch zum kosmischen Bereich! – besteht eine gewisse Entsprechung zur Aussage in 4,14, wonach der Erhöhte ‚die Himmel durchschritten' hat. An der Stimmigkeit eines bestimmten Weltbildes ist der Autor des Hebr jedoch nicht eigens interessiert; Sinn und Funktion dieser Aussage, in der alle in V. 26 vorangehenden Prädikationen aufgipfeln, ist im Kontext vielmehr die entsprechende Vorbereitung der in V.27 folgenden Aussage über den Opferdienst des ‚so beschaffenen' Hohenpriesters [...]."

[69] Siehe auch LINDEMANN, Aufhebung 55: „Das sonst im N.T. übliche Wort für ‚Himmel', οὐρανός, steht im Epheserbrief meistens im Zusammenhang mit γῆ (Eph 1,10; 3,15 in der formelhaften Wendung ‚Himmel und Erde', zu vergleichen ist daneben noch 4,9f.)."

[70] Vgl. dazu HARRIS, Heavenlies 88f.

[71] Ähnlich SCHWINDT, Weltbild 509: „Die οὐρανοί zeigen demgegenüber eine leichte Bedeutungsnuancierung, insofern sie deutlicher die räumlich faßbaren Schöpfungsdimensionen vor Augen stellen."

[72] SELLIN, Epheser 88.

[73] Vgl. dazu auch ODEBERG, View 8f.

[74] Vgl. zum Konnex von kosmischer Merismusformel und Vergänglichkeit im Neuen Testament FREY, „Himmels-Botschaft" 194: „Wie im AT (Gen 1,1) meint die Dualität von ‚Himmel und Erde' die ganze, von Gott geschaffene Welt (Mt 5,18; 11,25; 24,35 par; 28,18; Mk 13,31 parr; 1Kor 8,5; Eph 1,10; Kol 1,16; Jak 5,12). Daher ist auch der Himmel nicht ewig, sondern er wird als Teil der Schöp-

Gleich zu Beginn des Briefes in den ersten Versen der Briefeingangseulogie findet sich noch ein letzter bzw. erster Hinweis darauf, dass die ἐπουράνιοι von den als Teil des Kosmos verstandenen οὐρανοί unterschieden werden müssen. Die Wendungen ἐν τοῖς ἐπουρανίοις (1,3) und πρὸ καταβολῆς κόσμου (1,4) sind eng aufeinander bezogen. Zum einen zeigt bereits der parallele Ort in der syntaktischen Abfolge eine spezifische Zuordnung beider Wendungen zueinander. Beide Präpositionalphrasen hängen von ähnlich gestalteten Verbalformen ab, die jeweils eine Heilshandlung Gottes zum Ausdruck bringen (εὐλογήσας in V. 3; ἐξελέξατο in V. 4). Beide Wendungen bilden weiterhin das dritte Satzelement nach dem Prädikat (an erster Stelle nach dem Prädikat steht in beiden Fällen das Objekt ἡμᾶς, an zweiter Stelle dann jeweils eine unterschiedliche Präpositionalfügung: ἐν πάσῃ εὐλογίᾳ πνευματικῇ in V. 3 und ἐν αὐτῷ in V. 4). Zum anderen gibt die vergleichende Konjunktion καθώς an, auf welche Weise der Prädikatsinhalt der übergeordneten Konstruktion verwirklichlicht wird. Die beiden Formulierungen stehen dadurch in einem erklärenden Verhältnis zueinander. Aufgrund des hypotaktischen Verhältnisses bietet also πρὸ καταβολῆς κόσμου eine nähere Beschreibung für die syntaktisch parallel gesetzte Formulierung ἐν τοῖς ἐπουρανίοις (auf das V. 3 abschließende ἐν Χριστῷ ist πρὸ καταβολῆς κόσμου nicht zu beziehen, da diesem Abschluss in V. 4 sachlich das ἐν αὐτῷ entspricht – zudem bildet ἐν Χριστῷ das vierte Satzelement, zu dem es in V. 4a keine Analogie gibt). Dadurch wird der außerkosmische und jeder Anschauung unzugängliche Bezugsrahmen deutlich. Πρὸ καταβολῆς κόσμου ist zwar zumindest innerneutestamentlich konventionalisiert als Zeitangabe, zunächst aber ein Raumbegriff mit der Bedeutung ,vor (räumlich) der geschaffenen Welt'. Die Wendung bezieht sich negativ (πρὸ καταβολῆς) auf die Gesamtheit des bekannten Raumes, um einen hiervon zu unterscheidenden Raum zu benennen. Weil dieser aber außerhalb von Erfahrung liegt, kann er nur als Verneinung des erfahrbaren Kosmos formuliert werden. Aufgrund der speziell im Epheserbrief hergestellten Beziehung zwischen πρὸ καταβολῆς κόσμου und ἐν τοῖς ἐπουρανίοις wird für letztere Formulierung das Merkmal des Außerkosmischen, das durch das Verhältnis zu den kosmischen Himmeln konzeptualisiert wird, auf dieser Ebene bestätigt.

Insgesamt ergibt sich, dass die ἐπουράνιοι ein Raum sind, der von den οὐρανοί, den Himmeln, unterschieden werden muss und außerhalb der Himmel (und der Erde) liegt. In Analogie zu den gestaffelten Himmelsbereichen hat man sich auch die Überhimmel als übereinander gelagerte Sphären vorzustellen. Das bestätigt sich durch die Nennung ihrer verschiedenen Bewohner.

---

fung Gottes mit ihr vergehen (Mk 13,31 parr; Hebr 12,26; 2Petr 3,7.10.13; Apk 20,11).“

2.5 Die Bewohner von Himmeln und Überhimmeln

Bei der folgenden Ausführung wird weniger der jeweilige Einzelterminus eine zentrale Rolle spielen als vielmehr die kohärenzstiftende Funktion dieses semantischen Feldes für den Epheserbrief insgesamt. Religionsgeschichtliche Bezüge sind gebündelt unter Rückgriff auf Ergebnisse ausführlicher Studien zum Thema darzustellen.[75] Auf die Breite der früheren Vorschläge kann dabei nicht eingegangen werden.[76] Auf der Basis jüngerer Studien zum Thema wird ein frühjüdischer, vielfältig mit hellenistischen astrologischen Vorstellungen verbundener apokalyptischer Hintergrund für die Engelvorstellungen im Epheserbrief angenommen. Bezüglich des umstrittenen Begriffs ‚apokalyptisch'[77] ist zu berücksichtigen, dass es ‚die' einheitliche Apokalyptik im Judentum nicht gegeben hat. Ohnehin ist ‚Apokalyptik' ein neuzeitlicher Begriff der Wissenschaftssprache, „der nicht wie ein quellensprachlicher Begriff behandelt werden darf."[78] Für die verschiedenen Texte, die diesem Phänomen zugerechnet werden, ist vielmehr eine äußerst vielschichtige Weltsicht vorauszusetzen, der hier nicht nachgegangen werden kann.[79] In vorliegendem Zusammenhang ist lediglich die charakteristische Tendenz apokalyptischer Weltbilder von Interesse, im Verbund mit visuellen Offenbarungserzählungen eine reiche Angelologie aufzuführen. Der Aufweis von Ähnlichkeiten ist weder im Sinne direkter Abhängigkeiten zu verstehen – was aufgrund der oft schwierigen Datierungsfrage frühjüdischer Schriften ohnehin schwierig wäre[80] –, noch dient er dazu, den Epheserbrief selbst als apokalyptischen Text einzuordnen. Stattdessen können typische Merkmale frühjüdischer Offenbarungsberichte einen Verstehenshintergrund für die Bedeutung der Mächteklassen bieten und so zur Klärung der speziellen Konzeption des Epheserbriefs beitragen.
    Der Verfasser spricht häufig und in unterschiedlichen Zusammenhängen von dämonischen Wesen. Die folgende Übersicht zeigt die verschiedenen Bezeichnungen:

1,21:   πᾶσα ἀρχὴ καὶ ἐξουσία καὶ δύναμις καὶ κυριότης καὶ πᾶν ὄνομα

---

[75] Vgl. speziell zum Epheserbrief: SCHWINDT, Weltbild, bes. 261–310; 362–393; FAUST, Pax 448–465; grundlegend: MACH, Entwicklungsstadien, *passim*.
[76] Vgl. zur Forschungsgeschichte ARNOLD, Power 42–51.
[77] Vgl. BETZ, Apokalyptik 392: „Was Apokalyptik ist, ist umstritten."
[78] WOLTER, Redeform 171; vgl. immerhin Apk 1,1.
[79] Siehe dazu LUCK, Weltverständnis; ZAGER, Begriff und Wertung; MÜLLER, Studien; zur Bedeutung der Apokalyptik für die Bibelauslegung vgl. KOCH, Ratlos vor der Apokalyptik; vgl. auch HAHN, Frühjüdische und urchristliche Apokalyptik.
[80] Siehe aber zu einer Frühdatierung des slavischen Henochbuches noch vor 70 n.Chr. BÖTTRICH, Henochbuch 812f.; dazu SCHWINDT, Weltbild 280: „Akzeptiert man diesen zeitlichen Ansatz, so gewinnt der slavische Henoch für die ntl. Exegese eine eminente, kaum zu überschätzende Bedeutung."

	ὀνομαζόμενος
3,10:	αἱ ἀρχαὶ καὶ αἱ ἐξουσίαι
6,12:	αἱ ἀρχαὶ, αἱ ἐξουσίαι, οἱ κοσμοκράτορες τοῦ σκότους τούτου, τὰ πνευματικὰ τῆς πονηρίας
2,2:	ὁ ἄρχων τῆς ἐξουσίας τοῦ ἀέρος, τοῦ πνεύματος τοῦ νῦν ἐνεργοῦντος ἐν τοῖς υἱοῖς τῆς ἀπειθείας
4,27; 6,11:	ὁ διάβολος
6,16:	ὁ πονηρός

Hinsichtlich der näheren Eigenschaften dieser unterschiedlichen dämonischen Wesen sind v.a. drei Aussagekomplexe wichtig. 1. Für die in 1,21 genannte Mächtereihe gilt eine weitgehende Synonymität der einzelnen Termini.[81] Im Hintergrund stehen frühjüdische Konzepte, denen zufolge Engel über himmlisch-astrale Ordnungen des Kosmos herrschen (vgl. äthHen 75,1; 80,6f.; 82,10).[82] 2. In 6,12 werden die aus 1,21 und 3,12 bereits bekannten ἀρχαὶ καὶ ἐξουσίαι näher qualifiziert. Durch die κοσμοκράτορες τοῦ σκότους τούτου im Sinne der sieben planetarischen Kosmosregenten[83] werden sie astral konnotiert, während die πνευματικὰ τῆς πονηρίας als böse Luft- oder Astralgeister stärker die dämonologische Komponente herausstellen.[84] Beide Aspekte konvergieren in zeitgenössischen astrologischen Vorstellungen. Jüdische apokalyptische Texte können Planeten mit den Engeln identifizieren oder beide miteinander in Verbindung bringen.[85] In der Mächtereihe in Eph 6,12 tritt also die astraldämonologische Bedeutung gegenüber 1,21 und 3,10 verstärkt zu Tage. 3. Die Klassifizierung des Dämonenfürsten, der nach 2,2 im Luftbereich haust und mit dem διάβολος in 4,27 und 6,11 gleichzusetzen ist, fügt sich in diese astral-dämonologischen Bezüge gut ein.[86] Darüber hinaus liegt in der

---

[81] Siehe ebd. 366.

[82] Siehe ebd. 364; speziell mit Blick auf Eph 3,10 rechnet Schwindt damit, dass die Motivik an die Wächtertradition in äthHen 16,3 und 18,15 anknüpft (367–369); vgl. auch FAUST, Pax 452, und die dort Anm. 69 genannten Texte, in denen die Engelbezeichnungen aus Eph 1,21 im jüdischen Bereich vorkommen.

[83] Vgl. zur astrologischen Bedeutung der Kosmokratoren GUNDEL/GUNDEL, Planeten 2143–2147; DIES., Astrologumena 129; 173f.; 256; vgl. zu den Bezügen innerhalb des Epheserbriefs selbst (v.a. 2,2 ὁ ἄρχων τῆς ἐξουσίας τοῦ ἀέρος ; 3,10 ἡ πολυποίκιλος σοφία τοῦ θεοῦ; 6,13 ἡ ἡμέρα ἡ πονηρά; 6,16: τὰ βέλη τοῦ πονηροῦ [τὰ] πεπυρωμένα), die die Interpretation der Kosmokratoren als Planeten stützen, FAUST, Pax 457–465.

[84] Siehe SCHWINDT, Weltbild 378.

[85] Vgl. zur Verwandlung in Sterne und zum Verhältnis von Engeln und Sternen im außerbiblischen jüdischen Schrifttum MACH, Entwicklungsstadien 170–184; weitere Belege bei HOFFMANN, Destroyer 201–205.

[86] Siehe dazu SCHWINDT, Weltbild 384: „Nach astrologischer Vorstellung [...] wandeln die Planeten im Luftraum unterhalb der Fixsternsphäre in speziellen, ihnen vorbehaltenen Zonen [...] die volkstümliche Astromagie [schreibt ihnen] einen vielfältigen, guten oder bösen, Einfluß auf Erde und Luft zu, der von ihren

Vorstellung vom Anführer der Luftgeister, der seinen verderblichen Einfluss auf die Söhne des Ungehorsams ausübt (2,2), eine Ähnlichkeit mit der Zwei-Geister-Lehre der Qumrangemeinde vor.[87]

Die diversen Mächte ordnet der Epheserbrief jeweils bestimmten Räumen des Weltbildes zu.[88] In den hierarchisch gegliederten Überhimmeln hausen Engelklassen, Gestirnregenten und Astralgeister (vgl. 1,21; 3,10; 6,12).[89] Als eine Sphäre innerhalb des mehrschichtigen Himmels, der insgesamt unter den Überhimmeln liegt, ist der Luftbereich durch einen eigenen Herrscher besiedelt (vgl. 2,2).[90] Dieser Anführer der Luftmacht wird in 4,27 und 6,11 als Teufel bezeichnet. Auch auf der Erde treibt er seine ‚listigen Anschläge‘, wenngleich die Formulierung μηδὲ δίδοτε τόπον τῷ διαβόλῳ für die Topographie aufschlussreich ist. Der eigentliche Herrschaftsbereich des Teufels liegt in einer speziellen Himmelssphäre. Zugleich ist er darum bemüht, seine Herrschaft auf den irdischen Raum auszudehnen. Die einzelnen Sphären werden so als Macht- und Einflussbereiche von Engelklassen und Dämonen vor dem Hintergrund astrologischer Vorstellungen näher ausgestaltet. Die konkrete Beschreibung der Überhimmel als Ort von Gottes Thron ist Teil dieser plastischen Ausgestaltung. Eine Hierarchie der einzelnen Engelklassen ist nicht direkt ausgesprochen. Dass sie aber als Ordnungselement mitzudenken ist, legt die stark hierarchisierende Herrschaftsposition Christi ‚über allen Mächten‘ nahe. Die hier formulierte Oben-Unten-Orientierung setzt sich im Bild fort.

Mit diesem Entwurf knüpft der Epheserbrief insbesondere an apokalyptische Tendenzen in Texten des Judentums an, die die himmlische Welt seit nachexilischer Zeit „personell" und „architektonisch" immer mehr ausgestalten.[91] Diese ist im Zusammenhang mit dem Mo-

---

Strahlen oder den ihnen zugeordneten Dämonen vermittelt wird"; vgl. auch FAUST, Pax 457.

[87] Vgl. z.B. SCHNACKENBURG, Epheser 92.

[88] Vgl. dazu SCHWINDT, Weltbild 509: „Wie für alle antiken Weltsysteme besteht für das Kosmosmodell des Eph ein konstitutiver Zusammenhang von Räumen und Mächten. Die Räume sind erst nur als bemächtigte konturiert. Umgekehrt gestalten sich Mächte allein in und über Räume."

[89] Schnackenburgs Versuch, die Mächte und Gewalten aus den ἐπουράνιοι herauszuhalten und in andere Bereiche zu versetzen, ist am Text nicht zu bestätigen, SCHNACKENBURG, Epheser 49: „Wenn Christus über alle Himmel aufgestiegen ist (4,10) und zur Rechten Gottes ἐν τοῖς ἐπουρανίοις ‚über jeglicher Macht und Gewalt ...‘ sitzt (1,20), so können die ‚Mächte und Gewalten‘ nur in den ‚niederen Himmeln‘, im Luftbereich (vgl. 2,2), der Finsternis dieser Welt (6,12) lokalisiert sein."

[90] Vgl. zum aristotelisch-stoischen Hintergrund dieser Vorstellung SCHWINDT, Umbruch 31.

[91] Siehe EGO, Denkbilder 185; vgl. zur immer stärkeren Verwaltung des Kosmos durch die Engel im nachbiblischen Judentum MACH, Entwicklungslinien 262–264; CARAGOUNIS, Mysterion 157–161, bezieht in seinem die Arbeit abschließenden

tiv des apokalyptischen Visionären geöffneten Himmels zu sehen (vgl. äthHen 1,1f.). Bei der intensiven ‚Einrichtung' und Besiedlung des Himmelsraums spielen astrologische Vorstellungen des hellenistischen Bereiches eine wichtige Rolle, die sich mit frühjüdischen Angelologien verbinden.[92] Die verschiedenen im Himmel situierten oder platzierten Gegenstände, Astralkörper, Personen oder Handlungen sind auch Ordnungselemente, die zur Strukturierung des geoffenbarten Geheimnisses beitragen. Denn dieses besteht selbst aus einer bestimmten Ordnung, die durch die besondere Einsicht legitimiert werden soll.[93] Der Einblick in das himmlische Szenario bedeutet zugleich Einblick in die Ordnungsstrukturen des Geschichtsplanes Gottes, der Zeitenfolge sowie von Gericht und Auferstehung.[94]

Die Darstellung einer stark besiedelten und durchwesten Himmelswelt ist sowohl traditionsgeschichtlich in frühjüdischen Texten als auch im Epheserbrief mit der Offenbarung göttlicher Geheimnisse an auserwählte Einzelpersonen korreliert. Während in außerbiblischen Zeugnissen beispielsweise Mose (AssMos), Henoch (äthHen; slHen) oder Baruch (gr3Bar) auf ihren Himmelsreisen in göttliche Geheimnisse eingeweiht werden, ist es im Epheserbrief der Apostel Paulus, dem eine exklusive Offenbarung zuteil wird (Eph 3,3). Der grundlegende konzeptionelle Unterschied zwischen frühjüdischen Texten und dem Epheserbrief besteht aber darin, dass dort Gott den Auserwählten und Gerechten temporär den Himmel öffnet (vgl. auch 2Kor 12). Der Himmel im Epheserbrief ist dagegen grundsätzlich offen. Das zeigt die Formulierung in Eph 1,21: οὐ μόνον ἐν τῷ αἰῶνι τούτῳ ἀλλὰ καὶ ἐν τῷ μέλλοντι. Seit der Offenbarung an Paulus kann jeder – freilich vermittelt durch die Einsicht des Apostels – Einblick in die himmlische Ordnung nehmen. Die Aufgabe, die göttliche Ordnung (ἡ πολυποίκιλος σοφία) dauerhaft kundzutun, kommt nach Eph 3,10 der

---

Exkurs zuʼΑρχαί, ἐξουσίαι, κτλ. die Mächteklassen etwas zu einseitig nur auf das Danielbuch.

[92] Vgl. SCHWINDT, Weltbild 280; zur Verbindung von jüdischen und hellenistischen Vorstellungen in der Ausgestaltung der Geisterwelt, siehe auch ARNOLD, Power 51: „Paul reflects a Jewish view of the spirit world […] Judaism appeared to share the beliefs of the Hellenistic world about the ‚powers' in many respects. Judaism and the pagan world also shared a common reservoir of terminology to refer to the ‚powers'."

[93] Vgl. EGO, Denkbilder 180: „[D]er Aspekt der Legitimierung irdischer Ansprüche [scheint] im Kontext von Himmelsdarstellungen eine bedeutende Rolle zu spielen. Sinn- und Ordnungsstrukturen werden durch ihre Integration in das Weltbild gleichsam ontologisiert und erfahren damit eine definitive Autorisierung. Dies zeigt sich zunächst im Hinblick auf das Astronomische Henochbuch, wo die 364-Tage-Struktur des Kalenders durch Uriel gezeigt und somit eindeutig erwiesen wird, dass jede andere Kalenderordnung nicht der gleichen göttlichen Schöpfungsordnung entspricht."

[94] Vgl. SCHWINDT, Weltbild 274, zu äthHen.

Kirche zu. Als Objekte dazu werden explizit die ἀρχαὶ καὶ ἐξουσίαι genannt.[95]

Dass ἐν τοῖς ἐπουρανίοις sowohl Christi Thron als auch verschiedene böse Engelklassen beheimatet sind, stellt für die meisten Ausleger ein Interpretationsproblem dar.[96] Das Problem ergibt sich aber erst aus der These, dass mit den ἐπουράνιοι ein christlicher Heilsraum gemeint sei, der parallel zum irdischen Unheilsraum bestünde, wobei beide Bereiche klare innere Grenzziehungen aufwiesen. So verstanden, wäre es in der Tat schwierig, das Vorkommen der unheilvollen Mächte ἐν τοῖς ἐπουρανίοις zu erklären. Es zeigt sich aber, dass die Überhimmel kein eigener Heilsraum sind, sondern Teil eines schwierig zu systematisierenden Weltgefüges, dessen einzelne Sphären von unterschiedlichen Bewohnern regiert werden. Dieses differenzierte Himmelsmodell ist vor dem traditionsgeschichtlichen Hintergrund frühjüdischer Texte zu sehen und hat nicht dualistisch die Funktion, einen zu irdischen Vollzügen parallelen Heilsbereich abzubilden. Die dämonischen Mächte stören deshalb das Bild nicht, sondern sind wesentlicher Bestandteil der übergreifenden Konzeption. Innerhalb der kosmischen Topographie offenbaren sich die von Gott vorzeitlich festgelegten Ereignisse.

Darauf, diese Topographie aus sphärisch gestaffelten Überhimmeln, Himmeln, Luft- und Erdbereichen mitsamt ihrer mannigfaltigen Bewohner schematisch darzustellen, wird bewusst verzichtet, da dies nur eine starke Vereinfachung bedeuten würde. Sie würde dem Vorstellungsreichtum der Bilder und Räume im Epheserbrief nicht gerecht. Denn es geht nicht nur darum, in bestimmten Räumen zu denken, sondern vielmehr in Korrelationen, die unterschiedlich akzentuiert werden. Mit ihnen kann der Verfasser zentrale theologische Aussagen metaphorisch konzeptualiseren.

2.6 Überhimmlische Orte als metaphorische Konzeptualisierung von Unverfügbarkeit

Die metaphorische Bedeutung der Wendung ἐν τοῖς ἐπουρανίοις wird in der Forschung nicht konsequent reflektiert. So werden zwar Begriffe wie ‚ersetzen', nur ‚in gewissem Sinne' (s.o. Kap. II.2.2.2; 2.2.3) oder „nicht effektiv im Himmel […] doch schon potentiell und

---

[95] Das Motiv der Unkenntnis göttlicher Geheimnisse bei den sündhaften Engeln und die bevorstehende Offenbarung an sie findet sich in der henochitischen Wächtertradition (vgl. äthHen 12,4f.; 16,3); siehe dazu SCHWINDT, Weltbild 367–369.

[96] Vgl. exemplarisch SCHNACKENBURG, Epheser 49: „Die Schwierigkeiten der Interpretation ergeben sich vor allem dadurch, daß die Wendung sowohl für den Bereich Gottes bzw. Christi (1,3.20; 2,6) als auch für den Ort widergöttlicher ‚Mächte und Gewalten' (3,10; 6,12) gebraucht wird, und dies in einer Weise, die unserem Denken fremd ist."

virtuell"[97] verwendet. Der Begriff ‚Metapher' fällt dagegen in der Regel nicht. Nur selten wird diese Möglichkeit explizit formuliert.[98] Das hat seinen Grund vermutlich in einem Metaphernverständnis, demzufolge Metaphern weniger ‚Wahrheit' oder ‚Gültigkeit' zum Ausdruck bringen als so genannte wörtliche oder direkte Rede.[99] So bestimmt beispielsweise R. Schnackenburg das Verhältnis ontologisch.[100]

Die Formulierung ἐν τοῖς ἐπουρανίοις gibt sich nicht als Metapher zu erkennen, wo in Erwartung vorhandener Ähnlichkeiten und Substitutionsvorgänge nach ihr gefragt wird. Wo aber nach Wirklichkeit strukturierenden Metaphern gefragt wird, erhellt die Aussagefunktion der Überhimmel. Sie sind zunächst darin Metapher, dass etwas nicht Lokalisierbares, Translokales und hinter jeder kosmischen Anschauung Liegendes durch die lokal zu verstehende Präposition ἐν als ein geschlossener Raum konzeptualisiert wird. Etwas jeder menschlichen Erfahrung Unbekanntes, weil außerhalb sogar des Himmels Befindliches, wird als ein Raum beschrieben, in dem man sich aufhält und handelt (und in dem sogar ein Thron steht). Gemeinsam ist den Belegen im Epheserbrief, dass für sie alle die grundsätzliche lokale Unterscheidung zwischen Himmeln und Überhimmeln gilt. Die Himmel sind gestaffelt und immer in Bezug zum irdischen Bereich gedacht. Die Überhimmel sind darüber anzusiedeln und im Gegensatz zu den Himmeln nie in Bezug zum irdischen Bereich gesetzt. Die Vorstellung eines Bereiches noch über den Himmelssphären begegnet auch im hellenistischen Bereich (vgl. Aristonicus Gramm., De Signis Iliad., Il. XV 193; vgl. XXIV 97,1–5; 104,1–3; De Signis Odysseae, Od. VI 25,2). Bei Homer differenziert Aristonicus zwischen οὐρανός und ἐπουράνιος. In Bezug zur Erde ist der Olymp ἐπίγειος, und entsprechend ist der Sitz des Zeus in Bezug auf den Himmel ein μέρος ἐπουράνιον.[101] Dass auch hier die Vorsilbe ἐπί in der Bedeutung einer

---

[97]   SCHNACKENBURG, „Er hat uns mitauferweckt" 168.

[98]   Siehe aber LINCOLN, Heavenlies 469: „Granted such a local reference, the question remains whether this is to be taken literally or figuratively."

[99]   Vgl. dazu das von BLACK, Metapher 55, karikierte Verhältnis von Metaphorik und philosophischen Texten: „Auf die Metapher eines Philosophen aufmerksam machen, heißt ihn herabsetzen [...] Der Hang zur Metapher gilt als verderblich nach der Maxime, worüber sich nur metaphorisch reden lasse, solle man am besten überhaupt nicht reden. Die Art des Vergehens ist indes unklar [... 65] Ausgenommen die Fälle, in denen die Metapher als Katachrese zeitweilige Unvollkommenheit des wörtlichen Sprachgebrauches beseitigt, ist ihr Zweck Unterhaltung und Abwechslung [...] Sollten Philosophen also Wichtigeres zu tun haben, als ihren Lesern Vergnügen zu bereiten, kann die Metapher in der philosophischen Erörterung keinen ernst zu nehmenden Platz einnehmen."

[100]   Vgl. SCHNACKENBURG, „Er hat uns mitauferweckt" 169: „Nicht nach unserer irdischen Existenzweise, sondern nach unserem Sein ‚in Christus' – darum noch dieser Zusatz – hat Gott dieses Unfaßliche gewirkt."

[101]   Vgl. dazu SELLIN, Epheser 476: „Diese Differenz setzt im Prinzip auch Philon voraus;" vgl. dazu Philo, Virt. 12; Leg. III 168; Gig. 62; vgl. auch den

Oben-Unten-Orientierung vorliegt, zeigt der Vergleich mit der Verortung des Olymp. Dieser steht im Verhältnis zur Erde räumlich über ihr. Es handelt sich also bei μέρος ἐπουράνιον um einen überhimmlischen Bereich. Allerdings ist er bei Aristonicus nicht wie im Epheserbrief als in sich geschlossener Raum konzeptualisiert. Die Formulierung ἐν τοῖς ἐπουρανίοις ist innovative Sprachschöpfung des Epheserbriefs, die hier zum ersten Mal begegnet.

Die Überhimmel befinden sich in größtmöglicher Entfernung und so genereller Unverfügbarkeit. Damit sind Zielbereiche und Auslöser der Metaphorik benannt. Die Metapher begegnet dort, wo die Subkonzepte ‚nicht lokalisierbare Distanz‘, ‚Unverfügbarkeit‘, ‚Unbestimmbarkeit‘, ‚Unbekanntheit‘ von der kontextuellen Vorstellung ausgesagt werden sollen. Welche Vorstellungen genau in dieser Weise konzeptualisiert werden, ist aus dem Kontext, d.h. für Eph 1,3.20; 2,6; 3,10; 6,12 je einzeln zu erschließen. Dass die Aussagen, in deren Kontext sich die ἐπουράνιοι-Metapher findet, in jedem Fall klassisch eschatologische Topoi betreffen, passt zu den genannten Subkonzepten. Eschatologische Vorstellungen sind besonders in Hinblick auf ihre zeitliche Verortung interessant. Ihre Verbindung mit den Überhimmeln bedeutet nicht einfach, dass Eschatologie räumlich zu verstehen wäre – der Gehalt der Aussage wäre in dem Fall recht dünn. Schon gar nicht dürfen Zeit- und Raumvorstellungen gegeneinander ausgespielt werden. Sondern es bedeutet, dass mit dem im Epheserbrief entworfenen Überraum eine Überzeit korreliert ist, indem speziellen Verbalaussagen die metaphorische Deixis der äußersten Distanz zugeordnet wird. Die Verbalaussagen werden so unter den Subkonzepten der Externität und Unverfügbarkeit beleuchtet. Die entlegene Himmelsschicht konzeptualisiert metaphorisch die abstrakte Vorstellung, dass eschatologische Geschehenszusammenhänge sich nicht in der Zeit, sondern außerzeitlich vollziehen. Diese Außerzeit wird noch im Sinne einer Überzeit präzisiert. Auslöser der Metapher von den Überhimmeln sind die genannten Subkonzepte. Sie können im Kontext und als Merkmale verschiedener Vorstellungen hervorgehoben werden. Deshalb begegnet die Metapher in unterschiedlichen Zusammenhängen (vgl. die Auferstehung [Eph 2,6] sowie der eschatologische Kampf [Eph 6,12]). Die Individualität einer Metapher wird zumeist unter der Annahme überschätzt, dass sie nur einen ganz speziellen Sachverhalt abbildet. Eine Metapher wird aber lediglich durch ein Teilmerkmal einer übergeordneten Vorstellung ausgelöst. Die Individualität einer Vorstellung wiederum entsteht durch das je spezielle Merkmals*bündel* aller Teilmerkmale, nicht aber durch ein einziges Teilmerkmal. Dass die Formulierung ἐν τοῖς ἐπουρανίοις eine räum-

---

ὑπερουράνιος τόπος bei Platon, Phaidr. 247c 3; dazu Philo, Opif. 31. Aber auch in diesen Texten wird der Begriff nicht durch Präpositionen räumlich strukturiert wie im Epheserbrief.

lich strukturierte Metapher ist, ist nicht im Sinne mangelnder Wirklichkeit oder Realität zu verstehen.[102] Im Gegenteil strukturieren Metaphern Wirklichkeit und bilden sie auf diese Weise zugleich ab. Die Überhimmel sind nicht Metapher im Sinne eines poetischen oder uneigentlichen Begriffs. Sie sind darin Metapher, dass sie etwas vollständig Unbekanntes als bestimmten Raum strukturieren. Man hat sich also die Überhimmel als Raum *vorzustellen*. Man darf aber auf keinen Fall bei der räumlichen Aussage stehen bleiben, indem man die ἐπουράνιοι nur als parallelen Heilsraum interpretiert. In spezifischen Korrelationen dient die Räumlichkeit einer zentralen Aussage, die über eine solche Deutung weit hinausgeht. Die ἐπουράνιοι sind metaphorische Konzeptualisierung von Unverfügbarkeit und Distanz. Als solche dienen sie der kognitiven Bewältigung und Konkretion eines erfahrungsfremden Abstraktums. Die Subkonzepte sind Merkmale der eschatologischen Vorstellungen, die mit den Überhimmeln verbunden werden. Dadurch wird Eschatologie als Überzeit interpretiert.

---

[102] Vgl. auch BEST, Ephesians 117: „Whatever our modern views of heaven, no believers in the ancient world would have doubted the statement of 1.20 that Christ sits at God's right hand in heaven for the heavenly session was part of accepted belief." – Die Frage darf nicht lauten, ob der als ἐπουράνιοι bezeichnete Ort wirklich oder real ist. So aber beispielsweise SCHNACKENBURG, Heilsgeschehen 72, der fragt, inwiefern es sich in Eph 2,6 um eine „realistische lokale Vorstellung" handelt. Ähnlich auch LINCOLN, Heavenlies 469: „It appears that the writer thinks of it here both as a part of created reality [...] and as God's abode which transcends human comprehension and the categories of space and time."

Kapitel III:
Αἰών. Metaphorische Konzeptualisierung von Zeit

Neben der Wendung ἐν τοῖς ἐπουρανίοις ist αἰών der zweite zentrale Begriff der metaphorischen Weltbildkonstruktion im Epheserbrief. Während die Überhimmel metaphorische Fassung von Eschatologie sind, entwirft der Verfasser mit der αἰών-Metapher eine eigene Zeitstruktur.

Die Ausführlichkeit der folgenden Darstellung liegt darin begründet, dass die Debatte um den in „mystisches Halbdunkel gehüllt[en], unseren Blicken nur in schwachen Konturen erkennbar[en]"[1] Begriff in der Epheserbriefforschung bis heute liegen geblieben ist. Die für den Epheserbrief aus der Religionsgeschichte häufig übernommene These einer außerchristlichen Gottheit Αἰών ist einer Überprüfung nicht unterzogen worden. Die zuerst von R. Reitzenstein vertretene Ansicht, dass die Äonen in Eph 2,2.7; 3,9 personal im Anschluss an den Ewigkeitsgott Αἰών iranisch-babylonischer Provenienz zu deuten seien, hat zahlreiche Forscher in den Bann geschlagen.[2] Sie bleibt aber bis heute unzureichend geklärt und geistert so als Hinweis auf räumlich-personale Vorstellungen des Epheserbriefs unscharf in der Literatur umher. Zugleich gerät sie dabei zum Hauptargument für eine größtenteils entzeitlichte, weil verräumlichte Eschatologie, und der ‚Gott Αἰών' wird in Antithese zu Zeitkonzepten geführt[3]. Damit wird aber das Verständnis des αἰών-Begriffes zu einem Angelpunkt für das Verständnis der Zeitvorstellungen des Briefes insgesamt – entzündet sich doch zum einen an ihm die generelle Diskussion darüber, ob Zeit und Raum bzw. Personalität als Alternativen aufzufassen sind. Zum anderen gilt es, mit ihm speziell die Frage nach der Relevanz der Zeitthematik im Epheserbrief zu klären. Der αἰών-Begriff ist deshalb

---

[1] ZEPF, Der Gott Αἰών 225.

[2] Siehe DIBELIUS-GREEVEN, Epheser 67; SCHLIER, Epheser 101f.; GNILKA, Epheser 114; POKORNÝ, Epheser 99; BEST, Ephesians 203; STEINMETZ, Heils-Zuversicht 61–64; SASSE, αἰών 208; 198; HALTER, Taufe und Ethos 235; mit Bezug allein auf die Gnosis: LINDEMANN, Aufhebung 56–59; SCHNACKENBURG, Epheser 91.

[3] Vgl. zu dieser Antithese auch noch in den neueren Kommentaren exemplarisch LINCOLN, Ephesians 94: „But should αἰών be taken in its usual sense of ‚age' or ‚time span' or as the name of a personal power or deity, Aion?" Die Existenz eines hellenistischen Gottes Αἰών wird dabei weder bei Lincoln, der sich zwar von der personalen Deutung abwendet, noch anderswo überhaupt in Frage gestellt.

im Rahmen des vorliegenden Untersuchungsgegenstandes einer eingehenden und bislang versäumten Klärung zu unterziehen. Den Einsatzpunkt wird ein Überblick über Wortgeschichte, Semantik und syntaktische Realisierungsmöglichkeiten bilden, deren Kenntnis für die Beurteilung der sprachlichen Verwendung von αἰών allgemein hilfreich ist.

Im Zusammenhang mit der Analyse des αἰών-Begriffs im Epheserbrief werden die Grenzen religionsgeschichtlicher Konstruktionen und ihres Wertes für das vorliegende Untersuchungsfeld aufgezeigt. Die für die unterschiedlichen Theorien angeführten Zeugnisse und Argumente werden einer Überprüfung nicht standhalten. Vollkommen undurchsichtig schließlich wird die Argumentation, wenn der einzig mögliche (gleichwohl nicht angesprochene) Vergleichspunkt zwischen den ‚paganen‘ Texten und dem Epheserbrief – die zeitliche Komponente – ausgespart wird. Daraus ergibt sich einige Erkenntnisarmut hinsichtlich der Äonen im Epheserbrief – besteht doch die fragwürdige Einsicht darin, dass es in diesem frühchristlichen Schreiben nicht um Zeit, sondern stattdessen um personale Wesen[4] gehe. Diese These soll widerlegt werden. Unter Rückgriff auf die kognitivistische Metapherntheorie soll gezeigt werden, wie Räumlichkeit bzw. Personalität und Zeitlichkeit miteinander zusammen hängen. Aἰών ist auch im Epheserbrief metaphorisch konzeptualisiertes Zeitwort, dem aufgrund fehlender Eigenstruktur Eigenschaften räumlich-personaler Größen übertragen werden.

Der Begriff αἰών steht ausschließlich im so genannten ‚lehrhaften‘ Teil des Epheserbriefs. Nach dem Grund für diese Verteilung im Briefaufbau ist im Anschluss an die Analyse zu fragen. Innerhalb des ersten Hauptteils begegnet der Begriff auffallend häufig insgesamt sieben Mal (vgl. Eph 1,21; 2,2.7; 3,9.11.21 [zweimal]). Im Vergleich mit dem Kolosserbrief stellt dieser Befund eine Eigenart dar, die auf ein deutlich gesteigertes Interesse an αἰών hinweist. Im Kolosserbrief steht αἰών lediglich in 1,26 (vgl. Eph 3,9).[5]

---

[4] Diese werden bei SCHLIER, Epheser 156, zu „Mächten, die sich der Geschichte bemächtigt und ihren Schöpfungscharakter verdeckt haben".

[5] Darüber hinaus ist das zahlreiche Vorkommen des Begriffs gemessen an der Kürze des Briefes im Vergleich mit den übrigen neutestamentlichen Schriften singulär; vgl. die Verwendung bei Mt achtmal (12,32; 13,22.39.40.49; 21,19; 24,3; 28,20); Mk viermal (3,29; 4,19; 10,30; 11,14); Lk siebenmal: 1,33.55.70; 16,8; 18,30; 20,34.35); Joh dreizehnmal (4,14; 6,51.58; 8,35 [zweimal]; 51.52; 9,32; 10,28; 11,26; 12,34; 13,8; 14,16); Apg zweimal (3,21; 15,18); Röm fünfmal (1,25; 9,5; 11,36; 12,2; 16,27); 1Kor siebenmal (1,20; 2,6.7.8; 3,18; 8,13; 10,11); 2Kor dreimal (4,4; 9,9; 11,31); Gal zweimal (1,4.5); Phil einmal (4,20); Kol einmal (1,26); 1Tim zweimal (1,17; 6,17); 2Tim zweimal (4,10.18); Tit einmal (2,12); Hebr dreizehnmal (1,2.8; 5,6; 6,5.20; 7,17.21.24.28; 9,26; 11,3; 13,8.21); 1Petr drei Belegstellen (1,25; 4,11; 5,11); 2Petr einmal (3,18); 1Joh einmal (2,17); 2Joh einmal (2); Jud zweimal (13; 25); Apk dreizehnmal (1,6.18; 4,9.10; 5,13; 7,12; 10,6; 11,15; 14,11; 15,7; 19,3; 20,10; 22,5). – Nach diesem Befund kommt die

1 Αἰών außerhalb des Epheserbriefes

1.1 ‚Paganer' Sprachgebrauch

Die Entwicklung des Bedeutungsspektrums von αἰών reicht vom ursprünglichen ‚Mark', speziell ‚Rückenmark'[6] als Sitz der ‚Lebenskraft' über ‚Leben'[7] und von da aus ‚Lebenszeit'[8] bis zu ‚(langer) Zeit' und dann speziell auch ‚Ewigkeit'.[9] Die Konnotation von αἰών entfaltet sich somit vom zunächst Konkret-Körperlichen zum zunehmend Abstrakt-Geistigen.[10] Eine Eintragung der zeitlichen Komponente lässt sich metonymisch aus dem Kausalzusammenhang zwischen Lebenskraft und Lebensdauer erklären. Alles lebt solange, wie sein spezifischer αἰών währt, d.h. es erhält. Αἰών ist deshalb die zeitliche Dauer eines jeden. So umschreibt Aristoteles die Semantik von αἰών wie folgt: τὸ γὰρ τέλος τὸ περιέχον τὸν τῆς ἑκάστου ζωῆς χρόνον, οὗ μηθὲν ἔξω κατὰ φύσιν, αἰὼν ἑκάστου κέκληται (Cael. 279a 23–25). Daraus ergibt sich, dass sowohl „Eintagsfliege" und „Krähe" als auch „Nymphe und Gott" einen αἰών haben – „jeder einzelne Mensch hat seinen, aber auch ein Volk, und so kann er eine ‚Weltperiode' [...] sein"[11]. In diesem Sinne kann αἰών daher *metony-*

Verwendung von αἰών im Hebräerbrief der Häufigkeit im Epheserbrief am nächsten (etwa doppelt so viele Belege bei etwa doppelter Textlänge) – es ist aber zu beachten, dass mindestens acht dieser Belege die formelhafte Rede εἰς τὸν αἰῶνα aufgreifen. Vgl. in den Ignatianen: Ign Eph 1,1; 17,1; 18,1; 19,1; Ign Magn 1,2; 6,1; Ign Trall 4,2; Ign Röm 6,1; 7,1; Ign Phil 1,1; 6,2; Ign Smyrn 1,2; Ign Polyk 2,3; 8,1.

[6] Vgl. Suda I.255; Hesych (LATTE I, 1953, 79); Lexikon des Photios, Nr. 677; Erotianos, Nr. 70; Scholia Didymi zur Ilias 19.27; Pindar, Fragm. 111 (der αἰών des Riesen Antaios wird durch die Knochen gequetscht); Homerischer Hermes-Hymnus 42 (der αἰών der Schildkröte wird aus ihrem Panzer gekratzt); 119 (das Lebensmark der beiden Rinder).

[7] Älteste Zeugnisse bei Homer für ‚Lebenskraft' bzw. ‚Leben': Il. 16,453; 19,27; 22,58; Od. 5,152.160; 7,224; 9,523; 18,203 u.v.m.

[8] Siehe Pindar, Ol. 2,74; Pyth. 3,86; 4,186; Fragm. 126 ; 165; Aischylos, Sept. 219; Ag. 554; Choeph. 26; Eum. 563; Sophokles, Ant. 582; Euripides, Alc. 475; Heraclid. 9000; Phoen. 1484 ; 1520; Bacch. 397; Or. 602; Fragm. 575; 813.

[9] Vgl. zu dieser Entwicklung CHANTRAINE, Dictionnaire étymologique 42. Die ältere Sprachforschung erklärt die zeitliche und Ewigkeitsbedeutung von αἰών noch aus dem Zusammenhang mit gr. αἰέν/αἰεί, vgl. BOISACQ, Dictionnaire étymologique 31; FRISK, Griechisches Etymologisches Wörterbuch 49; vgl. auch schon Aristoteles selbst, Cael. 279a 27, der beide Etymologien zu αἰών verbindet, wo αἰών eine immerwährende (αἰεί) Dauer bezeichnet.

[10] Vgl. dazu auch den ähnlichen Weg bei φρένες und πραπίδες, deren ursprüngliche Bedeutung jeweils das ‚Zwerchfell' ist, und von hier aus eine geistigere Semantik entwickelt wird.

[11] WILAMOWITZ-MOELLENDORFF, Euripides Herakles 155.

misch für die Größe verwendet werden, deren Dauer er bezeichnet (z.B. für ein Menschenleben[12]).

Bezeichnet αἰών die Lebenskraft eines Gottes oder der (als unendlich gedachten) Welt, so entsteht auch früh schon die Bedeutung ‚Ewigkeit‘[13], wenngleich hier noch in Anbindung an eine ‚Person‘ oder ‚Sphäre‘, um deren spezifischen αἰών es sich handelt. Fällt diese Bindung fort, ist der Weg für die allgemeine zeitliche Bedeutung frei.[14] Wo αἰών zum unbestimmten Ausdruck von (langer) Zeit wird, kann es sich mit der Bedeutung von χρόνος überschneiden[15], wenngleich es als Synonym eine „noblere, emphatischere“[16] Variante zu χρόνος darstellt. Die zeitliche Bedeutung von αἰών wird schließlich wie folgt definiert: Αἰών· χρόνος ἀίδιος.[17] In dieser Definition klingt das spezifische Verhältnis von αἰών und χρόνος, der beiden griechischen Wörter für Zeit(erstreckungs-)konzepte, an. Αἰών als fortdauernd ist nicht gemessene Zeit. Hier liegt der Definition zufolge das Differenzkriterium zwischen χρόνος und αἰών. Bei χρόνος deshalb v.a. an gemessene, quantitativ bestimmbare Zeit zu denken, liegt nahe und bestätigt sich durch die Verwendung von χρόνος in Bereichen, wo es um irgendeine Art von Zeitmessung geht[18]: sei es Zeitabschnitt[19], Zeitmaß[20], Aufschub[21] oder Zeitpunkt als Termin[22], Tageszeit[23] oder Datum[24]. Besonders deutlich zeigt sich der quantitative Aspekt von χρόνος, wo der Begriff zur Bezeichnung metrischer Einheiten in Musik und Poesie dient.[25] Χρόνος ist dabei nicht auf die Konnotation einer Maßeinheit beschränkt, der Begriff kann sich ebenso allgemein

---

[12] Vgl. zu dieser Verwendung z.B. Aischylos, Sept. 219 ἐμὸν κατ᾽ αἰῶνα, „solange ich lebe“, „während meiner Lebenszeit“.

[13] Vgl. Aristoteles, Cael. 279a 25–28; Empedokles, B 16; Aischylos, Suppl. 574; gegen FRISK, Griechisches Etymologisches Wörterbuch 49, der die Bedeutung ‚Ewigkeit‘ schon für Homer behauptet.

[14] Vgl. dazu auch schon bei Euripides, Fragm. 575,3; 813; Or. 981; Hippol. 1109, Suppl. 1084.

[15] Vgl. ebenfalls schon bei Euripides, Med. 429; Hippol. 1426.

[16] ZUNTZ, Gott des Römerreichs 21.

[17] Suda I 255; Photios I 677.

[18] Vgl. DELLING, χρόνος 576.

[19] Siehe z.B. Xenophon, Mem. I 4,12; Ditt SIG III 1209, 25f.; 1023,12; II 725,5; I 169,6; 151,1f.; 184,4.; Euripides, Alc. 670; El 20; Aeschines, Tim. 49.

[20] Siehe Ditt SIG III 1109,89.

[21] Siehe Demosthenes, Or. 23,93; Artemidoros, Ornicocr. II 24.

[22] Siehe Ditt SIG I 466,15; 495,171.

[23] Siehe PHal 1,212.

[24] Siehe Ditt SIG II 588,53; POxy I 101,60; Isokrates, Or. 11,36; Demosthenes, Or. 18,225.

[25] Siehe zum χρόνος einer Silbenlänge: Longinus, Subl. 39,4; Apollonius Dyscolus, De Synt. 130,4; 309,23; 237,10; siehe zur rhythmisch-musikalischen Zeiteinheit als χρόνος: Aristoxenus, Rhyth. II §2; 4f.; 9f. u.a.m.; Aristeides Quintilianus, De Mus. I 14.18.

auf die Zeit beziehen.[26] Der quantitative Aspekt bildet aber einen entscheidenden Unterschied zum Begriff αἰών, der seinerseits nicht zur
Maßeinheit oder auch Bezeichnung von Kürze werden kann[27]. ‚Kürze'
ist hier relativ zu verstehen; denn wo αἰών die Lebensdauer eines
Menschen bezeichnet, ist dies nur ‚lang' im Sinne von ‚umfassend',
weil es die gesamte Lebenszeit des Menschen bezeichnet, die aber im
Vergleich zu anderen Lebenszeiten durchaus kurz sein kann. Außerdem wird αἰών nicht im Hinblick auf eine genau zu bestimmende oder
zu messende Lebensdauer verwendet. Vielmehr gerät mit αἰών im
Unterschied zu χρόνος eine spezielle Eigenschaft der fraglichen Zeit
als „innewohnende, gestaltende und sinngebende Kraft"[28] in den
Blick[29]. Während χρόνος sich eher auf das Maß von Geschehendem
richtet, „bestimmt" also αἰών, „oder bringt mit sich, was im Zeitlauf
geschieht, was getan oder gelitten wird".[30] Zwar wird man diese Trennung nicht allzu strikt fassen dürfen. Für Aristoteles z.B. ist der
χρόνος sowohl das Maß von Geschehendem als auch eine alles Geschehen umschließende Macht (s.o. Kap. I.5.1; 5.2). Andersherum gilt
aber auch für Aristoteles, dass αἰών nie zu einem chronometrischen
Begriff wird. Hinsichtlich des Epheserbriefs ist die semantische
Tendenz insofern interessant, als der Brief auffallend häufig das Wort
αἰών verwendet, χρόνος dagegen nicht[31] – ein erster Hinweis darauf,
dass dem Epheserbrief nicht nur an einem quantitativ-messenden Zeitverständnis gelegen ist.

Von dem skizzierten Sprachgebrauch grundsätzlich zu unterscheiden ist die Verhältnisbestimmung von αἰών und χρόνος in Platons
Timaios 37d, wo beide als ontologisch voneinander geschiedene
Sphären verstanden werden. Αἰών bezeichnet als μένων ἐν ἑνί (Tim.
37d 6) die göttliche Ewigkeit (vgl. Tim. 37c 6f.: ἄγαλμα τῶν αἰδίων
θεῶν), wovon der χρόνος nur zahlenmäßiges (κατ' ἀριθμόν) Abbild
(εἰκών) ist. Der χρόνος konstituiert sich aus den Teilen Tage, Nächte,
Monate und Jahre, die erst mit Entstehung der Welt geschaffen wer-

---

[26] Bei Aristoteles finden sich z.B. beide Bedeutungen für χρόνος. Der Begriff
kann die zyklische Verfallsstruktur von Zeit bezeichnen (vgl. Phys. 221b 1f.) wie
auch die „Zahl der Bewegung gemäß dem Vorher und Nachher" (Phys. 219b 1).

[27] Siehe Zuntz, Gott des Römerreichs 25: „Ein kurzer Aeon ist ebenso undenk-
bar wie ein exakt gemessener."

[28] Ebd. 22.

[29] Vgl. dazu als besonders anschauliches, aber frühes Beispiel, in dem die Bedeutung von ‚Lebenszeit' latent enthalten ist, Sophokles, Philokt. 1348; der αἰών ist
als das unerwünschte Leben regierende und erhaltende Macht dargestellt: Ὦ
στυγνὸς αἰών, „Verhasster Äon, warum hältst du mich im Leben […], lässt mich
nicht in den Hades gehen?" Dahinter steht aber bereits die Vorstellung, dass der
Äon die Lebenszeit bestimmt, die der Sprechende sich als beendet wünscht.

[30] Zuntz, Gott des Römerreichs 18.

[31] Eine Ausnahme liegt in Eph 6,3 mit μακροχρόνιος vor. V.a. aber bestätigt die
Aufnahme dieser Vokabel in der Verbindung von χρόνος und μάκρος als Maßeinheit, dass auch für den Epheserbrief χρόνος gemessene, begrenzte Zeit ist.

den (Tim. 36e 1–3). Aἰών und χρόνος stehen somit im Sinne der sogenannten Ideenlehre Platons in einer Urbild-Abbild-Beziehung zueinander.

1.2 Frühjüdischer und frühchristlicher Sprachgebrauch

1.2.1 Formale Bestandsaufnahme

Der frühchristliche Gebrauch des αἰών-Begriffs zeichnet sich in hohem Maß durch Formelhaftigkeit aus. Es gibt kaum Texte, die αἰών
unabhängig von einer festen Wendung gebrauchen. Darüber hinaus
fällt grundsätzlich auf, dass die meisten Schriften bei mehrfacher
Verwendung von αἰών eine gewählte Formel immer wieder aufgreifen. Darin lassen sie jeweils ein spezifisches Verständnis für αἰών erkennen. So lauten im Matthäusevangelium fünf Belege von acht
συντέλεια (τοῦ) αἰῶνος (Mt 13,39.40.49; 24,3; 28,20); von den dreizehn Belegen des Johannesevangeliums lauten zwölf εἰς τὸν αἰῶνα
(Joh 4,14; 6,51.58; 8,35 [zweimal].51.52; 10,28; 11,26; 12,34; 13,8;
14,16); die beiden Belegstellen der Apostelgeschichte formulieren ἀπ'
αἰῶνος (Apg 3,21;15,18); im Römerbrief findet sich bei fünfmaliger
Verwendung von αἰών viermal die Formel εἰς τοὺς αἰῶνας (Röm
1,25; 9,5; 11,36; 16,27); von insgesamt sieben Formulierungen im 1.
Korintherbrief sind drei als Genitivattribut zu einem Substantiv τοῦ
αἰῶνος τούτου formuliert (1,20 [συζητητής]; 2,6 [σοφία].8 [ἄρχοντες]);
im 2. Korintherbrief findet sich αἰών insgesamt dreimal, davon zweimal in εἰς τὸν αἰῶνα (2Kor 9,9) bzw. εἰς τοὺς αἰῶνας (2Kor 11,31);
der Hebräerbrief greift bei dreizehn αἰών-Syntagmen sechsmal auf die
Wendung εἰς τὸν αἰῶνα (Hebr 5,6; 6,20; 7,17.21.24.28) bzw. zweimal εἰς τοὺς αἰῶνας (Hebr 13,8.21; vgl. IgnSmyrn 1,2) zurück; die
drei Belegstellen im 1. Petrusbrief lauten εἰς τὸν αἰῶνα (1Petr 1,25),
εἰς τοὺς αἰῶνας τῶν αἰώνων (4,11) bzw. εἰς τοὺς αἰῶνας (5,11); die
dreizehn αἰών-Belege der Johannes-Apokalypse konstituieren sich
durch die Formel εἰς τοὺς αἰῶνας τῶν αἰώνων (Apk 1,6 [hier τῶν
αἰώνων textkritisch unsicher].18; 4,9.10; 5,13; 7,12; 10,6; 11,15;
14,11; 15,7; 19,3; 20,10; 22,5).

Aber auch, wo eine Schrift keine eindeutige Statistik zugunsten einer bestimmten Formel aufweist, gilt doch grundsätzlich, dass sie auf
geprägte Formeln zurückgreift, die aus anderen Schriften bekannt
sind. Dies betrifft zum einen Texte, die beispielsweise überhaupt nur
in einem Zusammenhang von αἰών sprechen (vgl. u.a. Phil 4,20 εἰς
τοὺς αἰῶνας τῶν αἰώνων). Zum anderen gilt dies auch, wo innerhalb
einer Schrift αἰών mehrfach in unterschiedlichen Wendungen vorkommt. Im Lukasevangelium findet sich z.B. siebenmal αἰών in sechs
verschiedenen Syntagmen. Lediglich die υἱοὶ τοῦ αἰῶνος τούτου
kommen zweimal vor (Lk 16,8; 20,34). Der αἰών οὗτος findet sich
aber auch Röm 12,2; 1Kor 3,18; Eph 1,21, und speziell als Genitivattribut zu verschiedenen Bezugsgrößen in 1Kor 1,20; 2,6.8; 2Kor 4,4

(vgl. IgnEph 17,1; 19,1; IgnMagn 1,2; IgnTrall 4,2; IgnRom 6,1; 7,1; IgnPhil 6,2). Die geprägten Wendungen εἰς τοὺς αἰῶνας (Lk 1,33) und εἰς τὸν αἰῶνα (Lk 1,55) begegnen in zahllosen neutestamentlichen Texten.' Ἀπ' αἰῶνος (Lk 1,70) ist offenbar ein speziell von Lukas bevorzugtes Syntagma, das nur noch an zwei weiteren neutestamentlichen Stellen in Apg 3,21 und 15,8 erscheint (vgl. ferner noch z.B. 1Clem 32,4; ἀπὸ τοῦ αἰῶνος in Hen[gr.] 14,1.)[32]. Der αἰὼν ἐρχομένος in Lk 18,30 erklärt sich von Mk 10,30 her. Zum αἰὼν ἐρχομένος bildet außerdem der αἰὼν μέλλων aus Mt 12,32; Eph 1,21 und Hebr 6,5 eine Analogie. Nur der αἰών ἐκεῖνος (Lk 20,35), der mit letztgenanntem gleichbedeutend ist, ist neutestamentlich singulär. Von insgesamt 122 αἰών-Einträgen in der Konkordanz lassen neben diesem lukanischen Beleg lediglich neun Texte individuelle Gestaltung erkennen: 1Kor 2,7 (πρὸ τῶν αἰώνων; vgl. IgnEph 1,1; IgnMagn 6,1: πρὸ αἰώνων), Gal 1,4 (ἐκ τοῦ αἰῶνος ἐνεστῶτος πονηροῦ; vgl. aber Joh 9,32 ἐκ τοῦ αἰῶνος), 1Tim 1,17 (βασιλεὺς τῶν αἰώνων; vgl. aber τῷ βασιλεῖ τῶν αἰώνων in Hen[gr.] 12,3; βασιλεὺς αἰώνων in TestRub 6,12), Hebr 1,2 (ἐποίησεν τοὺς αἰῶνας); 9,6 (συντέλεια τῶν αἰώνων – hier Pl. statt Sg. bei Mt; vgl. aber ähnlich 1Kor 10,11 τὰ τέλη τῶν αἰώνων, und συντέλεια τῶν αἰώνων in TestLev 10,2; TestBen 11,3); 11,3 (κατηρτίσθαι τοὺς αἰῶνας ῥήματι θεοῦ), 2Petr 3,18 (εἰς ἡμέραν αἰῶνος), Jud 13 (εἰς αἰῶνα). 25 (πρὸ παντὸς τοῦ αἰῶνος καὶ νῦν καὶ εἰς πάντας τοὺς αἰῶνας; vgl. εἰς πάντας τοὺς αἰῶνας in Hen[gr.] 3–5,1f.; 9,4).

1.2.2 Zur Semantik der αἰών-Formeln[33]
1.2.2.1 Ewigkeit und αἰών
In den Präpositionalgefügen ἀπ' αἰῶνος, ἐκ τοῦ αἰῶνος und εἰς τὸν αἰῶνα bzw. εἰς τοὺς αἰῶνας durchdringen sich die Vorstellungen von langer Zeit und Ewigkeit. Welche Vorstellung jeweils vorliegt, muss im Einzelfall entschieden werden. Plural- sowie Doppelbildungen (vgl. die Formel εἰς τοὺς αἰῶνας τῶν αἰώνων) signalisieren zum einen, dass eine Viel- oder Unzahl von Äonen angenommen wird. Zum anderen bilden sie eine Steigerung des Ausdrucks, der dadurch zur Bezeichnung von Ewigkeit wird. Dieser formelhafte αἰών-Gebrauch schließt an die Verwendung in der Septuaginta an, wo αἰών zur Wiedergabe verschiedener hebräischer Wörter wie עוֹלָם und עַד (vgl. z.B. Ps 44,7; 82,18; 91,8; 131,14 [jew. LXX]; Tob 14,25; 4Makk 18,24) dient.

Wo die αἰῶνες als Genitivattribut zu einem Substantiv erscheinen, kann der Genitivus qualitatis Nachbildung des hebräischen *status ab-*

---

[32] Siehe ἀπ' αἰῶνος z.B. in Homer, Il. 24,725; Hesiod, Theog. 609; Longinus, Subl. 34,4.
[33] Vgl. zum Folgenden auch SASSE, αἰών, *passim*.

solutus innerhalb einer *constructus*-Verbindung sein[34]. Beispiel hierfür ist 1Tim 1,17 βασιλεὺς τῶν αἰώνων zur Bezeichnung der Ewigkeit Gottes bzw. des ewigen Gottes oder Königs.

1.2.2.2 Zum Verhältnis von κόσμος und αἰών

a) Αἰών als Dauer der Welt

Αἰών kann sich der Bedeutung von κόσμος annähern, wenn es als Genitivattribut z.b. zu μέριμναι (vgl. Mk 4,19 par. Mt 13,22; 1Kor 7,33) oder σοφία in austauschbarer Funktion mit κόσμος erscheint (vgl. zum alternierenden Gebrauch von αἰών und κόσμος 1Kor 1,20; 2,6; 3,19). Hier wird eine Bedeutung von αἰών aktiviert, derzufolge αἰών die Lebensdauer eines jeden bezeichnet (s.o. Kap. III.1.1). Die Austauschbarkeit von αἰών und κόσμος ist als Verkürzung der Gedankenreihe anzusehen: ‚Die Welt dauert so lange wie ihr Äon.' Dann ist der Äon der Welt *metonymisch* die Welt in ihrer Dauer und kann sie terminologisch ersetzen, wodurch bei ‚Welt' die Konnotation ihrer zeitlichen Begrenztheit bzw. Geschaffenheit mit aktiviert werden kann (vgl. dazu v.a. den Kontext von 1Kor 7,33, der auf die Vergänglichkeit der weltlichen Gestalt rekurriert: VV. 29.31 [παράγει γὰρ τὸ σχῆμα τοῦ κόσμου τούτου]; auch Hebr 1,2; 11,3, wo die αἰῶνες im Hinblick auf ihre Schöpfung erwähnt sind: ἐποίησεν / κατηρτίσθαι τοὺς αἰῶνας; in 1,2 im Kontext mit dem ‚Ende dieser Tage' [ἐπ' ἐσχάτου τῶν ἡμερῶν τουτῶν]). Αἰών bleibt dabei Zeitwort, der These einer Verräumlichung des αἰών-Begriffs ist zu widersprechen.[35] Aber auch die ungenaue Rede einer „Gleichsetzung von αἰών und κόσμος"[36] ist nicht hilfreich. Denn es geht nicht um Identität, sondern um eine kausal-kontige Beziehung zwischen beiden Begriffen, innerhalb derer αἰών den Kosmos metonymisch ersetzen kann[37].

---

[34]   Vgl. dazu auch BDR § 165,1.

[35]   Gegen SASSE, αἰών 203f., der eine Tendenz zur ‚Verräumlichung' von αἰών „aus dem jüdischen Sprachgebrauch" erklärt. Dazu verweist er als erstes auf Koh 3,11, wo aber עלם s.M.n. nicht räumliche, sondern zeitliche Bedeutung hat; weiterhin auf 4Esra 3,9 und 8,41 und allgemein auf syrBar. Vgl. insgesamt zum Hebräischen: JENNI, עלם, 228–243.

[36]   SASSE, αἰών 204.

[37]   Auch die von SASSE, αἰών 204, für eine ‚Gleichsetzung' beider Begriffe angeführten Zeugnisse Ditt SIG III 1125,8 (Eleusis) und Philo, Spec. I 170, entsprechen nicht dem postulierten Befund. Abgesehen davon, dass die Inschrift kein Zeugnis „hellenistische[r] αἰών-Mysterien" darstellt (s.u. Kap. III. 2.1.2), setzt sie auch αἰών und κόσμος keineswegs gleich, sondern legt vielmehr eine Kausalbeziehung (κατὰ τὰ αὐτά) zwischen beiden zugrunde: der Kosmos, dessen Dauer sich durch seinen αἰών bemisst, ist deshalb wie dieser ein und derselbe unendlich – die Inschrift bewegt sich damit nahe an Aristoteles, der nach der Definition von αἰών als ‚Lebenszeit' eines jeden für den αἰών der Welt annimmt, dass dieser αἰεί sei, ἀθάνατος und θεῖος (Cael. 279a 26–28) – zu weiteren Übereinstimmungen zwischen der eleusinischen Inschrift und Aristoteles und Platon s.u. Kap. III.2.1.2 – In Philo, Spec. I 170, liegt in der Vorstellung, dass der siebte Tag als Geburtstag des

Von der paradigmatischen Austauschbarkeit von αἰών und κόσμος ist die syntagmatische Einbindung von αἰών zu differenzieren. Sie überträgt räumlich-personale Strukturen auf das Zeitwort. Beide Aspekte können gemeinsam vorliegen. Eine Differenzierung ist aber im Interesse eines möglichst genauen Verständnisses wichtig. Syntagmatische Verknüpfung strukturiert αἰών nicht speziell durch die Bedeutung von κόσμος, sondern durch allgemein räumliche Erfahrungen, die nicht die ,Welt' sein müssen.

So bezieht sich 4Esra 3,9 *habitantes [saeculum]* mit dem Verb zunächst auf die grundsätzliche Erfahrung des ,Bewohnens'. Bewohnt man ein *saeculum*, so erhält dieses Zeitalter dadurch die dingliche Struktur von möglichen Orten und Räumen, die man erfahrungsgemäß bewohnen kann. *Saeculum* ist deshalb kein Raum, sondern immer noch Zeit, die räumlich metaphorisiert ist. Dass aus dem Verbund grundsätzlich möglicher Wohnungen hier speziell die ,Welt' im Aussagehorizont liegt, ist darin begründet, dass die Zeit in vorliegendem Kontext in ihrer Eigenschaft als Dauer der Welt fokussiert ist. Αἰών bzw. *saeculum* ist deshalb nicht weniger Zeitbezeichnung.

b) Das Ende der Äonen

Die Verbindung συντέλεια τοῦ αἰῶνος (oder pluralisch συντέλεια τῶν αἰώνων / τὰ τέλη τῶν αἰώνων) wird üblicherweise mit ,Ende der Welt' übersetzt. Die Semantik von αἰών als ,Dauer von etwas' zeigt sich durch συντέλεια deutlich, insofern eine Dauer normalerweise begrenzt ist. Das Ende des Äons ist das Ende des Kosmos, weil der Äon die Lebenszeit des Kosmos ist. Die συντέλεια τοῦ αἰῶνος bezieht sich also auf die Weltzeit oder -dauer, deren Ende mit dieser Formel beispielsweise Mt 13,39.40.49 avisiert ist. Entsprechende Formulierungen begegnen vielfach in frühjüdischen Schriften (vgl. AssMos 12,4; 4Esr 6,25; syrBar 54,21; 69,4; 83,7; Sib 3,756f.).

c) Die zwei Äonen

Mit der Rede vom αἰών οὗτος und vom αἰών μέλλων bzw. ἐρχόμενος oder ἐκείνος (vgl. z.B. Mk 10,30; Lk 16,8; Mt 12,32; Röm 12,2; 1Kor 1,20; Hebr 6,5) knüpfen frühchristliche Schriften an Konzepte des Frühjudentums an. Eine zusammenhängende Formulierung des Gegensatzpaares findet sich innerhalb der neutestamentlichen Schriften nur in Mt 12,32 und Eph 1,21 (vgl. noch Hebr 6,5). Während die Septuaginta abgesehen von Jes 9,5 diese Formeln nicht kennt, begeg-

---

κόσμος dem αἰών gleich*rangig* sei, ebenfalls keine Gleich*setzung* von κόσμος und αἰών vor; als gleichwertig werden auch nicht κόσμος und αἰών, sondern Letzterer und der siebte Tag vorgestellt. Durch den Hinweis, dass es sich dabei um den Geburtstag der Welt handelt, ist aber durch γενέθλιον eine Anspielung auf deren Lebensdauer/-zeit gegeben, was den Schluss erlaubt, dass diese Lebensdauer ihrerseits gleichwertig zu αἰών ist.

nen dieser und der zukünftige Äon im apokalyptisch geprägten
Schrifttum häufig (vgl. z.B. slHen 66,6.7; 43,3; 65,8; 61,2; Gegenüberstellung dieses mit dem kommenden Äon in 4Esr 6,9; 8,1; 7,12f.
[*saeculum*]; syrBar 15,7f.; 48,50 ['ālmā][38]). Kennzeichnend für den
„genuin apokalyptische[n] Gebrauch"[39] von αἰών (bzw. *saeculum*
oder 'ālmā[40]) ist die Verbindung mit einem Demonstrativpronomen
oder einem Partizip (z.B. οὗτος, μέλλων, ἐρχόμενος bzw. *hoc, ventu-
rum, futurum, maius, sequens* u.a.). Auch im Hinblick auf dieses Äo-
nen-Paar ist die Tendenz zu beobachten, αἰών als ‚Welt' zu übersetzen
im Sinne der gegenwärtigen und der zukünftigen Welt. Wie oben angesprochen, ist das hinsichtlich des Terminus αἰών aufgrund der Bedeutung ‚Dauer von etwas' berechtigt. In diesem Fall bezieht sich die
Dauer dann auf eine Weltordnung.[41] Als bestimmte Dauer bezeichnen
die zwei Äonen zwei Zeiten, die einander ablösen werden.[42] Diese
beiden Zeiten vereinigen in sich jeweils komplexe Zeitabläufe.[43] Entscheidend ist nicht allein ihre chronologische Abfolge, sondern der
qualitative Unterschied der Äonen bzw. der mit ihnen verbundenen
Weltordnungen. Dieser Äon ist grundsätzlich unheilvoll und schmerzlich konnotiert (vgl. auch Gal 1,4 ὁ αἰὼν ὁ ἐνεστὼς πονηρός), während der kommende Äon (zumindest den Gerechten) Unsterblichkeit
verheißt.[44] So wenig aber, wie der Gegensatz beider Äonen notwendig
„einem   platonisch   gedachten   ‚Zeit-Ewigkeits-Dualismus'   entspricht"[45], ist das Geschehen des neuen Äons pauschal auf den Himmel festzulegen (vgl. syrBar). Das neue Leben kann auch auf der resti-
tuierten Erde erwartet werden (vgl. 4Esr)[46].

Mit diesem qualitativen Unterschied beider Äonen ist der Gegensatz
von ‚sichtbar' und ‚verborgen' verbunden. Denn derzeit sichtbar ist
dieser böse Äon. Der künftige ist verborgen und wird nur temporär

---

[38] Zu zahlreichen weiteren Belegen, in denen entweder nur ‚dieser' oder der
‚künftige' Äon im Blick ist, vgl. HARNISCH, Verhängnis 94.
[39] Ebd. 93.
[40] Vgl. zum Übersetzungsverhältnis der Begriffe עוֹלָם, αἰών, *saeculum* und 'ālmā
ebd. 90.
[41] Diese Bedeutung spiegelt sich in dem „Wechsel zwischen saeculum, mundus,
tempus", der „genau dem Wechsel von αἰών, κόσμος, καιρός im NT [entspricht]"
(SASSE, αἰών 206).
[42] So auch HARNISCH, Verhängnis 95: „Diese Übersetzung [mit ‚Welt'] verdeckt
jedoch den Sachverhalt, daß beide Begriffe in der Mehrzahl der genannten Fälle
eindeutig als *Zeitbegriffe* verwendet werden" (Hervorhebung im Original). Am
besten ist evtl. mit ‚Weltzeit' zu übersetzen.
[43] Vgl. dazu STUHLMACHER, Gerechtigkeit Gottes 203 Anm. 1: „Die bis zum He-
reinbrechen des Endes bereits abgelaufenen und noch bevorstehenden Zeitabläufe
(vgl. z.B. Dan. 7 und 10) werden unter dem Oberbegriff des sich zu seinem Ende
neigenden ‚alten Äon' zusammengesehen."
[44] Vgl. HARNISCH, Verhängnis 100–103; SASSE, αἰών 206.
[45] HARNISCH, Verhängnis 100.
[46] Vgl. SASSE, αἰών 207.

auserwählten Gerechten in Visionen und Auditionen, häufig vermittelt durch einen *angelus interpres*[47], zugänglich. Die Beschreibung solcher exklusiver Offenbarungen des künftigen Äons sind konstitutives Element apokalyptisch geprägter Texte des Frühjudentums.

1.3 Systematisierung sprachlicher Verwendungsmöglichkeiten von αἰών

Die Auswertung beschreibt verschiedene Verwendungsmöglichkeiten des αἰών-Begriffs zugleich als Beantwortung der Frage, wie von Zeit überhaupt gesprochen werden kann. Insgesamt sind drei verschiedene Verwendungsarten des Begriffs αἰών zu erkennen. Diese können auch miteinander kombiniert werden, sind aber zunächst sinnvoll zu differenzieren. Gemeinsam ist allen Konstruktionen, dass sie – wo αἰών Zeitwort ist – ausschließlich metaphorische Sprache verwenden.

1.   Die Semantik ‚Dauer eines Jeden' oder ‚Lebenszeit' erklärt sich aus der kausalen Übertragung eines konkret-körperlichen Erfahrungsbereiches (‚Mark') auf ein zeitliches Abstraktum. Als Beispiel kann die Formulierung μακρὸν αἰῶνα βίοιο (Hesiod, Melamp. Fragm. 161) dienen. Ein langer oder großer Äon des Lebens bedeutet deshalb *lange Lebenszeit*, weil das Leben so lange währt, wie es die Kraft des lebenserhaltenden Organs zulässt. Ist diese groß, dann ist das dazu gehörige Leben lang.

2.   Hiervon ausgehend kann αἰών auf paradigmatischer Satzebene *metonymisch* für die Größe verwendet werden, deren Dauer oder Zeit er ist (die eben genannte Bedeutung – der βίος ist so lange wie sein αἰών währt – ist also hier vorausgesetzt). In der Formulierung ἐμὸν κατ᾽ αἰῶνα (Aischylos, Sept. 219) ist ein expliziter Bezug zu βίος etwa in Form eines Genitivattributs schon nicht mehr gegeben. Zugrunde liegt aber eine Formulierung in der Art von ἐμὸν κατ᾽ βίον. Hier hat eine Substitution zwischen den in kausaler Metonymiebeziehung stehenden Termini αἰών und βίος stattgefunden. Beide Wendungen sind mit *so lange ich lebe* zu übersetzen. Auch in den Aussagen ζηλωτός bzw. μακάριος αἰών (Euripides, Med. 243; Or. 602) ist αἰών auf die paradigmatische Austauschbarkeit mit βίος zurückzuführen und kann so ein ‚beneidenswertes' und ‚gesegnetes Leben' bezeichnen.

3.   Davon ist die Verwendung auf syntagmatischer Satzebene zu unterscheiden, auf der αἰών etwa durch syntaktische Verknüpfung räumlich-personal strukturiert wird. Der Satz αἰών παῖς ἐστι παίζων πεσσεύων (Heraklit, Fragm. B 52) zeigt dies zum einen durch das Prädikatsnomen παῖς, durch das αἰών näher beschrieben wird. Als ‚Kind' ist αἰών personifiziert. Darüber hinaus weisen ihm die Verben die menschliche Tätigkeit des ‚Spielens' zu, so dass das Zeitwort αἰών als

---

[47]   Vgl. die Belege bei HOFFMANN, Destroyer 107f.

spielender Knabe konzeptualisiert wird. Dies erklärt sich aus der Metaphorisierung der Subkonzepte ‚Willkür' und ‚Unernst'[48], die als Eigenschaften des Konzeptes ‚Zeit' hier hervorgehoben werden sollen.[49]

In griechischer Literatur finden sich auf dieser syntagmatischen Satzebene vielfältige Metaphorisierungen des Konzeptes ‚Zeit'. Ihre Verschiedenheit und Inkohärenz erklärt sich dadurch, dass jeweils unterschiedliche Merkmale von Zeit (αἰών oder χρόνος) in den Blick gerückt werden sollen. Hierunter seien beispielhaft Vorstellungen genannt, denen zufolge χρόνος vieles Erstaunliche und Verwunderliche „hervorbringt" (Menander, Fragm. 466), alles „nimmt", die Einsicht aber gewisser „macht" (Menander, Fragm. 643). Zeit „lehrt" (Aischylos, Prom. 981; Xenophon, An. VII 7, 47), „bewährt" sich als „Arzt" (Menander, Frgm. 652) und „löst" als „Kamm" das Verhärtete auf (Artemidoros, Onirocr. II 6).[50] Χρόνος „umfasst" alles, lässt „(er-)leiden", „schwinden" und „altern" (Aristoteles, Phys. 221a 28.30–32). Er ist „Ausfluss" (Plutarch, De def. or. 22) des αἰών auf die Welt hinab. Αἰών ist „unsterblich" und „göttlich" (Plutarch, De def. or. 28). Der Mensch „ist" kein αἰών.[51] Bei Marc Aurel erscheint αἰών als „Fluss", der alles mit sich „fortreißt" und keine Ufer hat, anfangs- und endlos ist (vgl. IV 43.50). Weitere prägnante Metaphern sind: Αἰών als „tückisch das Menschenleben drehend" (Pindar, Isth. 8,14), als „Kind des χρόνος" (Euripides, Heraclid. 898) oder als „Gewaltiger", der alles „wandelt", nur Rom nicht „niederwirft"[52]. Zentrale Subkonzepte, die durch die Metaphern hervorgehoben werden, sind ‚(negativer oder positiver) Einfluss', ‚Willkür', ‚Interessenkonflikt', ‚Macht', ‚Unendlichkeit' und ‚Verlust'.

Diese Beispiele sind durch innovative syntaktische Verknüpfungen deutlich als Metaphorisierungen des zeitlichen Abstraktums erkennbar. Aber auch in hohem Maße konventionalisierte Formulierungen wie εἰς τὸν αἰῶνα sind aufgrund syntagmatischer Einbindung von αἰών in räumliche Vorstellungen zu dieser dritten Gruppe zu zählen Die Verbindung von αἰών mit der Präposition zum Anzeigen räumlicher Direktionalität und Erstreckung konzeptualisiert αἰών dadurch als ausgedehnten Raum, in dem Geschehen situiert werden kann.

---

[48] Vgl. dazu WILAMOWITZ, Euripides Herakles III 155: „das regellose Spiel des Werdens und Vergehens."

[49] Vgl. hierzu und zu den folgenden Bildern LACKEIT, Aion 81–97, der v.a. darauf hinweist, dass es hier nicht um Götter, sondern um „Personifikationen" geht.

[50] Vgl. auch grundsätzlich zahlreiche Beispiele für personale Formulierung von χρόνος bei Dichtern bei Stobaeus Ecl. I, Kap. VIII.

[51] Epiktet 2,5.13: οὐ γάρ εἰμι αἰών, ἀλλ' ἄνθρωπος, μέρος τῶν πάντων ὡς ὥρα ἡμέρας. – Die Vorstellung eines Ewigkeitsgottes ist hier nicht zu finden. Die negierte Personifikation dient lediglich dem Ausdruck einer allgemeinen Aussage über die Endlichkeit des Menschen.

[52] Melinno, Hmynus auf Rom VV. 13–16 αἰὼν μέγιστος μεταπλάσσων […] οὐ μεταβάλλει.

Den genannten Möglichkeiten, αἰών zu konstruieren, sind unterschiedliche metapherntheoretische Überlegungen zuzuordnen. Während sich die paradigmatische Austauschbarkeit von αἰών mit der klassischen Substitutionstheorie beschreiben lässt, sind für das Verständnis der zuletzt genannten Beispiele darüber hinaus Ansätze kognitivistischen Metaphernverständnisses mit einzubeziehen. Unter den Vorgaben dieses Ansatzes muss sich metaphorische Rede nicht durch die Operation des ‚Ersetzens‘ und weiterhin das Vorhandensein eines *tertium comparationis* zwischen Herkunfts- und Zielterm konstituieren. Vielmehr wird die Konzeptualisierung abstrakter Zielbereiche durch Struktur- und Erfahrungsübertragung von konkreten Herkunftsbereichen als metaphorische Rede angesehen. Beide Ansätze schließen einander nicht aus – dies umso weniger, als sie zu unterscheidende Satzebenen der Syntagmatik und der Paradigmatik im Blick haben.

In lexikalischer Hinsicht hat der Überblick folgende Bedeutungsmöglichkeiten von αἰών aufgezeigt. Αἰών kann sich auf eine bestimmte Zeit als Dauer von etwas bzw. Lebenszeit beziehen; die Bezugsgröße, d.h. dasjenige, dessen Lebenszeit gemeint ist, ist aus dem Kontext zu erschließen (z.B. Kosmos, Mensch, Gott). Ist die Bezugsgröße immerseiend, unsterblich, handelt es sich um einen ewigen Äon. Eine direkte Bezugsgröße zu αἰών kann auch ganz wegfallen. Dann ist αἰών nicht die relationale Dauer oder Zeit *von* etwas, sondern absolut ‚(lange) Zeit‘ oder ‚Ewigkeit‘. ‚Zeit‘ ist aber insbesondere qualitativ zu verstehen und nicht so sehr als Maßeinheit verwendet. Grundsätzlich wird αἰών in allen genannten Bedeutungen räumlich, personal oder material formuliert, ohne dadurch seine zeitliche Semantik zu verlieren. Personale Formulierung von αἰών sind weder ungewöhnlich noch für bestimmte Textgattungen oder semantische Zusammenhänge spezifisch. Ebenso wird das Zeitwort χρόνος wie αἰών zahlreich personal gebraucht und rückt so als wirkende Potenz, als Mensch, Gegenstand oder Naturerscheinung in den Blick. Beide Beobachtungen mahnen im Hinblick auf Interpretationen des personal formulierten αἰών-Begriffs als Gott zur Vorsicht bzw. zeigen, dass eine entsprechende These nicht allein auf der Personalität aufzubauen ist. Denn Letztere bedeutet eine grundlegende Möglichkeit, überhaupt von Zeit sprechen zu können.

2 Αἰών als metaphorische Konzeptualisierung kosmischer Zeitstrukturen im Epheserbrief

Ein individueller Bezug von αἰών spiegelt sich im Epheserbrief zuerst darin, dass beinahe alle αἰών-Belege des Neuen Testaments auf feste Formulierungen zurückgreifen, der Verfasser des Epheserbriefs dagegen neben der Aufnahme fester Wendungen einige Neuformulierungen anbietet. Dazu passt der Befund, dass frühjüdische und früh-christliche Schriften bei mehrfachem Gebrauch von αἰών eine einmal gewählte Formel immer wieder verwenden. Der Epheserbrief wieder-holt im Gegensatz dazu keine Formulierung. Die Exegese wird diesem ‚äußeren' Befund Rechnung tragen und deshalb für das αἰών-Ver-ständnis von dem Postulat eines globalen Lösungsmodells für alle αἰών-Aussagen des Briefes absehen. Die Aussagen müssen stattdessen jeweils in ihrem Kontext verstanden werden. Dies bedeutet aber nicht, dass ihnen eine zusammenhängende Zeitvorstellung abgesprochen werden soll.

Mit der Untersuchung des αἰών-Begriffs geht es um die grundsätzli-che Frage nach dem Stellenwert der Zeitthematik im Epheserbrief. Das Problem stellt sich nicht für alle Belege gleich stark. Für Eph 1,21; 3,11.21 ist die zeitliche Bedeutung von αἰών weniger umstritten, weil der Verfasser hier deutlich an vorgefundene Traditionen an-knüpft. So nimmt er in 1,21 die frühjüdische Unterscheidung zweier Äonen auf (οὐ μόνον ἐν τῷ αἰῶνι τούτῳ ἀλλὰ καὶ ἐν τῷ μέλλοντι). Besonders gegenüber den paulinischen Schriften ist bemerkenswert, dass sich dort keine kontrastierende Formulierung beider Äonen fin-det. Steht an dieser Stelle die zeitliche Bedeutung weitgehend außer Frage, so wird dies von vielen Auslegern als Schwierigkeit und for-melhafte Aufnahme traditioneller Sprache verstanden (s.u. Kap. VI.1. 1.3).[53] Für die in 3,11 genannte πρόθεσις τῶν αἰώνων gehen die mei-sten Untersuchungen davon aus, dass es sich um die Nachbildung der hebräischen *status-constructus*-Vebindung handelt im Sinne von: der ewige Plan.[54] Allerdings ist hier eher noch eine andere, aber ebenfalls zeitliche Verwendung anzunehmen. Es geht um die von Gott festge-legte Reihenfolge der Äonen, der Zeiten (s.u. Kap. V.4.2). In Eph 3,21 greift der Verfasser auf ihm bekannte Ewigkeitsformeln zurück: εἰς πάσας τὰς γενεὰς τοῦ αἰῶνος τῶν αἰώνων.[55] Auch hier ist also eine Kontroverse kaum vorhanden.[56] Eine Besonderheit liegt im Vergleich

---

[53] Vgl. LINDEMANN, Aufhebung 210; SCHNACKENBURG, Epheser 78; LINCOLN, Ephesians 65; FAUST, Pax 46 Anm. 93.

[54] Vgl. exemplarisch SCHNACKENBURG, Epheser 143; ähnlich GNILKA, Epheser 177; anders SCHLIER, Epheser 157, der τῶν αἰώνων als personale Wesen im *ge-nitivus obiectivus* versteht; vgl. im Anschluss an ihn auch STEINMETZ, Heils-Zu-versicht 64.

[55] Vgl. nur Tob 13,12; 4Makk 18,24; Ps 110,10[LXX]; Dan 7,18[LXX]; Gal 1,5.

[56] LINDEMANN, Aufhebung 58, weist zu Recht gegen STEINMETZ darauf hin, dass eine mythologische Deutung der Wendung ihrer Formelhaftigkeit nicht ge-recht wird. Im Anschluss an SCHLIER erkennt STEINMETZ, Zuversicht 65, in dem ‚Äon der Äonen' den jetzigen Äon als messianisches Zeitalter, in dem sich die he-rankommenden Äonen versammeln. Die Mehrzahl der Auslegungen geht aber bei der Interpretation von traditionellen Ewigkeitsformeln aus, vgl. exemplarisch SCHNACKENBURG, Epheser 159.

mit anderen frühchristlichen und frühjüdischen Ewigkeitsformeln trotzdem vor. Streitpunkte entstehen ganz anders bei den αἰών-Aussagen in Eph 2,2.7; 3,9. Diese Belege gelten im Anschluss an R. Reitzenstein seit langer Zeit als Indiz für die Aufnahme bestimmter Gottesvorstellungen. Auf diese drei Belege, wie auch auf 3,21, soll deshalb in der anschließenden Analyse besonders eingegangen werden. Weil die Bedeutung von 1,21 und 3,11 in Hinsicht auf die zeitliche Aussage nicht kontrovers ist, können diese beiden Texte zunächst vernachlässigt werden. Zuvor muss aber die religionsgeschichtliche These des Gottes Αἰών selbst überprüft werden. Das dient der Klärung der Frage, ob die Vorstellung eines Gottes Αἰών für die Interpretation des αἰών-Begriffs im Epheserbrief, wie es eine lange Forschungstradition sieht, wichtig sein kann.

2.1 Zur religionsgeschichtlichen These eines Gottes Αἰών

2.1.1 Αἰών als Gott iranisch-babylonischer Provenienz?

Als erster hat R. Reitzenstein die Äonen in Eph 2,2.7; 3,9 personal gedeutet.[57] Sie geraten ihm zu ἄρχοντες mit überraschend menschlichen Zügen. Über den Gnadenreichtum Gottes „staunend" und „bestürzt[…]" kommen sie heran[58]. In welchem Verhältnis diese Machtwesen zu den vorherigen Ausführungen unter der Hauptüberschrift „Aion und ewige Stadt" über ägyptischen und römischen Gott Αἰών stehen, bleibt indes unklar. Αἰών stelle die „Vereinigung" von „Lichtgott, Zeitgott, Weltschöpfer, Weltregent, ja Weltgott, Offenbarungsgott und Erlöser" dar − Reitzenstein gibt aber zu, dass dieser Gott „doch immer seltsam unbestimmt bleibt"[59]. Die Herkunft des Gottes Αἰών wird aus iranisch-babylonischer Mystik abgeleitet[60], wenngleich er hier nicht auftaucht. Er wird aber mit „Zarvan" gleichgesetzt[61], was keineswegs unproblematisch ist[62]. Als Göttergestalt greifbar werde er

---

[57] Vgl. REITZENSTEIN, Erlösungsmysterium 235f. Im Anschluss an ihn exemplarisch DIBELIUS/GREEVEN, Epheser 67: Eph 2,2 „legt in Verbindung mit 3,9 eine persönliche Fassung von αἰών nahe: Αἰών wäre dann im Sinne der hellenistischen Aion-Lehre der innerweltliche (Zeit-)Gott (vgl. Reitzenstein Iran. Er. 171 ff. 235f. anders Odeberg 17), der hier im direkten Gegensatz zu Gott stände, und darum mit Satan identifiziert würde."
[58] REITZENSTEIN, Erlösungsmysterium 236.
[59] Ebd. 230.
[60] Vgl. ebd. 204.
[61] Siehe ebd. 177–179.
[62] Zur Problematik dieser Herleitung bzw. Gleichsetzung von Αἰών mit Zarvan siehe: ZEPF, Der Gott Αἰών 225: „[..] es [ist] ihm [scil. REITZENSTEIN] doch in seinem ‚iranischen Erlösungsmysterium' gelungen, seine Spuren bis in den Iran zu verfolgen. Dabei hat er aber […] die Linien allzu gerade ausgezogen […]"; NILSSON, Geschichte der Griechischen Religion II 504, im Zusammenhang mit Αἰών: „Von dem zervanistischen Urprinzip hört man weniger, als man erwarten

dann zuerst in Alexandria.[63] Von hier aus wird die Linie nach Rom hin ausgezogen. Diese Stadt wird Reitzenstein zum „Sitz des Aion"[64] und der Gott dadurch zum Vorfahren der *Roma aeterna*.[65] Als einziges Zeugnis für den alexandrinischen ‚Aion Plutonius' dient „die in zwei Fassungen erhaltene Gründungslegende bei Pseudokallisthenes".[66] Diese Quelle ist Ausgangspunkt von Reitzensteins These des Gottes Αἰών und verdient deshalb eine relativ ausführliche Untersuchung. Weil sie die Basis der fraglichen Argumentation betrachtet, kommt ihr zugleich exemplarische Funktion zu. Eine differenzierte Besprechung sämtlicher für dieses Thema traktierter Einzeltexte ist im Rahmen der vorliegenden Fragestellung kaum zu bewältigen. Neben dem eben genannten Text sollen deshalb nur die ‚tragenden Säulen' der These geprüft werden. Wo die Stützen der Theorie vom Gott Αἰών wegbrechen werden, bietet dies einer kritischen Rückfrage ausreichende Argumentationsbasis.

Genau genommen ist es schon nicht der Gründungsbericht Alexandrias, sondern das Ammonorakel des Alexanderromans, in welchem der Begriff Αἰών vorkommt und worauf die Gründung Alexandrias bei Pseudokallisthenes zurückgeführt wird.[67] Αἰών kommt im ganzen Alexanderroman nur innerhalb des zweimal erzählten Orakels vor.[68] Bereits die Art der Quelle, die hier – zumal als einziger Beleg – für die

---

möchte [...]"; siehe auch NOCK, Vision 382: „So far as I know, Aion never renders Zervan."

[63] Vgl. REITZENSTEIN, Erlösungsmysterium 188.

[64] Ebd. 207.

[65] Zustimmung und Weiterführung hat diese Kernthese v.a. durch E. NORDEN, Geburt des Kindes (1931), und A. ALFÖLDI, *Aion Plutonius* (1977), erfahren.

[66] REITZENSTEIN, Erlösungsmysterium 188. Bereits die Zuweisung verschiedener Berichte an Einzelkapitel, die REITZENSTEIN, a.a.O. 189, vornimmt, ist falsch und erschwert dadurch den Nachvollzug seiner Darstellung erheblich: der „erste Bericht" wird mit Kapitel 32 („c. 32") identifiziert. Wenn im Weiteren davon die Rede ist, dass ein „zweiter" Bericht „folgt", „der ihn [scil. den ersten] gänzlich ignoriert" und *unmittelbar an cap. 31 schließt* [Hervorhebung S.R.]", kann es sich dabei ebenfalls nur um Kap. 32 handeln. Dadurch ist eine Differenzierung der beiden als relevant angeführten ‚Gründungslegenden' nicht ohne Weiteres möglich. Da REITZENSTEIN, a.a.O. 189f., aber über diesen zweiten, unmittelbar an Kap. 31 anschließenden Bericht vermerkt, dass er „sogar das Orakel wiederholt", kann man davon ausgehen, dass er Kap. 33 meint, wo sich das Ammonorakel VV. 12–16 erneut findet.

[67] Die Formulierung bei REITZENSTEIN, Erlösungsmysterium 188, ist deshalb ungenau: „Alexandria ist die Stadt des Αἰών. Das verkündet die in zwei Fassungen erhaltene Gründungslegende bei Pseudokallisthenes, und echter Aion-Kult ist uns hier bis in späte Zeit bezeugt. Auf ein Orakel des Ammon wird beides zurückgeführt." Abgesehen davon, dass die Gründungslegende selbst eben nicht von Αἰών spricht, lässt die Formulierung auch unklar, *was* beides auf das Orakel zurückgeführt wird (beide Berichte oder ein Bericht und der angebliche Aion-Kult?), und was mit „echtem" Kult gemeint ist.

[68] Vgl. dazu den Index bei KROLL, Historia 147.

Existenz eines ägyptischen Gottes Αἰών angeführt wird, sollte zur Vorsicht vor historischen Schlüssen mahnen. Denn beim sogenannten Alexanderroman[69] handelt es sich um einen Text, in dem sich „historische und phantastische Angaben vermengen", in dem „Elemente der Historiographie, der mündlichen Tradition und der utopischen Literatur verflochten"[70] sind und der zudem in mehreren Rezensionen unterschiedlicher Datierungen überliefert ist. Insbesondere der Abschnitt I, 30–33, in dem das entscheidende Orakel an Alexander begegnet, ist überlieferungsgeschichtlich konfus.[71]

Der Wortlaut des Ammonorakels, das Alexander in Ägypten aufsucht, lautet:

I 30,6
<῏Ω> βασιλεῦ, σοὶ Φοῖβος ὁ μηλόκερως ἀγορεύω·
εἴγε θέλεις αἰῶσιν ἀγηράτοισι νεάζειν,
κτίζε πόλιν περίφημον ὑπὲρ Προτηΐδα νῆσον,
ἧς προκάθητ' <Αἰὼν> Πλουτώνιος αὐτὸς ἀνασσῶν
<πενταλόφοις κορυφαῖσιν ἀτέρμονα κόσμον ἑλίσσων.>[72]

Dieses Orakel findet nun bei Reitzenstein die folgende Auslegung.

„Mit der Ewigkeit des Gottes Alexander, der hier sein Grabmal finden soll, ist die Ewigkeit der Stadt verbunden. Der Gott Aion erscheint als der Herr der πολεύοντες, die seine Diener sind, und bewirkt die Bewegung der Himmelssphären, aber sein Sitz ist zugleich im Hades."[73]

Davon abgesehen, dass nicht erkennbar ist, wo der *Gott* Alexander, die πολεύοντες und die Bewegung der Himmelssphären ihren Anhalt im Orakel haben, hält die hier behauptete Existenz eines Gottes Αἰών

---

[69] MERKELBACH, Die Quellen 59, datiert auf die Jahre 310–330; KROLL, Kallisthenes 1719, nennt als *terminus ante quem* das Jahr 300.

[70] FUSSILO, Pseudo-Kallisthenes 513. Siehe z.B. auch KROLLS Einschätzung des „Charakter[s] der Darstellung": „Daß diese Erzählung ein Zerrbild der wirklichen Ereignisse bietet, liegt auf der Hand; bei genauerem Eingehen findet man immer neue Verstöße gegen die historische Wahrheit und sinnlose Erfindungen" (Kallisthenes 1710). – Weniger negativ bewertet STONEMAN, The Alexander Romance 127, den Charakter des Textes: „The essence of this particular text, both in terms of philosophical significance, and in terms of generic taxonomy, is to be found in the position it occupies between history and fiction".

[71] Siehe MERKELBACH, Die Quellen, 80: „I 31–33 [...] Diese Kapitel bieten Schwierigkeiten; anscheinend hat der Verf. des Al.-Rom.s die Erzählung der hist. Qu. sehr durcheinander gebracht." Hinzu kommt, dass Αἰών in der ältesten Textfassung (A, Cod. Paris 1711; vgl. zur Überlieferung z.B. BERGSON, Alexanderroman V–XXV) nicht enthalten ist; siehe dazu KROLL, Historia 33. – Reitzenstein erwähnt diese Befunde nicht.

[72] Zur Textausgabe der ältesten Rezension A, siehe KROLL, Historia Alexandri magni 27.

[73] REITZENSTEIN, Erlösungsmysterium 189.

der Überprüfung nicht stand.[74] Hauptkritikpunkte an der These sind beim Genre des Textes anzusetzen, das sich zwischen Fiktion und Historie bewegt.

Dass das Orakel, auf das sich die Argumentation Reitzensteins bezieht, in einem fiktiven Kontext begegnet und in diesem eine spezifische narrative Funktion für den Fortgang der Erzählung erhält, muss unbedingt berücksichtigt werden. Andernfalls gerät der Charakter der Orakelrede aus dem Blick. Auf die Frage des Alexander, wo er die ewige (ἀείμνηστος) Stadt gründen solle, antwortet das Orakel, wie es einem Orakel zukommt, in Rätseln. Um deren Enthüllung wird es im Fortlauf der Handlung gehen.[75] Verschlüsselte Rede ist *erstens* die Selbstbezeichnung des Orakels als Φοῖβος ὁ μηλόκερως, Apollo mit Widderhörnern, obwohl es sich doch um Zeus Ammon handelt. Sie ist dahin aufzulösen, dass das Orakel nicht als Apollo, sondern als ein ‚wahrsagender Gott' in Erscheinung tritt. Die Bedeutung von φοῖβος als ‚Wahrsager' oder ‚göttliches Wesen' ohne Bezug auf den individuellen Gott Apollon liegt auch der Zeus-Panamaros-Inschrift vor.[76] *Zweitens*: Wie kann Aion Plutonius bereits der Stadt vorstehen, die noch gar nicht gegründet ist? *Drittens*: Was ist die Proteische Insel? Wer ist ihr Herrscher? *Viertens*: Wo sind die fünfhügeligen Gipfel? Für vorliegenden Zusammenhang aber besonders wichtig ist *fünftens* das Rätsel: Wer ist Aion Plutonius? Die Rätsel gemeinsam mit den folgenden Auflösungen innerhalb der Erzählung sind im Rahmen von Elementen antiker fiktionaler Texte zu verstehen[77].

Die Identität des geheimnisvollen Aion Plutonius wird sich erzählungsimmanent als Sarapis erhellen.[78] Zumindest was ‚Plutonius' angeht, weist er auch der zeitgenössischen Leserschaft auf Sarapis hin.[79] Es bleibt die Bezeichnung Αἰών zu klären. Im Zusammenhang mit Pluton als Gott der Unterwelt ist Αἰών schwer als

---

[74] Vgl. zum Folgenden insbesondere die Kritik von ZUNTZ, Aion Plutonius 291–303, und DERS., AIΩN in der Literatur der Kaiserzeit; vgl. auch DERS., Gott des Römerreichs; DERS., AIΩN im Römerreich.

[75] Vgl. im Folgenden zur narrativen Funktion der Rätsel und ihrer Enthüllungen im Ganzen ZUNTZ, Aion Plutonius 293ff.

[76] Siehe dazu ROUSSEL, Le Miracle 88, der in Z.18 der Inschrift (ἡμᾶς δὲ πάντας διετήρησεν ὁ θεὸς ἀπημάντους καὶ ἀβλαβεῖς καὶ ὅπερ διὰ τῶν φοίβων παρεκάλεσεν πολλάκις) φοίβων wie folgt bestimmt: „Φοίβων [...] doit désigner des devins ou prophètes".

[77] Siehe dazu STONEMAN, Alexander Romance 122: „[...] let us examine the elements the narrative shares with the ancient fictional texts [... 123:] (3) Alexander's cleverness is a characteristic feature of the Romance. He invents stratagems, interpret inscriptions [...] and omes [...] The world is a palimpsest which only the wise can interpret".

[78] Vgl. I 33,1.7.12. – Sucht Alexander nach 30,7 im Anschluss an die erste Erwähnung des Orakels noch nach dem unbestimmten, ihm unbekannten Gott (ἀνεζήτει τίς τέ ἐστιν ὁ ... θεός), so wird in 33,1 dieselbe Suche ausdrücklich als Suche nach Sarapis gekennzeichnet, die durch das Orakel geboten ist: ἐζήτει δὲ καὶ τὸ Σαραπεῖον κατὰ τὸν χρησμὸν τὸν δοθέντα αὐτῷ ὑπὸ τοῦ Ἄμμωνος (...). Über die Verbindung durch ζητέω hinaus, wird der Zusammenhang zwischen Sarapis und dem im Orakel verschlüsselten Gott dadurch zwingend, dass hierauf der Orakelspruch in 33,2 noch einmal identisch wiederholt wird.

[79] Siehe Plutarch, Is. et Osir. 362 A: (...) τὸ παρ᾽ Αἰγυπτίοις ὄνομα τοῦ Πλούτωνος (...) τὸν Σάραπιν; 361E: Οὐ γὰρ ἄλλον εἶναι Σάραπιν ἢ τὸν Πλούτωνά φασι; vgl. auch Clemens v. Alexandria, Protr. P. 42.

Zeit- oder Ewigkeitsgott zu verstehen – wenigstens bliebe die Verbindung von Zeit bzw. Ewigkeit und Unterwelt ausgesprochen fragwürdig. Aἰών ist kein eigener Gott, sondern „Beziehungsnomen [...], wo θεός unanwendbar war und δαίμων geringerer Würde".[80] In diesem Sprachgebrauch des ägyptischen Raumes, in dem Aἰών als Andeutung eines – aus verschiedenen Gründen – nicht zu nennenden Gottes erscheint, wird Aἰών zu einem „überhöhende[n] Synonym für ‚Gott‘"[81]. Als solches dient Aἰών in vorliegendem Text speziell der orakulären Umschreibung des Gottes Sarapis. Der plutonische *Gott* ist Sarapis, und von ihm, nicht von Aἰών, spricht das Orakel. Der Name eines individuellen Gottes ist durch Aἰών demnach nicht angezeigt.

Die Grundlage für die Behauptung des alexandrinischen, kultisch verehrten Gottes Aἰών entfällt, wo sich das hierfür als ältestes Zeugnis angeführte Orakel des Alexanderromans als unzulänglicher Beleg erweist. Übersehen die Konstruktionen Reitzensteins also zum einen, dass es sich bei dem Orakel nicht um eine historische Urkunde[82], sondern um einen Teil eines literarisch-fiktiven Textes mit einer spezifischen narrativen Funktion handelt[83], so ist zum anderen auch grundsätzlich nicht nachzuvollziehen, auf welcher Basis die weiteren (teils widersprüchlichen) Schlüsse zu diesem Gott Aἰών bei Pseudo-Kallisthenes gewonnen werden.

Reitzenstein erkennt beispielsweise unvermutet, dass es durchaus eine Deutung des Orakels gibt, „nach der αἰὼν Πλουτώνιος nur als orakelhafte Umschreibung

---

[80]   ZUNTZ, Aion Plutonius 295. ZUNTZ, a.a.O. Anm. 16a, weist auf das byzantinische Alexandergedicht hin (ed. S. REICHMANN, 1963), das an der entsprechenden Stelle, v. 1364, θεός für αἰών setzt.

[81]   ZUNTZ, AIΩN 29. Vgl. dazu auch MERKELBACH, Die Quellen 80f., der diesen Sprachgebrauch voraussetzt, wenn er mit unbestimmtem Artikel von „ein[em] plutonische[n] Aion" spricht, und davon, dass der „vom Orakel des Ammon bezeichnete[...] Gott" sich als „Sarapis [offenbart]". Die skizzierte ägyptische Sprachkompetenz ist folgendermaßen zu erklären: αἰών als (ewiges) Lebensalter eines Gottes ersetzt ihn metonymisch als ein distinktives Gattungsmerkmal, das alle Götter teilen – sie haben einen speziellen, weil ewigen αἰών, durch den sie sich von anderen Entitäten unterscheiden. Innerhalb dieses metonymischen Bezugsrahmens kann ein Gott durch αἰών als eine seiner Eigenschaften angesprochen werden; vgl. zu dieser Funktion von αἰών, NOCK, Vision 377: „We have the indication of a functional attribute and aspect of deity".

[82]   Siehe dazu BOSWORTH, Alexander and Ammon 68: „if Alexander did receive a foundation oracle for his new city, he is hardly likely to have hushed it up, so that the first source to breathe a word about any such oracle is the Alexander Romance of the third century A.D. (Ps.–Call. 1,30,5). Indeed there is no record in the Alexander sources of any foundation oracle for any of Alexander's cities, and, if the asking of divine sanction for a new foundation was as regular as Welles implies, it is amazing that there is no literary record until the late and unhistorical Romance."

[83]   Höchst erstaunlich ist, wenn, nachdem das Orakel zuvor wie eine historische Urkunde behandelt wurde, REITZENSTEIN, Erlösungsmysterium 206, unvermittelt von der „Erfindung des Orakels" spricht.

für den bestimmten Gott, nämlich Sarapis selbst, erscheint."[84] Vermutlich um durch diese unvorsichtige Bemerkung nicht den individuellen Gott Αἰών in seiner Existenz in Frage zu stellen, wird die Deutung nun aber – wiederum ohne Begründung – als „neue" von der ursprünglichen, alten Bedeutung unterschieden und mit dem „zweiten Gründungsbericht" identifiziert. Sie verdanke sich erst der Situation, in der der Sarapiskult alle anderen an Bedeutung überragt[85]. Die Behauptung, dass die Identifizierung von Αἰών und Sarapis[86] erst auf einer sekundären Überlieferungsschicht anzusetzen sei, ist aber nicht nur unbegründet, sondern eine genauere Textbetrachtung zwingt zum gegenteiligen Schluss.[87] Reitzenstein nimmt offensichtlich an, dass zu unterscheidende Überlieferungsschichten in der Chronologie ihrer Entstehung im Alexanderroman nacheinander gereiht anzutreffen sind. Hierfür spricht aber nichts. Die Behauptung verliert dadurch weiter an Boden, dass noch kurz zuvor das Vorkommen des Sarapis innerhalb des ‚zweiten Berichtes' ganz anders erklärt wird.[88] Zeitlich früher als die ‚neue Deutung' seien aber zwei weitere Überlieferungsschichten zu unterscheiden. Das „älteste Zeugnis" für den Gott Αἰών sei „das Orakel selbst". Der erste Gründungsbericht dann sei schon „jünger". In ihm werde Αἰών mit ἀγαθὸς δαίμων identifiziert – Αἰών kommt in diesem Bericht aber gar nicht vor, und entsprechend ist seine Identifizierung mit ἀγαθὸς δαίμων ohne jeden Anhalt im Text.[89] Aus dieser wie aus der angeblichen Identifizierung mit Sarapis in den beiden Gründungsberichten, schließt Reitzenstein: „Der Αἰών hat in Alexandria zunächst keinen eigenen Tempel gehabt."[90] Die Formulierung verdeckt nur schlecht, dass es auch in späteren Zeiten einen eigenen Tempel dieses ‚Gottes Αἰών' nie gegeben hat, zumindest ein solcher nicht bekannt ist.

---

[84] Ebd. 196. Weitere Eigentore gegen seinen individuellen Gott Αἰών schießt REITZENSTEIN, a.a.O. 200 mit Anm. 2, wenn er von einer „Angleichung des alexandrinischen Αἰών Πλουτώνειος an Osiris" spricht und außerdem vermerkt: „Auch andere Götter werden mit ihm identifiziert, so der Mandulis von Talmis, der Apollon, Helios und Αἰών παντοκράτωρ genannt wird."

[85] Vgl. REITZENSTEIN, Erlösungsmysterium 196. – Dieses ist aber schon seit der Ptolemäerzeit zu vermuten.

[86] Hier wäre außerdem besser von einer Beschreibung des Sarapis als Αἰών zu sprechen.

[87] Es ist vielmehr darauf hinzuweisen, dass der Verfasser die Ordnung seiner Quellen durcheinander gebracht zu haben scheint und der Abschnitt 31,2–10 eine spätere Interpolation darstellt (vgl. MERKELBACH, Die Quellen 80). Hierfür spricht die detaillierte Schilderung der späteren Stadt, d.h. bevor sie nach Kap. 32 erst gegründet wird, wie auch der Latinismus μίλια in 31,8, der auf späteren Ursprung hinweist, und ebenso der Stichwortanschluss durch παραγενάμενος δὲ ἐπὶ τούτου τοῦ ἐδάφους 31,2 und παραγενόμενος οὖν ὁ ᾿Αλέξανδρος εἰς τοῦτο τὸ ἔδαφος 32,1, durch den der Einschub gerahmt ist. Schließlich setzt Kap. 32 die in Kap. 30–31,1 geschilderten Ereignisse inhaltlich genau fort, indem in 30,7 begonnene Suche Alexanders nach den ‚Aufträgen' des Orakels fortgeführt wird und die Rätselsprüche des Ammon narrativ aufgelöst werden. – Vgl. dazu auch ZUNTZ, Aion Plutonius 298f.

[88] Siehe REITZENSTEIN, Erlösungsmysterium 190 Anm. 1: Reitzenstein konstruiert folgende Erklärung für Alexanders Aufsuchen des Sarapeions: „Der Gott hat außer dem Orakel noch weitere Belehrung gegeben und den Sarapis entweder genannt oder als den θεὸς ὁ πάντα δεχόμενος bezeichnet."

[89] Zu diesen unbegründet postulierten Überlieferungsschichten vgl. REITZENSTEIN, Erlösungsmysterium 196.

[90] Ebd. 190.

Auch weitere Zeugnisse, die im Interesse eines ägyptischen Gottes Αἰών und seines Kultes angeführt werden, ergeben keineswegs den postulierten Bezug. Sie im Einzelnen zu besprechen, würde hier zu weit führen. Einige Beispiele aber seien genannt, um einen Eindruck von der Willkür zu vermitteln, mit der man sich lange Zeit bemüht hat, den Gott Αἰών zu erschaffen.

E. Norden geht in der Nachfolge Reitzensteins ebenfalls von einem ägyptischen Αἰών-Kult aus und stellt fest: „Aionmotive verbanden sich dort mit der Verehrung des Osiris und der Isis."[91] Als Belege für diese Behauptung führt er verschiedene Texte an. In Diodorus Siculus I.11.5 (τούτους τοὺς θεοὺς [Osiris und Isis] ὑφίστανται τὸν σύμπαντα κόσμον διοικεῖν τρέφοντάς τε καὶ αὔξοντας πάντα τριμερέσιν ὥραις ἀοράτῳ κινήσει τὴν περίοδον ἀπαρτιζούσαις) begegnet der Begriff αἰών allerdings nicht. In Athenagoras, Pro Christ. 22,51f. περὶ τῆς Ἰσιδος, ἥν φύσιν αἰῶνος, ἐξ ἧς πάντες ἔφυσαν καὶ δι' ἧς πάντες εἰσίν, λέγουσιν, gibt es keinen Anhaltspunkt dafür, dass mit αἰών ein Gott gemeint ist. Vielmehr legt der Kontext die Bedeutung ‚Lebenszeit' nahe.[92] Wenn von Isis gilt, dass aus ihr alle Wesen hervorgehen und in ihrem Dasein durch sie erhalten werden, wird dadurch diese Semantik aktiviert – Isis ist der ‚Ursprung der Lebenszeit', und nicht der Ursprung des Gottes Αἰών.[93] Letzteres ist zudem eine ziemlich unsinnige Vorstellung. So wenig wie in Diodorus I.11.5 kommt der Begriff αἰών bei den ebenfalls von Norden angeführten Texten des Apuleius (Metamorphosen xi.5, *Isis ... saeculorum progenies initialis*) und Horapollon (I.3, ἐνιαυτὸν δὲ βουλόμενοι δηλῶσαι Ἰσιν ... ζωγραφοῦσιν) vor.

Auf ‚kultisches Weiterleben' des Αἰών wird ein Epiphaniostext[94] gedeutet, der von einem Fest in Alexandria berichtet, welches die ‚Geburt des Αἰών' feiert. Konstitutive Elemente der Feier sind, dass sie nachts (vom 5./6. Januar) stattfindet und ein hölzernes Götterbild aus dem Adyton empor geholt und sieben Mal um den inneren Tempel getragen wird. Der Festruf lautet: „In dieser Stunde hat heute Kore – dies ist die Jungfrau – den Αἰών geboren" (ἐρωτώμενοι δὲ ὅτι τί ἐστι τοῦτο τὸ μυστήριον ἀποκρίνονται καὶ λέγουσιν ὅτι ταύτῃ τῇ ὥρᾳ σήμερον ἡ Κόρη [τουτέστιν ἡ παρθένος] ἐγέννησε τὸν Ἀιῶνα, Epiphanios, Pan. Haer. 51,22,10). Der Text des Epiphanios kann im Rahmen der vorliegenden Untersu-

---

[91] NORDEN, Geburt des Kindes 30.

[92] Gegen ZUNTZ, Aion Plutonius 300, der mit „gegenwärtige Welt und Weltperiode" übersetzt.

[93] Dafür spricht auch die syntaktische Parallelität mit dem voranstehenden Nebensatz: ἥ περὶ τῆς Ἀθηνᾶς, ἥν φρόνησιν διὰ πάντων διήκουσάν φασιν. Die Struktur ist in beiden Fällen dieselbe: nach der einleitenden Präposition folgt ein Göttinnenname und darauf im Akkusativ, wofür die Göttin gehalten wird (φασιν/λέγουσιν jeweils am Ende des Satzes): dieser Akkusativ ist im Falle der Athene der ‚alles durchschreitende Verstand', also ein abstraktes Bezugswort. Es liegt deshalb nahe, in dem syntaktisch identisch gestalteten φύσιν αἰῶνος ein abstraktes Bezugswort zu sehen (den Ursprung der Lebenszeit), und nicht den Ursprung eines unbestimmten und schwer fassbaren Gottes.

[94] Epiphanios, Pan. Haer. 51,22,3–11. An diesem Text macht REITZENSTEIN, Erlösungsmysterium 188; 195f., „echte[n] Aion-Kult [...] bis in späte Zeit" fest. Es stört ihn dabei nicht, dass die Gründung der Stadt, als dessen Gott Αἰών laut Orakel seither zu gelten habe, und der Bericht des Epiphanios, der über den Kult dieses Gottes informiere, ungefähr 700 Jahre auseinander liegen.

chung nicht ausführlich besprochen werden. Dies ist insofern auch legitim, da der Kult eines Gottes, dessen Existenz durch die hierfür angeführte Quelle nicht bestätigt werden konnte, ohnehin äußerst zweifelhaft ist. Wenige kritische Anfragen sind also für die Argumentation hier ausreichend. Es überzeugt bereits nicht, für einen aus iranischer Mystik entnommenen *Ewigkeitsgott* einen *Geburtstag* anzunehmen und weiterhin davon auszugehen, dass dieser Gott alljährlich an seinem Geburtstag aus der Unterwelt heraufgeholt werde. Im Weiteren entgeht Reitzenstein zwar nicht, dass ein (nahezu) identisches Zeremoniell bei den Κρόνια/ Κικέλλια in Alexandria am 25. Dezember, dem Tag der Wintersonnenwende, gefeiert wird.[95] Auch hier begegnen die heiligen Stätten in nächtlichem Zeremoniell, und der abschließende Festruf lautet 'Η παρθένος τέτοκεν· αὔξει φῶς.[96] Dieser Umstand wird vage mit den beiden ‚Gründungslegenden' des Pseudokallisthenes in Verbindung gesetzt: „Den zwei Göttern in dem zweiteiligen Bericht [damit sind vermutlich Aion und Sarapis gemeint, S.R.] entsprechen also die beiden Feste."[97] Dass es sich bei dem Fest am 25. Dezember um die Geburt des Sonnengottes handelt[98], mit dem Sarapis freilich häufig identifiziert wird[99], wird nicht erwähnt[100] und dem Verhältnis beider Feste zueinander nicht nachgegangen. Es wird lediglich – ausgesprochen leichtsinnig in Bezug auf die These eines individuellen Αἰών – festgestellt: „Beide gelten im Grunde demselben Gott."[101] Geht man dieser (unfreiwillig gelegten) Fährte nach, so führt der Weg allerdings nicht zu einem spezifischen Gott Αἰών. Was sich schon durch den zitierten Kosmas-Text abzeichnet, wird von einem Macrobius-Beleg bestätigt. Beide Feste gelten demselben Gott, und zwar dem Sonnengott.[102] Die Differenz des in den verschiedenen Quellenberichten angegebenen Datums erklärt sich durch Grundlage unterschiedlicher Kalender, des thebanischen und des julianischen.[103] Wird also sowohl bei den

---

[95]   Vgl. REITZENSTEIN, Erlösungsmysterium 196; vgl. hierzu die von HOLL, Ursprung 147f., angeführten Quellen, die Reitzenstein nicht angibt: wiederum Epiphanios, Pan. Haer. 51,22,3–5 (das Fest am 25. Dezember als Tag der Wintersonnenwende heiße bei den Römern ‚Saturnalien', bei den Ägyptern Κρόνια, bei den Alexandrinern Κικέλλια).

[96]   Siehe dazu im Kosmas-Kommentar zu Gregor von Nazianz (Migne, PG 38, 464).

[97]   REITZENSTEIN, Erlösungsmysterium 196.

[98]   Vgl. zum *dies natalis Solis invicti* am Wintersonnwendtag NILSSON, Geschichte II 511; DERS., Sonnenkalender 476f. Zum Wintersonnenwendtag am 25. Dezember in Ägypten, Syrien, Arabien und Rom vgl. die bei HOLL, Ursprung 145–147, angegebenen Stellen.

[99]   Siehe dazu NILSSON, Geschichte II 513.

[100]   Vgl. dazu aber ZUNTZ, ᾿ΑΙΩΝ 18f.

[101]   REITZENSTEIN, Erlösungsmysterium 196.

[102]   Macrobius, Saturn. 1,18,10 bei ZUNTZ, ᾿ΑΙΩΝ 19, in diesem Zusammenhang angegeben: *hae autem aetatum diversitates ad Solem referuntur, ut parvulus videatur hiemali solstitio, qualem Aegyptii proferunt ex adyto die certa, quod tunc, brevissimo die, veluti parvus et infans videatur.* Die von Macrobius für die Wintersonnenwende am 25. Dezember in Ägypten beschriebene Zeremonie, bei der die Sonne als Bild eines kleinen Kindes aus dem Allerheiligsten hervorgeholt wird, gleicht derjenigen bei Epiphanios geschilderten deutlich.

[103]   Siehe ZUNTZ, ᾿ΑΙΩΝ in der Literatur der Kaiserzeit 20: „Es scheint also, nach unseren Quellen zu urteilen, daß in Alexandria, im ausgehenden Altertum, die Geburt des Sonnengottes zweimal in fast derselben Weise gefeiert wurde: von Altgläubigen im ‚Koreion' nach dem älteren Kalender, von anderen (vermutlich anderswo) nach dem julianischen." Zum thebanischen und julianischen Kalender und

Κρόνια/Κικέλλια am Wintersonnenwendtag nach dem julianischen Kalender als auch bei dem von Epiphanios für den 5./6. Januar beschriebenen Zeremoniell die Geburt des Sonnengottes gefeiert, so verliert sich von einem eigenen Gott Αἰών jede Spur. Die Verwendung des Begriffes bei Epiphanios, Pan. Haer. 51,22,10 erklärt sich erneut als Bezeichnung *eines* Gottes, der nicht namentlich, sondern mit seiner Gattungsbezeichnung genannt wird. Die Übersetzung „Heute hat die Jungfrau den Gott Αἰών geboren" ist deshalb nicht richtig. Gemeint ist: „Die Jungfrau hat den Gott geboren, [der nicht namentlich genannt wird]."[104]

Derselbe, nahezu synonyme Sprachgebrauch von αἰών und θεός liegt in zwei auf Damaskius zurückgehenden Stellen bei Suidas vor, die angeblich belegen, dass Αἰών „auch in Aegypten eine selbständige religiöse Größe darstellte."[105]

Frgm. 2744 [...] τῶν μὲν Περσικῶν (τελετῶν) καλουμένων ὁ Εὐπρέπιος ἐξάρχων, τῶν δὲ ἀμφὶ τὸν Ὄσιριν ὁ Ἐπιφάνιος. οὐ μόνον δέ, ἀλλὰ καὶ τῶν τοῦ Αἰῶνος ὑμνουμένου θεοῦ· ὅν ἔχων εἰπεῖν ὅστις ἐστίν, ὅμως οὐ γράφω κατά γε τὴν παροῦσαν ταύτην ὁρμήν [...].

Frgm. 450 [...] οὕτω διέγνω τὸ ἄρρητον ἄγαλμα τοῦ Αἰῶνος ὑπὸ τοῦ θεοῦ κατεχόμενον, ὅν Ἀλεξανδρεῖς ἐτίμησαν, Ὄσιριν ὄντα καὶ Ἄδωνιν ὁμοῦ κατὰ μυστικὴν ὡς ἀληθῶς φάναι θεοκρασίαν [...].

In beiden Texten stellt sich αἰών deutlich als Umschreibung eines göttlichen Wesens dar, über das im ersten Fall explizit keine näheren Auskünfte gemacht werden sollen (der Schreiber *könnte* zwar, ist aber nicht bereit mitzuteilen, ὅστις ἐστίν[106]). Im zweiten Text wird alternierend unbestimmt vom αἰών und vom θεός gesprochen, bis Heraiskos erkannt hat, welcher spezielle Gott das Kultbild bewohnt – von da an kann namentlich von Osiris gesprochen werden. Diese Verwendung des αἰών-Begriffs liegt schließlich in einer Inschrift im Tempel des Mandulis bei Tal-

---

der unterschiedlichen Datierung der Wintersonnenwende vgl. speziell NILSSON, Sonnenkalender 473: „Wenn im Jahre 2000 v.Chr. ein Fest für die Geburt der Sonne am Wintersonnwendtag eingeführt wurde und dieser Tag nach dem heliakischen Aufgang des Sirius berechnet wurde, muss dieser Tag am Anfang unserer Zeitrechnung auf den 6. Januar fallen. Es ist möglich, dass Epiphanias einer ägyptischen Wintersonnwendfeier aus dem Anfang des mittleren Reichs entstammt."

[104] Siehe dazu ZUNTZ, AIΩN in der Literatur der Kaiserzeit 25: „Aion erweist sich also hier als – nicht ein bestimmter Gott, dessen Geschichte in Alexandria man von der Gründung der Stadt bis ins späte Altertum verfolgen könnte, sondern – nicht individualisiert und fast synonym mit θεός, als eine solenne Bezeichnung verschiedener, besonders verehrter Gottheiten."

[105] HOLL, Ursprung 148. Es handelt sich um Suda, s.v. Ἐπιφάνιος, Frgm. 2744 und Suda, s.v. Ἡραίσκος, Fragm. 450. Zur Analyse siehe ZUNTZ, AIΩN in der Literatur der Kaiserzeit 22–25, der zu folgendem Ergebnis kommt, 25: „Der erste Text sagt deutlich, daß der ‚gepriesene Aion‘ einen anderen, den wahren Namen des betreffenden Gottes verhülle; der zweite spricht von einem anderen Aion und enthüllt dessen wahren Namen und damit sein eigentliches Wesen: es ist Osiris in mystischer Einung mit Adonis." – Beide Stellen auch bei REITZENSTEIN, Erlösungsmysterium 197, angeführt.

[106] NORDEN, Geburt des Kindes 30 Anm. 1, zieht aus diesem Text einen entsprechenden Schluss und eine Erklärung für die Auskunftsverweigerung, was indes nicht zu dem Αἰών-Kult passt, den er eigentlich belegen möchte: „Hier sei aus diesen erwähnt, daß Damaskius an beiden Stellen sich weigert, das wahre Wesen des Gottes zu nennen [...], denn über die Schutzgottheit einer Stadt darf man nach verbreitetem Glauben der Mystiker sich nur vor Eingeweihten verlautbaren."

mis[107] vor. Reitzenstein[108] hingegen deutet sie auf eine Identifizierung des Mandulis mit dem alexandrinischen Aion Plutonius.

Auch in den Überlegungen von E. Peterson zum Gott Αἰών haben die Ideen Reitzensteins ihre Nachfolge gefunden.[109] Da aber deren Ausgangsbasis, wie gezeigt wurde, dürftig ist, stehen damit auch die Ausführungen bei Peterson auf einem unsicheren Fundament. Ganz selbstverständlich wird von der „Gestalt des irano-chaldäischen Αἰών"[110] und von dessen Kult in Alexandria[111] ausgegangen. Um was für eine Gestalt es sich dabei handelt und welche Inhalte hinter „*der* Αἰών-Vorstellung"[112], „*der* Αἰών-Theologie"[113], „*dem* Αἰών-Glauben"[114] (Hervorhebungen S.R.) vorzustellen sind, bleibt trotz dieser konkret-individuell anmutenden Formulierungen unklar. Wo Quellen-Texte als Beweismaterial angeführt werden (dies ist nicht immer der Fall), leisten diese keineswegs den beanspruchten Befund. Dies ist häufig schon darin begründet, dass der Begriff αἰών in ihnen nicht vorkommt.[115] Die Ungewissheit spiegelt sich bereits in Formulierungen Petersons,

---

[107] Inschrift im Tempel des Mandulis bei Talmis (PREISIGKE, Sammelbuch 4127). Vgl. die überzeugende Analyse von NOCK, Vision 377, der aufgrund der Mandulis-Inschrift zu folgendem Verständnis für Αἰών kommt: „We may first observe that this is a purely descriptive phrase. It is not an identification of Helios with some other definite divine figure. That should require τὸν καὶ Αἰῶνα. We have the indication of a functional attribute and aspect of deity." 383: „Aion is thus a term of fluid sense, popular perhaps because of the vague suggestion of the unknowable. It was not a proper nomen, hardly an individuality […]". Diese ägyptische Verwendung des Wortes Αἰών liegt ebenfalls vor in Mesomedes, Hymnos auf Φύσις, 17; vgl. ZUNTZ, ΑΙΩΝ in der Literatur der Kaiserzeit 50; siehe auch LIDDELL/SCOTT, Lexicon αἰών 45: „[…] as title of various divine beings".

[108] Siehe REITZENSTEIN, Erlösungsmysterium 200 mit Anm. 2.

[109] Dass Reitzensteins Thesen offensichtlich die Ausgangsbasis für E. Petersons Untersuchungen zum Αἰών darstellen, wird freilich nur sehr unauffällig mitgeteilt bzw. kaum Rechenschaft über diese ‚Wurzeln' seiner αἰών-Theorie abgelegt; vgl. aber zur expliziten Nennung Reitzensteins bei PETERSON, ΕΙΣ ΘΕΟΣ 245; 260; 300,1; siehe auch zur Aufnahme und Deutung der bereits bei Reitzenstein herangezogenen Quellentexte 253; 267.

[110] Ebd. 268; siehe auch 260.

[111] Ebd. 253. Dabei bezieht Peterson sich auf den auch von Reitzenstein zu diesem Zweck bemühten Epiphanios-Text (Pan. Haer. 51,22), der aber, wie gezeigt wurde, einer Überprüfung nicht standhält. Αἰών-Kult wird auch vorausgesetzt: a.a.O. 249; 267; 297.

[112] PETERSON, ΕΙΣ ΘΕΟΣ 266.

[113] Ebd. 249 Anm. 1; 298.

[114] Ebd. 297.

[115] Die wichtigsten von Peterson angeführten Texte seien hier genannt, um zu illustrieren, dass die Existenz und das Wesen eines Gottes Αἰών auch hier rein spekulativer Herkunft sind: Als Quellen für den viergestaltigen Gott Αἰών werden vier Zeugnisse genannt, in denen diverse Götternamen vorzufinden sind. Von αἰών ist aber nirgendwo die Rede: Nigidus *ad Verg. Ecl. IV 10*; Servius *ad Vergil, Ecl. IV 10*; Orphica Frgm. 248 (ABEL); Hyginus, Fab. 183; Dio v. Prusa, Or. XXXVI 39ff. (a.a.O. 245ff.). Peterson nimmt nun zwei ‚Operationen' vor, mit deren Hilfe er Αἰών in diese Texte hineinträgt: zum einen geht er von Dio aus, der einen von vier Pferden gezogenen und von Zarvan gelenkten Wagen beschreibe – von Zarvan steht indes nichts im Text, sondern Zeus ist der Wagenlenker. Selbst wenn es sich um Zarvan handelte, wäre noch immer keine Verbindung zu Αἰών hergestellt. Denn Zervan, dieser „Welt- und Zeitgott" (245), ist doch keineswegs mit

die mit unbestimmtem Artikel von „ein[em] Αἰών"[116] reden, den Αἰών immer wieder „verschmelzen"[117] lassen oder unwillkürlich mit anderen Gottheiten gleichsetzen[118]. Ohne weitere Konsequenzen bleibt auch die Einsicht, dass „man aber in der bisherigen Forschung über den Αἰών-Gott diesen vielfach zu sehr als eine geschlossene, individuelle Größe interpretiert [hat]"[119]. Diese Einschätzung wäre gerade im Hinblick auf die von Peterson angeführten Zauberpapyri zu vertiefen gewesen, in denen er eine Verschmelzung der jüdischen εἷς θεός-Formulierung mit der αἰών-Vorstellung erkennt. Die genannten Texte weisen aber vielmehr den

---

Αἰών gleichzusetzen, so dass es bereits ausgesprochen konstruiert ist, die von Dio genannten vier Rosse, die dort auf die Elemente Himmel, Luftraum, Erde und Wasser gedeutet werden, als Untergottheiten eines viergestaltigen Αἰών aufzufassen. Zum anderen wird nun dieser angebliche, sich in einer Viererkette darstellende (Αἰών-) Zervan auch in andere Viererketten, die ihrerseits zwar wiederum nicht Αἰών, aber den Sonnengott erwähnen (diesen freilich auch nur dann, sofern man bereit ist, ihn in Saturn wieder zu entdecken), in willkürlicher Weise hineininterpretiert, a.a.O. 246: „Man versteht es jetzt besser, daß, wie bei Dio der Aion [!] als in den vier Elementen enthalten dargestellt wird, so in einer anderen Gedankenreihe [...] der eine Sonnen – und Ewigkeitsgott in den vier Gestaltungen des Jahres (der Jahreszeiten) in den Manifestationen von Zeus, Hades, Helios und Sarapis (Dionysos) enthalten ist." Die Notwendigkeit dieser Verbindung will nicht recht einleuchten. Die These basiert im Wesentlichen auf einer an anderer Stelle bereits vorgenommenen Identifizierung von Helios und Saturn einerseits und Αἰών und Helios andererseits, auf die PETERSON hier rekurriert, a.a.O. 247: „Daß dieser Helios mit Saturn zusammenfällt, um mit ihm gemeinsam den Helios-Aion zu bilden, haben wir auch schon gezeigt, und das wird, soweit es sich um die Idee der Verschmelzung handelt, durch Dio's Tradition bestätigt [bei Dio ist weder von Helios noch von Saturn oder von Αἰών die Rede – Anmerkung S.R.]". Diese ,Beweisführung', in die Αἰών deutlich hineingeschmuggelt wird, sieht wie folgt aus, a.a.O. 100: „Wenn bei Servius die Behauptung aufgestellt wird, daß das *saeculum solis* die *ultima aetas* sei [...], so kann ich die Behauptung nicht so irrig finden [...] Das *ultimum saeculum* ist zugleich das neue *saeculum*, und wenn Vergil V. 6 sagt: *redeunt Saturnia regna*, so ist das kein Widerspruch oder Gegensatz zum *saeculum Solis*, sondern bringt nur zum Ausdruck, daß Helios-Aion [?] = Sol Saturnus die Herrschaft angetreten hat. Dieser Zusammenhang von Sol und Saturn, Helios und Aion wird ganz klar, wenn man sich die astrologische Verknüpfung von Helios und Kronos vergegenwärtigt." Von Αἰών ist weder bei Vergil noch im Kommentar von Servius die Rede – seine Erwähnung in der Verbindung mit Helios ist deshalb in diesem Zusammenhang bereits erstaunlich. Unbegreiflich bleibt darüber hinaus, inwiefern der Zusammenhang von Helios und Αἰών – der in der Tat klärungsbedürftig wäre – aus astrologischen Verbindungen von Helios und *Kronos* (!) zu erhellen ist. – Die Behauptung, dass der jüdische Gott zum Αἰών geworden sei, wird mit einem Text von Ps-Justin, Cohort. 15e begründet, der laut PETERSON auf den Αἰών zu deuten sei, obwohl dieser nicht erwähnt wird (vgl. 298): οὗτος δ' ἐξ ἀγαθοῖο κακὸν θνητοῖσι δίδωσι καὶ πόλεμον κρυόεντα καὶ ἄλγεα δακρυόεντα. Auch in den übrigen Abschnitten des Kapitels begegnet der Begriff αἰών nicht.

[116] PETERSON, ΕΙΣ ΘΕΟΣ 158 Anm. 3; 248 Anm. 2.
[117] Vgl. z.B. ebd. 296.
[118] Vgl. z.B. ebd. 100; 245–247.
[119] Ebd. 247.

oben skizzierten (ägyptischen) Sprachgebrauch auf, der αἰών synonym zu θεός gebrauchen kann.[120]

An der These eines alexandrinischen Gottes Αἰών, der aus Babylon und Persien stammend mit seinem Kult bis in die römische Kaiserzeit zu verfolgen sei[121], sind also insgesamt erhebliche Zweifel angebracht. Keines der Hauptzeugnisse, die von den Vertretern dieser These herangezogen werden, kann den ihm abverlangten Befund zweifelsfrei erweisen.

2.1.2 Augusteischer Reichsgott Αἰών?

Wenn anschließend der Behauptung eines griechisch-römischen Αἰών als Konkurrenzentwurf zu Reitzenstein nachzugehen ist, so geschieht dies entsprechend der bisherigen Ergebnisse unter dem Vorzeichen, dass dieser Reichsgott kein Nachfolger eines hypothetischen ägyp-

---

[120] PETERSONS Zeugnisse dafür, „daß εἷς θεός als außerchristliche und außerjüdische Prädikation für den Αἰών begreifbar ist" (ΕΙΣ ΘΕΟΣ 266), sind Pap. Leyd. V und W. Im Pap. Leyd. V 246 heißt es: τίς δ' αἰών αἰῶνα τρέφων αἰῶσιν ἀνάσσει; / εἷς θεὸς ἀθάνατος πάντων γενέτωρ σὺ πέφυκας / καὶ πᾶσιν ψυχὰς σὺ νέμεις καὶ πάντα κρατύνεις / αἰώνων βασιλεῦ καὶ κύριε [...]. – Peterson erkennt den Gott Αἰών im ersten αἰών. Dieser ist aber keine individuelle Gestalt, sondern ‚Gattungsbegriff‘, wie das unbestimmte Fragepronomen deutlich zeigt: die Frage, *welcher* αἰών die Äonen beherrscht, ist sinnvoll nur, wenn man den synonymen Gebrauch mit θεός erkennt: gefragt wird also danach, welcher Gott oder göttergleiches Wesen über (alle übrigen) göttergleichen Wesen herrscht (auch der pluralische Gebrauch von αἰών zeigt ja, dass es sich um einen Ober-/Sammelbegriff handelt). Die Antwort lautet: der eine Gott (mit seinen weiter genannten Merkmalen), der dann auch entsprechend seiner Superiorität über seine ‚Artgenossen‘ als deren ‚König‘ angesprochen wird. Nicht nur die Frage wäre unsinnig, sondern auch würden Frage und Antwort nicht konvergieren, wenn αἰών der Name einer individuellen Gestalt wäre. – Die Formulierung aus Pap. Leyd. W 329 lautet: ὁ Αἰών Αἰῶνος, ὁ μόνος καὶ ὑπερέχων – hier liegt dieselbe Vorstellung vor: αἰών ist nicht individuell-konkret, sondern gleichbedeutend mit θεός und somit als Oberbegriff verwendet. In diesem Zusammenhang ist bemerkenswert, dass Peterson selbst an anderer Stelle diesen synonymen Gebrauch (auch für Pap. Leyd. W) benennt, 320: „Die zwölf Prädikationen bedeuten zugleich auch zwölf *Äonen* (*resp.* θεοί). Am Ende tritt dann die Epiphanie des θεός τῶν αἰώνων (*oder* wie er V 2198 heißt: ὁ Αἰών τῶν Αἰώνων [...]; Pap. Leyd. W [...]: *Αἰών* Αἰῶνος [...]) ein" (alle Hervorhebungen S.R.). Auch den erstgenannten Papyrus-Text setzt Peterson später mit dem θεὸς τῶν αἰώνων in Beziehung (322). Was dies für Petersons vorherige Deutung der Papyri und generell seine αἰών-Theorie eigentlich bedeutet, reflektiert er allerdings nicht.

[121] Zur Kritik an Reitzensteins Verbindung von Αἰών und Rom als dessen Sitz vgl. ZEPF, Der Gott Αἰών 242: „Aber auch die Verbindung des Aion mit der Vorstellung einer ewigen Stadt bedürfte einer weiteren Klarstellung. Daß sie nicht eigentlich iranisch ist, sagt Reitzenstein selbst p. 207. Ob babylonische Vorstellungen zur Erklärung genügen, bleibe dahingestellt. Beweiskräftig sind die von Reitzenstein herangezogenen Stellen nicht; vor allem fehlen in ihnen die eigentlichen Beziehungen zum Aion. Daß die Stadtgötter die Ewigkeit der Stadt verbürgen, ist ein allgemein verbreiteter Gedanke."

tischen Gottes sein kann, dessen Existenz sich in Unstimmigkeiten verliert. Die Annahme, dass es „den Gott Αἰών [...] seit Augustus und später, aber nicht früher [gab]"[122], stützt sich im Wesentlichen auf zwei archäologische Zeugnisse, nämlich einerseits eine Inschrift aus dem Heiligtum in Eleusis (die zugehörige Statue ist nicht erhalten)[123] und andererseits ein Hochrelief in Aphrodisias[124], das andernorts im Gefolge Reitzensteins als Abbildung des „Ewigkeitsgottes" interpretiert wird[125]. Die Datierung beider Zeugnisse fällt grob in das augustueische Zeitalter.[126]

Die Gestalten, die neben Αἰών auf dem aphrodisischen Denkmal abgebildet sind, lassen sich in zwei ‚interpretatorische' Gruppen einteilen[127], von denen die eine sich mit der Ehrung des Bürgers Zoilos, die andere sich mit dem Lob der die Welt beherrschenden Roma befasst. Formal ist diese Aufteilung durch die aufgehängten Kränze in der Bildhälfte des Zoilos zu erkennen. Zoilos, der Aphrodisias das

---

[122] ZUNTZ, ΑΙΩΝ in der Literatur der Kaiserzeit 20.
[123] Siehe Ditt SIG III 1125: „Κόϊντος Πομπήϊος Αὔλου υἱός / ἐποίει καὶ ἀνέθηκε / σὺν ἀδελφοῖς Αὔλωι καὶ Σέξτωι / ΑΙΩΝΑ / εἰς κράτος ᾽Ρώμης / καὶ διαμονὴν / μυστηρίων. / Αἰὼν ὁ αὐτὸς ἐν τοῖς αὐτοῖς αἰεί / φύσει θείαι μένων κόσμος τε / εἷς / κατὰ τὰ αὐτά· ὁμοῖος ἔστι καὶ ἤν / καὶ ἔσται ἀρχὴν μεσότητα τέλος / οὐκ ἔχων μεταβολῆς ἀμέτοχος / θείας φύσεως ἐργάτης αἰωνίου πάντα."
[124] Bildnachweis: ALFÖLDI, Aion in Merida und Aphrodisias Tafel 21–29.
[125] Vgl. dazu die ausführliche Besprechung in den Teilbeiträgen: ALFÖLDI, Darstellung des Aion; und DERS., Aion von Aphrodisias und der schlummernde Kronos; die Besprechung des Bildmaterials geschieht unter der Prämisse, dass es sich bei dem „alten[n], aber kräftige[n] Mann" mit „verhüllte[m] Kopf" (14) und „angestrengte[r] Denktätigkeit" um den „Ewigkeitsgott" (15) in der Tradition des Kronos-Saturnus handelt. Zur detaillierten Kritik an den Interpretationen Alföldis vgl. ZUNTZ, Zeugnisse 23–26. Hier sei lediglich exemplarisch das assoziativ-spekulative Vorgehen Alföldis veranschaulicht: Alföldi behauptet, dass das, was der Αἰών ursprünglich in der linken Hand hielt – weder Hand noch der angebliche Gegenstand, sondern „allein eine kleine viereckige marmorne Stütze" (15) sind erhalten – „ziemlich klein gewesen sein [muß] und [...] kaum etwas anderes sein [konnte] als eine Buchrolle" (16)! Dass ein kleiner Gegenstand notwendig eine Buchrolle sein muss, leuchtet nicht ein – ganz abgesehen davon befremdet bereits die Notwendigkeit überhaupt eines Gegenstandes in der *verlorenen* Hand. Wenige Seiten später wird dann bereits selbstverständlich „die Schriftrolle in der Hand des Aion von Aphrodisias" in Erinnerung gerufen und zur „‚Enthüllung' darüber [scil. über die Orakelträume des Kronos] in den heiligen Büchern der Karthager" in Bezug gesetzt" (23).
[126] Zur Datierung der eleusinischen Inschrift siehe Ditt SIG III 1125 „Augusti Aetate"; die Datierung des aphrodisischen Reliefs ist unsicher. Anhaltspunkt ist die Person des Zoilos, der auf dem Monument geehrt wird, siehe zur Datierung aufgrund der Lebensdaten des Zoilos im Einzelnen: REYNOLDS, Zoilos 38–41. Als *terminus post quem* vermutet Reynolds 34/3 v.Chr., für den *terminus ante quem* gibt sie 27 v.Chr. an. Die Behauptung, von ZUNTZ, Zeugnisse 22f., dass das Denkmal „im J.17 vor Chr. oder kurz danach errichtet worden sein [muß]", kann sich lediglich auf seinen Wunsch (vgl. a.a.O.: „Mir ist die Hypothese lieb [...]") stützen, das Relief direkt mit den *ludi saeculares* in Verbindung zu bringen.
[127] Vgl. ALFÖLDI, Aion in Merida 13.

Wohlwollen des römischen Herrschers verdient hatte[128], erscheint inmitten der Personifikationen von Δῆμος, Πόλις, Τιμή und Μνήμη, wodurch folgende Botschaft zum Ausdruck kommt: Aufgrund der Verdienste des Zoilos an Volk und Stadt kommen ihm Ehre und Andenken zu.

Αἰών, als mittelalter bärtiger Mann, ist zum einen aufgrund seiner Blickrichtung auf Ῥώμα hingeordnet. Zum anderen signalisieren die Sitzpositionen von Αἰών und Ῥώμα ihren engen Zusammenhang, da sie die einzigen sitzenden Figuren des Hochreliefs sind. Die Schilde der Ἀνδρεία[129] und der Ῥώμα rahmen die Einheit der drei Figuren. Die ehrende Darstellung von Ῥώμα in Verbindung mit Αἰών und Ἀνδρεία lässt sich in folgender Weise paraphrasieren: Durch Tapferkeit wird das römische Reich ewig dauern. Die Reliefhälften sind somit parallel strukturiert. Beide beziehen sich jeweils auf ein zu ehrendes ‚Subjekt' (Zoilos, Roma) und geben in Personifikationen zum einen die Gründe für die Ehrung an (Verdienste um Volk und Stadt; Tapferkeit), zum anderen die Konsequenzen, die die für die Ehrung ausschlaggebenden Tugenden haben werden (ehrenvolles Gedächtnis in der Nachwelt; ewige Dauer). Nicht nur strukturell, sondern ebenso in ihrer temporalen Semantik liegen diese Letztgenannten, Μνήμη und Αἰών, nah beieinander. Wenn zwar Zoilos nicht ewig leben kann, kommt ihm doch wie Rom auf andere Weise ‚unbefristete Dauer' in dem Gedenken seiner zu (was das bis heute erhaltene Denkmal schließlich auch verbürgt).

Der wiederkehrende Hinweis bei A. Alföldi auf die zu unterscheidenden Hälften und v.a. darauf, dass es sich bei den die zu Ehrenden umgebenden Gestalten um „Personifikationen", „Symbolgestalten" und „Sinnbilder[…]"[130] handelt, passt schlecht zur These, dass das besprochene Relief ein Zeugnis des Ewigkeitsgottes Αἰών sei – benennt er doch zugleich sowohl die Sonderstellung von Zoilos und Roma als auch den personifizierenden Charakter der Darstellung um Zoilos und Roma herum deutlich.

Die im Folgenden zu nennenden Kritikpunkte betreffen sowohl die Idee vom persischen Ewigkeitsgott als auch die konkurrierende These, dass das aphrodisische Monument den augusteischen Reichsgott Αἰών für den griechischen Teil des Reiches in Entsprechung zu den römischen *ludi saeculares* bezeuge. Der Unterschied besteht ja lediglich in der geographischen (und ideologischen) Verortung des angeblichen Gottes.

Αἰών ist kein Gott mit einer geographisch wo auch immer zu bestimmenden Heimat. Wie Ἀνδρεία, die ihrerseits keine Göttin ist, sondern personifizierte Tugend, ist der aphrodisische Αἰών innerhalb der Bildhälfte der Roma syntagmatisch auf Roma hingeordnet. Er nimmt syntaktisch eine der Τιμή und Μνήμη in der Bildhälfte des Zoilos entsprechende Funktion ein, indem er bildhaft darstellt, dass die Ἀνδρεία Roms ewige Dauer zur Folge hat. Es fehlt nicht nur ein Argument, welches Αἰών tatsächlich als Gott ausweisen würde, sondern das aufprojizierte Verständnis von Αἰών als Darstellung eines Ewigkeitsgottes missachtet die parallele

---

[128] Siehe REYNOLDS, Zoilos 38.
[129] ANΔPHAI in der Beischrift ist Schreibfehler, siehe ALFÖLDI, Aion in Merida 14.
[130] Ebd. 13f.

Konstruktion beider Reliefhälften und die Tatsache, dass der ‚Platz' der bzw. des Geehrten schon durch Roma vergeben ist. Αἰών ist so im syntagmatischen Verbund mit der weiteren Personifikation' Ἀνδρεία zu sehen, innerhalb dessen beide in Bezug auf Roma zu verstehen sind. Es bleibt unklar, welcher Umstand dazu berechtigt, in Αἰών einen Gott zu sehen, während Πόλις, Δῆμος, Τιμή und Μνήμη selbstverständlich als Personifikationen betrachtet werden. Dass das Monument die Reichsideologie des Augustus „verbildlich[t]"[131], lässt Αἰών genauso wenig wie Δῆμος, Πόλις, Τιμή, Μνήμη und Ἀνδρεία zu einer verehrten Gottheit werden. Αἰών fungiert hier als Personifikation des zeitlichen Abstraktums ‚Ewigkeit'.

Der erste Teil der eleusinischen Inschrift gibt darüber Auskunft, dass die Brüder Quintus, Aulus und Sextus Pompeius das Standbild des Αἰών weihen εἰς κράτος Ῥώμης καὶ διαμονὴν μυστηρίων. Der Αἰών ist somit mit Dauerhaftigkeit verbunden. Dies wird im weiteren Verlauf der Inschrift begründet. Sie beschreibt den über ihr abgebildeten Αἰών in Worten und Motiven, die an philosophische Darstellungen des Themas ‚Zeit' v.a. bei Platon und Aristoteles erinnern[132].

Diesen Αἰών deshalb aber als „Gott in der Sicht peripatetischer Philosophie"[133] anzusehen und hierfür eine genealogisch ausgezogene Linie von Aristoteles über Kritolaos und Poseidonius u.a. bis zum ‚Stoiker' Areios Didymos zu ziehen, der als „Freund" und „Lehrer" Augustus über diese Tradition des Αἰών unterrichten konnte, so dass Augustus seinerseits Αἰών als Reichsgott für die griechische Reichshälfte proklamieren konnte[134], ist ausgesprochen hypothetisch. Von der konstruierten Herleitung abgesehen, ist generell Vorsicht geboten, bei Αἰών in den genannten Zeugnissen von einem augusteischen Reichs*gott* zu sprechen. Aufgrund der unsicheren[135] und zahlenmäßig sehr begrenzten Quellenlage ist nicht von einem individuellen (Reichs-)Gott auszugehen.[136]

---

[131] ZUNTZ, Zeugnisse 22.

[132] Die Verwendung von αἰεί, der poetischen, ionischen, früh-attischen Form von ἀεί (vgl. LIDDELL/SCOTT, Lexicon ἀεί 26), erinnert in Verbindung mit αἰών an aristotelisch-stoische Etymologie (siehe Aristoteles, Cael. 279a 27). Darüber hinaus finden die VV. b 1–7 motivische und teilweise wörtliche Entsprechungen v.a. bei Aristoteles und bei Platon; vgl. zur Vorstellung des Gleichbleibens Platon, Tim. 37d 6; zur ‚Einzigartigkeit' des Kosmos vgl. Platon, Tim. 31b 3; 33a 1; 55d 4; zur Anfangs-, End- und Wandlungslosigkeit des Αἰών vgl. Aristoteles, Cael. 283b 26–28. Vgl. dazu ZUNTZ, Gott des Römerreichs 43f.

[133] ZUNTZ, Gott des Römerreiches 51.

[134] So ebd. 50–57.

[135] Die These, dass das aphrodisische Relief im Jahr 17/16 v.Chr. entstanden sein müsse, ist nicht zu beweisen.

[136] Die Argumentation von ZUNTZ, Zeugnisse 38, ist zudem nicht stringent, wie folgende Klassifizierung des griechisch-römischen Αἰών als ‚göttergleich' im Unterschied zur ‚Gottheit' deutlich zeigt: „Nicht jede götter*gleich* (Hervorhebung S.R.) gestaltete Person in der griechisch-römischen Kunst stellt eine kultisch verehrte Gottheit dar. Das sahen wir auch an dem augusteischen Aion; es gilt z.B. auch für die Jahreszeiten […]; es gilt überhaupt für zahllose Personifikationen' […]; es ist eine Auswirkung des mehr körperlichen Denkens und Empfindens antiker Menschen gegenüber unserer Neigung zur Abstraktion." Hier ist das vorliegende sprachlich-kognitive Phänomen einer Konkretion des Abstrakten treffend

Wichtig ist dagegen der Hinweis auf Nähe zu philosophischen Darstellungen vielmehr unter dem Aspekt, dass der angebliche Gott Aἰών im Rahmen zeitlicher Semantik begegnet.[137] Aἰών dient in beiden archäologischen Zeugnissen der Umschreibung von ‚Ewigkeit' bzw. ‚immerwährender Dauer', wie es auch prominent bei Platon und Aristoteles der Fall ist, und wird in die politische Verbindung mit Roma geführt. Aἰών in Eleusis und Aphrodisias bezeichnet als ewige Dauer Roms ein philosophisch-politisches Axiom. Es gibt keine Kultstätte, an der eine Gemeinschaft Aἰών religiös verehrt. Es handelt sich damit beim aphrodisischen wie beim eleusinischen Aἰών nicht um einen Gott, sondern um die (sprach-)bildliche Konkretion eines zeitlichen Abstraktums.

Der Aἰών der eleusinischen Inschrift ist personal dargestellt. Er erscheint als ἐργάτης der göttlichen Natur. Ist der aphrodisische Aἰών im Bild personifiziert, so handelt es sich hier um eine Personifikation im Wort. Die Personalität unterscheidet ihn nicht von philosophischen und auch nicht von dichterischen Darstellungen von Zeit und Ewigkeit[138]. Sowohl in philosophischen als auch in dichterischen Texten werden abstrakte Zeitbegriffe metaphorisch konzeptualisiert, um sie verstehbar zu machen.[139] Durch die Konkretisierung werden aus ihnen keine Gottheiten. Dieser Fehlschluss sollte auch für die besprochenen Zeugnisse nicht gezogen werden, wo dieselbe gedankliche Operation vorliegt. Der Aἰών ist ebenso wie *Iustitia, Indulgentia, Aeternitas, Clementia, Abundantia, Securitas, Felicitas* oder *Annus* als Personifikation und damit Konkretisierung eines Abstraktums ohne erkennbare Eigenstruktur zu werten, das als Person erfahrungsnah strukturiert wird.[140]

---

beschrieben, wenngleich es falsch ist, in dieser Hinsicht zwischen antikem und modernem Empfinden/Denken in beschriebener Weise zu unterscheiden: die gedankliche Bewältigung abstrakter, ungreifbarer Phänomene durch Übertragung einer erfahrungsnäheren Struktur (beispielsweise die einer Person) hat sich nicht geändert.

[137] Vgl. dazu auch WEINREICH, Ausgewählte Schriften I 442: „Die Prädikation [...] ist rein philosophischer Art".

[138] Vgl. über die oben Kap. III.1.3 genannten Beispiele hinaus speziell zum Thema Rom und Aἰών in der Dichtung der Kaiserzeit Melinno, Hmynos auf Rom, bei Stobaios, Florilegium 7,13 (Aἰών lässt alles andere in der Welt vergehen, nur Rom schenkt er Dauer); Stobaios, Ecl. 4,34,8 (Aἰών macht alles Bestehende zu Schanden und verkehrt die Welt allerwege).

[139] Vgl. LACKEIT, Aion, der im Hinblick auf die Verwendung des αἰών-Begriffs bei antiken Philosophen das Verhältnis von Philosophie und metaphorischer Rede bereits ähnlich begreift und in der Darstellung „poetische [...] Personifikation" (54 u.a.) erkennt, 53: „Die ältesten uns literarisch bekannten Philosophen Griechenlands nennt man wohl *Dichter* [Hervorhebung im Original], selbst die, welche ihre Lehrmeinung in Prosa niederlegten [...]. Das ist sehr wichtig für das Zustandekommen des philosophischen αἰών-Begriffs. Hätte es keine Dichterphilosophen gegeben, so wäre unser Wort auch nie zu dieser hohen Bedeutung auf dem Gebiete der Philosophie gelangt."

[140] Vgl. aber beispielsweise die abstrakten Begriffe *Fides, Mens, Honos, Pietas, Spes, Virtus*, die durchaus als römische Gottheiten in eigenen Tempeln verehrt

Die Verbindung von ῾Ρώμα und Αἰών im Speziellen lässt über den Ausdruck der fortwährenden Dauer Roms hinaus an die Vorstellung hinter den *ludi saeculares* denken, die das ewige römische Reich manifestieren und einleiten sollten. Wie diese abstrakte römische Ewigkeit metaphorisch als *aurea aetas* oder *saeculum aureum*[141] in römischer Dichtung zu zahlreichem und eindrücklichem Ausdruck gelangt, so können das aphrodisische Monument und die eleusinische Inschrift als Ausdruck derselben Sache auf griechischer Seite verstanden werden[142]. Der Gedanke verläuft dabei in beiden Fällen ähnlich. Αἰών als griechisches Wort für ‚Dauer‘, ‚(lange) Zeit‘ bzw. ‚Ewigkeit‘ bringt personifiziert als θείας φύσεως ἐργάτης αἰωνίου (eleusinische Inschrift) bzw. als bärtiger, nachdenklicher Mann zeitliches Abstraktum konkret-anschaulich zum Ausdruck. Die Subkonzepte Macht und Dauer werden metaphorisch konzeptualisiert und als Eigenschaften von Zeit hervorgehoben. Der Hinweis auf die ikonographische Tradition des Kronos-Saturnus, dem der aphrodisische Αἰών ähnlich sieht, bestärkt eine thematische Verbindung zur Idee des Goldenen Zeitalters.[143] Zugleich weist die Ähnlichkeit darauf hin, dass Αἰών selbst keine individuelle Gestalt mit eigener ikonographischer Ausgestaltung ist.

Bei der Vorstellung des Goldenen Zeitalters handelt es sich wie bei der Darstellung des Αἰών um metaphorische Konzeptualisierung. ‚aurea‘ konkretisiert die der *aetas* zugrundeliegenden Subkonzepte. Wo eleusinischer und aphrodisischer Αἰών als griechisches Konzept der äquivalenten Jahrhundertfeier auf römischer Seite verstanden werden (die ja keineswegs eine Göttin ist), erschwert diese Parallelisierung es weiter, in Αἰών einen Gott zu erkennen. Statt von einem Gott, bietet es sich vielmehr an, vom ‚philosophisch-griechischen αἰών-Konzept‘ des Augustus zu sprechen[144]. Auch nachaugusteische Zeugnisse weisen nicht auf einen Gott Αἰών hin.[145] Im Gegenteil zeigen archäologische und dichterische Zeugnisse, dass Αἰών personifiziert als Ausdruck eines zeitlichen Abstraktums dient.[146]

---

wurden – siehe dazu: Cicero, De Leg. II.11.28; De Nat. Deor. II.61; LATTE, Religionsgeschichte 234; WISSOWA, Religion und Kultus 327.

[141]   *Aetas* bedeutet zunächst nicht ‚Ewigkeit‘, sondern ‚Zeitalter‘ und ist mit dem periodischen Zeitbewusstsein der Römer eng verknüpft. In der Vorstellung der *aurea aetas* jedoch verschmelzen die Vorstellungen von Fortschritt und Ewigkeit untrennbar, siehe BRACHER, Fortschritt 288.

[142]   Siehe ZUNTZ, Gott des Römerreichs 56: „Augustus proklamierte den Gott Aion für die griechische Reichshälfte in dem gleichen Sinn, und etwa um die gleiche Zeit, wie für den Westen den Anbruch eines neuen, goldenen Zeitalters mit den *Ludi Saeculares* im J. 17 v.Chr. Deren Ideologie ließ sich eben nicht durch eine simple Übersetzung für die griechische Welt verständlich und anwendbar machen.“

[143]   Vgl. z.B. Vergil, Ecl. IV, 6: *redeunt Saturnia regna.*

[144]   Was ZUNTZ, Zeugnisse 45, auch selber tut – freilich ohne von der These eines augusteischen Gottes Αἰών abzulassen.

[145]   ZUNTZ, ΑΙΩΝ in der Literatur der Kaiserzeit 26, als Vertreter der These eines ‚politisch-philosophischen Gottes Αἰών‘ erkennt diesen ausschließlich noch in einem Mosaik aus dem Jahr 248 in Philippopolis. Lediglich die Tatsache, dass Kaiser Philippus Arabs’ Münzen *Roma aeterna* proklamieren und auf einem Mosaik im Verbund mit anderen Personifikationen auch ΑΙΩΝ steht, bietet noch keinen Anhaltspunkt für die Existenz eines römischen Gottes Αἰών.

[146]   Vgl. ein Mosaik in Antiochia aus der Mitte des 3. Jh.s n.Chr. (LIMC 2), welches platonische Gedanken zu Zeit und Ewigkeit in Bildern zum Ausdruck bringt, ohne dass dabei an einen Gott zu denken wäre (so auch LE GLAY, Aion 400). Wiederum inmitten zahlreicher Personifikationen erscheint ΑΙΩΝ in einem Mosaik

Die These eines augusteischen Reichsgottes Αἰών kann also nicht überzeugen. Festzuhalten ist aber der Hinweis auf die Verbindung zwischen αἰών-Darstellungen und philosophischen Zeitüberlegungen und damit verbunden auf ‚Bildlichkeit' und ‚Konkretion' des griechisch-römischen αἰών-Konzepts.

2.1.3 Αἰών in gnostischen Texten und Zauberpapyri

Dritte Möglichkeit in der Forschung zum Epheserbrief, die Äonen religionsgeschichtlich zu verorten, ist der Hinweis auf gnostische Texte, in denen es „ein ‚persönliches' Verständnis von αἰών gibt"[147]. Gegen diese Deutung sprechen v.a. fünf Gründe.

1. Vor dem Hintergrund der bisherigen Ergebnisse ist klar erkennbar, dass die personale Fassung des αἰών-Begriffs kein Proprium gnostischer Texte ist.[148] Überzeugen könnte diese traditionsgeschichtliche Bezugnahme deshalb erst dann, wenn über das Merkmal der Personalität hinaus auf Motiventsprechungen oder zusammenhängende αἰών-Syntagmen verwiesen würde.

2. Die ungesicherte Ursprungs- und Quellenlage gnostischer Texte[149] stellt bei einer genealogischen bzw. traditionsgeschichtlichen Herleitung[150] ein schwerwiegendes Problem dar[151].

---

aus Paphos aus der Mitte des 4. Jh.s – er ist hier am ehesten als „literarisch-künstlerischer Schmuck" (ZUNTZ, ΑΙΩΝ in der Literatur der Kaiserzeit 30) zu werten. Die in LIMC I/1 angeführten weiteren Zeugnisse (vgl. Nr. 13; 19; 20; 22; 24; 25) sind auf Annus, nicht auf Αἰών zu deuten; siehe dazu ausführlich: ZUNTZ, Zeugnisse 35–45. Der in Anm. 601 genannte Text von Melinno weist m.E. gegen Zuntz genauso wenig auf einen augusteischen Gott Αἰών hin, sondern dient auch gerade als Personifizierungen der Darstellung des zeitlichen Abstraktums ‚Vergänglichkeit' bzw. ‚Nicht-Vergänglichkeit'. So wie für die Prosa der Kaiserzeit gilt, dass αἰών austauschbar mit χρόνος verwendet werden kann, so ist dies auch für Mellinos Hymnos auf Rom anzunehmen: Αἰών bringt alles zu Fall (σφάλλων), verkehrt Leben / Welt ins Gegenteil (μεταπλάσσων), nimmt nur der angesprochenen᾿ Ῥώμα den Wind nicht aus den Segeln (οὐ μεταβάλλει). In zahlreicher αἰών-Verwendung des Nonnos im 5./6. nachchristlichen Jh. wird zwar „Aion geradezu ein Gott, der unter der Zahl der homerischen Götter eine bedeutende Rolle spielt. Das ist natürlich einzig und allein eine Erfindung der nonnianischen Technik" (LACKEIT, Aion 87). Dichterisch ausgestalteter Αἰών dient Nonno zur Beschreibung des „höchsten möglichen Zeitbegriff[es], d[er] unbegrenzte[n] Ewigkeit" (a.a.O.). Ein im Text dargestellter ‚Gott' kann literarisches Stilmittel sein, mit dem ein Abstraktum in Bilder gefasst wird.

[147] LINDEMANN, Aufhebung 56f.
[148] Vgl. nur slavHen 25f.; IgnEph 19,2; vgl. SASSE, αἰών 208.
[149] Vgl. dazu und zum Umgang mit gnostischen Texten in der neutestamentlichen Exegese wie auch speziell in vorliegender Untersuchung das Kapitel I.1.2.4.
[150] Zwar reflektiert LINDEMANN, Aufhebung 57, diese Problematik: „der Sinn von αἰών im Epheserbrief kann und muß vor allem aus dem Brief selbst und aus seiner (christlichen) Tradition heraus verständlich gemacht werden." Zugleich misst er der „religionsgeschichtliche[n] Ableitung des Begriffes" aber „Bedeutung" – zwar „untergeordnete" – zu und bemerkt a.a.O. Anm. 41: „Es wäre aller

3. Die von A. Lindemann angeführten gnostischen Texte weisen eher keine personale αἰών-Formulierung auf.[152]

4. Auf der anderen Seite personalisiert ApokrJoh 25, 1–7[153] Aussagen über den Aἰών zwar nicht; diese werden vielmer materialisiert. Dies gilt jedoch ebenso für die Zeit. Es ist nicht nur so, dass die Möglichkeit besteht, an einem αἰών ‚teilzuhaben' (dieser also weniger als Wesen oder Person, sondern mehr als Substanz formuliert ist), ebenso wird Zeit ‚zugeteilt', wodurch in der formalen Konzeption von αἰών und Zeit als Substanzen in diesem Textstück kein Unterschied vorliegt. Es überzeugt deshalb nicht, die ‚Zeitlosigkeit' des Äons aus seiner materialen Formulierung herzuleiten. Konsequent müsste dann ebenso ‚Zeit' zeitliche Bedeutung abgesprochen werden – was aber unsinnig wäre.

5. Die zugrundegelegte Antithese von Zeit und Raum oder Person leuchtet nicht selbstverständlich ein und bedarf unbedingt einer Überprüfung.

Schließlich kann auf der Suche nach personhaftem Aἰών auf die Verwendung des αἰών-Begriffs in den Zauberpapyri verwiesen werden. Abgesehen von dem auch hier problematischen Datierungsabstand zwischen diesen Texten und dem Eph[154], ist die These eines „Gott[es] ‚Ewigkeit'"[155] für die in Frage kommenden Belege selbst schwierig – zumal, wo der Begriff pluralischen Gebrauch findet, wird sich eine damit bezeichnete individuelle Gottheit nicht ausmachen lassen.

Ich beschränke mich hier auf die von G. Sellin zur Stützung der These eines Gottes Aἰών angeführten Belege (zu weiteren Belegen

---

dings bedeutungsvoll, wenn sich eine Übereinstimmung des Sprachgebrauches des Epheserbriefes mit dem in der Gnosis zeigen würde." Und so kommt LINDEMANN, a.a.O. 240, letztlich ja auch zu dem Schluss, dass der Eph „vorwiegend" eine „außerchristliche Quelle [benutzte …]: die Gnosis."

[151]   Siehe auch REITZENSTEIN, Erlösungsmysterium 231 Anm. 1: „Von ‚gnostischen Aion-Vorstellungen' zu reden, sehe ich […] keinen Anlaß. Auch in diesen Vorstellungen zeigt sich die Gnosis nur als die letzte, notwendige Entwicklungsstufe jeder hellenistischen Religion."

[152]   Vgl. die bei LINDEMANN, Aufhebung 56, gebotene Übersetzung von Sophia Jesu Christi 119,2ff.: „Aus <den> Äonen (αἰών) oberhalb der Lichtabflüsse (ἀπόρροια) … kam ein Tropfen aus dem Lichte und dem Geiste (πνεῦμα) herunter in die unteren Gebiete (μέρος) des Allmächtigen (παντοκράτωρ) des Chaos (χάος)." Hier ist allenfalls räumliche Fassung der Äonen erkennbar, kaum aber die „dämonische Größe zwischen Himmel und Erde" (a.a.O.).

[153]   Apokryphon Joh 25,2–7: „Zeit ist ihm [scil. dem Geist] nicht eigen, denn (γάρ) an dem, der an einem Äon (αἰών) teil hat (μετέχειν), haben andere bereitet (oder: geformt). Und Zeit wurde ihm nicht zugeteilt, da (ὡς) er von keinem andern, der zuteilt, (etwas) erhält."

[154]   Vgl. dazu die Datierungen der einzelnen Papyri bei PREISENDANZ, Papyri.

[155]   SELLIN, Epheser 168.

aus den Zauberpapyri s.o. Anm. 120).[156] Der pluralische Gebrauch von αἰών in PGM IV 1169 (den einen und glückseligen der Äonen/ unter den Äonen), 2198 (Herr des Alls, Äon der Äone [vgl. dazu ,Gott der Götter' in PGM V 468]) legt es nahe, αἰών als Synonym für ,Gott' zu verstehen. Diese Bedeutung ist auch für IV 3168 (Herr der Hoffnung, Reichtum spendender Äon, heiliger guter Dämon) und V 468 (großer Geist, [...], ewiges Auge, Dämon der Dämonen, Gott der Götter, Herr der Geister, nicht irrender Äon [...]) anzunehmen, wo αἰών jeweils in einer Reihe mit weiteren unspezifischen Bezeichnungen genannt wird, wozu in beiden Fällen ,Dämon', in V 468 auch ,Gott', zählen. Auch in PGM IV 520 (unsterblicher Äon wird erschaut) weist nichts über eine Personifikation von Ewigkeit bzw. ein Synonym für ,Gott' hinaus. [157]

2.1.4 Der Gott Aἰών als religionsgeschichtliches Konstrukt

Die Diskussion zeigt insgesamt, dass große Uneinigkeit über die religionsgeschichtliche Heimat des personalen Aἰών herrscht. Ist er als alexandrinisch-hellenistischer Gott iranisch-babylonischer Herkunft (so R. Reitzenstein), in gnostischen Vorstellungen anzusiedeln (so H. Schlier, E. Peterson, A. Lindemann), hellenistischer Gott ,Ewigkeit' (vgl. G. Sellin) oder handelt es sich um einen neuen augusteischen Reichsgott (so G. Zuntz)? Aἰών bleibt ein „schillernde[r] und schwer faßbare[r]"[158] Begriff.

Der jeweils unterschiedlich vorgenommene religionsgeschichtliche Bezug erweist sich in jedem Fall als problematisch und unhaltbar. Aber auch davon abgesehen, dass der zuerst von Reitzenstein postulierte alexandrinisch-hellenistische Gott Aἰών sich bei näherem Hinsehen zunehmend als Konstruktion entpuppt, so bleibt die hier weit wichtigere Frage offen, was diesen Gott mit den Äonen des Epheserbriefs verbinden könnte.

Weder in diesem Interpretationsmodell noch bei der gnostischen Deutung führen die jeweiligen Vertreter Berührungspunkte *inhaltlicher* Art an. Gemeinsam ist allein die personale Formulierung. Da dies aber weder Spezialität der alexandrinisch-hellenistischen noch der gnostischen oder magischen Texte ist – zudem auch χρόνος betrifft –, lassen alle Deutungsmodelle Plausibilität vermissen. Insbesondere ein Zusammenhang zwischen dem individuellen Ewigkeitsgott iranisch-babylonischer Provenienz, der zugleich Vorfahr der *Ro-*

---

[156] Siehe SELLIN, Epheser 168.
[157] Vgl. dazu NOCK, Vision 383, der Aἰών in PGM I 200; IV 1169f.; 2197ff. nicht als Eigenname zur Bezeichnung eines Individuums, sondern als Anspielung auf nicht näher Fassbares versteht. – Zu den von PETERSON genannten Zauberpapyri und der Kritik an seiner Auslegung s.o. Kap. III.2.1.1.
[158] NILSSON, Geschichte II 504.

ma Aeterna gewesen sein soll, und den kollektiven[159] Äonen des Epheserbriefs wird nicht aufgezeigt.

Aus welchen Gründen sich für den Epheserbrief die *Alternative* zwischen personalem und zeitlichem αἰών auftut[160], ist nicht nachvollziehbar. Das Hervorheben der ‚personalen' Zeitkonzeption im Epheserbrief ist aber dennoch als Verdienst von R. Reitzenstein zu werten, dieses fortgesetzt zu haben v.a. als dasjenige von H. Schlier, E. Peterson, H. Conzelmann und A. Lindemann. Daraus die ‚Aufhebung der Zeit' zu folgern, führt jedoch an den Aussagen des Epheserbriefs vorbei. Die Alternative ‚personale vs. zeitliche' Äonen ist aporetisch.[161] Die eigentliche Schwierigkeit des αἰών-Begriffs besteht vielmehr in der hohen Abstraktheit, d.h. der fehlenden Eigenstruktur, des Zeitkonzeptes.[162] Sie erfordert es, αἰών metaphorisch zu konzeptualisieren.

Bei der folgenden Analyse der αἰών-Aussagen im Epheserbrief soll gezeigt werden, dass es sich bei ihnen um Zeitaussagen handelt. Die religionsgeschichtliche Basis ist geklärt worden. Von hier aus ergibt

---

[159]   Zum Singular in 2,2 s.u. Kap. III.2.2.

[160]   Siehe REITZENSTEIN, Erlösungsmysterium 236: „Ich möchte danach im zweiten Kapitel auch die Αἰῶνες ἐπερχόμενοι persönlich fassen. Daß Gott in *zukünftigen Zeiten* den Reichtum seiner Gnade zeigen will, wäre ja kein Grund dafür, daß er die Erweckten jetzt [Hervorhebungen im Original] unter die ἐπουράνια entrückt hat. Er zeigt ihn den staunend herankommenden und bestürzten ἄρχοντες (ἀρχαὶ καὶ ἐξουσίαι). Dazu stimmt 3,9: den Aionen war das Mysterium der Weisheit Gottes verborgen [...]."

[161]   Unentschieden formuliert bereits CONZELMANN, Epheser 104, zu Eph 3,9: „Der Schluß von V.9 ist nicht sicher zu übersetzen, da das griechische Wort ‚Äonen', das hier steht, zweisinnig ist. Man kann es zeitlich verstehen: ‚vor den Ewigkeiten' oder personal: ‚vor den Äonen' als kosmischen Wesen, welche in den Himmeln hausen. Für diese zweite Deutung kann man auf die Fortsetzung hinweisen; der bisherigen Verborgenheit vor den ‚Mächten' scheint hier die Bekanntgabe an sie gegenübergestellt zu werden; dieser Sinn entspricht gut dem Weltbild des Briefes. Doch gibt es auch für die zeitliche Deutung Gründe. Das Schema, das wir hinter V.5 erkannten und das auch hier durchschimmert, ist zeitlich entworfen [...]." Nicht das griechische Wort αἰών an sich ist aber doppeldeutig – es ist eindeutig ein Zeitwort –, sondern durch syntagmatische Realisierung erfährt es zeitlich-räumliche (-personale) Konnotation. Auch BEST, Ephesians 320, entzieht sich einer eindeutigen Entscheidung: „The two meanings are in fact not unrelated, for if the aeons are personal beings we must ask when was the plan hidden from them and if they are periods of time we must ask from whom the plan was hidden."

[162]   Vgl. dazu auch NILSSON, Geschichte II 504f., der im Anschluss an seine Darstellung zum Αἰών das Problem erkennt, dass die Unklarheit des Αἰών „im Grunde in der Schwierigkeit begründet liegt, einer abstrakten Konzeption religiöse Faßbarkeit und Anschaulichkeit zu verleihen [...] Die Aionvorstellung war zu abstrakt, als daß Aion zu einer festumrissenen religiösen Gestalt hätte werden können [...] Als man es unternahm, dem abstrakten Begriff Anschaulichkeit zu verleihen, wurde Aion durch die Belastung mit ungriechischen Ausgeburten der Phantasie zu grotesk, um anderen als den erhitzten Gehirnen der Mystiker und Magier zuzusagen. Er blieb nur ein unfertiger Ansatz, hat aber eine sehr nachhaltige Wirkung ausgeübt."

sich entgegen der Forschungstradition kein Anhaltspunkt, die zeitliche Konnotation des αἰών-Begriffs zugunsten der Annahme eines Gottes Αἰών in Frage zu stellen.

2.2 Eph 2,2: Dämonische Zeit

Zu Beginn der Erzählung über das vergangene Unheil der Heiden nennt der Verfasser in Eph 2,2 verschiedene Einflüsse, unter denen der sündhafte Lebenswandel sich damals vollzogen hatte. Sie werden durch die kausale Präposition κατά an die Beschreibung angefügt. Für die erste Bestimmung des alten Lebenswandels durch κατὰ τὸν αἰῶνα τοῦ κόσμου τούτου ist man forschungsgeschichtlich besonders geneigt, die αἰών-Theorien von R. Reitzenstein zu übernehmen.[163] Laut H. Sasse ist Eph 2,2 der einzige neutestamentliche Text, der „die im hellenistischen Synkretismus so wichtige Vorstellung von einem personhaften Αἰών"[164] aufnimmt und dadurch von Zeitaussagen absieht. Diese Einschätzung verdankt sich der Parallelität zur anschließenden Präpositionalwendung κατὰ τὸν ἄρχοντα τῆς ἐξουσίας τοῦ ἀέρος. Die Rede vom Herrscher über den Machtbereich der Luft setzt hinsichtlich des bewohnten sublunaren Luftraums mittelplatonisch-neupythagoreische Physik voraus[165] und knüpft mit der Vorstellung eines Anführers der bösen Dämonen an (dualistisch)-jüdische Tradition an.[166] Da es sich bei dem ἄρχων eindeutig um ein dämonisches Wesen handelt, nimmt man dies entsprechend für den αἰών dieses Kosmos an und versteht ihn als Antithese zu zeitlichen Vorstellungen. Dominiert also syntaktisch-semantisch der personale Aspekt von αἰών, so wurde aber gezeigt, dass die religionsgeschichtliche Rückfrage nach dem Gott Αἰών inhaltlich keine verwertbaren Ergebnisse für den Epheserbrief liefern kann. Hinsichtlich der Darstellungsweise als metaphorische Konzeptualisierung von Zeitvorstellungen sind dagegen vielfältige Zeugnisse zu αἰών (und auch χρόνος) aufschlussreich. Sie zeigen, wie von Zeit gesprochen werden kann. Es handelt sich um ein generelles sprachlich-kognitives Verfahren, das sich aus der mangelnden Eigen-

---

[163] Vgl. z.B. SCHLIER, Epheser 101; STEINMETZ, Heils-Zuversicht 61; GNILKA, Epheser 114; SCHNACKENBURG, Epheser 91; LINDEMANN, Aufhebung 56–59; 109.

[164] SASSE, αἰών 208; dagegen HOLTZ, αἰών 11: „Wahrscheinlicher aber ist eine Bedeutung, die im sonstigen Bereich des ntl Sprachgebrauchs (einschließlich Eph) bleibt: *der geschichtliche Bereich dieser Welt*; erst die zweite Bestimmung führt dann die personale Macht ein […]".

[165] Siehe dazu SELLIN, Epheser 169; vgl. Diogenes Laertius VIII 24ff. (DIELS/KRANZ, Fragm. B 58); Philo, Gig. 6ff.; Plutarch, Is. et Osir. 26; zur Vorstellung der Luft ausschließlich als Wohnort widergöttlicher Mächte vgl. PGM I 49. 179ff.; 215; IV 1134. 2699. 3042; VII 314; XIII 278.

[166] Vgl. Epheser 170f. und die Belege AscJes 2,2–4; 7,9; 9,14; 10,10–12; 11,23; CD XII,2; 1QM XIII,2.4; XIV 10; Mk 3,22; Mt 9,34; 12,24; Lk 11,15.

struktur des Konzeptes ‚Zeit' ergibt. Um ein derart vages Konzept dennoch zu thematisieren, wird es durch Erfahrungen konkreterer Herkunftsbereiche, beispielsweise einer ‚Person', strukturiert.

Die personale Konnotation des αἰών in Eph 2,2 ist also nicht alternativ zu oder losgelöst von seiner zeitlichen Semantik zu verstehen. Mit αἰών liegt hier entweder der synonyme Gebrauch zu θεός als einem göttlichen Wesen vor. Dann ist αἰών als Lebensdauer dieses Wesens Metonymie. In diesem Fall ist es mit dem Anführer der Luftmächte gleichzusetzen, was nichts an der zeitlichen Grundbedeutung von αἰών ändert. Oder αἰών bezeichnet die Dauer von etwas. Ihre Bezugsgröße ist dann mit τοῦ κόσμου τούτου angegeben. Der frühere Lebenswandel der Christen bzw. aktuelle Lebenswandel der Söhne des Ungehorsams vollzieht sich demnach, wie es die Dauer dieser Weltordnung bestimmt. Durch die parallele Syntax der κατά-Konstruktion wird diese Zeit als dämonische Macht konzipiert. Zugleich wird dadurch die Semantik des Begriffes αἰών aktiviert im Sinne von ‚Zeit als Bestimmung des in ihr Geschehenden' (s.o. Kap. III.1.1). Hieran wird deutlich, dass beide Lesarten eng miteinander verflochten sind. Zwar unterscheiden sie sich in der Betonung des personalen bzw. zeitlichen Aspekts. Der andere Aspekt ist aber jeweils mit impliziert. Zeit wird als dämonisch wirkende Kraft metaphorisch konzeptualisiert. Diese personale Gestaltung ist gedankliche Bewältigung des abstrakten Zeitkonzepts. Auslöser der Metaphorik sind die Subkonzepte ‚Interessenkonflikt' und ‚gegnerische Einflussnahme', die hier als Eigenschaften von Zeit hervorgehoben werden sollen. Zeit wird als feindlich und destruktiv wahrgenommen. Die Metaphorisierung dieser Eigenschaften, unter denen Zeit erfahren wird, ändert nichts daran, dass αἰών Zeitbegriff ist.

2.3   Eph 2,7; 6,13: Wiederkehrende Zeit

Während bezüglich der personalen Konnotation der αἰών-Aussage in Eph 2,2 in der Forschung tendenziell Einigkeit herrscht, ist die Aussage in 2,7 in ihrer Bedeutung stärker umstritten. Hier stehen sich räumlich-personale und temporale Deutung antithetisch gegenüber. Auch hier handelt es sich um eine aporetische Alternative. Die Formulierung ἐν τοῖς αἰῶσιν τοῖς ἐπερχομένοις steht im Kontext der Auferstehungs- und Rettungsaussagen in Eph 2,4–6, die sie in einem ἵνα-Satz abschließt. Fraglich ist, ob die überreiche Gnade, die in dem beschriebenen Heilsgeschehen zum Ausdruck kommt, in den kommenden Zeiten oder den herankommenden Mächten gezeigt wird.

Die Konstruktion mit ἐνδείκνυμι und ἐν schließt personale Bedeutung der Äonen aus Gründen der Grammatik aus. Die Äonen als Adressaten des Erzeigens müssten als Dativobjekt[167] oder durch εἰς[168]

---

167   Siehe MENGE/GÜTHLING, Wörterbuch ἐνδείκνυμι 236.

angeschlossen werden.[169] Eine entsprechende Konstruktion mit dem bloßen Dativ und γιγνώσκω findet sich in Eph 3,10.

Verbietet zwar die syntaktische Verbindung von ἐνδείξηται mit ἐν τοῖς αἰῶσιν durch ἐν eine Übersetzung, nach der der Reichtum den Äonen gezeigt würde, und ist der Verweis auf gnostische Vorstellung kein Argument für personale Äonen[170], so ist der sprachliche Befund doch keinesfalls eindeutig[171].

Von der Grundbedeutung her strukturiert die Präposition ἐν jedoch die Äonen als Räume, innerhalb derer Geschehen situiert wird.[172] Der partizipiale Zusatz τοῖς ἐπερχομένοις animiert darüber hinaus Äonen als Lebewesen oder Personen. Denn mit der zielgerichteten Bewegung wird ihnen eine menschliche Fähigkeit zugeschrieben.

Die Verbindung von αἰῶνες (hier sogar im Plural) und ἐπέρχομαι ist neutestamentlich singulär[173] – sonst kommt nur αἰών ἐρχόμενος vor (vgl. Mk 10,30 par. Lk 18,30). Die Formulierungen sind nur dann als äquivalent zu etikettieren, wenn sie lediglich daraufhin befragt werden, ob sie ‚präsentische' oder ‚futurische' Aussagen machen[174] (zur Unzulänglichkeit dieser Fragestellung s.o. Kap. I.2.2.2). Das besondere, in der Verbwahl enthaltene Anliegen des Eph[175] gerät dadurch aus dem Blick.

Die im Verb enthaltene Präposition ἐπί gestaltet die Metapher der sich in Bewegung befindlichen Äonen weiter aus. Als ‚kommenden' wird den Äonen hier eine Vorderseite aufprojiziert; in ‚*heran*kommen' verstärkt sich der Eindruck eines (personalen) Gegenübers und einer eher negativen Qualifizierung. Das mit ἐπέρχομαι bezeichnete Kommen, zumal bei absoluter Konstruktion, ist eine eher unerwartet plötzliche, feindliche Aggression[176]. Diese Teilbedeutung wird durch

---

[168] Siehe BAUER, Wörterbuch ἐνδείκνυμι 520.

[169] LINDEMANN, Aufhebung 129 Anm. 123, beruft sich für die Behauptung, dass „derjenige, dem etwas erwiesen werden soll, […] häufig im Dativ mit ἐν [steht]" fälschlich auf BAUER, Wörterbuch ἐνδείκνυμι 519.

[170] Gegen LINDEMANN, Aufhebung 130f.

[171] Gegen SCHNACKENBURG, Epheser 96f., der aus der Konstruktion mit ἐνδείκνυμι notwendig auf zeitliche Bedeutung schließt.

[172] Vgl. zur temporalisierenden Verwendung der Präposition ב im Hebräischen: JENNI, Präpositionen I, 288–328.

[173] Einzige Belegstelle außerhalb des Neuen Testaments ist Herm. Vis. IV, 3, 5 ὁ αἰών ὁ ἐπερχόμενος – hier aber im Singular.

[174] Siehe LINCOLN, Ephesians 110, der sich die Frage nach „temporal force" der Wendung stellt: „ἐπερχόμενος […] is equivalent to ἐρχόμενος in ὁ αἰών ὁ ἐρχόμενος, „the age to come" (cf. Mark 10:30; Lk 18:30; Herm. *Sim* 4.8), and to μέλλων in ὁ μέλλων αἰών, „the age to come" (cf. Mt 12:32; Eph 1:21; Heb 6:5)."

[175] SASSE, αἰών 206, hebt die Besonderheit der Wendung als „merkwürdige[r] Ausdruck" hervor.

[176] Vgl. LIDDELL/SCOTT, Lexicon ἐπέρχομαι 618: „esp. *come suddenly upon*", „freq. in hostile sense, *go* or *come against, attack*, abs. […]." Die feindliche Semantik von ἐπέρχομαι zeigt sich auch bei der juristischen Verwendung als *prozes-*

den semantischen Makrokontext des Epheserbriefs aktiviert, der auch an anderen Stellen Zeitworte feindlich konzeptualisiert und in Kriegsmetaphorik hineinstellt (vgl. Eph 5,16; 6,13).

Daneben ist traditionsgeschichtlich die Verwendung von ἐπέρχομαι in temporaler Verbindung zu beachten. Wo ἐπέρχομαι Prädikat eines pluralischen Zeitsubstantivs ist, bezieht sich das Verb auf eine wiederkehrende Zeitstruktur, beispielsweise die Jahreszeiten[177] (vgl. zur wiederkehrenden Zeitstruktur auch Eph 6,13).

Neben der primären Bedeutung des polysemen ἐπέρχομαι/‚herankommen' werden also durch den vorliegenden Kontext des Epheserbriefs sekundär die Bedeutungen ‚zum wiederholten Mal kommen' und ‚feindlich herankommen' aktiviert.[178] Werden also die Äonen in 2,7 in beschriebener Weise gefäßhaft-personal konzipiert, so liegt gleichzeitig auch Weg-Metaphorik vor. Die Äonen vollziehen, indem sie ‚*herankommen*', eine Inversbewegung zur Bewegung, die Menschen durch die Zeit nehmen.[179] Das Kommen der Äonen kehrt das Verhältnis um und unterläuft damit die ‚Fortschrittlichkeit' und ‚Prozesshaftigkeit' der Wegmetaphorik aus Eph 2,1–18. Der Epheserbrief kennt beide Vorstellungen. Einerseits bewegen Menschen sich durch die Zeit und die Zeit steht still. Andererseits stehen Menschen still und die Zeit passiert sie. Durch diese letztgenannte Vorstellung liegt in Eph 2,7 einer der Texte vor, in denen der Fortschrittsgedanke negiert bzw. Direktionalität zersetzt wird. Die Präposition ἐν nimmt

---

sieren gegen; vgl. auch MENGE/GÜTHLING, Wörterbuch ἐπέρχομαι 260; dagegen ist das mit ἔρχομαι bezeichnete Kommen neutral; es erhält aber gerade durch Konstruktion mit ἐπί die Konnotation ‚angreifen, attackieren', siehe dazu LIDDELL/SCOTT, Lexicon ἐπέρχομαι 618; vgl. ferner JosAs 4,7.

[177] Vgl. LIDDELL/SCOTT, Lexicon ἐπέρχομαι 618: „ἐπήλυθον ὧραι the season came round again, Od. 2.107 etc."; weitere Belege: Od. 11.295; 14.294; 19.152; 24.142; Hymni Hom., Ap. 350; vgl. auch MENGE/GÜTHLING, Wörterbuch ἐπέρχομαι 260: „von der Zeit [...] wiederkehren"; auch hier ist mit ἔρχομαι zu vergleichen, das ebenfalls mit Zeitwörtern konstruiert werden kann (vgl. ja auch die neutestamentlichen Belege): einer Konstruktion mit ἔρχομαι fehlt aber gerade das wiederkehrende Moment.

[178] Vgl. zur ‚sekundären Aktivierung verschiedener Bedeutungen polysemer Wörter' (secondary activation) LANGACKER, Linguistic Semantics 68.

[179] Diese beiden metaphorischen Konzeptualisierungen von Zeit finden bis heute ihre Verwendung, vgl. dazu WUNDERLICH, Raum, Zeit und das Lexikon 70: „Nach Modell I bilden Raum oder Zeit einen festen Rahmen; wir >bewegen< uns durch Raum und Zeit und können so die räumlichen/zeitlichen Einheiten jeweils relativ zum >Hier< und >Jetzt< lokalisieren. Dadurch verschiebt sich ständig die Grenze von der Vergangenheit zur Zukunft. Wir schauen >zurück< auf die Vergangenheit, wir blicken >vorwärts< in die Zukunft. Die Vergangenheit liegt >hinter< uns, die Zukunft liegt >vor< uns. Anders bei Modell II: den Festpunkt bildet das >Hier< bzw. >Jetzt<; Raum oder Zeit bewegen sich uns entgegen, und so können wir das >Hier< bzw. >Jetzt< jeweils relativ zu den räumlichen/zeitlichen Einheiten lokalisieren, die uns passiert haben oder passieren werden."

gefäßhafte Strukturierung von Zeit vor und wird ausgelöst durch die Subkonzepte ‚Begrenztheit‘, ‚Geschlossenheit‘, ‚Richtungslosigkeit‘. Im Gegensatz zur orientierenden Weg-Metapher, deren Prozesshaftigkeit und Direktionalität mit der Vorstellung von Endlichkeit einhergehen, fällt diese nicht in den Fokus der ontologischen Gefäßmetaphorik. Begrenztheit ist nicht mit Endlichkeit zu verwechseln. Denn ein Gefäß hat weder Anfang noch Ende. Es ergibt sich, dass temporale und räumlich-personale Formulierung nicht alternativ zu verstehen sind. In Eph 2,7 wird Zeit als sich (feindlich) auf Menschen zu bewegende Entität konzeptualisiert, ohne dadurch aufzuhören, Zeit zu sein. Die Metaphorik wird durch die hervorgehobenen Subkonzepte ‚Prozesshaftigkeit‘, ‚Begrenztheit‘, ‚Wiederkehr‘ und ‚Interessenkonflikt‘ ausgelöst.

Die Subkonzepte ‚Interessenkonflikt‘ und ‚Wiederkehr‘ als Merkmale des Konzepts ‚Zeit‘ werden auch durch das Syntagma ἡ ἡμέρα ἡ πονηρά in Eph 6,13 metaphorisiert. Der Tag wird durch das Attribut ‚böse‘ personifiziert und als Gegenspieler konzeptualisiert. Hebt die Metapher dadurch den ‚Interessenkonflikt‘ mit Zeit hervor, so ergibt sich das Subkonzept ‚Wiederkehr‘ aus der traditionsgeschichtlichen Rückfrage im Zusammenhang mit der kontextuellen Einbindung im Epheserbrief. Der Verfasser erwähnt die ἡμέρα ἡ πονηρά innerhalb des letzten Briefabschnittes, der *peroratio* in Eph 6,10–20. Die Bedeutung des bösen Tages wird in der Forschung verschieden beurteilt.[180] Dass es sich bei ihm um den endzeitlichen, dem Eschaton unmittelbar vorausgehenden Tag handelt, ist schon deshalb unwahrscheinlich, da ein expliziter Bezug zum Ende der Weltzeit fehlt und in der Sicht des Verfasseres auch die gegenwärtigen Tage schlecht sind (vgl. Eph 5,16 αἱ ἡμέραι πονηραί εἰσιν). Eine rein präsentische Zuordnung des bösen Tages ist zunächst aufgrund einer fehlenden Deixis und weiterhin wegen des paränetischen Tones der vorangehenden Verse unwahrscheinlich. Dieser Kontext lässt es eher geraten erscheinen, an eine jederzeit eintretbare Gefahr zu denken.

Diese Aspekte berücksichtigend, kann der böse Tag plausibel als planetarisch-astrologischer Unglückstag verstanden werden. Dieser stand besonders stark unter schädlichem astralen Einfluss und hatte im antiken Aberglauben einer verbreiteten Tagesastrologie seinen festen Platz.[181] Für einen astrologischen Vorstellungshorizont an dieser Stelle sprechen die κοσμοκράτορες in 6,12, die näherhin als πνευματικὰ τῆς πονηρίας qualifiziert werden und denen populärastrologisch tages-

---

[180] Vgl. den Überblick bei Schnackenburg, Epheser 281f.

[181] Siehe dazu Faust, Pax 459; vgl. das bei ihm genannte Beispiel im *Gastmahl* des Petronius die Schilderung eines Wochentagskalenders mit Mondlauf und Bildern der sieben Planetengötter und dem Zusatz: *qui dies boni quique incommodi essent, distinguente bulla notabantur* (Petronius, cena Trimalchionis 30,4).

bedingt schädlicher Einfluss konzediert wurde.[182] In diesen Assoziationszusammenhang passt die zweite Vershälfte von 6,13 καὶ ἅπαντα κατεργασάμενοι στῆναι. Im Hintergrund der Zielbestimmung, alles vollbringen zu können, könnte die Auffassung stehen, an solchen astrologisch verderblichen Tagen besser untätig zu bleiben, da Aktivitäten ohnehin misslingen würden.[183] Wer nun aber der astralen Beeinträchtigung am ‚bösen Tag‘ zu widerstehen vermag, ist in der Lage, alles zu vollbringen. Auf die astrologische Deutung des bösen Tages können auch die ‚feurigen Pfeile des Bösen‘ in V. 16 bezogen werden. Sie haben zwar einerseits als konventionelle, antike Kampfesausrüstung ihren Ort in der Kriegsmetaphorik, zum anderen sind sie aber auch Attribut von Gestirnen und Planeten, vornehmlich des Helios und der Selene.[184] So aktivieren sie eine doppelte Semantik. Vor diesem Hintergrund ist die ἡμέρα ἡ πονηρά im Kontext des Briefes speziell als individueller Todestag zu verstehen. Diese schon alte Deutung[185] wird gegenwärtig nur selten vertreten[186]. Sie kommt aber ohne die oben genannten Schwierigkeiten aus und wird dem Textbefund im Unterschied zu den anderen Interpretationsansätzen in folgenden Hinsichten gerecht. Die Vorstellung des individuellen Todestages entspricht der Tatsache, dass der Epheserbrief offensichtlich nicht mit einem universalen Weltende rechnet. Die Schilderung des Kampfes gegen Mächte und Gewalten in Eph 6,10–17 ist vor diesem Hintergrund des Sterbens des Einzelnen als gefahrvolle Himmelsreise der Seele zu verstehen.[187] Hiermit stimmen die Ansätze einer dualistischen Anthropologie überein, die der Verfasser aus 1Kor 15 aufnimmt und konsequent weiterführt (s.u. Kap. VI.1.1). In Analogie zum österlichen Aufstieg Christi durch alle Himmel bis in die Überhimmel (vgl. Eph 4,8–10) hat man sich das Sterben des Einzelnen nach dem Epheserbrief als kämpferischen Aufstieg vorzustellen.[188] Dass den Christen dieser Aufstieg bevorsteht, ist folgerichtig, da auch sonst das Auferweckungsgeschehen der Christen eng auf die Auferstehung Christi hin analogisiert ist (vgl. den Zusammenhang von Eph 1,20–22 und 2,5f.). Ihr Sieg wird in Eph 6,14 durch das Verb ‚stehen‘ metaphorisiert. Wer dem

---

[182]   Siehe FAUST, Pax 459 und die dort angegebenen Texte.

[183]   Vgl. dazu auch die Bezeichnung dieser Tage als ἡμέραι ἄπρακτοι oder ἀπόρρητοι; siehe GUNDEL/GUNDEL, Astrologumena 267; STENGEL, Ἀποφράδες ἡμέραι 174.

[184]   Vgl. die bei FAUST, Pax 461f. angegebenen Texte.

[185]   Vgl. die bei SCHLIER, Epheser 292 Anm. 4 angegebenen älteren Kommentare. Individualisierend interpretieren auch HARDER, πονηρός 554; EWALD, Epheser 255.

[186]   Vgl. THEOBALD, Augen des Herzens 192; SCHWINDT, Weltbild 374, äußert sich vorsichtig: „Daß näherhin der Todestag gemeint sein könnte, ist […] nicht auszuschließen […].“

[187]   Vgl. BOUSSET, Himmelsreise 144 zu Eph 6,10–17.

[188]   So auch THEOBALD, Augen des Herzens 81.

Imperativ nachkommt und stehen bleibt, hat gesiegt.[189] Im Verbund
mit dem ‚Tag der Erlösung' (Eph 4,30) sowie der individuellen
Vergeltung des Tuns durch den Herrn (Eph 6,8; vgl. dazu auch 5,6)
zeigt ‚der böse Tag', dass „der Autor auf dem Weg zu einer individuellen Eschatologie"[190] ist.

Ein eschatologischer Ausblick ist am Ende frühchristlicher Schriften nicht unüblich (vgl. 1Thess 4,13–5,11; 1Kor 15; Gal 6,7–10; Did
16,1–8). Eph 6,10ff. modifiziert die Erwartung eines kollektiven End-
geschehens zum Ausblick auf das individuelle Ende.

Die Vorstellung vom ‚bösen Tag' als Sterbedatum des Einzelnen ist
unabhängig von der populär-astrologischen Tradition besonders ver-
derblicher Tage. Dass der Verfasser des Epheserbriefs beide Aspekte
miteinander verbindet, bestätigt eigens, dass er nicht von einem universalen Ende der Zeit ausgeht. Denn die astrologische Tradition verweist auf ein oftmaliges Wiederkehren entsprechender ‚böser Tage'.
Als solche sind sie innerhalb einer wiederkehrenden Kreisbewegung
der Zeit anzusiedeln. Der ‚böse Tag' ist spezifisches Einzelkonstitutiv
einer Unendlichkeitsstruktur der Zeit. Über ‚Interessenkonflikt' hinaus konzeptualisiert das Syntagma ἡ ἡμέρα ἡ πονηρά also ‚Wiederkehr' als Merkmal von Zeit. Die Hervorhebung beider Subkonzepte
verbindet es mit den αἰών-Metaphern in Eph 2,2 und 2,7. In Eph 3,9
akzentuiert der Verfasser die Bedeutung von αἰών wieder neu.

2.4 Eph 3,9: Umschließende Zeit

Besonders kontrovers wird hinsichtlich Eph 3,9 die Frage diskutiert,
ob es sich um räumlich-personale oder temporale Äonen handelt. Die
Wendung ἀπὸ τῶν αἰώνων steht in Eph 3,9 im Kontext des so genannten Revelationsschemas, das der Verfasser im Zuge seiner Paulus-Anamnese Eph 3,1–13 aufgreift (s.u. Kap. V.3). Dieses frühchristliche Schema kontrastiert zwei Zeiten miteinander. Die Zeit der
Verborgenheit und die Zeit der Offenbarung.’Απὸ τῶν αἰώνων steht
hier im Epheserbrief im Zusammenhang mit der Verborgenheit des
Geheimnisses. So scheint der Verfasser an dieser Stelle auf den ersten
Blick konventionellen frühchristlichen Sprachgebrauch aufzugreifen,
der die „unbegrenzte […] Vergangenheit"[191] bezeichnet. Doch wie in
Eph 3,21 liegt in 3,9 eine Besonderheit vor, die in diesem Fall viel
stärkere Kontroverse um die Bedeutung des Syntagmas entfacht und

---

[189] Vgl. zur Metaphorik des Stehens im Verbund mit Setzen und Wandeln
WEBER, ‚Setzen' – ‚Wandeln' – ‚Stehen' 478–480.
[190] THEOBALD, Augen des Herzens 81; vgl. zur Betonung individualistischer Anthropologie im Römerbrief vor dem Hintergrund solcher Tendenzen innnerhalb
der hellenistischen Umwelt der paulinischen Gemeinden BURNETT, Salvation of
the Individual.
[191] SASSE, αἰών 198; vgl. auch SCHNACKENBURG, Epheser 140.

zur These geführt hat, dass es um die Verborgenheit vor den Mächten geht.

Für die Deutung der Wendung ἀπὸ τῶν αἰώνων stehen sich also zwei Auslegungsmöglichkeiten anscheinend einander ausschließend gegenüber. Die Äonen werden entweder räumlich-personal als Machtwesen[192] oder temporal als vergangene Zeiten verstanden[193]. Das Präpositionalgefüge ἀπό mit Genitiv lässt beide Interpretationen zu.[194] Eine Entscheidung ist somit allein auf Grundlage der Grammatik nicht zu fällen.[195]

Inhaltlich sprechen folgende Aspekte aber für eine personale Deutung.

1. Die Formulierung ἀπὸ τῶν αἰώνων in der Verbindung von Präposition, Artikel und Plural[196] mit dem Verb ἀποκρύπτω ist singulär (bzw. mit Kol 1,26 zweimalig). So findet sie innerhalb derjenigen Texte, die dem Revelationsschema zugeordnet werden können, wie auch in der Septuaginta und dem übrigen Neuen Testament, keine Entsprechung.[197] Für eine personale Deutung der Äonen spricht zwar nicht die Konstruktion ἀπό mit Genitiv und einem Zeitwort allein, wohl aber die syntagmatische Verbindung mit dem Verb ἀποκρύπτω,

---

[192]   Vgl. zur personalen Deutung v.a. die These zuerst bei REITZENSTEIN, Erlösungsmysterium 235f.; SCHLIER, Epheser 153–156; DIBELIUS/GREEVEN, Epheser 75; STEINMETZ, Heils-Zuversicht 63f.; LINDEMANN, Aufhebung 223.

[193]   Vgl. zur zeitlichen Deutung der Äonen SCHNACKENBURG, Epheser 140; GNILKA, Epheser 172; POKORNÝ, Epheser 145; LINCOLN, Ephesians 184; MUSSNER, Christus, das All und die Kirche 24–26; SASSE, αἰών 199.208.

[194]   Vgl. zu beiden Möglichkeiten HOFFMANN/V. SIEBENTHAL, Grammatik §184e. Speziell zu (ἀπο-) κρύπτω τὶ ἀπό siehe LIDDELL/SCOTT, Lexicon ἀποκρύπτω 204; siehe dazu auch 4Reg 4,27; Hi 28,21; Jes 40,27; Jer 39,17 (jew. LXX); Mt 11,25; Lk 10,21; 18,34; 19,42; Joh 12,36; Herm Sim 9,11,9. Zu ἀπ' αἰῶνος im Neuen Testament siehe: Lk 1,70; Apg 3,21; 15,18; zu ἀπ' αἰῶνος bzw. ἀπὸ τοῦ αἰῶνος in LXX Gen 6,4; 1Chr 16,36; 29,10; Neh 9,5; Tob 4,12; 16,17; Pss 24,6; 40,13; 89,2; 92,2; 102,17; 105,48; 118,42; Sir 14,17; 39,20; 44,2; 51,8; Joel 2,2; Jes 46,9; 64,4; Jer 2,20; 25,5; 35,8; Ez 32,27; Dan 8,11 σ; Dan 2,20 θ; 3Makk 5,11.

[195]   Gegen SCHLIER, Epheser 154 Anm. 2: eine zeitliche Bedeutung der Äonen sei „beinahe ausgeschlossen", und gegen LINDEMANN, Aufhebung, 223: die temporale Übersetzung sei „grammatisch und vor allem sachlich unmöglich".

[196]   Pluralische Formulierung der Äonen im Neuen Testament sonst nur als (steigerndes) Element der Ewigkeitsformel: εἰς τοὺς αἰῶνας τῶν αἰώνων. Dass der Epheserbrief an mehreren Stellen eine Vielzahl von Äonen kennt, ist ein Spezifikum seiner Zeitvorstellung.

[197]   Vgl. die Texte zum Revelationsschema: 1Kor 2,7 nicht ἀπό, sondern πρὸ τῶν αἰώνων, Röm 16,24 ohne Präposition und αἰών nicht als Substantiv, sondern *dativus temporis* χρόνοις αἰωνίοις. Auch die dem Revelationsschema weiterhin nahe stehenden Texte 2Tim 1,9–11; 1Petr 1,18–21; Tit 1,2f.; 1Joh 1,1–3; Herm Sim 9,12; Ign Magn 6,1 (siehe dazu WOLTER, Verborgene Weisheit 297) formulieren nicht ἀπὸ τῶν αἰώνων (πρὸ χρόνων αἰωνίων, 2Tim 1,19; Tit 1,2; ζωὴ ἡ αἰώνιη, 1Joh 1,2; πρὸ αἰώνων, Ign Magn 6,1; πρὸ καταβολῆς κόσμου, 1Petr 1,20; τῆς κτίσεως αὐτοῦ, Herm Sim 9,12,2).

da diese sich in der Septuaginta und im Neuen Testament ausschließlich auf eine Verborgenheit vor jemandem (seien es beispielsweise
Vögel, Weise oder Menschen [vgl. auch *pars pro toto* die ὀφθαλμοί
anstelle der angeredeten Person bzw. Stadt in Lk 19,42]) bezieht[198].
Nie jedoch ist ἀποκρύπτω ἀπό mit einem Zeitwort konstruiert. Dieser
traditionsgeschichtliche Befund muss nicht zwangsläufig temporale
Bedeutung der Äonen ausschließen. Er evoziert jedoch deutlich einen
personalen Assoziationshintergrund.[199]

Per se ist der Artikel weder auf temporale noch personale Deutung
zu beziehen.[200] Er verweist aber anaphorisch[201] auf 2,7, wo in der
Wendung ἐν τοῖς αἰῶσιν τοῖς ἐπερχομένοις bereits pluralisch von
Äonen die Rede ist[202]. Der Verweis bietet einerseits einen weiteren
Hinweis auf die personale Bedeutungskomponente der Äonen. Andererseits spiegelt sich in dem Rückbezug von vergangenen auf zukünftige Äonen eine inversive Zeitstruktur.

2. Als Argument für zeitliches Verständnis der Äonen dient der
Verweis auf die Parallelstelle Kol 1,26, wo αἰῶνες parallel zu den
γενεαί konstruiert sind. Der Epheserbrief verdoppelt die Ausführung
über die Geheimnisoffenbarung und verteilt γενεαί und αἰῶνες auf
die V. 5 und 9. Die αἰῶνες in Eph 3,9 werden sicherlich durch die
γενεαί aus 3,5 konnotiert. Dass es sich dabei aber nicht nur um eine
zeitliche Semantik im Sinne von ‚Generationen‘, ‚Menschen‘- oder
‚Zeitaltern‘ handelt, sondern von der Grundbedeutung her zunächst ja
gerade eine personale Größe, eine ‚Familie‘ oder ‚Sippschaft‘[203], im
Blick ist, wird gewöhnlich nicht beachtet.[204] Durch den Verweis auf
die γενεαί wird also keine Eindeutigkeit zugunsten der temporalen
Konnotation der Äonen erzielt. Vielmehr findet sich in V. 5 wie in V.
9 die prinzipielle Doppeldeutigkeit personaler und zeitlicher Semantik, die freilich in V. 5 aufgrund des konventionellen Charakters der
Wendung nicht so stark auffällt.

---

[198] Der Artikel kann stehen bzw. im Personalpronomen enthalten sein (vgl. Lk
18,34; 19,42; Joh 12,36; Jes 40,27; Jer 39,17), aber auch fehlen (vgl. Lk 10,21; Mt
11,25; Hi 28,21).
[199] Vgl. hierzu auch PsSal 8,7 (ἀπὸ κτίσεως οὐρανοῦ καὶ γῆς – ἀπ' αἰῶνος); ferner Mt 24,21; Mk 10,6; 13,19; 2Petr 3,4 u.ö.
[200] Vgl. zu ἀπό mit Artikel in zeitlicher Bedeutung: Mt 9,22 (ἀπὸ τῆς ὥρας
ἐκείνης); Lk 1,48; 5,10 (ἀπὸ τοῦ νῦν); vgl. auch GNILKA, Epheser 172.
[201] Zum anaphorischen Artikel vgl. HOFFMANN/V. SIEBENTHAL, Grammatik §
131a.
[202] Der Artikel in Eph 2,7 erklärt sich aus dem substantivischen Gebrauch des
Partizips, vgl. HOFFMANN/V. SIEBENTHAL, Grammatik § 132b.
[203] Siehe LIDDELL/SCOTT, Lexicon γενεά 342.
[204] Es ist auch zu beachten, dass die γενεά in Eph 3,5 nicht ausdrücklich zeitlich
verortet werden: sie sind ἕτεραι, im Unterschied dazu sind die γενεαί in Apg 14,16
παρῳχημέναι (vergangen) und in Apg 15,21 ἀρχαῖαι.

3. Mit der Vorstellung personal konnotierter Äonen kompatibel ist die Gegenüberstellung mit den ἀρχαί und ἐξουσίαι in V. 10, da diese eindeutig Machtwesen sind.[205]

4. Eine Vereindeutigung zugunsten der zeitlichen Bedeutung, wie sie durch den Hinweis auf das folgende *lokale* Präpositionalgefüge ἐν τῷ θεῷ begründet wird, überzeugt nicht.[206] Auch wenn ἐν τῷ θεῷ sicherlich den Raum der Verborgenheit bezeichnet, muss die vorhergehende Präposition deshalb nicht zwangsläufig zeitlich zu verstehen sein. Denn wenn das Geheimnis *in* Gott verborgen ist, ist es von diesem Blickpunkt notwendig *vor* den Äonen, die nicht Gott sind, verborgen. Dieser Deutung zufolge erscheinen sowohl Gott als auch die Äonen räumlich-personal als Größen[207], die sich durch eine Ober- oder Außenfläche voneinander unterscheiden lassen. Ἀπό dient dabei der orientierenden Bezeichnung der Außenseite, ἐν beschreibt die Innenseite. Die Innenseite der Größe ,Gott' entspricht der Außenseite der Größe ,Äonen'. Beide Bestimmungen richten sich auf denselben Sachverhalt, nämlich die Verborgenheit des Geheimnisses.

Aufgrund der Dominanz des personalen Aspekts ist αἰών trotzdem nicht weniger Zeitwort. Das Gegensatzpaar von personal vs. zeitlich ist falsch gewählt. Αἰών ist metaphorisch konzeptualisiertes Zeitwort, dem wegen seiner fehlenden Eigenstruktur die Eigenschaften eines abgrenzbaren Einzelgebildes übertragen werden. So erscheint das abstrakte Zeitwort αἰών hier als konkret anschauliches Gefäß, außerhalb dessen etwas verborgen sein kann. Seine Außenseite wird durch die räumliche Präposition ἀπό hervorgehoben. Ἀπό kann selbstverständlich zeitliche Bedeutung haben, diese ist aber ihrerseits schon Metaphorisierung der ursprünglichen räumlichen Konnotation.[208]

---

[205] Vgl. DIBELIUS/GREEVEN, Epheser 75; LINDEMANN, Aufhebung 224; REITZENSTEIN, Erlösungsmysterium 236.

[206] Gegen CARAGOUNIS, Mysterion 107: „The phrase ἀπὸ τῶν αἰώνων marks the temporal setting while ἐν τῷ θεῷ marks the location for the concealment of the *mysterion*."

[207] Vgl. dazu LÜHRMANN, Offenbarungsverständnis 120 Anm. 6: „Auch Gott ist als Raum gedacht."

[208] Vgl. zur Metaphorisierung lokaler Präpositionen WUNDERLICH, Sprache und Raum 2: „Wo raum- und zeitbezogene Kategorien nebeneinander existieren (z.B. bei den Präpositionen und Adverbien), scheinen die raumbezogenen die primären, die zeitbezogenen die abgeleiteten zu sein. Man kann gewissermaßen die zeitbezogenen Kategorien dadurch erhalten, daß man etwas auf eine Dimension projiziert und diese Dimension als Zeit deutet […] In allen Sprachen ist das System der Raumdeixis wesentlich ausdifferenzierter als das System der Zeitdeixis, das eher als metaphorische Erweiterung zu verstehen ist." Siehe dazu z.B. auch LEISI, Darstellung der Zeit 18. – Nicht eigens thematisiert, aber vorausgesetzt wird die Übertragung von der ursprünglich räumlichen auf die zeitliche Bedeutung der griechischen Präpositionen in den Grammatiken, vgl. z.B. HOFFMANN/V. SIEBENTHAL, Grammatik § 183f.: Nahezu alle ,eigentlichen' (d.h. als Präfixe in Verbalkomposita vorkommende) Präpositionen des Griechischen, die eine zeitli-

Durch die syntaktische Verbindung mit ἀποκρύπτω und ἀπό wird αἰών andererseits als Person veranschaulicht. Diese gefäßhafte Entität ist tendenziell eine feindliche, insofern das Geheimnis Gottes vor ihr verborgen war. Die Äonen hören dadurch aber nicht auf, Zeit zu sein.[209] Auslöser für diese bildschematischen Metaphern sind die Subkonzepte ‚Begrenzung', ‚Geschlossenheit' und ‚Interessenkonflikt', die hier als Merkmale von ‚Zeit' fokussiert sind.

Die metaphorische Rede von den „Zeiträumen"[210] verdunkelt die Sache mehr, als sie sie verdeutlicht. Denn sie suggeriert nicht nur, dass neben Räumen und Personen auch Zeit direkt darstellbar ist, sondern auch, dass es objektiv erfahrbare Zeiträume gibt, von denen dann an dieser Stelle die Rede wäre. Was aber sollen in diesem Zusammenhang ‚Zeiträume' sein? ‚Zeitraum' ist ja eine weitere Metapher, die ‚Zeit' als ‚Raum' abbildet. Die Metaphorisierung wird durch eine vergleichbare Metapher ersetzt, ohne dass das dahinter liegende sprachlich-kognitive Verfahren zur Kenntnis genommen wird.

Dass die Präpositionalfügung in Eph 3,9 solche Debatten um räumliche oder zeitliche Bedeutung entfacht hat, ist zum einen auf die syntaktische Verbindung mit ἀποκεκρυμμένου zurückzuführen. Zum anderen liegt dies vermutlich daran, dass das Zeitwort αἰών seltener zur Bezeichnung alltäglich erfahrbarer Zeitstrukturen dient als beispielsweise ἡμέρα oder νῦν[211]. Entsprechende Verbindungen mit diesen Zeitwörtern sind deshalb aber nicht weniger metaphorisch.[212]

---

che Relation ausdrücken, haben auch eine räumliche Bedeutung (umgekehrt sind aber nicht alle ‚räumlichen' Präpositionen auch zeitlich zu verwenden). Die räumliche Konnotation wird fast immer als Grundbedeutung angegeben (siehe zu ἀνά, ἀπό, διά, εἰς, ἐκ/ἐξ, ἐν, ἐπί, κατά, παρά, περί, πρό, πρός, ὑπό).

[209] Tendenziell hat STEINMETZ, Heils-Zuversicht 67, also Recht, wenn er bemerkt: „[…] auch das Denken in Machtsphären [enthält] immer noch das Moment der zeitlichen Erstreckung." *Warum* dies so ist bzw., dass räumliches Denken *Voraussetzung* für zeitliche Vorstellungen und keine Konkurrenz zu ihnen ist, bleibt aber gerade ungeklärt und teilweise setzt STEINMETZ, a.a.O., die von ihm selbst auch kritisierte Opposition ‚räumlich vs. zeitlich' wieder voraus: „Der räumliche Charakter der Äonen ist stärker vorhanden als der zeitliche."

[210] Vgl. z.B. SCHLIER, Epheser 153 Anm. 1: „Es ist falsch, den räumlichen Charakter der Äonen von dem zeitlichen zu trennen. Äonen sind genau das, was wir ‚Zeiträume' nennen […] Äonen sind die jeweiligen Zeiträume der Geschichte." Vgl. auch STEINMETZ, Heils-Zuversicht 66: „sinnvollste Wiedergabe des Ausdrucks ‚Äonen'" sei „Zeit-Räume"; GNILKA, Epheser 172.

[211] Für Verbindungen wie ἀπὸ δὲ τῶν ἡμερῶν Ἰωάννου (Mt 11,12) oder ἀπ' ἐκείνης τῆς ἡμέρας (Mt 22,46), die eine vergleichbare Konstruktion ἀπό mit Zeitwort aufweisen, wird nicht vorgeschlagen, die angeführten Tage unter Aufgabe der zeitlichen Komponente als personal-räumliche Wesen zu deuten. Auch ἀπὸ τοῦ νῦν beispielsweise in 2Kor 5,16 veranlasst nicht die These eines personal-räumlichen νῦν.

[212] Vgl. die eingangs vorgestellte kognitivistische Metapherntheorie, derzufolge Metaphern vorliegen können, ohne als solche erkannt zu werden; siehe dazu auch bereits DORNSEIFF, Bezeichnungswandel 137f.: „Wie uns die Vorstellung des in

2.5 Eph 3,21: Unendliche Zeit

Die Ewigkeitsformel εἰς πάσας τὰς γενεὰς τοῦ αἰῶνος τῶν αἰώνων in Eph 3,21 schließt die Reihe der αἰών-Belege des Briefes an exponierter Stelle ab. Vor dem beschließenden ἀμήν bildet sie das dritte Element der Doxologie[213], die zugleich Abschluss des „lehrhaften" Briefteils ist. Als Schluss korrespondiert die Doxologie formal mit der Eulogie am Anfang des Briefes.

Rekurriert die αἰών-Aussage in Eph 3,21 auf traditionelle Gebetssprache (s.o. Kap. III.1.2.2.1), ist sie aber im Gegensatz zur üblichen Verwendung der Formel[214] deutlich erweitert[215]. Die zukünftigen Geschlechterreihen treten zum ‚Äon der Äonen' hinzu (sonst immer pluralisch ‚Äonen der Äonen'). Dadurch entsteht die grammatische Besonderheit, dass der ‚Äon der Äonen' seinerseits im Genitiv erscheint.[216]

Innerhalb frühchristlicher Schriften findet das Syntagma keine direkte Entsprechung. Ähnliche Ewigkeitsformeln begegnen aber in Tob 1,4; äthHen 9,4; 10,3.22; 14,5; 15,6; 103,4; 104,5: εἰς πάσας τὰς γενεὰς τοῦ αἰῶνος. Hier sind die Geschlechter dieser Welt oder Weltzeit angesprochen, wodurch zugleich ein Endpunkt in den Blick rückt. Indem der Verfasser des Epheserbriefs τῶν αἰώνων hinzufügt, wird dieser Endzeittermin durchbrochen – es geht nicht um die Generationen einer begrenzten Weltzeit, denn πᾶσαι γενεαί werden Teil der Ewigkeitsformel.[217] Dass die Menschengenerationen *ent*grenzt und nicht die Äonen durch die Generationen *be*grenzt werden, zeigt die Genitiv-

---

der unmittelbaren Anschauung liegenden Raumes weit näher steht als die der Zeit, so ergibt sich aus der Betrachtung unserer Bezeichnungen für zeitliche Verhältnisse, daß sie großen Teils *von solchen für räumliche* [Hervorhebung im Original] hergenommen sind, und somit eine Gruppe von Metaphern bilden, *die allerdings nicht mehr immer als solche empfunden werden* [Hervorhebung S.R.]."

[213]   Vgl. zum drei- bzw. viergliedrigen Aufbau der Doxologie DEICHGRÄBER, Gotteshymnus 24–40; GÜTING, Amen 137.

[214]   Vgl. [Röm 16,27]; Gal 1,5; Phil 4,20; 1Tim 1,17; 2Tim 4,18; Hebr 13,21; 1Petr 4,11; Apk 1,6; 5,13; 7,12.

[215]   Vgl. zur Erweiterung der Ewigkeitsformel auch Jud 25: πρὸ παντὸς τοῦ αἰῶνος καὶ νῦν καὶ εἰς πάντας τοὺς αἰῶνας. Eine Erweiterung der Ewigkeitsformel durch die γενεαί findet sich in 1Clem 61,3: καὶ νῦν καὶ εἰς γενεὰν γενεῶν καὶ εἰς τοὺς αἰῶνας τῶν αἰώνων.

[216]   Vgl. Gal 1,5; Phil 4,20; 1Tim 1,17; 2Tim 4,18; Hebr 1,8; 13,21; 1Petr 4,11; Apk 1,6.18; 4,9.10; 5,13; 7,12; 10,6; 11,15; 14,11; 15,7; 19,3; 20,10; 22,5 – αἰῶνας immer im Akkusativ nach εἰς als Ewigkeitsformel.

[217]   Vgl. auch die Beobachtung bei SELLIN, Epheser 293f., dass bereits in Eph 3,15 die πατριαί durch ‚im Himmel und auf Erden' näher bestimmt sind. Hierdurch wird eine üblicherweise transzendente Grenze durchbrochen.

konstruktion[218] und v.a. auch der Vergleich mit den genannten Texten Tobit und äthiopischer Henoch.[219]

Durch das vom ursprünglich „liturgischen" zum „epistolographisch"[220] gewordene „Amen" am Ende von V. 21 wird die Leserschaft in den Lobpreis hineingerufen, und zwar an einer Scharnierstelle des Briefes, wo er in die Paränese überwechselt. Diese durch Paulus vorgegebene Form wird im Epheserbrief durch eine neue Struktur überlagert (s.o. Kap. I.3.4), so dass es sich hier in 3,21 zugleich um das Scharnier zwischen *narratio* und *probatio* handelt. Damit wird die Leserschaft zur Zustimmung des beschriebenen Sachverhalts aufgerufen, bevor der Verfasser zur ‚Beweisführung' selbst übergeht. Die Ewigkeitsformel verweist an dieser Stelle in besonderer Weise auf den unveränderlichen Gültigkeitsbereich des Gesagten. Durch diese kompositionelle Verortung macht der Verfasser die Formel über vorgefundene Traditionen hinaus seinem brieflichen Aufriss dienstbar.

Fließen tendenziell im Gebrauch des αἰών-Begriffs Zeit und Ewigkeit zusammen[221], so verstärkt die Aktualisierung in Eph 3,21 diese Tendenz deutlich, indem die Menschengenerationen und der singularische Äon in der Ewigkeitsformel verschmelzen und dadurch Zeit und Ewigkeit nicht mehr nur nicht genau zu trennen sind, sondern Zeit selbst ewig wird. Alle neutestamenlichen Belegstellen der doppelten αἰών-Formel beziehen die dadurch ausgesagte Ewigkeit auf eine zur Zeit, Welt oder zu den Menschen unterschiedene Transzendenz, indem entweder, meist in Doxologien, ausschließlich auf Gott

---

[218] Es wird sich bei τοῦ αἰῶνος in Eph 3,21 am ehesten um einen Genitivus qualitatis handeln; vgl. dazu auch SELLIN, Genitive 85 Anm. 3: „in Frage kommen […] *Gen. qualitatis, Gen. appositivus, Gen. explicativus*". Als *genitivus qualitatis* sagt τοῦ αἰῶνος τῶν αἰώνων eine Eigenschaft des ihm übergeordneten Nomens aus (HOFFMANN/V. SIEBENTHAL § 162a.), beschreibt also die γενεαί näher. Die kommenden Generationen rücken dadurch als endlos qualifizierte Reihe in den Blick.

[219] SASSE, αἰών 199, entnimmt der Parallele von αἰῶνες und γενεαί in Kol 1,26 [und auch Eph 3,21], dass „die Bedeutung des *langen, aber nicht unbegrenzten Zeitraums*" in die αἰών-Formeln eindringt. Dies mag für die Stelle im Kolosserbrief zutreffen. Das καί kann als *epexegeticum* verstanden werden, was dann durchaus auf eine Qualifizierung / Näherbestimmung der Äonen durch die γενεαί hinausläuft. Auch liegt die den Ewigkeitsgedanken steigernde Doppelung von αἰών im Kolosserbrief nicht vor. Eph 3,21 trägt aber gerade diese Doppelung und damit Entgrenzung der Zeit in die Wendung ein. Schließlich ist darauf hinzuweisen, dass Kol 1,26 sich auf die Vergangenheit bezieht, in der das Geheimnis verborgen war; die Zeit, die mit den Äonen bezeichnet ist, ist somit ohnehin eine begrenzte, da das Geheimnis nun offenbart ist. Im Epheserbrief geht es im Zusammenhang mit den Generationen und dem Äon der Äonen um die unbegrenzte Zukunft.

[220] SELLIN, Epheser 294.

[221] Vgl. SASSE, αἰών 198.

oder Christus rekurriert[222] oder visionär die zukünftige Welt inauguriert wird[223]. Die syntagmatische Neuschöpfung in Eph 3,21 läuft auf das Modell unendlicher Zeit hinaus. Das legen auch die letzten beiden Wörter des Epheserbriefes (ἐν ἀφθαρσίᾳ; 6,24) nahe. Dieses Konzept einer ewigen Zeitstruktur erklärt, warum der Epheserbrief, der zwar die meisten geläufigen neutestamentlichen αἰών-Wendungen aufnimmt, an keiner Stelle eine συντέλεια τοῦ αἰῶνος[224] kennt.

Auch die Präposition εἰς ist räumliche Metaphorisierung abstrakter Zeitvorstellung. Die unendlich folgende Zeit wird als sich erstreckender Raum (bis in ... hinein) formuliert. Zeit *ist* deshalb aber kein Raum, sondern wird als solcher zur Darstellung gebracht.

2.6 Zusammenfassung

Zu Beginn der Analyse wurde gesagt, dass für αἰών keine globale Bedeutung vorauszusetzen ist. Dies hat sich bestätigt. Die verschiedenen Formulierungen, innerhalb derer αἰών im Epheserbrief steht, nehmen unterschiedliche Akzentuierungen vor. Allen αἰών-Aussagen ist aber gemeinsam, dass es sich um metaphorische Konzeptualisierung von Zeit handelt. Zeitvorstellungen, denen es an Eigenstruktur mangelt, werden mittels Übertragung räumlich-personaler Strukturen zur Darstellung gebracht. Dadurch wird das Konzept ‚Zeit' erfahrungsnäher strukturiert und unter bestimmten Eigenschaften erschließbar. Die gerade für den Epheserbrief häufig postulierte Antithese von räumlichen und zeitlichen Vorstellungen ergibt sich von hier aus als obsolet. Insofern über Zeit nicht anders als in räumlichen, personalen und dinglichen Metaphern gesprochen werden kann, erklärt sich die hohe Frequenz dieser Strukturen im Zusammenhang mit Zeitbegriffen im Gegenteil durch die Wichtigkeit des Themas ‚Zeit' für den Brief.

In der Forschung besteht eine begriffliche Äquivokation in Bezug auf die frühjüdische, paulinische und deuteropaulinische Verwendung des αἰών-Begriffs. Die Vokabeltreue des Epheserbriefs gegenüber seiner Traditionsbasis sollte aber nicht darüber hinweg täuschen, dass der Brief mit den bekannten Begriffen eigene metaphorische Konzepte ausgestaltet. Die Äonen als frühjüdische Metaphern werden durch die räumlich-personale Konzeptualisierung im Epheserbrief hellenistisch anschlussfähig gemacht. Ist damit die übliche Grenzziehung zwischen frühchristlichen und paganen Zeitvorstellungen aufzuweichen, soll diese These aber nicht zur Etablierung einer neuen Grenze etwa zwischen den Zeitkonzepten im Epheserbrief und denen im Frühjudentum und Frühchristentum führen. Denn auch hier finden

---

[222]   Vgl. Gal 1,5; Phil 4,20; 1Tim 1,17; 2Tim 4,18; Hebr 1,8; 13,21; 1Petr 4,11; Jud 25; Apk 1,6.18; 4,9.10; 5,13; 7,12; 10,6.

[223]   Vgl. Apk 11,15; 14,11; 15,7; 19,3; 20,10; 22,5.

[224]   Vgl. Mt 13,39.40.49; 24,3; 28,20; 1Kor 10,11; Hebr 9,26.

sich Ansätze, das Zeitwort αἰών räumlich zu konzeptualisieren (vgl. z.B. Mk 10,30 par. Lk 18,30). Frühjüdische Vorstellungen von zwei Äonen greifen auf räumliche Strukturen zur Formulierung des zeitlichen Gegensatzes zurück. Der Verfasser des Epheserbriefs geht aber über diese traditionsgeschichtlichen Vorgaben deutlich hinaus, insofern er sich nicht ausschließlich im Rahmen vorgegebener Metaphern bewegt, sondern eigene bildet, deren Aussagen hellenistischen Zeitvorstellungen nahe stehen. Von daher hat die religionsgeschichtliche Schule hier auch etwas Richtiges gesehen. Der räumlich-personale αἰών-Begriff ist aber nicht vor dem Hintergrund eines nicht-existenten *Gottes* Αἰών zu verstehen, sondern im Sinne einer Metaphorisierung des abstrakten Zeitkonzeptes.

Αἰών steht im Epheserbrief generell für ein nicht-chronometrisches Zeitkonzept. Diese Semantik entspricht der Etymologie des Wortes, erschließt sich aber zuerst aus der metaphorischen Konzeptualisierung von αἰών im Epheserbrief. Indem der Verfasser den Äonen eine Innenseite (2,7 ἐν; 3,21 εἰς), Außenseite (3,9 ἀπό), räumliche Erstreckung (3,21 εἰς), Personalität (Eph 3,9 ἀποκρύπτω ἀπό), Handlungs- (2,7 ἐπέρχομαι) und Wirkfähigkeit (2,2 kausales κατά in Parallelität mit ἄρχων) zuschreibt, werden generell Subkonzepte der gefäßhaften ‚Begrenztheit', ‚Geschlossenheit', ‚Endlosigkeit' und des ‚Einflusses' strukturiert. Speziell Eph 2,7 metaphorisiert darüber hinaus das Subkonzept der ‚Wiederkehr' (vgl. die Semantik von ἐπέρχομαι; vgl. auch 6,13) und, wie insbesondere auch Eph 2,2 des ‚Interessenkonflikts' (vgl. wiederum die Semantik von ἐπέρχομαι; vgl. 5,16 ἡμέραι πονηραί; 6,13 ἡ ἡμέρα ἡ πονηρά). Die Aspekte der ‚Wiederkehr' und ‚Endlosigkeit' von Zeit implizieren, dass es für den Epheserbrief ein ‚Ende der Äonen', wie es in frühchristlichen Texten häufig avisiert ist, nicht geben kann. Αἰών bezeichnet im Epheserbrief die unendliche kosmische Zeit, die Macht hat über das, was sie umschließt. Konkrete historische Ereignisse sind mit diesem Zeitkonzept nicht verbunden.

Αἰών kommt ausschließlich im ersten großen Hauptteil des Briefes bzw. in der *narratio* und *propositio* vor. Der Grund für diese Verteilung liegt darin, dass der Verfasser des Epheserbriefs in Eph 1–3 gegenüber Paulus stark eigene Konzepte ausgestaltet, in denen er über paulinische Traditionen hinausgeht. Da die *exhortatio* mit argumentativer Funktion in Eph 4,1–6,9 dagegen vornehmlich der Plausibilisierung der Brieffiktion[225] dient, fehlt die eigenwillige αἰών-Konzeption innerhalb dieses Briefteils folgerichtig.[226]

---

[225] Vgl. dazu auch die Paulusreminiszenz in 6,24 (ἐν ἀφθαρσίᾳ; vgl. 1Kor 15,42).

[226] Das heißt aber nicht, dass im zweiten Briefteil der zeitliche Aspekt überhaupt fehlt, vgl. insbesondere Stellen wie Eph 4,13.30; 5,6.14 (vgl. exemplarisch SELLIN, Epheser 343–346).

Kapitel IV: Historische Zeitstrukturen im Spannungsfeld von Vergänglichkeit und Ewigkeit

Während im Epheserbrief die ἐπουράνιοι Überzeit und αἰών kosmische Zeit metaphorisieren, ist terminologischer Anknüpfungspunkt der historisch-chronometrischen Zeit das Einst-Jetzt-Schema. Ermöglicht die Wahrnehmung zweier verschiedener Jetzt- bzw. Zeitpunkte die Wahrnehmung von Zeit, so ist damit notwendig Veränderung verbunden. Diese kommt als Bewegung im Raum allgemein durch die Weg-Metaphorik zum Ausdruck. Dadurch ist stärker der chronometrische Aspekt hervorgehoben. Neben Veränderung als auf einer ‚Linie‘ messbarer Ortswechsel konzeptualisiert der Verfasser Veränderung als Wechsel zwischen Werden und Vergehen. Die Metapher vom neu geschaffenen Menschen ist Konzeptualisierung frühchristlicher Geschichte. Dadurch ist der ereignisbezogene Charakter von Zeit im Blick.

1 Metaphorische Konzeptualisierung von chronometrischer Zeit

1.1 Das Einst-Jetzt-Schema

Ein wichtiges Ordnungselement innerhalb der historischen Zeitstrukturen ist das Einst-Jetzt- oder seit Dahl so genannte „soteriologische Kontrast-Schema"[1]. Dieses frühchristliche Schema kontrastiert nichtchristliche Vergangenheit als Zustand der Verlorenheit mit christlicher Gegenwart als Heilssituation.[2] Explizit wird dieser zeitliche Gegensatz im wiederholten ποτέ (Eph 2,2.3.11.13) bzw. νυνί (Eph 2,13) angesprochen. In Eph 2,12 wird die Bedeutung von ποτέ durch τῷ καιρῷ ἐκείνῳ wiedergegeben. Die Antithese οὐκέτι – ἀλλά in V. 19 bezeichnet den Kontrast zwischen ποτέ und νῦν durch eine Negativformulierung im ersten Glied, die die positive Wendung in Hinblick auf die vergangenen ξένοι aus V. 12 bezüglich der Gegenwart verneint. Das Thema ‚vorchristliche Existenz‘ aus VV. 1–3 ist in 11–13 wieder aufgenommen. Das prägende Vokabular ändert sich, aber Stichwortverbindungen machen den Zusammenhang deutlich (ποτέ [VV. 2.3.11], äquivalentes τῷ καιρῷ ἐκείνῳ [V. 12], τῆς σαρκός [V.

---

[1] DAHL, Beobachtungen 5.
[2] Vgl. LUZ, Geschichtsverständnis 87f.

3], ἐν σαρκί [V. 11], τοῦ κόσμου τούτου [V. 2], ἐν τῷ κόσμῳ [V. 12]). Erst in V. 13 folgt auf das wiederholte ποτέ ein auflösendes νυνί. Es bezeichnet kontrastreich den aktuellen Versöhnungszustand der Kirche. Die thematischen und formalen Bezugnahmen ermöglichen einen syntaktischen Anschluss. Das Anakolouth aus V. 1ff. lässt sich an die syntaktische Struktur in V. 11 anbinden. Διὸ μνημονεύετε ist als Einleitung inhaltlich wie formal auch für (καὶ) ὑμᾶς ὄντας νεκρούς gut denkbar. Die Konstruktion ist dann als AcP zu verstehen.

Die Aussagen über die Friedenstat Christi in den VV. 14–16 sind im Einst-Jetzt-Schema nicht integriert. Zwischen der „Situation der Adressaten" und der „Heilstat Christi" wird zeitlich getrennt[3]. Während in V. 13 νυνὶ δέ die gegenwärtige Situation der Adressaten bezeichnet, fehlt ein solcher temporaler Bezug in VV. 14–16. Der Kreuzestod Christi wird zeitlich nicht durch ein νῦν bestimmt.[4] Im Gegenteil liefert er die Voraussetzung für die Nähe-Aussage in V. 13 und geht dem dort Beschriebenen somit zeitlich voran.[5] Diese Differenzierung lässt das Interesse an einer geordneten Geschehensabfolge im Unterschied zum bloßen Kontrast erkennbar werden und ist neu sowohl gegenüber Paulus[6] als auch verglichen mit der Parallele im Kolosserbrief (vgl. Kol 1,22: νυνὶ δὲ ἀποκατήλλαξεν). Der Jetzt-Zustand fällt hier mit dem Christusgeschehen zusammen.[7] Im Epheserbrief wird die gegenwärtige Situation der Adressaten durch das vergangene Kreuzesgeschehen begründet (γάρ in V. 14). Die VV. 14–16 schildern ein Geschehen, das zwischen ποτέ und νῦν liegt und Gegenwart kausal an Vergangenheit bindet.

Die VV. 17f. stellen eine Art Zwischenglied dar. V. 17 berichtet noch von Christi Tat, zugleich nimmt der Vers die ‚fern-nah'-Terminologie aus V. 13 wieder auf, die dort mit dem Einst-Jetzt-Kontrast verbunden ist. V. 18 stellt einen abschließenden Kommentar zum Vorausgehenden dar und rückt dadurch logisch in die Nähe einer – präsentisch formulierten – Jetzt-Aussage (ὅτι δι' αὐτοῦ ἔχομεν τὴν προσαγωγήν). Auch Eph 2,4–6 darf in diesem Zusammenhang nicht vorschnell zum Einst-Jetzt-Schema gerechnet werden, wie es häufig geschieht.[8] Bei der Schilderung von Gottes Auferweckungshandeln an den Christen gebraucht der Verfasser kein νῦν.

---

[3] Siehe GESE, Vermächtnis 115.

[4] Siehe zur „Trennung der Heilstat Christi von der Situation der Adressaten" ebd. 115.

[5] Vgl. ebd. 114.

[6] Zum theologisch gebrauchten νῦν bei Paulus, das auf die mit Christus beginnende Heilszeit bezogen ist, vgl. LUZ, Geschichtsverständnis 87f.; RADL, νῦν 1179; STÄHLIN, νῦν 1106f.

[7] Siehe auch GESE, Vermächtnis 114.

[8] Exemplarisch ist dieses Missverständnis bereits bei DAHL, Beobachtungen 5, vorbereitet, wenn er schreibt: „Es kann auch heißen: ‚Ihr waret einst – jetzt aber hat Gott (Christus) euch …' […] Eph 2,1–10". vgl. in diesem Sinne auch GNILKA,

Die gehäufte Inanspruchnahme des Einst-Jetzt-Schemas im Epheserbrief verweist auf ein gesondertes Interesse des Verfassers.[9] Die
Besonderheit bei der Verwendung des Einst-Jetzt-Schemas im Epheserbrief liegt darin, dass der Verfasser das Schema mit Bewegungs-
metaphorik verbindet (s.u. Kap. IV.1.3). Damit macht er Zeit wahrnehmbar. Diese Zeitkonzeption lässt sich als ‚chronometrisch' und
‚historisch' charakterisieren, insofern sie auf einer messbaren fortlaufenden Zeitachse von geschichtlichen Ereignissen im Leben der Adressaten handelt.

1.2 Weg-Metaphorik

Direkte Termini zur Bezeichnung eines Weges fehlen im Epheserbrief
(wie z.B. ὁδός, πόρος usw.). Dennoch von Weg-Metaphorik zu sprechen, rechtfertigt sich durch das gehäufte Auftreten von Begriffen, die
Teilaspekte der Weg-Vorstellung bilden. Wo man ‚wandert', ‚wandelt' oder ‚geht', geschieht dies auf einem (Ab-)Weg. Ebenso beschreibt die Bewegung, die aus der Ferne Distanz überwindet, einen
Weg.

1.2.1 Konzeptualisierung von Prozesshaftigkeit
Das erste im Zusammenhang mit der Weg-Vorstellung zu nennende
Wortfeld konstituiert sich durch Begriffe der Fortbewegung. Hierzu
gehören die Verben περιπατέω (VV. 2.10), ἀναστρέφω (V. 3), ἐπέρχομαι (V. 7), ἔρχομαι (V. 17) und das Substantiv προσαγωγή (V. 18).
Diese Begriffe sind metaphorisch verwendet. Neben zu differenzie-
renden Zielbereichen, die sich durch die jeweils individuelle Semantik
erschließen, bringt die Fortbewegungs-Metaphorik ein gemeinsames
Subkonzept zum Ausdruck. Das ist genau genommen nicht, wie üblicherweise hinsichtlich der übertragenen Verwendung von περιπατέω
angenommen wird, der christliche „Lebenswandel"[10]. Diese Interpretation ist ungenau, insofern sie die Bedeutung der Metapher zu einem
Teil mit dem metaphorisch verwendeten Begriff selbst (‚Wandel' >
‚umherwandern') erklärt.

Zielbereich und damit Auslöser der Weg-Metaphorik sind die
zugrunde liegenden Subkonzepte der ‚Prozesshaftigkeit', ‚Fortschrittlichkeit', ‚Veränderung', ‚Direktionalität'. Da diese Teilmerkmale aus

---

Epheser 112; STEINMETZ, Heils-Zuversicht 54; LONA, Eschatologie 254;
LINCOLN, Ephesians 86f.; 124; LINDEMANN, Aufhebung 111; SCHNACKENBURG,
Epheser 88; FAUST, Pax 73; 480.
[9] Vgl. dazu TACHAU, ‚Einst und Jetzt' 143: „Eph 2 ist dasjenige Kapitel im NT,
das die Thematik des ποτέ – νῦν am ausführlichsten behandelt."
[10] So z.B. MENGE/GÜTHLING, Wörterbuch περιπατέω 547; SCHLIER, Epheser
101; LINCOLN, Ephesians 94 („way of living"); SCHNACKENBURG, Epheser 91 mit
Anm. 221; POKORNÝ, Epheser 98; ECKSTEIN, Auferstehung 19; BEST, Ephesians
202 („behaviour").

dem vielfältigen Merkmalsbündel christlicher Existenz in vorliegendem Kontext hervorgehoben werden sollen, tritt die Weg-Metapher auf. Das Verbum περιπατέω wie auch die anderen Bewegungsverben metaphorisieren Prozesshaftigkeit christlichen Lebens oder Lebenswandels und nicht den Lebenswandel selbst.[11] Die übergreifende Metapher „‚Leben' oder ‚Geschichte' ist zielgerichtete Bewegung" ist im griechisch-römischen Bereich stark verbreitet.[12] Welt, Zeit (Lebenszeit) und einzelne Geschehensabläufe werden in verschiedener Weise als Weg konzipiert.[13] Dabei kann, muss aber das Lexem ‚Weg' selbst nicht stehen. Zeit oder Geschichte werden dadurch als Weg beschrieben, dass entweder sie sich fortbewegen oder die Menschen. Auslöser für die Metaphorik sind wie im Epheserbrief die Subkonzepte ‚Kontinuität' und ‚Zielgerichtetheit'.[14]

Auch im Epheserbrief sind beide Möglichkeiten realisiert. Zeit wird entweder als materiell-räumlicher Weg ruhend konzipiert, indem die Menschen sich auf diesem Weg fortbewegen. Oder die Zeit bewegt sich selbst. Die Verbformen von περιπατέω, ἀναστρέφω und αὐξάνω sagen eine Bewegung der Adressaten aus, ἔρχομαι bezieht sich auf Jesus Christus. Hier steht die Zeit still, und Menschen bewegen sich durch die Zeit. In V. 7 sind Subjekt zu ἐπέρχομαι die Äonen, d.h. hier bewegt sich die Zeit.

Dass diesem Wortfeld eine tragende und distinktive Bedeutung für den Abschnitt zukommt, zeigt sich bereits darin, dass im weiteren Kontext sonst kein Verb der Fortbewegung verwendet wird. Erst später im Brief tritt diese Bedeutungslinie wieder deutlich hervor (vgl. περιπατέω in 4,1.17 [zweimal]; 5,1.8.15; καταντάνω 4,13; κλυδωνίζω 4,14; περιφέρομαι 4,14; αὐξάνω 4,15; ἀναβαίνω 4,8f.; καταβαίνω 4,9f.).

1.2.2 Konzeptualisierung von Distanzüberwindung: Ferne und Nähe

Weg-Metaphorik liegt auch der Rede von ἐγγύς und μακράν in Eph 2,13.17 zugrunde. Der Epheserbrief greift mit der Rede von Nahen und Fernen speziell alttestamentliche und frühjüdische Redeweise auf.

---

[11] Unzutreffend ist, dass περιπατέω als Metapher für den Lebenswandel bzw. für die Kontinuität eines Lebens im paganen Bereich nicht auftritt; gegen SELLIN z.St.; siehe zu περιπατέω als Metapher z.B. Philodemus, Liber (ed. A. Olivieri, Leipzig 1914, p.12.); Stellenangabe bei LIDDELL/SCOTT, Lexicon περιπατέω 1382.

[12] Vgl. z.B. BECKER, Das Bild des Weges; MESSIMERI, Wege-Bilder.

[13] Vgl. ebd. 16: „Handlungen und Zustände, äußere Beschaffenheiten und innere Eigenschaften lassen sich durch Wege-Bilder deutlich machen. Betrachtet man den Inhalt der antiken Wege-Bilder, so ergibt sich, daß ihnen keine einheitliche Vorstellung zugrunde liegt."

[14] Vgl. dazu DEMANDT, Metaphern für Geschichte 199: „Stets sind es die Kontinuität und die Ausrichtung auf ein Ende, die es nahe legen, ein Geschehen als Weg, als eindimensionale Bewegung zu veranschaulichen."

Traditionsgeschichtlich ist bei der ‚Nah-Fern-Terminologie' zwischen fünf Bezugspunkten zu unterscheiden.

1. Die Rede von Juden ‚in der Nähe und in der Ferne' stellt eine ökumenische Formel des Judentums[15] dar, die das gesamte Volk Gottes in seiner geographischen Verteiltheit umfasst. Die ‚Nahen' sind die im Heimatland, die ‚Fernen' die im Ausland lebenden Juden. Diese Verwendung liegt auch in Jes 57,19 vor. Eph 2,17 spielt auf den Text wörtlich an.

2. Die Aussage über ein sich änderndes Verhältnis von Nähe und Ferne kann sich auf dasjenige zwischen Israel und dem Diasporajudentum beziehen. Die Nahen müssen dabei nicht explizit genannt, sondern können in der Distanzüberwindung derer, die aus der Ferne kommen, impliziert sein. Räumliche Distanz ist hier wieder innerjüdisch ausgesagt. In Sach 6,15 (οἱ μακράν); 10,9 (οἱ μακράν); Jes 60,4 (μακρόθεν); 60,9 (μακρόθεν); 43,6 (πόρρωθεν); 49,12 (πόρρωθεν) sind mit denen in der Ferne die Juden gemeint, die endzeitlich aus der Diaspora nach Jerusalem zurückkehren werden.[16] Wie dem erstgenannten, aber im Gegensatz zu den drei folgenden Verwendungszusammenhängen, liegt diesem Gebrauch von ‚denen in der Ferne' eine erkennbare räumlich-konkrete Erfahrung zugrunde.

3. In einigen jüdischen Traditionen wird τοῖς μακρὰν καὶ τοῖς ἐγγύς in Jes 57,19 auf das Verhältnis von Toratreue und Gesetzesferne gedeutet (TargJes 57,19; bBer 34b; bSanh 99a; LevR 16,9; PesR 184b; NumR 8,4; MidrPs 120,7).[17] Die in Jes 57,19 ursprünglich gemeinte geographische Trennung innerhalb des jüdischen Volkes wird damit als Trennung auf einer abstrakteren Ebene interpretiert. Die räumliche Unterschiedenheit metaphorisiert innerjüdisch ethisch-religiöse Unterschiedenheit.

4. Singulär deutet NumR 8,4 Jes 57,19 auf das Verhältnis von Israeliten und Proselyten.[18]

5. Die Rede von Nahen und Fernen ist im rabbinischen wie auch im hellenistischen Judentum, allerdings ohne Bezug auf Jes 57,19, *terminus technicus* für den Übertritt zum Judentum. Die gedankliche Grundlage hierfür ist die metaphorische Übertragung des räumlichen Erfahrungsbereiches unterschiedlicher Distanz auf abstrakte religiös-soziale Beziehungen (vgl. EstR 3,9; NumR 8; jBer 9,13b.35; LevR 14).[19] Die Fern-Nah-Terminologie dient so einerseits auf vertikaler Ebene dazu, das sich ändernde Verhältnis von Nicht-Israeliten zu Gott auszudrücken (vgl. Philo, QEx. II 29; Cher. 18; Post. 27; Deus 161;

---

[15]   SELLIN, Epheser 200.
[16]   Vgl. ebd.
[17]   Vgl. LINCOLN, Use 27; SMITH, Jewish and Greek traditions 8–15.
[18]   Vgl. dazu SELLIN, Epheser 227.
[19]   Vgl. BILLERBECK III 586.

vgl. Her. 30).[20] Andererseits bezieht sich die Formulierung horizontal auf soziale Beziehungen (vgl. Philo, Spec. I 51; Josephus, Ant. XVIII 82).[21] Jemanden als Proselyten annehmen, heißt ihn ‚nähern‘, das Gegenteil: ihn ‚entfernen‘ von Gott bzw. der jüdischen Gemeinde (vgl. NumR 8; Mek 18,6; jQid 4,65b.21; TargJes 48,16).[22] Auch in Qumran-Texten dient קרב dazu, den Eintritt in die Gemeinschaft auszudrücken (vgl. IQH XIV,14; IQS VI,16,22; VIII 18; IX,15f.).[23] Übereinstimmend mit dieser Verwendung von ‚nah‘ und ‚fern‘ liegt der Verwendung von οὐ μακράν in Dio Chrysostomus, Or. 12,28, durch die Verneinung ein positives Gottesverhältnis zugrunde. Hiermit ist die Gottesnähe bezeichnet (vgl. auch Mk 12,34).[24] Μακράν bzw. (ἀπὸ) μακρόθεν kann aber in frühchristlichen Texten auch positiv zur metaphorischen Konzeptualisierung von „frommer Scheu" und religiösem „Abstandsgefühl"[25] dienen (vgl. Mk 15,40 parr.; Lk 16,23; Lk 18,13).

Mit 2,17 knüpft der Epheserbrief an Jes 52,7 (εὐαγγελίζεσθαι, εἰρήνη) und v.a. 57,19 (εἰρήνη τοῖς μακρὰν καὶ τοῖς ἐγγὺς οὖσιν) an. Damit ist zunächst die ‚ökumenische Einheitsformel des Judentums‘ im Blick. Zugleich ist durch den Bezug zu Eph 2,13 eine sonst singuläre Verbindung dieses Textes mit dem Proselytenthema geschaffen[26]. Wenn aber die (ehemals) Fernen hier als Nicht-Juden interpretiert werden und als solche innerhalb der Friedensankündigung *zuerst* genannt sind, wird deutlich, dass das Geschehen primär an den Heiden orientiert, wenngleich aus jüdischer Perspektive geschildert ist.[27]

Auch wenn sich der traditionsgeschichtliche Hintergrund von Eph 2,17 und 2,13 in mancher Hinsicht überschneidet, ist er für die Fern-Nah-Thematik in V. 13 gesondert zu bestimmen.

Augenfällig ist die Anknüpfung an jüdische Konversionsterminologie (5.). Die Adressaten werden in 2,12 auf sozialer wie religiöser Ebene (ἀπηλλοτριωμένοι τῆς πολιτείας τοῦ Ἰσραὴλ καὶ ξένοι τῶν διαθηκῶν τῆς ἐπαγγελίας ... καὶ ἄθεοι) als ehemalige Nicht-Juden angesprochen. ‚Nah‘ und ‚fern‘ ist also vor dem Hintergrund der Bezeichnung ‚Heiden‘ und ‚Juden‘ zu verstehen

In den Vorstellungsbereich der Ferne, die von den ehemaligen Heiden gilt, gehört auch die νεκρός-Metaphorik. Der metaphorische Gebrauch von νεκρός zur Bezeichnung eines amoralischen bzw. sündigen Menschen (vgl. παράπτωμα in Eph 2,1.5; ἁμαρτία in Eph 2,1) geht auf

---

[20] Vgl. ebd. 585f.

[21] Vgl. FAUST, Pax 112.

[22] Vgl. BILLERBECK III 586f.

[23] Vgl. LINCOLN, Use 28.

[24] Vgl. PREISKER, μακράν 375.

[25] Vgl. ebd. 376.

[26] Vgl. dazu SELLIN, Epheser 227.

[27] Vgl. ebd.: in diesem Zusammenhang ist der Verfasser des Epheserbriefs mit V. 17 möglicherweise „der erste, der Jes 57,19 auf die Proselyten-Terminologie [...] direkt angewendet hat."

die Stoa zurück und hat sich von dort aus in das hellenistische
Judentum übertragen (vgl. zur νεκρός-Metaphorik im Neuen Testament Apk 3,1; Lk 15,24.32; anders Röm 6,11; 8,10).[28]

Mit νεκρός kann sich aber von jüdischen Vorstellungen her insbesondere die Vorstellung der Gottesferne verbinden. Dies ist darin begründet, dass יהוה nach dem Zeugnis des Alten Testaments nicht von
Anfang an seine Herrschaft auch über das Reich der Toten (שְׁאוֹל) ausgedehnt hat. Der Tote ist deshalb von יהוה geschieden (vgl. Ps 88,6),
Gottesgemeinschaft bezieht sich zunächst nur auf das irdische Leben
(vgl. Jes 38,18; Ps 88,6.11–13).[29] Im Kontext von Eph 2,1 dient die
νεκρός-Metaphorik also über die moralische Bedeutung hinaus der
Konzeptualisierung von Ferne und Abgetrenntheit (vgl. dazu besonders den Zusammenhang von ἄθεοι ἐν τῷ κόσμῳ und μακράν). Der
Zielbereich der μακράν- und νεκρός-Metaphorik liegt in den Subkonzepten ‚Verhängnis‘ und ‚Getrenntheit‘.[30] Die Metaphern ἀπηλλοτριωμένοι (V. 12) und μεσότοιχον τοῦ φραγμοῦ (V. 14) sind hiermit kohärent.

Insbesondere die Trennmauer des Zauns fokussiert die ‚Getrenntheit‘ speziell in Bezug auf das Verhältnis zwischen Juden und Heiden.
Die explikative Fortsetzung in V. 15: τὸν νόμον τῶν ἐντολῶν ἐν
δόγμασιν καταργήσας stellt den Bezug des μεσότοιχος auf einen sozio-
religiösen Konflikt zwischen Juden und Heiden her. Dieser Konflikt
wird explizit als ‚Feindschaft‘ verstanden. Die Wahl des drastischen
Begriffes ἔχθρα in Eph 2,14.16 erklärt sich möglicherweise aus dem
Gegensatz zum Friedens-Vokabular, v.a. wohl aus der Vorlage des
Kolosserbriefs (Kol 1,21f.; vgl. auch Röm 5,1ff. nach 1,18ff.: wie im
Kolosserbrief sind εἰρήνη [5,1] und ἐχθροί [5,10] zur Verhältnisbestimmung zwischen Menschen und Gott gebraucht). Der Vergleich
verdeutlicht einen wichtigen Unterschied. Im Kolosserbrief wie auch
im Römerbrief stellen Feindschaft wie Frieden (vgl. das Enkomion in
Kol 1,15–20) kosmische Verhältnisse zwischen Gott und Menschen
dar. Im Epheserbrief dagegen fehlt dieser Bezug (2,19 bedient sich
Metaphern aus πόλις und οἶκός). Er interpretiert die Begriffe historisch als Spaltung bzw. Vereinigung zwischen zwei Menschengrup-
pen.

Von dieser ethnischen Spaltung her wird traditionsgeschichtlich ein-
leuchtend, warum das signifikantere μεσότοιχος durch den umfassen-

---

[28] Vgl. BULTMANN, νεκρός; vgl. z.B. Epiktet, Diss. I 9,19; III 23,28.

[29] Siehe dazu PREUSS, Theologie des Alten Testaments I 299.

[30] Vgl. zum Motiv des gefährlichen Abweichens von einem Weg NÖTSCHER,
Gotteswege und Menschenwege 122: „Die Wege des Menschen sind durch die
Wege Gottes normiert. Einen eigenen entgegengesetzten Weg einschlagen ist ver-
kehrt und verhängnisvoll." Siehe auch MESSIMERI, Wege-Bilder 16: zum Bild des
Weges gehören auch „die verschiedenen Gefahren wie die jederzeit plötzlich ein-
setzende Verzweigung oder die Abwegigkeit."

deren φραγμός näher erklärt wird.[31] Φραγμός verweist auf eine spezielle Bedeutung der Tora. Rabbinische Texte bestimmen die Tora als ,Zaun' (סְיָג, häufiger גְּדֵר) mit der Funktion, Juden vor Heiden schützend abzugrenzen.[32] Diese metaphorische Verwendung ist nicht identisch mit der bekannteren, wonach die halachische Tradition als ,Zaun um die Tora' beschrieben wird.[33] Die LXX gibt גָּדֵר durch φραγμός wieder.[34]

Die Trennmauer in Eph 2,14 ist also speziell als ,Trennmauer des Gesetzeszaunes' (Gen. subj.) zu verstehen, wie dies durch die Fortsetzung τὸν νόμον τῶν ἐντολῶν ἐν δόγμασιν καταργήσας (V. 15) auch plausibel für den Abschnitt ist.[35] Die Trennmauer des Gesetzes wahrt jüdische Identität, indem sie eine klare Grenze zu anderen Völkern zieht. Wichtigster Text in diesem Zusammenhang ist EpArist 139.142. Die soziologisch abgrenzende Funktion der Tora ist hier prägnant und unter Aufnahme der Wurzel φράσσ- beschrieben:

139: Unser Gesetzgeber [...] umzäunte (περιέφραξεν) uns mit undurchdringlichen Gittern und ehernen Mauern (τείχεσιν), damit wir mit keinem der anderen Völker irgendeine Gemeinschaft hätten [...]. 142: Damit wir nicht befleckt und durch schlechten Umgang verdorben würden, umzäunte er uns auf allen Seiten (πάντοθεν ἡμᾶς περιέφραξεν) mit Reinheitsgesetzen bezüglich Speise, Trank, Berührungen, dem was wir hören und dem was wir sehen.[36]

Wie hier im Aristeasbrief erscheint auch in anderen Texten das Gesetz gleichsam als abgesteckter Bereich (vgl. Philo, Mos. I 278; Jub 22,16; Lev 20,22–26; Esra 10,11; Neh 13,3; PsSal 17,28; 3Makk 3,4)[37]. Zu dieser soziologischen Perspektive passt das Hervorheben des sündigen vorchristlichen, d.h. heidnischen Zustandes in Eph 2,1–3. Wer sich außerhalb des Gesetzes befindet, ist aus jüdischer Sicht ,Sünder' (vgl. Tob 13,6; Jub 23,23–24; PsSal 1,1; 2,1–2; 17,22–25; Mt 5,47 und Lk 6,33; Gal 2,15).[38]

Besonders eingehend hat H. Schlier die *gnostische Herleitung* von Eph 2,14–18 vertreten.[39] Damit ist er auf breite Zustimmung in der Forschung gestoßen.[40]

---

[31] Der Genitiv ist als *genitivus appositivus* (BDR § 167,2) oder *epexegeticus* (SCHLIER, Epheser 124; MERKLEIN, Christus und die Kirche 31) zu verstehen.
[32] Siehe die Texte bei SMITH, Jewish and Greek Traditions 91f.: LevR 1,3.10; NumR 2,4; bBB 91b; vgl. BILLERBECK III 587f.; zur schützenden Funktion eines Zaunes allgemein vgl. DERS. I 867f.
[33] Vgl. SMITH, Jewish and Greek traditions 92; siehe auch BILLERBECK III 588; I 693f.
[34] Vgl. die von SELLIN, Epheser 213, angegebenen Stellen: 2Esr 9,9; Ps 61,4; 79,13; Prov 24,31; Koh 10,8 (alle LXX).
[35] Vgl. BILLERBECK III 587; GNILKA, Epheser 140; FAUST, Pax 117–121.
[36] Vgl. auch GNILKA, Epheser 140.
[37] Vgl. DUNN, Paulus-Perspektive 40f.
[38] Vgl. ebd. 40.
[39] SCHLIER, Epheser 122ff.

Hinsichtlich der Deutung der Trennmauer führt Schlier drei Textgruppen an, deren Aussagen im Epheserbrief verbunden seien: 1. EpArist 139 (142); 2. äthHen 14,9; grBar 2,1ff.; TestLev 2,7; 3. LevR 26 (124a); ActThom 32; Origenes, Cels. VI 31; ActPhil 119; Linker Ginza 533f.; 550f.; Rechter Ginza 372,25ff.; OdSal 17,8ff.

Zum einen ist aber die von Schlier für 3. behauptete Identifizierung von ,Gesetz als Zaun' und ,Himmelsmauer' in den von ihm genannten Texten nicht erkennbar. Zum anderen unterscheiden sich auch die Aussagen im Epheserbrief deutlich von den unter 2. genannten Texten. Während es im Epheserbrief um die Vernichtung der Trennmauer geht, handeln die Vergleichstexte von ihrer Durchbrechung. Grundsätzlich bezieht aber der Epheserbrief das Trennungs-Vokabular nicht auf kosmische Sphären (irdische und göttliche), sondern auf zwei verschiedene, religiös scharf getrennte ethnische Gruppen. Die Trennmauer ist somit nicht von diesen Vorstellungen abzuleiten.

Vollkommen unwahrscheinlich ist die Deutung bei E. Käsemann, dass es sich bei der Mauer im Sinne böser Materie um eine innerfleischliche handelt.[41] Dagegen spricht v.a. die Bedeutung von ἐν τῇ σαρκί, die auf den Kreuzestod Jesu verweist (s.u. Kap. IV.2.1.4). Die Deutung auf die Tempelschranke[42] ist weniger problematisch. Aufgrund des Kontextes in Eph 2,14–18 ist aber diejenige auf das Gesetz vorzuziehen.[43] Die Metaphorisierung des jüdischen νόμος, der Juden und Heiden voneinander trennt, hat hier die größte Plausibilität für das Verständnis der Trennmauer. Dies ergibt sich aus dem textlichen Befund selbst sowie auf der traditionsgeschichtlichen Ebene und schließlich auch aus den Schwierigkeiten v.a. der gnostischen Herleitung.

Insgesamt fokussiert die Getrenntheitsterminologie in Eph 2 das frühere Verhältnis zwischen Juden und Heiden (vgl. auch V. 12 ξένοι, V. 14 τὰ ἀμφότερα / V. 16 τοὺς ἀμφοτέρους, V. 15 τοὺς δύο). Der Raum, von dem die Heiden abgegrenzt sind, stellt sich speziell als göttlicher Raum für sein Volk dar.

Die Distanzüberwindung zwischen Ferne und Nähe und damit die Aufhebung der Getrenntheit konzeptualisiert in Eph 2,13 das Hinzukommen der Heiden zum erwählten Gottesvolk. Sie haben damit an den Heilsvorzügen, die bisher allein Israel galten, Anteil (διαθῆκαι τῆς ἐπαγγελίας, ἐλπίς V. 12) und (einen neuartigen) Zugang (προσαγωγή V. 18) zu Gott.[44] Im Folgenden soll dargelegt werden, in

---

[40]   Vgl. z.B. KÄSEMANN, Leib und Leib Christi 138ff.; DIBELIUS/GREEVEN, Epheser 69f.; CONZELMANN, Epheser 100; LINDEMANN, Aufhebung 160–164; FISCHER, Tendenz 132f.; POKORNÝ, Der Epheserbrief und die Gnosis 113–116.

[41]   Siehe KÄSEMANN, Leib und Leib Christi 140f.

[42]   Vgl. z.B. MITTON, Epistle 231f.; GOODSPEED, Meaning 37; ABBOTT, Ephesians 61; ALLEN, Body 131. Siehe dazu Josephus, Bell. V 193f.; VI 124–126; Ant XV 417; Philo, Legat. 212.

[43]   GNILKA, Epheser 140, hebt hervor, dass dem Verfasser kaum in den Sinn gekommen sein wird, „in der Trennungsmauer, die im Jerusalemer Tempel den Vorhof der Frauen vom Vorhof der Heiden verschloß, ein sichtbares Symbol für die Apartheid zu sehen […] zumal zu seiner Zeit der Tempel bereits in Trümmern lag."

[44]   Dass damit verbunden und zugleich darüber hinaus im Hintergrund von ἐγγίζειν in Eph 2,13 das „gnoseologische Heilsverständnis" bei Philo steht, ist

welcher Weise in Eph 2 spezifische Raum- und Zeitaussagen aneinander gekoppelt werden.

1.3 Verbindung von Weg-Metaphorik und Einst-Jetzt-Schema

Eph 2,2f.10 stellen einen engen Bezug zwischen dem temporalen Kontrastschema und dem Wortfeld der Fortbewegung her. Ποτέ ist jeweils direkt an περιπατέω bzw. ἀναστρέφω gekoppelt. Hier geht es um das ‚Wandeln' oder ‚Gehen' in der Vergangenheit. Περιπατήσωμεν am Ende von V. 10 ist durch das den V. 11 einleitende διό mit dem Folgenden eng verbunden, wo die Adressaten erneut an ihren ποτέ-Zustand erinnert werden. Das ‚Wandeln' bezieht sich hier auf die christliche Gegenwart, die von der un-/vorchristlichen Vergangenheit abgesetzt wird. In diesem logischen Zusammenhang des Kontrastes ist das περιπατέω wie bereits in VV. 2f. auch auf die Vergangenheit zu beziehen und τὰ ἔθνη ἐν σαρκί als Explikation zu verstehen in dem Sinne: Deshalb erinnert euch daran, dass Ihr einst als Heiden im Fleisch wandeltet.

Am deutlichsten wird die Interpretation von Zeit durch Weg-Metaphorik in V. 13. Eph 2,13 verbindet explizite Raum- und Zeitaussage durch die Verzahnung der zwei zunächst disparaten Traditionsschemata ‚fern-nah' und ‚einst-jetzt'. Räumliche (μακράν) wie zeitliche (ποτέ) Distanz werden miteinander identifiziert ebenso wie räumliche (ἐγγύς) und zeitliche (νυνί) Nähe.

Weniger auffällig ist auch καιρός durch die Verbindung mit ἐκεῖνος mittels Raumorientierung beschrieben. Ἐκεῖνος ist in temporaler Verwendung ebenso konventionalisiert wie die Präpositionen ἐν oder εἰς, doch auch hier liegt die ursprüngliche Bedeutung zur Orientierung im Raum vor. Durch das räumlich-deiktische ἐκεῖνος erhält der καιρός wie sein Äquivalent ποτέ (durch μακράν) eine vom ‚Hier' entfernte, lokale Position.

Die Fern-Nah-Terminologie, die traditionsgeschichtlich metaphorisch für das Verhältnis zum Judentum verwendet wird, dient im Epheserbrief im Verbund mit Verben der Fortbewegung zugleich als Metapher für eine Zeitaussage. Das zeigt deutlich die Verknüpfung des räumlichen mit dem zeitlichen Schema. Der Zielbereich der Metaphorik ist aber nicht einfach ‚Zeit', sondern sind spezielle Subkonzepte, die als Merkmale von ‚Zeit' hervorgehoben werden sollen.

Das Konzept des Weges weist folgende relevante Subkonzepte auf.

---

unwahrscheinlich. Diese Deutung bei FAUST, Pax 113, ist ein Element von vielen, die er im Sinne eines Fleisch-Geist-Dualismus für Eph 2,11–22 postuliert. Ein solches Referenzsystem ist aber für die ‚Nahen' in Eph 2,13 ebenso wenig gegeben wie für andere von FAUST hierauf gedeutete Textdaten (siehe dazu unten die Analyse zum ‚einen neuen Menschen' und zu ‚Fleisch und Blut').

a) ‚Zielgerichtetheit', ‚Direktionalität', ‚Endlichkeit': Ein Weg hat Anfang und Ende. Das Ende des Weges ist zugleich das richtungweisende Ziel desjenigen, der den Weg beschreitet.

b) ‚Gefälle': mit der Zielgerichtetheit ist eng verknüpft, dass Wege einem Fortschritts- oder umgekehrt einem Verfallsmodell folgen und hierin ein gewisses Gefälle aufweisen. Der Endpunkt ist qualitativ anders zu bewerten als der Anfangspunkt.

c) ‚Kontinuität', ‚Diskontinuität', ‚Distanzüberwindung': Ein Weg setzt sich aus einzelnen Abschnitten oder Stationen zusammen. Diese sind miteinander verbunden und deshalb als kontinuierlich zu verstehen. Die einzelnen Abschnitte müssen aber unterschiedlich sein, um als solche differenziert wahrgenommen werden zu können, d.h. die Kontinuität impliziert zugleich Diskontinuität. Beide Aspekte verbinden sich bei der Weg-Metapher im Motiv der ‚Distanzüberwindung'. Der Weg wird also erst durch Veränderung wahrnehmbar.

d) ‚Kausalität': Die Abschnitte des Weges hängen logisch und auf evolutiver Ebene miteinander zusammen, d.h. frühere Stufen bedingen spätere.

e) ‚Planmäßigkeit', ‚Orientierung': Ein Weg verläuft geordnet und bietet so Orientierung.

Die Darstellung von Zeit als Weg bedeutet zunächst, dass die Zeit still steht, während die Adressaten des Epheserbriefs sich in oder auf diesem Raum bewegen. Dies impliziert eine Abgrenzung gegenüber denjenigen, die nicht denselben Weg beschreiten, d.h. gegenüber Heiden. Sie befinden sich nach wie vor auf Abwegen (vgl. Eph 2,2). Zeit verläuft teleologisch von einem Ausgangspunkt hin zu einem Endpunkt. Im Epheserbrief ist das damit verbundene Gefälle fortschrittlich. Das zeigt die negative Charakterisierung der Vergangenheit im Unterschied zur Gegenwart, die durch ‚gute Werke' und Frieden gekennzeichnet ist. Der Zielpunkt ist zugleich qualitativer Höhepunkt. In seinem Verlauf setzt sich das beschriebene Geschehen aus verschiedenen, aufeinander folgenden Abschnitten zusammen. Die disparaten Zustände des νῦν und des ποτέ werden kausal und sich fortentwickelnd durch den Kreuzestod Christi miteinander verbunden. Der Kreuzestod ermöglicht den Jetzt-Zustand (vgl. die kausalen und konsekutiven Konjunktionen διό [V. 11], γάρ [V. 14], ὅτι [V. 18], ἄρα οὖν [V. 19]).

Die frühchristliche Tradition setzt das Einst-Jetzt-Schema ohne erkennbares Interesse an der Vergangenheit ein. Das Kontrastschema dient vornehmlich der Betonung der Gegenwart.[45] Die Verbindung des Schemas mit Weg-Metaphorik durch den Epheserbrief ist innova-

---

[45] So Tachau, ‚Einst und Jetzt' 112: „Was aber soll durch den Kontrast erläutert werden? [...] Die Gegenwart soll auf dem Hintergrund der Vergangenheit verständlich werden. Ein Interesse an der Vergangenheit als selbständigem Thema liegt in keinem Fall vor."

tiv. Weder bei Paulus noch im Kolosserbrief gehören diese Bereiche zusammen.[46] Die durch die Metaphorik konzeptualisierte Prozesshaftigkeit, Distanzüberwindung und Veränderung betonen einen Verlauf und keinen statischen Kontrast. Es geht also im Epheserbrief bei dem Thema ‚einst-jetzt‘ nicht mehr nur um eine antithetische Gegenüberstellung, sondern v.a. um die Wahrnehmung von Zeit.[47] Aufgrund zweier durch Veränderung im Raum zu differenzierender Jetzt- bzw. Zeitpunkte kann diese Zeitstruktur als chronometrisch charakterisiert werden (s.o. Kap. I.5.1). Bei der Schilderung von ποτέ, Kreuzestod Christi und νῦν-Zustand hat man es durchaus mit einer Darstellung geschichtlicher Veränderungen zu tun.[48]

Die Aspekte der Zielgerichtetheit, des Fortschritts wie der Planmäßigkeit implizieren, dass die in Eph 2 entworfene Zeitstruktur heilsgeschichtlich angelegt ist. Weg-Metaphorik ist traditionsgeschichtlich konventionalisiert zur Bezeichnung von Gottes planvollem Handeln am Menschen, das im Heilsgeschehen sein Ziel findet.[49]

Die Begriffe ‚fern‘ und ‚nah‘ gehören in diesen Zusammenhang, wenngleich sie dort weniger stark konventionalisiert sind. Das Motiv der Distanzüberwindung aus der Ferne begegnet im Zusammenhang der „eschatologischen Wunderstraße"[50] (vgl. die oben angeführten Texte Sach 6,15; 10,9; Jes 60,4.9; Jes 43,6; 49,12; auch Jer 31,10). Im Unterschied zur Perspektive, aus der dort die Weg-Metapher verwendet wird, ist der Weg im Epheserbrief bereits abgeschritten. Das Ziel des Weges ist erreicht. Während in den genannten Prophetentexten Ferne mit Gegenwart und Nähe mit Zukunft korrespondiert, ist dies im Epheserbrief umgekehrt bzw. ihr Verhältnis hat sich verschoben. Aus der Sprecherperspektive ist Ferne Vergangenheit und Nähe Gegenwart.

---

[46] Vgl. dazu die ebd. 12, zum Einst-Jetzt-Schema gezählten Belege (wenngleich nicht in allen die Adverbien ποτέ – νῦν angeführt sind), bei welchen keine Weg-Metaphorik verwendet wird: Röm 5,8–11; 6,20–22; 7,5f.; 11,30f.; 1Kor 6,9–11; Gal 1,13.23; 4,3–7; 4,8–10; 4,29; Kol 1,21f.; 2,13; Phlm 11; 1Tim 1,13ff.; Tit 3,3; 1Petr 2,10; Hebr 12,26; Apg 17,30. Allein in Kol 3,7 und 1Petr 2,25 findet sich eine Eph 2,1.5 vergleichbare Verbindung von ποτέ und περιπατέω bzw. einem anderen Verb der Fortbewegung.

[47] Gegen GNILKA, Epheser 160: „Die Vergangenheit ist bedeutungslos geworden, weil die neugewonnene Einheit alles beherrscht", und LINDEMANN, Aufhebung 191: „die Erwähnung der ‚Vergangenheit‘ (V. 11f.) dient vielmehr ausschließlich der Qualifizierung der Gegenwart"; Lindemann schließt sich damit TACHAU, ‚Einst und Jetzt‘ 142f. an.

[48] Gegen LINDEMANN, Aufhebung 191f., und TACHAU, ‚Einst und Jetzt‘ 142: „Eine geschichtliche Entwicklung von Vergangenheit zur Gegenwart wird nicht geschildert, und so darf c. 2 nicht etwa als geschichtlicher Abriß der Bekehrung verstanden werden."

[49] Vgl. ZEHNDER, Wegmetaphorik 507.

[50] Zum Begriff siehe ebd. 378.

2 Metaphorische Konzeptualisierung von Geschichte

2.1 Eph 2,14–18: Das Entstehen der Kirche am Kreuz

Der als geordneter Weg konzeptualisierten und dadurch wahrnehmbar gemachten Vergangenheit werden wichtige Ereignisse aus dem Leben der Adressaten zugeordnet. Argumentatives und darstellerisches Schwergewicht liegt auf Eph 2,14–18. Hier konzeptualisiert der Verfasser das Entstehen der christlichen Kirche am Kreuz durch die Metaphern ‚der eine neue Mensch‘, ‚Versöhnung‘, ‚Blut und Fleisch‘ und ‚Kreuz‘.

Die ekklesiologische Deutung von Eph 2,14–18 hat verschiedene Interpretationen des Abschnittes zu widerlegen. Streitpunkte entstehen zuerst bei der Gattungsbestimmung des Abschnitts und damit zusammenhängend seiner literarkritischen Beurteilung sowie bei der traditions- und religionsgeschichtlichen Herleitung der genannten Begriffe. Argumentativer Schwerpunkt wird auf der Analyse des ‚einen neuen Menschen‘ als metaphorische Konzeptualisierung von Geschichte liegen.

Das 2. Kapitel des Epheserbriefs greift zentrale Themen paulinischer Verkündigung auf. Umstritten ist, wie nah der Verfasser in der Frage nach Versöhnung und Rechtfertigung und damit zusammenhängend der Gesetzesproblematik paulinischen Aussagen verpflichtet bleibt oder ob er an entscheidenden Punkten über sie hinausgeht bzw. mangelndes Verständnis für paulinische Interessen signalisiert.

Grob sind zwei scharfe Positionen zu unterscheiden. Die eine geht davon aus und ist bemüht zu zeigen, dass der Epheserbrief „genau die Intention des Paulus aufnimmt"[51] und „eine *umfassende Gesamtschau* der paulinischen Theologie"[52] bietet. Die entgegengesetzte Sichtweise unterstellt den „‚paulinistischen‘ Sätzen" im Epheserbrief lediglich „Alibifunktion"[53] ohne erkennbaren Bezug zum Kontext. Diese zwar pauschalisierte Alternative von ‚richtig‘[54] und ‚falsch‘ gemessen an Paulus greift zu kurz. In Kapitel VI soll gezeigt werden, dass der Verfasser des Epheserbriefs zentrale Aussagen paulinischer Theologie in einer veränderten geschichtlichen Situation konsequent weiterdenkt.

2.1.1 Eph 2,14–18 im Kontext – literarkritische Beurteilung

Im voranstehenden Abschnitt wurde Eph 2,14–18 als Element der ‚historisch-chronometrischen Zeitschicht‘ und so als im Verbund mit den VV. 1–3.11–13 stehend betrachtet. Anhaltspunkt dafür war die

---

[51] Gese, Vermächtnis 168.
[52] Ebd. 271.
[53] Lindemann, Aufhebung 136.
[54] Vgl. zur Tendenz, die Aussagen des Eph gegenüber Paulus explizit als „richtig" oder „adäquat" zu werten Gese, Vermächtnis 161; 164 u.a.

Beobachtung, dass das hier beschriebene Geschehen das Einst und das Jetzt der Adressaten logisch aneinander bindet. Hierdurch wird eine Entwicklung in fortlaufender Zeit dargestellt. Mit der Zuordnung zu dieser Zeitebene übereinstimmend liegen ein Verb der Bewegung (vgl. ἔρχομαι in V. 17), räumliche Metaphern zur Konzeptualisierung von Diskontinuität (vgl. μεσότοιχον τοῦ φραγμοῦ in V. 14; vgl. auch μακράν in der Wiederaufnahme von V. 13 in V. 17) sowie deren Überwindung (vgl. λύσας in V. 14; ἐγγύς in V. 17; προσαγωγή in V. 18) vor. Es hat sich im Voranstehenden gezeigt, dass der Verfasser die historische Zeitschicht durch die Verknüpfung des Einst-Jetzt-Schemas mit Weg-Metaphorik ausdrückt.

Dass die VV. 14–18 sich derart eng in ihren Kontext fügen, wird aber vielfach bestritten. Zahlreiche Exegeten sind der Ansicht, in VV. 14–18 liege ein vorgeprägtes Traditionsstück vor, das der Verfasser zitiert.[55] Dieses Traditionsstück, das teilweise auf die VV. 14–16 begrenzt wird[56], wird häufig als „Hymnus" näher charakterisiert.[57] Als wichtigste Anhaltspunkte für die hymnische Form dienen der als bekenntnisartig beurteilte Wir-Stil, Partizipial- und Relativkonstruktionen, Verwendung von Synonymen, gleichmäßige Zeilenführung sowie aus inhaltlicher Perspektive die kosmische Terminologie, die auch das Enkomion im Kolosserbrief prägt.[58]

Schwerwiegende Argumente sprechen allerdings gegen solche literarkritischen Operationen. Schon auf formaler Ebene erweist sich der Text kaum als strophenförmiges Lied, sondern hinsichtlich Zeilenlänge und Satzbau als prosaisch.[59] Auch liegt generell typischer Sprachstil des Epheserbriefs vor.[60] Wesentliche Elemente des Abschnittes sind aus dem Kontext gelöst unverständlich. Ihre Bedeutung erklärt sich allein im Zusammenhang mit dem zuvor Beschriebenen.[61] Versuche, Tradition und Redaktion in VV. 14–18 voneinander zu trennen, sind hinsichtlich

---

[55]   Vgl. LINDEMANN, Epheserbrief 47f.; DERS., Aufhebung 152–181.
[56]   Vgl. SANDERS, Hymnic Elements 216–218; WENGST, Christologische Formeln 174–180; WILHELMI, Versöhner-Hymnus; LINCOLN, Ephesians 127f.
[57]   Vgl. KÄSEMANN, Christus, das All und die Kirche 588; SCHILLE, Liturgisches Gut 3–9; DERS., Frühchristliche Hymnen 24–31; POKORNÝ, Epheserbrief und gnostische Mysterien 182f.; SANDERS, Christological Hymns 14f.; 88–92; GNILKA, Christus unser Friede; DERS., Epheserbrief 147–152; SCHENKE, Neutestamentliche Christologie 223f.; FISCHER, Tendenz und Absicht 131f.
[58]   Vgl. dazu die Zusammenfassungen der jeweiligen Ansätze bei MERKLEIN, Tradition 82 (zu Schille); 86f. (zu Sanders); 89f. (zu Gnilka).
[59]   Siehe die Kritik an Schille bei DEICHGRÄBER, Gotteshymnus 166.
[60]   Vgl. zu „Sprache und Stil des Epheserbriefes" PERCY, Probleme 179–252; in Eph 2,14–18 treten als typische Merkmale auf: ἵνα-Sätze (2,15f.; vgl. 1,17; 2,7.9.10; 3,10.16.18.19; 4,10.14; 5,26.27; 6,19.20; u.a.m.), nachhinkende Präpositionalausdrücke (2,14.15.16.18; vgl. v.a. 1,3.5.6.7.9.10.11.14; 4,12–16), Genitivverbindungen synonymer Wörter (2,14; vgl. 1.5.11.19; 3,7; 4,23; 6,10), Substantive mit ἐν am Ende eines Satzes oder einer Satzeinheit (2,14.15.16.18; vgl. nur exemplarisch 2,22; 3,5; 4,2.16.19.24; 5,21.26; 6,18.24), parallele Nebensätze, Infinitive oder Partizipialkonstruktionen (2,12; vgl. 1,18f.; 4,18; 3,16f.; 4,2ff.; 5,19–21).
[61]   DEICHGRÄBER, Gotteshymnus 166, weist v.a. auf τὰ ἀμφότερα in V. 14 und οἱ δύο in V. 15 hin.

Wortstatistik und Stil ungenau und widersprüchlich. Was als Traditionsgut deklariert wird, erweist sich bei näherem Hinsehen als Vorzugsvokabular des Epheserbriefs. Umgekehrt weisen die so genannten redaktionellen Zusätze einige nur hier im Epheserbrief vorkommende Begriffe auf.[62] Für den rekonstruierten Hymnus wird postuliert, dass er mythologisch von kosmischer Versöhnung handle, während die Redaktion des Epheserbriefs die Versöhnung unmythologisch auf Juden und Heiden deute. Aber das angebliche Traditionsgut enthält schon diese als redaktionell verstandene Deutung.[63] Manche Rekonstruktionsversuche gehen davon aus, dass der ursprüngliche Text nahezu vollständig überlagert ist.[64] Hier stellt sich dann dringlich die Frage, welches Interesse der Verfasser des Epheserbriefs mit der Zitierung verfolgen könnte.[65]

So sind also nicht nur die Argumente für die Hymnus-These brüchig. Die Annahme eines zu isolierenden vorgeprägten Traditionsstückes in VV. 14–18 ist überdies gar nicht notwendig, da sich der Abschnitt problemlos „als Komposition des Verfassers auf dem Hintergrund von Kol 1,21f. begreifen"[66] lässt.

Eine spezielle Variante vertritt E. Faust. Eph 2,14–18 sei ein vom Verfasser des Briefes selbst gebildetes Herrscherenkomion.[67] Der Begriff Enkomion ist zunächst sicher dem des Hymnus vorzuziehen.[68] Argumente gegen diese Theorie sind an dieser Stelle zunächst formaler Art. Als typisch enkomiastische Elemente nennt Faust den demonstrativen Er-Stil[69] und daran anschließende, erläuternde substantivierte Partizipien. Vor dem Hintergrund der „Stil-Parallele" Philo, Legat. 143–147 bleiben viele formale Aspekte unklar.

1. Faust stellt prädikativen Er-Stil und substantivierte Partizipien für Eph 2,14–15a fest und zählt dann die weiteren Verse bis V. 18 zum Enkomion dazu.[70] V. 18 aber dürfte sich kaum in den Stil des Herrscherenkomions fügen, und auch V. 17 fällt bereits aus dem Schema heraus. In den von Faust genannten Texten finden sich jedenfalls keine ähnlichen Elemente. Man müsste also hier (eigentlich ab V. 15b) formal neu ansetzen, was sich aber aufgrund der semantischen Geschlossenheit nicht gut denken lässt.

---

[62]   Zu dieser Kritik an GNILKA, Epheser 147–152, vgl. STUHLMACHER, „Er ist unser Friede" 343f.

[63]   Siehe dazu MERKLEIN, Tradition 84; das Ergebnis der Rekonstruktionsversuche lässt nach MERKLEIN, a.a.O. 84f. „eine Reihe von Ungereimtheiten", ein „unklares Durcheinander" und „Nonsens" innerhalb des angeblichen Hymnus selbst hervortreten.

[64]   BURGER, Schöpfung und Versöhnung 147.

[65]   Siehe MERKEL, Epheserbrief 3233.

[66]   MERKLEIN, Tradition 101.

[67]   Vgl. FAUST, Pax 321–325.

[68]   Siehe dazu in Bezug auf den ‚Christushymnus' in Kol 1,1–20 WOLTER, Kolosser 71f.: „Gleichwohl ist es im Blick auf den vorliegenden Text sicher sachgemäßer, zunächst im weitesten Sinne von einem ‚Enkomion' mit hymnischen Formelementen zu sprechen [...] Denn weder werden diese Verse vom Verf. als Zitat eines Kultliedes ausgewiesen, noch ist in ihnen eine metrische Struktur zu erkennen."

[69]   Faust beruft sich hinsichtlich des Befundes, dass in Eph 2,14 kein demonstrativer, sondern nur personaler Stil vorliegt, auf DELLING, Partizipiale Gottesprädikationen 49f.: „In gewissem Sinn [...] tritt wenigstens gelegentlich im prädizierenden Stil des Neuen Testaments an die Stelle des Demonstrativpronomens οὗτος das betonte Personalpronomen αὐτός."

[70]   Siehe z.B. FAUST, Pax 324.

2. Das exponierte γάρ zu Beginn von V. 14 ist aus der Form des Herrscherenkomions nicht erklärbar. Hier in Eph 2,14 hebt es zu Beginn des Abschnittes die kausale Einbettung in den Kontext hervor.[71] Die in V. 13 kontrastierend festgestellte Veränderung der Situation wird im Folgenden begründet. Das den Abschnitt prägende Vokabular ist den semantischen Feldern Friede vs. Feindschaft, Spaltung vs. Einheit, vernichten und auflösen vs. schaffen, machen und versöhnen entnommen (vgl. Kol 1,20: ἀποκαταλλάξαι). Die politische Semantik, die insbesondere ‚Friede' und ‚Feindschaft' wie auch ‚Versöhnung' (vgl. aber auch ‚die Zwei') zugrunde liegt, knüpft an die politisch geprägten Begriffe ‚Fremde' und ‚Politeia' in V. 12 (vgl. auch V. 19) an. V. 17 bezieht sich durch die Nah-Fern-Terminologie deutlich auf V. 13 zurück.

3. Im Unterschied zum Philo-Text werden weder αὐτός noch der Artikel in Eph 2,14ff. wiederholt.

4. ‚Wir' und ‚Ihr'-Stil aus Eph 2,14 (vgl. ἡμῶν); 2,17 (vgl. ὑμῖν) und 2,18 (vgl. ἔχομεν) sind im Philotext nicht vorhanden.

5. Stilparallelen zu VV. 14.15a liegen v.a. innerhalb des Eph selbst vor. V. 10 weist eine sehr ähnliche Struktur zu V. 14 auf. Anstelle von αὐτός steht an erster Stelle der Genitiv αὐτοῦ. Hierauf folgt wie in V. 14 ein γάρ sowie eine präsentische Form von εἰμί und ein dazu gehöriges Prädikatsnomen (ποίημα, vgl. εἰρήνη). Es wird dann jeweils ein aoristisches Partizip (in V. 14 substantiviert) angebunden. Eine gewisse chiastische Struktur ergibt sich durch den Wechsel zwischen Subjekt und Possessivpronomen zwischen beiden Versen: ‚Denn *wir* sind *seine* Geschöpfe' und ‚Denn *er* ist *unser* Friede' (vgl. αὐτοῦ in V. 10, ἡμῶν in V. 14). Auch Teile von V. 11f. sind syntaktisch ähnlich wie V. 14 gestaltet.˙Υμεῖς entspricht zu Beginn des ὅτι-Satzes nach ποτέ als explizites Personalpronomen dem αὐτός in V. 14. Explizierende Fügung ist hier τὰ ἔθνη ἐν σαρκί. Ein substantiviertes Partizip schließt sich mit οἱ λεγόμενοι an. In V. 12 folgen nach Wiederaufnahme des ὅτι-Satzes weitere Partizipien.

Der Abschnitt Eph 2,14–18 ist also einerseits stark in seinen Kontext eingebettet. Andererseits liegen Unterschiede auf sprachlich-syntaktischer Ebene vor. Das Subjekt wechselt und wird zu Beginn von V. 14 exponiert als αὐτός eingeführt. Von hier an sind die Partizipien im Aorist (ὁ ποιήσας [...] λύσας [...] καταργήσας [...] ἀποκτείνας) syntaktisch von αὐτὸς γάρ ἐστιν ἡ εἰρήνη ἡμῶν abhängig. Die direkte Anrede an die Briefadressaten fehlt in den VV. 14–16 (vgl. aber V. 17); der Wechsel zwischen Ihr- und Wir-Stil ist aber gerade für den Epheserbrief insgesamt wie auch der Partizipialstil charakteristisch, der ja in den direkt vorangegangenen Versen lediglich an einem anderen Subjekt hängt. Die syntaktischen Änderungen sind also nicht überraschend.

Insgesamt bestehen nicht nur zwischen der Form von Eph 2,14–18 und dem von Faust angeführten Herrscherenkomion bei Philo wichtige Unterschiede. Darüber hinaus ist entscheidend, dass die wenigen Elemente in VV. 14–15a, die zwar Anschlusspunkte bei Philo haben, diese auch schon im Epheserbrief selbst aufweisen (prononcierter Personalstil [er, wir, ihr], erläuternde Partizipialprädikationen), aber an Stellen, wo offensichtlich kein Enkomion vorliegt. Die Differenzen zum Philo-Enkomion, wie das γάρ, der Wir- und Ihr-Stil sowie die unregelmäßige Substantivierung der Partizipien, finden ihre Parallelen im Kontext des Epheserbriefs. Von hier aus erklären sich die genannten Stilmerkmale.

Inhaltlich und auch formal fügt sich der Abschnitt 2,14–18 also gut in den Kontext. Es ist nicht nur so, dass wesentliche Elemente innerhalb des vermeintlichen Hymnus oder Enkomions sich erst aus dem Zusammenhang erklären. Umgekehrt

---

[71] SCHILLE, Frühchristliche Hymnen 24, erkennt hier ein „γάρ recitativum". Ein solches hat es aber nach DEICHGRÄBER, Gotteshymnus 166, nicht gegeben.

gilt, dass das in VV. 14–18 beschriebene Geschehen eine grundlegende Funktion für das Gesamtgefüge erfüllt. Hier wird begründet, wie es vom Einst zum Jetzt gekommen ist. Das Heute wird logisch ans Gestern gebunden.

Die folgende Interpretation der Metaphern ‚ein neuer Mensch' und ‚in einem Leib', ‚Versöhnung' sowie ‚Blut und Fleisch' und ‚Kreuz' wird deren übergreifende Kohärenz mit dem geschichtlichen Entstehen der christlichen ἐκκλησία erweisen. Den Ausgangspunkt der Analysen bildet dabei jeweils die Auswertung des philologischen Befundes und Kontextes im Epheserbrief selbst als Argumentationsbasis für die Plausibilität von traditionsgeschichtlichen Deutungen.

2.1.2 ‚Der eine neue Mensch', ‚in einem Leib' (Eph 2,15f.) – philologischer Befund

Eph 2,15 zufolge setzt sich der eine καινὸς ἄνθρωπος aus einer transformierten Zweiheit zusammen: εἰς ἕνα καινὸν ἄνθρωπον führt das Objekt τοὺς δύο fort. Subjekt des Handelns (κτίζω) ist Jesus Christus. Er ist damit vom Objekt deutlich unterschieden. Christus ist nicht mit dem neuen Menschen identisch. Daran ändert auch der Zusatz ἐν αὐτῷ nichts. Dieser wird entweder instrumental[72] oder lokal[73] verstanden. Beides muss einander nicht ausschließen. Der lokale Charakter der Wendung erklärt sich aus der metaphorischen Konzeptualisierung eines Gültigkeitsbereiches. Dieser räumlich formulierte Gültigkeitsbereich ‚Christus' (d.h. Gemeinschaft der an Christus Glaubenden) hängt kausal mit seinem Kreuzestod zusammen.

Die Zweiheit besteht aus zwei ethnischen Gruppen (der Gruppe der Adressaten in der 2. Person Pl. und der πολιτεία τοῦ Ἰσραήλ [V. 12]). Diese ehemals verfeindeten Gruppen bilden als neuer Mensch eine friedliche Einheit (vgl. ποιῶν εἰρήνην). Die Frage, ob der neue Mensch individuell[74] oder kollektiv zu verstehen ist, ist Ansatzpunkt kontroverser religionsgeschichtlicher Bezugnahmen, die im Folgenden diskutiert werden.[75] Der Textbefund weist beide Aspekte auf. Zum einen ist durch ἕνα der individuelle Charakter deutlich; der ἄνθρωπος ist zum anderen offensichtlich eine kollektive Größe, die Juden und Heiden in sich vereint. Die Vorstellungen von Gespaltenheit und Frieden gehören wie der kollektive Aspekt wesensmäßig zu dem hier dargestellten ‚einen neuen Menschen'.

---

[72] So ALLAN, „In Christ" Formula 60f.: „by his own activity".
[73] So die überwiegende Meinung, vgl. z.B. GNILKA, Epheser 142.
[74] So BEST, Body 153f.
[75] Vgl. explizit zu dieser Alternative FAUST, Pax 128: „Ist damit gemeint, daß Juden und Heiden als Christen im kollektiven Sinn zu *einem* ekklesialen Makroanthropos (= Christus) geworden sind? Oder sind sie, d.h. nun: jeder einzelne für sich, im qualitativen Sinn zum ‚Einheitstyp' des pneumatischen ‚neuen Menschen' umgeschaffen worden [...]?" (Hervorhebung im Original).

Auf den ‚neuen Menschen' ist der ‚eine Leib' eng zu beziehen. Das ergibt sich daraus, dass beide jeweils die vorherige Zweiheit von Juden und Heiden (vgl. τοὺς δύο bzw. τοὺς ἀμφοτέρους) in sich vereinen (vgl. ἕνα bzw. ἑνί). Das Verhältnis zwischen Leib und Mensch ist metonymisch. Damit ist die Verwendung unterschiedlicher Präpositionen und Verben kohärent. Die Zwei werden *zu* einem neuen Menschen geschaffen (κτίζειν εἰς), so dass sie *in* dessen Leib (d.h. in ihrem eigenen Leib) miteinander versöhnt sind (ἀποκαταλλάσσειν ἐν). Dabei fokussiert die erste, finale Formulierung das Ziel, während die zweite aus der Perspektive des bereits erschaffenen Menschen den Gedanken vom Ergebnis her fortführt.[76]

Der Epheserbrief versteht also Mensch und Leib innerhalb eines Organismus. Sie sind wechselseitig aufeinander bezogen. Aufgrund dieses metonymischen Verhältnisses zwischen Mensch und Leib hängen die traditions- und religionsgeschichtliche Rückfrage der jeweiligen Konzeptionen eng miteinander zusammen. Wo sich Anknüpfungspunkte für das Verständnis des einen Leibes in V. 16 ergeben, sind diese deshalb auch auf die Interpretation des neuen Menschen in V. 15 zu beziehen. Darum wird hier beiden Vorstellungen gemeinsam nachgegangen.

2.1.2.1 Bisherige Deutungsmodelle
a) Der neue Mensch als Erweiterung der paulinischen Leib-Christi-Metapher
Die Nähe zwischen neuem Menschen und Leib kann in einigen Interpretationen dazu führen, dass sowohl hinter dem Leib als auch hinter dem ἄνθρωπος die Leib-Christi-Vorstellung gesehen wird.

Von der engen Beziehung beider Größen zueinander her ergeben sich aber im Gegenteil zwei Gründe, dass es sich beim Leib nicht um den Leib Christi handelt. Denn zum einen ist ja die Bezugsgröße des Leibes der neue ἄνθρωπος. Dieser aber ist seinerseits nicht mit Christus identisch, sondern wird von ihm geschaffen.[77] Zum anderen fehlt ein Genitivattribut zu σῶμα. Bezugnahmen auf den gekreuzigten Leib Jesu (1.)[78], den kirchlichen Leib Christi (2.)[79] oder den gekreuzigten Leib Christi, der zugleich der ekklesiale Leib Christi ist (3.)[80], schei-

---

[76] Vgl. dazu SMITH, Jewish and Greek Traditions 120f.

[77] Gegen z.B. SCHNACKENBURG, Epheser 116: „Der neue ‚Mensch' ist Christus, insofern er in sich die Kirche darstellt und verwirklicht." Vgl. auch GNILKA, Epheser 142: „Er [scil. Christus] ist der universale Anthropos, der die Zwei und mit ihnen die Menschheit in sich aufnimmt, vereint, pazifiziert."

[78] So PERCY, Probleme 281. Vgl. auch die Diskussion dazu bei MERKLEIN, Christus und die Kirche 45–53.

[79] So z.B. SCHNACKENBURG, Epheser 117; GNILKA, Epheser 143f.; MERKLEIN, Christus und die Kirche 45–51, aus „exegetisch-sprachlicher" Sicht.

[80] So HAUPT, Epheser 85f.; DIBELIUS/GREEVEN, Epheser 70; SCHLIER, Epheser 135.

den also aus. Gegen 1. spricht, dass der gekreuzigte Leib in VV. 14–18 durch die Wendung ἐν τῇ σαρκὶ αὐτοῦ in den Blick rückt. Gegen alle vorgebrachten Bezüge spricht, dass es sich weder um das σῶμα αὐτοῦ noch um das σῶμα Χριστοῦ handelt, sondern allein um *ein* (einheitliches) σῶμα.

Gerade auch die Verwendung der Leib-Christi-Metapher an anderen Stellen des Briefes macht den Unterschied deutlich. Der Bezug zu Christus wird in Eph 1,23; 4,12.16; 5,23.30 jeweils explizit hergestellt. Über diese Stellen hinaus kommt der Begriff σῶμα noch in 4,4 und 5,28 vor, wo kein Hinweis auf Christus erfolgt. In 5,28 ist durch den Plural sowie ἑαυτῶν ganz deutlich, dass es sich nicht um den Leib Christi handelt. Dies zeigt, dass σῶμα für den Epheserbrief nicht per se Leib Christi ist, sondern dieses nur bei expliziter bzw. kontextueller Eindeutigkeit der Fall ist.[81] Das ἕν vor σῶμα in Eph 4,4 sowie seine Undeterminiertheit stellen Ähnlichkeiten zum σῶμα in 2,16 dar. Im Kontext beider Formulierungen begegnet die Friedensthematik (vgl. 2,14.17; 4,3). Kongruent dazu ist in 4,4 der Leib nicht mit Christus identisch. Christus wird eigens und ohne Bezug zum Leib genannt (4,5 εἷς κύριος). Die paulinische Metapher vom Leib Christi scheidet hiermit sowohl für σῶμα als auch für ἄνθρωπος in Eph 2,15f. aus.

b) Der neue Mensch als Metaphorisierung des Bekehrungsprozesses
Für den καινὸς ἄνθρωπος vorgeschlagene traditionsgeschichtliche Herleitungen von der jüdischen Institution des Proselytentums[82] oder Qumran-Parallelen[83] zur individuellen Neuschöpfung des Menschen sind abzulehnen.[84] Zum einen erklärt die jüdische Redewendung vom ‚neuen Geschöpf‘ nicht den kollektiven Charakter der Vorstellung in Eph 2. Zwar findet sich im Kontext Bekehrungsthematik (s.o. Kap. IV.1.1.2). Aber auch in Eph 2,11–13 geht es um Kollektive, die einander kontrastiert werden. Es handelt sich beim ‚neuen Menschen‘ nicht um eine Individualgröße im Sinne des bekehrten Einzelmenschen. Zum anderen und damit verbunden wird die Spaltungs- und Feindschaftsthematik von dem Proselytenmotiv her nicht verständlich.

---

[81] Vgl. zum Phänomen der Polysemie DÜBBERS, Christologie 45–48; vgl. in Bezug auf σῶμα im Kolosserbrief auch a.a.O. 303.

[82] Vgl. übergreifend SJÖBERG, Wiedergeburt und Neuschöpfung; vgl. MUSSNER, Christus, das All und die Kirche 94–97; vgl. die dort angegebenen rabbinischen Texte bJeb 22a; GenR 39; HldR 1,3; 8,2; PesR 40; LevR 30,3; BEST, Body 153f. – siehe auch JosAs 27,10.

[83] Vgl. MUSSNER, Beiträge aus Qumran 194–196, der folgende Vergleichstexte anführt: 1QH XIX (XI) 8b–14; 1QH XI (III) 19–23.

[84] Zur Traditionsgeschichte vgl. umfassend MELL, Neue Schöpfung.

c) Der neue Mensch als corporate personality

Bei der Herleitung aus dem Konzept der *corporate personality*[85] ist zwar dieser kollektive Aspekt der Vorstellung aus Eph 2,14–18 gegeben. Trotzdem vermag auch diese Deutung nicht zu überzeugen. Alttestamentliche Konzepte von *corporate personality* beinhalten nach H.W. Robinson[86] bestimmte Vorstellungen. So wird der Bestand einer Familie auf ihre Vorfahren ausgedehnt bzw. schließt der Stammvater alle Nachkommen in sich ein (vgl. z.B. Gen 15,15; 25,8; 49,29; Num 27,13; Am 3,1)[87]; die Geschichte eines Volkes wird durch die Lebensgeschichte einer individuellen Figur dargestellt (vgl. z.B. Ez 16 und 23; Jes 54,1ff.; Dan 7,13.27)[88]. In jedem Fall vertritt eine repräsentative individuelle Gestalt identifikatorisch die dahinter stehende Gruppe und ihre Interessen (vgl. die Erzählungen über die Stammväter Israels Abraham, Isaak und Jakob; vgl. auch Hos 11,1; Sach 3,1–10; Neh 1,6; Am 7,2.5; 2Makk 7,38)[89]; die Grenzen zwischen Individuum und Gesellschaft sind fließend. Insofern *ist* der außerordentliche Repräsentant der Gruppe zugleich diese selbst, und *ist* jeder Einzelne der Gruppe auch jener Repräsentant bzw. Stammvater.[90]

Als prominentes Beispiel für die Anwendung des *corporate-personality*-Konzeptes sieht Robinson 1Kor 15,22 an.[91] Es sei dort mit der ‚Adam-Christus-Typologie‘ verbunden, die Paulus noch in 1Kor 15,45–49 und Röm 5,12–21 verwendet.[92] Daneben wird für 1Kor 15 eine Verbindung zu frühjüdisch-rabbinischen Adam-Spekulationen angenommen[93]. Aus dem alttestamtlich-jüdischen Konzept der *corporate personality* leiten einige Interpretationen weiterhin die paulinische Leib-Christi-Metapher in 1Kor 12,12f.; Gal 3,27f.; Röm 12,5 ab.[94] Gegen eine solche Herleitung sprechen gute Gründe.[95]

Vom philologischen Befund her geht es weder in Eph 2,15 noch 2,16 um die skizzierte Vorstellung von *corporate personality* oder die Leib-Christi-Vorstellung. Denn zum neuen Menschen in Eph 2,15 gehört wesensmäßig die für den metaphorischen Zusammenhang konstitutive Gespaltenheits- wie Friedensthematik. Diese erklärt sich we-

---

[85] Siehe LINCOLN, Ephesians 143f.; PERCY, Probleme 285 mit Anm. 38; BENOIT, Leib, Haupt und Pleroma 257–259; ähnlich ABBOTT, Ephesians 65; mit Schwerpunkt auf Adam-Spekulationen MILETIC, „One flesh" 57ff.

[86] ROBINSON, Corporate Personality. Auf Robinson geht dieses Konzept zurück.

[87] Vgl. ebd. 27–29.

[88] Vgl. ebd. 29f.

[89] Vgl. ebd. 35f.

[90] Vgl. ebd. 31f.; auch 29; 36.

[91] Vgl. ebd. 37. Siehe dazu auch DAVIES, Paul and Rabbinic Judaism 57.

[92] Vgl. LINDEMANN, Auferstehung der Toten 155.

[93] Siehe dazu DAVIES, Paul and Rabbinic Judaism 36–57, bes. 57.

[94] Vgl. ROBINSON, Body 60f.; BEST, Body 29; 73; 78; 95–106; 203; 214; YATES, Re-Examination 149f.; SCHMIDT, Leib Christi 126–128; 217–223; PERCY, Leib Christi 38–44; FRAINE, Adam und seine Nachkommen 216.

[95] Vgl. FISCHER, Tendenz und Absicht 54–56; KLAUCK, Herrenmahl 340f.

der aus den genannten alttestamentlichen und frühjüdischen Vorstellungen noch aus der paulinischen Leib-Christi-Vorstellung. Zudem ist Christus in Eph 2,15 deutlich von dem neuen Menschen unterschieden, indem er als handelndes Subjekt diesen erschafft. Die für *corporate personality* und speziell die Vorstellung vom ‚neuen Adam'[96] erforderliche Identität/Identifikation zwischen Christus und dem (kollektiven) Menschen, d.h. zwischen Individuum und Gruppe, fehlt damit. Auch die Identität des σῶμα in V. 16 mit Christus, die die Leib-Christi-Konzeption ausmacht, fehlt.[97]

Ist bei den genannten verschiedenen Ausprägungen der *corporate personality* ein kollektiver Charakter gegeben, so kann also der ‚eine neue Mensch' aus Eph 2,15 wie auch der ‚eine Leib' aus Eph 2,16 traditionsgeschichtlich dennoch weder aus frühjüdischen Konzeptionen einer *corporate personality* oder Adam-Spekulationen noch aus paulinischer Leib-Christi-Metaphorik verständlich werden[98]. Ersteres ist ohnehin eine allgemein mythische Vorstellung. Der Begriff *corporate personality* ist moderner Beschreibungsparameter, der sich entsprechend nicht in konkreten Quellentexten findet. Ebenso wenig lassen sich auf der anderen Seite die Begriffe ἄνθρωπος oder σῶμα in den Texten finden, aus denen die Vorstellung der *corporate personality* herausgelesen wird.

d) Der neue Mensch in der interpretatio gnostica
Religionsgeschichtliche Deutungen, die den καινὸς ἄνθρωπος aus dem im 20. Jahrhundert postulierten *gnostischen Anthroposmythos* erklären wollen, stehen vor einem ähnlichen Problem wie die Herleitungen aus dem Konzept einer *corporate personality*.[99] Zwar findet sich ein gewisser kollektiver Aspekt der Vorstellungen, die Themen ethnischer Entzweiung und späteren Friedensschlusses stehen aber nicht im Horizont gnostischer Anthroposspekulationen. Eine Trennung zwischen oberem und unterem Bereich wie generell der kosmische Bezugsrahmen, der in den von H. Schlier genannten Texten eine zentrale Rolle

---

[96] MILETIC, One flesh 57–66, bes. 65f., identifiziert gegen den Text den καινὸς ἄνθρωπος mit Christus als Endzeit-Adam. Als Anhaltspunkte für eine Entsprechung zu Gen 1,26f. interpretiert er neben dem Vorkommen der Begriffe ἄνθρωπος, κτίζω und ποιέω die Verbindung zwischen Eph 2,14–18 und 5,23.

[97] De FRAINE, Adam und seine Nachkommen 216, weist zwar darauf hin, dass „die Gefangenschaftsbriefe übrigens den Leib der Christen [erwähnen], ohne ausdrücklich vom Leibe Christus zu sprechen". Er differenziert aber trotzdem inhaltlich nicht zwischen den beiden Formulierungen.

[98] Gegen LINCOLN, Ephesians 143, der eine Verbindung zwischen diesen Motiven für Eph 2,15 explizit herstellt: „This notion [scil. ἵνα τοὺς δύο κτίσῃ ἐν αὐτῷ εἰς ἕνα καινὸν ἄνθρωπον] is dependent on Paul's Adamic Christology, with its associated ideas of Christ as inclusive representative of the new order and of believers incorporated into him."

[99] Vgl. v.a. SCHLIER, Christus und die Kirche 35; GNILKA, Epheser 142; LINDEMANN, Aufhebung 167f.; vorsichtig SCHNACKENBURG, Epheser 115f.

spielt, ist auf der anderen Seite für Eph 2,14–18 nicht gegeben (vgl. auch oben zum μεσότοιχον τοῦ φραγμοῦ Kap. IV.1.1.2; vgl. grundsätzlich die Kritik an der *interpretatio gnostica* des 20. Jahrhunderts in Kap. I.2.2.4).[100]

e) Der neue Mensch als noetische Neuschöpfung
Die Deutung auf *hellenistisch-jüdische Einflüsse* vertritt v.a. E. Faust.[101] Den ‚neuen Menschen‘, wie auch seine ‚Ein(s)heit‘ führt er auf die philonische Vorstellung von zwei Menschenklassen (ἄνθρωποι) zurück.

Philo unterscheidet in Anlehnung an die Schöpfungsberichte Gen 1,27 und Gen 2,7 (jew. LXX) den himmlischen und den irdischen ἄνθρωπος (οὐράνιος und γήϊνος ἄνθρωπος, vgl. Philo, Leg. I 53–55; III 104; I 32. 37f.; Det. 80; Her. 57). Eph 2,15 liege die Vorstellung dieses ‚himmlischen Menschen‘ verbunden mit hellenistisch-jüdischer Konversionstheologie zur Neuschöpfung (vgl. JosAs. 8,9f.; 15,5; vgl. auch Philo, Somn. I 129; Spec. I 51) zugrunde.[102] Dieser himmlische Mensch bei Philo sei außerdem im Zusammenhang mit neupythagoreischer Ontologie von der ‚Ein(s)heit‘ und der ‚Zweiheit‘ zu sehen, die ihren Ursprung bei Platon hat.[103] Die Eins (μονάς/τὸ ἕν) ist Prinzip der Ganzheit, Gleichheit, Unvergänglichkeit, des Guten. Sie steht für Erkenntnis und göttlichen Bereich. Im Gegensatz dazu ist die Zwei (δυάς) Prinzip der Trennung, Unbeständigkeit, Gegensätzlichkeit und des Schlechten. Die Zwei ist grundsätzlich mit dem Bereich der Materie und so mit Teilbarkeit assoziiert.[104] Erstrebenswert ist innerhalb dieser Lehre die Überwindung der sich in Gegensätzen manifestierenden Zweiheit und Materie durch den Eingang in den Bereich der Erkenntnis, deren Prinzip die Eins ist. Philo greift diese Prinzipienlehre auf und bringt auf ihrer Basis die Zwei mit dem Irdisch-Vergänglichen und die Eins mit dem unteilbaren noetischen Gottesbereich in Verbindung. Erlösung kann so bei Philo als Überwindung der Zweiheit und Rückkehr zur Einheit formuliert werden.[105]

---

[100] Gegen SCHLIER, Christus und die Kirche 35, dessen Deutung von Eph 2,15 ohnehin bereits einen weiten Umweg über Eph 4,13 hinter sich hat, aber auch sonst keine Anhaltspunkte am Text selbst erkennen lässt: „Haben wir so die Existenz eines himmlischen Anthropos im Vorstellungshintergrund des Epheserbriefs festgestellt, so versteht man auch die Stelle in Eph. 2,15 […] wenigstens so weit, als in ihr von einem (mythologischen oberen) Anthropos die Rede ist, den Christus in sich selbst (ἐν αὐτῷ) geschaffen hat. Das stimmt ja damit überein, daß er vorher das μεσότοιχον durchbrochen hat, das das untere vom oberen Reich trennt.“
[101] Vgl. FAUST, Pax 125–137.
[102] Siehe dazu ebd. 126f.
[103] Vgl. Platon, Symp. 189c–193d und die weiteren bei FAUST, Pax 130–135, angegebenen Texte.
[104] Vgl. BURKERT, Weisheit und Wissenschaft 19f.; 52–58.
[105] Vgl. die bei FAUST, Pax 133 Anm. 190, angegebenen Texte: Spec. II 176; III 180; Det. 90; Her. 132; 182f.; 187; Leg. II 2–3; Deus 82ff.; Praem. 162; Gig. 52; QEx. II 29; QGen. IV 110; siehe auch SMITH, Jewish and Greek Traditions 135f.

Vom hellenistischen Judentum aus habe sich die pythagoreische Prinzipienlehre auf frühchristliche Texte übertragen.[106] Zu ihnen rechnet
Faust nun v.a. auch Eph 2,15. Den ‚einen neuen Menschen' setzt er
speziell mit zwei philonischen Texten (QEx. II 29; 46) in Verbindung,
die seiner Ansicht nach die Lehre von den ontologischen Prinzipien
mit der ἄνθρωπος-Typologie verknüpfen. Dieselbe Vorstellung liege
auch in Eph 2,15b vor. So deutet Faust den einen neuen Menschen individuell. Der individuelle Aspekt ist durch die hinzugekommene uni-
versalistische Tendenz anders zu verstehen als bei den oben genannten rabbinischen Deutungen auf das Proselytentum. Nach Faust handelt es sich um eine qualitativ-typenhafte Vorstellung. Gemeint sei
damit die soteriologische Umwandlung jedes einzelnen in den einheitlichen Typ des pneumatischen Menschen. Für diesen Typ sind
frühere Dualitäten der fleischlichen Existenz aufgehoben.[107] In der
Auslegung des neuen Menschen auf einen Menschentyp hin lassen
sich stärker als in den bisherigen Deutungen individueller und kollektiver Charakter verbinden, insofern der individuell formulierte ‚Menschentyp' ja zugleich eine dahinter stehende kollektive ‚Menschen-
klasse' impliziert.

Diese neuere These von E. Faust soll im Folgenden überprüft werden. Die Darstellung folgt nacheinander den zwei wesentlichen Dua-
lismen, auf die sich das Postulat vom himmlischen Menschen in Eph
2,15 stützt, nämlich den σάρξ-πνεῦμα-Dualismus sowie den Eins-
Zwei-Dualismus.

Der ‚neue Mensch' in Eph 2,15 steht nicht nur nicht in Antithese zu einem sarkischen Gegentyp, in Entsprechung zum philonischen irdischen Menschen. Er
selbst steht auch nicht in Verbindung zum noetisch-pneumatologischen Heilsbereich des Logos und der Weisheit. Begriffe wie σοφία, λόγος, νοῦς, die Faust als
wesentliche Merkmale dieses Menschentypen herausstellt, fehlen in Eph 2,14–18.
Ein entsprechender Bezug zum νοῦς darf nicht über Eph 4,23f. in den Text
hereingeholt werden.[108] Auch fehlt jeglicher Hinweis auf einen himmlischen oder
überhaupt überirdischen Geltungsbereich in Eph 2,14–18 (auch im Gegensatz zu
anderen Briefteilen). Der Aspekt des Neuen gehört nicht zur philonischen Vorstellung vom himmlischen Menschen, sondern ist Teil hellenistisch-jüdischer Konversionstheologie. Hier wiederum ist dann nicht vom (himmlischen) ἄνθρωπος die
Rede. Eine Identifizierung des Konvertiten mit dem (himmlischen) ἄνθρωπος findet nicht statt.
    Faust nennt QEx. II 29 und 46. In QEx. II 29 ist zwar von ‚Einsheit' und ‚Zwei-
heit', aber weder vom irdischen noch vom himmlischen ἄνθρωπος die Rede. Den
himmlischen ἄνθρωπος liest Faust über den zweiten Text QEx. II 46 hier hinein.

---

[106]   Faust nennt hierzu die bei SMITH, Jewish and Greek Traditions 131–133,
angeführten Texte 2Clem 12,2; Clemens v. Alexandria, Strom. III 92,2; ThEv 22;
ActPetr. c. Sim. 38. Diese Texte unterscheiden sich aber von Eph 2,15b entscheidend dadurch, dass in ihnen sämtlich das Prinzip der Eins als Substantiv begegnet
(τὸ ἕν). Im Eph dagegen ist ἕνα Attribut zum ἄνθρωπος.
[107]   Vgl. dazu speziell FAUST, Pax 128f. und 136.
[108]   So aber ebd. 125f.

Dieses Vorgehen ist zweifelhaft, würde sich hier aber möglicherweise durch den engen Zusammenhang beider Texte rechtfertigen. Die Tatsache, dass QEx. II 46 im Zusammenhang mit dem himmlischen und dem irdischen ἄνθρωπος zwar von Zahlen, aber keineswegs von Eins und Zwei, sondern statt dessen von Sechs und Sieben handelt, lässt die Konstruktion allerdings erzwungen und unglaubwürdig erscheinen, dies umso mehr, als Faust die entsprechenden Textpartien unerwähnt lässt. Das Prinzip der Eins begegnet also im Zusammenhang mit dem Geist des Inspirierten bzw. Propheten, nicht mit dem himmlischen Menschen. Der himmlische Mensch dagegen wird bei Philo nicht nur nicht auf die Eins, sondern explizit auf eine andere Zahl, die Sieben, bezogen.

Aber selbst wo man davon absieht, dass der Vergleich hierdurch bereits erheblich problematisch geworden ist, ist auch grundsätzlich die unterschiedliche syntaktische Verwendung der Zahlen bei Philo und in Eph 2,15 zu beachten. In QEx. II 29 und 46 stehen Eins, Zwei, Sechs und Sieben jeweils substantivisch als Prinzipien.[109] In Eph 2,15 dagegen liegt das Hauptinteresse nicht solchermaßen auf der Eins – ἕνα ist hier lediglich attributives Zahlwort zum Menschen und kein eigenes Prinzip. Dieselbe Schwierigkeit betrifft im Übrigen nicht nur diese beiden Texte im Vergleich mit Eph 2,15b, sondern grundsätzlich die von Faust angegebenen Philo-Stellen, die von der Ein(s)heit und der Zweiheit handeln. In Spec. II 176; III 180; Her. 182f. 187; Gig. 52, ist jeweils substantivisch von der Monade (μονάς) als ontologisches Prinzip die Rede, nicht vom Zahlwort εἷς. Die Texte QGen. IV 110; Det. 90; Her. 132; QEx. II 29, handeln weder von der Monade noch von der Zahl Eins. Praem. 162 rekurriert auf τὴν τοῦ ἑνὸς φύσιν. Τοῦ ἑνός ist aber auch hier substantivisch gebraucht und als Nominativ τὸ ἕν anzunehmen (so auch in Leg. II 2). Allein in Leg. II 3 und Deus 85 begegnet das Zahlwort εἷς als Adjektiv. In Deus 85 unterscheidet sich der Gebrauch trotzdem von dem in Eph 2,15, da εἷς hier prädikativ verwendet ist (ἀντέθηκεν ἕνα τὸν δίκαιον). Der Gerechte rückt als Einer in den Blick. Es bleibt allein Leg. II 3 (τέτακται [...] ἡ μονὰς κατὰ τὸν ἕνα θεόν). Aus drei Gründen ist dieser Beleg jedoch nicht weiterführend für das Thema des ‚einen neuen Menschen‘. Erstens geht es auch hier im Kontext wieder um das Prinzip der Eins – im Unterschied zu Eph 2. Zweitens ist nicht von einem ἄνθρωπος, sondern von Gott die Rede. Allein das Wort εἷς ist aber als Basis des Vergleichs nicht ausreichend. Zumal, wo die quantitative Textbasis sich mit diesem einen Text bereits erschöpft.

Konnte also schon für den himmlischen ἄνθρωπος und das Erneuerungsmotiv keine Verbindung aufgezeigt werden, so gilt das Gleiche für den himmlischen ἄνθρωπος und das ontologische Prinzip der Eins oder überhaupt der Zahl εἷς. Es bleiben als vereinzelte Motive ‚ἄνθρωπος‘, ‚einer‘ und ‚neu‘, die in Eph 2,15b ein Syntagma bilden, bei Philo dagegen nie innerhalb desselben Zusammenhangs stehen. Aus den genannten Gründen ist das *heilvolle* Verwandlungsschema ‚Die-Zwei-Zu-Einem-Machen‘[110], das im hellenistischen Judentum vorkommt, als Verstehensvoraussetzung von Eph 2,14–18 abzulehnen. Hiermit konsistent ist der politisch-soziale Charakter von Eph 2,11–18 insgesamt.

---

[109] Vgl. die englische Übersetzung des armenischen Textes: „the monad", „with duality", „nature of the hebdomad", „the most appropriate number, six, was assigned [...]".

[110] Siehe FAUST, Pax 129.

Auszuschließen ist dagegen nicht, dass die allgemeine Formulierung [ὁ ποιήσας] τὰ ἀμφότερα ἕν in V. 14 und so in gewisser Weise auch der ‚eine neue Mensch‘ die Kenntnis der platonischen Eros-Mythos-Tradition voraussetzt, die sich generell mit der Überwindung der Zweiheit hin zur Einheit befasst.[111] Dieser Hintergrund muss aber von den Modifizierungen unterschieden werden, die Philo im Rahmen noetischer Erlösungsvorstellungen daran vornimmt.[112] Diese stehen nicht im Blick des Epheserbriefs.

2.1.2.2 Der neue Mensch und der eine Leib als metaphorische Konzeptualisierung frühchristlicher Geschichte

Die bisherigen Vorschläge zum Hintergrund der ἄνθρωπος- wie Leib-Vorstellung bleiben unbefriedigend, weil sie einerseits in sich nicht stimmig sind und andererseits die zentralen Zusammenhänge von Eph 2,14–18 nicht erklären können. Eine überzeugende Bezugnahme muss die wesentlichen Aspekte von Feindschafts- und Spaltungsthematik wie deren Auflösung in einer organisch beschriebenen Einheit aufweisen. Diese Thematik muss in sozio-politischem Kontext stehen und sich auf kollektive Größen beziehen. Der Mensch oder Leib ist nicht identisch mit einem herausgehobenen Repräsentanten. Es ist also nach einem religionsgeschichtlichen Anknüpfungspunkt für die Organismusvorstellung in Eph 2,15f. zu fragen, der diese Erfordernisse erfüllt.

a) Metaphorisierung idealer Gemeinschaften als Organismen

Ein erster, aber noch nicht hinreichender Ansatz ist die metaphorische Strukturierung einer Gemeinschaft als Organismus.[113] Diese lässt sich allgemein auf die Menschheit bezogen schon bei Demokrit beobachten: ἄνθρωποι εἷς ἔσται καὶ ἄνθρωπος πάντες.[114] Ebenfalls früh wird der organische Bezug im politischen Bereich hergestellt, z.B. in der achämenidischen Bezeichnung hoher Beamter als „Augen und Ohren des Königs"[115], oder wenn in einem Orakelspruch bei Herodot die Po-

---

[111]   Vgl. Platon, Symp. 189c–193d; siehe dazu SMITH, Jewish and Greek Traditions 123–125; vgl. auch BAUMANN, Das doppelte Geschlecht 176–191, zur Verbreitung des Eros-Mythos.

[112]   Siehe ähnlich SMITH, Jewish and Greek Traditions, insbes. 135–138, der zwischen der allgemeinen philosophischen Vorstellung des ‚Zwei-Zu-Einem-Machens‘ und deren Aufnahme und Weiterentwicklung bei Philo deutlich differenziert. Als Hintergrund für die Formulierung in Eph 2,14 setzt Smith explizit nur die philosophische Tradition voraus, vgl. 124f.; 131; 136; 138 mit Anm. 37.

[113]   Vgl. zum Folgenden grundlegend DEMANDT, Metaphern für Geschichte 20–23.

[114]   Demokrit, Fragm. B 124 (DIELS/KRANZ).

[115]   Vgl. Xenophon, Cyrop. VIII 2,10. Vgl. auch einen fragmentarischen Text aus Ägypten des frühen ersten Jahrtausends: Kopf und Leib streiten im Kontext von sozialen Stellungen und Wertigkeiten über den höheren Rang (siehe dazu ERMAN, Literatur der Ägypter 224f.).

lis als aus einzelnen Körperteilen bestehend geschildert wird[116]. In platonisch-aristotelischer und stoischer Tradition wird die Metapher des organischen Zusammenhanges von sozio-politischen Gruppen dann auf Staatstheorien angewendet. ‚Mensch' und ‚Körper' werden hier zunächst auf den theoretischen Staat bezogen. Die einzelnen Teile und Organe verbildlichen Teilfunktionen eines Staates, die zueinander in Wechselwirkung stehen.[117] Die wechselseitige Beziehung zwischen einzelnen Körperteilen oder Gliedern, wie sie auch für paulinische Leib-Christi-Metapher in 1Kor 12[118] und Röm 12 zentral ist, ist in Eph 2 allerdings nicht zu finden. Andersherum thematisieren die genannten Beispiele keine Eph 2,11–13 vergleichbaren Spaltungen. Dies hat seinen Grund darin, dass es in den platonisch-aristotelischen sowie stoischen Ausführungen nicht um konkrete Staaten oder politisch-soziale Gebilde, sondern um den Ideal-Staat geht. Eph 2 dagegen handelt von den konkreten Gruppen der ‚Juden' und der ‚Heiden' und ihrer Geschichte miteinander. Dieser religionsgeschichtliche Bezug reicht deshalb für Eph 2,15f. nicht aus.

b) Metaphorisierung konkreter Einzelstaaten als Organismen
Über die allgemeine Vorstellung hinausgehend kann die Organismusvorstellung in der Antike auf konkrete Einzelstaaten und politische Verhältnisse angewendet werden.[119] Das ist exemplarisch an Texten der Geschichtsschreibung bei Polybios aufzuzeigen.

Während entsprechende Plausibilität bei den oben genannten Deutungen wie auch bei der allgemeinen Beschreibung eines Staates als Körper fehlt, ist bei Polybios die vorherige Feindschaft und Getrenntheit der späteren Einheit eines Körpers Teil des metaphorischen Zusammenhanges. Bei der Schilderung der Geschichte des Achäischen Bundes verwendet Polybios den Begriff σωματοποιέω, um den Zustand der durch aetolische Anschläge (vgl. πολυπραγμονεῖν, χειρῶν ἄρχειν ἀδίκων, II 45.6) und Feindschaft (vgl. ἐχθρὸ[ς …] τῶν᾽Αχαιῶν, II 45.3; [ἡ] πρὸς τὸ ἔθνος ἀπέχθει[α], II 45.4) gefährdeten, aber wieder gewonnenen Einheit zu beschreiben (II 45.6). Diese körpergleiche Einheit des Bundes steht in Spannung nicht nur zu der von den Aetolern gewünschten Zerteilung der am Bund beteiligten Städte (vgl. ἐλπίσαντες καταδιελέσθαι τὰς πόλεις, II 45.1), sondern auch zu deren früherer Entfremdung (vgl. διαφορά, καχεξία; συνέβη πάσας τὰς πόλεις χωρισθείσας, II 41.9; vgl. auch ἀλλοτριότης, δυσμενεία, II 44.1; vgl. Plutarch, Arat 24).

---

[116] Siehe Herodot VII 140,2.
[117] Vgl. Platon, Rep. 462c–d; 464b; 556e; Aristoteles, Pol. 1253a; 1287b; Seneca, Clem. I 5,1; II 2,1; Epiktet, Diss. II 5,23–26; 10,3f.; 23,2f.20–23; Fabel des Menenius Agrippa: Livius II 32,9–11.
[118] Vgl. KLINGHARDT, Staatsidee 145.
[119] Vgl. DEMANDT, Metaphern für Geschichte 21.

In ähnlicher Weise bezeichnet Polybios die Geschichte Roms (ἱστορία) als körpergleich (σωματοειδής, I 3.3). Geschichtsschreibung (ἱστορία) des Polybios und politisches Geschehen werden im Folgenden analogisiert (vgl. I 4.1).[120] So gilt für Rom und sein politisches Geschick dasselbe wie für seine Geschichtsschreibung. Die einzelnen Länder bzw. Städte der Welt sind als Ganzes zu betrachten. Dieser Grad der Zusammengehörigkeit, hier des römischen Reiches, wird explizit als ‚Neuheit' bezeichnet (vgl. καινοποιοῦσα, I 4.5) und im Folgenden noch einmal durch eine Körper-Metapher veranschaulicht. Schönheit eines Körpers erschließt sich nicht durch die Betrachtung auseinander geratener Teile (vgl. καλοῦ σώματος γεγονότος διερριμένα τὰ μέρη, I 4.7). Schönheit und Kraft des Körpers können erst wahrgenommen werden, wenn die Einzelteile zusammengesetzt sind (vgl. συνθεὶς καὶ τέλειον αὖθις ἀπεργασάμενος, I 4.8; vgl. dazu auch die Leibmetaphorik in Eph 4,15f.). In dieser engen organischen Beziehung stehen auch die Teile der Welt zueinander, die deshalb in dieser Ganzheit wahrzunehmen sind (vgl. I 4.11).

Der Akzent liegt hier weniger auf Feindschaft, sondern vielmehr auf dem Aspekt der vorherigen Getrenntheit und Disparatheit verschiedener Einzelstaaten (vgl. σποράδας εἶναι, I 3.3). Explizit wird auf die räumliche Trennung verwiesen: κατὰ τοὺς τόπους διαφέρειν (I 3.3). Die Geschichte von Italien, Libyen, Asien und Griechenland erscheint aber nun wie ein Körper, d.h. sie ist einheitlich ausgerichtet (vgl. ἕν τέλος; siehe auch I 3.4: ἕνα καὶ τὸν αὐτὸν σκοπόν). Die räumliche Trennung ist in dem neuen Staatskörper aufgehoben (vgl. συμπλέκεσθαι).[121]

Wie in Eph 2 stehen bei Polybios Disparatheit, Feindschaft etc. einzelner sozio-politischer Gruppen (Städte, Staaten) und anschließende Einheit in einem einzigen Körper in antithetischem Begründungszusammenhang.[122] Bei beiden wird dabei die Inkohärenz in Kauf genommen, dass ein Körper oder generell ein Organismus durch Zusammensetzen von zuvor existierenden Einzelteilen entsteht. Dass bei Polybios im Unterschied zum Epheserbrief die Zahl ‚zwei' keine Rolle spielt, liegt daran, dass bei ihm mehrere Staaten im Blick sind. Umgekehrt erklärt sich die Zweizahl im Epheserbrief daraus, dass es auch um zwei konkrete sozio-politische Größen geht. In beiden Tex-

---

[120] Siehe I 4.1.: τὸ γὰρ τῆς ἡμετέρας πραγματείας ἴδιον καὶ τὸ θαυμάσιον τῶν καθ' ἡμᾶς καιρῶν τοῦτ' ἔστιν ὅτι, καθάπερ ἡ τύχη σχεδὸν ἅπαντα τὰ τῆς οἰκουμένης πράγματα πρὸς ἕν ἔκλινε μέρος καὶ πάντα νεύειν ἠνάγκασε πρὸς ἕνα καὶ τὸν αὐτὸν σκοπόν, οὕτως καὶ δεῖ διὰ τῆς ἱστορίας ὑπὸ μίαν σύνοψιν ἀγαγεῖν τοῖς ἐντυγχάνουσι τὸν χειριαμὸν τῆς τύχης, ᾧ κέχρηται πρὸς τὴν τῶν ὅλων πραγμάτων συντέλειαν.

[121] Siehe zur Verwendung von σωματοποιέω in militärischem Kontext auch: Diodorus Siculus 11,86; Diogenes Laertius 2,138.

[122] Vgl. auch Plutarch, Arat 24; zur Vorstellung bei Platon vgl. Rep. 368e; 462c–d; 464b; zu Aristoteles vgl. Pol. 1253a.

ten ist ‚eins' als Zahlwort – nicht als Prinzip – von Bedeutung, um die einheitliche Ausrichtung des neu geschaffenen Organismus zu betonen.[123]

Bei Polybios liegt also neben zahlreichen sinnverwandten Begriffen und über die σῶμα-Derivate hinaus eine analoge Terminologie vor (vgl. ἐχθρός, II 45.3 / ἔχθρα, Eph 2,14.16; χωρίζομαι, II 41.9 / χωρίς, Eph 2,12; ἀλλοτριότης, II 44.1 / ἀπαλλοτριόω, Eph 2,12; καινο(ποιέω), I. 4.5 / καινός, Eph 2,15; ἕν, I 3.3; εἷς, I 3.4 / εἷς, Eph 2,15; ἕν, Eph 2,14.16.18). Dies ist aber nicht allein entscheidend – wenngleich hier bereits ein Unterschied zu den meisten anderen Herleitungsversuchen liegt. Wichtig ist v.a., dass die Vorstellungsreihen vergleichbar sind und zum einen genau die Punkte plausibel werden, die sonst ungeklärt waren, und zum anderen keine Aspekte inkompatibel bleiben.

Ist also die ‚neugewonnene Einheit' ein durch die vorliegende Form der Organismusmetaphorik hervorgehobenes Subkonzept, so soll im folgenden Abschnitt auf das speziell durch den Begriff σῶμα metaphorisierte Subkonzept ‚Identität' sowie den Bezug der Metaphorik auf das Thema Zeit eingegangen werden.

c) Leiblichkeit als Metaphorisierung von Identität

Das Konzept vom Menschen in seiner Leiblichkeit ist dem unmittelbaren physischen Erfahrungsbereich eines jeden einzelnen Menschen – ganz gleich welchen Kulturkreises – entnommen. Dass trotzdem erhebliche Differenzen in der jeweiligen Anthropologie bestehen können, bleibt davon unberührt.[124] Die physische Erfahrung des eigenen σῶμα als eines Organismus schließt idealiter die Teilaspekte ‚Einheit', ‚Zusammenwirken', ‚Gleichwertigkeit der einzelnen Teile' ein. Darüber hinaus ist ein wichtiger Aspekt ‚Identität'. Dieser komplexe Begriff lässt eine Fülle von Bezügen zu. Im Folgenden ist er im Sinne von kommunikativer Personalität verstanden. Dass ein Körper sich materiell von seiner Umwelt unterscheidet, ermöglicht die differenzierte Wahrnehmung von Personen und grundsätzlich Kommunikation.[125] Insofern Körperlichkeit die Lebens- und Kommunikationsform

---

[123] Die Metapher kann auch ‚andersherum' verwendet werden: Aus einer bestehenden Einheit werden zwei Körper, wenn sie beispielsweise durch Bürgerkriege zerschlagen wird (vgl. Cicero, Mur. 51; Phil. 13,40); auch hier ist das Bild inkohärent, insofern aus einem Organismus durch Teilung zwei einzeln funktionierende Organismen werden; siehe dazu KLINGHARDT, Staatsidee 145.

[124] Zu verschiedenen Modellen antiker Anthropologie vgl. z.B. JANOWSKI, Konfliktgespräche mit Gott; ROHDE, Psyche; BAUER, Leiblichkeit das Ende aller Werke Gottes; GNILKA, Die frühen Christen 74–95; STEMBERGER, Leib der Auferstehung; SCHNELLE, Neutestamentliche Anthropologie; REINMUTH, Anthropologie; SELLIN, Leiblichkeit.

[125] Vgl. dazu die Interpretation des σῶμα-Begriffs bei KÄSEMANN, Gottesdienst 200: σῶμα sei „die Fähigkeit zur Kommunikation und die Realität seiner [scil. des Menschen] Zugehörigkeit zu einer ihn qualifizierenden Welt."

des Einzelnen ist, bindet sich Identität des Menschen an seine Leiblichkeit. Wo es um eine kollektive Größe geht, besteht diese Identität nur abstrakt. Die Körper-Metapher kann ihrer metaphorischen Konzeptualisierung dienen.

Das Verständnis von σῶμα als Ausdruck kommunikativer Beziehungen ist nicht allgemein vorauszusetzen. Dass Paulus es aber artikuliert, ist von traditionsgeschichtlicher Bedeutung für Eph 2.[126] Paulus kennt einerseits die Vorstellung einer Disparatheit zwischen dem ‚Ich' und seinem als fremd empfundenen Körper. In 2Kor 5,6–8 erscheint der Körper lediglich als zu überwindende irdische Daseinsmodalität. Andererseits kann der Begriff σῶμα auch der Bezeichnung von Kongruenz dienen. In Röm 8,23 bezieht Paulus sich auf eine Erlösung des Leibes (ἀπολύτρωσις τοῦ σώματος; vgl. Röm 7,24). Er differenziert nicht zwischen dem Menschen und seinem Körper, sondern denkt beides im Hinblick auf das Heilsgeschehen zusammen. Der Mensch wird mit seinem Körper identifiziert, so dass Paulus sagen kann, dass er in oder mit seinem Körper erlöst wird (vgl. auch Röm 8,11).[127]

In 1Kor 15 geht es auch um das Problem der Modalität von Auferstehung. Dabei muss Paulus zwischen jüdisch und hellenistisch geprägten anthropologischen Vorstellungen vermitteln (s.u. Kap. VI.1. 1). Die leibliche Auferstehung von den Toten ist offenbar für die Empfängergemeinde eine problematische Vorstellung. Paulus bietet eine Kompromisslösung an, indem er zwar die Diskontinuität von Himmlischem und Irdischem, Geistlichem und Natürlichem (vgl. 1Kor 15,40–50) betont. Hiermit knüpft er stärker an hellenistische

---

[126]   Vgl. zu dieser Bedeutung SELLIN, Leiblichkeit 338: „Σῶμα ist der Mensch als lebendiges Wesen in kommunikativen Beziehungen. Wenn diese Beziehungen sich in einer strukturierten Ordnung befinden, kann der Begriff σῶμα auf höherer Ebene metaphorisch eine gesellschaftliche Größe [...] bezeichnen. Der Leib des menschlichen Individuums wird dann zum Bildspender für ein Kollektiv. Auch wenn Paulus in 1Kor 12 diese Metaphorik verwendet, beherrscht sein Menschenbild jedoch der Begriff des individuellen Leibes: der ‚Person' und ihrer Kommunikationsfähigkeit, oder genauer, ihres unvermeidbaren Zwanges zur Kommunikation. Wenn der Leib dabei vom Pneuma bestimmt wird, besteht die Kommunikation in der Liebe."

[127]   Siehe dazu REINMUTH, Anthropologie 233: Für Paulus „trägt die Existenz des Erlösten die Signatur der Leiblichkeit [...]. Sie ist leibliche Wirklichkeit [...] Paulus spricht aber von der Erlösung des Leibes. Er meint damit nicht eine vom Ich abstrahierte Erlösung der Körperlichkeit, sondern er meint diese Erlösung so, dass das Ich und der Leib nicht zu trennen sind. Der Leib ist die Lebensform des Ich; das Ich existiert leiblich." Vgl. die klassische Definition von σῶμα als Bezeichnung des Menschen, sofern er ein Selbstverhältnis hat bei BULTMANN, Theologie 196: Der Mensch „heißt σῶμα, sofern er sich selbst zum Objekt seines Tuns machen kann oder sich selbst als Subjekt eines Geschehens, eines Erleidens erfährt. Er kann also σῶμα genannt werden, sofern er ein Verhältnis zu sich selbst hat, sich in gewisser Weise von sich selbst distanzieren kann [...]."

Vorstellungen an. Zugleich bindet er aber die Gegensätze in Kontinuität aneinander durch das Wort σῶμα (vgl. 1Kor 15,44). Dadurch bleibt Paulus einer Denkmöglichkeit jüdischer Auferstehungsvorstellungen verpflichtet (vgl. z.B. Ez 37,12^{LXX}: ἰδοὺ ἐγὼ ἀνοίγω ὑμῶν τὰ μνήματα καὶ ἀνάξω ὑμᾶς ἐκ τῶν μνημάτων ὑμῶν καὶ εἰσάξω ὑμᾶς εἰς τὴν γῆν τοῦ Ἰσραήλ; ferner Hi 14,13; 19,25–27; Jes 25,8; 26,19; syrBar 49,2ff.).[128] Wie in Röm 8,23 dient die Vorstellung des Leibes also der Bezeichnung von Identität des Auferstandenen (vgl. zum Aspekt der Identität zwischen Mensch und dessen σῶμα auch 1Kor 6,12–20).[129] Diese Bemerkungen zum paulinischen Verständnis von Körperlichkeit sind nicht mehr als Schlaglichter, da eine Vertiefung an dieser Stelle vom eigentlichen Thema abführen würde.

Während Paulus den Begriff σῶμα also höchst unterschiedlich verwendet, lässt der Epheserbrief den Aspekt der Differenzerfahrung von Körperlichkeit außer Acht. Σῶμα ist ausschließlich positiv konnotiert und verweist auf Analogieerfahrung (vgl. Eph 1,23; 2,16; 4,4.12.16; 5,23.28.30). In 1,22; 4,12.16; 5,23.30 bezieht sich σῶμα ausdrücklich auf den Leib Christi. Besonders aufschlussreich für das Verständnis von 2,16 ist 5,28. Nur hier (und in Eph 4,4) wird σῶμα verwendet, ohne auf den Leib Christi bezogen zu sein. In 5,28 setzt der Verfasser explizit σῶμα und personale Integrität gleich. Zuerst werden die Frauen der Männer (τὰς ἑαυτῶν γυναῖκας) mit den Körpern der Männer (τὰ ἑαυτῶν σώματα) korreliert (ὡς). Die Frau des Mannes (τὴν ἑαυτοῦ γυναῖκα) wird anschließend mit dem Mann selbst (ἑαυτόν) gleichgesetzt. Der Körper des Mannes wird auf diese Weise identisch mit ihm selbst vorgestellt. Das bedeutet nicht, dass der Mensch nur Körper ist. Sein Körper ist aber sichtbarer Ausdruck seiner kommunikativen Personalität innerhalb des thematisierten Sozialgefüges der Ehe. Es geht ja nicht einfach um Leiblichkeit, sondern wie das Stichwort ἀγαπᾶν in Analogie zur Liebe Christi zeigt, um die umfassende Liebe zum ganzen Geschöpf. Innerhalb dieser Kommunikationssituation der ‚Liebe‘ dient die σῶμα-Metapher zur Bezeichnung der Identität des Partners. Ähnliches gilt in 5,29f. für den Begriff σάρξ. Auch hier ist nicht allein die Körperlichkeit des Menschen im Blick (vgl. auch ἐκτρέφει καὶ θάλπει), sondern die Analogie zu Christi Handeln an der ἐκκλησία weist erneut auf ein umfassendes Verständnis von ‚Ernähren‘ und ‚Pflegen‘. Das folgende Zitat von Gen 2,24 unter-

---

[128] Vgl. zu unterschiedlich ausgeprägten Vorstellungen innerhalb des zeitgenössischen Judentums STEMBERGER, Leib der Auferstehung.
[129] Vgl. zu dieser Bedeutung von σῶμα SELLIN, Leiblichkeit 337: „Warum behält Paulus den Begriff σῶμα auch für die postmortale Existenz bei? Das spricht für ein zentrales Interesse an der *Leiblichkeit*, die auch für das Leben im Gottesreich eine wichtige Rolle spielt. Zwar sind im Gottesreich Hoffnung und Glaube nicht mehr nötig [...], doch es bleibt das größte Charisma, die Liebe, gerade auch im Gottesreich bestehen. Liebe aber ist grundsätzlich kommunikativ und insofern ‚leiblich‘."

streicht den Mehrwert der Bedeutung von σάρξ über ‚Fleisch' hinaus. Wenn Mann und Frau ein Fleisch werden, ist dies als metaphorische Konzeptualisierung ihrer neuen gemeinsamen Identität zu verstehen. Die Formulierung οἱ δύο εἰς σάρκα μίαν nimmt das Zwei-Zu-Einem-Schema aus Eph 2,14–18 auf (vgl. V. 15 τοὺς δύο εἰς ἕνα καινὸν ἄνθρωπον; V. 16 τοὺς ἀμφοτέρους ἐν ἑνὶ σώματι). Dass es sich um ein Zitat handelt, ändert nichts an der Bezugnahme. Der Verfasser hat den Satz planvoll aufgenommen und verfolgt mit ihm eine eigene Intention. Der jetzige Kontext im Epheserbrief ist sinnkonstituierend. Zu der Verbindung passt die folgende Deutung des Verfassers (ἐγὼ δὲ λέγω) εἰς Χριστὸν καὶ εἰς τὴν ἐκκλησίαν. Die Nebeneinanderstellung ohne weitere Erläuterung oder Verhältnisbestimmung im Sinne der Leib-Christi-Metapher knüpft vor dem Hintergrund zu Einheit transformierter Zweiheit an die Schaffung des einen neuen Menschen durch Christus an. Der neue Mensch wird dort allerdings noch nicht explizit als ἐκκλησία bezeichnet.

Die konkrete Erfahrung von Leiblichkeit dient der Metaphorisierung der abstrakten Vorstellung ‚Identität' im Sinne von ‚kommunikativer Personalität'. In Eph 2,15f. soll dieser Aspekt vom neu gewordenen Sozialgefüge der Christen ausgesagt werden. Es geht damit um die kollektive Identität der Christen.

d) Zusammenfassung

Dass es sich in Eph 2,15f. um metaphorische Konzeptualisierung von *Geschichte* einer kollektiven Größe handelt, ergibt sich noch nicht allein aus der Organismus-Metapher. Das Subkonzept ‚Geschichte' wird erst durch die Metapher eines *zusammengesetzten* Organismus konzeptualisiert. Von hier aus erklärt sich die Inkongruenz der Organismus-Metapher sowohl bei Polybios als auch im Epheserbrief. Sie besteht darin, dass der Mensch oder Leib durch Zusammensetzung zuvor disparater Einzelteile entsteht. Dadurch wird ein entscheidender Aspekt zum Ausdruck gebracht. Denn durch die Integration der zuvor getrennten Gruppen von Juden und Heiden inkorporiert der neue Mensch zugleich Vergangenheit. Er ist dadurch speziell als historische Größe zu verstehen.

Die Annahme, dass der Verfasser des Epheserbriefs die genannten Polybios-Texte gekannt hat, ist nicht erforderlich. Ein direktes Abhängigkeitsverhältnis muss nicht zwingend bestehen. Dass die Metapher eines einheitlichen neu zusammengesetzten Organismus in beiden Texten verwendet wird, ist dadurch bedingt, dass im Kontext einer geschichtlichen Darstellung jeweils die Zielbereiche ‚Einheit' und ‚kollektive Identität' konzeptualisiert werden. Das Zusammensetzen des neuen Organismus deutet der Verfasser des Epheserbriefs speziell als Versöhnung von Juden und Heiden.

2.1.3 ‚Versöhnung der beiden' (Eph 2,16)

Das Verständnis von Versöhnung in Eph 2,16 ist mit der Konzeptualisierung von frühchristlicher Geschichte durch die Organismusmetapher kohärent, insofern es auch hier um eine Aussage über die vergangene Entstehung der Kirche geht. Das verdeutlichen zwei wesentliche Besonderheiten, die das Versöhnungskonzept gegenüber dem paulinischen Gebrauch wie dem des Kolosserbriefs aufweist. Zum einen verlagert der Epheserbrief die Konzentration von Gott auf Christus.[130] Zum anderen ist das καταλλάσσω-Konzept bei Paulus auf die Relation zwischen Mensch und Gott bezogen (vgl. Röm 5,10f.; 11,15; 2Kor 5,18–20)[131] und im Kolosserbrief insbesondere kosmisch verstanden (vgl. Kol 1,20.22)[132]. In Eph 2,16 hat ἀποκαταλλάσσω dagegen vorrangig soziale Konnotation. Der Blickwinkel liegt auf dem ekklesiologischen Aspekt der beiden Gruppen. Es geht nicht in erster Linie um die Versöhnung mit Gott[133], wenngleich dieser religiöse Aspekt nicht ausdrücklich ausgeschlossen wird.[134] Dies ergibt sich logisch aus dem Zusammenhang.

1. Die Gegenbegriffe (ἀπηλλοτριωμένοι, ξένοι, μεσότοιχον, ἔχθρα, δύο), die Versöhnung erst erfordern, bezeichnen sozio-politische Gespaltenheit. Keiner dieser Begriffe bezieht sich auf ein verfeindetes Verhältnis zwischen Gott und Mensch. Es ist somit vom Text her unlogisch, die Versöhnungsidee hierauf zu beziehen. Wenn überhaupt, könnte aus vorliegendem Kontext heraus eine Verhältnisstörung nur zwischen Heiden und Gott geltend gemacht werden. Die καταλλαγή betrifft aber betont sowohl Heiden als auch Juden (τοὺς ἀμφοτέρους; vgl. 2,16). Die Notwendigkeit einer Versöhnung zwischen Juden und Gott (vgl. Röm 1–3) ist im Epheserbrief nicht explizit (vgl. 2,18: ἔχομεν τὴν προσαγωγὴν οἱ ἀμφότεροι; vgl. auch 3,1) thematisiert.

---

[130] Vgl. SCHNACKENBURG, Epheser 117: „Für Paulus geht die Versöhnung immer von Gott aus (2Kor 5,18f.; Röm 5,10f.), und auch Kol hält diese theozentrische Sicht bei." Zu Eph 1,3–14 vgl. o. Kap. II.1.

[131] Wenngleich auch der gemeinschaftsstiftende Charakter der Versöhnung bei Paulus anklingen mag, siehe dazu GESE, Vermächtnis 140.

[132] Siehe dazu WOLTER, Kolosser 86: „Versöhnt wird [...] alles, was im Kosmos [...] wider einander streitet [...] Dieses Weltbild entspricht einer vor allem in hellenistischer Zeit weit verbreiteten Vorstellung, derzufolge die Elemente und Kräfte der Welt sich in einem permanenten Konfliktzustand miteinander befinden." Mit Bezug auf BREYTENBACH, Versöhnung 46–83, sieht Wolter deshalb die politische und zwischenmenschliche Verwendung ‚versöhnen' im Hintergrund; vgl. auch τὰ πάντα in Kol 1,16.

[133] Dazu gibt es zahlreiche fundierte Gegenpositionen, vgl. exemplarisch SELLIN, Epheser 223: „Doch geht es nun nicht um die Versöhnung dieser beiden untereinander, sondern um die Versöhnung beider mit Gott"; vgl. ferner für Paulus (2Kor 5,18–21): HOFIUS, Wort von der Versöhnung.

[134] Vgl. vermittelnd SCHNACKENBURG, Epheser 116f; vgl. ferner BERGER, Theologiegeschichte 447.463f.

2. Wenn das Problem im Ausschluss der Heiden vom Privilegien-status der Juden bestand (VV. 11–13), so wird diese Differenz durch die Beseitigung des νόμος aufgelöst. Der jeweilige Status gegenüber Gott bzw. seinen Verheißungen (vgl. ἐπαγγελία in V. 12) wird dadurch angeglichen. Καταλλάσσειν liegt folglich in der Bedeutung ‚ausgleichen‘ vor.[135] Die Übersetzung des ersten Teils von V. 16 lautet demnach: „damit er die beiden einander rechtlich angleiche in einem Leib.“

Es bleibt die Bedeutung des Dativs τῷ θεῷ zu klären, der also nicht direkt zur Verbalaussage im Sinne von ‚versöhnen mit‘ zu zählen ist. Es handelt sich um einen *dativus respectus*[136]. Er gibt an, in welcher Hinsicht oder Beziehung die übergeordnete Verbalaussage zu verstehen ist. Der Sinn ist demnach folgender. Die beiden sind einander angeglichen in Bezug auf Gott, d.h. in ihrem Gottesverhältnis. Ihr Status ist ausgeglichen. Die Vorstellung nimmt V. 18 wieder auf. Es finden sich auch hier die Elemente ‚die beiden‘, ‚die Ein(s)heit (der eine Geist)‘, ‚Gott‘ (als der Vater) und eine ‚διά-Aussage‘. Dieser Vers versichert noch einmal, dass Heiden nunmehr denselben Status haben wie die Juden in Bezug auf ihr Gottesverhältnis, das hier als ‚Zugang‘ metaphorisiert wird. Der Aspekt des Rechtsangleiches zeigt sich wiederum durch das betonte ἀμφότεροι. Nicht mehr nur die Juden haben Zugang zum Vater, sondern nunmehr Heiden und Juden in ihrer neuen Korporation gleichermaßen. Allein diese Deutung löst die Problemstellung der VV. 11–13 und ist kohärent mit dem Kontext. Der Dativ τῷ θεῷ gibt den theologischen Bezugsrahmen an, vor dem die Aussage zu verstehen ist. Die beiden Modifikationen des καταλλάσσω-Konzeptes hängen also unmittelbar zusammen. Weil es nicht eigentlich um eine Versöhnung mit Gott geht, ist er auch nicht Hauptakteur der Aussage. Gott ist vielmehr Bezugsgröße eines durch Christus geschaffenen Statusausgleichs.

Der skizzierte philologische Befund des Epheserbriefs knüpft an die traditionsgeschichtliche Wurzel der καταλλάσσειν-Vorstellung in politischer Terminologie des hellenistischen bzw. kaiserzeitlichen Griechisch an.[137] Dort beziehen sich weder καταλλάσσειν κτλ. noch διαλλάττειν κτλ. auf das Verhältnis zwischen Mensch und Gott. Ein religiös-kultischer Bezug ist nicht im Blick[138], sondern immer referieren diese Wortfelder auf die Aufhebung eines Kriegszustandes, sei es im politisch-militärischen Bereich[139], sei es in Bezug auf die Aussöh-

---

[135]   Vgl. zur Bedeutung ‚ausgleichen‘ von καταλλάσσω: MENGE/GÜTHLING, Wörterbuch καταλλάσσω 370.
[136]   Vgl. BDR §197.
[137]   Vgl. BREYTENBACH, Versöhnung 220.
[138]   Vgl. ebd. 64.
[139]   Siehe dazu die ebd. 66, angegebenen Texte: Plutarch, Mor. 222d; 763e; Marcellus 23,6; Dio v. Prusa, Or. 38; Aelius Aristides, Pan. Or. 371.

nung eines individuellen oder familiären Zerwürfnisses[140]. Beides kann auch miteinander vermischt sein.

Inwiefern durch die Verbindung dieses Versöhnungskonzeptes mit dem Kreuzesgeschehen die Kirche im Epheserbrief eine soteriologische Bedeutung erfährt, wird im Vergleich mit paulinischen Rechtfertigungs- und Kreuzesaussagen in Kapitel VI gezeigt. Zunächst soll der Bedeutung von Blut, Fleisch und Kreuz im Kontext von Eph 2,14–18 nachgegangen werden.

2.1.4 ,In seinem Blut'/,in seinem Fleisch'/,durch das Kreuz' (Eph 2,13.14.16)

Die Wendung ἐν τῷ αἵματι (V. 13) korrespondiert mit ἐν τῇ σαρκί (V. 14). Die Begriffe bezeichnen zunächst metonymisch die menschliche Kreatürlichkeit Christi im Sinne der jüdischen Wendung σὰρξ καὶ αἷμα, die im Neuen Testament aufgenommen wird.[141]

Ἐν τῷ αἵματι und ἐν τῇ σαρκί sind von hier aus wiederum Metonymien für den Tod Jesu am Kreuz[142] bzw. den Leib, der am Kreuz zu Tode kommt. Das zeigt insbesondere die kontextuelle Verknüpfung durch das zusammenfassende διὰ τοῦ σταυροῦ in V. 16. Diese Verbindung ist aber nicht im Sinne eines ,Blutvergießens' am Kreuz zu verstehen.[143] Die Erwähnung des Blutes sowie die Erwähnung des Fleisches weisen als Bezeichnung des physischen Leibes Jesu im Zusammenspiel mit der abschließenden Nennung des Kreuzes vielmehr auf den körperlichen Tod durch Kreuzesstrafe hin. ,Kreuz' bezeichnet hier zunächst wie an allen anderen neutestamentlichen Stellen das antike, speziell römische Hinrichtungsmittel.[144] Ist damit also an das historische Ereignis des Todes Jesu am Kreuz erinnert, stellt sich aber die Frage, welche Bedeutung dem Hinweis auf ,Blut', ,Fleisch' und ,Kreuz' darüber hinaus zukommt. Dass ,Kreuz' als Chiffre verwendet ist, zeigt sich bereits daran, dass V. 16 nicht zu paraphrasieren ist als

---

[140] Siehe dazu die BREYTENBACH, Versöhnung 66, angegebenen Texte: Plutarch, Mor. 823a; 179c; 156f; Epiktet, Diss. I 15,5; Philostrat, Soph. 534.

[141] Vgl. zur „zusammenfassenden Bezeichnung des Menschen nach den Bestandteilen seines Körpers als σὰρξ καὶ αἷμα" in jüdischer und neutestamentlicher Literatur: BEHM, αἷμα 171; SCHWEIZER, σάρξ 109; 128; vgl. die dort angegebenen Texte: Sir 14,18; 17,31; Sap 12,5: Gal 1,16; Mt 16,17; 1Kor 15,50; siehe v.a. auch Eph 6,12.

[142] Vgl. MERKLEIN, Christus und die Kirche 32f.; SCHNACKENBURG, Epheser 115; GNILKA, Epheser 141; LINCOLN, Ephesians 142. Für SCHLIER, Epheser 125, bleibt unklar, ob daneben ein Bezug auf die Menschwerdung Christi im Sinne von Röm 8,3; Gal 4,4 vorliegt.

[143] So aber z.B. SCHNACKENBURG, Epheser 115: „Die Erinnerung an das blutige Kreuzesgeschehen wird gewahrt [...]". Der Kreuzestod muss sich nicht blutig vollziehen. Siehe dazu KUHN, σταυρός 645: „die Kreuzesstrafe war keine speziell blutige Todesart"; vgl. auch DERS., Kreuzesstrafe 695f.; v.a. gegen HENGEL, Mors turpissima crucis 144.

[144] Siehe KUHN, σταυρός 640.

„Versöhnung durch das antike Hinrichtungsmittel ‚Kreuz'".[145] In Kapitel VI.2.1. soll danach gefragt, welcher Sachverhalt hier durch ‚Kreuz' und die damit korrelierten Begriffe ‚Fleisch' und ‚Blut' bezeichnet ist[146], und warum der Tod Jesu in Eph 2 speziell als *Kreuzestod* verstanden wird. Auch für die paulinischen Briefe ist diese Frage von entscheidender Bedeutung. Denn nur in wenigen Zusammenhängen, in denen Paulus vom Tod Jesu spricht, handelt es sich dabei dezidiert um den Kreuzestod.[147]

Für die Interpretation von Eph 2,14–18 ist in Bezug auf das Thema Zeit zusammenzufassen, dass der Verfasser durch die Metapher des neu geschaffenen Organismus Geschichte konzeptualisiert. Die Metaphern des Gesetzeszaunes, der Versöhnung von Juden und Heiden vor Gott sowie des Kreuzes unter Bezug auf Blut und Fleisch haben die Funktion, die Geschichte speziell als historischen Anfang des Christentums auszuweisen. In dieser ekklesiologischen Lesart des Abschnitts sind alle Einzelmetaphern miteinander kohärent. Geht es also in Eph 2,14–18 um die metaphorische Konzeptualisierung der innerhalb chronometrisch-historischer Zeitstrukturen entstandenen christlichen ἐκκλησία als kollektive Identität, so konzeptualisiert die Bauwerks- und Wachstumsmetaphorik in Eph 2,19–22 auf dieser Basis monumentale Zeitstrukturen.

---

[145] Zu diesem ‚Test' siehe: KUHN, Jesus als Gekreuzigter 29.

[146] Abzulehnen, weil ohne erkennbaren Anhalt im Text, sind Deutungen, denen zufolge die Begriffe Anklänge an gnostische Vorstellungen von der im Erlösungsgeschehen unterworfenen Materie bilden (so POKORNÝ, Epheserbrief und gnostische Mysterien 182f.; vgl. auch KÄSEMANN, Leib und Leib Christi 141: „Die Sarx ist also wirklich in einer bestimmten Gnosis der böse Aion schlechthin gewesen. Als solcher steht sie im Hintergrund der Paulinen und, besonders deutlich, der Deuteropaulinen"; ein solcher kosmischer Bezug ist aber in Eph 2,14–18 nicht erkennbar), oder an soteriologische Modelle wie Fleisch-Geist-Dualismus (so aber FAUST, Pax 79ff., der über Kol 1,20.22; 2,11 in Eph 2,16 die soteriologische Wirkung des Kreuzesgeschehens in Entweltlichung und Ablegung der sarkischen Existenz sieht im Sinne hellenistisch-jüdischer Anthropologie, wie Philo sie überliefert; der Hinweis auf Jesu Kreuzestod wird verstanden im Sinne eines typologischen Überwindens der leiblichen Existenz; Faust rückbezieht diese Schlüsse auf die Beschneidungsmetaphorik in Kol 2,11 [vgl. 82]; von einem ‚Ausziehen' des sündigen Wesens wie in Kol 2,11 ist aber in Eph 2,11ff. in keiner Hinsicht die Rede), oder an spiritualisierte Opferterminologie (so aber SELLIN, Epheser 223–225, der die Bedeutung des Opferkultes über Ex 24,6–8; Lev 17,11 und v.a. Hebr 9–10 einholt, dann auch weiterhin über die Herrenmahltradition [Mk 14,14 parr.; 1Kor 11,25]; kultische Konnotation entsteht in der Abendmahlstradition durch die Verbindung der ὑπέρ-Wendung mit Christi Blut. Hebr 8–10 stellt eine Entfaltung dieser Tradition dar, wenngleich die ὑπέρ-Wendung nicht verwendet wird [vgl. aber Hebr 9,20.26.28]; in Eph 2,11ff. fehlen sowohl vergleichbare Anklänge bzw. Ausführungen der Abendmahltradition als auch die ὑπέρ-Formulierung).

[147] Siehe z.B. WOLTER, „Dumm und skandalös" 45: „[D]ie Rede vom *Kreuz* Jesu bei Paulus [weist] einen deutlichen Bedeutungsüberschuss gegenüber der Rede von seinem Tod auf [...]."

2.2 Eph 2,19–22: Metaphorische Konzeptualisierung monumentaler Zeitstrukturen

Die christliche Identität, die ihren metaphorischen Ausdruck im σῶμα des neuen ἄνθρωπος findet, ist auf Zukunft und Dauer hin angelegt. Die Bauwerksmetaphorik in Eph 2,19–22 konzeptualisiert einen geschichtlichen Anfang, der im und gegen den Fortlauf der Zeit bestehen bleibt.

2.2.1 Zum Verhältnis der Bauwerks- und Wachstumsmetaphorik

In Eph 2,19–22 werden Bauwerks- und Wachstumsmetaphorik miteinander verknüpft. Der in dieser Verbindung enthaltene Gegensatz ist wichtiges Element des monumentalisierenden Zeitmodells. Dieses soll im Folgenden herausgearbeitet werden. Ausgangsbasis wird der Vergleich mit traditionsgeschichtlich nahe stehenden Texten sein. Dem ist eine semantische Analyse der VV. 19–22 voranzuschicken.

V. 19 hat vorbereitende und verbindende Funktion. Er nimmt den Gegensatz von ποτέ-νῦν aus VV. 11–13 modifiziert in οὐκέτι-ἀλλά wieder auf. Es geht also nicht mehr explizit um die Zeitebene des Einst-Jetzt-Schemas, aber dieses bietet die Verständnisfolie für das Folgende. Mit ξένοι καὶ πάροικοι und συμπολῖται knüpft der Vers an die sozio-politische Semantik aus V. 12 an. πάροικοι wie οἰκεῖοι leiten schon die zahlreichen οἰκ-Derivate der VV. 20–22 ein. Die Verben des Abschnitts entstammen den Bereichen Bauwerk (V. 20 ἐποικοδομέω; V. 21 συναρμολογέω; V. 22 συνοικοδομέω) und Wachstum (V. 21 αὐξάνω). Verbindende Elemente zu den vorher zentralen Verben sind die Aspekte ‚Bewegung‘ und hiermit verbunden ‚Orientierung im Raum‘. Der Unterschied liegt darin, dass es nicht mehr um horizontale Fortbewegung im Raum geht (Orientierung durch ‚hinten – vorne‘; ‚fern – nah‘), sondern um vertikale Aufwärtsbewegung (Orientierung durch ‚oben‘ – ‚unten‘).

Die Bauwerksmetapher setzt sich aus folgenden Einzelelementen zusammen: Die Adressaten des Briefes wurden bzw. werden aufgebaut (ἐποικοδομηθέντες, V. 20; vgl. συνοικοδομεῖσθε, V. 22). Daraus leitet sich im Kontext die Vorstellung von Bausteinen ab. „Apostel und Propheten" bilden das Fundament (θεμέλιον, V. 20), Jesus Christus ist als Eck-/Schlussstein prädiziert (ἀκρογωνιαῖος, V. 20; vgl. Jes 28,16). Die einzelnen Bestandteile werden zusammengefasst in οἰκοδομή, welche durch den ἀκρογωνιαῖος zusammengehalten wird (vgl. συναρμολογουμένη, V. 21). In συναρμολογέω ist ἁρμός, Fuge, enthalten. Damit ist ein weiteres Detail des Bauwerks angesprochen. Tempelmetaphorik (vgl. ναὸς ἅγιος, V. 21; κατοικητήριον τοῦ θεοῦ, V. 22; vgl. Ex 15,17; 3Reg 8,13; Ps 75,3 [jew. LXX])[148] präzisiert die Baumetaphorik.

---

[148] Vgl. dazu KREITZER, Hierapolis 107–132.

Enger Zusammenhang besteht in der urchristlichen Tradition v.a. mit 1Kor 3,9–12.16. Weniger stark sind die terminologischen Berührungspunkte zu Kol 2,7.19. 1Petr 2,3–6 weist zwar stärkere Ähnlichkeiten auf (vgl. V. 5 οἰκοδομέω, οἶκος, V. 6 ἀκρογωνιαῖος, V. 4f. λίθος), die Kenntnis dieses Briefes ist aber keineswegs vorauszusetzen. Eine sichere Kenntnis ist nur für den Kolosserbrief anzunehmen, für den 1. Korintherbrief ist sie wahrscheinlich[149]. Daneben stehen traditionsgeschichtlich Texte aus Qumran, der Popularphilosophie des hellenistischen Bereiches sowie aus dem Hirt des Hermas nahe (vgl. dazu Herm Vis 3,2,3b–3,3,1a; Herm Sim 9,3,1–9,16,7[150]).

Der Vergleich mit den beiden wichtigsten Traditionsbereichen (Qumran und 1Kor 3) lässt zentrale Eigenarten der Metaphorik im Epheserbrief hervortreten. In Qumrantexten kann die *communitas* als Haus oder Tempel beschrieben werden (vgl. z.B. 1QS VIII,7–9; IX,5f. in den folgenden Zusammenhängen wird das ‚Fundament‘ mit erwähnt: XI,7–9; 1QH XIV [VI],24–28; XV [VII],8f.). 1QS VIII,7 und 1QH XIV (VI),26f. nennen auch den ‚Eckstein‘ aus Jes 28,16.[151] Der Kontext der Tempelmetaphorik ist allerdings ein anderer als in Eph 2,19–22. Das Bild der Qumrangemeinschaft als Bau oder Tempel steht im ethischen Spannungsfeld von Gerechtigkeit und Gott wohlgefälligem Wandel einerseits und Gottlosigkeit und Frevel andererseits. Vor diesem Hintergrund dient das Bauwerk in erster Linie der Abgrenzung der von Gott erwählten Heiligen von den Ruchlosen. Dabei spielt der Aspekt der Absonderung (vgl. z.B. 1QS VIII,11 יִבְדְּלוּ; 1QS IX,5 יַבְדִּילוּ; 1QH XV [VII],12 הַבְדִּיל) und des Schutzes (vgl. 1QH XV [VII],8 כְּחוֹמָה עוֹז כְּמִגְדָּל; 1QH XIV [VI],27 דַּלְתֵי מָגֵן; 28 עוֹז וּבְרִיחֵי) eine zentrale Rolle. Mauern und Türme heben ihn ausdrücklich hervor. Ihre Stabilität wie Kolossalität haben trennende Funktion nach außen. Es handelt sich um ein ethisches Bollwerk gegen Verunreinigung. Anders geht es im Epheserbrief, wo die Gemeinde als Bau prädiziert wird, um eine Integrationsleistung nach innen. Das Bauwerk hält zusammen, was im Laufe der Zeit auseinanderdriften könnte. Dabei sind nicht ethische Normen im Blick, sondern ethnokulturelle Provenienzen.

Zudem fehlen konstitutive Elemente des Zusammenhanges in Eph 2,19–22 wie v.a. die Vorstellungen des ‚Aufbaus‘ sowie des ‚Wohnens‘ Gottes. Deshalb ist aber nicht auf die alte These einer „Spiritualisierung des Tempelbegriffs" zurückzugreifen.[152] Die „Vergeistigung der Kultusbegriffe" versteht H. Wenschkewitz als fromme Ersatz- oder Alternativleistung im Unterschied zu kultischer Ausübung. Religiöse Praktiken (z.B. Opfer) vollziehen sich nunmehr innerhalb des einzelnen Menschen. Wesentlich ist dabei „eine gebrochene Stellung"[153] zum Kultus. Spiritualisierung, in der kultisches Handeln in den Geist oder die Seele des Menschen verlagert wird, schließt ein, dass rituelle Vorstellungen in den Bereich des Sittlichen und Ethischen geraten.[154] Für einen solchen Verstehenshintergrund oder

---

[149] Vgl. dazu Gese, Vermächtnis 65f.; 74.

[150] Siehe Brox, Hirt des Hermas 526–528; 549–551, zur Kirche als „Baustelle" und zum Bild vom „Wohnen" im Hirt des Hermas.

[151] Siehe dazu Mussner, Beiträge aus Qumran 191–194; Smith, Jewish and Greek traditions 162–168; 179–186; Klinzing, Umdeutung des Kultus 184–191.

[152] So aber Faust, Pax 202f., in Anlehnung an die Arbeit von Wenschkewitz, Spiritualisierung.

[153] Ebd. 9.

[154] Das gilt auch für die von Faust, Pax 203f., angeführten Philo-Texte.

Verinnerlichung gottesdienstlicher Elemente gibt es im Epheserbrief keinerlei Hinweise.[155] Die Wendung ἐν πνεύματι (V. 22) kann nicht als Anhaltspunkt dienen. Hiermit ist ja nicht die Innerlichkeit des Einzelnen (oder auch kollektiv der Gruppe) bezeichnet, sondern eine Wirkkraft auf Seiten Gottes bzw. Christi.[156] Wie gezeigt werden soll, geht es in Eph 2,19–22 demgegenüber vorrangig um die Metaphorisierung zentraler Merkmale von Tempelarchitektur, die sich als konsistente Elemente antiker Tempelvorstellungen begreifen lassen.

Die in den Qumrantexten fehlende Vorstellung vom ‚Aufbauen‘ auf dem Fundament findet sich dagegen in 1Kor 3,10ff. Der Hintergrund dieser Metaphorik ist in philosophischen Belehrungstexten beispielsweise der Stoa (vgl. Epiktet, Diss. II 15,8) zu sehen und vermittelt sich durch das hellenistische Judentum.[157]

In Bezug auf 1Kor 3 treten wichtige Veränderungen bezüglich der geschichtlichen Einordnung des Epheserbriefs hervor. In 1Kor 3,11 ist Jesus Christus das Fundament, das Paulus als Architekt gelegt hat. Was dann auf dem Fundament aufgebaut wird, ist zunächst nicht – wie im Epheserbrief – die Gemeinde, sondern die missionarische Aktivität der Apostel (hier die des Apollos). In Eph 2,20 sind Apostel und Propheten, zu denen auch Paulus zu rechnen ist, der Grund des Gebäudes. Mit den Propheten sind keine alttestamentlichen Propheten gemeint (vgl. Eph 3,5)[158], sondern Verkündiger des Evangeliums, die neben den Aposteln zur Zeit der frühen Kirche agierten[159] (vgl. Apg 11,27; 13,1; 15,32; 21,10; 1Kor 12,28f.; 14,29.32.37). Auf diesem Fundament sind die Adressaten wie Steine aufgebaut. Die Modifikation des Epheserbriefs ist der veränderten historischen Situation geschuldet. Paulus versteht seine Zeit in endzeitlichen Kategorien. Er stellt die Bauwerksmetaphorik in den Kontext von Gerichtsvorstellungen. Was der Einzelne auf das Fundament baut, interpretiert Paulus im Spannungsfeld von Beständigkeit und Vernichtung. Am Tag des Gerichts, das hier nur für die Christen gedacht ist, wird sich die Qualität der missionarischen Werke (vgl. 1Kor 3,12) durch Feuerprobe erweisen.[160] Die Gerichtsvorstellung in 1Kor 3,13–15.17 hat warnende und

---

[155] WENSCHKEWITZ, Spiritualisierung 114, selbst räumt ein, dass Eph 2,19–22 in seinem Untersuchungszusammenhang „die ausführlichste und zugleich schwierigste Stelle bei Paulus" ist. „An den bisherigen Stellen stand die Anwendung des Tempelbegriffs im Dienste ethischer Mahnung [...] Anders unsere Stelle: Hier steht das Bild vom Tempel im Dienste einer ‚dogmatischen‘, lehrhaften Ausführung [...]."

[156] Das zeigt die Parallelität zwischen ναὸς ἅγιος ἐν κυρίῳ (vgl. V. 21) und κατοικητήριον τοῦ θεοῦ ἐν πνεύματι (V. 22). Auch 1Kor 3,16: Οὐκ οἴδατε ὅτι ναὸς θεοῦ ἐστε καὶ τὸ πνεῦμα τοῦ θεοῦ οἰκεῖ ἐν ὑμῖν, bezieht πνεῦμα in dem Zusammenhang auf Gottes Geist.

[157] Vgl. dazu SELLIN, Epheser 235f, und die hier angegebenen Belege: Philo, Somn. II 8.12.14; Cher. 101; Gig. 30; Conf. 5,87; Her. 116; Mut. 211; Contempl. 34.

[158] Gegen MUSSNER, Christus, das All und die Kirche 108 und v.a. die altkirchliche Auslegungstradition; vgl. die Diskussionsdarstellung bei PFAMMATTER, Kirche als Bau 87–97.

[159] So beispielsweise MERKLEIN, Das kirchliche Amt 142f.; CONZELMANN, Epheser 101; SCHNACKENBURG, Epheser 122f.; GNILKA, Epheser 157.

[160] Vgl. KLAUCK, Kultische Symbolsprache 348f.: „Paulus zeigt sich an dieser Stelle beeinflusst von der jüdischen Erwartung des neuen Tempels der Endzeit (vgl. etwa Jub 1,17) [...] 1Kor 3,17a gehört zu den Sätzen heiligen Rechts, die ein gegenwärtiges Tun mit einer eschatologischen Vergeltung belegen. Das todeswürdige Vergehen ist auf der Bildebene die Schändung des Tempels. Im übertragen

mahnende Funktion gegenüber den Korinthern. Sie sollen ihr Wirken an dem durch Paulus gelegten Fundament orientieren. Der Grund für diese Mahnung ist ein durch Statusstreitigkeiten gekennzeichnetes Fehlverhalten auf Seiten der Korinther, das als solches den durch das Kreuz gesetzten Wertmaßstäben zuwiderläuft.[161]

Anders verhält es sich im Epheserbrief. Wie auch im Zusammenhang mit Rechtfertigung und Kreuz zu beobachten sein wird, löst der Verfasser die Tempelbaumetaphorik aus ihrer Polemik bei Paulus. Während Paulus die Metapher innerhalb seiner Argumentation gegen korinthische Opponenten verwendet, ist eine Ausrichtung gegen gegnerische Positionen im Epheserbrief nicht erkennbar. Der Verfasser entkleidet die Metapher aller drohenden Momente. Insbesondere der eschatologische Bezug fehlt. Die Qualitätsprüfung des Bauwerkes bzw. seines Materials steht nicht in Aussicht, wie auch entsprechend das Werk des einzelnen Gemeindelehrers nicht im Blickfeld liegt. Das Bauwerk im Epheserbrief ist auf uneingeschränkte Dauer angelegt (s.u. Kap. IV.2.2.3).

Die Tempel-Metapher dient dem Verfasser des Epheserbriefs zur historischen Einzeichnung und zugleich Monumentalisierung der Anfänge. Aus Sicht des Epheserbriefs ist die Zeit des Paulus, der Verkündigung der Apostel und Propheten Vergangenheit und so vom Endgeschehen zum Ursprungsgeschehen geworden.[162] Die geschichtliche Situation gegenüber Paulus hat sich verändert.[163] Die Vergangenheit, an die Eph 2,11 ‚erinnert‘, wird in Eph 2,20 – in Gestalt der Apostel und Propheten – fundamentiert. Hierfür kann der Verfasser auf die Metapher vom Tempelbau bei Paulus zurückgreifen, dessen argumentativ-drohenden Charakter er streicht.

Der metaphorische Zusammenhang in Eph 2,19–22 ist nicht einlinig zu erklären, sondern setzt verschiedene Traditionen voraus, und findet sich entsprechend in der vorliegenden Ausgestaltung nur hier. Die spezifische Verbindung von Wachstum und abgeschlossenem Bau-

---

Sinn bedeutet das den spirituellen Schaden, den jemand durch Fehlverhalten und falsches Lehren der Gemeinde zufügt."

[161] Siehe dazu zusammenfassend KONRADT, Gericht und Gemeinde 295: „[I]n dem komplexen Argumentationsgefüge in 1,10–4,21 zeigen sich die Neudefinitionen der Weisheit gegenüber der korinthischen Sicht der σοφία in 1,18–3,4 einerseits und die doppelpoligen Gerichtsaussagen in 3,5–4,5 andererseits als zwei einander ergänzende argumentative Strategien gegen das korinthische Konkurrenzdenken, das die Einheit der Gemeinde zerstört."

[162] Vgl. MERKLEIN, Das kirchliche Amt 139: „Aus den verkündigenden Aposteln sind die ‚verkündigten Apostel‘ geworden, sie sind selbst *Traditionsnorm* [...] Wir befinden uns deutlich in der nachapostolischen Zeit, in der das Problem der Tradition brennend wurde" (Hervorhebung im Original).

[163] Dass es sich bei den Aposteln und Propheten um Größen der Vergangenheit handelt, bestreitet KLEIN, Zwölf Apostel 74; vgl. auch BEST, Body 163f.; FAUST, Pax 207–210.

werk sowie die extensive Verwendung von οἰκ-Bildungen und Nennung zahlreicher Details der Bausemantik (vgl. V. 20 ἐποικοδομέω; θεμέλιον; ἀκρογωνιαῖος; V. 21 οἰκοδομή; συναρμολογέω; V. 22 συνοικοδομέω; κατοικητήριον) geht über die genannten Texte hinaus. Durch diese Elemente schafft der Verfasser des Epheserbriefs eine eigene Aussage.

Um die Bedeutung der Bauwerks- und Wachstumsmetaphorik für die Zeitvorstellung des Epheserbriefs erfassen zu können, ist es wichtig, die Zielbereiche der Metaphorik zu bestimmen. Diese sind bisher nur unzureichend geklärt und explizit auch gar nicht benannt worden. Ihre Bestimmung erfolgt offensichtlich über den Kontext, d.h. als Zielbereich des metaphorisch verwendeten Terminus ‚Fundament' werden die ‚Apostel und Propheten' verstanden, als Zielbereich der ganzen Vorstellungsreihe, die sich neben Aposteln und Propheten aus den Adressaten und Jesus Christus zusammensetzt, die Kirche bzw. die Einheit der Kirche.[164] Solches Verständnis ist aber unvollständig. Zielbereich metaphorischer Konzeptualisierung ist ja nicht ein aus dem Kontext der Metapher ersichtliches Konzept, sondern ein strukturierendes Subkonzept zu einer kontextuellen Vorstellung (s.o. Kap. I.4.1.4.2).

Den Verben der Fortbewegung im Raum der vorherigen Verse vergleichbar hebt die in αὔξει (V. 21) sowie συνοικοδομεῖσθε (V. 22) enthaltene Wachstumsmetaphorik die Subkonzepte ‚Zustandsänderung', ‚Prozesshaftigkeit', ‚Fortschritt', ‚Zielgerichtetheit' hervor. Die Raumorientierung ‚oben – unten' löst ‚vorne – hinten' ab.

Darüber hinaus liegen spezielle, durch die Bauwerksmetaphorik hervorgehobene Aspekte vor. Diese weisen teils erhebliche Inkongruenzen zu den Wachstumsbildern auf. Zwar hat man sich das Bauwerk von eindrucksvoller Größe vorzustellen. Das liegt allerdings nicht daran, dass der Bau bis in den Himmel wachsen würde. Die Eintragung eines explizit ‚himmlischen' Charakters ist ein weit verbreitetes Missverständnis.[165] Obwohl der Verfasser ein ausgeprägtes Interesse an οὐραν-Derivaten hat (vgl. 1,3.10.20; 2,6; 3,10.15; 4,10 6,12), fehlen sie im Kontext des Bauwerks vollständig. Die Deutung auf den Himmel ist wohl auf die Heiligkeits- und Gottes-Terminologie in VV. 19–22 zurückzuführen.[166] Diese erklärt sich aber nicht aus der Be-

---

[164] So generell die Auslegung, vgl. z.B. VIELHAUER, Oikodome 122; SCHNACKENBURG, Epheser 303; LINCOLN, Ephesians 162.

[165] Siehe z.B. LINCOLN, Paradise 150–154: „The Church as the heavenly temple"; SCHNACKENBURG, Epheser 121: „himmlische [...] Welt"; 122: „himmlische[r] Gottesstaat"; die Kirche ist „ein auf ihr himmlisches Ziel hinwachsender Bau." Wo die gnostische Herleitung von Eph 2,19–22 vertreten wird, versteht man das Bauwerk deshalb ohnehin als himmlisch, so z.B. SCHLIER, Epheser 140: „Bau Gottes in den Himmeln", „der himmlische Bau".

[166] Vgl. MUSSNER, Beiträge aus Qumran 194: Im Epheserbrief geht „die Tempelidee eine unlösliche und organische Verbindung mit der Vorstellung der Verbun-

schreibung einer himmlischen Welt. Für τῶν ἁγίων ist ein Bezug auf Engel nicht anzunehmen.[167] Dass Engel in Qumrantexten mit der Gemeinde verbunden sind[168] (vgl. u.a. auch 1Kor 11,10), kann nicht als Argument gelten. Dem steht der paulinische und v.a. der Sprachgebrauch des Epheserbriefs gegenüber (vgl. Eph 1,1.15; 3,8.18; 4,12; 5,3; 6,18).[169] Aus dem Zusammenhang der „drei doppelteilig strukturierten Aussagen v.12b/c; v.15b/16 und v.19b"[170] wird deutlich, dass der Ausdruck auf die Judenchristen zielt. Συμπολῖται τῶν ἁγίων in V. 19b stellt eine relationale Aussage dar wie ἀπηλλοτριωμένοι τῆς πολιτείας τοῦ Ἰσραήλ in V. 12b und nimmt dazu den Begriff πολιτεία wieder auf. Bezugsgröße im Genitiv sind in V. 19b die Judenchristen, die früher Juden (V. 12) waren.[171] Auch die allgemeinchristliche Deutung im Sinne von Eph 1,1[172] muss hinter diesem strukturellen Argument zurückstehen.

Handelt es sich bei den Heiligen in 2,19 also nicht um Engel, so ist auch das Wohnen Gottes kein Hinweis auf einen himmlischen Tempel im Sinne der gnostischen oder der Ableitung aus Qumrantexten. Im Hintergrund der Metapher steht vielmehr die Vorstellung eines Tempels als Gottes irdische Wohnstatt. Κατοικητήριον dient in LXX Ex 15,17; 3Kön 8,13 (A); Ps 75,3 der Bezeichnung des irdischen Zionstempels als Gottes Wohnung auf Erden. Wo κατοικητήριον sich in der Septuaginta auf Gottes *himmlischen* Wohnsitz bezieht, ist dies durch οὐραν- eigens hervorgehoben (vgl. in LXX: 3Kön 8,39.43.49; 2Chr 6,30.33.39; 30,27; Ps 32,14; 3Makk 2,15).

Griechische und römische zeitgenössische Tempel spiegeln in ihrer Architektur die Konzeption eines „Wohnhaus[es] für die Gottheit"[173].

---

denheit der Gemeinde mit der Himmelswelt ein [...] Hier hat man ‚den Zugang zum Vater' und hier ist man schon ‚Mitbürger der Heiligen'."

[167] Gegen beispielsweise MUSSNER, Beiträge aus Qumran 190; GNILKA, Epheser 154; SCHLIER, Epheser 140; LINDEMANN, Aufhebung 183f.; SMITH, Jewish and Greek Traditions 164; WIKENHAUSER, Kirche 160.

[168] Vgl. dazu DAVIDSON, Angels in Qumran 235–254; siehe zu den Texten, zu Engelvorstellungen und zum himmlischen Tempel in Qumran NEWSOM, Sabbath Sacrifice 23–58.

[169] Vgl. SELLIN, Epheser 232f.

[170] FAUST, Pax 192.

[171] So ebd. Siehe auch VIELHAUER, Oikodome 116f. Diese Interpretation stimmt damit überein, dass οἱ ἅγιοι Paulus in Röm 15,25f.31; 1Kor 16,1; 2Kor 8,4; 9,1.12, zur Bezeichnung der Jerusalemer Urgemeinde dient.

[172] So beispielsweise SCHNACKENBURG, Epheser 121; MERKLEIN, Das kirchliche Amt 131f.; LINCOLN, Ephesians 150f.

[173] KLAUCK, Religiöse Umwelt I 37; vgl. auch STEIMLE, Tempel 134: „T. (meist ναός/naos, zu ναίω/naio, ‚wohnen', auch οἶκος/oikos, ‚Haus', u.a.) sind in der griech. Welt in der Regel als Wohnhaus einer Gottheit aufgefaßt, welche im zumeist darin aufgestellten Götterbild ‚Platz genommen' hat"; siehe auch zu ägyptischen Tempelvorstellungen SEIDLMAYER, Tempel 110: „T. wurden als Wohnsitz der Gottheit verstanden, in denen das Kultbild in täglichen Ritualen gespeist und

Die Gottheit wurde im Tempelinneren durch ein Kultbild oder eine Statue vertreten. Dort bewirtete man sie regelmäßig an der τράπεζα. Auf der Basis antiker Tempelkonzeption als Wohnhaus einer Gottheit ist die Aussage der Hausgenossenschaft Gottes im Epheserbrief keinesfalls notwendig auf eine himmlische Gemeinschaft zu beziehen. Das antike Tempelkonzept bietet vielmehr die kultische Grundlage für die Aussage der Wohngemeinschaft, weil der *irdische* Tempel als Wohnung der Gottheit aufgefasst werden kann. Das religiöse rituale Leben von Kultgemeinschaften spielt sich innerhalb der jeweiligen Tempelanlage ab (vgl. v.a. das zentrale Schlachtopfer mit darauf folgendem Opfermahl). Deshalb lässt sich im Hinblick auf religiöse Praxis von ihren Mitgliedern metaphorisch Wohngemeinschaft mit Gott aussagen. Die Aussage οἰκεῖοι τοῦ θεοῦ in Eph 2,19–22 ist also konsistenter Teil der Tempelmetaphorik, die sich aus irdischen Zusammenhängen generiert. Diese wiederum ist Präzisierung der Bauwerksmetaphorik und erklärt sich als solche insgesamt aus einem monumentalisierenden Zeitmodell.

Daraus, dass es sich um einen Tempel handelt, ergibt sich in Eph 2,19–22 die Größe des Gebäudes. Im Vergleich mit architektonischen Erscheinungen wie Wohnhäusern etc. zeichnen Tempel sich als repräsentative Bauformen öffentlichen Lebens gewöhnlich durch ein Übermaß an räumlichem Umfang aus.[174] Ein Teilmerkmal der Bauwerksmetaphorik besteht folglich in seiner Monumentalität. Hiermit ist das Baumaterial korreliert. Es handelt sich um einen Bau aus Stein (vgl. das θεμέλιον sowie den ἀκρογωνιαῖος).[175]

Im Unterschied zu anderen Baumaterialien wie Holz oder Lehm zeichnet sich Stein durch höhere Beständigkeit aus.[176] Ein Bau aus Stein verspricht Beständigkeit und Unveränderlichkeit.[177] In Qumrantexten zielt die Beständigkeits- wie Kolossalitätsmetaphorik des Gemeindebaus auf ethische Festigkeit und damit verbundene strikte Abgrenzung von oder auch Rettung vor sittlicher Unzulänglichkeit. Wie

---

gepflegt wurde; Anknüpfungen der frühen T.-Architektur an Wohnhaus-Grundrisse erklären sich daraus."

[174] Siehe dazu z.B. VON HESBERG, Baukunst; darin: Tempelbauten – Die Tradierung des Rituals 78–107; MÜLLER-WIENER, Bauwesen 139–149.

[175] Zum Zusammenhang zwischen dem Einsetzen großer Tempelbauten und der Notwendigkeit von Steinbrucherschließung vgl. z.B. HÖCKER, Steinbruch 941; MÜLLER-WIENER, Bauwesen 139f.

[176] Siehe dazu auch 1Kor 3,12f.: Im Hinblick auf ihre unterschiedliche Beständigkeit werden Gold, Silber, Edelsteine, Holz, Heu und Stroh als mögliches Baumaterial genannt.

[177] Siehe speziell zur Verwendung unterschiedlicher Materialien in ägyptischer Architektur SIEVERTSEN, Bautechnik 513: „Baukonstruktionen sind hier maßgeblich durch die jeweilige Bestimmung einer Architektur bedingt. Profanbauten mit begrenzter Lebensdauer bestanden aus gebrannten oder ungebrannten Ziegeln, Holz oder Schilf, Sakral- und Funerärbauten, die dauerhaften Bestand haben sollten, hingegen vornehmlich aus Stein."

bei Paulus ist der Aspekt ‚Prüfung' im Blick (vgl. ‚bewährte Steine' in
1QH XIV [VI],26).

Im Epheserbrief zielen Größe, Dauer und Beständigkeit auf die in-
tegrative Leistung des baulichen Gebildes. Diese Leistung hebt V. 19
mit den Gegensatzpaaren ξένοι καὶ πάροικοι und συμπολῖται τῶν
ἁγίων καὶ οἰκεῖοι τοῦ θεοῦ einleitend hervor (vgl. auch V. 21 συναρμολογουμένη, V. 22 συνοικοδομεῖσθε). Da Stabilität eines Bauwerkes
aus der gegenseitigen Verwiesenheit einzelner unterschiedlicher Elemente hervorgeht, eignet sich die Gebäudemetaphorik zur Konzeptualisierung von Integration. Dieser Interessenschwerpunkt des Epheserbriefs erklärt die im Unterschied zu den Vergleichstexten verstärkte
Nennung von Details der Gebäudesemantik. Es geht dem Verfasser
um das architektonische Entstehen und den Zusammenhalt des Gebäudes, d.h. um das Zustandekommen sowie die andauernde Stabilität der
inneren Zusammenfügung und nicht um abgrenzenden Schutz nach
außen. Das geschichtlich gewordene Sozialgefüge der Christen wird
monumentalisiert. Dieses rückt unter dem Aspekt der ‚Integration'
und ‚Sammlung' zuvor disparater Größen (Juden und Heiden) in den
Blickwinkel. Die integrierende Identität steht im Spannungsfeld zwischen den anderen beiden zentralen, durch die Metaphorik hervorgehobenen Teilmerkmalen ‚Prozesshaftigkeit' auf der einen sowie
‚Dauer' bzw. ‚Unwandelbarkeit' auf der anderen Seite.

Die genannten Subkonzepte – und nicht die ἐκκλησία – sind Zielbereich der Metaphorik. Deren Widersprüchlichkeit ergibt sich unmittelbar aus den inkongruenten, hier aber verbundenen Vorstellungen
von dynamischem Wachstum und statischem Bauwerk. Diese Verbindung ist das spezielle Anliegen des Epheserbriefs, das ihn von traditionsgeschichtlich verwandten Texten unterscheidet. Zwar ist der
Wechsel von architektonischer zu organischer Metaphorik traditionell
nicht unüblich.[178] Dabei werden sonst beide Bereiche verstärkend nebeneinander gestellt in dem Sinne, dass es um Bauen und /oder Pflanzen geht. Die Metaphern entstammen dabei jeweils demselben Ent-
wicklungsstadium innerhalb der Vorstellung, so dass der Eindruck einer Verdoppelung entsteht. So enthält 1Kor 3,6–8 Pflanzungsmeta-
phern, während VV. 10–16 Baumetaphorik ausführen. V. 9 weist als
Bindeglied sowohl zurück (θεοῦ γεώργιον) als auch voraus (θεοῦ
οἰκοδομή). Dabei werden beide metaphorischen Bereiche nebeneinander gestellt, sie gehen aber nicht ineinander über.[179]

---

[178]   Vgl. z.B. Jer 1,9f.; 24,6; 31,27f.; 42,10; 45,4; Ez 36,36; 1 QS 8,4–10; Philo,
Leg. I 48; Cher. 98ff.; Her. 116; Praem. 139; Dio v. Prusa, Or. 52,3; 54,4f.; siehe
zur antiken Verbreitung der Bau- und Pflanzmetapher VIELHAUER, Oikodome 4ff.
[179]   Der Aspekt von Redundanz zeigt sich besonders deutlich bei Philo, Her. 116:
„τέχναις δὲ καὶ ἐπιστήμαις οὐ πηγὴ καὶ ῥίζα καὶ θεμέλιος καὶ εἴ τι ἄλλο
πρεσβυτέρας ὄνομα ἀρχῆς ὑπόκειται ἡ φύσις."

Im Epheserbrief dagegen vermischen sich nicht nur architektonischer und organischer Bereich[180], sondern darüber hinaus verschiedene Entwicklungsstufen, wenn der ‚Bau' als architektonisches Endprodukt selbst ‚wächst' (vgl. V. 21 πᾶσα οἰκοδομὴ [...] αὔξει).[181]

Οἰκοδομή kann den Akt des Bauens[182] sowie das fertige Gebäude[183] bezeichnen.[184] Dass es sich hier um einen abgeschlossenen Bau handelt, zeigen: V. 19 οἰκεῖοι τοῦ θεοῦ. Die Hausgemeinschaft mit Gott hat man sich nicht in einem halb fertigen Gebäude vorzustellen; V. 20 ἐποικοδομηθέντες. Der Bauvorgang ist vorzeitig zum Präsens in V. 19; V. 21 πᾶσα οἰκοδομή. Πᾶσα hebt im Sinne der Gesamtheit den geschlossenen Charakter von οἰκοδομή hervor. Zwischen πᾶσα und οἰκοδομή ist eigentlich ein Artikel erforderlich (vgl. die Lesart von אֿ[1] A C P 6. 81. 326. 1739ᶜ. 1881; vgl. aber zum inkorrekten Artikelgebrauch im neutestamentlichen Griechisch beispielsweise Mt 2,3; 3,15; Apg 2,36; 7,22; 17,26; Röm 11,26; vgl. v.a. Eph 3,8[185]). Die Deutung auf ‚das ganze *Gebäude*' hin bestätigt συναρμολογουμένη. Die Semantik dieses Neologismus erschließt sich durch das verwandte συναρμόζειν (zusammenfügen; vgl. ἁρμός „Fuge, Gelenk"; siehe EpArist 71; Herm Sim 9,16,7). In Jesus Christus ist πᾶσα οἰκοδομή zusammengefügt. Diese feste Verbundenheit in Jesus Christus zielt nicht auf einen Aufbaukt, sondern hat die Dauerhaftigkeit und Stabilität eines fertigen *Gesamt*produktes im Blick.

Die Schwierigkeit der Vorstellungsreihe in Eph 2,19–22 liegt also nicht eigentlich darin, dass der ‚mechanische' Vorgang des Bauens und der ‚organische' des Wachsens kombiniert werden.[186] Es würde sich hier ja in beiden Fällen um die Metaphorisierung von Entwicklung handeln. Der Antagonismus liegt vielmehr auf der Ebene der durch die Metaphern konzeptualisierten Subkonzepte ‚Dauer' bzw. ‚Unwandelbarkeit' (abgeschlossenes verfugtes Bauwerk aus Stein) und ‚Prozesshaftigkeit' bzw. ‚Veränderung' (Wachstum; in diesen

---

[180] Ein ähnliches Ineinander ist auch in Jer 12,14 zu beobachten, wenn es vom *Haus* Juda heißt, dass es *ausgerissen* wird (siehe dazu VIELHAUER, Oikodome 7f.). Die Inkongruenz, die im Epheserbrief durch Kombination unterschiedlicher Entwicklungsstufen entsteht, fehlt hier aber.

[181] Auch LINDEMANN, Aufhebung 188, weist ausdrücklich auf diese Besonderheit hin, „daß der schon fertige Bau als doch immer noch *wachsend* dargestellt wird. Die Parallelen erklären in keinem Falle, warum ein anorganisches Gefüge als organisches, ‚wachsendes' Wesen verstanden werden kann" (Hervorhebung im Original).

[182] So für Eph 2,21 BEST, Body 166f.

[183] So z.B. GNILKA, Epheser 159; SCHLIER, Epheser 143; DIBELIUS/GREEVEN, Epheser 73.

[184] Vgl. dazu MICHEL, οἰκοδομή 147–150.

[185] Siehe BDR § 275,2 Anm. 4; vgl. auch DIBELIUS/GREEVEN, Epheser 73.

[186] So VIELHAUER, Oikodome 121. Vgl. aber STEINMETZ, Heils-Zuversicht: „Das Wort [scil. αὔξει] ist an für sich für jedes Wachstum, auch für das eines Baues verwendbar."

Zusammenhang fällt auch συνοικοδομεῖσθε in V. 22 als Darstellung
eines noch dauernden Aufbaus).

Der Gegensatz ist grundlegend und darf nicht dem Versuch der
Glättung zum Opfer fallen, indem die Aussage auf eine andere, un-
problematische Ebene geschoben wird.[187] Dies geschieht entweder
durch die Behauptung, dass sich in die Metapher die Vorstellung vom
neuen Menschen hineinschiebe[188], oder durch die Annahme, das Verb
‚wachsen' weise darauf hin, dass der Bau noch nicht abgeschlossen
sei, sondern seiner Vollendung harre.[189] Um allein die Vorstellung eines unfertigen Vorganges auszudrücken, hätte es aber nicht zuerst der
Darstellung eines abgeschlossenen Baus bedurft. Aber es geht auch
um mehr als um die Polarität von „zugleich fertig und wachsend"[190].
Hinter der evozierten Spannung steht der Gegensatz fortlaufender Zeit
und ewigen Denkmals. Frühchristliche Identität muss sich innerhalb
dieses Widerstreits von Vergänglichkeit und Dauer behaupten.[191] Der
Verfasser löst den Widerspruch nicht auf, aber er gewichtet durch
Problematisierung wesentlicher Merkmale der Wachstumsmetaphorik.
Damit überlagert er das direktionale Zeitmodell, was v.a. aus Eph 2,1–
3.11–13 bekannt ist, durch ein monumentales Zeitmodell.

2.2.2 Die Bedeutung der ἀκρογωνιαῖος-Metapher

Das Subkonzept der Prozesshaftigkeit, das in Eph 2,11–13 mit einer
Vorne-Hinten-Orientierung strukturiert wird, entfaltet sich in VV. 20–
22 in der Metapher eines vom Fundament aus vertikal nach oben
wachsenden Gebäudes durch Oben-Unten-Orientierung. Der ἀκρογωνιαῖος würde als ‚Schlussstein' dieses Bild fortführen bzw. nach oben
hin abschließen. Dazu müsste er eindeutig ‚Schlussstein' sein, der
beim Tempelbau als letzter Stein über dem Portal eingefügt wird.[192]

---

[187]   Siehe dazu auch KLEIN, Zwölf Apostel 73f.: „V. 20 einerseits, v. 21f.
andererseits haben im Kontext ihr spezifisches, gegeneinander ausbalanciertes Ei-
gengewicht, das man ihnen nicht nehmen darf [...] sie entziehen durch ihre Polarität den Vorstellungsgehalten jegliche morphologische Eindeutigkeit."

[188]   Vgl. z.B. DIBELIUS/GREEVEN, Epheser 71: „Allerdings bedeutet das Wort
αὔξει, vom ganzen Bau ausgesagt [...] eine beachtliche Inkonsequenz im Bilde
und dürfte [...] darauf zurückzuführen sein, daß hier wie 4,11–16 die Rede vom
neuen Menschen hereinspielt [...]."

[189]   Vgl. z.B. VIELHAUER, Oikodome 121; LINCOLN, Ephesians 157f.

[190]   STEINMETZ, Heils-Zuversicht 116.

[191]   Obwohl LINDEMANN, Aufhebung 188, zwar nicht dem Fehler unterliegt, den
Gegensatz zu marginalisieren, ist ihm deswegen trotzdem deutlich zu widersprechen, wenn er den Befund wie folgt kommentiert: „Über die einfache Feststellung,
hier seien zwei an sich inadäquate Kategorien miteinander verbunden, wird man
also kaum hinauskommen; auf welchen Voraussetzungen diese Verbindung beruht, läßt sich nicht erkennen."

[192]   So z.B. JEREMIAS, Der Eckstein; DERS., Κεφαλὴ γωνίας – Ἀκρογωνιαῖος
279; DERS., Eckstein – Schlussstein; VIELHAUER, Oikodome 119f.; WIKENHAU-

Bei ἀκρογωνιαῖος kann es sich aber ebenso gut um den zuerst gelegten ‚Eckstein' im Fundament des Gebäudes handeln, dessen Position die Lage aller anderen Steine des Fundamentes bestimmt.[193] Ist der ‚Stein' nun unten oder oben im Gebäude zu lokalisieren?

Das Personalpronomen αὐτοῦ innerhalb des *genitivus absolutus* ὄντος ἀκρογωνιαίου αὐτοῦ Χριστοῦ ᾽Ιησοῦ trägt in seiner Doppeldeutigkeit zu keiner Lösung bei. Es kann sich sowohl auf das vorherige θεμέλιον beziehen und würde dann ἀκρογωνιαῖος eindeutig als Eckstein ausweisen. Die Konstruktion erlaubt aber ebenfalls den Bezug auf Χριστοῦ ᾽Ιησοῦ in dem Sinne, dass Jesus Christus selbst (im Gegensatz zu den Aposteln und Propheten) der Schlussstein des Gebäudes ist.[194] Ein eindeutiger Bezug der Metapher entweder auf das Fundament oder auf Christus kann weder von der Grammatik her festgestellt werden. Noch gibt der Verfasser eindeutige Auskünfte darüber, an welcher Position (oben oder unten) er den ἀκρογωνιαῖος denkt. Dass der zuletzt eingefügte Schlussstein nicht zum Bild passe, weil er dann ja noch dem Bau fehlen würde[195], ist kein zwingendes Argument[196] – sein Fehlen kann gerade auch *für* die Bedeutung ‚*Schluss*stein' sprechen[197]. Hierzu würde die Verbindung von Eph 2,19–22 und 4,15f. (vgl. συναρμολογεῖσθαι in 2,21 und 4,16) stimmen, die analog zur superioren Hauptstellung Christi in 4,15 ihn in 2,20 ebenfalls an die Spitze des Gebäudes lokalisiert.[198] Da die Zusammenfügung in Eph 4 eindeutig von oben her erfolgt, könnte man dies auch für 2,21 annehmen.[199] Hiergegen kann aber aus theologischer Sicht eingewendet werden, dass durch die Stellung Christi als oberster Schlussstein die Beziehung zwischen ihm und den das Fundament bildenden Aposteln und Propheten unsicher wird, erscheinen Letztere doch in dieser Metapher als ‚autonome' Gründer des Gebäudes. Christus könnte deshalb nur der Eckstein sein, der als

---

SER, Kirche 177; DIBELIUS/GREEVEN, Epheser 72; SCHLIER, Epheser 142; CONZELMANN, Epheser 101; GNILKA, Epheser 158.

[193] Für die Bedeutung ‚Eckstein' plädieren beispielsweise PFAMMATTER, Kirche als Bau 143–151; FAUST, Pax 198; MC KELVEY, Christ the Cornerstone; MERKLEIN, Das kirchliche Amt 144–150; PERCY, Probleme 329–332; 485f.; MUSSNER, Christus, das All und die Kirche 108f.; SCHÄFER, ἀκρογωνιαῖος 224.

[194] Vgl. zu diesem grammatischen ‚Dilemma' auch: MAYER, Einheit 163f.; SCHNACKENBURG, Epheser 123.

[195] Vgl. MAYER, Einheit 164; THEOBALD, Augen des Herzens 97 Anm. 129.

[196] An keiner Textstelle steht ja, dass der Bau bereits vollständig sei – im Gegenteil handelt es sich durch die Verben des ‚Prozesses' eher um eine Baustelle.

[197] Vgl. dazu BARTH, Parusie 241 Anm. 6, der den „noch *nicht* (Hervorhebung im Original) eingesetzte[n]! […] Schlußstein des im Bau begriffenen Tempels" als Ausdruck der Parusie-Erwartung im Epheserbrief versteht.

[198] Vgl. beispielsweise LINCOLN, Ephesians 155: „As in 4,7–16, they [scil. the apostles and prophets] are in at the beginning of the Church, but Christ is the exalted Lord over all."

[199] Vgl. JEREMIAS, γωνία 793 Anm. 2.

erster Stein des Fundamentes die Anordnung aller anderen Steine vorgibt.[200] Stehen sich damit auch auf der interpretatorischen Ebene die Argumente ausgewogen gegenüber, so versucht man das Problem schließlich über traditionsgeschichtliche Vergleichstexte, denen Eindeutigkeit des Begriffes eignet, zu lösen.[201] Doch hier verhält sich die Lage ähnlich ausgewogen, so dass keine Bezugnahme eine Entscheidung für den Epheserbrief herbeiführt[202]. So muss man hinsichtlich des ἀκρογωνιαῖος in Eph 2,21 insgesamt eine interpretatorische Sackgasse feststellen. Sie erlaubt es gerade nicht, sich für eine Möglichkeit zu entscheiden.[203] Die vom Epheserbrief offen gelassene Doppeldeutigkeit sollte vielmehr als bewusste Aussageintention gewürdigt werden.[204] Entgegen vielfacher exegetischer Bemühungen sollte sie nicht aufgelöst werden. Die Semantik des ἀκρογωνιαῖος oszilliert zwischen Fundament begründendem Eckstein und Gebäude abschließendem Schlussstein, damit zwischen den Gegensätzen unten und oben, Anfang und Ende, Ausgangspunkt und Ziel. Im Spannungsfeld dieser Gegenpole konstituieren sich Aspekte von Fortschrittlichkeit und Teleologie.

Durch in der Schwebe gehaltene Bedeutung des ἀκρογωνιαῖος wird aber die Oben-Unten-/Anfang-Ziel-Orientierung der Metapher gelöst. Zugleich werden mit der Direktionalität also ‚Prozesshaftigkeit‘ und ‚Zielgerichtetheit‘ relativiert. Die Angabe einer eindeutigen Bewegungsrichtung ist nicht möglich, wo der höchste Punkt der tiefste ist. In dieser Verweigerung von Direktionalität und Teleologie liegt die

---

[200] Vgl. SCHNACKENBURG, Die Kirche als Bau 263f.: „Man könnte dann das Fundament der Apostel und Propheten als isolierte Größe ansehen; aber in Wirklichkeit sind sie ja ganz und gar von Christus abhängig und ohne ihn gar nicht zu denken.“

[201] Als Zeugnisse für den ‚Schlussstein‘ werden genannt: 2Kön 25,17[LXX]; Hippolytus, Elenchus 5,7,35; Tertullian, Adv. Marc. 3,7; Aphraates, Hom. 1,6,7; die Erklärung der Peshitta von Jes 28,16; TestSal 22,7–23,3. Verweistext für die Bedeutung der ‚Eckstein‘ ist Jes 28,16[LXX], und davon ausgehend Zitate dieses Textes, die ‚Eckstein‘ interpretieren; vgl. v.a. 1QS V,6; VIII,7; vgl. dazu auch 1Kor 3,10f., wo Christus das Fundament ist und deshalb anzunehmen wäre, dass er auch im Epheserbrief dem Fundament zuzuordnen sei. – Siehe auch die Auflistung der Zeugnisse bei LINCOLN, Ephesians 154f.

[202] Ebd. 155, stellt zwar zunächst richtig fest: „the arguments are finely balanced", dann kombiniert er aber ausgehend von 1Petr 2,6–8 die beiden Texte Ps 118,22 und Jes 28,16 miteinander, um anschließend doch die Bedeutung des ‚Schlusssteines‘ für Eph 2,20 anzunehmen (156).

[203] Anders MAYER, Einheit 165: „argumentativ[e …] Pattsituation, die es erlaubt, sich für die eine oder die andere Option zu entscheiden.“

[204] So auch ebd. 166: „Weil Metaphern einen ‚Bedeutungshof‘ besitzen, ist immer auch die Möglichkeit des Oszillierens zwischen mehreren Bedeutungen gegeben, ja die Polysemie kann sogar bewußt intendiert sein.“

besondere Leistung der oszillierenden Semantik[205], die gerade nicht auf Eindeutigkeit angelegt ist.[206]

Wachstum wird dabei nicht vollständig, aber mit der fortschrittlichen Direktionalität ein konstitutives Element in Frage gestellt. Das Gebäude wächst nicht auf ein Ziel hin, mit dessen Erreichen der Prozess abgeschlossen wäre. Diese Vorstellung wäre mit einem zukünftigen Abschlusstermin korreliert. Der Bau ist fertig. Sein nicht-direktionales Wachstum meint deshalb eine Stärkung der vorhandenen ‚Fugen', Festigung von ‚Stabilität'.[207] In diesem Sinne kann man sagen, dass der Bau „intensiv" wächst.[208]

2.2.3 Überwindung vergänglicher Zeitstrukturen

Abschließend ist der Zusammenhang zwischen der in 2,19–22 entwickelten Metaphorik und Zeitvorstellungen zu klären. Ein solcher

---

[205] Ähnliche metaphorische Relativierungen hierarchischer und prozessualer Vorstellungen finden sich in Eph 5,21ff. – vgl. zur *Selbst*hingabe (παρέδωκεν) Christi an die Braut als Umkehrung traditioneller Ehehierarchie, derzufolge die Braut von der Gewalt des Vaters in die des Bräutigams übergeben wird (ἔκδοσις), diesem also untergeordnet ist, ZIMMERMANN, Geschlechtermetaphorik 368: „Die Selbsthingabe wäre dann gleich bedeutend mit dem Aufgeben von Hoheit und Abgeschlossenheit zu Gunsten einer neuen Einheit." – Wird in diesem Vorgang wiederum hierarchische Ordnung subversiert, so unterläuft die Vorstellung des *verjüngenden* Brautbades in Eph 5,26f. ihrerseits fortschritthafte Zeitvorstellung.
[206] MAYER, Einheit 166f., erkennt zwar, dass die polyseme Semantik der Eckstein-Metapher gerade als sprachliche Leistung anzusehen und nicht aufzulösen ist. Als Bedeutung des oszillierenden Bildes summiert sie dann aber lediglich verschiedene mögliche Konnotationen zu einer „dreifachen" theologischen Aussage: 1. „Relativierung der Stellung, welche die Apostel und Propheten einnehmen"; 2. „Positionierung der Heidenchristen […] im Verhältnis zu den Aposteln und Propheten, die auch ihr Fundament bilden, im Verhältnis zu den Judenchristen, die […] auf gleicher Stufe stehen, und im Verhältnis zu Christus, der ihnen als Eck- und Schlussstein Stabilität verleiht"; 3. die Lokalisation Christi „*in* und nicht *über* oder *außerhalb* der Kirche" [Hervorhebungen im Original]. Genau genommen sind diese Bedeutungen nicht einmal die Summe aller möglichen, sondern eher die konnotativen Nuancen der ‚unterer-Eckstein-Semantik'. Höchstens unter 2. ist der Schlussstein miteinbezogen, allerdings lediglich über das mit dem Fundament gemeinsame Merkmal der ‚Stabilitätsgewährung'. Mit dieser Aussagebestimmung bleiben aber Funktion und Bedeutung der metaphorischen Ambivalenz weiterhin im Dunkeln.
[207] Zur Bedeutung ‚stärken', ‚festigen' von αὐξάνω siehe LIDDELL/SCOTT, Lexicon αὐξάνω 277.
[208] Siehe SCHNACKENBURG, Epheser 126: „Das Wachsen des Baues ist von daher intensiv zu verstehen." Siehe auch SCHLIER, Epheser 144, der das Wachstum nicht als Korrelat zu einer zukünftigen Zeitspanne sieht: „[D]as im Bild als ein äußerer Vorgang erscheinende Geschehen [meint] in der Sache einen inneren Vorgang […]. Das besagt, daß diese Gesamtbewegung der Kirche zur Heiligkeit ihrer selbst hin ein ontologischer Vorgang ist […]. Die Kirche *ist*, indem sie wächst. Sie ist immer nur so heilig, daß sie, die heilig ist, heilig wird, und beides ‚in' Christus"; siehe auch LINDEMANN, Aufhebung 189, der sich hier anschließt.

wird häufig – allerdings ungenau – vorausgesetzt. Die Metaphorik wird dann als Ausdruck einer futurischen Eschatologie gedeutet[209]. Dies wäre möglich – abgesehen von der problematischen Terminologie – und hätte seinen Anhaltspunkt darin, dass die Wachstumsbilder u.a. ‚Prozesshaftigkeit' metaphorisieren. Dieses Subkonzept liegt auch der Wegmetaphorik der vorherigen Verse zugrunde, wo es ein Merkmal des Konzeptes ‚Zeit' veranschaulicht. Über diese Verbindung hinaus nimmt der Verfasser im einleitenden V. 19 das Einst-Jetzt-Schema durch οὐκέτι und ἀλλά modifiziert auf. Er unterstreicht so, dass er die Bau- und Wachstumsmetaphorik in 2,20–22 und das diese auslösende Subkonzept ‚Prozesshaftigkeit' unter dem Aspekt ‚Zeit' verstanden wissen will. Entscheidend ist aber, dass durch die Ambiguität der Metaphorik ‚Prozesshaftigkeit' und ‚Fortschrittlichkeit' subversiert werden. Als solche sind sie nun nicht mehr Elemente des ‚Merkmalsclusters' von ‚futurischer Eschatologie', da die hierfür konstitutive direktionale Ausrichtung auf ein (letztes) Ziel entfällt.

Die Doppeldeutigkeit innerhalb der Orientierungsmetaphorik ‚oben' – ‚unten' ist Hinweis darauf, dass das Zeitverständnis des Epheserbriefs sich vom Kreuzesgeschehen an einem Fortschrittsdenken entgegenstellt. Das Oszillieren zwischen Eck- und Schlussstein, Ursprung und Ziel ist im Zusammenhang mit der durch den Verfasser hervorgehobenen Spannung von zeitlichem Wachstum und zeitenthoben dauerndem Gebäude zu sehen. In diesem Oszillieren drückt sich ein Triumph über chronometrisch fortschreitende Zeit aus. Voneinander verschiedene Zeitpunkte werden zusammen gezogen und Chronometrie dadurch überwunden.

Das Bauwerk ist eine Festung gegen die Zeit (vgl. 5,16; 6,13: böse Zeit; vgl. 2,2: Zeit als dämonisch wirkende Macht), indem es die Erinnerung an Anfänge in der Vergangenheit und die aus ihnen erwachsende Identität[210] im Hinblick auf Zukunft monumentalisiert.[211] Das Wachstum des Gebäudes zielt nicht auf Veränderung oder sukzessive Vervollkommnung oder auf den Zuwachs durch weitere ‚Steine'[212],

---

[209] So erkennt beispielsweise STEINMETZ, Heils-Zuversicht 113, in der Kategorie des „Wachstums" ein „Äquivalent" für „die traditionellen Bilder der Zukunftserwartung"; siehe z.b. auch BARTH, Parusie 241 Anm. 6.

[210] Siehe zum Zusammenhang von „kulturelle[n] Akte[n] des Erinnerns, Andenkens, Verewigens, Rückbezugs" und „Identität": ASSMANN, Erinnerungsräume 28; zur Wichtigkeit des Vergangenheitsbezuges für das Fortbestehen von Gemeinschaften vgl. ein bei BIESTERFELDT, Ibn Haldun: Erinnerung 277, aufgenommenes Zitat: „Eine Nation lebt nur, indem sie ihre Vergangenheit wieder aufleben lässt."

[211] Vgl. zur historischen Auswertung des hier bildspendenden Bereichs exemplarisch FRITZ, Architekturtheorie, besonders 71–88; 116f.

[212] Vgl. STEINMETZ, Heils-Zuversicht 116, der „das Wachsen als das Hinzukommen neuer Steine (d.h. also neuer Christen) zum Gebäude Gottes" versteht. Ein Zuwachs an neuen Gemeindemitgliedern ist selbstverständlich nicht ausgeschlossen, aber er ist hier nicht fokussiert. Dass das Gebäude fertig ist, steht dem nicht entgegen. Aufgrund der kollektiven Identität, in dem die personalen Abgrenzungen

sondern auf Erhalt des Vorhandenen und die Notwendigkeit dauernder Stärkung der Festung im und gegen den Wandel der Zeit.[213]

Hiermit ist impliziert, dass nicht ein Ende der Zeit erwartet wird, sondern im Gegenteil endlose Zeit. Das Bauwerk aus Stein ist darauf angelegt, in unbegrenzter Zukunft zu überdauern. Ein Zukunftsaspekt kommt also nicht im *Schluss*stein zum Ausdruck, sondern im (Schluss- oder Eck-)*Stein*, d.h. im Material des Baus. Der Charakter der erwarteten Zukunft ist deshalb nicht eschatologisch ausgerichtet. Die Vorstellung unendlicher Zukunft ist kohärent mit den Ansätzen zyklischer Zeitvorstellungen in Eph 2,7; 6,13. Das Gebäude aus Stein aber setzt einen Kontrapunkt gegen die fortlaufende Zeit. Der Inhalt, auf den das Denkmal verweist, ist mit ihm der Zeit enthoben. Stein steht in Opposition zum Vergessen[214] und im Gedächtnis wird das Vergangene dem Fortlauf entrissen. Denn Erinnerung „biegt um, was unumkehrbar ist, und holt zurück, was verlorenging"[215]. Im Widerstreit zwischen Zeit und Ewigkeit tritt das Gedächtnismal so in den Verbund mit Ewigkeit.[216]

Dass es sich bei diesem Denkmal speziell um einen Tempel handelt, hat weder etwas mit einer ‚himmlischen' Verortung der Vorstellungsreihe in Eph 2,19–22 zu tun noch mit Spiritualisierung von Kultusbegriffen. Der sakrale Charakter des Bauwerks hat in vorliegendem Kontext zwei Gründe. Der erste Grund liegt in der Ausrichtung der Gruppenidentität. Es handelt sich um eine religiös motivierte Gruppe, deren zentrales Anliegen die Verehrung ihres Gottes ist (vgl. zentral Eph 1,3 εὐλογητὸς ὁ θεός). Die Metapher vom Tempelgebäude eignet

---

verfließen, sind die kommenden Christen ebenso wie die frühen in den vorhandenen Steinen enthalten.

[213] LINDEMANN, Aufhebung 189, weist darauf hin, „daß das ‚Wachsen' ja gerade nicht zeitlich-geschichtlich auf ein Ziel zuläuft", und schließt daraus: „eine ‚Kirchengeschichte' gibt es nicht". Dass dies aber nur die eine Seite ist, dass Zeitenthobenheit zu erkämpfen ist, um christliche Identität zu erhalten, gerade weil Zeit weiterläuft, und welche Rolle das Denkmal aus Stein dabei spielt, findet bei Lindemann ebenso wenig Beachtung wie die zentrale Bedeutung der Vergangenheit für den Eph. Im Hinblick auf sie gibt es durchaus eine Geschichte; vgl. dagegen LINDEMANN, Aufhebung 191f.: „Es geht in Eph 2,11–22 nicht um eine geschichtliche Entwicklung vom ‚Einst' zum ‚Jetzt', die Erwähnung der ‚Vergangenheit' (V.11f.) dient vielmehr ausschließlich zum Qualifizierung der Gegenwart."

[214] Vgl. exemplarisch Vitr. II 8,8: *Itaque si qui voluerit ex his commentariis animadvertere et eligere genus structurae, perpetuitatis poterit rationem habere.* Dazu auch KNELL, Vitruvs Architekturtheorie 56.

[215] ASSMANN, Zur Metaphorik der Erinnerung 23.

[216] Vgl. TAUBES, Eschatologie 13f.: „Das Gedächtnis ist das Organ des Menschen, das ihn in die Geschichte einsenkt. Im Gedächtnis spiegelt sich die Auseinandersetzung von Zeit und Ewigkeit auf dem Schlachtfeld der Geschichte und der endliche Sieg der Ewigkeit. Darum ist das Gedächtnis eine eschatologische Größe, eine Potenz im Drama der Eschatologie [...] In der Eschatologie stellt das Gedächtnis jenes Prinzip dar, das den Kampf gegen die Zeit im Namen der Ewigkeit führt."

sich als Gottes Wohnung auf Erden in hervorragender Weise, dieses
wesentliche Merkmal zum Ausdruck zu bringen. Die Trennung zwischen Religion und anderen Bereichen des gesellschaftlichen Lebens
ist allerdings für die Antike nicht zu scharf zu ziehen, was auch der
Epheserbrief selber im Zusammenhang durch die Erwähnung der
συμπολῖται (V. 19) zeigt. Der Terminus besagt zunächst, dass die Heiden vom vollständigen Bürgerrecht der πολιτεία (V. 12) nicht mehr
ausgenommen sind. Da zu den Bürgerrechten einer Polis aber auch
wichtige kultische Rechte und Privilegien gehören[217], fügt sich die
Metapher ebenso in den Zusammenhang des Tempelbaus. Politisch-
sozialer und kultischer Bereich sind hier wie in der zeitgenössischen
Umwelt eng miteinander verwoben. Hieran zeigt sich umso deutlicher,
dass keine Notwendigkeit besteht, das Gebäude im Himmel zu situie-
ren.

Der zweite Grund für die Wahl der Metapher eines Tempelgebäudes
liegt darin, dass antike Tempelarchitektur in den Bereich repräsentativ
symbolischer Bauformen gehört. In ihr drücken sich Zentralisierung
und Monumentalisierung aus.[218] Deshalb entfaltet der Verfasser sie in
vorliegendem Zusammenhang. Hieraus erklärt sich zusammenfassend
das verstärkte Interesse des Verfassers gegenüber seiner Tradition an
Details der Architektur: Fundament, Eck- oder Schlussstein, Fugen
(vgl. ἁρμός in συναρμολογουμένη), Aufbau- sowie Gebäudeterminolo-
gie. Die Tempelterminologie ist als *Präzisierung* der Gebäudearchi-
tektur zu verstehen.

Die Interpretation der Kirche im Lichte monumentaler Zeitstrukturen könnte
zunächst eine Deutung nahelegen, die von einer Vorordnung der ekklesiologischen
vor der christologischen Bezogenheit ausgeht. Dass dies jedoch der Theologie des
Epheserbriefes nicht gerecht wird, zeigt ein kurzer Blick auf Eph 5,21–33, wo der
Verfasser innerhalb der Haustafel die Beziehung zwischen Christus und Kirche
mit der zwischen Mann und Frau parallelisiert. Für beide gilt die Haupt-/Leibrela-
tion (V. 23 als Begründung zu V. 22; vgl. Eph 1,22f.).[219] Während in Eph 2,16
allein die σῶμα-Metapher begegnet, erfährt das Bild also hier eine Erweiterung
durch κεφαλή. Wenn zwar die Haupt-/Leibrelation noch nicht notwendig ein
Machtgefälle impliziert,[220] legt hingegen der religionsgeschichtliche Hintergrund

---

[217]   Siehe dazu FAUST, Pax 104f. mit Anm. 101.

[218]   Vgl. dazu ASSMANN, Stein und Zeit 22: „Der Steinbau dient also der
Realisierung einer Architektur, die sich in drei Richtungen der Formensprache des
lebensweltlichen Nutzbaus in einer sehr scharf betonten Weise entgegenstellt: (a)
durch ihre alles menschliche Maß übersteigende Größe, (b) durch ihren allem
menschlichen Nutzen entzogenen Symbolcharakter und (c) durch ihre aller
menschlichen Vergänglichkeit entzogene Dauerhaftigkeit […] Mit dem Bedürfnis
nach Ewigkeit verbindet sich – und das scheint ein Spezifikum der ägyptischen
Monumentalität – das Bedürfnis nach Repräsentation, d.h. Sichtbarmachung von
Identität."

[219]   Vgl. zur Struktur dieses Metapherngefüges SELLIN, Epheser 441–445.

[220]   Vgl. zur Diskussion z.B. LINCOLN, Ephesians 368–370.

der Haustafel[221] ein solches nahe. Konkretisiert wird dies durch ὑποτάσσεθαι in V. 24.[222] Durch diese Metapher wird deutlich, dass Christus nicht anders denn als Ermöglichungsgrund der Kirche anzusehen ist. Das Christusgeschehen ist der Kirche in ihren monumentalisierten Zeitstrukturen vorgeordnet.

3 Zusammenfassung

Der Epheserbrief beschreibt historische Zusammenhänge in Metaphern für chronometrische Zeit. Bei der Kontrastierung nicht-christliche Vergangenheit vs. christliche Gegenwart als aktuellem Versöhnungszustand der Kirche ist in Eph 2 zunächst das ποτέ-νῦν-(bzw. νυνί-)Schema vorherrschend (2,2f.11.13, vgl. auch 2,19).

Für die Metaphorisierung von Subkonzepten wie Direktionalität und Kontinuität als Charakteristika von gewesener Zeit verwendet der Epheserbrief unter Einflüssen aus dem griechisch-römischen Bereich als zweite Ausdrucksmöglichkeit Weg-Metaphern. Dabei wird auf Verba der Bewegung zurückgegriffen, insbesondere περιπατέω, welches hier zur Illustrierung der Subkonzepte dient, nicht zur inhaltlichen Charakterisierung der metaphorisierten Zeitspanne. Hierbei können sowohl Individuen in Relation zur Zeit als auch die Zeit im Vergleich zu den sich in ihr befindlichen Menschen jeweils die sich bewegenden Subjekte sein.

Auf dem Hintergrund antik-jüdischer Konversionsterminologie ist die Rede von ἐγγύς und μακράν (2,13.17) innerhalb der Weg-Metaphorik des Briefes zu verstehen. Sie metaphorisiert in der Tradition die Relation zwischen Mensch und Gott (bzw. dem Judentum); hier ist sie auf das Hinzukommen der Heiden zum Gottesvolk übertragen. Eine ähnlich gelagerte Metaphorisierung historischer Zusammenhänge, und insofern von Zeitstrukturen, durch die Weg-Metaphorik liegt zu Grunde der Rede vom νεκρός (2,1.5) oder derjenigen des vom in Feindschaft durch einen φραγμός (2,14) Abgeschiedenen. Traditionell wird so ein von Gott Getrennter bezeichnet, hier sind die Ausdrücke konkret auf die Gruppe der vor-christlichen Heiden bezogen, die erst noch zu den Heilsvorzügen des Gottesvolkes hinzukommen mussten.

Eph 2,2f.10.13 kombinieren beide Ausdrucksmöglichkeiten, die sich jeweils reziprok interpretieren. Die gegenseitige Durchdringung

---

[221] Zum Überblick siehe GIELEN, Haustafelethik 24–67.

[222] Gegen ZIMMERMANN, Geschlechtermetaphorik 376: „Auch wenn das Bild von Haupt und Gliedern eine klare Hierarchie vor Augen führt, zeigt der weitere Argumentationsgang, dass diese Dimension keineswegs dominant und etwa im Sinne eines Machtgefälles entfaltet wird. Stattdessen kommt ab V 25b eine personale Beziehung in den Blick, bei der die Kirche wie eine Braut umworben und versorgt wird." Problematisch ist hier die Herstellung von Kongruenz der Subkonzepte beider Metaphernkomplexe.

von Weg- und Zeit-Schemata zeigt, dass historische Zeit hier als direktional und sachlich-strukturiert verstanden wird.

Innerhalb der so charakterisierten Zeit zeichnet der Epheserbrief nun das Entstehen der Kirche am Kreuz nach. Die Leibmetaphern in 2,15f. konzeptualisieren das Subkonzept ‚Geschichte einer kollektiven Größe‘. Dabei liegt das Verständnis eines – im Unterschied zu den diskutierten Polybios-Vergleichstexten – *zusammengesetzten* Organismus zu Grunde. Der ‚neue Mensch‘ vereint in sich die vorher getrennten Gruppen Juden und Heiden und bringt somit den oben schon beschriebenen kirchengeschichtlichen Vorgang zum Ausdruck. Bei der Rede von der ‚Versöhnung der beiden‘ (2,16) liegt der Schwerpunkt des Interesses auf dem ekklesiologisch-soziologischen Aspekt zwischen beiden Gruppen, weniger auf der Versöhnung zwischen Gott und Mensch. Die Stichworte ‚Blut‘, ‚Fleisch‘ und ‚Kreuz‘ (2,13f. 16) stehen explizit für den *Kreuzes*tod Jesu.

Die Darstellung gewesener Zeit in Eph 2,14–18 ist geprägt durch die Metapher des neu geschaffenen Organismus, innerhalb welcher die in sich kohärenten Metaphern des Gesetzeszaunes, der Versöhnung von Juden und Heiden vor Gott sowie des Kreuzes die historische Entstehung des Christentums zeigen. Diese christliche Identität ist auf Zukunft und Dauer angelegt. Die Bauwerksmetaphorik in 2,19–22 konzeptualisiert eine historische Größe, die im und gegen den Fortlauf der Zeit bestehen bleibt. Sie orientiert sich somit an einer anderen Pragmatik als diejenige im Corpus Paulinum. Der Epheserbrief behauptet so die bleibende Monumentalität der Kirche. Die Semantik des Ecksteins (2,21) ist nicht abschließend zu klären. Mit bewusster Doppeldeutigkeit der Aussage ist zu rechnen. Dabei korrigiert die Bauwerks- keineswegs die Wegmetaphorik der Zeit. *Innerhalb* der fortlaufenden Zeit bilden die Gebäude aus Stein einen Kontrapunkt.

Kapitel V:
Die fiktive Geheimniseinsicht des ‚Apostels' –
historische Selbstverortung des Verfassers

In Eph 2,1–22 ging es dem Verfasser um die Darstellung einer identitätsbegründenden Welt, in die sich die Adressaten diachron einordnen können. Ihre Geschichte kommt dabei in metaphorischen Konzeptualisierungen zentraler Ereignisse zum Ausdruck. Auch in Eph 3,1–13 stellt der Verfasser Geschichte dar. Hier ist er aber weniger an der Adressatenschaft, sondern stärker an der historischen Selbstverortung bzw. -legitimierung seines Briefes interessiert. Dazu dient ihm insbesondere die Metapher des vorweltlich durch Gott beschlossenen Geheimnisses.

1 Eph 3,1–13 im Kontext

Im Präskript des Briefes stellt der Verfasser sich als Paulus vor. Die Formulierung Παῦλος ἀπόστολος Χριστοῦ ᾿Ιησοῦ διὰ θελήματος θεοῦ ist identisch mit 1Kor 1,1 (berufener Apostel); 2Kor 1,1; Kol 1,1. Damit ist allgemein gesagt, dass der Brief in Hinblick auf Paulus gelesen werden soll. Wie das im Einzelnen zu verstehen ist, führt der Verfasser erst an späterer Stelle nach einer aufwendigen Eingangseulogie (1,3–14), Danksagung (1,15–19) und einem erzählenden Teil (1,20–2,22) in Eph 3,1–13 aus.

Was Eph 3,1–13 aus dem Kontext hervorstechen lässt, ist der ‚biographische' Charakter. In 3,1 weist der Verfasser mit ἐγώ zum ersten Mal direkt auf seine eigene Person hin (ἐγώ im Epheserbrief sonst nur noch 4,1; 5,32). Er beschreibt seine Lage näher als Παῦλος ὁ δέσμιος τοῦ Χριστοῦ [᾿Ιησοῦ] (vgl. 6,20; der Name Paulus sonst nur Eph 1,1). In den folgenden Versen häufen sich Personalpronomina der 1. Person Sg. wie nirgends sonst im Brief: μοι bzw. ἐμοί in VV. 2.3.7.8 (vgl. 6,19); μου in VV. 4.13.14 (vgl. 1,16; 6,19 [zweimal]). Die Pronomina, die auf die 1. Person Sg. rekurrieren, treten nicht nur in verdichteter Weise in Eph 3,1–13 auf. Außerhalb dieser Verse finden sie ausschließlich im Briefeingang und -ausgang Verwendung, d.h. in Bereichen, wo Hinweise auf die Person des Absenders ihren traditionellen Ort haben. Mit der Nennung der Personalpronomina korreliert die Verwendung von εὐαγγ- (vgl. 3,6.8; vgl. 6,19) sowie διδωμ-Derivaten (vgl. 3,2.7 [zweimal].8). Aus dieser Korrelation ist abzulesen, dass das

Paulus-Bild wesentlich durch den von Gott gegebenen Verkündigungsauftrag an die Welt bestimmt ist.

Von außerordentlicher Wichtigkeit ist für den Epheserbrief innerhalb dieses Gedankenganges der Begriff μυστήριον. Dies zeigt bereits ein Blick in die Konkordanz. Die Häufigkeit der Verwendung ist gemessen an der Länge des Briefes singulär. Er fällt insgesamt sechsmal (vgl. Eph 1,9; 3,3.4.9; 5,32; 6,19). In solcher Häufigkeit kommt μυστήριον nur noch im 1. Korintherbrief vor, dessen Textumfang aber doppelt so groß ist. Der Verfasser des Epheserbriefs übernimmt den Begriff aus dem Kolosserbrief (vgl. Kol 1,26.27; 2,2; 4,3). Die parallele Gedankenführung mit Kol 1,23–28 tritt hervor. Auch hier steht das Geheimnis in einem Argumentationszusammenhang mit der Paulus-Anamnese.[1] Über die Gemeinsamkeiten hinaus setzt aber der Epheserbrief eigene Akzente.

In dem hier näher zu bestimmenden Abschnitt Eph 3,1–13 verdichtet sich der Gebrauch von μυστήριον. Das Wort kommt dreimal vor (3,3.4.9). Es gehört in das durch ‚Paulus' und ‚gottgegebenes Evangelium' konstituierte semantische Feld. Mit der Mysteriumsvorstellung korrelieren die übrigen zentralen Begriffe des Abschnitts. Zweimal führt der Verfasser die οἰκονομία an, die er insgesamt in seinem Schreiben dreimal nennt (3,2.9; vgl. 1,10). In 3,9 sind beide Begriffe direkt durch einen Genitiv miteinander verbunden: ἡ οἰκονομία τοῦ μυστηρίου. Im Vergleich mit der übrigen neutestamentlichen Briefliteratur ist die Verwendung von οἰκονομία übermäßig häufig (vgl. sonst nur 1Kor 9,17; Kol 1,25; 1Tim 1,4). Der Begriff ist offensichtlich von spezifischer Bedeutung für den Epheserbrief (s.u. Kap. V.4.3). Mit dem Geheimnis hängen zahlreiche Offenbarungs- und Erkenntnistermini zusammen: γνωρίζω (3,3.5.10); ἀναγινώσκω (3,4); νοέω (3,4); σύνεσις (3,4); φωτίζω (3,9); ἀποκάλυψις (3,3); ἀποκαλύπτω (3,5). Die genannten Begriffe strukturieren den Abschnitt 3,1–13. Welche Aussage durch ihr Zusammenwirken erzielt wird, soll im Folgenden herausgearbeitet werden.

Der Abschnitt 3,1–13 ist mit den voranstehenden Teilen durch die Aufnahme zentraler Stichworte vielfach verbunden. Der Verfasser greift insbesondere auf Eph 2,11–22 zurück. Das zeigen folgende Anknüpfungen: ὑπὲρ ὑμῶν τῶν ἐθνῶν in 3,1 benennt die Adressaten wie in 2,11 (ὑμεῖς τὰ ἔθνη) explizit als Heiden; die drei σύν-Komposita in V. 6 συγκληρονόμα καὶ σύσσωμα καὶ συμμέτοχα τῆς ἐπαγγελίας las-

---

[1] Siehe dazu MERKLEIN, Das kirchliche Amt 160, der den parallelen Aufbau folgendermaßen umreißt: Die Einführung des Paulus in Kol 1,23c/Eph 3,1; Die Leiden des Apostels in Kol 1,24/Eph 3,1; Das Amt des Apostels in Kol 1,25a/Eph 3,2; Die inhaltliche Bestimmung des Amtes des Apostels in Kol 1,25b/Eph 3,3a; Die Offenbarung des verborgenen Mysteriums in Kol 1,26/Eph 3,5; Die inhaltliche Bestimmung des Mysteriums in Kol 1,27/Eph 3,6; Die Verkündigung des Mysteriums in Kol 1,28/Eph 3,8.

sen συμπολῖται aus 2,19 sowie die Rede von der Verheißung in 2,12 anklingen; ‚Apostel und Propheten' werden in 2,20 wie in 3,5 genannt; die προσαγωγή zu Gott aus 2,18 nimmt 3,12 wieder auf. Der Abschnitt nimmt erwartungsgemäß auf Teile der Eingangseulogie Bezug, die als eine Art Ouvertüre des Ganzen alle wichtigen Themen vorbereitet. In 3,11 verweist der Verfasser auf die πρόθεσις Gottes, die dieser in Christus gefasst hat. Gemäß diesem Ratschluss vollzieht sich die Offenbarung des verborgen gewesenen Geheimnisses. Dass es sich um einen vorzeitlichen Ratschluss handelt, unterstreicht der Bezug zur Eulogie, die sich wesentlich mit Gottes vorzeitlichem und - weltlichem Handeln befasst. Um dieses auszudrücken dienen πρό-Komposita und Formulierungen (1,4 πρὸ καταβολῆς κόσμου; 1,5 προορίσας; 1,11 προορισθέντες; 1,12 προηλπικότας; vgl. auch 2,10 προητοίμασεν). In Eph 3,11 wie in 1,9 begründet der Ratschluss die Offenbarung des Geheimnisses in einer auch syntaktisch parallelen Struktur (vgl. jeweils die κατά-Formulierung mit daran anschließendem Relativsatz und ἐν-Formel). Während der Inhalt des Geheimnisses in 1,9f. syntaktisch nicht eindeutig zu bestimmen ist, präzisiert der Verfasser ihn in 3,6 als Heilsteilhabe der Heiden.

Zweimal werden in diesem Abschnitt die Äonen genannt (vgl. V. 9 ἀπὸ τῶν αἰώνων; V. 11 τῶν αἰώνων; vgl. 1,21; 2,7), einmal die Wendung ἐν τοῖς ἐπουρανίοις (vgl. 1,20; 2,7; 3,10) sowie verschiedene Mächte (vgl. 1,21 ὑπεράνω πάσης ἀρχῆς καὶ ἐξουσίας καὶ δυνάμεως καὶ κυριότητος; 2,2 κατὰ τὸν ἄρχοντα τῆς ἐξουσίας τοῦ ἀέρος; 3,10 ταῖς ἀρχαῖς καὶ ταῖς ἐξουσίαις).

Auf die Bedeutung der genannten Einzelaspekte wird gesondert und ausführlich eingegangen. Wichtig ist zunächst, dass auch durch diese Elemente vielfältige Verzweigungen zu anderen Teilen des Briefes hergestellt werden. Mit καθὼς προέγραψα ἐν ὀλίγῳ weist der Verfasser selbst auf eine gewisse Redundanz seiner thematischen Ausführung. Die Wendung ist sinngemäß wiederzugeben mit „wie ich in den bisherigen Ausführungen dieses Briefes ge- oder beschrieben habe"[2].

Aufgrund der Aufnahme wichtiger Themen aus Eph 2,11–22 versteht R. Schnackenburg den Abschnitt 3,1–13 als „Vertiefung der vorher entwickelten Gedanken"[3]. Es geht aber um etwas anderes. Die

---

[2] MERKLEIN, Das kirchliche Amt 163; vgl. SCHLIER, Epheser 149; SCHNACKEN-BURG, Epheser 133; LINCOLN, Ephesians 175; GESE, Vermächtnis 246; dabei werden unterschiedliche Bezugnahmen entweder auf Eph 1,9f. oder 2,11–22 oder auf beide Texte hergestellt. Eine zweite Deutungsmöglichkeit bezieht ἐν ὀλίγῳ auf frühere Paulusbriefe (vgl. GOODSPEED, Meaning 42f.). Goodspeed verbindet mit dieser Interpretation die These, der Epheserbrief sei ein Einleitungsschreiben in die älteste Paulusbriefsammlung. In der Form schließt sich kaum noch jemand seiner These an. Einen Bezug von Eph 3,3 auf bestimmte Passagen echter Paulusbriefe nehmen aber einige Ausleger an (vgl. exemplarisch SELLIN, Epheser 251f., der Eph 3,3 mit Gal 1,[12.]15f. in Verbindung setzt).
[3] SCHNACKENBURG, Epheser 129.

Darstellung ändert sich durch die Ich-Form erheblich. Über eine Vertiefung hinaus handelt es sich vielmehr um eine (retrospektive) Leseanleitung für den Brief. Der Verfasser führt aus, aus welcher Perspektive die bereits erörterten Themen zu lesen sind. Dazu dient ihm das μυστήριον-Konzept.

Entscheidend sowohl für das Verständnis dieses Abschnittes als Leseanleitung als auch die Interpretation des gesamten Briefes ist das Paulus-Bild, das der Verfasser entwirft. Grundlegenden Aufschluss über die Perspektive, die der Verfasser gegenüber Paulus einnimmt, bietet ein Vergleich des Gebrauchs von ,Evangelium' bei Paulus und ,Mysterium' im Epheserbrief. An ihm zeigt sich, dass der Begriff μυστήριον im Epheserbrief zentrale geschichtliche Ereignisse umschließt. Durch die Offenbarung der Ereignisse werden historische Zeitphasen unterscheidbar. Μυστήριον ist eine räumlich-dinglich konzeptualisierte Metapher für Geschichte.

2 Zum Verhältnis von Evangelium und Mysterium

Die Begriffe ,Evangelium' und ,Mysterium' kommen sowohl im Kolosser- als auch im Epheserbrief vor. Ihre gegenüber den Homologumena spezifische Verwendung hat H. Merklein herausgearbeitet.[4] Gegenüber Paulus hat sich ein eigener Akzent herausgebildet, insofern εὐαγγέλιον neben μυστήριον eine untergeordnete Rolle einnimmt. Μυστήριον dagegen rückt deutlich in die Nähe zum paulinischen εὐαγγέλιον. Das zeigen für den Epheserbrief vier Beobachtungen. 1. Der Epheserbrief fasst μυστήριον allein singularisch. Das ist bei Paulus nicht so. Singularisch redet er aber ausschließlich von εὐαγγέλιον. 2. Im Epheserbrief wird μυστήριον absolut gebraucht. Wiederum gilt das nicht für Paulus. Paulus seinerseits spricht absolut von εὐαγγέλιον. 3. Paulus konstruiert den Begriff εὐαγγέλιον mit bestimmten Verben des Redens und Hörens. Entsprechende Zuordnungen macht der Epheserbrief nicht. 4. Statt dessen finden sich einige dieser speziellen Verben im Epheserbrief in Verbindung mit μυστήριον.[5] Aus diesen sprachlichen Regelmäßigkeiten bei Paulus einerseits und im Epheserbrief andererseits, in denen μυστήριον an die Stelle von εὐαγγέλιον rückt, schließt Merklein, dass zur Bezeichnung des Verkündigungsinhaltes bei Paulus das Wort εὐαγγέλιον dient. Der Epheserbrief dagegen verwendet hierfür den Terminus μυστήριον.[6] Der Inhalt von Mysterium und Evangelium ist nicht einfach deckungsgleich. Inhalt des paulinischen Evangeliums ist bei allen kontextuellen und situati-

---

[4] Siehe MERKLEIN, Rezeption 412–421; DERS., Das kirchliche Amt 202–208.
[5] Siehe dazu DERS., Das kirchliche Amt 203f.
[6] Vgl. ebd. 204.

ven Differenzierungen Jesus Christus.[7] Dieses Evangelium verkündigt der Apostel. Das Mysterium der Deuteropaulinen hingegen zeichnet sich durch seinen retrospektiven Charakter aus. Es blickt zurück auf den verkündigenden Apostel und schließt diesen schon mit in die Vorstellung ein. Legt der Kolosserbrief den Schwerpunkt auf die weltweite Mission, so fokussiert der Epheserbrief vornehmlich die aus ihr erwachsene Kirche aus Juden und Heiden (vgl. Eph 3,6). Unter Berücksichtigung dieser unterschiedlichen Gewichtung ist grundsätzlich für beide Briefe festzuhalten, dass das paulinische Evangelium als Christusbotschaft – wie der Apostel selbst sowie seine Verkündigungsarbeit an die Welt – in das deuteropaulinische Konzept des Mysteriums inkorporiert sind.[8] Für das Paulusbild ist dies wichtig. Im Kolosser- und Epheserbrief verkündigt Paulus nicht selbst, sondern er wird verkündigt. Er ist Teil des Mysteriums.[9] Diese Transformation erklärt sich aus dem historischen Rückblick. Im Zusammenhang mit dem sogenannten Revelationsschema dient das μυστήριον-Konzept dazu, vergangene Geschichte zu deuten und dabei v.a. der historischen Selbstlegitimierung des Briefes.

3 Das Revelationsschema

Mit dem Begriff ‚Revelationsschema' ist im Anschluss an N.A. Dahl[10] eine frühchristliche Formel bezeichnet, die von der gegenwärtigen Offenbarung von Gottes Geheimnis handelt. Der Verfasser des Epheserbriefs hat es in Kol 1,26 vorgefunden und in 3,4f. sowie 3,9f. angewendet. Kol 1,26 ist deshalb der wichtigste Vergleichstext. Darüber hinaus finden sich das Revelationsschema bzw. damit verwandte Texte in Röm 16,25–27; 1Kor 2,6–10; 1Tim 3,16; 2Tim 1,9–11; Tit

---

[7] Vgl. MERKLEIN, Rezeption 412, und die dort angegebene Literatur.

[8] Siehe ebd. 413: „Paulus verkündigt das ‚Evangelium', das Christus zum Inhalt hat, an die (heidnische) Welt. Dieser ganze Vorgang (Christus – Evangelium – Paulus – Welt) wird vom Kolosser- und vom Epheserbrief im Begriff ‚Mysterium' zusammengefasst, wobei der Kolosserbrief den Akzent stärker auf die weltweite Mission, der Epheserbrief mehr auf die dadurch entstandene Kirche aus Juden und Heiden legt."

[9] Vgl. zum speziellen Verständnis des Heilsmysteriums im Eph auch GESE, Vermächtnis 243f.: „Nicht mehr der Sohn Gottes wie Gal 1,16, sondern der unerschöpfliche Reichtum Christi (Eph 3,8) soll verkündigt werden, oder – wie es parallel dazu in Eph 3,9 heißt – die οἰκονομία τοῦ μυστηρίου, was im Epheserbrief in ekklesiologischer Zuspitzung die Heilsgemeinschaft der Kirche meint. Mit diesen beiden Änderungen wird in der Offenbarung bereits der Auftrag des Paulus verankert. Die Offenbarung verwirklicht sich selbst, indem sie Paulus zur Durchführung dessen beruft, was sie beinhaltet. Hierdurch aber wird *die heilsgeschichtliche Stellung des Paulus* aufgewiesen."

[10] Vgl. DAHL, Beobachtungen 4f.

1,2f.; 1Petr 1,20; 1 Joh 1,1–3; Herm Sim 9,12; Ign Magn 6,1.[11] Um die besondere Aussageintention in Eph 3,1–13 herauszuarbeiten, sollen zunächst die Unterschiede zum Kolosserbrief beurteilt und in einem zweiten Schritt die übrigen Vergleichstexte auf ihr Verhältnis zu Eph 3 befragt werden.

3.1 Verdoppelung des Schemas

Der Kolosserbrief führt das Revelationsschema einmal an (vgl. 1,26). Der Verfasser des Epheserbriefs verdoppelt die Aussage. Er zieht ἀπὸ τῶν αἰώνων καὶ ἀπὸ τῶν γενεῶν zu zwei Aussagen auseinander. In V. 5 wird daraus ἑτέραις γενεαῖς οὐκ ἐγνωρίσθη, in V. 9 übernimmt der Verfasser ἀποκεκρυμμένου ἀπὸ τῶν αἰώνων zur Bezeichnung der früheren Verborgenheit des Geheimnisses. Die zweifache ausführliche Nennung der Geheimnisoffenbarung verweist grundsätzlich darauf, dass der Verfasser diese Frage für zentral hält. Gegenüber dem Kolosserbrief hat er offensichtlich ein gesondertes Interesse daran.

3.2 Paulus als exklusiver Offenbarungsempfänger

Der Epheserbrief akzentuiert bei der Aufnahme des Revelationsschemas einen anderen Gegensatz als der Kolosserbrief. In Kol 1,26 werden ἀποκεκρυμμένον und ἐφανερώθη einander gegenübergestellt. Hierin liegt der Gegensatz der Gesamtaussage. Die anderen Satzteile bilden weder auf der zeitlichen noch personalen Ebene entsprechend deutliche Antithesen. In der Wendung ἀπὸ τῶν αἰώνων καὶ ἀπὸ τῶν γενεῶν sind beide Präpositionalphrasen parallelisiert, so dass nicht klar herausgestellt wird, ob eine der beiden speziell zeitlich bzw. personal zu verstehen ist. Ein eindeutiger Kontrast zur zweiten Vershälfte ist deshalb weder hinsichtlich des νῦν noch des Syntagmas τοῖς ἁγίοις αὐτοῦ auszumachen. Beides wäre von der Wortbedeutung her jeweils möglich. Die Nennung der Äonen und Geschlechter dient daher vornehmlich dazu, den Aspekt der Verborgenheit zu unterstreichen. Speziell um diesen geht es in Kol 1,26.[12] Daraus ergibt sich, dass τοῖς ἁγίοις αὐτοῦ mehr erläuternder Anhang denn eigene Pointe der Aussage ist.

Stärker als Kol 1,26 hebt Eph 3,5 einen personalen Gegensatz hervor. Dies geschieht zum einen, indem an die Stelle von ἀποκεκρυμ-

---

[11] Vgl. zur Traditionsgeschichte des Revelationsschemas WOLTER, Verborgene Weisheit.

[12] Vgl. dazu MERKLEIN, Das kirchliche Amt 165: „Es [scil. ἀπὸ τῶν αἰώνων καὶ ἀπὸ τῶν γενεῶν] hat vielmehr die Funktion, die Verborgenheit schärfer zu profilieren, indem es sie als solche kennzeichnet, die sich jeder Aufhellung weltlicheroder menschlicherseits entzieht. Der Hauptton des ganzen Satzes liegt auf νῦν δὲ ἐφανερώθη."

μένον nun οὐκ ἐγνωρίσθη tritt. Hierin artikuliert sich stärker ein Vorenthalten des Geheimnisses vor speziellen Personen als nur der Zustand der Verborgenheit. Die Personen werden als τοῖς υἱοῖς τῶν ἀνθρώπων auch eigens gekennzeichnet. Ihren Gegenpart haben sie in den ἅγιοι ἀπόστολοι αὐτοῦ καὶ προφῆται ἐν πνεύματι. D.h. umgekehrt, dass die Offenbarungsempfänger im Unterschied zu Kol 1,26 explizit mit Nicht-Empfängern kontrastieren (vgl. τοῖς υἱοῖς τῶν ἀνθρώπων). Dieser Aussageebene wird dadurch sehr viel mehr Gewicht verliehen. So sind die Offenbarungsempfänger auch ausführlicher benannt als im Kolosserbrief. Sind es dort nur ‚seine Heiligen', so sind es in Eph 3,5 ‚seine heiligen Apostel und Propheten im Geist'. Weil der Verfasser die Offenbarungs*empfänger* akzentuiert, wählt er anstelle von ἐφανερώθη den Begriff ἀπεκαλύφθη. Damit knüpft er an V. 3 an, wo κατὰ ἀποκάλυψιν auf die besondere Offenbarung an Paulus rekurriert. Diese Semantik bestimmt auch die Aussage in V. 5. Die Pointe aus Kol 1,26, die im prägnanten νῦν δὲ ἐφανερώθη liegt, wird entsprechend der Interessenverschiebung im Epheserbrief abgeschwächt zu ὡς νῦν.

Alle Besonderheiten von Eph 3,5 gegenüber Kol 1,26 konvergieren darin, dass der Epheserbrief nicht so sehr die Verborgenheit und Offenbarung des Geheimnisses als solche im Blick hat. Seine Aussageintention zielt stattdessen auf die Tatsache, dass es bestimmte Offenbarungsempfänger gibt, das Geheimnis sich also nicht unweigerlich allen Menschen erschließt.[13] Diese Offenbarungsempfänger sind Apostel und Propheten. Der Apostel Paulus nimmt in ihrer Reihe eine Sonderstellung ein, die vom Epheserbrief ausdrücklich hervorgehoben wird. Wichtig ist dem Verfasser das in Gottes Heilsplan verankerte Verkündigungsamt des Paulus. Dieses setzt die Offenbarung speziell an ihn und seine alleinige Einsicht in das Mysterium voraus. Von der Verkündigung des Paulus aus erschließt sich das Geheimnis den Menschen.

Σύνεσις kommt bei Paulus nur innerhalb eines Jesaja-Zitates vor (vgl. 1Kor 1,19). Im Kolosserbrief findet es sich zweimal (vgl. Kol 1,9; 2,2). Nach dem Kolosserbrief vollzieht sich die Vermittlung dieser Geheimniseinsicht an alle Christen direkt durch Gottes Offenbarung (vgl. Kol 1,9; 2,2; 1,26). Laut Eph 3,4 ist die Einsicht in das Christus-Mysterium an die Verkündigung des Offenbarungsträgers

---

[13] Diese Darstellungsweise des Epheserbriefs unterscheidet sich nicht nur von Kol 1,26, sondern auch von den übrigen zum ‚Revelationsschema' zu rechnenden Texten. Der im Eph akzentuierte Gegensatz von Nicht-Offenbarung und Offenbarung nur an bestimmte Empfänger findet sich in keinem der oben genannten Vergleichstexte. Allein in 1Kor 2,6–10 geht es stärker um die Gruppen derer, denen das Geheimnis verborgen bleibt und derer, denen es offenbart wird. Ein exklusiver Kreis ist dabei aber nicht im Blick. – Zum ausführlichen Vergleich zwischen Eph und Röm 16,25–27; 1Kor 2,6–10; 1Tim 3,16; 2Tim 1,9–11; Tit 1,2f.; 1Petr 1,20; bezüglich dieser Fragestellung siehe MERKLEIN, *Das kirchliche Amt* 167–170.

Paulus gebunden. Es gilt, *seine* Einsicht in das Geheimnis nachzuvollziehen (πρὸς ὃ δύνασθε ἀναγινώσκοντες νοῆσαι τὴν σύνεσίν μου ἐν τῷ μυστηρίῳ τοῦ Χριστοῦ).[14] Entsprechend streicht Eph 1,8 σύνεσις gegenüber Kol 1,9.[15] Die Aussage in 3,8f. ist hiermit kongruent. Der Verkündigungsauftrag des Paulus hat sein Ziel in der Erleuchtung aller Christen bezüglich des Geheimnisses. Dieser ausgezeichnete Auftrag, der durch die folgende Nennung der Apostel und Propheten keine Minderung erfährt (V. 5), wird untermauert durch die Damaskus-Reminiszenz in V. 2f., die ihrerseits über die Vorlage des Kolosserbriefs hinausgeht (vgl. Gal 1,15f.).[16]

Paulus wird nicht nur als exklusiver Offenbarungsempfänger gezeichnet, sondern v.a. wird jede Einsicht in das Mysterium durch seine Verkündigung hindurch geführt. Es versteht sich von selbst, dass Paulus in dieser Rolle nicht Vorbild sein kann, sondern eine singuläre Stellung einnimmt.[17] Als der „‚kirchliche' Apostel" wird Paulus im Epheserbrief zum „Ausgangspunkt und Garant der Tradition"[18]. Dieser Konzeption bedient sich der Verfasser im Interesse seiner Brieffiktion. Zugleich geht er inhaltlich doch weit über Paulus hinaus. Die historisch einmalige Sicht des Paulus bestätigen die Änderungen, die der Verfasser hinsichtlich paulinischer Aussagen vom Nachahmen des Apostels vornimmt (vgl. 1Kor 4,16; 11,1; Phil 3,17). Der Verfasser des Epheserbriefs ruft stattdessen dazu auf, Gott nachzuahmen (Eph 5,1). Analog werden aus den Kindern des Apostels (1Kor 4,14) Kinder Gottes.[19]

Weil der Verfasser des Epheserbriefs die einzigartige Offenbarung an den Apostel Paulus betont, ist er grundsätzlich weniger an der Person als vielmehr am „Amt" des Paulus interessiert.[20] Nähere Charakterisierungen des Paulus als διάκονος (Eph 3,7) und δέσμιος (3,1; 4,1; vgl. auch 6,19f.) werden jeweils im Horizont des Verkündigungsamtes interpretiert und dienen so dazu, dieses stärker herauszustellen.[21] Biographische Angaben werden deutlich reduziert.

---

[14]   Vgl. auch SCHNACKENBURG, Epheser 133: „Aus dem Schreiben sollen die Adressaten die ‚Einsicht' des Paulus in das Mysterium Christi erkennen. Von der ‚Einsicht' (σύνεσις) spricht auch Kol 1,9; 2,2, doch als Wunsch für alle Christen." Siehe MERKLEIN, Das kirchliche Amt 163: „Offensichtlich ist σύνεσις für Eph eine Eigenschaft oder Fähigkeit, die allein dem ‚Paulus' (als Offenbarungsempfänger?) und nicht allen Christen zukommt."

[15]   Siehe ebd.

[16]   Vgl. SCHNACKENBURG, Epheser 132f.

[17]   Siehe ebd. 138.

[18]   MERKLEIN, Das kirchliche Amt 343.

[19]   Siehe dazu GESE, Vermächtnis 242f.

[20]   Vgl. ebd. 241.

[21]   Siehe dazu MERKLEIN, Das kirchliche Amt 222f.; 337–341; GESE, Vermächtnis 241f.

3.3 Einordnung in fortlaufende Zeitstrukturen

Die scharfe Markierung des νῦν in Kol 1,26 nimmt Eph 3,5 durch ὡς νῦν zurück. Der zeitliche Kontrast zwischen Vergangenheit und Jetzt-Zeit ist damit nicht fokussiert. Er tritt zugunsten der Akzentuierung des Offenbarungsempfängers zurück. Das bedeutet nicht, dass Eph 3,1–13 keine zeitliche Aussageebene aufweist. Weniger an einem antithetisch-punktuellen Verhältnis von Vergangenheit und Gegenwart interessiert, fokussiert der Verfasser mehr die Vorstellung einer zeitlichen Erstreckung.

Das zeigen zwei Beobachtungen. Zum einen erwähnt der Verfasser im Zusammenhang mit dem Revelationsschema drei verschiedene Zeitebenen. In ihrer logischen Abfolge sind dies: der vorweltliche Zeitpunkt, zu dem Gott das Geheimnisgeschehen beschlossen hat (vgl. Eph 3,11 κατὰ πρόθεσιν τῶν αἰώνων ἣν ἐποίησεν ἐν τῷ Χριστῷ Ἰησοῦ; s.o. Kap. II.1); die Zeit, während der das Geheimnis nicht offenbart wurde (vgl. Eph 3,5.9); die gegenwärtige Zeit, in der das Geheimnis durch die Apostel und Propheten, insbesondere aber durch den Apostel Paulus, kundgetan wird (vgl. Eph 3,5.10). Dieser Befund unterscheidet sich von traditionsgeschichtlich verwandten Texten dadurch, dass der Verfasser des Epheserbriefs als einziger sowohl die Zeitpunkte der Vorweltlichkeit des Beschlusses sowie der Gegenwart als Offenbarungszeit (vgl. 2Tim 1,9–11; 1Petr 1,18–21; Tit 1,2f.; 1Joh 1,1–3; Herm Sim 9,12; Ign Magn 6,1), als auch die dazwischen liegende Zeit der Nicht-Offenbarung, d.h. der Jenseitigkeit des Geheimnisses (vgl. auch Röm 16,25f.; 1Kor 2,4–10; Kol 1,26f.), zusammen wahrnimmt. Da der Verfasser des Epheserbriefs also sich erstreckende Zeit wahrnimmt, stellt er die gegenwärtige Zeit im Epheserbrief im Gegensatz zu 1Petr 1,20; Herm Sim 9,12,3 und Ign Magn 6,1 nicht als End- oder letzte Zeit dar. Die Zeit wird weiter fortlaufen.

Zum anderen verbindet der Epheserbrief das Revelationsschema mit einem anderen frühchristlichen Zeitschema, dem Einst-Jetzt-Schema. Auch dieses gilt in der Forschung als ein Kontrastschema ohne erkennbares Interesse an der Vergangenheit.[22] Seine Anwendung in Eph 2 weicht von diesem Sprachgebrauch ab. Der Verfasser verbindet Einst-Jetzt-Schema mit Weg-Metaphorik und legt dabei den Schwerpunkt gerade auf die Darstellung bzw. erst Sichtbarmachung von Vergangenheit (s.o. Kap. IV.1.3). Beide Schemata im Epheserbrief aufeinander zu beziehen, rechtfertigt sich über die bereits genannten Stichwortverbindungen zwischen Eph 2,11–22 und 3,1–13 sowie das jeweils zum Schema gehörige νῦν (vgl. 2,13; 3,5.10) hinaus durch den Inhalt des Mysteriums. Dass die Heiden mit in die Christusgemeinschaft hinein gehören (vgl. 3,6), ist das zentrale Thema von Eph 2 (vgl. v.a. 2,13). Dort wird die Heilsteilhabe der Heiden nicht vom

---

[22] Vgl. TACHAU, ‚Einst und Jetzt' 142f.

Offenbarungsschema, sondern unter Rückgriff auf das Einst-Jetzt-Schema vom Kreuzesereignis her entwickelt. Zeichnet sich also offenbar das Revelationsschema durch ein kontrastives Zeitverständnis aus, innerhalb dessen Zeitstrecken zu antithetischen Polen zusammenschmelzen, so besteht eine Besonderheit im Epheserbrief darin, dass er diese Pole in eine fortlaufende Zeitstruktur einordnet. Die Geheimnisoffenbarung wird stärker als in traditionsgeschichtlich verwandten Texten innerhalb abwechselnder Zeitphasen verstanden.

Zentrales Ereignis innerhab dieser Zeitstruktur ist die Entstehung der Kirche. Der spezifische Zusammenhang von νῦν und Kirche zeigt sich deutlich in Eph 2,13 und 3,5f.10. In 2,13 geht es unter Betonung des νυνὶ δέ direkt um das Hinzugekommensein der Heiden in die Christusgemeinschaft und damit um das Entstehen der christlichen ἐκκλησία. Das historische Kreuzesereignis wird in den folgenden Versen als Begründung hierfür angeführt. In 3,10 spricht der Verfasser von der jetzigen Kundgabe der Weisheit Gottes durch die Kirche. Geht es in 3,5 um die Geheimnisoffenbarung an Apostel und Propheten, so ist ja Inhalt des Geheimnisses nach V. 6 die Kirche aus Juden und Heiden. Dass zugleich der böse Archon im νῦν sein Unwesen treibt, zeigt, dass νῦν und Kirche nicht einfach ineinander aufgehen. Die Entstehung der Kirche im νῦν ist das Ereignis, durch das die vergangene Verborgenheit und die gegenwärtige Kundtat des Geheimnisses als eigene Zeitphasen abgrenzbar und so wahrnehmbar werden. Läuft also zum einen Zeit weiter fort, so ist aber zum anderen keine wertmäßige Überbietung der als Heilsraum verstandenen Kirche mehr für die Zukunft zu erwarten.

Das besondere Interesse des Epheserbriefs an der Offenbarung des Apostels Paulus ist mit diesem Zeitmodell kongruent. Der exklusive Offenbarungsträger hat eine einmalige Einsicht in das Mysterium. Eine solche ist aufgrund der damit verbundenen Traditionsbegründung sinnvoll nur im Fortlauf der Geschichte zu denken und weder in einem dauernden Kontrast-Jetzt noch am expliziten Ende der Zeit. Dasselbe gilt auch in Bezug auf die Erwähnung der Apostel und Propheten in V. 5. Auch sie sind Größen der Vergangenheit und deshalb historisch einzigartig. Das zeigt Eph 2,20.[23]

3.4   Zum Verhältnis von Eph 3,4f. und 3,9f.

Die bisherigen Beobachtungen, die sich aus dem Vergleich mit dem Kolosserbrief und weiteren Vorkommen des Revelationsschemas ergaben, sollen abschließend auf das Verhältnis zwischen Eph 3,4f. und 3,9f. befragt werden. Warum verdoppelt der Verfasser die Aussage von der Geheimnisoffenbarung?

---

[23]   Vgl. MERKLEIN, Das kirchliche Amt 200.

Grundsätzlich ist festzustellen, dass Eph 3,4f. stärker von Kol 1,26 abweicht als Eph 3,9f. Das Anliegen des Kolosserbriefs kommt bei der zweiten Ausführung mehr zum Tragen. Wo der Verfasser des Epheserbriefs das Thema des Mysteriums zuerst ausführt, akzentuiert er dagegen schärfer seine eigene Position. Eph 3,9 nimmt ἀποκεκρυμμένον ἀπὸ τῶν αἰώνων aus dem Kolosserbrief auf und verzichtet mit dem vorgegebenen Verb übereinstimmend auf die Erwähnung einer speziellen Gruppe. Die Verborgenheit bezieht sich allein auf das Geheimnis. Im Folgenden ersetzt der Epheserbrief den Offenbarungsterminus, den er in V. 5 gewählt hatte, durch γνωρισθῇ und kommt auch dadurch dem Kolosserbrief wieder näher. Allerdings vollzieht sich die Kundgabe des Geheimnisses bzw. der vielgestaltigen Weisheit Gottes über den Kolosserbrief hinaus διὰ τῆς ἐκκλησίας. Neu gegenüber Kol 1,26 ist, dass sowohl explizit eine verbergende Größe (Gott: ἐν τῷ θεῷ τῷ τὰ πάντα κτίσαντι) als auch eine offenbarende genannt werden. Wie in Kol 1,26 richtet sich die Kundgabe nicht mehr an einen ausschließlichen Adressatenkreis. Sogar den Mächten und Gewalten wird im Unterschied zu Eph 3,5 nun das Geheimnis eröffnet. Das Verhältnis der beiden Stellen zueinander sowie zur Vorlage des Kolosserbriefs erhellt vor dem bereits besprochenen Verständnis von σύνεσις im Epheserbrief. Wie gezeigt wurde, schaltet der Verfasser über das Verständnis des Kolosserbriefs hinaus an dieser Stelle den Apostel Paulus zwischen Geheimnis und Welt. Letztere kann nicht direkt ‚Einsicht' in den Inhalt des Mysteriums nehmen, sondern Erkenntnisziel ist die σύνεσις des Paulus (vgl. V. 4). Dieses Vorzeichen zur Formulierung des Revelationsschemas in V. 5 spiegelt sich dort in der Betonung exklusiver Offenbarungsempfänger.

In V. 9 liegt die Aussage näher bei Kol 1,26. Dies ist aber nun vor dem Hintergrund der zuvor in V. 4f. präzisierten Auffassung von Paulus als herausragendem Offenbarungsempfänger zu verstehen. Ein direkter Hinweis darauf findet sich in der Einleitung durch καὶ Φωτίσαι [πάντας] τίς ἡ οἰκονομία τοῦ μυστηρίου. Hieran schließt sich das Revelationsschema an. Auch hier ist also die Erleuchtung durch das paulinische Verkündigungsamt der allgemeinen Kundgabe vorgeschaltet. Die Voraussetzung dafür liefert das spezielle Offenbarungsverständnis in Eph 3,3–5. In V. 9f. sind nun die daraus erwachsenen Konsequenzen im Blick. Ging es zuerst um einen Rückblick auf die Anfänge und einzigartigen Offenbarungsträger, so stellt sich nun die Frage nach dem Umgang mit diesen Anfängen, die bereits wieder in der Vergangenheit liegen.[24] Die Antwort liegt im Verhältnis von ein-

---

[24] Vgl. dazu auch GESE, Vermächtnis 235: „Von […] der nun gegründeten Kirche aus, wird das Mysterium den Mächten und Gewalten im Himmel bekannt gemacht. Durch die Verdoppelung des Revelationsschemas bringt der Verfasser also *zwei Stufen* in der Kundgabe des Mysteriums zum Ausdruck und gewährt damit einen Einblick in sein Verständnis der zeitgeschichtlichen Situation! Offensicht-

zigartiger, nicht überbietbarer Offenbarung des Geheimnisses (ἀπο-κάλυψις) und daran gebundener dauernder, wiederholbarer Kundgabe (γνωρίζω) des Inhaltes dieses Geheimnisses.²⁵ Letztere vollzieht sich durch die Kirche. Zeigt dieses Verhältnis bereits, dass es sich beim μυστήριον um einen Zeitbegriff handelt, so tritt der geschichtliche Charakter durch die räumliche Konzeptualisierung spezifischer Ordnungsstrukturen sowie den historischen Standpunkt, den der Verfasser einnimmt, deutlich hervor. Dies zeigt sich besonders deutlich vor dem traditionsgeschichtlichen Hintergrund frühjüdischer Geheimnis-Vorstellungen.

4 Das μυστήριον vor dem Hintergrund frühjüdischer Tradition

Im 1. Jahrhundert n.Chr. erfährt der Begriff des μυστήριον vielfache Verwendung.²⁶ Vertreter der religionsgeschichtlichen Schule haben den traditionsgeschichtlichen Bezugspunkt für die Rede vom verborgenen Geheimnis und seiner Offenbarung in gnostischen oder mysterienkultischen Vorstellungen gesehen.²⁷ Dieser Ansatz wird inzwischen nur noch selten verfolgt.²⁸ Die jüngere Forschung interpretiert den μυστήριον-Begriff verstärkt vor dem Hintergrund apokalyptischer Entwürfe des Frühjudentums, wenngleich auch zwischen apokalyptischem einerseits und gnostischem und mysterienkultischem Sprachgebrauch andererseits Berührungspunkte liegen.²⁹ Insbesondere Qumran-Texte spielen für das apokalyptische Verständnis des Begriffs eine wichtige Rolle. Hier lassen sich weit reichende Übereinstimmungen zum Neuen Testament und besonders zum Epheserbrief aufzei-

---

lich gehört für ihn die Offenbarung des Mysteriums an die Apostel einer vergangenen Zeit an, denn sonst ließe sich die Erweiterung um eine zweite Stufe nicht verstehen. Durch die Verdoppelung gibt er zu erkennen, daß er die Zeit der Apostel für abgeschlossen hält. Die Gegenwart ist damit als *nachapostolisches Zeitalter* charakterisiert, in der das geoffenbarte Heilswort weitergegeben wird. Der jetzigen Generation wird die Aufgabe zugesprochen, das Mysterium den Mächten zu verkünden" (Hervorhebungen im Original).

²⁵ Siehe MERKLEIN, Das kirchliche Amt 185f.

²⁶ Siehe dazu BORNKAMM, μυστήριον; CARAGOUNIS, Mysterion 1–26; vgl. zum Bedeutungsumfang von μυστήριον in Bezug auf Initiationsterminologie SÄNGER, Antikes Judentum 94–98.

²⁷ Vgl. dazu MERKLEIN, Das kirchliche Amt 210.

²⁸ Siehe aber POKORNÝ, Epheserbrief und gnostische Mysterien; Der Epheserbrief und die Gnosis 111–124.

²⁹ Siehe dazu BORNKAMM, μυστήριον 822: „Hier und dort die gleichen Schweigegebote, die in den Apokalypsen von den Engeln übernommene Rolle des Mystagogen und die vom Gnostiker und Apokalyptiker visionär erfahrene, in den Kulten liturgisch dargestellte Himmel- und Hadesfahrt."

gen.[30] Frühjüdische Texte und Qumran-Schriften, die von der Kundgabe göttlicher verborgener Geheimnisse an erwählte Einzelpersonen und vom Hervortreten der Geheimnisse am Ende der Zeiten handeln, werden deshalb vielerorts als Verstehenshintergrund des Geheimnis-Begriffs herangezogen, ohne dass dabei eine unmittelbare Abhängigkeit vorauszusetzen wäre.[31] Eher ist mit Parallelentwicklungen zu rechnen. Der Mysterium-Begriff hat im Frühjudentum vielgestaltige Bezugnahmen und mannigfaltige Ausgestaltung erfahren, so dass man dort nicht von dem einheitlich verstandenen Geheimnis sprechen kann. Trotzdem lassen sich den verschiedenen Texten doch auch wesentliche Grundstrukturen entnehmen, in denen sie übereinstimmen. Um diese tendenziellen Gemeinsamkeiten soll es hier gehen, insofern sie für den Epheserbrief relevant erscheinen. Sie eignen sich zugleich als Kontrastfolie für die Bestimmung des μυστήριον-Begriffs im Epheserbrief. Denn der Verfasser stellt das Geheimnis-Konzept in den Dienst seiner spezifischen Paulus-Anamnese. Dadurch ergeben sich notwendig Verschiebungen und eigene Akzentsetzungen.

4.1 Das Christusmysterium

Während frühjüdische apokalyptisch geprägte Schriften eine Vielzahl von Geheimnissen kennen, redet der Epheserbrief (wie der Kolosserbrief auch) ausschließlich im Singular vom μυστήριον. Dies bedingt die neue „christologische Konzentration des [...] Begriffs"[32]. Der Bezug auf Christus ist an allen insgesamt sechs Stellen im Epheserbrief gegeben: 1,9 nennt als Inhalt des Mysteriums die Zusammenfassung des Alls in Christus; 3,3f. bezieht sich auf das μυστήριον τοῦ Χριστοῦ; diese Präzisierung ist im Kontext auch für V. 9 anzunehmen; in 5,32 deutet der Verfasser das Geheimnis des Genesis-Zitats (vgl. Gen 2,24) auf das Verhältnis von Christus und Kirche. Das μυστήριον τοῦ εὐαγγελίου in 6,19 verweist auf die Christusverkündigung des Apostels Paulus. Der Verfasser des Epheserbriefs übernimmt die Vorstellung von Christus als Inhalt des Geheimnisses aus dem Kolosserbrief (vgl. Kol 1,27; 2,2; 4,3). Sie ist nicht als seine Eigenleistung zu interpretieren. Gemeinsam ist beiden Briefen ebenfalls, dass mit der

---

[30] Vgl. z.B. BROWN, Pre-Christian Semitic Concept; Semitic Background, bes. 74–84; KUHN, Der Epheserbrief, bes. 336; ALLEGRO, Botschaft, bes. 114f.; vgl. auch CARAGOUNIS, Mysterion 121–127; 129–135, zum Hintergrund der μυστήριον-Vorstellung in Qumran und in Daniel. Auf Letzterem liegt bei Caragounis etwas einseitig der Schwerpunkt.

[31] So z.B. MERKLEIN, Das kirchliche Amt 210; SCHNACKENBURG, Epheser 139; gegen KUHN, Der Epheserbrief 337.

[32] MERKLEIN, Das kirchliche Amt 211; siehe auch KUHN, Der Epheserbrief 336: „Es ist ‚*das* Geheimnis Christi', also die Christologie in ihrer ganzen Fülle. Hier liegt der entscheidende Unterschied: Das *Neue* gegenüber Qumran ist die Christologie"; vgl. auch MUSSNER, Beiträge 188; SCHNACKENBURG, Epheser 139.

christologischen Konzentration des Geheimnisses der Apostel Paulus verbunden und so seinerseits zum Inhalt des Mysteriums wird. Was in Bezug auf diesen Inhalt des Geheimnisses aber auch gegenüber dem Kolosserbrief neu ist, hatte sich in der Analyse als Akzentuierung des Verkündigungsamtes sowie der besonderen Einsicht des Paulus in das Mysterium erwiesen.

4.2 Kosmische und eschatologische Ordnungsstrukturen des Geheimnisses

Mit der Ausgestaltung des Geheimnisses als Gottes vorzeitigem Plan und der damit verbundenen Hervorhebung eines geordneten Geschehensablaufes (vgl. Kap. II.1) rückt das Konzept des Epheserbriefs stärker als das des Kolosserbriefs in die Nähe apokalyptisch geprägter Entwürfe des Frühjudentums und einiger Qumranschriften.

Der Verfasser verweist wiederholt auf den ‚Willen‘ und den ‚Ratschluss‘ Gottes, gemäß dem sich das Geschehen vollzieht. Auch Qumrantexte betonen, dass die Geheimnisse aus Gottes Willen, seiner Klugheit oder Einsicht hervorgehen.[33] Als im Himmel bereitliegende Ratschlüsse Gottes können die Geheimnisse vom Visionär geschaut werden.[34] Ihre räumlich-gegenständliche Metaphorisierung artikuliert sich besonders in der Vorstellung, dass der entrückte Visionär die im Himmel verborgenen Geheimnisse unter Aufsicht eines Engels durch- bzw. abschreitet und sie auf diese Weise erfasst.[35]

Mit der durch Gott festgelegten gesetzmäßigen Ordnung der Geheimnisse hängen ihre kosmische sowie geschichtlich-eschatologische Dimension zusammen, die für apokalyptische Darstellungen charakteristisch sind.[36] Die Geheimnisse beziehen sich auf Gottes Schöpfung, deren kosmische Anordnung, Seins- und Wirkkräfte sie beinhalten.[37] Als solche sind sie das, „was die Welt im Innersten zusammenhält“[38]. Besonders wichtig ist dabei die Verknüpfung mit der geschichtlichen Komponente. Gott hat den Ablauf der Welt nach einer bestimmten Zeitenfolge geordnet. Er hat die Reihenfolge und die Anzahl der Zeiten festgelegt, die sich zu einem festgesetzten Termin vollenden werden.[39] Am Ende des Zeitenlaufs steht die universale Offenbarung der Geheimnisse, so dass die erwartete Endzeit zum

---

[33] Vgl. dazu bes. 1QH Frgm. 3,7; weiterhin 1 QpHab VII,14; 1QH XVII (IX),23; 1QS IV,18; 1QH V (XIII),13; 1QH XX (XII),13; 1QH XIX (XI),9f.

[34] Siehe äthHen 83,3–7; 103,2–6; 106,19.

[35] Vgl. die bei BORNKAMM, μυστήριον 821, angegebenen Texte: äthHen 71,3f.; 40,2; 46,2.

[36] Vgl. dazu MERKLEIN, Das kirchliche Amt 212f.

[37] Vgl. 1QS XI,3f.; 1QH IX (I),9–21 (bes. 11.13); äthHen 69,15ff.

[38] BORNKAMM, μυστήριον 821.

[39] Vgl. 1QH IX (I),16–20.24; 1QH V (XIII),12f.; 1QpHab VII,2.13f.; 4Esr 4,37; syrBar 40,3; Tob 14,5; 4Esr 11,44; LibAnt 3,9f.; 23,13; 28,9; CD IV,8f.; 1QM I,8.

„,kommenden Geheimnis' schlechthin" werden kann.[40] Diese Terminfrage ist von eigenem Interesse für Apokalyptiker, die das Geheimnis der Zeiten bereits überschauen.[41] Er sieht das Heraufziehen der Perioden und die damit verbundenen Ereignisse.[42] An der Ausrichtung auf das Ende der abgezählten Perioden zeigt sich der eschatologische Gehalt des Begriffs. Die Geheimnisse wie die mit ihnen korrelierten Zeiten werden durch ihre metaphorische Konzeptualisierung visuell erfahrbar gemacht.

Der Verfasser des Epheserbriefs nimmt sowohl die kosmische wie die historisch-eschatologische Komponente frühjüdischer Geheimniskonzeptionen auf, interpretiert sie aber an entscheidender Stelle um. Beide verbindet er an je zwei Stellen miteinander. Das kosmische Ziel des Mysteriums benennt er in 1,9f. mit der Anakephalaiosis des Alls in Christus.[43] Die Zusammenfassung des Alls ist mit der Vollendung der Geschichte im πλήρωμα τῶν καιρῶν verknüpft. Die Wendung ist im Verbund mit dem aktiven Moment von οἰκονομία als *genitivus obiectivus* zu verstehen.[44] Der vorzeitig beschlossene Plan ist auf die Durchführung der Fülle der Zeiten gerichtet. Hier nimmt der Verfasser die Metapher der geordneten und begrenzten Zeitperioden, die sich vollenden müssen, auf.[45] Ein „Spitzensatz"[46], der den Gedanken von der abgezählten Welt-Zeit formuliert, ist 4Esr 4,36f.: *Et respondit ad ea Hieremihel archangelus et dixit: Quando impletus fuerit numerus similium vobis, quoniam in statera ponderavit saeculum et mensura mensuravit tempora et numero numeravit tempora, et non commovit nec excitabit usquedum impleatur praedicta mensura.*[47] Das Syntagma in Eph 1,10 erinnert an Gal 4,4 πλήρωμα τοῦ χρόνου. Während eine semantische Differenz zwischen χρόνος und καιρός nicht vorausgesetzt werden muss[48], liegt ein wichtiger Unterschied in der singularischen Formulierung des Galaterbriefs, die nicht explizit auf eine Vielzahl abgelaufener Zeiten zu beziehen ist.[49] Der Kontext unterscheidet sich darin, dass hier nicht Gottes Geheimnis und dessen

---

[40] Vgl. MERKLEIN, Das kirchliche Amt 213, mit Verweis auf 1Q 27,1–4.

[41] Vgl. zur eschatologischen Terminfrage STUHLMANN, Maß, *passim*.

[42] Vgl. syrBar 81,4; 4Esr 14,5.

[43] Siehe zu den syntaktischen Bezügen GNILKA, Epheser 79: „Das Folgende bestimmt den Inhalt des ‚Geheimnisses seines Willens': ἀνακεφαλαιώσασθαι … Man sollte den Einschnitt mit einem Doppelpunkt markieren, den man vor dieses Verb setzt. Das Mysterium ist also: das All soll in Christus zusammengefasst werden."

[44] Siehe SCHLIER, Epheser 62f.; LINDEMANN, Aufhebung 79; STUHLMANN, Maß 70; GNILKA, Epheser 79.

[45] Vgl. LINCOLN, Ephesians 32.

[46] STUHLMANN, Maß 41.

[47] Siehe zu dieser Passage auch HARNISCH, Verhängnis 277, der sie als „Schlüssel zum Verständnis der apokalyptischen Zeitauffassung überhaupt" ansieht.

[48] Siehe dazu BARR, Biblical Words for time 44; gegen LINDEMANN, Aufhebung 95.

[49] Vgl. GNILKA, Epheser 79.

planmäßige Enthüllung im Blick sind, sondern der Gegensatz von Knechtschaft und Kindschaft in Bezug auf das Gesetz. Die verbalen Formulierungen in Mk 1,15 (πεπλήρωται ὁ καιρός) und – mit seiner Erweiterung ἐθνῶν – Lk 21,24 (ἄχρι οὗ πληρωθῶσιν καιροὶ ἐθνῶν) gehören ebenfalls in diesen Vorstellungsbereich.[50]

In Eph 3,11 klingt deutlicher als in 1,10 der Aspekt der geordneten Zeitabfolge selbst an. Die Kundgabe der vielgestaltigen Weisheit Gottes, d.h. des Geheimnisses[51], vollzieht sich κατὰ πρόθεσιν τῶν αἰώνων. Πρόθεσις ist transitiv gebraucht, so dass τῶν αἰώνων keine Umschreibung für das Adjektiv αἰώνιος ist.[52] Daraus ergibt sich für V. 11 die Übersetzung: „gemäß der Anordnung der Äonen, die Gott in Christus, unserem Herrn, vorgenommen hat". Wie in Eph 1,9f. ist die zeitliche Ordnung mit einem Hinweis auf die Schöpfungsordnung verbunden (vgl. V. 9 τῷ τὰ πάντα κτίσαντι). Konsistent mit der ‚Anordnung der Äonen' ist diese Angabe nicht auf ein kosmisches Ziel gerichtet.

4.3 Die οἰκονομία des Geheimnisses

Über diese kosmischen und eschatologischen Ordnungselemente hinaus thematisiert der Verfasser des Epheserbriefs die ‚Ordnung' des Geheimnisses explizit durch das Wort οἰκονομία. Mit dem Begriff verbindet er ein eigenes Anliegen. Die Bedeutung von οἰκονομία in Eph 3,2 ist strittig. Viele Auslegungen plädieren für ‚Amt', ‚Verwaltungsamt', was auch in Kol 1,25 überwiegt.[53] Im Verbund mit den οἰκονομία-Aussagen in Eph 1,9; 3,9 ist aber auch für 3,2 die Bedeutung „göttliche Einrichtung, Anordnung, Plan oder Heilsplan, Heilsordnung, Heilsveranstaltung"[54] vorauszusetzen. Für solche einheitliche Semantik spricht zum einen, dass οἰκονομία in 3,2 und 3,9 innerhalb desselben Gedankenganges vorkommt. Zum anderen weist die Häufigkeit des Wortes im Epheserbrief verglichen mit der übrigen neutestamentlichen Verwendung auf eine eigene Konzeption.[55] Die Bedeutung ‚Anordnung' und im Kontext genauer Gottes Anordnung als ‚Heilsordnung' ist grundsätzlich für den Epheserbrief anzunehmen. Der Schwerpunkt liegt dabei je nach Kontext eher auf der Ordnung oder stärker auf der Durchführung dieser Ordnung.

---

[50] Vgl. zu Lk 21,24 FUSCO, Eschatological texts 1686.

[51] Siehe SCHLIER, Epheser 156.

[52] Vgl. ebd. 157; MERKLEIN, Das kirchliche Amt 213; ferner BDR §165 mit Anm. 2.

[53] Vgl. z.B. MICHEL, οἶκος 154; DIBELIUS/GREEVEN, Epheser 73; Roloff, Apostolat 113 Anm. 256; REUMANN, OIKONOMIA-Terms 165.

[54] Vgl. SCHLIER, Epheser 148; vgl. MERKLEIN, Das kirchliche Amt 173f.; SCHNACKENBURG, Epheser 132; THEOBALD, Epheser 98; GNILKA, Epheser 163; PERCY, Probleme 343.

[55] Vgl. so auch MERKLEIN, Das kirchliche Amt 174.

Entscheidend für vorliegenden Zusammenhang ist 3,9, wo diese Semantik außer Frage steht. Hier geht es um ἡ οἰκονομία τοῦ μυστηρίου. Das Mysterium ist also explizit heilvoll angeordnet. Diese besondere Anordnung soll für alle beleuchtet, d.h. erkennbar werden (φωτίσαι [πάντας]). Die Aussagen in 1,9 und 3,2 sind damit kongruent. Sie fügen sich in den Gesamtrahmen des geordneten Mysteriumsraumes ein. In 3,2 wird vorausgesetzt, dass die Adressaten bezüglich der οἰκονομία τῆς χάριτος τοῦ θεοῦ τῆς δοθείσης μοι im Bilde sind. Der Genitiv ist als *genitivus obiectivus* bzw. *explicativus* zu verstehen. Er präzisiert, welcher Teil der Heilsordnung an dieser Stelle gemeint ist. Die Gnadengabe Gottes an Paulus ist Teil der Heilsordnung. Entsprechend verhält es sich in 1,9 γνωρίσας ἡμῖν τὸ μυστήριον ... κατὰ τὴν εὐδοκίαν αὐτοῦ ἣν προέθετο ἐν αὐτῷ εἰς οἰκονομίαν τοῦ πληρώματος τῶν καιρῶν. Hier nennt der Verfasser als Teil der Heilsordnung die ‚Fülle der Zeiten‘ (vgl. Gal 4,4). Οἰκονομία steht auch an dieser Stelle in Verbindung mit dem Mysterium und meint dessen geordnete Durchführung. Mit οἰκονομία als gottgegebener Heilsordnung ist die mehrfache Nennung von Gottes planvollem wirkmächtigen Handeln korreliert: κατὰ τὴν εὐδοκίαν [τοῦ θελήματος] αὐτοῦ (1.5.9); θελήματος αὐτοῦ (1,9); κατὰ πρόθεσιν [τῶν αἰώνων] (1,11; 3,11); κατὰ τὴν βουλὴν τοῦ θελήματος αὐτοῦ (1,11).

Das Wortfeld ‚Ordnung, Plan‘ erhält im Epheserbrief über den traditionsgeschichtlichen Bezug zu frühjüdischen Geheimnisvorstellungen, die von geordneten und bei Gott verborgenen Geheimnisse handeln, eine spezielle Funktion. Es dient dem Verfasser zur übersichtlichen Strukturierung seiner metaphorischen Weltbildkonstruktion. Diese wird zum einen in Bezug auf eine bestimmte Reihenfolge der Ereignisse hin geordnet. Die Ereigniskette reicht von der vorzeitigen Erwählung über den Verlorenheitszustand der Heiden, das Versöhnungswerk Christi, die Verkündigung des Apostels Paulus bis zur daraus erwachsenen Kirche. Zum anderen ist das Weltbild durch eine räumliche Anordnung strukturiert. Zentrale Orte dieses Weltbildes sind die Überhimmel, der aus Himmel und Erde bestehende Kosmos und der dazwischen liegende Luftbereich.[56] Dabei versteht die vorliegende Untersuchung im Rahmen ihrer Methodik unter Weltbild nicht ein starres Gefüge mit mit klar definierten Grenzziehungen, sondern ein korrelationales Gefüge.

---

[56] Siehe zum Weltbild des Epheserbriefs z.B. MUSSNER, Christus, das All und die Kirche 9–39, zusammenfassend: 28; GNILKA, Epheser 63–66; SCHWINDT, Weltbild 351–399; zur strittigen Bedeutung der Wendung τὰ κατώτερα [μέρη] τῆς γῆς in Eph 4,9, die sich entweder auf die Erde selbst oder aber auf die Unterwelt bezieht, vgl. SCHWINDT, Weltbild 393–399.

4.4 Zusammenfassung

Insgesamt berührt sich die metaphorische Konzeptualisierung des Geheimnisses im Epheserbrief an folgenden Punkten eng mit der frühjüdischer Texte: Das μυστήριον ist bei Gott verborgen und kann durch auserwählte Offenbarungsempfänger geschaut werden. Es verfügt über eine kosmische bzw. übergeschichtliche und eine geschichtlich-eschatologische Komponente. Beide folgen einer von Gott festgelegten Ordnung, die auf ein seinem Willen entsprechendes Ziel hinausläuft.

Der entscheidende Unterschied zwischen frühjüdischen Konzeptionen und dem Epheserbrief besteht aber darin, dass dieser kein Interesse an Zahlenverhältnissen, Berechnungen und Verzögerungen hat.[57] Das liegt daran, dass die Zeiten bereits zu ihrer Vollendung gekommen sind (vgl. Eph 1,9f.). Während in frühjüdischen Texten die Zeitenfolgen in Erwartung ihres zukünftigen Endes temporär geschaut werden, hat sich die Perspektive im Epheserbrief dadurch umgekehrt, dass der Himmel schon offen ist. Der Verfasser des Epheserbriefs blickt auf das πλήρωμα und die Geheimnisoffenbarung zurück. Da Zeit nicht nur trotzdem weiter läuft, sondern unendlich ist (s.o. Kap. II.2.2.–2.6), wird deutlich, dass der *auctor ad Ephesios* die traditionellen Begriffe aus ihrer quantitativen Semantik löst und ausschließlich qualitativ interpretiert. Das πλήρωμα ist in Eph 1,10 allein qualitativer Höhepunkt von Zeit, nicht ihr quantitativer Endpunkt. So wenig wie die Nennung des kommenden Äons im Epheserbrief hat das πλήρωμα τῶν καιρῶν die Funktion, auf das Ende des alten Äons hinzuweisen.

Die Anknüpfung an apokalyptische Vorstellungen durch eine kosmische und zeitliche Strukturierung des Mysteriums geht über den Kolosserbrief hinaus. Das stark durch kosmische Kategorien geprägte Christus-Enkomion in Kol 1,15–20 ist nicht namentlich mit dem Mysterium verknüpft.[58] Ist die apokalyptischen Tendenzen nahe stehende Ausgestaltung der Mysterium-Metapher im Epheserbrief gegenüber dem Kolosserbrief also als Eigenleistung des Verfassers zu werten, stellt sich die Frage nach dem Grund dafür, dass der Verfasser so intensiv auf das Konzept zurückgreift. Zum einen dient es ihm vor dem traditionsgeschichtlichen Hintergrund zur qualitativen Deutung von Ereignissen. Die Anakephalaiosis Christi, die seine Herrschaftsstellung über den Kosmos ausdrückt (vgl. Eph 1,20–23), ist ein nicht mehr zu überbietendes Geschehen. Zum anderen kennt der Verfasser des Epheserbriefs nicht nur besondere Offenbarungsempfänger, sondern macht diese auch, namentlich Paulus, zum Vermittler des geof-

---

[57] Vgl. SCHNACKENBURG, Epheser 57.
[58] Siehe dazu MERKLEIN, Das kirchliche Amt 212f.

fenbarten Inhaltes. Da der Verfasser sich aber selber als Paulus ausgibt, legitimiert er so seine eigenen Ausführungen.[59]

---

[59] Vergleichbare Strukturen im Hinblick auf Geschichte und Heilsgeschehen sind im JohEv festzustellen, vgl. dazu FREY, Eschatologie III 487: Die „christologisch begründete Vergegenwärtigung hindert den Evangelisten jedoch freilich keineswegs daran, auch nach dieser Stunde mit dem Weiterbestehen von Zeit und Geschichte und mit dem Unwesen des ἄρχων τοῦ κόσμου in der Welt zu rechnen. Das Heilsgeschehen bedeutet insofern für die geschichtliche Existenz des Menschen – auch der Glaubenden – *keine* ‚Aufhebung der Zeit'".

Kapitel VI: Die *epistula ad Ephesios* und Paulus

Auf der Basis der für den Epheserbrief erarbeiteten metaphorischen Zeitkonzepte soll im folgenden Kapitel nach ihrem Verhältnis zur paulinischen Theologie gefragt werden. Dabei geht es insbesondere um die Profilierung der Überhimmel-Metaphorik im Kontext von Eph 1,20–23 und 2,5f. gegenüber der von Paulus in 1Kor 15 entworfenen eschatologischen Konzeption bzw. dem Taufverständnis in Röm 6,1–11 sowie um das Verständnis von Kreuz und Rechtfertigung im Epheserbrief gegenüber der paulinischen Tradition. Abschließend soll die Bedeutung des Geheimnis- bzw. Offenbarungs-Konzepts in Eph 3,1–13 sowohl in Bezug auf die ersten drei Kapitel des Briefes als auch in Bezug auf das paulinische Pseudonym herausgestellt werden.

1 Christus Victor Temporis

1.1 Die ἐπουράνιοι-Konzeption des Epheserbriefes im Vergleich mit 1Kor 15

Die paulinische Eschatologie zeichnet sich durch eine hohe Variabilität aus (vgl. v.a. die größeren Begründungszusammenhänge in 1Thess 4,13–5,11; 1Kor 15; 2Kor 5,1–10; Phil 1,21–24; Röm 8). Ihr Facettenreichtum hat zur These geführt, dass sich das eschatologische Denken des Paulus von apokalyptisch geprägten hin zu individuellen, hellenistischen Vorstellungen entwickelt habe.[1] Im 1Thess sei Paulus noch von einer akuten Naherwartung geprägt, die mit der direkt bevorstehenden Entrückung aller Christen rechne. Die Vorstellung von der Auferstehung der Christen sei dagegen eher nachgeordnet und diene der Tröstung der Gemeindemitglieder angesichts der ersten Todesfälle. Die Osterverkündigung gerät so in den Rang einer späten Entwicklungsstufe. Die These ist aber pauschal so nicht haltbar. Paulus kann je nach Kontext und Problemlage

---

[1] So z.B. schon PFLEIDERER, Das Urchristentum 290–306; HOLTZMANN, Theologie II 215–229; vgl. in jüngerer Zeit beispielsweise WIEFEL, Hauptrichtung, *passim*; SCHNELLE, Wandlungen 47f. Zu Auferstehungsaussagen in 1Thess 4; 1Kor 15 und 2Kor 5 jetzt BECKER, Auferstehung, 160–171. Zur Problematik des Apokalyptikbegriffes, etwa in der Einordnung von 1Thess 4,13–18, vgl. SCHNEIDER, Vollendung 215–221.

unterschiedlich argumentieren.[2] Angemessener ist deshalb eine Beschreibung, die zwischen Konstanten und Variablen paulinischer Eschatologie unterscheidet.[3] Zu den Konstanten ist zum einen die Vorstellung der Auferweckung ‚in Christus‘[4] zu zählen (vgl. 1Thess 4,16 οἱ νεκροὶ ἐν Χριστῷ; vgl. 1Kor 15,22; 2Kor 5,8; Phil 1,23; 3,20f.). Es geht damit nicht um eine allgemeine Totenauferstehung, sondern um die der Christen. Zum anderen bleibt die unverbrüchliche Verbindung zwischen Auferstehung Jesu und Auferstehung der Toten konstant (vgl. 1Thess 4,14; 1Kor 6,14; 15,20–28; 2Kor 4,14; Röm 8,11). Verschieden kann Paulus dagegen die Anthropologie akzentuieren. In 1Kor 15 ist diese stark dualistisch geprägt. Stärker noch ist diese dualistische Tendenz in 2Kor 5,1–10 greifbar. Die antithetischen Begriffspaare ‚daheim sein – fern sein‘, ‚entkleidet – überkleidet‘, ‚sterblich – lebendig‘ weisen in die Richtung einer hellenistischen, individualistischen Anthropologie. So scheint Paulus hier auch erstmals mit seinem Tod vor der Parusie zu rechnen (vgl. Phil 1,12ff; Röm 14,8f.)

Die folgende Analyse wird sich wesentlich auf den Vergleich mit der besonderen Konzeption in 1Kor 15 beschränken. Als terminologischer Anhaltspunkt hierfür dient die fünfmalige Verwendung des Begriffs ἐπουράνιος (vgl. 1Kor 15,40 [zweimal].48 [zweimal].49). Sonst verwendet Paulus den Begriff nur noch einmal in Phil 2,10. Er ist also offenbar zentral für die Argumentation in 1Kor 15. Konzeptioneller Anhaltspunkt für den Vergleich mit 1Kor 15 ist die Beobachtung, dass im Hintergrund von Eph 1,20–22 offensichtlich die Ausführungen von 1Kor 15,24–27 stehen (s.u. Kap. VI.1.1.2.1)[5], und Eph 2,5f. sich direkt auf Eph 1,20–23 bezieht. Von der unterschiedlichen Konzeptualisierung von ἐπουράνιος bei Paulus und im Epheserbrief erhellen zentrale Unterschiede. Es wird zu zeigen sein, dass der Epheserbrief über 1Kor 15 hinaus die durch ihn selbst geprägte Wendung ἐν τοῖς ἐπουρανίοις konsequent im Sinne einer Diskontinuität zu irdischen Lebensvollzügen versteht. Zugleich kann er durch sie zum Ausdruck bringen, dass kein

---

[2]   Siehe z.B. LINDEMANN, Eschatologie 398f.: „So erweisen sich die Unterschiede in der Eschatologie des ersten und des auf ihn folgenden zweiten Korintherbriefs (wie auch die Unterschiede zwischen diesen und dem früheren Ersten Thessalonicherbrief) als ein instruktives Beispiel dafür, daß und auf welche Weise Paulus seine theologischen Aussagen nicht in erster Linie thetisch entwirft, sondern im konkreten brieflichen problembestimmten Dialog mit seinen jeweiligen Adressaten im Kontext von deren je besonderer Situation." Deshalb gilt es hier insbesondere den apokalyptischen Gehalt je eigens zu bestimmen. Zur Problematik des Pauschalbegriffes ‚Apokalyptik‘, vgl. BETZ, Problem; HAHN, Apokalyptik; KOCH, Apokalyptik; WOLTER, Apokalyptik.

[3]   Vgl. dazu BEKER, Sieg Gottes 21–24, der die Hermeneutik des Paulus als Dialektik von Kohärenz (unveränderliche Bestandteile des Evangeliums) und Kontingenz (veränderlicher, gelegenheitsbedingter Anteil des Evangeliums) beschreibt.

[4]   Zum Bezug von ἐν Χριστῷ vgl. kritisch SCHNEIDER, Vollendung 243f.

[5]   Vgl. GESE, Vermächtnis 66.

universaler ‚Auferstehungstermin' zu erwarten ist. Zu beachten ist der jeweilige status quaestionis der Schreiben.

Unter Beschränkung auf die hier wichtigen Linien ist die Argumentation in 1Kor 15 eingangs in ihren Grundzügen zu umreißen. Das Kapitel über die Auferstehung stellt den fünften großen Hauptteil des 1. Korintherbriefs dar. Es gliedert sich folgendermaßen.[6] Zu Beginn in 1Kor 15,1–11 steht ein Abschnitt, den Paulus als ‚Evangelium' einführt (vgl. V. 1). Vornehmliches Ziel dieses Textstücks ist es, eine breite Traditionsbasis für die Auferstehung Christi zu etablieren. Diese ist Kontraposition zu der anschließend referierten These. Erst in V. 12 gibt Paulus mit ἀνάστασις νεκρῶν οὐκ ἔστιν die Position wieder, die er im Weiteren widerlegen möchte.[7] Die Verse 13–19 dienen zunächst dem Zweck, diese Ansicht ‚einiger' *ad absurdum* zu führen, bevor Paulus dann in VV. 20–28 die Auferstehung Christi als Erstling unter denen, die entschlafen sind, positiv entfalten kann. In VV. 29–34 folgen weitere Argumente für die Auferstehung der Toten. Von V. 35 an setzt der zweite Hauptteil von 1Kor 15 ein. Nachdem es zuvor um das ‚Dass' der Auferstehung gegangen war, geht es nun um das ‚Wie': Πῶς ἐγείρονται οἱ νεκροί; ποίῳ δὲ σώματι ἔρχονται;

Die Frage danach, welche Position genau hinter der Formulierung von 1Kor 15,12 steht, ist ein kontroverses Problem.[8] Der Diskussion kann hier nicht nachgegangen werden. Auf Grundlage der Ansicht, dass es im weitesten Sinne um das Problem einer dualistischen Anthropologie geht[9], sind lediglich die Eckkoordinaten der Argumentation zu benennen, insofern sie für das Verständnis der Konzeption im Epheserbrief förderlich sein werden. Von VV. 35ff. her wird man das Problem bei der Vereinbarkeit von frühjüdischen und hellenistischen eschatologischen Vorstellungen zu sehen haben. Freilich fällt die Trennung zwischen alttestamentlich-jüdischer und griechischer Anthropologie oft pauschalisierend aus, wodurch die Variationsbreite in beiden Bereichen unter-

---

[6]   Vgl. zur Gliederung auch MERKLEIN/GIELEN, Korinther IV 244–248; ferner WRIGHT, Resurrection 312.317; WISCHMEYER, Traktat 196–198.

[7]   Vgl. auch WRIGHT, Resurrection 316.

[8]   Siehe dazu die Darstellung der Forschungslage und Diskussion bei SELLIN, Streit um die Auferstehung 17–37; vgl. auch SCHRAGE, Korinther IV 111–119; WISCHMEYER, Traktat 190–193.

[9]   Vgl. SELLIN, Streit um die Auferstehung 36: „Akzeptabel erscheint nur eine Lösung, die hinter V.12 eine Leugnung der Auferstehung Toter *aus Gründen dualistischer Anthropologie* sieht" (Hervorhebung im Original). Sellin verortet diese Anthropologie in einem jüdisch-alexandrinischen Pneumatikertum. Vgl. auch MERKLEIN/GIELEN, Korinther III 305f.: „Der Rückgriff auf die philonische Interpretation der biblischen Schöpfungserzählungen erweist ihr [scil. eine Gruppe korinthischer Gemeindemitglieder] Erlösungsverständnis also als grundlegend schöpfungstheologisch konzipiert. Deshalb müssen die korinthischen Auferstehungsleugner die erhoffte postmortale Existenz auch leiblos denken, denn Leiblichkeit ist unter den Bedingungen dieser Schöpfung immer nur irdisch-materiell zu haben."

schlagen wird.[10] So gilt zum einen, dass für den Bereich jüdischer Literatur nicht uneingeschränkt die Erwartung von der Auferstehung des Fleisches vorausgesetzt werden darf.[11] Zum anderen wird auch in griechisch-römischem Schrifttum der Mensch nicht ausschließlich zweiteilig als Zusammensetzung von Leib und Seele verstanden. Ein konzeptionelles Bindeglied zwischen jüdischem und hellenistischem Bereich ist beispielsweise die Vorstellung von der Entrückung einzelner herausragender Menschen zu Lebzeiten oder unmittelbar nach ihrem (unverdienten) Tod.[12] Trotzdem kommt der gängigen Unterscheidung zwischen beiden Vorstellungsbereichen zumindest heuristischer Wert angesichts dessen zu, dass im nicht-jüdischen bzw. nicht-christlichen Bereich die Vorstellung einer Auferweckung toter Körper nicht bezeugt ist. Für die Problematik von 1 Kor 15 gilt der Wert dieser Differenzierung, insofern Paulus bei der Darstellung eschatologischer Vorgänge offensichtlich darum bemüht ist, eine stark diskontinuierliche Auffassung durch eine übergreifende anthropologische Kontinuität zusammenzuhalten. Die Formulierung in V. 12 ist deshalb in dem Sinne zu verstehen, dass aufgrund einer dualistischen Anthropologie grundsätzlich der Vorstellung einer Auferstehung toter Körper widersprochen wurde (das entspricht der – allerdings auf Paulus zurückgehenden – Aussage von V. 50 σὰρξ καὶ αἷμα βασιλείαν θεοῦ κληρονομῆσαι οὐ δύναται).[13] Dem heidenchristlichen Verstehenshintergrund seiner korinthischen Gemeinde sucht Paulus durch die Einführung diskontinuierlicher anthropologischer Vorstellungen entgegenzukommen. Die Verse 40–49 sind durch den Gegensatz von himmlischer und irdischer Daseinweise strukturiert (vgl. V. 40 καὶ σώματα ἐπουράνια, καὶ σώματα ἐπίγεια). An dieser Grundopposition hängen verschiedene Gegensätze: verweslich – unverweslich (V. 42), Niedrigkeit – Herrlichkeit (V. 43), Armseligkeit – Kraft (V. 43), natürlich – geistlich (V. 44). Alles läuft darauf hinaus, dass Fleisch und Blut das Gottesreich nicht erben können. Paulus bleibt aber nicht bei der strengen Antithetik stehen, sondern wahrt durch den σῶμα-Begriff zugleich auch die Kontinuität.[14] Diese entspricht stärker seinen eigenen jü-

---

[10] Vgl. exemplarisch die Einschätzung bei GNILKA, Die frühen Christen 76: „Gemäß der altbiblischen Vorstellung ist der Mensch als Einheit konzipiert. Nicht wird er – wie bei den Griechen – als zwei Teilen, aus Leib und Seele, zusammengesetzt gedacht."

[11] Vgl. LONA, Auferstehung 11–21; zu frühjüdischen Auferstehungsvorstellungen weiterhin BECKER, Auferstehung 182–208.

[12] Vgl. z.B. STRECKER, Entrückung.

[13] SCHRAGE, Korinther IV 113, ist der Ansicht, dass „sich bei der Auferstehungsleugnung die Negation einer futurischen und einer somatischen Dimension der Eschatologie verbinden."

[14] Vgl. auch MERKLEIN/GIELEN, Korinther III 353: „Erst nachdem Paulus in den VV. 36–37 die Diskontinuität zwischen der irdischen und der eschatologischen Existenz nachdrücklich herausgestellt hat, wendet er sich in V. 38 dem Aspekt der Kontinuität zu."

dischen Denkvoraussetzungen, die mit einer leiblichen Auferstehung der
Toten rechnen können (vgl. Ez 37,1–14; Hi 14,13; 19,25–27; Jes 26,19;
Dan 12,3; äthHen 51,1–5; syrBar 49,2–50,4.)[15]. Die Einführung des σῶμα
πνευματικόν im Unterschied zum σῶμα ψυχικόν gewährleistet, dass am
Ende der Verwandlung nicht völlige Leib-Losigkeit steht, sondern eine
andere Leiblichkeit, die ‚geistlich‘ ist. Auf die Wiese können auch die
bereits Entschlafenen und die zum Zeitpunkt der Parusie noch Lebenden
in dasselbe Geschehen integriert werden (vgl. V. 51). Dieses Geschehen
wird kollektiv erwartet, wie das apokalyptische Motiv des letzten
Trompetenstoßes zeigt (vgl. V. 52 ἐν τῇ ἐσχάτῃ σάλπιγγι). Zeigt sich
der Aspekt der Kontinuität am deutlichsten in der Einführung des σῶμα
πνευματικόν, so liegt er auch der logischen Verknüpfung mit καθώς […]
καί in V. 49 zugrunde.

Generell ist für die Verwendung von ἐπουράνιος in 1Kor 15 festzuhalten, dass der Begriff einerseits der Beschreibung einer von der irdischen abzugrenzenden Daseinsweise dient. Zum anderen steht er zugleich in einem kontinuierlichen Verhältnis zu ihr. Dies entspricht der
kosmischen Merismusvorstellung: ἐπουράνιος bezeichnet hier den einen
Teil des Kosmos, deren zweiter Teil die Erde ist (s.o. Kap. II.2.4 zum alttestamentlichen Hintergrund der Vorstellung). Räumlich wird ἐπουρανίος
aber nie formuliert.[16]

Die somatische Kontinuität verbürgt zusätzlich die Integration Toter
und Lebender bei der Parusie. Vor diesem Hintergrund sind die Modal-
angaben ἐν ἀτόμῳ und ἐν ῥιπῇ ὀφθαλμοῦ in V. 52 zu verstehen. Sie
konzeptualisieren metaphorisch die Begleitumstände, unter denen sich
die letzte Verwandlung vollziehen wird. Es handelt sich um räumliche
Konzeptualisierung von Zeit, die allerdings kaum als solche wahrgenommen wird. Von der Grundbedeutung her liegt der Wendung ἐν ἀτόμῳ die
räumlich-dingliche Vorstellung einer unteilbaren Materie zugrunde. Diese räumliche Metapher wird durch die Vorstellungen von vollständiger
Distanzlosigkeit und Untrennbarkeit, d.h. absoluter Nähe und Dichte her-
vorgerufen, die am direktesten durch die räumliche Erfahrung wahrgenommen werden können. Ganz ähnlich verhält es sich mit ἐν ῥιπῇ
ὀφθαλμοῦ. Die Metapher ist ebenso dem Bereich konkreter Erfahrung
entnommen. Die physische Erfahrung eines Augenschlages/-blinzelns
wie die eines kleinsten Teilchens beleuchtet das eschatologische Geschehen, das nach den Vorstellungen des Verfassers kontinuierlich, unmittelbar und unzerteilbar. Hiermit ist nicht nur das Moment der zeitlichen Nähe angesprochen. Darüber hinaus geben die Metaphern klar einen universalen Charakter der beschriebenen Vorgänge zu erkennen. Die Gläu-

---

[15]   Diese Vorstellung der Auferstehung der Toten beginnt sich seit der Zeit des baby-
lonischen Exils im alttestamentlich-jüdischen Bereich zu etablieren, während die
ältere Sicht des Alten Testaments kein Leben nach dem Tod kennt; vgl. dazu STEM-
BERGER, Auferstehung 443–448.
[16]   Dazu auch WRIGHT, Resurrection 345f ; 353–356.

bigen sind in ihrer Gesamtheit unzerteilbar von dem Geschehen betroffen. Entsprechend betont V. 51 πάντες δὲ ἀλλαγησόμεθα. Offenbar korrelieren zeitliche Nähe des erwarteten Geschehens vom Sprechzeitpunkt aus und zeitliche Homogenität des Geschehens für die Beteiligten. Beides ist in der Idee *alle auf einmal* miteinander verbunden.

Auf der Basis dieser besonderen Konzeption in 1Kor 15 treten die Unterschiede zur durch die Wendung ἐν τοῖς ἐπουρανίοις konzeptualisierten Überzeit im Epheserbrief deutlich hervor. Bei Paulus ist der Begriff ἐπουράνιος stets als Gegenpol zum irdischen Bereich gedacht und dadurch (Gegen-)Teil des erfahrbaren Kosmos. Im Epheserbrief dagegen ist ἐπουράνιος außerkosmischer Bereich ohne Bezug zum irdischen Gegenbegriff. – Kosmischer Gegenbegriff zu γῆ ist οὐρανός. Die spezielle Konzeption von ἐπουράνιος löst gegenüber der paulinischen Verwendung alle Momente auf, die eine Kontinuität zwischen epouranischem und irdischem Dasein herstellen (vgl. insbesondere die σῶμα-Vorstellung, aber auch die Metaphern in 1Kor 15,52 ἐν ἀτόμῳ und ἐν ῥιπῇ ὀφθαλμοῦ). Ἐπουράνιος ist im Epheserbrief kein Teil des erfahrbaren Kosmos mehr, sondern Überraum und Überzeit. Die durch ἐν τοῖς ἐπουρανίοις metaphorisch formulierte Distanz und ,überzeitliche Unverfügbarkeit' drücken die Ferne zwischen Zeitpunkt des Sprechaktes und uneinschätzbarem Zeitpunkt des Heilsgeschehens aus. Im Gegensatz dazu metaphorisieren die Umstandsangaben ἐν ἀτόμῳ, ἐν ῥιπῇ ὀφθαλμοῦ in 1Kor 15,52 gerade eine zeitliche Dichte bzw. Nähe und Kontinuität.

Dieser verschiedenen Akzentuierung entspricht der Unterschied hinsichtlich der ,Terminfrage'. Während eine zeitliche Näherbestimmung des Auferweckungsgeschehens für den Verfasser des Epheserbriefs nicht möglich ist, kann Paulus auf der anderen Seite die Zeitspanne einer Generation zur terminlichen Einordnung verwenden (vgl. 1Kor 15,51; 1Thess 4,15.17). Laut 1. Thessalonicherbrief wird die Wiederkunft des Herrn sich noch in der gegenwärtigen Generation zutragen. Denn die derzeit Lebenden werden im Unterschied zu bereits Verstorbenen bei der Parusie des Herrn noch immer leben. Zu diesen rechnet Paulus sich durch die 1. Person Pl. explizit: ἡμεῖς οἱ ζῶντες οἱ περιλειπόμενοι εἰς τὴν παρουσίαν τοῦ κυρίου. 1Kor 15,52 ist in der Hinsicht nicht ganz so eindeutig. Ob Paulus davon ausgeht, selbst als Lebender den Tag der ,letzten Posaune' zu erreichen, hängt von der Zuordnung von οἱ νεκροί und ἡμεῖς (V. 52) ab. Da es sich vermutlich um zwei verschiedene Gruppen handelt[17], rechnet Paulus auch hier mit dem Eintreffen der Parusie vor dem Ende seiner Generation. Liegt also in beiden Texten eine zeitliche Terminierung von einer Generation vor, so wird die Auferstehungserwartung in 1Kor 15 dadurch präzisiert, dass der Gedanke einer Verwandlung aller, sowohl Toter als auch Lebender, hinzukommt.

---

[17] Vgl. z.B. ERLEMANN, Naherwartung 195.

In 1Kor 15 finden sich starke Ansätze zu einer diskontinuierlichen Beschreibung von Anthropologie und Eschatologie. Diese tragen dem hellenistischen Verstehenshintergrund der heidenchristlichen Gemeindemitglieder Rechnung. Während Paulus aber zugleich durch die Einführung des σῶμα πνευματικόν die Kontinuität der Auferstehungsvorstellung wahrt, greift der Verfasser des Epheserbriefs allein den Aspekt der Diskontinuität auf und denkt ihn konsequent zu Ende. Das betrifft auch das Verständnis des Sieges Christi, um das es im nächsten Kapitel gehen wird. Paulus deutet in 1Kor 15,54 den eschatologisch erwarteten Leiberwechsel auf den Sieg Christi über den Tod. Der Verfasser des Epheserbriefs, der nicht mit einem künftigen Leibwechsel rechnet, interpretiert den Sieg Christi auf das Thema Zeit. Der Sieg über die Zeit bricht mit allen zur geschaffenen Welt kontinuierlichen Bezügen.

Der Verfasser des Epheserbriefs verwendet die Metapher ἐν τοῖς ἐπουρανίοις an mehreren Stellen. Zwei Zusammenhänge sind für die Frage nach dem Verhältnis zu eschatologischen Vorstellungen bei Paulus besonders wichtig. In Eph 1,20 sowie 2,6 steht ἐν τοῖς ἐπουρανίοις im Kontext von Auferstehungsaussagen. Eph 1,20–23 lässt einen engen Bezug zu 1Kor 15,24–27 erkennen und Eph 2,5f. ist in enger Anlehnung an Eph 1,20f. formuliert. Außerdem wird forschungsgeschichtlich Eph 2,5f. mit Röm 6,1–11 in Verbindung gebracht. Sowohl für Eph 1,20–23 als auch 2,5f. wird aus dem Vergleich mit den Paulus-Texten eine weitgehend ‚realisierte Eschatologie‘ gefolgert. Dass aber die Konzeption der Überhimmel nicht auf diese einfache Formel gebracht werden kann, wurde bereits gezeigt. Das Verständnis dieser Metapher ist abschließend an den Einzeltexten zu präzisieren.

1.1.1 Eph 1,20–23: Christi Auferstehung und Herrschaftsstellung
Die Auferstehung Christi steht im Kontext eines doxologischen Abschnittes nach der Danksagung mit Fürbitte (Eph 1,15–19). Eph 1,20 bildet zugleich den Beginn der *narratio* (s.o. Kap. I.2.4). Der Abschnitt ist folgendermaßen aufgebaut: Auf das Auferweckungsbekenntnis (V. 20a) folgen die Erhöhungsaussage (V. 20b), eine Aufzählung der unterlegenen Mächte (V. 21) und Erwähnung der Unterwerfung (V. 22a), woran sich κεφαλή- und σῶμα-Metaphorik anschließt (VV. 22b–23).

1.1.1.1 Das Verhältnis zu 1Kor 15,24–27
Mit der Erhöhungsaussage zitiert der Verfasser Ps 110,1 bzw. Ps 109,1[LXX]. Der Wortlaut der Unterwerfungsaussage entstammt Ps 8,7[LXX]. Während die Erhöhungsaussage aus Ps 110 frühchristlich vielfach angeführt wird[18], verbindet diese Zitatenkombination, zusammen mit einer Aufzählung überwundener Mächte, Eph 1,20–23 mit 1Kor 15,24–27.

---

[18] Vgl. HAY, Glory at the right hand 45f.; 163f–165; HENGEL, „Setze dich zu meiner Rechten!" 119: „Ps 110,1 ist bekanntlich der alttestamentliche Text, der in direkten Zitaten oder Anspielungen im Neuen Testament am häufigsten erscheint."

Statt V. 1b wie der Epheserbrief zitiert Paulus in 1Kor 15,25 allerdings Ps 110,1c.[19]

Die Mächteaufzählung πᾶσα ἀρχὴ καὶ ἐξουσία καὶ δύναμις καὶ κυριότης stellt ein eigenes Interpretationsproblem dar. Solche Mächteaufzählungen kommen an mehreren Stellen im Neuen Testament vor.[20] Im Einzelnen ist nicht immer problemlos zu differenzieren zwischen irdischer und himmlischer Konnotation und weiterhin zwischen unterstützendem oder feindlichem Charakter der Mächte.

Die engste Parallele zu der Mächtereihe in Eph 1,21 bildet 1Kor 15,24. Nur hier werden wie im Epheserbrief in derselben Reihenfolge πᾶσα ἀρχή, ἐξουσία und δύναμις genannt (vgl. Röm 8,38: οὔτε θάνατος οὔτε ζωὴ οὔτε ἄγγελοι οὔτε ἀρχαὶ οὔτε ἐνεστῶτα οὔτε μέλλοντα οὔτε δυνάμεις). Die Ergänzung durch κυριότης stimmt mit Kol 1,16 überein (vgl. dort aber außerdem die θρόνοι sowie Pluralformulierung). Durch das Zitat von Ps 110,1c hebt Paulus in 1Kor hervor, dass es sich um feindlich gesinnte Mächte handelt, wenngleich nicht von einer dualistischen Sichtweise auszugehen ist.[21] Der Verfasser des Epheserbriefs dagegen gibt in 1,21 keinen Hinweis darauf, dass die Mächte feindlich gesinnt sind. Die Liste der Mächte vervollständigt der Verfasser über Paulus und den Kolosserbrief hinaus durch den Zusatz καὶ παντὸς ὀνόματος ὀνομαζομένου (1,21). Dahinter steht die magische Auffassung von der Macht des Namens."Ονομα ὀνομάζειν heißt dann: einen Namen anrufen zum Zwecke der Anteilnahme an oder gar Übernahme der Macht des Namensträgers.[22] Es geht hier also um durch den Menschen anrufbare überirdische Mächte. In diesem Sinne werden die vorher genannten Mächte abschließend gedeutet.[23] Hieran schließt sich die Nennung der zwei Äonen an, deren syntaktischer Bezug wichtig ist. Die Angabe ‚nicht nur in diesem Äon, sondern auch im kommenden' bezieht sich nicht allein auf das letzte Glied der Mächte-Kette, also auf die anrufbaren Namen.[24] Das frühjü-

---

[19]   Vgl. dazu SELLIN, Epheser 138f.; zur Verbindung von Ps 110,1b und Ps 8,7 wie im Epheserbrief vgl. 1Petr 3,22 (vgl. dazu auch HENGEL, „Setze dich zu meiner Rechten!" 145–147); siehe außerdem Röm 8,34.38, wo Ps 110,1b mit einer Mächteaufzählung einhergeht; zum terminologisch anders gestalteten Motiv von Erhöhung und Unterwerfung siehe Phil 2,9–11.

[20]   Siehe dazu z.B. EVERLING, Angelologie; DIBELIUS, Geisterwelt (speziell zum Kolosser- und Epheserbrief 125–175); SCHLIER, Mächte und Gewalten; zur Mächtereihe in Röm 8,38f. vgl. auch LOHSE, Römer 260.

[21]   Siehe SELLIN, Epheser 141f.: es handelt sich nicht um Beliars Mächte, sondern um absteigende Engelklassen mit feindlichen Absichten.

[22]   Siehe dazu ARNOLD, Power 54f.; MITTON, Ephesians 72f.

[23]   Siehe SCHNACKENBURG, Epheser 78: „Die Zufügung ‚und jedes Namens, der genannt wird' erweitert die Vierer-Gruppe nicht um eine neue Mächte-Bezeichnung, sondern faßt sie verallgemeinernd zusammen."

[24]   So aber SCHLIER, Epheser 88, der darauf hinaus will, dass dem Schema hier keine wirklich zeitliche Bedeutung zukommt.

dische Zeitschema deutet die Gesamtaussage von Christi dauerhafter Herrschaftsstellung (vgl. καθίσας in V. 20).[25]
Das Zitat von Ps 8,7 in Eph 1,22 ist direkt aus 1Kor 15,27 übernommen. Das zeigt die Übereinstimmung des Wortlautes gegen die Septuaginta-Version.[26] Die Erhöhung Christi wird in einer neuen Metapher als Unterwerfung der Mächte dargestellt. Der Verfasser präzisiert die Aussage durch die Hauptstellung Christi über das All, die er im Folgenden auf die Kirche bezieht.

Das Bekenntnis der Auferweckung Christi von den Toten ist „der" frühchristliche Kernsatz.[27] Die starken Übereinstimmungen zwischen Eph 1,20–22 und 1Kor 15,24–27 hinsichtlich der singulären Kombination von Motiven und Zitaten zeigen aber deutlich, dass der Verfasser des Epheserbriefs bei der Darstellung der Inthronisation Christi bewusst auf diese paulinische Vorlage zurückgegriffen hat.[28] Zugleich ergeben sich in Eph 1,20–22 zentrale Änderungen gegenüber 1Kor 15.

1. Paulus gibt in 1Kor 15,25 mit dem Zitat von Ps 110,1c als Ziel der Erhöhung das Niederwerfen der Feinde an (ἄχρι οὗ θῇ πάντας τοὺς ἐχθροὺς ὑπὸ τοὺς πόδας αὐτοῦ). Der temporale Ausblick ἄχρι οὗ drückt aus, dass dieses Endereignis noch bevorsteht. Der Epheserbrief streicht die temporale Perspektive des Zitats von Ps 110,1c und führt 1b analog zum Zitat von Ps 8,7 in der 3. Person Sg. Aorist an (vgl. Hebr 1,3; 8,1; 10,12).

2. Der Verfasser des Epheserbriefs fügt die Wendung ἐν τοῖς ἐπουρανίοις an das Zitat von Ps 110,1b an (vgl. Eph 1,20)ʼ Ὑπεράνω in V. 21 kann sich nicht darauf beziehen, dass sich die Mächte unter diesem höchsten Ort über allen Himmeln befinden, da sie nach 3,10 und 6,12 selber diesem Ort zugeordnet werden. Das ὑπεράνω ist also so zu verstehen, dass Christus innerhalb des höchsten Ortes, der in sich gestaffelt ist, über den Mächten thront (s.o. Kap.II. 2.5).

3. Anders als in 1Kor 15 sind diese Mächte in Eph 1,21 nicht explizit feindlich gewertet. Sie werden hier (ὑπὸ τοὺς πόδας αὐτοῦ, V. 22) zu einem Teil der Topographie und differenzieren die überhimmlischen Bereiche in ‚oben' und ‚unten' weiter aus. Eine Verbalhandlung und ein

---

[25] So auch SCHNACKENBURG, Epheser 78; MUSSNER, Epheser 56. Damit stimmt die Kommasetzung im NTG[27] überein.
[26] In Eph 1,22 und 1Kor 1,27 heißt es jeweils πάντα (γὰρ) ὑπέταξεν ὑπὸ τοὺς πόδας αὐτοῦ. Ps 8,7[LXX] dagegen lautet πάντα ὑπέταξας ὑποκάτω τῶν ποδῶν αὐτοῦ. Vgl. dazu LAMBRECHT, Paul's Christological Use 508 mit Anm. 33; siehe auch GNILKA, Epheser 96; GESE, Vermächtnis 66.
[27] Vgl. HOFFMANN, Die Toten in Christus 180–185; vgl. zur „Einbeziehung der Auferstehung in die Deutung des Todes Jesu" THEISSEN, Religion 206–211.
[28] So auch GESE, Vermächtnis 66f.; GNILKA, Epheser 94: „Für das Zustandekommen der christlichen Credo-Sätze ist aufschlußreich, daß ihre Elemente bereits größtenteils in den Paulusbriefen [...] vorhanden sind." Vgl. hierzu abweichend MORITZ, Mystery 20 u.ö.

eigenes Thema ist hier nicht mit ihnen verbunden (anders 1Kor 15,24 καταργήσῃ).

4. Der Verfasser des Epheserbriefs setzt der Aussage der Hoheitsstellung Christi die zeitliche Angabe οὐ μόνον ἐν τῷ αἰῶνι τούτῳ ἀλλὰ καὶ ἐν τῷ μέλλοντι zu.

5. In Eph 1,22f. bezieht der Verfasser die ἐκκλησία durch die Metaphern von Haupt, Leib und πλήρωμα in die Vorstellung mit ein.

Diese Unterschiede sollen im Folgenden als Teile einer übergreifenden Konzeption des Epheserbriefs erklärt werden. Hierfür ist bei dem Zusammenhang der Haupt-, Leib- und πλήρωμα-Metaphorik einzusetzen. Die Metaphern strukturieren in Bezug auf die Psalmenzitate das Verhältnis von Christologie und Eschatologie. Wenngleich die metaphorische Konzeptualisierung im Epheserbrief gegenüber Paulus neu ist, zeigen sich doch in der Sache Übereinstimmungen zu paulinischen Aussagen. Entscheidende Veränderungen ergeben sich aber aus den Zusätzen ἐν τοῖς ἐπουρανίοις sowie οὐ μόνον ἐν τῷ αἰῶνι τούτῳ ἀλλὰ καὶ ἐν τῷ μέλλοντι. Hierin drückt sich eine besondere eschatologische Konzeption des Verfassers aus. Ihr soll im Anschluss nachgegangen werden.

1.1.1.2 Christologie und Eschatologie: Zum Zusammenhang der κεφαλή-, σῶμα- und πλήρωμα-Metaphorik in Eph 1,22f.

Das urchristliche Auferstehungsbekenntnis, das der Verfasser des Epheserbriefs, wie der Kontext zeigt, unter Bezug auf 1Kor 15 anführt, findet er mit Pss 110,1b und 8,7 bereits in bildlicher Form vor. Der Verfasser fügt aber κεφαλή, σῶμα und πλήρωμα als weitere Metaphern hinzu.

Mit zwei jeweils durch καί (*explicativum*) eingeleiteten Teilsätzen führt Eph 1,22 das Erhöhungsbild fort. An das aus 1Kor 15 entnommene Zitat von Ps 8,7 καὶ πάντα ὑπέταξεν ὑπὸ τοὺς πόδας αὐτοῦ fügt der Verfasser die Formulierung καὶ αὐτὸν ἔδωκεν κεφαλὴν ὑπὲρ πάντα τῇ ἐκκλησίᾳ. Die komplizierte Syntax ist als verschränkende Ausdrucksweise zu verstehen und wie folgt aufzulösen: Er hat ihn als Haupt-über-das-All der Kirche gegeben, (die sein Leib ist).[29] Zwei Vorstellungen sind hier komprimiert und miteinander verschränkt angesprochen.

1. Die herrscherliche Stellung Christi am höchsten Ort (ὑπὲρ πάντα), die in den vorherigen Versen genau beschrieben wurde, wird durch die Haupt-Metapher in ein neues Bild gefasst. Nach wie vor steht dahinter das Auferstehungsbekenntnis.

---

[29] So FAUST, Pax 46; siehe auch GNILKA, Epheser 97; SCHNACKENBURG, Epheser 79; HEGERMANN, Schöpfungsmittler 152; LINDEMANN, Aufhebung 212; anders MUSSNER, Christus 30f., der ὑπὲρ πάντα nicht auf das All in Entsprechung zu V. 22a bezieht, sondern als „attributiven Präpositionalausdruck zu κεφαλή" versteht: „Christus nimmt als ‚Haupt' in der Kirche eine überragende, unvergleichliche Würde ein" (30).

Diese metaphorische Konzeptualisierung von Macht[30] ist auch Element hellenistisch-römischer Herrscherideologie.[31] Ihre anthropologische Voraussetzung bildet die platonisch-stoische Ansicht vom menschlichen Haupt als neuronales Steuerungszentrum. Das Haupt ist Sitz der leitenden Seele oder Vernunft.[32] Der Epheserbrief kennt sowohl diese ‚kephalozentrische' (vgl. Eph 4,16) als auch die in der Antike ebenfalls verbreitete ‚kardiozentrische' (vgl. Eph 1,18; 3,17; 4,18) Anthropologie.[33] Die metaphorische Strukturierung einer Sache oder Person als κεφαλή kann von der kephalozentrischen Sicht aus diesen Aspekt der ‚Führung' und ‚Herrschaft' hervorheben, auch ohne dass ein dazugehöriger Leib genannt ist.[34] Wo eine Stadt oder ein Staat als Leib metaphorisiert wird, kann der politische Führer als sein ‚Haupt' verstanden werden.[35]

In vorliegendem Kontext zeigt das hierarchisierende ὑπὲρ πάντα, dass das Merkmal einer Führungsrolle gegenüber dem All fokussiert ist. Dieses wird aber nicht als Leib bezeichnet.[36] Im Gegenteil ist das All entsprechend Ps 8,7 unterhalb der Füße Christi situiert. Durch die Nennung der Füße im Zitat wird κεφαλή hier in metonymischer Verbindung zu πούς und nicht zu σῶμα gebraucht.[37]

Die Metapher von Christus als Haupt über das All steht für die Erhöhungsaussage. Das ergibt sich daraus, dass die κεφαλή-Metapher dieselbe despotische Stellung Christi ausdrückt, die in den voranstehenden Versen gemäß der frühchristlichen Tradition unter Rückgriff auf Pss 110,1; 8,7 mit dem Auferstehungsbekenntnis verbunden ist. Die Auferstehung Christi ist sein Sieg. Das Bild von der Herrschaft über alles, d.h. die gesamte vergängliche Schöpfung, ist eine passende Metapher dieser Vorstellung. Von hier aus wird klar, warum Kosmos und Leib Christi nicht identisch sind.

---

[30]   Vgl. dazu für den griechisch-römischen Bereich MARTIN, Corinthian Body 29–34: „The hierarchical Body".

[31]   Siehe dazu z.B. KLINGHARDT, Staatsidee 146–148, und die dort angegebenen Texte.

[32]   Vgl. dazu die bei FAUST, Pax 293, angeführten Texte: Platon, Tim. 44d (vgl. hier das δεσποτοῦν); 90a–b; Cicero, Tusc. I 20; Galen, De Plat. Hipp. et Plac. III 8; Diogenes Babylonius, Fragm. 33; Heraklit, All. Hom. 17,8.13; Philo, Spec. III 184; Opif. 119.

[33]   Vgl. zu Kardiozentrismus und Kephalozentrismus in antiker Medizin BAYER, Anatomie 433f.; BARTH, Ephesians 186–192, setzt dieses Verständnis hier voraus; vgl. zum medizinischen Hintergrund der Haupt-Leib-Metaphorik auch LIGHTFOOT, Colossians 198–201; siehe auch die Darstellung bei LINCOLN, Ephesians 68.

[34]   Vgl. die bei GNILKA, Epheser 97, angegebenen Stellen: Ri 11,11; 2Kön 22,44 (jew. LXX); Artemidorus, Onicocr. 4,24; siehe auch LINCOLN, Ephesians 67, der außerdem auf Dtr 28,13; Ri 10,18; 2Sam 22,44; Jes 7,8.9 (jew. LXX); 1Kor 11,3; Kol 2,10, verweist.

[35]   Vgl. LINCOLN, Ephesians 69, mit dem Hinweis auf folgende Stellen: Tacitus, Ann. I 12,13; Plutarch, Galba 4.3; Curtius Rufus, Historiae Alexandri Magni Macedonensis 10.9.1; Philo, Praem. 114; 125.

[36]   Anders das orphische Fragment 168, in dem Zeus als Haupt des Kosmos dargestellt wird, der in seinem Körper liegt und durch seine Kräfte durchwaltet wird.

[37]   Vgl. auch SELLIN, Epheser 145f.

2. Die soteriologische Haupt-Stellung Christi gegenüber der Kirche basiert auf derselben anthropologischen Verortung der mentalen Kräfte des Menschen im Kopf. Sie akzentuiert dabei aber nicht den Aspekt des Herrschens, sondern den der neuronalen, Leben spendenden Versorgung des Körpers. Explizit wird die Kirche in Eph 1,23 als Christi σῶμα bezeichnet. Eine Betonung der Hierarchie von Haupt und Leib nimmt der Verfasser entsprechend der Metaphorisierung einer heilvollen Beziehung (vgl. Eph 5,32) hierbei nicht vor.

In Bezug auf die Kirche hebt die κεφαλή-Metapher nicht eine despotische Funktion Christi hervor, sondern seine euergetische. Als Leib des Hauptes hat die Kirche Teil an seinen Kräften. Im Kontext bedeutet dies, dass sie Teil hat an der Auferstehung. Deshalb ist Christus σωτὴρ τοῦ σώματος (Eph 5,23). Die Metapher von der Kirche als Leib Christi, der zugleich Herrscher über die Schöpfung ist, konzeptualisiert in Eph 1,22f. die christliche Auferstehungshoffnung, die sich an Christus als Erstling der Entschlafenen (vgl. 1Kor 15,20; vgl. auch Röm 8,19; Kol 1,18) anschließt. Seine despotische Stellung über die Schöpfung ist alleiniger Ermöglichungsgrund für die Auferstehung der Toten. Damit bringen die miteinander verschränkten Metaphern in Eph 1,22 die unauflösbare Verbindung zwischen Auferstehung der Toten und Auferweckung Christi zum Ausdruck, die Paulus in 1Kor 15,13–19 argumentativ auf dem Weg einer *deductio ad absurdum* entfaltet (vgl. insbesondere VV. 13f. εἰ δὲ ἀνάστασις νεκρῶν οὐκ ἔστιν, οὐδὲ Χριστὸς ἐγήγερται· εἰ δὲ Χριστὸς οὐκ ἐγήγερται, κενὸν ἄρα [καὶ] τὸ κήρυγμα ἡμῶν, κενὴ καὶ ἡ πίστις ὑμῶν).

Dieses Verständnis der Rede von Haupt und Leib ist in Kol 1,18 bereits angelegt, wo das Haupt mit dem Erstgeborenen von den Toten identifiziert wird. Paulus selbst kennt zwar die Rede vom ‚Haupt' (vgl. 1Kor 11,3), um damit eine Führungsrolle zu beschreiben. Außerdem verwendet er die σῶμα-Metapher in Bezug auf die ἐκκλησία, um den Zusammenhalt der Christen untereinander auszudrücken (vgl. 1Kor 12,12–27; Röm 12,4f.). Traditionsgeschichtlichen Hintergrund dieser paulinischen Vorstellung bildet die Argumentation stoischer Philosophie, nach der die Menschen organisch mit Gesellschaft und Welt verbunden sind.[38] Paulus verbindet aber nie diese Leibvorstellung mit dem ‚Haupt' zu einer Metapher. Das (auch) herrscherliche κεφαλή-Konzept ist bei der Betonung organischer Verbundenheit nicht notwendig.

Diese Verbindung geschieht zuerst in Kol 1,18. Σῶμα bezeichnet dann in den Deuteropaulinen v.a. die universale ἐκκλησία (vgl. Kol 1,18.24; 3,15; Eph 1,23; 2,16; 3,6; 4,4.12.16; 5,23.29) und kaum noch die regional bestimmte Gemeinde.[39] Hiermit ist ein Wechsel von der paränetischen zur lehrhaften Perspektive gegeben. Der Gedanke des in Abhängigkeit strukturierten sozialen Organismus klingt aber in Kol 2,19; Eph 4,15f. an. Für die universale σῶμα-Vorstellung im Kolosser- und Epheserbrief ist aufgrund dieser Verschiebung über das paulinische Vorbild hinaus ein eigener Einflussbereich anzunehmen.[40] Vorschläge zur Herleitung aus dem gnostischen Ur-

---

[38] Vgl. SELLIN, Epheser 148f.; Texte bei LINCOLN, Ephesians 70.
[39] Vgl. z.B. LINCOLN, Ephesians 71.
[40] Vgl. die Darstellung der Diskussion bei ALLEN, Body 77–91.

mensch-Erlöser-Modell scheiden speziell deshalb aus, weil Haupt (Erlöser) und Leib (re-integrierte Pneumafunken) im Unterschied zur hierarchischen Struktur im Kolosser- und Epheserbrief identisch sind.[41] Der gleiche Einwand trifft auf Versionen der All-Gott-Vorstellung zu, in denen κεφαλή und σῶμα stark ineinander übergehen.[42] In der Vorlage des Christus-Enkomions in Kol 1,18 ist vermutlich mit dem Leib, dessen Haupt Christus ist, der Kosmos bezeichnet gewesen. Der Verfasser hat diese kosmische Perspektive durch die Zufügung des epexegetischen Genitivs τῆς ἐκκλησίας auf die Kirche hin umgedeutet.[43] Im Hintergrund der hierarchischen Haupt-Leib-Relation stehen stoische Vorstellungen, in denen die Metapher in sozialen Zusammenhängen gebraucht wird. Deren kosmologische Interpretation vermittelt sich durch das hellenistische Judentum. Philo kann den Kosmos als Leib bezeichnen und den diesen bestimmenden Logos als κεφαλή.[44] Die ekklesiale Umdeutung der kosmologisch ausgerichteten Tradition ergibt sich leicht vor dem Hintergrund der paulinischen Tradition. Von hier aus ist die Konzeption der Christen als σῶμα dem Epheser- und Kolosserbrief bekannt.

Im Epheserbrief werden die überlieferten Metaphern durch ihre spezifische Verknüpfung im Kontext zum komprimierten Ausdruck eines zentralen paulinischen Verkündigungsinhaltes, den Paulus selbst aber nicht in diese Form fasst. In prägnanter Weise sagen sie die unlösliche Verbindung zwischen Christologie und Eschatologie aus.[45] Eph 1,23b schließt den Zusammenhang durch die Einführung einer neuen eigentümlichen Metapher ab.[46] Das σῶμα wird appositionell als τὸ πλήρωμα τοῦ τὰ πάντα ἐν πᾶσιν πληρουμένου bestimmt.

Πλήρωμα [bzw. πληρόω] kann bei aktivem Gebrauch wie κεφαλή zur metaphorischen Konzeptualisierung einer ‚Fülle' von Vorstellungen werden. Anschauliche Basis dafür ist die durch den Begriff πλήρωμα bezeichnete Durchdringung eines Raumes, Ortes oder spezieller eines Gefäßes oder einer vorgegebenen Form durch eine organische oder anorganische Substanz (z.B. ein Schiff durch die Besatzung; ein Mensch durch die Nahrung; ein zu errichtender Scheiterhaufen durch die Holzscheite; ein Loch in der Kleidung durch einen Flicken; ein Korb durch einen Inhalt etc.).[47] Innerhalb dieser räumlich-konkreten Vorstellung ist πλήρωμα aktiv das, was füllt, d.h. die ‚Fülle'. Von hier aus lassen sich abstrakte Subkonzepte durch die πλήρωμα-Metapher strukturieren. Die terminologische Unterscheidung zwischen „räumlichem"

---

[41]   Zur grundlegenden Kritik am gnostischen Urmensch-Erlöser-Modell s.o. Kap. I.2.2.4.

[42]   Vgl. das orphische Fragment 168 (Kern); vgl. ALLEN, Body 79f.

[43]   Vgl. dazu SCHWEIZER, Neotestamentica 293–301; HEGERMANN, Schöpfungsmittler 138–157; vgl. auch LINCOLN, Ephesians 69: „this ist he first instance of ‚head' and ‚body' coming together in the Pauline corpus. So, it is likely that the relation [...] entered Pauline thought in this way via Hellenistic ideas about the cosmos."

[44]   Vgl. die Texte bei FAUST, Pax 54–58.

[45]   Ohne sich dabei auf das Verhältnis zur paulinischen Tradition zu beziehen, stellt auch LINCOLN, Ephesians 72 fest: „Here in 1:23 the use of ‚body in Christ' terminology after ἐκκλησία underlines that the existence of the eschatological people of God has a Christological focus."

[46]   Für MITTON, Epistle 96, handelt es sich hierbei um ein ungelöstes Rätsel.

[47]   Vgl. die Stellenangaben bei MENGE/GÜTHLING, Wörterbuch πλήρωμα 560; LIDDELL/SCOTT, Lexicon πλήρωμα 1420; DELLING, πλήρης 297f.

und „metaphorischem" Gebrauch des Wortes ist nicht sinnvoll.[48] Πλήρωμα bleibt immer Raumbegriff – gerade aufgrund seiner ausgeprägt räumlichen Struktur kann er zur metaphorischen Strukturierung vielfältiger Sachverhalte und Vorstellungen eingesetzt werden. Die räumliche substanzhafte Ausdehnung bildet deshalb auch bei metaphorischem Gebrauch immer den Ausgangspunkt für die Konzeptualisierung verschiedener Subkonzepte, die eine neutrale (im Sinne von ‚Vollständigkeit'), eine positive (im Sinne von ‚Unterstützung') oder negative (im Sinne von ‚Macht') Einflussnahme auf einen Bereich oder eine Person hervorheben. Eine sachgerechtere Differenzierung ist die zwischen ‚konkretem' und ‚metaphorischem' Gebrauch, die aber beide räumlich strukturiert sind.

Bereits der messenden Bedeutung ‚Vollständigkeit', ‚Vollsumme', die πλήρωμα annehmen kann, liegt so eine Übertragung der räumlichen Struktur zugrunde. Eine Zahl beispielsweise, die keine Eigenstruktur aufweist, wird als Gefäß strukturiert und diesem als Inhalt eine bestimmte Vorstellung, z.B. die Mitglieder einer Ratsversammlung zugeordnet, deren ‚ganze Summe' das πλήρωμα ist (vgl. Dio Cass 52,42,1). Wenn solch ein ‚Vollmaß' positiv konnotiert ist, ergibt sich leicht die Bedeutung ‚Vollendung' und ‚Vollkommenheit'.[49] In der Vorstellung vom πλήρωμα τῶν καιρῶν, die apokalyptisch geprägten Texten des Frühjudentums nahe steht (s.o. Kap. V.4.2), kommen beide Aspekte, der messende und der wertende, aufgrund der eschatologischen Ausrichtung zusammen (vgl. Eph 1,10).

Πλήρωμα ist grundsätzlich ein relationales Konzept, welches zwei Größen (vgl. auch Personen) als Gefäß und Inhalt zueinander in Beziehung setzt.[50] Es kann aktiv als ‚Fülle' oder passiv als das ‚Erfüllte'[51] verwendet werden. Wichtig für die vorliegende Untersuchung ist, dass es auf der Basis der räumlichen Erfahrung substanzhafter Ausdehnung zur metaphorischen Konzeptualisierung sowohl von ‚Macht' und ‚Herrschaft' als auch von ‚Unterstützung' dienen kann. Allein der jeweilige Kontext entscheidet darüber, welche Subkonzepte des so dargestellten Verhältnisses im Einzelnen durch die Metapher hervorgehoben werden, d.h. ob die durch πλήρωμα angezeigte Ausdehnung eher aggressiv und schwächend im Sinne herrscherlicher oder eher wohltuend und stärkend im Sinne dienstvoller Durchdringung (vgl. z.B. Röm 15,29; Joh 1,16) angelegt ist.

Für das Verb πληρόω und seine konkrete wie metaphorische Verwendung gelten analoge Regeln. Aufgrund des stärkeren Handlungsaspektes eines Verbs ist der ‚Beziehungsreichtum' noch größer. Für das Verb wie das Substantiv als relationales Konzept gilt gleichermaßen, dass die zahlreichen Bezüge davor warnen, die Einzelbelege in ein pauschales Bedeutungsraster einzuordnen.[52] Das gilt sowohl für die Interpretation des Einzeltextes als auch für die traditionsgeschichtliche Rückfrage. Letzterer kann deshalb vorsichtig erst im Anschluss an die Analyse der Bedeutung in vorliegendem Zusammenhang nachgegangen werden.

---

[48] Vgl. die wiederholte Differenzierung bei DELLING, πλήρης, der von „nur räumlich[em]" (298), oder „rein formal[em]" (299) Gebrauch im Unterschied zum metaphorischen spricht, bzw. Letzteren von der „Vorstellung einer substanzhaften Ausfüllung" (288) abzugrenzen sucht; vgl. auch ähnlich HÜBNER, πληρόω 257, der „zwischen rein räumlicher und metaphorischer Bedeutung" unterscheidet.

[49] Vgl. DELLING, πλήρης 297.

[50] Das gilt auch, wo πλήρωμα absolut gebraucht wird, wie z.B. in Kol 1,19: das πλήρωμα, das hier im Sinne von ‚Vollkommenheit' zu verstehen ist, wohnt in Christus. Dieser wird dadurch als von dem Inhalt ‚Vollkommenheit' durchdrungenes Gefäß konzeptualisiert.

[51] Diese Bedeutung ist nach DELLING, πλήρης 298, außerbiblisch sicher nur in Bezug auf voll bemannte Schiffe belegt.

[52] Siehe ebd. 289.

In Eph 1,23 werden Substantiv und Verb miteinander verbunden. Um Aufschluss über die hier vorliegende Bedeutung zu erlangen, ist zunächst die komplizierte Syntax zu klären, die Anhaltspunkt kontroverser Auslegungen ist.[53] Uneindeutig ist zunächst für τὸ πλήρωμα wie auch τοῦ πληρουμένου der syntaktische Bezug. Dass πλήρωμα Apposition zu σῶμα (V. 23) ist und nicht zu αὐτόν (V. 22), wurde oben schon vorausgesetzt. Mit der Mehrzahl der Exegeten ist der Bezug auf das unmittelbar vorangehende σῶμα und nicht auf das weit entfernte αὐτόν[54] sowie passivische Bedeutung[55] anzunehmen. Die Auslegung wird das bestätigen. Damit ist auch die Entscheidung in der Frage gefallen, ob sich πληρουμένου maskulinisch auf Christus oder Gott oder neutrisch auf σῶμα, also die Kirche bezieht. Auf die Kirche kann es sich nicht beziehen, da es sich bei dem Genitiv-Attribut um eine vom πλήρωμα unterschiedene Größe handeln muss. Macht πληρουμένου also eine Aussage über Christus[56], bleibt zu klären, ob es sich bei der Form um ein Medium mit aktiver Bedeutung oder um ein Passiv handelt. Dem inzwischen erreichten Konsens der Auslegung, dass es sich um ein Medium mit aktiver Bedeutung handelt, dem τὰ πάντα ἐν πᾶσιν als Objekt zugehört, ist zuzustimmen.[57] Der Sinn von V. 23b ist also, dass die Kirche die Fülle dessen ist (d.h. das durch Christus Erfüllte), der das All gänzlich erfüllt.[58] Hieraus ergibt sich insgesamt eine im Kontext konsistente Metapher, die wesentliche Aspekte der VV. 20–23b zusammenfassend aufnimmt. Wenn Christus als derjenige dargestellt wird, der das All (πάντα) gänzlich durchdringt, ist in diesem Verhältnis seine Herrschaftsposition über den Kosmos (ὑπὲρ πάντα) angesprochen. Die Metapher des ‚Erfüllens' dient hier der Konzeptualisierung einer Mächterelation. Wo Haupt-Stellung und pleromatische Durchdringung sich auf den Kosmos beziehen, sind sie (wie im Zitat bzw. dessen frühchristlicher Deutung) Ausdruck der Auferweckung Christi als seines Sieges. Die metaphorische Konzeptualisierung der Kirche als πλήρωμα strukturiert diese als von Christus durchdrungen. Die Konkretisierung dieser Aussage, d.h. wie das Erfülltsein konnotiert ist, erschließt sich aus dem Zusammenhang. Dass die Kirche von Christus

---

[53] Vgl. ERNST, Pleroma 108–118, der von einer „heillosen Verwirrung" (108) spricht; siehe auch den Überblick bei FAUST, Pax 48.

[54] Über die syntaktische Entfernung hinaus ist ein Bezug auf αὐτόν auch deshalb höchst unwahrscheinlich, weil das Personalpronomen inzwischen im Genitiv steht; vgl. z.B. SCHLIER, Epheser 97; GNILKA, Epheser 97; LINCOLN, Ephesians 75.

[55] Gegen die traditionelle Interpretation, πλήρωμα meine hier, dass die Kirche Christus komplementär ergänzt, die schon Chrysostomos und Ambrosiaster vertreten haben, vgl. insbesondere ALLEN, Body 107f.

[56] So z.B. GNILKA, Epheser 98; MUSSNER, Christus, das All und die Kirche 59.

[57] Vgl. z.B. GNILKA, Epheser 99; vgl. zur passiven Deutung, die von Gott oder vom All Christus erfüllt sein lässt, z.B. DUPONT, Gnosis 473–475; ROBINSON, The Body 68f.

[58] So auch beispielsweise LINCOLN, Ephesians 76f.; GNILKA, Epheser 99; LONA, Eschatologie 317; SCHNACKENBURG, Epheser 81.

durchdrungen ist, heißt im Kontext, dass sie an seiner Kraft der Auferweckung Anteil hat. Die Aussage entspricht der metaphorischen Strukturierung, derzufolge der Leib als durch die mentalen Kräfte seines Hauptes durchwaltet wird.

Mit traditionsgeschichtlichen Bezugnahmen muss man beim πλήρωμα-Konzept aufgrund seiner so vielfältig übertragbaren alltäglich-konkreten Basis besonders vorsichtig sein. Das räumliche Gefäßkonzept bildet unabhängig von kulturell oder anthropologisch bestimmten Besonderheiten eine basale Erfahrungskategorie räumlichen Handelns und räumlicher Wahrnehmung. Deshalb müssen Ähnlichkeiten bei der Verwendung von Behältnis-, Fülle- und Auffüll-Metaphorik in verschiedenen Literaturgruppen und Geistesströmungen nicht in genealogischer Berührung miteinander stehen.

Eine gnostische Herkunft des πλήρωμα-Begriffs kommt für den Epheserbrief nicht in Frage.[59] Der für gnostische Texte maßgebliche dualistische Charakter der πλήρωμα-Vorstellung findet sich weder hier in Eph 1,23 noch im Zusammenhang der übrigen Belege (vgl. 1,10; 3,19; 4,13 [4,10]).

In stoischen Schriften fehlt zwar das Substantiv[60], aber das Verb πληροῦν sowie das Adjektiv πλήρης werden analog für das Durchdringen des Alls durch den Einen verwendet (vgl. die ἕν-τὸ-πᾶν Vorstellung).[61] Dieses monistische Konzept kann aber deshalb nicht hinter den Ausführungen des Epheserbriefs stehen, da dieser Gott und Christus immer noch unterschieden zum Kosmos denkt (vgl. z.B. die κεφαλή-Metapher, die einer Identität mit dem Kosmos widerspricht).

Die jüngere Forschung betont verstärkt Parallelen zum hellenistischen Judentum, namentlich zu Philo.[62] Auch bei Philo fehlt allerdings das Substantiv πλήρωμα.[63] Mit den Begriffen πληροῦν und πλήρης kann Philo aber darauf verweisen, dass Gott die Welt erfüllt.[64] Außerdem erfüllt Gott den Logos mit seinen Kräften (vgl. Somn. I 62f.), der zugleich auch Mittel der Erfüllung aller anderen Dinge sein kann (vgl. Somn. II 245–249; Post. 147). Es ist nicht zu bestreiten, dass sich gewisse Parallelen zwischen Epheserbrief und Philo hinsichtlich des πλήρωμα-Konzeptes aufweisen lassen, deren gemeinsamer Nenner in der Vorstellung liegt, dass der transzendente Gott direkt oder vermittelt über den Logos bzw. Christus das All und die Menschen bzw. die Kirche füllt. Die Parallelen bleiben aber von eingeschränktem heuristischen Wert. Das gilt in zweifacher Hinsicht. Zum einen ist es unzulässig, über den Weg dieser Übereinstimmungen ein im Sinne eines σάρξ-πνεῦμα-Dualismus zu verstehendes gnoseologisches Heilsverständnis in den Epheserbrief hineinzutragen, wie es E. Faust vornimmt. Die Terminologie einer „noetischen Inspiration" als „pneumatische Kraftmitteilung an den „inneren Menschen"[65], die Faust im Hinblick auf Philo für Eph 3,14–19 postuliert, legt er aufgrund der πλήρωμα-Terminologie auch für Eph 1,20–23 zugrunde. Dort fehlen aber die Erkenntnisterminologie ebenso wie ein σάρξ-πνεῦμα-

---

[59] Gegen SCHLIER, Epheser 96–99; KÄSEMANN, Taufliturgie 42f.; DIBELIUS/GREEVEN, Epheser 18; siehe die dort und bei MUSSNER, Christus, das All und die Kirche 50–53; ERNST, Pleroma 41–50, angegebenen Texte; vgl. zur Kritik SCHNACKENBURG, Epheser 82.

[60] Vgl. SELLIN, Epheser 150.

[61] Eine Herleitung des πλήρωμα-Konzeptes aus der stoischen Philosophie nehmen z.B. an DUPONT, Gnosis 453–476; ERNST, Pleroma 117–121.

[62] Vgl. exemplarisch FAUST, Pax 52–58.

[63] Vgl. SELLIN, Epheser 151.

[64] Siehe die ebd. angegebenen Belege: Leg. I 44; III 4; Sacr. 67; Det. 153; Post. 6,14.30; Gig. 47; Deus 57; Conf. 136; Somn. II 221.

[65] FAUST, Pax 49.

Gegensatz vollständig. Zum anderen kommen die ganz spezielle Konnotation der Durchdringung, die sich allein aus dem Kontext ergibt, sowie das damit verbundene wechselseitig bedingte Verhältnis von Erfüllen des Alls durch Christus (als Herrschaft über Vergänglichkeit) und Erfülltsein der Kirche durch Christus (als heilvolle Anteilhabe), dadurch überhaupt nicht in den Blick. Hierin liegt aber die Hauptaussage. Auf sie soll deshalb abschließend der Blick zurückgelenkt werden und in dem Zuge die bislang offen gebliebene Frage nach dem Verhältnis zwischen Kirche und Kosmos im Epheserbrief beantwortet werden.

Die Vorstellungen[66] vom Regenten-Haupt einerseits und die vom Leben spendenden Haupt (vgl. 4,15f.; 5,23) andererseits müssen voneinander unterschieden werden.[67] Das bedeutet aufgrund der syntaktisch-semantischen Bezüge, dass auch zwischen der Durchdringung des Alls durch Christus auf der einen und dem Erfülltsein der Kirche durch Christus auf der anderen Seite differenziert werden muss. Wenngleich die Aussagen einen gemeinsamen Schnittpunkt darin haben, dass das eine das andere bedingt, gehen sie nicht ineinander auf. Die Kirche ist nur passivisch als πλήρωμα Christi zu bestimmen. Sie wird von seinen Kräften ausgefüllt. Sie selbst füllt aber nicht aktivisch das All aus. Diese Durchdringung bleibt Christus als aktives Beherrschen vorbehalten. Analog zur zweifachen κεφαλή-Position übt Christus eine doppelte Durchdringung aus. Kirche und Kosmos decken sich dabei nicht. Weder ist die Kirche das Medium, durch das Christus das All durchdringt[68], noch wird – dieser Auslegung ganz ähnlich – das All der Kirche einverleibt[69], noch steht im Hintergrund der Aussage ein missionarischer Ausdehnungsgedanke[70]. Entgegen der häufig vertretenen Auffassung ist also hervorzuheben, dass

---

[66] So auch SCHNACKENBURG, Epheser 79, der im Folgenden aber trotzdem beides in eins setzt: „Die Verbindung der beiden in gewisser Weise konträren Gedanken, daß Gott die Unheilsmächte unter die Füße Christi zwingt und ihn der Kirche als den sie mit seinen Segenskräften Erfüllenden gibt, wird noch enger, wenn man in V. 22b eine verkürzte Ausdrucksweise annimmt [...]."

[67] Siehe dazu FAUST, Pax 47, der von einer „pointierten Verschränkung von kosmisch-despotischer und kirchlich-soteriologischer Hauptstellung Christi in Eph 1,22b–23a" spricht. Unter Hinweis auf Faust betont auch THEOBALD, Augen des Herzens 58, die Notwendigkeit der Unterscheidung.

[68] So SCHNACKENBURG, Epheser 59, demzufolge der Epheserbrief die Kirche „als den kosmisch ausgedehnten Leib [betrachtet], durch den Christus, ihr Haupt, auch die Herrschaft über das All realisiert und immer mehr realisieren will". Der Aspekt einer teilweisen Deckung kommt bei SCHNACKENBURG durch die Vorstellung von „zwei konzentrischen Kreisen" zum Ausdruck, „von denen der innere die Kirche, der äußere den Kosmos darstellt" (83); siehe auch GNILKA, Epheser 109; HEGERMANN, Schöpfungsmittler 152.

[69] Siehe SCHLIER, Epheser 65, der die Kirche als Leib Christi im Sinne eines Mediums deutet, durch das „Christus [...] das ihm unterworfene und unterstehende All in sich einbezieht oder sich unterworfen hält."

[70] Vgl. SCHWEIZER, Neotestamentica 314; 327–329.

die Kirche nach dem Epheserbrief keine kosmische Größe ist.[71] Darauf weist schon der terminologische Befund hin, dass weder im Epheser- noch im Kolosserbrief das All irgendwo als Leib Christi bezeichnet wird.[72] Das getrennte Verhältnis zwischen Kirche und Kosmos ergibt sich näherhin aus der dargelegten Interpretation, derzufolge es sich in Eph 1,20–23 um metaphorische Konzeptualisierung des unverbrüchli- chen Konnexes von Christologie und Eschatologie handelt (vgl. zu dieser Konstante paulinischer Eschatologie auch 1Thess 4,14; 1Kor 6,14; Röm 11,8; Röm 6,5–8). Der Verfasser bildet diesen Inhalt in Eph 1,22b– 23b nicht nur semantisch, sondern auch syntaktisch kunstvoll als „spie- gelbildliche Struktur" ab.[73] Was Paulus in 1Kor 15,13–28 argumentativ gegen eine gegnerische Position[74] gerichtet ausführt, fasst der Verfasser des Epheserbriefs in äußerst dichter Metaphorik und Syntax zusammen. Polemische Darstellungsmittel braucht er dabei nicht, weil anders als für Paulus die Position nicht zur Debatte steht.

1.1.1.3 Der Sieg Christi

Dadurch, dass der Verfasser des Epheserbriefs die Metaphern ἐν τοῖς ἐπουρανίοις und οὐ μόνον ἐν τῷ αἰῶνι τούτῳ ἀλλὰ καὶ ἐν τῷ μέλλοντι in die Vorstellung einfügt, entsteht aber über Paulus hinaus eine eigene Aussage. Um diese herauszuarbeiten, ist bei der Beobachtung an- zusetzen, dass in Eph 1,21 die Mächte explizit nicht als Gegner Christi

---

[71] So auch FAUST, Pax 52, mit Bezug auf die Interpretationen bei Schlier und Schnackenburg: „Diese Exegese, nach der die Kirche als Keimzelle der Allbe- herrschung und Allerfüllung Christi erscheint, ist u.E. nicht haltbar […]."

[72] Vgl. FAUST, Pax 46.

[73] Siehe ebd. 51: „Insgesamt gesehen finden wir in E 1,22b–23 somit eine spiegel- bildliche Struktur, in der sich einerseits die peripheren Elemente (a) αὐτὸν ἔδωκεν κεφαλὴν ὑπὲρ πάντα (v.22b) und (a') τοῦ τὰ πάντα ἐν πᾶσιν πληρουμένου (v.23b) als kosmische Herrschaftsaussagen entsprechen, andererseits die mittleren Elemente (b) ἐκκλησία = τὸ σῶμα (v.22b.23a) und (b') τὸ πλήρωμα (v.23b) als Konzepte des soteriologischen Verhältnisses zwischen Christus und Kirche. Zugleich weisen die parallelen Zuordnungen dieser spiegelbildlichen Struktur […] darauf hin, daß das so- teriologische Verhältnis zwischen Christus und Kirche (σῶμα/πλήρωμα) an die Simul- tanbedingung der Herrschaft Christi über den Kosmos geknüpft ist (κεφαλὴν ὑπὲρ πάντα/τὰ πάντα ἐν πᾶσιν πληρουμένου)."

[74] Die Position ‚einiger', die Paulus zu widerlegen sucht, zitiert er in 1Kor 15,12: λέγουσιν ἐν ὑμῖν τινες ὅτι ἀνάστασις νεκρῶν οὐκ ἔστιν. Welche Auffassung die τινές damit genau vertreten, ist ein vieldiskutiertes Problem, das hier nicht ausführlich zu erörtern ist; vgl. zur Diskussion SELLIN, Streit um die Auferstehung 17–37, und die dort angegebene Literatur; grob lassen sich folgende Lösungsansätze unter- scheiden: a) Die gegnerische Position bestreitet eine *leibliche* Auferstehung und deu- tet sie stattdessen als rein geistigen Vorgang. b) Es handelt sich um ‚Agnostiker', die Jenseitigkeit grundsätzlich leugnen. c) Im Hintergrund steht das Problem der Rangfolge aus 1Thess 4. d) Das Problem liegt nicht bei der ἀνάστασις, sondern in der Zufügung νεκρῶν. Die gegnerische Position würde dann eine Auferstehung der Toten leugnen, weil die Auferstehung sich bereits vor dem irdischen Tod vollzieht.

gewertet werden. In 1Kor 15,24ff. sind Mächte und Gewalten durch das Verb καταργέω (V. 24) sowie durch den Begriff ἐχθρός im Psalmzitat (V. 25) und in der Fortsetzung (V. 26) dagegen deutlich feindlich konnotiert. Der Tod (ὁ θάνατος) wird als letzter zu besiegender Feind besonders hervorgehoben. Auf den Sieg Christi über den Tod läuft die ganze Darstellung in 1Kor 15 hinaus (vgl. VV. 54–57). Der ‚Wechsel' der σώματα, um den es Paulus bezüglich der Modalität der Auferstehung geht, wird abschließend als Verschlungenwerden des Todes gedeutet (vgl. 1Kor 15,54 [κ]ατεπόθη ὁ θάνατος εἰς νῖκος).

Für den Verfasser des Epheserbriefs steht ein Kampf Christi gegen Mächte und Gewalten in Eph 1,20–23 nicht im Fokus. Die Funktion der Mächtereihe an dieser Stelle besteht vielmehr darin, die in Himmels- bzw. Überhimmelssphären gestaffelte Topographie auszudifferenzieren (s.o. Kap. II.2.5). Entprechend fehlt auch ein Hinweis auf den letzten Gegner Christi, den Tod. Dass es aber auch in Eph 1,20–23 um Unter- werfung unter Christus geht, hat die voranstehende Metaphernanalyse gezeigt. Dem Verfasser des Epheserbriefs geht es dabei aber nicht mehr nur um den Tod als vielmehr um die Zeit. Die Überhimmel, in denen Christus thront, sind metaphorische Konzeptualisierung von Externität und Unverfügbarkeit. Christi Herrschaftsposition in den Überhimmeln korreliert dadurch mit einer Überzeit. Sein Sieg ist ein Sieg über die Zeit. Von hier aus erklärt sich die räumlich konzeptualisierte Zeitmetapher ‚nicht nur in diesem Äon, sondern auch im kommenden' in Eph 1,21.

Dass der Verfasser in Eph 1,21 sowohl von diesem als auch vom kommenden Äon spricht, wird in der Forschung einhellig als schwierig beurteilt. Die Aufnahme dieser frühjüdisch geprägten Zeitbegriffe scheint nicht zur Räumlichkeit und aoristischen Darstellungsweise des Epheserbriefs zu passen, die ja gerade auch in 1,20–22 dominiert.[75] Hinzu kommt, dass Paulus selbst, dessen Eschatologie in viel stärkerem Maß als die des Epheserbriefs futurisch-apokalyptisch ausgerichtet ist (vgl. nur 1Kor 15,25), zwar an manchen Stellen von „diesem Äon" spricht (vgl. Gal 1,4; 1Kor 1,20; 2,6.8; 3,18; 2Kor 4,4; Röm 12,2), aber nie vom „künftigen Äon". Man hat in ver- schiedener Weise versucht, dieses Problem[76] zu lösen, indem man entweder einen tra- dierten Hymnus angenommen[77], das ‚Äonenschema' als formelhafte Aufnahme tradi- tioneller Sprache verstanden[78] oder die Äonen allein als Räume interpretiert[79] hat.

---

[75]　Vgl. z.B. BARTH, Ephesians I 155; das Fragment einer futurischen Eschatologie passe nicht zur realisierten Eschatologie des Epheserbriefes.

[76]　Vgl. die Beurteilungen bei SCHNACKENBURG, Epheser 78: „merkwürdig[…]"; GNILKA, Epheser 96: „[…] so überrascht doch die Rücksichtnahme auf die Zwei-Äo- nen-Lehre"; LINCOLN, Ephesians 65, betont die bleibende Unstimmigkeit innerhalb des Briefes: The „use of language in 1:21 remains traditional and has not been coordi- nated with that perspective [in 1:10]."

[77]　So BARTH, Ephesians I 155. – Zur Kritik siehe FISCHER, Tendenz 118.

[78]　So LINDEMANN, Aufhebung 210; SCHNACKENBURG, Epheser 78; LINCOLN, Ephesians 65; FAUST, Pax 46 Anm. 93.

[79]　SCOTT, Ephesians 157f.; ähnlich SCHLIER, Epheser 88 mit Anm. 4, unter Verweis auf äthHen 71,15: „Der künftig offenbare Äon ist schon verborgen gegenwärtige Rea- lität", dem GNILKA, Epheser 96, mit dem Hinweis zustimmt, dass „der apokalyp-

Grundsätzlich ist problematisch, dass es nicht gelingt, die Nennung der zwei Äonen als konsistentes Element des Briefes zu verstehen. Sie bleibt in allen Interpretationen Fremdkörper oder wird unrechtmäßig zu einer ausschließlich räumlichen Kategorie umgedeutet.

Traditionsgeschichtlich ist ‚dieser Äon' negativ qualifiziert und Kontrasterfahrung zum ‚künftigen Äon', von dem das Heil für die Gerechten erwartet wird (s.o. Kap. III.1.2.2). In Eph 1,21 entfällt dagegen jede qualitative Differenzierung zwischen den beiden Äonen. Diese spezifische Rede von den zwei Äonen zeigt einerseits, dass das Entscheidende schon geschehen und deshalb nicht mehr für einen neuen Äon zu erwarten ist, und andererseits, dass Christi Herrschaftsposition keinem zeitlichen Wandel unterliegt. Zeitenwechsel sind bedeutungslos, da die Erhöhung Christi sich außerhalb der Zeit vollzieht. Damit konsistent ist, dass der Verfasser des Epheserbriefs den Hinweis auf die zeitliche Erstreckung und Terminierung des Herrschens in 1 Kor 15,25 nicht übernimmt. Das heißt aber nicht, dass es Zeit aus Sicht des Verfassers nicht mehr gibt – dass das Gegenteil der Fall ist, haben die Analysen zu den unterschiedlichen Zeitkonzepten gezeigt. Christus aber hat als Auferstandener die Zeit besiegt. Sowohl die Aussage οὐ μόνον ἐν τῷ αἰῶνι τούτῳ ἀλλὰ καὶ ἐν τῷ μέλλοντι unterstreicht im Kontext diese Bedeutung der Metapher ἐν τοῖς ἐπουρανίοις als Überzeit als auch das Zitat von Ps 8,7, das sich in die metaphorische Raumstruktur einfügt. Wenn Christus an dem außerkosmischen Ort der Überhimmel erhöht sitzt, liegt folgerichtig der Kosmos (πάντα) unter seinen Füßen (vgl. das zweimalige ὑπ[ό] in V. 22a). Die mit den kosmischen Bereichen korrelierten Zeitstrukturen, die sich in den αἰών-Metaphern artikulieren (vgl. das Syntagma ὁ αἰὼν τοῦ κόσμου τούτου in Eph 2,2), haben keinen Einfluss auf die Überhimmel.

Den Sieg Christi, den Paulus in 1 Kor 15 auf den Tod deutet, verarbeitet der Verfasser des Epheserbriefs konsequent weiter in Hinblick auf das Thema Zeit. In Hinsicht auf eschatologische Fragen stellt Zeit für ihn ein größeres Problem dar als Tod. Der *auctor ad Ephesios* rechnet nicht mit einem universalen Weltende, das terminlich zu bestimmen wäre. Deshalb beschäftigt ihn auch nicht die Frage speziell nach dem Schicksal der zu dem Zeitpunkt bereits Verstorbenen, d.h. nach der Auferstehung *der Toten*. Ihm stellt sich vielmehr die Frage, wie eschatologisches Heilsgeschehen innerhalb bzw. trotz einer fortlaufenden Zeitstruktur gedacht werden kann. Dieses Zeit-Problem kann der Verfasser nur durch ein Modell absoluter Diskontinuität lösen. Hieraus erklärt sich der Unterschied in der ἐπουράνιοι-Konzeption gegenüber Paulus. Das Auferstehungsgeschehen vollzieht sich außerhalb jeder Kontinuität zu irdischen Bezügen überzeitlich. Der Auferstandene ist *victor temporis*. An diesem

---

tischen Rede vom kommenden Äon auch eine räumliche Komponente eignet." – Das ist zwar richtig, doch ändert dies nichts daran, dass der künftige Äon ein Zeitbegriff ist, der metaphorisch als Raum konzeptualisiert wird (s.o. Kap. III.1.2.2.2).

Sieg haben die Christen eschatologisch Anteil. Die Anteilhabe wird in Eph 1,20–23 bereits metaphorisch verschränkt zum Ausdruck gebracht. In Eph 2,5f. führt der Verfasser sie direkt auf die Leserschaft bezogen aus.

1.1.2 Die Auferstehung der Christen und Einsetzung mit Christus: Zum Verhältnis von Röm 6,1–11 und Eph 2,5f.

Schon in der älteren exegetischen Forschung wird Eph 2,5f. über Kol 2,12f. traditionsgeschichtlich auf Röm 6,1–11 zurückgeführt.[80] Diese Verbindung wird vielfach darauf hin ausgelegt, dass hinter Eph 2,5f. die Vorstellung des Taufritus steht. Die Unterschiede des Epheserbriefs gegenüber dem Römerbrief in Semantik und Tempus der Verbformen fasst man als Merkmal einer andersartigen, präsentischen oder aoristischen Eschatologie des Epheserbriefs auf. Diese Sichtweise soll hinterfragt werden. Die grundsätzlichen Differenzen zwischen den Texten sind folgende:

– Zur Beschreibung des neuen Lebens verwendet Paulus Futura (Röm 6,4: ἐν καινότητι ζωῆς περιπατήσωμεν; V. 5: σύμφυτοι […] τῆς ἀναστάσεως ἐσόμεθα; V. 8: συζήσομεν), der Verfasser des Epheserbriefs dagegen Aorist- bzw. Perfektformen (σεσῳσμένοι, συνεζωοποίησεν, συνήγειρεν, συνεκάθισεν).[81]

– In Röm 6,1–11 ist das Subjekt der fraglichen Aussagen ἡμεῖς bzw. παλαιὸς ἡμῶν ἄνθρωπος, in Eph 2,5f. ist Gott (θεός) der Handlungsträger.

– Im Epheserbrief fehlen Leidensaussagen, wie sie in Röm 6 durch σύν-Bildungen für die Christen analogisiert werden (vgl. Röm 6,4: συνετάφημεν; V. 6: συνεσταυρώθη; V. 8: ἀπεθάνομεν σὺν Χριστῷ). Der Verfasser des Epheserbriefs analogisiert ausschließlich Soteriologie in den σύν-Komposita.

– Gegenüber Röm 6 treten im Epheserbrief räumliche Vorstellungen stärker hervor. Während Röm 6,11 die Vorstellung des ἐν Χριστῷ Ἰησοῦ erwähnt, gestaltet der Epheserbrief den räumlichen Aspekt durch συνκαθίζω und ἐν τοῖς ἐπουρανίοις weiter aus. Die Auferstehungshoffnung wird im Epheserbrief dem Ort der Überhimmel zugeordnet.

Im Folgenden sollen die eschatologischen Aussagen von Eph 2,5f. anhand der genannten Differenzen zu Röm 6,1–11 untersucht werden.

---

[80] Vgl. HAUPT, Epheser 60f.; mit Blick auf diese lange Forschungstradition vgl. ECKSTEIN, Auferstehung 8: „Wir haben uns in der exegetischen Diskussion daran gewöhnt, die Aussagen über die christliche Existenz in Röm 6,1–11 mit den entsprechenden Formulierungen im Kolosser- und Epheserbrief zu kontrastieren."

[81] Diese von paulinischer Theologie grundsätzlich abweichende Heilsdarstellung stellt schon früh das zentrale Interpretationsproblem dar, vgl. zu Origenes: LAYTON, Pauline Exegesis 383: „This declaration of a present enjoyment of eschatological benefits poses the central interpretive problem of this verse, not only because it apparently contradicts the experience of the believers, but also because it stands in tension with the futuristic eschatology assumed elsewhere by Paul."

– Verbalformen: Die drei Heilsaoriste in Eph 2,5f. wie auch das Perfekt σεσωσμένοι[82] gelten in der Regel als Indiz einer realisierten Eschatologie des Epheserbriefs. Hiermit verbunden wird der Verfasser des Briefes mancherorts kritisiert, weil er „unter dem Einfluß ‚fremder Theologie' […] die paulinischen eschatologischen Futura auf[hebt] und […] so im Entscheidenden doch den paulinischen Ansatz [verfehlt]."[83]

Zunächst ist generell zu beachten, dass die griechischen Verbalformen keine absoluten Zeitstufen, sondern Verbalaspekte zum Ausdruck bringen.[84] Es ist darum nicht möglich, allein aus Aoristformen zu folgern, dass das Heil kein Gegenstand eschatologischer Erwartungen mehr ist. Umgekehrt ergibt sich aber auch keine Lösung, wenn die futurischen Verbformen in Röm 6,4.5.8 als „logische[r] Gebrauch des Futur in der Apodosis von Konditionalperioden"[85] gedeutet werden. Den Futura käme demzufolge keine zeitliche Aussage zu, sondern sie drückten eine „logische […] Konsequenz"[86] aus. Die Leidensaussagen vom Gekreuzigt- und Begrabensein mit Christus implizierten zugleich die gegenwärtige Mit-Verherrlichung auch bei Paulus. Dort sei also dieser Interpretation zufolge bereits eine sogenannte „präsentische Eschatologie"[87] ausgesagt, die sich mit der Vorstellung in Eph 2,5f. decke. Dass hier ausschließlich Aoristformen begegnen, ließe sich dann darauf zurückführen, dass ohne logische Verknüpfung Herrlichkeitsaussagen im Blick sind. Auch nach Röm 6 hätten die Gläubigen somit bereits „teil an Christi Kreuz und Auferstehung"[88]. Ob die Futurformen in Röm 6 logisch oder temporal zu verstehen sind, ist kaum zu beantworten. Die Schwierigkeit

---

[82] Paulus verwendet σώζειν im Futur oder zeitlosen Präsens (vgl. 1Kor 1,18; 2Kor 2,15. „An der einzigen Stelle, wo bei ihm das Verb im Aorist erscheint, in Röm 8,24, wird ein eschatologischer Vorbehalt gemacht: τῇ γὰρ ἐλπίδι ἐσώθημεν" (SELLIN, Epheser 178 Anm. 121).

[83] LINDEMANN, Aufhebung 125.

[84] Siehe PORTER, Verbal Aspect 98: „It has now been established that the tense categories in Greek are not time based, but aspectually based […]. Greek does not grammaticalize absolute tense, where the speech time is equated with the present; rather, Greek maintains relative tense in all tenses and moods, e.i. where the time of a situation is relative to a time not necessarily the point of speaking […], and where any tense category may be used in any of the temporal contexts"; ferner ἐποίησεν in Lk 1,49.

[85] So ECKSTEIN, Auferstehung 21. Logisches Futur liegt nach ECKSTEIN, a.a.O., bei Paulus auch vor beispielsweise in Röm 3,3; 3,30; 1Kor 9,11; 2Kor 3,8. Von ‚logischem Futur' in Röm 6,1–11 geht auch bereits PERCY, Probleme 110, aus. Er kommt so zu dem Schluss, dass „die Gläubigen nicht nur mit Christus gestorben sind, sondern auch in ihm schon zu einem neuen Leben auferstanden sind" und also „die Gegenwart des durch die Todesgemeinschaft mit Christus gewonnenen neuen Lebens […] vorausgesetzt [wird]."

[86] ECKSTEIN, Auferstehung 21.

[87] Ebd. 23, sieht „Röm 6,1–11 als ein Zeugnis für die *präsentische* Eschatologie bei Paulus."

[88] Ebd. 22.

zeigt aber, dass eine Beurteilung von Eph 2,5f. allein über den Vergleich der Verbalformen in Röm 6 nicht weiterführt.

– Thema und Perspektive: Nicht nur auf der Ebene der verwendeten Zeitformen ist der Vergleich zwischen Eph 2 und Röm 6 schwierig. Vielmehr ist die Annahme, dass im Aussagehorizont des Verfassers dieselben Vorstellungen gelegen haben wie in Röm 6, problematisch.[89] Der Befund, dass sich in Eph 2,5f. ausschließlich Herrlichkeitsaussagen finden, wird so als Verständnismangel gegenüber dem paulinischen Nebeneinander von Leidens- und Herrlichkeitsaussagen empfunden. Ein solches Verfehlen bestimmter Aussagen ergibt sich ja aber erst durch das Messen an Paulus und nicht durch den Text des Epheserbriefs selbst. Nur wo unterstellt wird, dass der Epheserbrief dasselbe Thema zum Ausdruck bringen möchte wie Paulus in Röm 6, vernachlässigt er ‚Entscheidendes‘ bzw. korrigiert eine Aussage. Wo man diese Vorannahme aber nicht trifft, wird der Blick frei für die eigene Konzeption des Epheserbriefs.

Zentraler Hinweis darauf, dass Eph 2,4–6 ein anderes Anliegen verfolgt als Röm 6,1–11, ist das Fehlen der Taufthematik, die Kol 2,11–13 noch aus Röm 6,1–11 übernimmt. In Eph 2,5f. ist sie nicht erkennbar.[90] In den Texten des Römerbriefs und des Kolosserbriefs wird die Taufthematik einerseits durch eine explizite Form von βαπτίζω (vgl. Röm 6,3; Kol 2,12), andererseits durch Metaphern des Sterbens und Begrabens zur Sprache gebracht (vgl. Röm 6,4 συνετάφημεν; 6,6 συνεσταυρώθη; 6,8 ἀπεθάνομεν; Kol 2,12 συνταφέντες).[91] Weder das Verb βαπτίζω noch diese Bilder sind im Epheserbrief vorhanden, d.h. der Verfasser hat auf alles verzichtet, was über diese traditionsgeschichtliche Linie auf die Taufe hinweisen könnte. Der Text handelt also nicht von der Taufe.[92]

---

[89] So z.B. explizit LINDEMANN, Aufhebung 125: „Der Verfasser will grundsätzlich der christlichen, näherhin der paulinischen Theologie (Röm 6) entsprechen.“

[90] Gegen STEINMETZ, Heil-Zuversicht 41; SCHNACKENBURG, „Er hat uns mitauferweckt“ 167–174; DERS., Heilsgeschehen 70; HALTER, Taufe 234–239; GNILKA, Epheser 117; 126; SCHLIER, Epheser 109–111; aber mit LINDEMANN, Aufhebung 121; HAHN, Mitsterben 91f.; LONA, Eschatologie 362; vgl. auch SELLIN, Epheser 176f.; vorsichtiger äußert sich LINCOLN, Ephesians 91: „There is no direct or explicit reference to baptism in 2,1–10, but there is also no reason to deny that the way in which the writer talks about the contrast between pre-Christian past and Christian present […] would have recalled to his readers the significance of their baptism.“

[91] Die Übernahme der Taufmotivik in Kol 2,12f. aus Röm 6 führt allerdings eine semantische Schieflage im Kolosserbrief herbei, siehe dazu SELLIN, Epheser 177: „Wenn der Christ *vor* der Taufe ‚tot in den Verfehlungen‘ war (V.13), dann bedeutet die Taufe kein (Mit-)Sterben mehr, sondern den Übergang zum ‚Leben‘ (συζωοποιεῖν). Dazu passt nicht mehr das Bild vom ‚Mit-Begraben-Werden‘ [Hervorhebungen im Original].“

[92] Gegen z.B. HALTER, Taufe 236f.: „Dass von der Taufe die Rede ist, ist einerseits von Kol 2,12f. her, andererseits im Blick auf 5,25–27 (vgl. mit V. 4!) klar […] Das Gewicht hat sich von den Sterbensaussagen ganz auf die Erweckungsaussagen verschoben, ohne dass dadurch der Gedanke, wonach Taufe Anteilhabe am Tode Christi

Der Verzicht auf die explizite Erwähnung des βάπτισμα (vgl. immerhin 1,13: ἐσφραγίσθητε τῷ πνεύματι τῆς ἐπαγγελίας τῷ ἁγίῳ) lässt darauf schließen, dass der Epheserbrief hier kein konkretes, vergangenes Ereignis im Blick hat, welches hinter den Heilsaoristen stehen würde.[93] Was also offensichtlich nicht Thema des Epheserbriefs ist, sollte nicht über Traditionsgeschichte in ihn hineingelesen werden. Allerdings findet sich im Epheserbrief eine νεκρός-Aussage. In Eph 2,1.5 steht sie wie in Kol 2,13 mit einfachem Dativ. In Kol 2,13 entsteht dadurch eine Inkongruenz zur ‚Mit-Begraben-Werden‘-Terminologie. In Röm 6 ist der Dativ sicher als *dativus commodi* aufzufassen. Die νεκρός-Aussage steht aber im Epheserbrief bezeichnenderweise nicht im Kontext der kultischen Taufthematik, sondern ist *narratio*, die den vorchristlichen Zustand der Adressaten näher beschreibt. Der Epheserbrief weitet die Beschreibung gegenüber dem Römer- und Kolosserbrief stark aus.

Die Form des Textes hat in Eph 2,4–6 erzählenden, in Röm 6 wie auch Kol 2,11–13 und 3,1–4 dagegen unterweisenden Charakter. Der Unterschied spiegelt sich in den Personalendungen der Verben. In Röm 6,1–11 wird vorherrschend die 1. Person Pl. verwendet. In Eph 2,4–6 weist die durchgehend verwendete 3. Person Sg. im Aorist auf die Erzählform (abgesehen von der Parenthese in V. 5).[94]

Es geht dem Verfasser – wie auch Paulus – an dieser Stelle nicht um Unterweisung im Gemeindekultus.[95] Die Herrlichkeitsaussagen sind in vorliegendem Kontext losgelöst von der Taufthematik und begegnen innerhalb einer *narratio* über Gottes soteriologisches Handeln.

In auffälliger Weise vermeidet der Verfasser in diesem Zusammenhang ein dem ποτέ kontrastierendes νῦν. Dies ist wichtig, weil νῦν die Zeitstu-

---

ist, ganz verloren gegangen wäre, wie V. 4 und 4,32–5,2.25–27 im Taufzusammenhang [...] beweisen." Die genannten Textstellen könne erstens nicht gegen die hier zur Diskussion stehende ausgespielt werden. Zweitens geht auch aus ihnen weder ein expliziter Leidensnachvollzug noch ein eindeutiger Taufbezug hervor. Drittens befinden sich – außer V. 4 – in einem gänzlich anderen Kontext.

[93] Vgl. auch LINDEMANN, Aufhebung 121: „Offenbar denkt der Verfasser gar nicht an einen konkreten Vorgang oder an ein besonderes einmaliges Ereignis [...]."

[94] Vgl. z.B. PORTER, Verbal Aspect 92: „[...] in Greek often the basic narrative is laid down by the 3d Person Aorist."

[95] Dass diese Bereiche für die vorliegende Textstelle nicht relevant sind, erkennt auch LINDEMANN, Aufhebung 123: „[E]s fehlen in Eph 2,5ff. alle ausdrücklichen Hinweise auf die Kirche"; 125: „[E]s ist zu beachten, daß [...] die Teilhabe des christlichen ‚Mysten‘ am Geschick der ‚Kultgottheit‘ Christus nicht in mystischen Kategorien ausgesagt ist, sondern im Gegenteil ganz der Struktur des Glaubensbekenntnisses folgt." Wo Lindemann also durchaus diese (und andere) fundamentale Unterschiede zu Röm 6 erkennt, ist es doch umso erstaunlicher, dass er dies nicht im Sinne eines eigenen Entwurfes, sondern im Gegenteil als Verfehlung des paulinischen Ansatzes interpretiert.

fe der Aoriste im Sinne einer realisierten oder präsentischen Eschatologie in der Tat festlegen würde.[96]

Die narrative Entfaltung dessen, wie das christliche Heil beschaffen und begründet ist, geschieht unter Rückgriff auf das Protologie-Konzept des Epheserbriefs und speziell Eph 1,20–22. Seinen protologischen Grundgedanken entwickelt der Verfasser in der Briefeingangseulogie in Eph 1,3–14. Semantische Verknüpfungen zwischen diesem Teil und Eph 2,4–7 sind die Metaphern von Gottes Reichtum (1,7 πλοῦτος 1,8 ἐπερίσσευσεν; vgl. 2,4 πλούσιος; 2,7 ὑπερβάλλον πλοῦτος), seiner Liebe (ἀγάπη in 1,4; 2,4; ἀγαπάω in 1,6 [Part. Pass.]; 2,4) und seiner Gnade (χάρις in 1,6; 2,5 [τὸ πλοῦτος τῆς χάριτος αὐτοῦ in 1,7; 2,7]; χαρίζω in 1,6). Sie beschreiben und begründen näher Gottes vorzeitliches Heilshandeln. Auch die Wendung ἐν τοῖς ἐπουρανίοις (1,3; 2,6) findet sich in beiden Textabschnitten. Diese Verbindungen stellen heraus, dass der Epheserbrief die Aussagen vom Mit-Auferweckt-Werden als Teil der vorzeitlichen Erwählung in Gottes Heilsplan versteht.

Dass der Verfasser seiner Adressatenschaft retrospektiv von ihrer Zukunft erzählen kann[97], ist möglich aufgrund der fiktiven Geheimniseinsicht des Paulus (vgl. Eph 3,3f.). Paulus hat den vorzeitlich gefassten Heilsplan geschaut, so dass der Verfasser des Epheserbriefs in der Logik der Brieffiktion diese Einsicht wiedergeben kann. Aus den Aoristformen sind aufgrund zweier Aspekte keine Informationen über die zeitliche Verortung des Geschehens abzulesen.[98] Zum einen drückt der Aorist keine absolute Zeitstufe aus, sondern einen Verbalaspekt.[99] Zum anderen ist er in vorliegendem Text in eine Erzählung eingebunden und würde sich so nur auf eine Zeitstufe innerhalb der erzählten Welt und damit auf eine relative beziehen. Ob die erzählte Welt aber vom Sprecherstandpunkt aus in der Vergangenheit oder in der Zukunft liegt, verraten die

---

[96] Z.B. gegen GESE, Vermächtnis 157, der sowohl die Taufthematik als auch ein νῦν in den Text hineinliest: „Da Christus das Heil vollkommen geschaffen hat und es den Gläubigen in der Taufe bereits verbürgt ist, kann die Teilhabe daran bereits jetzt den Gläubigen zugesprochen werden." Vgl. auch LINCOLN, Ephesians 87, der ein ‚implizites νῦν' in den VV. 4f. erkennt. Zu den Begriffen s.o. Kap. I.2.2.2.

[97] Vgl. PORTER, Verbal Aspect 91: „If each aspect represents the author's grammaticalized ‚conception' of a process, it is logical to ask what that picture might be."

[98] Vgl. exemplarisch als neueren Forschungsbeitrag, der nach wie vor davon ausgeht, die aoristischen Verbalformen wären hier als absolute Zeitaussage zu verstehen, WITULSKI, Gegenwart und Zukunft 229f.: „Die hier verwendeten Aoriste συνεζωποίησεν, συνήγειρεν und συνεκάθισεν lassen deutlich werden, daß er [scil. der Verfasser des Epheserbriefes], hierin deutlich von der paulinischen Auffassung unterschieden, die Auferweckung von den Toten und Einsetzung in die Himmel als ein Geschehen der Vergangenheit betrachtet."

[99] Vgl. auch SCHNACKENBURG, Heilsgeschehen 72 Anm. 221, der etwas vorsichtiger formuliert: „Eine futurische Bedeutung erlangt der Ind. Aor. an sich nur nach einer futurischen Bedingung […] aber zu beachten ist, daß der Aorist, wie der Name schon sagt, ursprünglich einen zeitlosen Charakter trägt und nur nach der Aktionsart die Handlung punktuell betrachtet."

Aoriste nicht. Das beschriebene Geschehen wird deshalb nicht über die Verbalformen, sondern über deiktische Elemente zeitlich bestimmt.[100] Für Eph 2,1–3 ist dieses Element ποτέ. Hierdurch – und nicht durch den Aorist – ist eine Ebene der historischen Vergangenheit angesprochen, an die die Adressaten sich erinnern können. Das in der Forschung wiederholt zu beobachtende Betonen eines „schon jetzt"[101] für Eph 2,5f. hat keinen terminologischen Anhaltspunkt im Text. In diesem Zusammenhang steht kein νῦν. Das deiktische Element zur zeitlichen Bestimmung des Auferstehungsgeschehens ist die Wendung ἐν τοῖς ἐπουρανίοις. In dieser räumlich strukturierten Metapher liegt die dritte wichtige Differenz von Eph 2,5f. gegenüber Röm 6.

– Betonung des Räumlichen: Der Epheserbrief „stellt" seine „Soteriologie in einen ‚weltbildlichen' Rahmen"[102]. Lange Zeit war die Annahme vorherrschend, dass die Raumvorstellungen aus der Gnosis übernommen seien und als solche eschatologischen Erwartungen gegenüberstünden. Gnostische Raumvorstellungen hätten paulinische Heilsfutura verdrängt und in diesem Sinne seien auch Zeitaussagen den räumlichen gewichen und der ‚eschatologische Vorbehalt' preisgegeben.[103]

Eine inzwischen von manchen Exegeten bevorzugte Auslegung interpretiert die räumlichen Aussagen als Äquivalente zu den zeitlichen.[104] Der ‚eschatologische Vorbehalt', der bei Paulus durch die futurischen Verbalformen zum Ausdruck komme, sei im Kolosser- wie im Epheserbrief durch „räumliche [...] Differenzierung"[105] gewahrt. Nach H. Merklein sei dieser allerdings gegenüber Paulus „verdreht" zu einem „‚Schon' – ‚noch erst'"[106]. Immerhin ist es zutreffend, dass „in Kol 3,1–4 die

---

[100] Vgl. zum Verhältnis von „Deictic indicators and temporal reference" PORTER, Verbal Aspect 98–102.

[101] GESE, Vermächtnis 156; 157: „bereits jetzt".

[102] SCHWINDT, Weltbild 509.

[103] Vgl. LINDEMANN, Aufhebung 242f. Zumindest in dieser vereinfachenden Form wird sich die gnostische Interpretation eschatologischer Aussagen nicht mehr halten lassen. Dass sich im Zuge der weiteren Nag-Hammadi-Forschung und Aufbereitung der Quellen neue Zugänge auch für die Interpretation neutestamentlicher Texte ergeben werden, ist dagegen nicht auszuschließen – solches Vorgehen kann aber hier nicht geleistet werden.

[104] Vgl. STEINMETZ, Heils-Zuversicht 113, der sich aber auf die Bilder des ‚Wachstums' und der ‚Erfüllung' konzentriert.

[105] GESE, Vermächtnis 153.

[106] MERKLEIN, Rezeption 429; MERKLEIN begründet diese Änderung wie folgt: „Bei Paulus steht die Gegenwart unter dem Sog der Zukunft, deshalb muß er das gegenwärtige ‚schon' zugleich als ‚noch nicht' bestimmen. Im Kolosserbrief (und auch im Epheserbrief) steht umgekehrt die Zukunft unter dem Aspekt der Gegenwart; die Gegenwart bestimmt, was die Zukunft noch erst offenbart [...] Der Vorteil dieses Konzeptes liegt darin, daß die Eschatologie weitgehend von der Naherwartung entlastet ist, die in der nachapostolischen Zeit zunehmend zum Problem wurde. Dies dürfte auch der aktuelle Anlaß sein, daß Kolosser- und Epheserbrief ein räumlich orientiertes Schema in den Vordergrund schieben [...]".

Aussagen des Absterbens und des neuen Lebens nach dem Schema ‚unten' und ‚oben' aufgeteilt [werden][107]. Aber gerade eine räumliche *Differenzierung* findet sich in Eph 2,5f. nicht. Zwar verortet der Text die Herrlichkeitsaussagen ἐν τοῖς ἐπουρανίοις, ein räumlicher Gegenbegriff hierzu (wie in Kol 3,2 ἐπὶ τῆς γῆς) fehlt aber. Dies spricht dagegen, dass der Epheser- wie der Kolosserbrief eine räumliche Unterscheidung in Analogie zu einer zeitlichen intendiert. Die Wahl des Begriffes ἐπουράνιος bestätigt diesen Unterschied zum Kolosserbrief. Während der Epheserbrief οὐρανός immer in Verbindung mit dem irdischen Gegenbegriff verwendet, fehlt ein solcher stets bei ἐπουράνιος. Es gibt in Eph 2,5f. keine räumliche Differenzierung, die die zeitliche ersetzt. Dass sich hier kein Gegenbegriff zu ἐπουράνιος findet, stellt eine Besonderheit auch gegenüber dem Kolosserbrief dar. Ist es vom Ansatz her richtig, dass die räumlichen Aussagen des Epheserbriefs nicht gegen zeitliche auszuspielen sind, so ist aber ihr genaues Verhältnis bisher noch nicht treffend bestimmt worden.

Die Metapher ἐν τοῖς ἐπουρανίοις konzeptualisiert einen überzeitlichen Bezugsrahmen der hier verorteten eschatologischen Ereignisse. In Eph 2,6 steht sie im Kontext der Verbalaussagen vom Mit-Auferweckt-Sein und ‚Mit-Sitzen' der Christen mit Christus. Die syntaktische Funktion der Metapher von den Überhimmeln entspricht der des ποτέ in V. 2. Es geht um ein Geschehen, das sich nicht ποτέ oder νῦν, sondern ἐν τοῖς ἐπουρανίοις zuträgt. Diese eigene Zeitvorstellung wird auch dadurch hervorgehoben, dass Verben der Fortbewegung fehlen. Da Letztere in Eph 2 dazu dienen, die historisch-chronometrische Zeit im Zusammenhang mit dem Einst-Jetzt-Schema als Weg zu konzeptualisieren, ist ihr Fehlen in Eph 2,4–6 sowie das Vorhandensein ihrer semantischen Opposition (καθίζω) plausibel. Die horizontale Orientierungsmetaphorik wird abgelöst durch eine vertikale Blickrichtung.

Das deiktische Element ἐν τοῖς ἐπουρανίοις zeigt an, dass das hier beschriebene Heilsgeschehen unverfügbar ist und in uneinschätzbarer Distanz liegt. Das Geschehen vollzieht sich überzeitlich. Diese abstrakte Zeitvorstellung wird mittels der räumlichen Metapher von außerkosmischen Himmeln strukturiert. Damit kann nicht von einer realisierten Eschatologie[108] die Rede sein. Aber auch das Modell von ‚Schon jetzt – Noch nicht' bzw. des ‚eschatologischen Vorbehalts' ist zur Beschreibung dieser Konzeption ungeeignet.[109] Ergeben sich also aus der ἐπουράνιοι-

---

[107] GESE, Vermächtnis 153; vgl. auch MERKLEIN, Rezeption 429.

[108] So z.B. GNILKA, Epheser 119: „Gegenüber Röm 6,1ff. ist wieder das Konzept von der ‚realized eschatology' neu, das nicht proleptisch aufgefaßt werden darf." Siehe auch SCHNACKENBURG, Epheser 95: Es geht „dem Verf. um die bereits erfolgte Errettung […] In Eph erlangt die Gegenwart des Heils allen Nachdruck."

[109] Z.B. gegen GESE, Vermächtnis 156f.: „Durch die räumliche Differenzierung ist eine Identifikation beider Bereiche eindeutig vermieden, von einer Tilgung des eschatologischen Vorbehaltes kann darum keine Rede sein […] Der eschatologische

Konzeption gegenüber Paulus erhebliche Unterschiede eschatologischer Vorstellungen, so setzt sich diese gedankliche Transformation paulinischer Tradition bei den Themen Kreuz und Rechtfertigung weiter fort. Auch hier zeigt sich, dass der Verfasser mit den bekannten Begriffen eigene soteriologische und ekklesiologische Aussagen verbindet.

2 Zur Deutung von Kreuz und Rechtfertigung im Epheserbrief

2.1 Die Kreuzesaussage vor dem Hintergrund der Gesetzesthematik

Das Vorkommen von σταυρός ist in den paulischen Briefen eng auf bestimmte Textzusammenhänge innerhalb des Galaterbriefes, 1. und 2. Korinther- und Philipperbriefes begrenzt.[110] Paradigmatisch sind dabei die thematischen Komplexe ‚Gesetz‘ (vgl. Gal), ‚Weisheit‘ (vgl. 1Kor 1–2) sowie ‚neue Existenz der Glaubenden‘ entscheidend.[111] Eine syntagmatische Besonderheit in der Verwendung von σταυρός bei Paulus liegt darin, dass der Apostel im Galaterbrief und 1. Korintherbrief den Begriff jeweils verbunden mit einer Selbstaussage einführt (vgl. Gal 2,19; 1Kor 1,13; auch 2Kor 12,7).[112] Die Argumentation in allen Textzusammenhängen ist polemisch gegen Opponenten ausgerichtet, die ein anderes Verständnis von ‚Gesetz‘, ‚Weisheit‘ oder ‚christlicher Existenzweise‘ als Paulus haben.[113]

In Eph 2,14–16 findet sich keine polemische Zuspitzung der Aussagen im Kontext. Der Verfasser erwähnt das Kreuz rückblickend auf eine vergangene Situation. Eine Frontstellung gegen eine fremde Position ist nicht erkennbar. Der Grund für die Aufnahme des Begriffs σταυρός ist in einer ‚Paulinisierung‘ der Aussage zu sehen. Die kontextuelle Einbindung in Eph 2,14–16 bestätigt diese Intention durch drei Aspekte, die die Nähe zum paulinischen Gebrauch von σταυρός deutlich machen.

1. Paulinische Rede vom Kreuz ist nicht an sich Zentrum paulinischer Soteriologie. Es ist deshalb nicht als Inkongruenz zu werten, wenn in

---

Vorbehalt, den Paulus durch eine zeitliche Differenzierung darstellt, wird hier auf räumlicher Ebene festgehalten."

[110] Vgl. zur genauen Verteilung SCHENK, Kreuzestheologie 102f.

[111] Vgl. KUHN, Jesus als Gekreuzigter 29; BEKER, Sieg Gottes 81–85; Nach SCHENK, Kreuzestheologie 104f., ist diese Klassifikation noch dahin gehend zu präzisieren, dass die Bereiche ‚Gesetz‘ und ‚Weisheit‘ sich „auf die gleiche Identitätsphilosophie einer soteriologischen Pneuma-Ontologie [beziehen], die zuerst im Gal […] primär unter dem Stichwort ‚Mosegesetz‘ und dann 1Kor 1–4 durch eine ausführlichere Information […] unter dem Schlüsselwort ‚Weisheit‘ erscheint."

[112] Vgl. SCHENK, Kreuzestheologie 105.

[113] Vgl. WOLTER, „Dumm und skandalös" 60: „Paulus profiliert sein Evangelium immer dort als ‚Wort vom Kreuz‘, wo er sich mit einem Wirklichkeitsverständnis auseinanderzusetzen hat, in dem kontextuelle Faktoren die Hegemonie über die Heilsorientierung an Jesus Christus beanspruchen."

Eph 2,14–16 „die für Paulus so charakteristische Wendung nicht begegnet, daß Christus *für* die Glaubenden dahingegeben wurde"[114]. Im Fehlen der ὑπέρ-Aussage im Zusammenhang mit Christi *Kreuzes*tod liegt vielmehr eine Übereinstimmung zu paulinischer Darstellung.[115]

2. Ein zentraler Argumentationszusammenhang, in dem Paulus den Begriff σταυρός gebraucht, ist das Gesetz. Im Epheserbrief kommt nur an einer einzigen Stelle der Begriff νόμος vor. In 2,15 wird gesagt, dass Christus das Gesetz am Kreuz vernichtet hat. Das Kreuz steht damit auch im Epheserbrief im engen Zusammenhang mit dem Gesetz.[116] Der Verfasser des Epheserbriefs versteht den νόμος als Barriere zwischen Juden und Heiden. Diese Barriere manifestiert sich zum einen in der Einengung der von Gott gewährten Heilsvorzüge auf das Volk Israel, d.h. in einer exklusiven Inanspruchnahme des Gesetzes von jüdischer Seite. Das impliziert zum anderen die Ausgrenzung der Heiden von der Gnade Gottes (vgl. V. 12). Beide Aspekte sind auch räumlich formuliert (vgl. V. 12 ἀπηλλοτριωμένοι; V. 13 μακράν). Sie werden damit übereinstimmend durch eine räumliche Vorstellung prägnant zusammengefasst in τὸ μεσότοιχον τοῦ φραγμοῦ (V. 14). Wie in Kap. IV.1.2.2 gezeigt wurde, ist diese Formulierung traditionsgeschichtlich vor dem Hintergrund alttestamentlicher sowie frühjüdischer Texte zu verstehen, die von Israels Besonderheit unter den Völkern sprechen. Der Tora kommt hierbei die Rolle eines Identitätskennzeichens zu. Damit greift der Verfasser ein zentrales Thema des Galaterbriefs auf.

Ansätze der sogenannten Neuen Perspektive auf Paulus[117] heben die Funktion eines *boundary marker* für das jüdische Ritualgesetz hervor. Hiergegen richte Paulus sich in Rechtfertigungs- und Kreuzesthematik, was wesentlicher Interpretationsschlüssel für die teils widersprüchlichen Gesetzesaussagen des Paulus sei.[118] Die gesetzeskri-

---

[114] GESE, Vermächtnis 142. Siehe dagegen KUHN, Jesus als Gekreuzigter 28: „Angemerkt sei noch, daß der Gedanke des Opfertodes Jesu, der für Paulus sowieso nicht überbetont werden darf, an keiner Stelle speziell mit Jesu Kreuzigung verbunden ist; wichtiger ist, daß in diesem Zusammenhang überhaupt so gut wie ganz das für die Deutung des Todes Jesu bei Paulus sonst so charakteristische ‚für uns' oder ‚für unsere Sünden' fehlt."

[115] Die paulinischen Stellen, die GESE, Vermächtnis 142, im Interesse seiner Überlegung anführt, enthalten sämtlich keinen Hinweis auf das Kreuz: siehe Röm 5,6.8; 2Kor 5,14.15.21; vgl. dazu auch SCHENK, ‚Kreuzestheologie' bei Paulus? 95: „[D]ie ältesten nachösterlichen ‚Sterbensformeln' [...] haben im neue Form *Χριστὸς ἐσταυρώθη ὑπὲρ ἡμῶν.* Vgl. ferner die Formulierungen in Röm 5,6f.9; 2Kor 5,14f; Gal 2,20.

[116] Vgl. auch KUHN, σταυρός 645: „man beachte den Zshg. mit der Gesetzesproblematik (V.15)."

[117] Vgl. dazu, dass diese trotz des den Eindruck von Einheitlichkeit erweckenden Sammelbegriffs ein vielschichtiges Phänomen unterschiedlicher Positionen darstellt, SÄNGER, παιδαγωγός 237f.

[118] Siehe DUNN, Paulus-Perspektive 42; von dieser Interpretation ist der Ansatz von SANDERS, Paul and Palestinian Judaism, zu unterscheiden: während laut Dunn u.A. Paulus nicht das Gesetz selbst kritisiert, sondern nur dessen unrechtmäßige

tischen Aussagen des Paulus zielten nicht auf den Heilsstatus des Einzelnen. Es gehe um ethnische Integration ins Heil des Gottesvolkes.[119] Innerhalb des Kontextes sei also das Gesetz in seiner soziologischen Funktion im Blick.

Im Galaterbrief argumentiert Paulus gegen die Grenzziehungen des Gesetzes durch ‚Beschneidung‘ und ‚Speisevorschriften‘. Dies ist J.D.G. Dunn zufolge der Referenzpunkt der ἔργα νόμου in Gal 2,16. Die Wendung weise auf die Auseinandersetzungen um Beschneidung und Speisevorschriften in Jerusalem (Gal 2,1–10) und Antiochia (Gal 2,11–22) zurück.[120] Wenn Christus durch seinen Kreuzestod die Menschen vom Fluch des Gesetzes erlöst hat (3,13), so ist dieser Fluch nach Dunn kontextuell also auf ein falsches Toraverständnis der Juden als *boundary marker* zu deuten. Hiervon befreie Christus. Nicht das Gesetz als solches sei deshalb überwunden, sondern der verhängnisvolle Exklusivitätsanspruch Israels wie damit verbunden der vermeintlich erwählungsgeschichtliche Ausschluss der Heiden aus Gottes Verheißungen.[121]

Für das höchst ambivalente paulinische Gesetzesverständnis (vgl. nur Röm 3,27–31; 5,20f.; 7,14–25; 9,30–10,4; 13,8–10; 2Kor 3) wird man mit dieser engen Deutung allein sicherlich nicht auskommen. Schon für Gal 3,13 reicht die Annahme einer ausschließlich ‚trennenden‘ Funktion des Gesetzes aus Sicht des Paulus nicht aus.[122] Das paulinische Verständnis des νόμος geht weit darüber hinaus.[123]

Inanspruchnahme (boundary markers), legt Sanders den Schwerpunkt auf die Vorstellung vom Bundesnomismus und betont damit, dass sich das zeitgenössische Judentum nicht im Sinne Luthers als Leistungsreligion verstehen lasse: Paulus würde sich mit seiner Ablehnung der ‚Gesetzeswerke‘ gegen diesen Gedanken des Bundesnomismus richten. Anders DUNN, a.a.O. 43: Paulus breche keineswegs mit dem Judentum oder dem Bundesgedanken, sondern weite Letzteren ‚lediglich‘ aus.

[119] Vgl. STENDAHL, Gewissen 31.
[120] Vgl. DUNN, Galatians 136f.
[121] Siehe DUNN, Works of the Law 536: „The curse which was removed therefore by Christ's death was the curse which had previously prevented that blessing from reaching the Gentiles, the curse of a wrong understanding of the law […] It was that curse which Jesus had brought deliverance from by his death. This may seem at first a surprisingly narrow understanding of the redemptive effect of Christ's death […] But Paul's meaning and and intention here is in fact quite narrow and specific." Siehe auch DERS., Galatians 176–180. Vgl. dazu die kritischen Anfragen an Dunns Verständnis der ἔργα νόμου beispielsweise bei: CRANFIELD, „The Works of the Law"; HÜBNER, „Werke des Gesetzes"; vgl. auch speziell zum Dialog mit Dunn: BACHMANN, 4QMMT und Galaterbrief; DERS., Keil oder Mikroskop? Bachmann ist hinsichtlich der Frage danach, ob es sich bei den ἔργα νόμου um Handlungen oder Regelungen handelt, anderer Meinung als Dunn, betont aber, dass seine Deutung auf ‚Regelungen‘ hin gleichwohl das soziologische Grundanliegen der Neuen Paulussicht stützt (siehe Keil oder Mikroskop 132); kritisch: HOFIUS, „Werke des Gesetzes".
[122] Siehe dazu zusammenfassend LOHSE, Römer 144: „Sicherlich war es nicht die Meinung des Paulus, dem nach dem Gesetz lebenden Israel lediglich vorhalten zu müssen, es habe im Verhältnis zu den Heiden zu sehr auf jüdischer Exklusivität bestanden. Und von den Werken, die das Gesetz fordert, redet der Apostel mitnichten nur aus dem Grund, weil die Juden sich in unzulässiger Weise von den Völkern abgrenzten […] Gewiß hat Paulus in seinen polemischen Auseinandersetzungen, wie er sie vor allem im Gal vornimmt, Praktiken wie Beschneidung und Speisegebote vor Augen. Doch er hat eine grundsätzliche Auseinandersetzung ‚Christus – oder

Während das Gesetz bei Paulus ambivalent bewertet wird, findet sich im Epheserbrief nur die Aussage in 2,15. Für die Interpretation durch den Epheserbrief in 2,14–16 trifft aber in der Tat zu, dass der Verfasser in seiner einzigen Aussage zum Gesetz den jüdischen νόμος als Barriere zwischen Juden und Heiden deutet. Denn der Epheserbrief greift nur einen Aspekt aus dem mehrschichtigen Verständnis bei Paulus heraus. In seiner Erinnerung an den Heidenapostel geht es dem Verfasser vorrangig um das Thema ‚Juden und Heiden‘. Für ihn selbst ist das Gesetz aber schon überholt. Das zeigt das völlige Fehlen jeglicher Polemik.

Auf das Gesetzesverständnis des Epheserbriefs lassen sich also zentrale Thesen der ‚New Perspective‘ möglicherweise besser anwenden als für die authentisch paulinischen Gesetzesaussagen.[124] Dies ist allerdings bezüglich des Terminus καταργέω (Eph 2,15) einzuschränken. Hier zeigt sich, dass es auch für den Verfasser des Epheserbriefs mit einer Relativierung des Gesetzes in seiner sozial trennenden Funktion nicht getan ist. Zwar geht es dem Epheserbrief in der Erinnerung vorrangig um das Verhältnis zwischen Juden und Heiden, doch dies interessiert ihn nicht allein. Christus hat das Gesetz nicht nur in seinen Ritualvorschriften relativiert (vgl. der Hinweis auf bestimmte Gesetzesvorschriften in V. 15 τῶν ἐντολῶν ἐν δόγμασιν), sondern er hat es am Kreuz *vernichtet*.

3. Die Vernichtung des Gesetzes durch Christus hat eine Neuschöpfung zur Folge (ἵνα τοὺς δύο κτίσῃ ἐν αὐτῷ εἰς ἕνα καινὸν ἄνθρωπον). Durch das Kreuz wird aus Heiden und Juden der eine neue Mensch geschaffen. Mit dem Aspekt der Neuschöpfung entspricht der Epheserbrief über den Konnex von Gesetz und Kreuz hinaus einem Spezifikum der paulinischen Rede vom Kreuz. In allen genannten Zusammenhängen, in denen das Kreuz bei Paulus steht, verweist es auf Gott als *creator ex nihilo*. Das Kreuz steht bei Paulus für eine „radikale Brechung und Durchkreuzung der Weltbezüge" und „Umwertung aller Werte" (vgl. insbesondere Gal 6,14; 1Kor 1,28; siehe zur Frage der *creatio ex nihilo* auch Röm 4,17).[125]

Insgesamt ist also festzustellen, dass der Verfasser des Epheserbriefs in mehrfacher Hinsicht an eine für Paulus typische Verwendung des Kreuzes-Begriffs anknüpft (vgl. das Fehlen der ὑπέρ-Aussage, die Aufnahme der Gesetzesthematik vor dem Hintergrund des Verhältnisses von Juden

---

Gesetz‘ vorzunehmen und nicht nur in einigen Bereichen eine verengte Auffassung des Gesetzes zu korrigieren."

[123]   Vgl. z.B. zur Bedeutung des νόμος als bewachender Aufseher in Gal 3,24 SÄN-GER, παιδαγωγός 254–260.

[124]   So der Ansatz von YEE, Jews 34–70.

[125]   SCHRAGE, Der gekreuzigte und auferweckte Herr 15; vgl. dazu auch SCHENK, ‚Kreuzestheologie‘ 107: „Der Ausdruck ‚Kreuz‘ ist bei Paulus immer Metonym (‚Kürzel‘) für die destruktive Kehrseite der mit der Auferstehung Jesu einsetzenden Neuschöpfung als *creatio ex nihilo*."

und Heiden, die Neuschöpfung).[126] Der pauschalen These, dass „die Gesetzeslehre nicht inhaltlich übernommen, sondern die paulinische These vom Ende des Gesetzes [...] geradezu ‚schlagwortartig‘"[127] und ohne das nötige Verständnis in den Epheserbrief eingefügt wurde, muss von diesem Befund her widersprochen werden. Dass trotzdem wichtige Änderungen zu verzeichnen sind, bleibt unbestritten. Der Verfasser des Epheserbriefs ist in der dritten frühchristlichen Generation nicht vom Interesse einer eigenen Auseinandersetzung, sondern vielmehr eines geschichtlichen Rückblicks auf die vergangene Situation geleitet. Dies zeigt sich eben genau darin, dass der für Paulus entscheidende polemische Gebrauch fehlt.[128] Ein ähnliches Darstellungsprinzip des Verfassers zeigt sich beim Umgang mit der paulinischen Rechtfertigungslehre.

2.2 Zum Verhältnis von Rechtfertigung und Gesetz

Eine Reihe von Begriffen aus Eph 2,8–10 wird üblicherweise als Wiedergabe der bzw. Anknüpfung an paulinische Rechtfertigungstheologie gewertet. Speziell mit Röm 3,21–30 finden sich terminologische Übereinstimmungen. Dazu zählen ἐνδείξηται (Eph 2,7)/ ἔνδειξιν (Röm 3,26); τῇ [...] χάριτι (Eph 2,8; Röm 3,24); διὰ [τῆς] πίστεως (Eph 2,8; Röm 3,25.30); δῶρον (Eph 2,8)/ δωρεάν (Röm 3,24); οὐκ ἐξ ἔργων (Eph 2,9)/ χωρὶς ἔργων (Röm 3,28); καυχήσηται (Eph 2,9)/ καύχησις (Röm 3,27).[129]

In wesentlichen Aspekten unterscheidet sich aber Eph 2,8–10 vom Röm-Text und generell von paulinischer Rechtfertigungstheologie. Auffällig ist, dass sich weder der Begriff δικαιοσύνη θεοῦ noch das Verb

---

[126] Die Erwähnung des Kreuzes ist sicherlich nicht im Zusammenhang mit den von den Römern durchgeführten Kreuzigungen während der Belagerung Jerusalems zu sehen (so aber FAUST, Pax 427–430). Es ist ausgesprochen unwahrscheinlich, dass gerade ein judenchristlicher Verfasser (89; 110; 482), in Erinnerung an den durch die Römer erlittenen Kreuzestod zahlreicher Juden, Christi Tod in Analogie zum Kriegswerk des flavischen Kaisers versteht. Das Problem bleibt auch dann bestehen, wenn FAUST die „Strukturhomologie" speziell als „projüdische[s], christologische[s] Gegenmodell" (429) begreift. Projüdische Geschichte ließe sich wohl geeigneter darstellen als ausgerechnet durch Vergegenwärtigung der „demütigende[n] Oktroyierung der römischen Reichsräson" (376) als Antwort auf die „desintegrative Haltung der Juden gegenüber dem römisch-hellenistischen Gesamtstaat" (377).
Generell unterschätzt Faust die chiffreartige Verwendung des Stichwortes ‚Kreuz‘ schon bei Paulus (siehe dazu die oben skizzierten Themenzusammenhänge, in denen das ‚Kreuz‘ bei Paulus begegnet), die sich hier in Eph 2,16 spiegeln.

[127] LINDEMANN, Aufhebung 173.

[128] Siehe zu diesem Konstitutivum bei Paulus das Urteil von KÄSEMANN, Heilsbedeutung 67: „Das Stichwort ‚Kreuzestheologie‘ [verliert] in unpolemischem Gebrauch seinen ursprünglichen Sinn"; ihre „Aggressivität" wird durch „erbauliche Watte" verdeckt (69).

[129] Siehe zu diesen terminologischen Gemeinsamkeiten und darüber hinaus zu Tit 3,4–7 als verwandten Text: SELLIN, Epheser 184f.

δικαιοῦσθαι finden (δικαιοσύνη aber in Eph 4,24; 5,9; 6,14 als „christliche Tugend"[130]). Statt dessen steht die Perfektform von σῴζεσθαι in vergleichbarer Position des Verbs. An die Stelle des Substantivs tritt χάρις. Der Befund ist A. Lindemann beispielsweise Indiz genug dafür, mangelndes Verständnis der paulinischen Konzeption zu vermuten.[131] Dass der Wechsel zentraler Begriffe an sich aber noch nicht als Verfälschung paulinischer Rechtfertigungsaussagen verstanden zu werden braucht, wurde unter Hinweis auf das spezifische sprachliche Entstehungsmilieu des Epheserbriefs betont.[132] Der Verfasser kommt mit den Vokabeln σῴζεσθαι und χάρις den vorwiegenden Sprachgewohnheiten seiner Adressaten möglicherweise näher.

Ob man aber Eph 2,8–10 im Anschluss an L.C. Mitton als „the most effective summary we have of the Pauline doctrine of salvation by grace through faith"[133] ansehen darf, bleibt trotzdem zu bezweifeln. Denn der zentrale Unterschied zwischen paulinischer Rechtfertigungslehre und Eph 2,8–10 liegt nicht in der Wahl des Verbs[134] oder des Tempus. Eigentlicher Akzent paulinischer Rechtfertigungslehre ist die Opposition gegen ἔργα νόμου (vgl. Gal 2,16; 3,2.5.10; Röm 3,20.28; 4,2.6; 9,12.32). Dieses spezifische Syntagma aber fehlt im Epheserbrief.[135] Während in Röm 3,28 ausdrücklich von Werken *des Gesetzes* in Antithese zur πίστις die Rede ist, spricht Eph 2,9 ausschließlich von Werken (οὐκ ἐξ ἔργων; V. 10 ἔργα ἀγαθά – ein entsprechender Befund liegt auch in Tit 3,5 und Polyk 2 Phil 1,3 vor). Der Befund deckt sich mit der Konzeption des Kreuzes im Epheserbrief. Hier wie dort verzichtet der Verfasser auf die polemische Ausrichtung der Argumentation bei Paulus. Zunächst bestätigt sich dadurch, dass im Kontext des Epheserbriefs der Konflikt zwischen Juden und Heiden um Gesetzesobservanz keine Rolle mehr spielt. Der Grund dafür, dass der Verfasser des Epheserbriefs paulinische Rechtfertigungsaussagen dennoch aufnimmt, ist – entsprechend zur Auf-

---

[130] Vgl. MERKLEIN, Rezeption 430.
[131] Vgl. LINDEMANN, Aufhebung 136, der der Wendung χάριτί ἐστε σεσῳσμένοι lediglich „Alibifunktion" zuschreibt. Auch HAHN, Taufe und Rechtfertigung 101f.; MERKLEIN, Rezeption 432; LUZ, Rechtfertigung 369; 372, betonen den Unterschied zu Paulus.
[132] Vgl. LUZ, Rechtfertigung 372; MUSSNER, Petrus und Paulus 93f.
[133] MITTON, Epistle 155. MUSSNER, Eph 2 als ökumenisches Modell 327, spricht von „beste[m] paulinische[m] Erbe".
[134] Vgl. MUSSNER, Petrus und Paulus 94: „Von einer Verfälschung der paulinischen Rechtfertigungslehre im Epheserbrief durch das substituierte σῴζεσθαι kann also keine Rede sein."
[135] Vgl. LUZ, Rechtfertigung 374: „Die eigentlichen Bedenken gegen die Rechtfertigungstheologie des Epheserbriefes tauchen aber m.E. an einem Punkt auf, der mit dem Zurücktreten des apokalyptischen Horizontes zunächst nichts direkt zu tun hat, wohl aber damit, daß Rechtfertigung zu einem Ausdruck der Begründung des christlichen Heilsstandes in der Taufe reduziert wird. Schon oft wurde das Zurücktreten des Gesetzes im Eph beobachtet."

nahme der Kreuzesthematik – in der intendierten „Paulinisierung" der Aussage zu sehen.[136]

2.3 Die Kirche als Heilsraum

Diese Form der Paulinisierung impliziert aber eine markante Veränderung gegenüber dem paulinischen σταυρός. Zeigt sich in den paulinischen Zusammenhängen vom Kreuz Gott als derjenige, der aus Nichts heraus schafft und die Toten lebendig macht (vgl. Röm 4,17; 2Kor 17,f.), ist im Epheserbrief Christus Subjekt der Neuschöpfung. Christi Tod am Kreuz wird zum ‚Entstehungsdatum' der christlichen Kirche[137], deren kollektive Identität in der Leiblichkeit des neuen Menschen ihre metaphorische Konzeptualisierung erfährt. Der neue Mensch setzt sich aus zwei zuvor disparaten Teilen zusammen. Dadurch wird Vergangenheit in die neue Identität integriert und die Kirche als geschichtliche Größe strukturiert. Zugleich stellt sich die Neuschöpfung auf die Weise als Versöhnung dar. Insofern die Versöhnung zwar in erster Linie auf das Verhältnis von Juden und Heiden, aber von dort aus auch auf Gott bezogen ist, kommt es hier nun anders als bei Paulus zur Aussage einer soteriologischen Bedeutung des *Kreuzes*todes.[138] Dieses „im Kreuz geschaffene Heil, die Versöhnung und Neuschöpfung, hat objektiven Charakter."[139] Die Kirche wird zum objektiv fassbaren Heilsraum in der Geschichte. Sie hat die Aufgabe, durch die Verkündigung folgende Generationen zum Heil zu führen.[140] Deshalb besteht die „Bedeutung der Kirche innerhalb der Soteriologie des Epheserbriefes" darin, dass „für alle Menschen, unabhängig von der Zeit, in der sie leben, das Heil gegenwärtig sein [kann]"[141]. In diesem ekklesiologischen Entwurf spiegelt sich so zugleich das Verständnis unendlicher kosmischer Zeit wider, die der Verfasser durch den Begriff αἰών metaphorisiert. Möglichen Problemen eines individualistischen Heilszugangs, die sich aufgrund der Eschatologie er-

---

[136] Vgl. MERKLEIN, Rezeption 432: „Diese paulinische Begrifflichkeit ist offensichtlich bewußt eingeführt, sie steht also im Zuge einer ‚Paulinisierung' der Aussage."

[137] Siehe dazu VON BENDEMANN, Heinrich Schlier 167: „Eine Aussage wie Eph 2,16, die das Kreuz zum kirchengründenden Präteritum macht, ist für *Paulus* unmöglich. Der λόγος τοῦ σταυροῦ als machthafte Anrede des sündigen Menschen bleibt kritisches Gegenüber auch der Gemeinde."

[138] Erst von dieser deuteropaulinischen Interpretation her erklärt sich eigentlich die Rede von einer ‚Kreuzestheologie' für Paulus. Dabei spielen hermeneutische Entscheidungen wie die folgende bei H. Schlier eine wichtige Rolle: „Der Epheserbrief ist der Höhepunkt paulinischer Theologie und enthüllt das bisher verborgene Hauptthema des Apostels" (VON BENDEMANN, Heinrich Schlier 215); anders z.B. KAMMLER, Kreuz 27 mit Anm 15; ferner zum Ort des Kreuzes in der Theologie des Paulus: SCHNELLE, Theologie 218–222.

[139] GESE, Vermächtnis 142.

[140] Vgl. ebd. 143.

[141] Ebd.

geben könnten, wird durch die Form der Ekklesiologie vorgebeugt. Der Weg zum Heil führt zwar nicht über ein kosmologisch-apokalyptisches Endgeschehen. Trotzdem ist für den Epheserbrief das Heil keine pneumatische ‚Privatangelegenheit‘[142], sondern nur über die Kirche zu gewährleisten. Unbeschadet dessen gilt jedoch für die Soteriologie des Epheserbriefes das Prä der Christologie vor der Ekklesiologie.[143]

Der Epheserbrief ist gegenüber Paulus an zwei entscheidenden Punkten jeweils einen Schritt weiter in der Entwicklung frühchristlicher Theoriebildung zu verorten. Die Gesetzesthematik kann er aus der Retrospektive unpolemisch darstellen, weil sie für die Gemeinde nicht mehr aktuell ist (Eph 2,14–16).[144] Der Diversifikationsprozess der frühchristlichen Gemeinden von der Synagoge ist vollzogen. Hier hatten die Aussagen von der Rechtfertigung ihren sozial-historischen Ort. Dieser Sachverhalt impliziert auf der anderen Seite, dass der Verfasser des Epheserbriefs die Rechtfertigungsaussage modifiziert ohne die Gesetzesthematik anführen[145] und diese – wie es später der Regelfall werden wird – auf den soteriologischen Status des Einzelnen[146] beziehen kann (Eph 2,8–10).[147] Ob dies eine Bestätigung für die These von Vertretern der ‚New Perspective‘ sein kann, dass primär die Ekklesiologie als Auslöser paulinischer Rechtfertigungsaussagen zu gelten habe, ihr ursprünglicher Rahmen also ein ‚heilsgeschichtlicher‘ sei[148], kann an dieser Stelle nur als offene Frage formuliert bleiben.[149]

---

[142] Vgl. LUZ, Rechtfertigung 373: „Dennoch versteht der Epheserbrief das Heil nicht einfach individualistisch. Das entscheidende Korrektiv, das ihn zugleich von gnostisch-paulinischen Entwürfen, wie etwa dem des Rheginusbriefes, unterscheidet, ist seine Ekklesiologie."

[143] Vgl. 2,5.8.15; 5,24. Das von Luz hervorgehobene antiindividualistische Korrektiv durch die Kirche wird davon nicht eingeschränkt.

[144] Vgl. dazu auch GESE, Vermächtnis 164: „War die Situation des Paulus von der Auseinandersetzung um die Stellung des Gesetzes geprägt, so formuliert Eph 2,9 jetzt allgemeingültig. Offensichtlich scheint das Problem der Gesetzesobservanz keine Rolle mehr zu spielen."

[145] In 2,9 fehlt der Bezug zum νόμος. Siehe auch THEOBALD, Paulus und Polykarp 383: „Polykarp hat den Satz von der Rechtfertigung in einer kirchlichen Situation rezipiert, in der es längst klar war, dass die Beschneidung keine Bedingung für die Zugehörigkeit zur Kirche sein könne."

[146] So auch LUZ, Rechtfertigung 373, allerdings mit Bezug auf die Taufe: „Der Eph dagegen denkt bei der Auferstehung mit Christus an ein vergangenes Geschehen am Einzelnen […]."

[147] Vgl. auch GESE, Vermächtnis 146, der bei der Darstellung des Heilsgeschehens zwischen „der allgemeinen und objektiven Fassung von Eph 2,11–18" und der „individuelle[n] und persönliche[n] Fassung [in Eph 2,1–10]" unterscheidet.

[148] Siehe STENDAHL, Gewissen 31.

[149] Für Polyk 2Phil 1,3 stellt THEOBALD, Paulus und Polykarp 383, einen ähnlichen Transformationsprozess dar: „Paulus hat den Satz der antiochenischen Gemeinde auch im Philipperbrief im Horizont der Frage rezipiert, ob seine *heidenchristlichen* Gemeinden schon allein aufgrund des Glaubens an Jesus Christus Anerkennung verdienten oder ob sie sich dafür zuerst durch Beschneidung in das Gottesvolk *Israel*

3 Eph 1–3 als offenes Geheimnis

Wenn sich der Verfasser des Epheserbriefs als Paulus ausgibt, so darf das also nicht darüber hinwegtäuschen, dass er in Eph 1–3 eigene eschatologische, soteriologische und ekklesiologische Aussagen trifft. Das haben die voranstehenden Kapitel gezeigt. Abschließend soll gezeigt werden, dass schon der Gebrauch des μυστήριον-Konzepts diesen Anspruch des Verfassers widerspiegelt, über Paulus hinauszugehen.

Durch die spezifische Paulus-Anamnese in Eph 3,1–13 gibt der Verfasser zu verstehen, dass Eph 1–3 als Geheimniseinsicht des Apostels zu lesen ist. Eph 3,3b–4 stellt diesen Bezug zwischen Brief und Geheimniseinsicht explizit her.[150] Die Konstruktion in V. 4, die σύνεσις durch ἐν mit ihrem Inhalt (μυστήριον) verknüpft, ist unüblich (vgl. aber 2Tim 2,7) und anscheinend eine spezielle Wahl des Verfassers.[151] Die räumliche Konzeptualisierung des Mysteriums wird hierdurch hervorgehoben.

Grundelemente frühjüdischer Texte, die Gottes Geheimnisse nach einer bestimmten Anordnung strukturieren, räumlich-gegenständlich quasi begehbar machen, und die damit verbundenen visuellen Termini, prägen auch die Darstellung des Epheserbriefs. Die Perspektive hat sich dabei gegenüber apokalyptischen Konzeptionen umgekehrt. Der Verfasser des Epheserbriefs nutzt die kosmischen wie geschichtlich-eschatologischen Dimensionen der Mysterium-Metapher nicht zur Darstellung von Zukunftserwartungen, sondern zur Strukturierung einer kollektiv zugänglichen metaphorischen Weltbildkonstruktion. Daraus erklärt sich sein fehlendes Interesse an Zahlenverhältnissen und Berechnungen.

Die Formulierung in Eph 3,3 κατὰ ἀποκάλυψιν ἐγνωρίσθη μοι τὸ μυστήριον καθὼς προέγραψα ἐν ὀλίγῳ ist als spezifische „Rezeptionsanweisung" eine apokalyptische Redeform.[152] Das Besondere ist, dass die Re-

---

zu integrieren hätten. Dementsprechend lautet bei ihm die Opposition des Basissatzes auch: ‚aufgrund von Werken des *Gesetzes*' bzw. ‚durch den Glauben an *Jesus Christus*', und nicht wie bei Polykarp (vgl. aber auch schon Eph 2,9 etc.) lediglich ‚aufgrund von *Werken*' bzw. ‚durch die Gnade'" [Hervorhebungen im Original]. Siehe dagegen die Betonung bei LUZ, Rechtfertigung 375: „Bei Paulus aber hat der Hinweis auf das Gesetz ja nicht nur religionsgeschichtliche Bedeutung, sondern markiert an einem entscheidenden Punkt exemplarisch die polemische Funktion der Rechtfertigungsbotschaft in der Auseinandersetzung um die rechte Bewertung des Menschen vor Gott. Im Epheserbrief ist zwar das *sola gratia* aufrechterhalten, aber seine polemische Funktion als Krisis aller menschlichen Selbstansprüche ist verkürzt [...]."
[150] Vgl. MERKLEIN, Das kirchliche Amt 163: „Verse 3,3b.4 [...] dienen zur Verknüpfung des Mysteriums mit dem vorliegenden Brief (v.3b) und dem ‚Paulus', der als Verfasser figuriert (v.4)."
[151] So auch MERKLEIN, Das kirchliche Amt 163, der zu Recht betont, dass die Annahme eines Traditionszusammenhangs mit Qumrantexten hier nicht zu begründen ist; gegen KUHN, Der Epheserbrief 337.
[152] Vgl. zu apokalyptischen Redeformen, die auf der „Annahme einer erkenntnistheoretischen Transzedenz basieren", WOLTER, Redeform 181f. Zu ihnen zählt Wolter auch „die Identifizierung des Inhalts der Mitteilung als μυστήριον" (182).

zeptionsanweisung, die Auskunft über die transzendente Herkunft des Inhaltes gibt, nicht kataphorisch[153], sondern anaphorisch erfolgt. Die Fiktion der Geheimniseinsicht des Apostels dient dem Verfasser zum einen als Legitimation seiner vorherigen Ausführungen. Zum anderen überbietet er aber Paulus mit der Geheimniseinsicht. Im Unterschied zu Paulus lässt der Verfasser kein verborgenes Geheimnis mehr zu. Deshalb kann die „Rezeptionsanweisung" dem Inhalt des Geheimnisses auch anders als bei Paulus nachgeliefert werden. In Röm 11,25 (οὐ γὰρ θέλω ὑμᾶς ἀγνοεῖν, ἀδελφοί, τὸ μυστήριον τοῦτο) und 1Kor 15,51 (ἰδοὺ μυστήριον ὑμῖν λέγω) steht die mit dem Begriff μυστήριον gebildete Leseanweisung jeweils vor der Mitteilung, die als Geheimnis ausgegeben wird.[154] Damit kündigt Paulus für das Folgende eine „kognitive Grenzüberschreitung"[155] an, die das Glaubwürdigkeitsproblem lösen soll. In Röm 11 steht Paulus vor einem Widerspruch seiner Aussagen zur Israelproblematik. Der Spannung in Röm 11,28, die zwischen der Qualifizierung Israels als Feinde einerseits und als Geliebte andererseits besteht, ist argumentativ kaum beizukommen. Das Nebeneinander der beiden einander (scheinbar?) ausschließenden Wirklichkeitsverständnisse kann Paulus nur durch apokalyptische Redeweise lösen, indem er es als kognitiv nicht nachvollziehbar klassifiziert. In 1Kor 15,51f. möchte Paulus eine Antwort auf die Frage nach Zeitpunkt und Modus des Wechsels vom irdischen zum himmlischen Leib geben. Da sich aber die ‚unverderbliche Leiblichkeit' dem Erfahrungsbereich seiner Leserschaft völlig entzieht, greift Paulus zur apokalyptischen Rede und weist dadurch die Vorstellung als menschlicher Erkenntnis unzugänglich aus. Er begegnet so im Vorfeld einem erwarteten erkenntnistheoretischen Einwand.

Aus Sicht des Epheserbriefs ergibt sich kein Glaubwürdigkeitsproblem. Der Verfasser stellt weder Fragen (vgl. 1Kor 15,35; vgl. auch Röm 11,11) noch argumentiert er in aktuellen Auseinandersetzungen. In Eph 1–3 wird auseinandergestaffelt, was man aus seiner Perspektive heraus sagen kann – einschließlich Auferstehung und Israelthematik. Diese Sicherheit spiegelt sich in den zahlreichen positiven Erkenntnis- und Wissenstermini (vgl. Eph 1,9.18; 3,3f.5.10.19; 5,5; 6,19.22; vgl. dagegen Röm 11,33b im Anschluss an die Aussagen über den Status Israels: ὡς ἀνεξεραύνητα τὰ κρίματα αὐτοῦ καὶ ἀνεξιχνίαστοι αἱ ὁδοὶ αὐτοῦ). Paulus kommt in Röm 11 und 1Kor 15 auf das Geheimnis zu sprechen, um Gewissheits- bzw. Argumentationslücken zu schließen. Im Epheserbrief erhält die apokalyptische Redeform eine neue Funktion. Im Zusammenhang mit dem Paulus-Bild, das den Apostel als exklusiven Offenbarungsempfänger zeichnet, sowie der Fiktion, dass es sich um einen Brief

---

[153] Siehe ebd. 181: „diese Rezeptionsanweisungen [müssen] immer *am Anfang* stehen" (Hervorhebung im Original); vgl. auch das kataphorische τοῦτο in Röm 11,25: οὐ γὰρ θέλω ὑμᾶς ἀγνοεῖν […] τὸ μυστήριον τοῦτο.

[154] Vgl. zum Folgenden WOLTER, Redeform 183–185.

[155] Ebd. 183.

des Paulus handelt, erhält die kataphorisch verwendete Leseanleitung für Eph 1–3 als μυστήριον hier in viel größerem Maße die Funktion, die Ausführungen auf eine anerkannte Autorität zurückzuführen und sie so zu legitimieren. Aber auch wenn der Verfasser also den Inhalt seines Schreibens auf die Geheimniseinsicht des Paulus zurückführt, bietet er eine ganz neue und eigene Konzeption.

Kapitel VII: Zusammenfassung

1 Die Zeitkonzeptionen des Epheserbrief im Vergleich mit der Zeittheorie des Aristoteles

Der Epheserbrief ist kein Traktat *de tempore*. Trotzdem hat man dieses Thema für den Brief bislang zu Unrecht vernachlässigt. Bereits die Vielzahl an Zeitbegriffen lässt ihren heuristischen Wert für die Interpretation der *epistula ad Ephesios* vermuten. Die Exegese konnte diese Vermutung unter Rückgriff auf den kognitivistischen Metaphernzugang bestätigen. Innerhalb des theologischen Entwurfs des Epheserbriefs spielen verschiedene Zeitkonzeptionen eine wichtige Rolle. Diese sind bei notwendigen Unterschieden in viel höherem Maße als bisher wahrgenommen an hellenistische Vorstellungen anschlussfähig. Exemplarisch kann dies am Vergleich mit Aristoteles gezeigt werden. Wie Aristoteles konzeptualisiert der Verfasser des Epheserbriefs durch räumlich-personale Metaphern drei unterschiedliche Zeitstrukturen: chronometrisch-historische Zeit, kosmische Zeit und Überzeit.

Chronometrische Zeitstrukturen braucht der Verfasser zum einen dort, wo er sich selbst historisch legitimiert. Zum anderen schafft er durch sie eine diachrone, identitätsbegründende Welt, in die sich die Adressaten einordnen können. Wie bei Aristoteles konstituiert sich diese Zeitstruktur durch Wahrnehmung von Veränderung im Raum. Diese wird zum einen als Ortswechsel, der einfachsten Form der Veränderung bei Aristoteles, konzeptualisiert (vgl. die Weg-Metaphorik in Eph 2,1–18). Zum anderen fokussiert die Metapher des neuen Menschen in Eph 2,15f. Veränderung als Wechsel zwischen Werden und Vergehen (vgl. zu Letzterem die Vernichtungsterminologie im Kontext [λύω in V. 14, καταργέω in V. 15]). Im Verbund mit Versöhnung und Kreuz konzeptualisiert die Organismus-Metapher speziell die geschichtliche Entstehung der christlichen Kirche.

Die Wahrnehmung von Veränderung impliziert die Unterscheidung mindestens zweier voneinander verschiedener Jetztpunkte. Der frühere Jetztpunkt ist aus gegenwärtiger Sicht als ποτέ zu bezeichnen, der spätere als νῦν (vgl. das Einst-Jetzt-Schema in Eph 2,1–3.11–13). Durch die begrenzende Funktion eines Jetztpunktes werden bei Aristoteles Zeitabschnitte wie auf einer Linie wahrnehmbar. Dies ist auch im Epheserbrief der Fall. Das νῦν bildet die Grenze zwischen vorausliegendem Unheils- und folgendem Heilstatus (vgl. Eph 2,13), Verborgenheit und Offenbarung (vgl. Eph 3,5.10). Im Unterschied zu Aristoteles ist aber diese zeitliche Dimension heilsgeschichtlich verankert.

Kosmische Zeitstrukturen bezeichnet im Epheserbrief der Begriff αἰών. Die Annahme eines Gottes Αἰών konnte weder für Griechenland oder Rom noch für einen anderen Kulturkreis bestätigt werden. Religionsgeschichtliche Zeugnisse, die hierfür einer Prüfung unterzogen wurden, sind dennoch aufschlussreich, insofern sie eine stärkere Tendenz zur personal-räumlichen Konzeptualisierung des αἰών-Begriffs aufweisen als frühchristliche Texte. Dadurch werden Erfahrungen wie z.B. ‚Macht‘, ‚Willkür‘, ‚Wiederkehr‘, ‚Verlust‘ oder ‚Heilung‘ in Bezug auf Zeit metaphorisiert. Der Verfasser des Epheserbriefs konzeptualisiert Zeit als wiederkehrend, feindlich-dämonisch, umschließend und endlos.

Speziell in der Zeittheorie des Aristoteles gelten diese Eigenschaften für den χρόνος, wenn dieser als Verfallsstruktur alles Irdischen im Blick ist. Der Verfasser des Epheserbriefs verwendet den Begriff αἰών, nicht χρόνος. Αἰών ist im Epheserbrief ungemessene und unendliche Zeit ohne Bezug zu konkreten geschichtlichen Ereignissen wie dem Kreuzestod Jesu oder der Entstehung der christlichen ἐκκλησία. Damit ist αἰών konzeptionell dem aristotelischen χρόνος vergleichbar. Wie dieser ist auch αἰών aufgrund der gefäßhaften Konzeptualisierung in Eph 1,21 und 2,7 (vgl. auch den Zusammenhang in 3,9) umschließende Zeit (vgl. Aristoteles, Phys. 221b 28–30). Aristoteles bezieht den umschließenden Charakter der Zeit explizit auf alles, was werden und vergehen kann. Hiervon unterscheidet er das Immerseiende, das nicht von der Zeit umschlossen sein kann, da es sonst vergehen müsste. Es ist zugleich die Quelle der ewigen Bewegung der Zeit.

Zwischen der Konzeptualisierung von Ewigkeit als Außerzeit in Aristoteles' Schrift über den Himmel und der ἐπουράνιοι-Konzeption im Epheserbrief bestehen weitreichende Übereinstimmungen. Die abstrakte Vorstellung des Nicht-in-einer-Zeit-Seins wird durch die Metapher des Nicht-in-einem-Raum-Seins strukturiert. Beide Texte gehen dazu über die äußeren kosmischen Sphären, d.h. die Himmel, hinaus. Die Negation des Raumes ist also genauer die Negation jedes bekannten Raumes. Aristoteles verwendet hierbei die räumliche Orientierungsmetaphorik ‚innen-außen‘: weder Raum noch Leere noch Zeit ist ἔξω τοῦ οὐρανοῦ (Cael. 279a 12). Der Verfasser des Epheserbriefs gestaltet die Vorstellung ‚außerhalb des Himmels‘ durch die innovative Metapher ἐν τοῖς ἐπουρανίοις weiter aus. Die räumliche Orientierung eines ‚Außen‘ kommt durch die Präpositionen ἐπί zum Ausdruck und wird durch ὑπεράνω im Sinne einer Oben-Unten-Relation präzisiert. Anders als bei Aristoteles wird die Überzeit wie die kosmische Zeit ihrerseits umschließend gedacht (vgl. das ἐν). Wenn sie dadurch räumlich metaphorisiert wird, bleibt dieser Bereich doch deutlich von den kosmischen Sphären unterschieden.

Der Verfasser des Epheserbriefs handelt nicht wie Aristoteles theoretisch über die Frage, wie die Ewigkeit der Zeit zu denken ist, ohne selber von Vergänglichkeit betroffen zu sein. Das Thema ‚Zeit' entwickelt er von Gott her und deutet es theologisch-soteriologisch um. Da er einen universalen Endzeittermin nicht erwartet, stellt sich ihm die Frage, wie Eschatologie innerhalb einer fortlaufenden Zeitstruktur zu denken ist. Die Überhimmel, die dem Sitz des aristotelischen ersten Bewegers außerhalb des Himmels konzeptionell vergleichbar sind, metaphorisieren die Unverfügbarkeit und absolute Diskontinuität eschatologischer Vollzüge zu irdischen Erfahrungen. Die Überhimmel sind nicht einfach paralleler Heilsbereich, wie vielerorts zu lesen ist, sondern metaphorische Konzeptualisierung von Eschatologie. Bei den epouranischen Bereichen handelt es sich nicht nur wie bei Aristoteles um einen Bereich außerhalb der Himmel und somit die Metaphorisierung einer Außerzeit, sondern genauer um die hierarchisierende Vorstellung überhimmlischer Orte, die entsprechend eine Überzeit metaphorisieren. Dies hat seinen Grund in der Deutung der Auferstehung Christi. Christi Sieg über den Tod, den Paulus in 1Kor 15 darstellt, interpretiert der Verfasser des Epheserbriefs an seinem späteren historischen Standpunkt konsequent weiter als Herrschaftsstellung Christi in Gottes Ewigkeit. Der auferstandene Christus ist *victor temporis*. Dieser Sieg kommt in der hierarchisierenden Präposition ὑπεράνω explizit zum Ausdruck. Nach ihrem Tod werden auch die Christen diese Herrschaft erringen (vgl. Eph 2,5f.; 6,10–18). Aufgrund seiner fiktiven Geheimniseinsicht in die Korrelationen des metaphorischen Weltbildes kann der Verfasser diese eschatologische Zukunft retrospektiv beschreiben.

Dass die eschatologische Wirklichkeit der ἐπουράνιοι in vollkommener Diskontinuität zu irdischem Geschehen steht, spiegelt die Vorstellung kosmischer Zeit als Gefäß wider, außerhalb dessen Grenzen sich Gottes Erwählungsewigkeit befindet. Dies impliziert im Epheserbrief eine Ferne zwischen Gott und den Adressaten des Briefes. Der eschatologische Sieg über die Zeit vollzieht sich weder in der historisch-chronometrischen noch in der kosmischen Zeitdimension, aber anscheinend doch in den monumentalen Zeitstrukturen der Kirche (vgl. Eph 2,19–22). Durch sie wird die Ferne zu Gott überwunden (vgl. Eph 2,18 προσαγωγὴ […] πρὸς τὸν πατέρα).

Während die Organismus-Metapher die geschichtliche Entstehung der christlichen ἐκκλησία in der Vergangenheit konzeptualisiert, ist die spezifische Form der Tempelmetaphorik Konzeptualisierung einer monumentalen Zeitstruktur, in der die Kirche zeitlos überdauert. Das Monument tritt konzeptionell in den Verbund mit Ewigkeit. In den durch die Bauwerks- und Wachstumsmetaphorik hervorgehobenen Subkonzepten drückt sich ein Triumph über fortschreitende Chronometrie aus. Deutlicher als für die ἐπουράνιοι-Konzeption zeigt sich hier eine Übereinstimmung zur Charakterisierung des aristotelischen Immerseienden. Denn Merkmal des Immerseienden ist, dass es weder Ruhe noch Bewegung kennt. Bei Aristoteles gelten diese Eigenschaften nicht von der Zeit, wohl aber vom νῦν. Dadurch kann es als einziger Modus der Selbstoffenbarung des Immerseienden verstanden werden. Im Epheserbrief wird die widersprüchliche Vorstellung einer Seinsweise jenseits von Ruhe und Bewegung durch die inkongruente Metaphorik des fertigen Gebäudes konzeptualisiert, dessen Wachstum zwischen Oben und Unten oszilliert. Indem die christliche ἐκκλησία nicht extensiv, sondern innerhalb monumentaler Zeitstrukturen intensiv wächst, ist sie weder in Ruhe noch in Bewegung.

2 Der Epheserbrief als konsequente Transformation paulinischer Theologie

Vor dem Hintergrund der Entstehungszeit um 90 n.Chr., somit etwa eine Generation nach dem Tod des Apostels Paulus, sowie vor dem Hintergrund der vorauszusetzenden Vielfältigkeit religiöser und kultureller Lebensformen ist der Epheserbrief als kreative Zusammenfassung paulinischer Theologie in einer gegenüber dem Apostel veränderten Zeit zu verstehen.

Die Vokabeltreue gegenüber seiner paulinischen Tradition sollte nicht darüber hinwegtäuschen, dass es sich bei dem Epheserbrief nicht nur um „Vereinheitlichung" und „Objektivierung"[1] paulinischer Theologie handelt, sondern vielmehr um deren konsequente Transformation mit dem Ziel, in neuen Situationen aktualisierbar zu sein. Aktuelle Auseinandersetzungen als Anlass des Schreibens sind nicht zu erkennen. Deshalb kann der Verfasser bei seiner Darstellung auf Polemik und Argumente verzichten. Dies wird besonders in Bereichen wie Rechtfertigung, Kreuz oder Auferstehung der Toten deutlich, die bei Paulus noch stark von Konflikten mit gegnerischen Positionen gekennzeichnet sind. Aber auch spezifische Metaphern wie die Bauwerk- oder Leibmetaphorik, die bei Paulus in argumentativen und paränetischen Zusammenhängen stehen, löst der Verfasser des Epheserbriefs aus ihren aktuellen Bezügen. Im Epheserbrief erhalten sie eine neue Bedeutung und werden Teil einer metaphorischen Weltbildzeichnung.

Mit der metaphorischen Raumstruktur schafft der Verfasser für seine Leserschaft eine bleibend gültige Welt, die sie betreten kann. Das metaphorische Weltbild ist komprimierte Summe paulinischer Theologie in veränderter Zeit. Der Epheserbrief ist somit ein ganz eigener theologischer Entwurf. Er ist mehr als ein Deutero-Paulus. Denn es

---

[1] GESE, *Vermächtnis* 264.

geht dem Verfasser in erster Linie nicht um die Bewahrung des paulinischen Erbes[2], sondern um dessen konsequente Transformation in veränderter Zeit. In dieser Neuformulierung soll paulinische Theologie *per se* bleibend gültig sein.[3] Kolosser- und Epheserbrief sind deshalb nicht als Entwicklungsstadien eines kontinuierlich verlaufenden Interpretationsprozesses innerhalb der Paulusschule anzusehen. So aber versteht M. Gese den Epheserbrief als „die Weiterführung eines Interpretationsprozesses [...], der die paulinische Theologie zusammenfassen und zu einem inneren Abschluß bringen will."[4] Der Verfasser des Epheserbriefs bedient sich dagegen einer neuen Form der Authentizitätssicherung der Fiktion und schafft eine vollkommen eigene Weltbildkonstruktion, innerhalb derer eine spezifische ekklesiologische Konzeption angelegt ist. Dieser eigene Entwurf ist nicht als Ergebnis eines kontinuierlichen, bewahrenden Interpretationsprozesses zu verstehen, sondern als genuine Konzeption mit einem singulären Anliegen, freilich auf der Basis der paulinischen Tradition, nicht aber als deren logische Fortführung oder ausschließliche Bewahrung. Ein einheitliches Modell der neutestamentlichen Pseudepigraphie, das vornehmlich bei dem Phänomen der Schulbildung und der Fortführung des Lehrers durch seine Schüler einsetzt, reicht zumindest für den Epheserbrief nicht aus. Pseudonymität funktioniert vielmehr in jedem Fall neu und anders, und so ist jede pseudonyme Schrift für sich zu befragen.[5]

Die beiden Grundkonzeptionen des Kolosserbriefs und des Epheserbriefs sind unabhängig voneinander denkbar. Der *auctor ad Ephesios* hat aber offensichtlich auf den Kolosserbrief zurückgegriffen. Warum er diesen Brief so stark rezipiert hat, ist bis heute unklar und soll an dieser Stelle eine offene Frage bleiben. Die Gründe dafür liegen aber von den Ergebnissen der vorliegenden Untersuchung her weder in „hohe[r] Wertschätzung" der theologischen Aussagen des

---

[2]   Vgl. GESE, Vermächtnis 270: „Die Entstehung des Epheserbriefes zusätzlich zum Kolosserbrief beruht auf der Intention, die paulinische Theologie für die kommende Generation zu bündeln und ihre Bedeutung herauszustellen."

[3]   Vgl. z.B. ZIMMERMANN, Unecht 35, zum Zusammenhang von Pseudonymität und bleibendem Gültigkeitsanspruch: Bei der „fiktive[n] Verfasserangabe [...] stand eine bestimmte Rezeptionsabsicht im Vordergrund, bei der die gegenwärtige Gültigkeit der Botschaft zum Ausdruck gebracht werden sollte."

[4]   GESE, Vermächtnis 270f.

[5]   Vgl. auch GNILKA, Epheser 20f., der allerdings hinsichtlich des Epheserbriefs von diesen Einsichten wenig Gebrauch macht: „Jeder Fall der Pseudonymität ist gesondert zu überprüfen [...] Man wird aber bei allem Ausschauen nach Vorbildern und Analogien die besondere Art neutestamentlicher Pseudonymität nicht aus dem Blick verlieren dürfen und auch damit rechnen müssen, daß es innerhalb des NT verschiedene Motivationen für pseudonyme Abfassungen gab." Zum Phänomen der Pseudepigraphie in hellenistisch-römischer wie frühjüdischer Literatur innerhalb unterschiedlicher Lebensbereiche und aus verschiedenen Motiven heraus siehe BAUM, Pseudepigraphie 32–86.

Kolosserbriefs, um deren „inhaltliche Vollständigkeit"[6] der Verfasser des Epheserbriefs bemüht sei, noch kann die entgegengesetzte Vermutung bestätigt werden, derzufolge die Ähnlichkeit beider Briefe als beabsichtigte Verdrängung oder Ersetzung des Kolosserbriefs durch den Epheserbrief zu verstehen sei.[7] Wollte der Epheser- den Kolosserbrief ersetzen, müsste eine ähnliche Situation vorauszusetzen sein. Dies ist allerdings nicht der Fall.

In Bezug auf den Kolosserbrief sowie die paulinischen Briefe kann aber gesagt werden, dass der Epheserbrief gerade deshalb so wertvoll ist, weil er nicht nur wiederholt bzw. abschließt, sondern die Dynamik der paulinischen Theologiebildung weiter fortsetzt. Konsequente Transformationen gegenüber Paulus zeichnen sich beim Verständnis von Gesetz und Rechtfertigung, von Auferstehung und der Leib-Metaphorik ab. Bei diesen Themen wird der historische Standpunkt des Verfassers in der dritten frühchristlichen Generation deutlich erkennbar. Damit sind insgesamt die Zeitkonzepte des Briefes verbunden. Von den Erkenntnissen zur Eschatologie des Epheserbriefs aus ist hinsichtlich der Verhältnisbestimmung zu Paulus über die Metaphorisierung von zentralen Feldern der Christologie, Pneumatologie, Ämterstruktur oder Ethik noch einmal neu nachzudenken. Denn mit dem innovativ gestalteten Weltbild verbindet der Epheserbrief jenseits aktueller Konflikte seine eigene Summe paulinischer Theologie, die an entscheidenden Punkten über Paulus hinausgeht. Darin, dass aus Sicht des Verfassers des Epheserbriefes – anders als für seine späteren Ausleger – kein Geheimnis mehr verborgen bleibt, der Himmel also generell offen steht, überbietet er seinem eigenen Anspruch nach den Apostel, als welcher er sich ausgibt.

---

[6] GESE, Vermächtnis 43.
[7] So OCHEL, Annahme 72f.

Literatur

Abkürzungen

Die Abkürzungen für Zeitschriften, Reihen, Sammelwerke etc. folgen SCHWERT-NER, S.M., Internationales Abkürzungsverzeichnis für Theologie und Grenzgebiete (IATG²), Berlin ²1992. Antike Literatur wird nach den Verzeichnissen in Der neue Pauly (DNP 1 [1996]), Enzyklopädie der Antike, hg. v. Cancik, H./Schneider, H., Stuttgart/Weimar 1996, und LIDDELL, H.G./SCOTT, R., A Greek-English Lexicon, Oxford ⁹1966, angegeben. Die Abkürzungen für Philo folgen BORGEN, P. u.a. (Hg.), The Philo Index. A Complete Greek Word Index to the Writings of Philo of Alexandria (UniTrel Studieserie 25), Trondheim 1997; für rabbinische Schriften: STEMBERGER, G., Einleitung in Talmud und Midrasch, München ⁸1992; für Qumranschriften: MAIER, J., Die Qumran-Essener: Die Texte vom Toten Meer, 3 Bde., München/Basel 1995f.

Bibelausgaben

Biblia Hebraica Stuttgartensia, hg. v. K. Elliger u.a., Stuttgart 1970.
Biblia Sacra Iuxta Vulgatam Versionem, Stuttgart ³1983.
Novum Testamentum Graece post Eberhard et Erwin Nestle hg. v. B. Aland u.a., 8. korrigierter und um die Papyri 99–116 erweiterter Druck, Stuttgart ²⁷2001.
Septuaginta. Id est Vetus Testamentum graece iuxta LXX interpretes, hg. v. A. Rahlfs, Stuttgart ²1979.

Quellen

Jüdische Texte

Apokryphen, Pseudepigraphen und Verwandtes
BECKER, J., Die Testamente der zwölf Patriarchen (JSHRZ III/1), Gütersloh ²1980.
BERGER, K., Das Buch der Jubiläen (JSHRZ II/3), Gütersloh 1981.
BIDAWIND, R.J./DEDDERING, S., The Old Testament in Syriac IV/3: Apocalypsis Baruch. 4 Ezra, Leiden 1973.
BLACK, M., Apocalypsis Henochi Graece et Fragmenta Pseudepigraphorum Quae Supersunt Graece (PVTG III), Leiden 1970.
BÖTTRICH, C., Das slavische Henochbuch (JSHRZ V/7), Gütersloh 1996.
BRANDENBURGER, E., Himmelfahrt Moses (JSHRZ V/2), Gütersloh 1976.
BURCHARD, CH., Joseph und Aseneth (JSHRZ II/4), Gütersloh 1983.

BURCHARD, CH., Ein vorläufiger griechischer Text von Joseph und Aseneth: DERS., Gesammelte Studien zu Joseph und Aseneth. Berichtigt und ergänzt hg. mit Unterstützung von C. Burfeind (SVTP 13), Leiden u.a. 1996, 161–209; vgl. jetzt Joseph und Aseneth. Kritisch hg. v. Ch. Burchard (PVTG 5), Leiden 2003.

CAZEAUX, J./HARRINGTON, D.J., Pseudo-Philon. Les antiquités bibliques. Bd. 1 : Introduction et texte critique (SC 229), Paris 1976.

CHARLESWORTH, J.H., The Old Testament Pseudepigrapha. Bd. 1: Apocalyptic Literature and Testaments, New York 1983; Bd. 2: Expansions of the ‚Old Testament' and Legends, Wisdom and Philosophical Literature, Prayers, Psalms and Odes, Fragments of Lost Judeo-Hellenistic Works, New York 1985.

DIETZFELBINGER, CH., Pseudo-Philo: Antiquitates Biblicae (JSHRZ II/2), Gütersloh 1975.

EGO, B., Das Buch Tobit (JSHRZ II/6), Gütersloh 1999.

GUNNEWEG, A.H.J., Das Buch Baruch (JSHRZ III/2), Gütersloh 1975.

HADAS, M., Aristeas to Philocrates (Letter of Aristeas), New York 1973 (Jewish Apocryphal Literature).

HAGE, W., Die griechische Baruch-Apokalypse (JSHRZ V/1), Gütersloh 1979.

HOLM-NIELSEN, S., Die Psalmen Salomos (JSHRZ IV/2), Gütersloh 1977.

JONGE, M. DE U.A., The Testaments of the Twelve Patriarchs. A critical Edition of the Greek Text (PVTG I), Leiden 1978.

KAUTZSCH, E., Die Apokryphen und Pseudepigraphen des Alten Testaments, 2 Bde., Tübingen 1900 (Nachdruck: Darmstadt 1994).

KLAUCK, H.-J., 4. Makkabäerbuch (JSHRZ III/6), Gütersloh 1989.

KLIJN, A.F.J., Die syrische Baruch-Apokalypse (JSHRZ V/2), Gütersloh 1976.

KURFESS, A., Sibyllinische Weissagungen. Urtext und Übersetzung, München 1951.

MEISNER, N., Aristeasbrief (JSHRZ II/1), Gütersloh 1973.

MERKEL, H., Sibyllinen (JSHRZ V/8), Gütersloh 1998.

PICARD, J.-C., Apocalypsis Baruchi Graece (PVTG 2), Leiden 1967, 61–96.

SCHREINER, J., Das 4. Buch Esra (JSHRZ V/4), Gütersloh 1981.

TROMP, J., The Assumption of Moses. A Critical Edition with a Commentary (SVTP 10), Leiden u.a. 1993.

UHLIG, S., Das Äthiopische Henochbuch (JSHRZ V/6), Gütersloh 1984.

VAILLANT, A., Le Livre des Secrets d'Hénoch. Texte slave et traduction française (Textes publiés par l'instiut d'études slaves 4), Paris ²1976.

VANDERKAM, J.C., The Book of Jubilees. A critical Text (CSCO.Ae 87), Louvain 1989.

WAHL, O., Apocalypsis Esdrae, Apocalypsis Sedrach, Visio Beati Esdrae (PVTG 4), Leiden 1977.

Qumrantexte und rabbinische Quellen

BRAUDE, W.G., Peskita Rabbati. Discourses for Feasts, Fasts, and Special Sabbaths, 2 Bde., New Haven 1968.

BRAUDE, W.G., The Midrash on the Psalms, 2 Bde., New Haven 1959.

CHILTON, B., The Isaiah Targum (The Aramaic Bible 11), Wilmington 1987.

FREEDMAN, H./SIMON, M., Midrash Rabbah. Translated into English with Notes, Glossary and Indices, 18 Bde., London 1935–1952.

GARCÍA MARTÍNEZ, F./TIGCHELAAR, E.J.C., The Dead Sea Scrolls. Study Edition, 2 Bde., Leiden u.a. 1997f.

GOLDSCHMIDT, L., Der Babylonische Talmud mit Einschluss der vollstaendigen Mišnah, 9 Bde., Haag 1933–1935.

LOHSE, E., Die Texte aus Qumran. Hebräisch u. deutsch. Mit masoretischer Punktuation, Übersetzung, Einführung und Anmerkungen, München ³1981.
MAIER, J., Die Qumran-Essener: Die Texte vom Toten Meer. Bd. 1: Die Texte der Höhlen 1–3 und 5–11 (UTB 1862). Bd. 2: Die Texte der Höhle 4 (UTB 1863); Bd. 3: Einführung, Zeitrechnung, Register und Bibliographie (UTB 1916), München/Basel 1995f.
NEUSNER, J., The Talmud of the Land of Israel. A Preliminary Translation and Explanation, Chicago/London 1982ff.
NEWSOM, C., Songs of the Sabbath Sacrifice: A Critical Edition (HSS 27), Atlanta 1985.
WINTER, J./WÜNSCHE, A., Mechiltha, ein tannaitischer Midrasch zu Exodus, Leipzig 1909.

Philo und Josephus

COLSON, F.H./WHITAKER, G.H. (Hg.), Philo, 10 Bde. (LCL), Cambridge (Mass.)/London 1929–1962.
MARCUS, R. (Hg.), Philo. Supplement 1: Questions and Answers on Genesis (LCL), Cambridge (Mass.)/London ²1961.
MARCUS, R. (Hg.), Philo. Supplement 2: Questions and Answers on Exodus (LCL), Cambridge (Mass.)/London ²1961.
THACKERAY, H.S.J. u.a. (Hg.), Josephus. Griechisch u. englisch, 9 Bde. (LCL), Cambridge (Mass.)/London 1926–1965.

Christliche und Gnostische Texte

FISCHER, J.A., Die Apostolischen Väter (SUC 1), Darmstadt 1993.
HENNECKE, E./SCHNEEMELCHER, W. (Hg.), Neutestamentliche Apokryphen in deutscher Übersetzung, 2 Bde., Tübingen ⁶1990–1997.
HOLL, K. (Hg.), Epiphanius Werke. Ancoratus und Panarion Haer. 1–33 (GCS 25), Leipzig 1915.
KULAWIK, C., Die Erzählung über die Seele (Nag-Hammadi-Codex II,6) (TU 155), Berlin/New York 2006.
LIDZBARSKI, M., Ginzā. Der Schatz oder das große Buch der Mandäer, Göttingen/Leipzig 1925.
LINDEMANN, A./PAULSEN, H., Die Apostolischen Väter. Griechisch-deutsche Parallelausgabe auf der Grundlage der Ausgaben von F.X. Funk, K. Bihlmeyer u. M. Whittaker, Tübingen 1992.
MIGNE, J.P. (Hg.), Patrologia Graeca, 161 Bde. u. 1 Index, Paris 1857–1863.
MIGNE, J.P. (Hg.), Patrologia Latina, 221 Bde. u. 5 Supplemente, Paris 1844–1863.
STÄHLIN, O. (Hg.), Clemens Alexandrinus, 3 Bde. (GCS 12, 15, 16), Berlin 1936–1972.
TILL, W.C. (Hg.), Die gnostischen Schriften des koptischen Papyrus Berolinensis 8502 (TU 60), Berlin 1955.
WASZNIK, J.H. (Hg.), Werke des Q. Septimius Florens Tertullianus, Bd. 1: De anima. De testimonio animae. De censu animae (BAW.AC), Zürich 1980.

Pagane Texte

ABBITT, F.C. (Hg.), Plutarch's Moralia. Griechisch u. englisch, 15 Bde. (LCL), Cambridge (Mass.)/London 1949–1969.
ABEL, E. (Hg.), Orphica (BSGR), Leipzig/Prag 1885.

ADLER, A. (Hg.), Suidae lexicon, (Lexicographi Graeci 1), Stuttgart ²1971.

ALLAN, D.J. (Hg.), Aristotelis, De Caelo, libri quattuor, Oxford 1936 [Nachdruck 1955].

BEHR, C.A. (Hg.), Aristides, P. Aelius, The Complete Works, 2 Bde., Leiden 1981. 1986.

BERGSON, L., Der Griechische Alexanderroman. Rezension β, Uppsala 1965.

BLASS, E. (Hg.), Aeschines, Orationes, Stuttgart 1978.

BORIAUD, J.-Y. (Hg.), Hygin, Fabulae. Lateinisch u. französisch (Collection des universitiés de France: Série latine 344), Paris 1997.

BURNET, I. (Hg.), Platonis Opera, 5 Bde., Oxford 1900ff.

CAPLAN, H. u.a. (Hg.), Cicero, M. Tullius, 28 Bde. (LCL), London u.a. 1912–1976.

CARNUTH, O. (Hg.), Aristonici Περὶ σημείων᾽Ὀδυσσείας reliquiae, Lipsiae 1869.

COHOOM, J.W./CROSBY, H.L. (Hg.), Dio Chrysostomus. Discourses. Griechisch u. englisch, 5 Bde. (LCL), Cambridge (Mass.) 1932ff. [Nachdruck 1961–1964].

CONWAY, R.S./WALTERS, C.F. (Hg.), Livius. Ab urbe condita, 3 Bde., Oxford 1914–1929 [Nachdruck 1958].

DIEHL, E. (Hg.), Anthologia Lyrica Graeca, Bd. II, Leipzig ²1942.

DIELS, H./KRANZ, W., Die Fragmente der Vorsokratiker. Griechisch u. deutsch, 3 Bde., Berlin ¹³1969.

DILTS, M.R. (Hg.), Demosthenis Orationes, 2 Bde., Oxford 2002/2005.

DITTENBERGER, W. (Hg.), Sylloge inscriptionum Graecarum, 4 Bde., Leipzig ³1915–1924.

EIGLER, G. u.a. (Hg.), Platon, Werke. Griechisch u. deutsch, 8 Bde., Darmstadt 1971–1983.

ERBSE, H. (Hg.), Scholia Graeca in Homeri Iliadem, 6 Bde., Berlin 1969–1983.

FEIX, J. (Hg.), Herodot, Historien. Griechisch und deutsch, 2 Bde., Zürich 1995.

FENSTERBUSCH, C., Vitruv. Zehn Bücher über die Architektur (Bibliothek klassischer Texte), Darmstadt ⁵1991.

FRIEDLÄNDER, L. (Hg.), Aristonici Περὶ σημείων ᾽Ιλιάδος reliquiae, Göttingen 1853.

FUHRMANN, M. (Hg.), Aristoteles, Poetik. Griechisch u. deutsch, Stuttgart 1982.

GRAECA HALENSIS (Hg.), Dikaiomata. Auszüge aus alexandrinischen Gesetzen und Verordnungen in einem Papyrus des philologischen Seminars der Universität Halle (Pap.Hal. 1), Berlin 1913.

GRENFELL, B.P. u.a. (Hg.), The Oxyrhynchus Papyri, Egypt Exploration Fund. Graeco-Roman Branch, London 1898ff.

HAINES, C.R. (Hg.), Marcus Aurelius Antonius. Griechisch u. englisch (LCL), London/Cambridge, Mass. 1970.

HANSON, J.A. (Hg.), L. Apuleius Madaurensis. Griechisch u. englisch, 2 Bde. (LCL), Cambridge (Mass.) 1989.

HEITSCH, E. (Hg.), Parmenides, Die Fragmente. Griechisch u. deutsch, Darmstadt 1995.

HICKS, R.D. (Hg.), Diogenes Laertius. Lives of eminent philosophers. Griechisch u. englisch, 2 Bde. (LCL), Cambridge (Mass.)/London 1925 [Nachdruck 1979f.].

HOUSEHOULDER, F.W. (Hg.), Apollonius Dyscolus, De Syntaxi (Studies in the history of linguistics 23), Amsterdam 1981.

KATTE, K. (Hg.), Hesychii Alexandrini Lexicon, Hauniae 1953ff.

KAYSER, C.L. (Hg.), Flavii Philostrati Opera, 2 Bde. (BSGRT), Hildesheim 1964.

KERN, O. (Hg.), Orphicorum fragmenta, Berlin 1922.

KÖRTE, A. (Hg.), Menandri quae supersunt, Bd. 2: Reliquiae apud veteres scriptores servatae, Leipzig 1959.

KOVACS, D. (Hg.), Euripides. Griechisch u. englisch, erschienen Bde. 1–6 (LCL), Cambridge (Mass.) 1994ff.

KUMANIECKI, K.F. (Hg.), Cicero, M. Tullius, De Oratore (BSGRT), Leipzig 1969.

LONG, A.A./SEDLEY, D.N. (Hg.), The Hellenistic philosophers. Bd. 1: Translations of the principal sources with philosophical commentary, Bd. 2: Greek and Latin texts with notes and bibliography, Cambridge ⁴1992.

MACRCHANT, E.C. (Hg.), Xenophon, Memorabilia and Oeconomicus. Griechisch u. englisch (LCL), London 1965.

MARINONE, N. (Hg.), Macrobius, Ambrosius Theodosius, Saturnalia, Turin 1967.

MERKLIN, H. (Hg.), Cicero, M. Tullius, De Oratore. Lateinisch u. deutsch (Universal-Bibliothek 6884), Stuttgart ³1997.

MILLER, W. (Hg.), Xenophon, Cyropaedia. Griechisch u. englisch, 2 Bde. (LCL), London 1914f. (1960f.).

MÜLLER, K./EHLERS, W. (Hg.), Petronius, Satyrica. Lateinisch u. deutsch, München/Zürich 1983.

MÜRI, W. (Hg.), Xenophon, Anabasis. Griechisch u. deutsch, bearb. u. mit einem Anh. vers. v. B. Zimmermann, Darmstadt ²1997.

MURRAY, A.T. (Hg.), Homerus, Odyssea. Griechisch u. englisch, überarb. v. G.E. Dimock (LCL), Cambridge 1995.

MURRAY, A.T./Wyatt, W.F. (Hg.), Homer, The Iliad. Griechisch u. englisch, 2 Bde. (LCL), London/Cambridge (Mass.) ²1999.

MYNORS, R.A.B. (Hg.), P. Vergili Maronis Opera (SCBO), Oxford ²1972.

NACHMANSON, E. (Hg.), Erotiani vocum Hippocraticarum collectio: cum fragmentis, Uppsala 1918.

NICKEL, R. (Hg.), Cicero, M. Tullius, De Legibus. Lateinisch u. deutsch, Düsseldorf ²2002.

NÜSSLEIN, Th. (Hg.), Rhetorica ad Herennium. Lateinisch u. deutsch, Düsseldorf u.a. ²1998.

OLDFATHER, C.H. (Hg.), Diodorus Siculus. Griechisch u. englisch, 12 Bde. (LCL), Cambridge (Mass.)/London 1933ff. (1989–2000).

OLDFATHER, W.A. (Hg.), Epictetus, Dissertationes. Griechisch u. englisch, 2 Bde. (LCL), Cambridge (Mass.)/London 1946–1949.

PACK, R.A. (Hg.), Artemidoro Daldiani Onirocriticon libri V (BSGRT), Leipzig 1963.

PATON, W.R. (Hg.), Polybius, The Histories. Griechisch u. englisch, 6 Bde. (LCL), Cambridge (Mass.) 1922ff. (1954–1967).

PERRIN, B. (Hg.), Plutarch's Lives. Griechisch u. englisch, 11 Bde. (LCL), London 1914ff. (1958–1962).

PREISENDANZ, K. (Hg.), Papyri Graecae Magicae. Die Griechischen Zauberpapyri, 2 Bde., Stuttgart ²1973f.

PREISIGKE, F., Sammelbuch griechischer Urkunden aus Ägypten, Straßburg 1915ff.

RACE, W.H. (Hg.), Pindar. Griechisch u. englisch, 2 Bde. (LCL), Cambridge (Mass.) 1997.

RAHN, H. (Hg.), Quintilianus, Marcus Fabius, Institutio oratoria, Libri XII. Lateinisch u. deutsch, 2 Bde., Darmstadt ³1995.

ROLFES, E. (Hg.), Aristoteles, Politik (Philosophische Bibliothek 7), Leipzig 1912.

ROSS, W.D. (Hg.), Aristotelis, Ars rhetorica, Oxford 1959.

ROSS, W.D. (Hg.), Aristotelis, Politica, Oxford 1957.

ROSS, W.D. (Hg.), Aristotelis, Topica et Sophistici elenchi, Oxford 1958.

RUSSEL, D.A. (Hg.), Longinus, On the Sublime, Oxford 1964.

RZACH, A. (Hg.), Hesiodus, Carmina, Leipzig 1913.

SARAN, F. (Hg.), Aristoxenos, Metrik und Rhythmik des classischen Hellenenthums, Bd. 2: Berichtigter Originaltext nebst Prolegomena v. R. Westphal, Hildesheim [2]1965.

SCHIRNDING, A.v. (Hg.), Hesiod, Theogonie. Griechisch u.. deutsch, Darmstadt [2]1997.

SEIDL, H. (Hg.), Aristoteles, Über die Seele. Mit Einleitung, Übersetzung (nach W. Theiler) und Kommentar, Hamburg 1995.

SIEVEKE, F.G. (Hg.), Aristoteles, Rhetorik (UTB 159), München [5]1995.

SMYTH, H.W. (Hg.), Aeschylus, 10 Bde. (LCL), London 1963.

SNELL, B. (Hg.), Heraklit, Fragmente. Griechisch u. deutsch, München [7]1979.

SWOBODA, A. (Hg.), P. Nigidii Figuli operum Reliquiae, Wien/Prag 1889 [Amsterdam 1964].

THEODORIDIS, C. (Hg.), Photios patriarchae lexicon, Berlin u.a. 1982. 1998.

THILO, G. (Hg.), Servii Grammatici qui feruntur in Vergilii Bucolica et Georgica Commentarii, Leipzig 1887.

THISSEN, H.J. (Hg.), Horapollo, Hieroglyphica, griech.-dt., Bd. 1 (Archiv für Papyrusforschung und verwandte Gebiete, Beiheft 6), München 2001.

TREDENNICK, H. u.a. (Hg.), Aristotle. Griechisch u. englisch, 23 Bde. (LCL), London/Cambridge (Mass.) 1926ff.

WACHSMUTH, C./HENSE, O. (Hg.), Ioannis Stobaei Anthologium, 4 Bde., Berlin [2]1958.

WALSH, P.G. (Hg.), Cicero, M. Tullius, De Natura Deorum, Oxford 1997.

WEST, M.L. (Hg.), Homeric Hymns. Homeric apocrypha. Lives of Homer. Griechisch u. englisch (LCL), Cambridge (Mass.) 2003.

WILIGE, W. (Hg.), Sophokles, Dramen. Griechisch u. deutsch, Düsseldorf/Zürich [4]2003.

WINNINGTON-INGRAM, R.P. (Hg.), Aristides Quintilianus, De musica (BSGRT), Leipzig 1963.

ZEKL, H.G. (Hg.), Aristoteles' Physik: Vorlesung über Natur. Griechisch u. deutsch, 2 Bde., Hamburg 1987f.

ZIMMERMANN, B. (Hg.), Aischylos, Tragödien. Griechisch u. deutsch, übers. v. O. Werner, Zürich/Düsseldorf 1996.

ZIMMERMANN, B. (Hg.), Euripides. Ausgewählte Tragödien. Griechisch u. deutsch, 2 Bde., Darmstadt 1996.

Hilfsmittel

BAUER, W., Griechisch-deutsches Wörterbuch zu den Schriften des Neuen Testaments, hg. v. K. Aland u. B. Aland, Berlin/New York [6]1988.

BLASS, F./DEBRUNNER, A., Grammatik des neutestamentlichen Griechisch, bearb. v. F. Rehkopf, Göttingen [17]1990.

BOISACQ, E., Dictionnaire étymologique de la langue grecque, Paris 1916.

BORGEN, P. u.a. (Hg.), The Philo Index. A Complete Greek Word Index to the Writings of Philo of Alexandria (UniTrel Studieserie 25), Trondheim 1997.

CHANTRAINE, P., Dictionnaire étymologique de la langue grecque. Histoire des mots, Paris 1968.

Computer-Konkordanz zum Novum Testamentum Graece von Nestle-Aland, 26. Auflage und zum Greek New Testament, 3rd Edition, hg. v. Institut für Neutestamentliche Textforschung, unter besonderer Mitwirkung von H. Bachmann und W.A. Slaby, Berlin/New York 1980.

278   *Literatur*

DENIS, A.-M., Concordance grecque des pseudépigraphes d'Ancien Testament. Concordance, Corpus des texts, Indices, Louvain-la-Neuve 1987.

FRISK, H., Griechisches Etymologisches Wörterbuch, Bd. I, Heidelberg 1960.

GESENIUS, W., Hebräisches und Aramäisches Handwörterbuch über das Alte Testament, bearb. v. F. Buhl u.a., Leipzig [17]1915 [Nachdruck: Berlin u.a. 1962].

HATCH, E./REDPATH, H.A., A Concordance to the Septuagint and the other Greek Versions of the Old Testament (including the Apocryphical Books), 2 Bde., Graz [2]1954.

HOFFMANN, E.G./SIEBENTHAL, H.V., Griechische Grammatik zum Neuen Testament, Riehen [2]1990.

KRAFT, H., Clavis Patrum Apostolicorum. Konkordanz zu den Schriften der Apostolischen Väter, München 1963.

LIDDELL, H.G./SCOTT, R., A Greek-English Lexicon, Oxford [9]1966.

MAYER, G., Index Philoneus, Berlin/New York 1974.

MENGE, H./GÜTHLING, O., Langenscheidts Großwörterbuch. Griechisch – Deutsch, Berlin [22]1973.

STEMBERGER, G., Einleitung in Talmud und Midrasch, München [8]1992.

STRACK, H./BILLERBECK, P., Kommentar zum Neuen Testament aus Talmud und Midrasch, München, Bde. 1–4 [5]1969, Bd. 5 [3]1969.

Thesaurus Linguae Graecae (CD-ROM), University of California, Irvine 1993.

Kommentare

ABBOTT, T.K., A Critical and Exegetical Commentary on the Epistles to the Ephesians and to the Colossians (ICC 8), Edinburgh 1897.

BARTH, K., Der Römerbrief, München [2]1922.

BARTH, M., Ephesians, 2 Bde. (AnchB 34/34a), New York 1974.

BEST, E., A Critical and Exegetical Commentary on Ephesians (ICC), Edinburgh 1998.

BETZ, H.D., Der Galaterbrief. Ein Kommentar zum Brief des Apostels Paulus an die Gemeinden in Galatien, München 1988.

BROX, N., Der Hirt des Hermas (KAV 7), Göttingen 1991.

CONZELMANN, H., Der Brief an die Epheser (NTD 8), Göttingen [17]1990.

DIBELIUS, M./GREEVEN, H., An die Kolosser, Epheser, an Philemon (HNT 12), Tübingen [3]1953.

DODD, C.H., Ephesians (AbBC), New York 1928.

DUNN, J.D.G., The Epistle to the Galatians (BNTC), London 1993.

ERNST, J., Die Briefe an die Philipper, an Philemon, an die Kolosser, an die Epheser (rnt), Regensburg 1974.

GNILKA, J., Der Epheserbrief (HThK 10/2), Freiburg u.a. [3]1982.

GNILKA, J., Der Kolosserbrief (HThK 10/1), Freiburg 1980.

GOODSPEED, E.J., The Meaning of Ephesians, Chicago 1933.

HAUPT, E., Die Gefangenschaftsbriefe (KEK 8), Göttingen [8]1902.

HOEHNER, H.W., Ephesians, Grand Rapids 2002.

HÜBNER, H., An die Epheser (HNT 12), Tübingen 1997, 129–271.

KLÖPPER, A., Der Brief an die Epheser, Göttingen 1891.

LIGHTFOOT, J.B., Epistle to the Colossians, Grand Rapids 1875.

LINCOLN, A.T., Ephesians (WBC 42), Nashville 1990.

LINDEMANN, A., Der Epheserbrief (ZBK.NT 8), Zürich 1985.

LINDEMANN, A., Der Kolosserbrief (ZBK.NT 10), Zürich 1983.

LOHSE, E., Der Brief and die Römer (KEK 4), Göttingen 2003.

LUZ, U., Der Brief an die Epheser (NTD 8/1), Göttingen 1998.

MERKLEIN, H./GIELEN, M., Der erste Brief an die Korinther (ÖTK 7/3), Gütersloh 2005.

MICHEL, O., Der Brief an die Hebräer (KEK 13), Göttingen [14]1984.

MITTON, C.L., Ephesians (NCBC), London 1973.

MITTON, C.L., The Epistle to the Ephesians. Its Autorship, Origin and Purpose, Oxford 1951.

MÜLLER, U.B., Die Offenbarung des Johannes (ÖTK 19), Gütersloh [2]1995.

MUSSNER, F., Der Brief an die Epheser (ÖTK 10), Gütersloh 1982.

POKORNÝ, P., Der Brief des Paulus an die Epheser (ThHK 10/2), Berlin 1992.

ROLOFF, J., Die Offenbarung des Johannes (ZB.NF 18), Zürich 2001.

SCHLIER, H., Der Brief an die Epheser. Ein Kommentar, Düsseldorf [7]1971.

SCHMID, J., Der Epheserbrief des Apostels Paulus. Seine Adresse, Sprache und literarischen Beziehungen (Biblische Studien 22,3–4), Freiburg 1928.

SCHNACKENBURG, R., Der Brief an die Epheser (EKK 10), Zürich/Einsiedeln/Neukirchen-Vluyn 1982.

SCHRAGE, W., Der erste Brief an die Korinther (EKK 7/4), Zürich u.a. 2001.

SCHWEIZER, E., Der Brief an die Kolosser (EKK 12), Zürich/Neukirchen-Vluyn [3]1989.

SCOTT, E.F., The Epistles of Paul to the Colossians, to Philemon and to the Ephesians, (MNTC), London 1930.

SELLIN, G., Der Brief an die Epheser (KEK 8), Göttingen 2008.

SYNGE, F.C., Philippians and Colossians. Introduction and Commentary (TBC), London 1951.

THEOBALD, M./PILLINGER, R., Mit den Augen des Herzens sehen. Der Epheserbrief als Leitfaden für Spiritualität und Kirche, Würzburg 2000.

WEISS, B., Die paulinischen Briefe und der Hebräerbrief im berichtigten Text, Leipzig [2]1902.

WEISS, H.-F., Der Brief an die Hebräer (KEK 13), 1. Aufl. dieser Auslegung, Göttingen [15]1991.

WOLTER, M., Brief an die Kolosser (ÖTK 12), Gütersloh 1993.

Monographien, Aufsätze und ausgewählte Lexikonartikel

ALAND, K. (Hg.), Text und Textwert der griechischen Handschriften des Neuen Testaments II 3 (ANTT 18), Berlin/New York 1991, 251–463.

ALBANI, M., Astronomie und Schöpfungsglaube. Untersuchungen zum astronomischen Henochbuch (WMANT 68), Neukirchen-Vluyn 1994.

ALFÖLDI, A., From the *Aion Plutonius* of the Ptolemies to the *Saeculum Frugiferum* of the Roman Emperors (*Redeunt Saturnia regna VI*): Kinzl, K.H. (Hg.), Greece and the Eastern Mediterranean in Ancient History and Prehistory (FS Fritz Schachermeyr), Berlin/New York 1977, 1–30.

ALFÖLDI, A., Der in Gedanken versunkene Aion von Aphrodisias und der schlummernde Kronos, der die kosmische Weltordnung erträumt: DERS., Aion in Merida und Aphrodisias (Madrider Beiträge 6), Mainz 1979, 20–25.

ALFÖLDI, A., Die Darstellung des Aion auf dem Ehrendenkmal des Zoilos in Aphrodisias: ebd. 13–19.

ALLAN, J.A., The „In Christ" Formula in Ephesians: NTS 5 (1959), 54–62.

ALLEGRO, J.M., Die Botschaft vom Toten Meer. Die Geheimnisse der Schriftrollen, Frankfurt a.M./Hamburg 1957.

ALLEN, T.G., The Body of Christ Concept in Ephesians, Boston 1990.

ARNOLD, C.E., Ephesians: Power and Magic. The Concept of Power in Ephesians in Light of its historical Setting (MSSNTS 63), Cambridge/New York 1989.

ASSMANN, A., Erinnerungsräume: Formen und Wandlungen des kulturellen Gedächtnisses, München 1991.

ASSMANN, J., Stein und Zeit. Mensch und Gesellschaft im alten Ägypten, München 1991.

ASSMANN, A., Zur Metaphorik der Erinnerung: Dies./Harth, D., Mnemosyne: Formen und Funktionen der kulturellen Erinnerung, Frankfurt a.M. 1991, 13–35.

BACHMANN, M., 4QMMT und Galaterbrief. התורה מעשׂי und ΕΡΓΑ ΝΟΜΟΥ: DERS., Antijudaismus im Galaterbrief? Exegetische Studien zu einem polemischen Schreiben und zur Theologie des Apostels Paulus (NTOA 40), Freiburg Schweiz/Göttingen 1999, 33–56.

BACHMANN, M., Keil oder Mikroskop? Zur jüngeren Diskussion um den Ausdruck „‚Werke' des Gesetzes": DERS. (Hg.), Lutherische und Neue Paulusperspektive. Beiträge zu einem Schlüsselproblem der gegenwärtigen exegetischen Diskussion (WUNT 182), Tübingen 2005, 69–134.

BALDAUF, CH., Metapher und Kognition. Grundlagen einer neuen Theorie der Alltagsmetapher (Beiträge zur Sprachwissenschaft 24), Frankfurt a.M. u.a. 1997.

BALDAUF, CH., Sprachliche Evidenz metaphorischer Konzeptualisierung. Probleme und Perspektiven der kognitivistischen Metapherntheorie im Anschluss an George Lakoff und Mark Johnson: Zimmermann, R. (Hg.), Bildersprache verstehen. Zur Hermeneutik der Metapher und anderer bildlicher Sprachformen (Übergänge 38), München 2000, 117–132.

BALTHASAR, H.U.v., Eschatologie: Feiner, J./Trütsch, J./Böckle, F. (Hg.), Fragen der Theologie heute, Einsiedeln 1957, 403–421.

BARR, J., Biblical Words for Time, London 1962.

BARTELMUS, R., Art. שָׁמַיִם *šâmajim*: ThWAT 8 (1995), 204–239.

BARTELMUS, R., šâmajim – Himmel. Semantische und traditionsgeschichtliche Aspekte: Janowski, B./Ego, B. (Hg.), Das biblische Weltbild und seine altorientalischen Kontexte (FAT 32), Tübingen 2001, 87–124.

BARTH, M., Die Parusie im Epheserbrief. Eph 4,13: Baltensweiler, H./Reicke, B. (Hg.), Neues Testament und Geschichte (FS O. Cullmann), Zürich/Tübingen 1972, 239–250.

BAUER, K.-A., Leiblichkeit das Ende aller Werke Gottes. Zur Bedeutung der Leiblichkeit des Menschen bei Paulus (StNT 4), Gütersloh 1971.

BAUM, A.D., Pseudepigraphie und literarische Fälschung im frühen Christentum: mit ausgewählten Quellentexten samt deutscher Übersetzung (WUNT II 138), Tübingen 2001.

BAUMANN, H., Das doppelte Geschlecht. Studien zur Bisexualität in Ritus und Mythos, Berlin [2]1986.

BAUR, F.C., Das manichäische Religionssystem: nach den Quellen neu untersucht und entwickelt, Tübingen 1831.

BAYER, F.W., Art. „Anatomie": RAC 1 (1950), 430–437.

BECKER, J., Die Auferstehung Jesu Christi nach dem Neuen Testament. Ostererfahrung und Osterverständnis im Urchristentum, Tübingen 2007.

BECKER, O., Das Bild des Weges und verwandte Vorstellungen im frühgriechischen Denken, Diss., Berlin 1937.

BEHM, J., Art. αἷμα: ThWNT 1 (1933), 171–176.

BEKER, J.C., Der Sieg Gottes. Eine Untersuchung zur Struktur des paulinischen Denkens (SBS 132), Stuttgart 1988.

BENDEMANN, R.v., Heinrich Schlier. Eine kritische Analyse seiner Interpretation paulinischer Theologie (BEvTh 115), Gütersloh 1995.

BENOIT, P., Leib, Haupt und Pleroma in den Gefangenschaftsbriefen: Exegesen und Theologie. Gesammelte Aufsätze, Düsseldorf 1965, 246–279.

BERGER, K., Apostelbrief und apostolische Rede. Zum Formular frühchristlicher Briefe: ZNW 65 (1974), 190–231.

BERGER, K., Hellenistische Gattungen im Neuen Testament: ANRW II 25.2 (1984), 1031–1432.

BERGER, K., Theologiegeschichte des Urchristentums. Theologie des Neuen Testaments, Tübingen/Basel ²1995.

BERNHARDT, R./LINK-WIECZOREK, U. (Hg.), Metapher und Wirklichkeit. Die Logik der Bildhaftigkeit, Göttingen 1999.

BERTEAU, M.-C., Sprachspiel Metapher. Denkweisen und kommunikative Funktion einer rhetorischen Figur, Opladen 1996.

BEST, E., One Body in Christ, London 1955.

BEST, E., Who used whom? The relationship of Ephesians to Colossians: NTS 43 (1997), 72–96.

BETHGE, H.-G., Die Ambivalenz alttestamentlicher Geschichtstraditionen in der Gnosis: Tröger, K.-W. (Hg.), Altes Testament – Frühjudentum – Gnosis. Neue Studien zu ‚Gnosis und Bibel‘, Gütersloh 1980, 89–109.

BETZ, H.D., Zum Problem des religionsgeschichtlichen Verständnisses der Apokalyptik: ZThK 63 (1966), 391–409.

BIESTERFELD, H.H., Ibn Haldun: Erinnerung, historische Reflexion und die Idee der Solidarität: Assmann, A./Harth, D., Mnemosyne: Formen und Funktionen der kulturellen Erinnerung, Frankfurt a.M. 1991, 277–288.

BIETENHARD, H., Die himmlische Welt im Urchristentum und Spätjudentum (WUNT 2), Tübingen 1951.

BIETENHARD, H./LUMPE, A., Art. „Himmel": RAC 15 (1991), 173–212.

BLACK, M., Die Metapher: Haverkamp, A. (Hg.), Theorie der Metapher, Darmstadt ²1996, 55–79.

BLACK, M., Mehr über die Metapher: Haverkamp, A. (Hg.), Theorie der Metapher, Darmstadt ²1996, 379–413.

BLUM, H., Die antike Mnemotechnik (Spudasmata XV), Hildesheim/New York 1969.

BORNKAMM, G., μυστήριον, μυέω: ThWNT 4 (1942), 810–823.

BORNKAMM, G., Die Hoffnung im Kolosserbrief. Zugleich ein Beitrag zur Echtheit des Briefes: DERS., Geschichte und Glaube II (BEvTh 53), München 1971, 206–213.

BOSWORTH, A.B., Alexander and Ammon: Kinzl, K.H. (Hg.), Greece and the eastern Mediterranean in ancient history and prehistory (FS Fritz Schachermeyr), Berlin/New York 1977, 51–75.

BÖTTRICH, C., Weltweisheit – Menschheitsethik – Urkult. Studien zum slavischen Henochbuch (WUNT 2,50), Tübingen 1992.

BOUSSET, W., Die Himmelsreise der Seele: ARW 4 (1901), 136–169. 229–273.

BOUSSET, W., Die Religion des Judentums in neutestamentlichem Zeitalter, Berlin 1903.

BOUSSET, W., Hauptprobleme der Gnosis (FRLANT 10), Göttingen 1907.

BRACHER, K.D., Verfall und Fortschritt im Denken der frühen römischen Kaiserzeit: Studien zum Zeitgefühl und Geschichtsbewusstsein des Jahrhunderts nach Augustus (Studien zu Politik und Verwaltung 21), Wien 1987.

BRAUN, H., Qumran und das Neue Testament, Bd. 1, Tübingen 1966.

BREYTENBACH, C., Versöhnung. Eine Studie zur paulinischen Soteriologie (WMANT 60), Neukirchen-Vluyn 1989.

BROER, I., Einleitung in das Neue Testament: Studienausgabe, Würzburg 2006.

BROWN, R.E., Pre-Christian Semitic Concept; Semitic Background: Bib. 39 (1958), 426–448; 40 (1959), 70–87.

BROX, N., Falsche Verfasserangaben: Zur Erklärung der frühchristlichen Pseudepigraphie (SBS 79), Stuttgart 1975.

BUJARD, W., Stilanalytische Untersuchungen zum Kolosserbrief als Beitrag einer Methodik von Sprachvergleichen (StUNT 11), Göttingen 1973.

BULTMANN, R., Die Bedeutung der neuerschlossenen mandäischen und manichäischen Quellen für das Verständnis des Johannesevangeliums (1925): DERS., Exegetica. Aufsätze zur Erforschung des Neuen Testaments, hg. v. E. Dinkler, Tübingen 1967.

BULTMANN, R., Urchristliche Religion (1915–1925): ARW 24 (1926), 83–164.

BULTMANN, R., Art. νεκρός: ThWNT 4 (1942), 896–898.

BULTMANN, R., Theologie des Neuen Testaments, Tübingen ⁹1984 [Erstauflage 1953].

BULTMANN, R., Geschichte und Eschatologie, Tübingen 1958.

BUNTFUSS, M., Tradition und Innovation. Die Funktion der Metapher in der theologischen Theoriesprache (TBT 84), Berlin u.a. 1997.

BURGER, C., Schöpfung und Versöhnung. Studien zum liturgischen Gut im Kolosser- und Epheserbrief (WMANT 46), Neukirchen-Vluyn 1975.

BURKERT, W., Weisheit und Wissenschaft. Studien zu Pythagoras, Philolaos und Platon (Erlanger Beiträge zur Sprach- und Kunstwissenschaft X), Nürnberg 1962.

BURKETT, D., An Introduction to the New Testament and the Origins of Christianity, Cambridge 2002.

BURNETT, G.W., Paul and the Salvation of the Individual (Biblical Interpretation Series 57), Leiden u.a. 2001.

CARAGOUNIS, C.C., The Ephesian Mysterion. Meaning and Content, Lund 1977.

CHADWICK, H., Die Absicht des Epheserbriefes: ZNW 51 (1960), 145–153.

CLASSEN, C.J., Paulus und die antike Rhetorik: ZNW 82 (1991), 1–33.

CLAUSS, M., Kaiser und Gott: Herrscherkult im römischen Reich, Stuttgart u.a. 1999.

COLERIDGE, S.T., Table Talk, 19 May 1830: Woodring, C. (Hg.), The Collected works of Samuel Taylor Coleridge. Table Talk, Bd. 14/I, Princeton 1990, 139–143.

COLPE, C., Zur Leib-Christi-Vorstellung im Epheserbrief: Eltester, W. (Hg.), Judentum – Urchristentum – Kirche (FS J. Jeremias) (BZNW 26), Berlin 1960, 172–187.

COLPE, C., Die Religionsgeschichtliche Schule. Darstellung und Kritik ihres Bildes vom gnostischen Erlösermythos (FRLANT 78), Göttingen 1961.

COLPE, C., Art. „Gnosis II (Gnostizismus)": RAC 11 (1981), 537–659.

CONZELMANN, H., Grundriß der Theologie des Neuen Testaments (EETh 2), München ²1968.

CONZELMANN, H., ,Die Schule des Paulus': Andresen, C./Klein, G. (Hg.), Theologia Crucis – Signum Crucis (FS E. Dinkler), Tübingen 1979, 85–96.

COUTTS, J., Eph. 1,3–14 and Pet. 1,3–12: NTS 3 (1957), 115–127.

COUTTS, J., The Relationship of Ephesians and Colossians: NTS 4 (1958), 201–207.

CRANFIELD, C.E.B., „The Works of the Law" in the Epistle to the Romans: JSNT 43 (1991), 89–101

CULLMANN, O., Christus und die Zeit. Die urchristliche Zeit- und Geschichtsauffassung, Zürich ²1948.

DAHL, N.A., Adresse und Proömium des Epheserbriefes: ThZ 7 (1951), 241–264.

DAHL, N.A., Formgeschichtliche Beobachtungen zur Christusverkündigung: Eltester, W. (Hg.), Neutestamentliche Studien für Rudolf Bultmann (BZNW 21), Berlin 1954, 3–9.

DAHL, N.A., Einleitungsfragen zum Epheserbrief: DERS., Studies in Ephesians. Introductory Questions, Text- & Edition-Critical Issues, Interpretation of Texts and Themes, hg. v. D. Hellholm u.a. (WUNT 131), Tübingen 2000, 3–105.

DAHL, N.A., The Concept of Baptism in Ephesians: ebd. 413–439.

DANNEBERG, L./GRAESER, A./PETRUS, K. (Hg.), Metapher und Innovation. Die Rolle der Metapher im Wandel von Sprache und Wissenschaft (Berliner Reihe philosophischer Studien 16), Bern u.a. 1995.

DAVIDSON, M.J., Angels at Qumran. A Comparitive Study of 1 Enoch 1–36, 72–108 and Sectarian Writings from Qumran (JSPS 11), Sheffield 1992.

DAVIES, W.D., Paul and rabbinic Judaism. Some rabbinic elements in pauline theology, London 1948.

DEICHGRÄBER, R., Gotteshymnus und Christushymnus in der frühen Christenheit. Untersuchungen zu Form, Sprache und Stil der frühchristlichen Hymnen (StUNT 5), Göttingen 1967.

DELLING, G., Das Zeitverständnis des Neuen Testaments, Gütersloh 1940.

DELLING, G., Art. πλήρης κτλ.: ThWNT 6 (1959), 283–309.

DELLING, G., Partizipiale Gottesprädikationen in den Briefen des Neuen Testaments: StTh 17 (1963), 1–59.

DELLING, G., Art. χρόνος: ThWNT 9 (1973), 576–589.

DEMANDT, A., Metaphern für Geschichte: Sprachbilder und Gleichnisse im historisch-politischen Denken, München 1978.

DODD, C.H., Ephesians (The Abingdon Bible Commentary), New York 1928.

DODD, C.H., The Parables of the Kingdom, London 1935.

DORNSEIFF, F., Bezeichnungswandel unseres Wortschatzes. Ein Blick in das Seelenleben der Sprechenden, Lahr [7]1966.

DÜBBERS, M., Christologie und Existenz im Kolosserbrief: exegetische und semantische Untersuchungen zur Intention des Kolosserbriefes (WUNT II 191), Tübingen 2005.

DUBOIS, J. u.a., Allgemeine Rhetorik (UTB 128), München 1974 [französische Originalausgabe: Rhétorique générale, Paris 1970].

DUNN, J.D.G., Works of the Law and the Curse of the Law (Galatians 3,10–14): NTS 31 (1985), 523–542; jetzt: DERS., The New Perspective on Paul. Collected Essays (WUNT 185), Tübingen 2005, 111–130.

DUNN, J.D.G., Die neue Paulus-Perspektive. Paulus und das Gesetz: KuI 11 (1996), 35–45.

DUPONT, J., Gnosis. La connaissance religieuse dans les épîtres de Saint Paul, Louvain/Paris [2]1960.

ECKSTEIN, H.-J., Auferstehung und gegenwärtiges Leben nach Röm 6,1–11. Präsentische Eschatologie bei Paulus?: ThBeitr 28 (1997), 8–23; wieder abgedr.: DERS., Der aus Glauben Gerechte wird leben. Beiträge zur Theologie des Neuen Testaments (Beiträge zum Verstehen der Bibel 5), Münster 2003, 36–54.

ECO, U., Semiotik und Philosophie der Sprache, München 1985.

EGGS, E., Art. „Metapher": Historisches Wörterbuch der Rhetorik 5 (2001), 1099–1183.

EGO, B. „Es gibt sieben Himmel" (bHag 12b) – Eine Überlieferung vom Aufbau der Welt im Kontext der rabbinischen Literatur: Hübner, J./Stamatescu, I.-O./Weber, D. (Hg.), Theologie und Kosmologie. Geschichte und Erwartungen für das gegenwärtige Gespräch (Religion und Aufklärung 11), Tübingen 2004, 81–97.

EGO, B., Denkbilder für Gottes Einzigartigkeit, Herrlichkeit und Richtermacht – Himmelsvorstellungen im antiken Judentum: Der Himmel. JBTh 20 (2005), 151–188.

ERLEMANN, K., Der Geist als ἀρραβών (2 Kor 5,5) im Kontext der paulinischen Eschatologie: ZNW 83 (1992), 202–223.

ERLEMANN, K., Naherwartung und Parusieverzögerung im Neuen Testament. Ein Beitrag zur Frage religiöser Zeiterfahrung (TANZ 17), Tübingen 1995.

ERLEMANN, K., Anfänge, die das Ganze verbürgen. Überlegungen zu einer frühchristlichen Metapherngruppe: ThZ 57 (2001), 60–87.

ERMAN, A., Die Literatur der Ägypter. Gedichte, Erzählungen und Lehrbücher aus dem 3. und 2. Jahrtausend v.Chr., Leipzig 1923.

ERNST, J., Pleroma und Pleroma Christi. Geschichte und Deutung eines Begriffs der paulinischen Antilegomena (BU 5), Regensburg 1970.

EVERLING, O., Die paulinische Angelologie und Dämonologie: ein biblischtheologischer Versuch, Göttingen 1888.

FAUST, E., Pax Christi et Pax Caesaris. Religionsgeschichtliche, traditionsgeschichtliche und sozialgeschichtliche Studien zum Epheserbrief (NTOA 24), Göttingen 1993.

FEHLING, D., Das Problem der Geschichte des griechischen Weltmodells vor Aristoteles: RMP 28 (1985), 195–231.

FEHLING, D., Materie und Weltbau in der Zeit der frühen Vorsokratiker. Wirklichkeit und Tradition (IBKW.S 89), Innsbruck 1994.

FISCHER, K.M., Tendenz und Absicht des Epheserbriefes (FRLANT 111), Göttingen 1973.

FRAINE, J. DE, Adam und seine Nachkommen. Der Begriff der ‚Korporativen Persönlichkeit‘ in der Heiligen Schrift, Köln 1962.

FRENSCHKOWSKI, M., Pseudepigraphie und Paulusschule. Gedanken zur Verfasserschaft der Deuteropaulinen, insbesondere der Pastoralbriefe: Horn, F.W. (Hg.), Das Ende des Paulus (BZNW 106), Berlin 2001, 239–272.

FREY, J., Johanneische Eschatologie, Bd. III: Die eschatologische Verkündigung in den johanneischen Texten (WUNT 117), Tübingen 2000.

FREY, J., „Himmels-Botschaft“. Kerygma und Metaphorizität der neutestamentlichen Rede vom „Himmel“: Der Himmel. JBTh 20 (2005), 189–223.

FRIELING, G., Untersuchungen zur Theorie der Metapher. Das Metaphernverstehen als sprachlich-kognitiver Verarbeitungsprozeß, Osnabrück 1996.

FRITZ, H.-J., Vitruv. Architekturtheorie und Machtpolitik in der römischen Antike (Oktogon 15), Münster 1995.

FUHRMANN, M., Die antike Rhetorik. Eine Einführung, München/Zürich 1984.

FUSCO, V., „Point of view“ and „implicit reader“ in two eschatological texts. Lk 19,11–28; Acts 1,6–8: Segbroeck, F.v. u.a. (Hg.), The Four Gospels (FS F. Neirynck), Bd. 2, Leuven 1992, 1677–1696.

FUSSILO, M., Art. „Pseudo-Kallisthenes“: DNP 10 (2001), 513.

GERBER, C., Paulus und seine ‚Kinder‘. Studien zur Beziehungsmetaphorik der paulinischen Briefe (BZNW 136), Berlin/New York 2005.

GESE, M., Das Vermächtnis des Apostels. Die Rezeption der paulinischen Theologie im Epheserbrief (WUNT II 99), Tübingen 1997.

GIELEN, M., Tradition und Theologie neutestamentlicher Haustafelethik. Ein Beitrag zur Frage einer christlichen Auseinandersetzung mit gesellschaftlichen Normen (BBB 75), Frankfurt/M. 1990.

GNILKA, J., Christus unser Friede – ein Friedens-Erlöserlied in Eph 2,14–17. Erwägungen zu einer neutestamentlichen Friedenstheologie: Die Zeit Jesu. FS H. Schlier, Freiburg i.Br. 1970, 190–207.

GNILKA, J., Die frühen Christen. Ursprünge und Anfang der Kirche (HThKNT Suppl. VII), Freiburg i.Br. 1999.

GOODSPEED, E.J., Ephesians and the first edition of Paul: JBL 70 (1951), 285–291.

GOODSPEED, E.J., The key to the Ephesians, Chicago 1956.

GOPPELT, L., Theologie des Neuen Testaments (Bd. 1 und 2), hg. v. J. Roloff, Göttingen ³1978.

GRÄSSER, E., Die Naherwartung Jesu (SBS 61), Stuttgart 1973.

GRUNDMANN, W., Die NHΠΙΟΙ in der urchristlichen Paränese: NTS 5 (1959), 188–205.

GRUNDMANN, W., Art. σύν – μετά κλτ.: ThWNT 7 (1964), 766–798.

GUNDEL, W./GUNDEL, H., Art . „Planeten“: RE 20/2 (1950), 2017–2185.

GUNDELW./GUNDEL, H.G., Astrologumena. Die astrologische Literatur in der Antike und ihre Geschichte, Wiesbaden 1966.

GUNTHER, J.J., Paul's Opponents and their Background (NT.S 35), Leiden 1973.

GÜTING, E., Amen, Eulogie, Doxologie. Eine textkritische Untersuchung: Koch, D.-A./Lichtenberger, H. (Hg.), Begegnungen zwischen Christentum und Judentum in Antike und Mittelalter (FS H. Schreckenberg) (Schriften des Institutum Judaicum Delitzschianum Bd. 1), Göttingen 1993, 133–162.

HABICHT, C., Gottmenschentum und Griechische Städte (Zetemata 14), München 1956.

HACKENBERG, W., Zukunft. Notizen zur Eschatologie im Kolosserbrief: SCHIFFNER, K. u.a. (Hg.), Fragmentarisches Wörterbuch. Beiträge zur biblischen Exegese und christlichen Theologie (FS H. Balz), Stuttgart 2007, 442–456.

HAHN, F., Christologische Hoheitstitel. Ihre Geschichte im frühen Christentum, Göttingen ⁵1995.

HAHN, F., Taufe und Rechtfertigung. Ein Beitrag zur paulinischen Theologie in ihrer Vor- und Nachgeschichte: Friedrich, J. u.a. (Hg.), Rechtfertigung (FS Ernst Käsemann), Tübingen 1976, 95–124.

HAHN, F., Frühjüdische und urchristliche Apokalyptik. Eine Einführung (BThS 36), Neukirchen-Vluyn 1998.

HAHN, W.T., Das Mitsterben und Mitauferstehen mit Christus bei Paulus. Ein Beitrag zum Problem der Gleichzeitigkeit des Christen mit Christus, Gütersloh 1937.

HALTER, H., Taufe und Ethos. Paulinische Kriterien für das Proprium christlicher Moral, Freiburg i.Br. 1977.

HAPP, H., Weltbild und Seinslehre bei Aristoteles: AuA 14 (1968), 72–91.

HARDER, G., Art. πονηρός κτλ.: ThWNT 6 (1959), 546–566.

HARNACK, A.v., Die Mission und Ausbreitung des Christentums in den ersten drei Jahrhunderten, II: Die Verbreitung, Leipzig ⁴1924.

HARNISCH, W., Verhängnis und Verheißung der Geschichte. Untersuchungen zum Zeit- und Geschichtsverständnis im 4. Buch Esra und in der syr. Baruchapokalypse (FRLANT 97), Göttingen 1969.

HAUSMAN, C.R., Metaphor and Art: interactionism and reference in the verbal and nonverbal arts, Cambridge ²1991.

HAVERKAMP, A. (Hg.), Theorie der Metapher (WdF 389), Darmstadt ²1996.

HAVERKAMP, A. (Hg.), Die paradoxe Metapher, Frankfurt a.M. 1998.

HAY, D.M., Glory at the Right Hand: Psalm 110 in Early Christianity (SBL 18), Nashville 1973.

HEGERMANN, H., Die Vorstellung vom Schöpfungsmittler im hellenistischen Judentum und Urchristentum, Berlin 1961.

HENGEL, M., Mors turpissima crucis. Die Kreuzigung in der antiken Welt und die „Torheit“ des „Wortes vom Kreuz“: Friedrich, J. u.a. (Hg.), Rechtfertigung (FS E. Käsemann), Tübingen 1976, 125–184.

HENGEL, M., „Setze dich zu meiner Rechten!" Die Inthronisation Christi zur Rechten Gottes und Psalm 110,1: Philonenko, M. (Hg.), Le Trône de Dieu (WUNT 69), Tübingen 1993, 108–194.

HESBERG, H.v., Römische Baukunst, München 2005.

HILGENFELD, A., Historisch-kritische Einleitung in das Neue Testament, Leipzig 1875.

HOBBES, T., Leviathan: oder Wesen, Form und Gewalt des kirchlichen und bürgerlichen Staates, 2 Bde., hrsg.v. P.S. Mayer-Tasch, Reinbek 1965 [1651].

HÖCKER, C., Art. „Steinbruch": DNP 11 (2001), 941–943.

HOFFMANN, M.R., The Destroyer and the Lamb. The Relationship between Angelomorphic and Lamb Christology in the Book of Revelation (WUNT II 203), Tübingen 2005.

HOFFMANN, P., Die Toten in Christus: eine religionsgeschichtliche und exegetische Untersuchung zur paulinischen Eschatologie (NTA.NF 2), Münster ²1969.

HOFIUS, O., „Erwählt vor Grundlegung der Welt" (Eph 1,4): ZNW 62 (1971), 123–128, wieder abgedr.: DERS., Paulusstudien II (WUNT 143), Tübingen 2002, 234–246.

HOFIUS, O., „Gott hat unter uns aufgerichtet das Wort von der Versöhnung" (2Kor 5,19): ZNW 71 (1980), 3–20, wieder abgedr.: DERS., Paulusstudien (WUNT 51), Tübingen 1989, 15–32.

HOFIUS, O., „Werke des Gesetzes". Untersuchungen zu der paulinischen Rede von den ἔργα νόμου: Sänger, D./Mell, U. (Hg.), Paulus und Johannes. Exegetische Studien zur paulinischen und johanneischen Theologie und Literatur (WUNT 198), Tübingen 2006, 271–310.

HOLL, K., Der Ursprung des Epiphaniefestes: Gesammelte Aufsätze zur Kirchengeschichte, Bd. II: Der Osten, Tübingen 1928, 123–154.

HOLTZ, T., Art. αἰών: EWNT² 1 (1992), 105–111.

HOLTZMANN, H.J., Kritik der Epheser- und Kolosserbriefe auf Grund einer Analyse ihres Verwandtschaftsverhältnisses, Leipzig 1872.

HOLTZMANN, H.J., Lehrbuch der neutestamentlichen Theologie, 2 Bde., Tübingen ²1911.

HOPPE, R., Theo-logie und Ekklesio-logie im Epheserbrief: MThZ 46 (2, 1995), 231–245.

HOPPE, R., Erinnerung an Paulus. Überlegungen zur Eulogie des Epheserbriefes (Eph 1,3–14): Theobald, M./Hoppe, R. (Hg.), „Für alle Zeiten zur Erinnerung". Beiträge zu einer biblischen Gedächtniskultur (FS F. Mußner) (SBS 209), Stuttgart 2006, 281–299.

HÜBNER, H., Art. πληρόω κτλ.: EWNT² 3 (1983), 256–262.

HÜBNER, H., Was heißt bei Paulus „Werke des Gesetzes"?: Gräßer, E./Merk, O. (Hg.), Glaube und Eschatologie. FS W.G. Kümmel, Tübingen 1985, 123–133; wieder abgedr.: DERS., Biblische Theologie als Hermeneutik. GAufs., hg. v. A. Labahn/M. Labahn, Göttingen 1995, 166–174.

HÜBNER, H., Biblische Theologie des Neuen Testaments II: Die Theologie des Paulus und ihre neutestamentliche Wirkungsgeschichte, Göttingen 1993.

JANOWSKI, B., Konfliktgespräche mit Gott. Eine Anthropologie der Psalmen, Bonn 2003.

JANOWSKI, B., Der Himmel auf Erden. Zur kosmologischen Bedeutung des Tempels in Israel und in seiner Umwelt: Der Himmel. JBTh 20 (2005), 85–110.

JANOWSKI, B./EGO, B. (Hg.), Das biblische Weltbild und seine altorientalischen Kontexte (FAT 32), Tübingen 2001.

JENNI, E., Art. עלם olam Ewigkeit: ThHAT 2 (1976), 228–243.

JENNI, E., Die hebräischen Präpositionen I: Die Präposition Beth, Stuttgart/Berlin/Köln 1992.

JEREMIAS, J., Der Eckstein: Angelos 1 (1925), 65–70.

JEREMIAS, J., Κεφαλὴ γωνίας – Ἀκρογωνιαῖος: ZNW 29 (1930), 264–280.

JEREMIAS, J., γωνία κτλ: ThWNT 1 (1933), 792f.

JEREMIAS, J., Eckstein – Schlussstein: ZNW 36 (1937), 154–157.

JONAS, H., Gnosis und spätantiker Geist. I: Die mythologische Gnosis: mit einer Einleitung zur Geschichte und Methodologie der Forschung (FRLANT 51), Göttingen ³1964.; II/1: Von der Mythologie zur mystischen Philosophie (FRLANT 63), Göttingen 1954.

KABISCH, R., Die Eschatologie des Paulus in ihren Zusammenhängen mit dem Gesamtbegriff des Paulinismus, Göttingen 1893.

KAMMLER, H.-CH., Kreuz und Weisheit. Eine exegetische Untersuchung zu 1Kor 1,10–3,4 (WUNT 159), Tübingen 2003.

KARRER, M., Himmel, Millennium und neuer Himmel in der Apokalypse: Der Himmel. JBTh 20 (2005), 225–259.

KÄSEMANN, E., Leib und Leib Christi. Eine Untersuchung zur paulinischen Begrifflichkeit (BHTh 9), Tübingen 1933.

KÄSEMANN, E., Christus, das All und die Kirche. Zur Theologie des Epheserbriefes: ThLZ 81 (1956), 585–590.

KÄSEMANN, E., Art. „Epheserbrief": RGG³ 2 (1958), 517–520.

KÄSEMANN, E., Der Ruf der Freiheit, Tübingen 1968.

KÄSEMANN, E., Die Heilsbedeutung des Todes Jesu bei Paulus: DERS., Paulinische Perspektiven, Tübingen ³1993, 61–107.

KÄSEMANN, E., Eine urchristliche Taufliturgie: DERS. (Hg.), Exegetische Versuche und Besinnungen I, Göttingen ³1964, 34–51.

KÄSEMANN, E., Gottesdienst im Alltag der Welt: DERS. (Hg.), Exegetische Versuche und Besinnungen II, Göttingen ²1965, 198–204.

KÄSEMANN, E., Ephesians and Acts: KECK, L.E./MARTYN, J.L. (Hg.), Studies in Luke-Acts (FS P. Schubert), Nashville 1966, 288–297.

KEHL, N., Erniedrigung und Erhöhung in Qumran und Kolossä: ZKTh 91 (1969), 364–394.

KITTAY, E.F., Metaphor: Its Cognitive Force and Linguistic Structure, Oxford 1987.

KLAUCK, H.-J., Kultische Symbolsprache bei Paulus: DERS., Gemeinde – Amt – Sakrament. Neutestamentliche Perspektiven, Würzburg 1989, 348–358.

KLAUCK, H.-J., Das Sendschreiben nach Pergamon und der Kaiserkult in der Johannesoffenbarung: Bib 72 (1991), 183–207; wieder abgedr.: DERS., Alte Welt und neuer Glaube (NTOA 29), Fribourg/Göttingen 1994, 115–143.

KLAUCK, H.-J., Die religiöse Umwelt des Urchristentums I: Stadt – und Hausreligion, Mysterienkulte, Volksglaube; II: Herrscher- und Kaiserkult, Philosophie, Gnosis (Studienbücher Theologie 9,1/2), Stuttgart 1995.

KLAUCK, H.-J., Die antike Briefliteratur und das Neue Testament: Ein Lehr- und Arbeitsbuch (UTB 2022), Paderborn u.a. 1998.

KLAUCK, H.-J., Himmlisches Haus und irdische Bleibe: Eschatologische Metaphorik in Antike und Christentum: NTS 50 (2004), 5–35.

KLEIBER, G., Prototypensemantik. Eine Einführung, Tübingen 1993.

KLEIN, G., Die zwölf Apostel. Ursprung und Gestalt einer Idee (FRLANT.NF 59), Göttingen 1961.

KLEIN, G., Art. „Eschatologie IV. Neues Testament": TRE 10 (1982), 270–299.

KLINGHARDT, M., Hellenistisch-römische Staatsidee: Erlemann, K. u.a. (Hg.), Neues Testament und Antike Kultur, Bd. 3: Weltauffassung – Kult – Ethos, Neukirchen-Vluyn 2005, 143–150.

KLINZING, G., Die Umdeutung des Kultus in der Qumrangemeinde und im Neuen Testament (StUNT 7), Göttingen 1971.

KNELL, H., Vitruvs Architekturtheorie. Versuch einer Interpretation, Darmstadt 1985.

KOCH, K., Ratlos vor der Apokalyptik. Eine Streitschrift über ein vernachlässigtes Gebiet der Bibelwissenschaft und die schädlichen Auswirkungen auf Theologie und Philosophie, Gütersloh 1970.

KONRADT, M., Gericht und Gemeinde. Eine Studie zur Bedeutung und Funktion von Gerichtsaussagen im Rahmen der paulinischen Ekklesiologie und Ethik im 1 Thess und 1 Kor (BZNW 117), Berlin/New York 2003.

KOOTEN, G.H. v., The Pauline Debate on the Cosmos: Graeco-Roman Cosmology and Jewish Eschatology in Paul and the Pseudo-Pauline Letters to the Colossians and Ephesians, Leiden 2001.

KREITZER, L.J., Hierapolis in the heavens. Studies in the Letter to the Ephesians (Library of New Testament Studies 368), London/New York 2007.

KROLL, W., Art. „Kallisthenes": RE 10.2 (1919), 1674–1726.

KROLL, W., Historia Alexandri magni (Pseudo-Callisthenes). Recensio vetusta, ed. 2. ex ed. anni 1926, Berlin-Neukölln 1958.

KRÜGER, A., Himmel – Erde – Unterwelt. Kosmologische Entwürfe in der poetischen Literatur Israels: Janowski, B./Ego, B. (Hg.), Das biblische Weltbild und seine altorientalischen Kontexte (FAT 32), Tübingen 2001, 65–83.

KUHN, H.-W., Enderwartung und gegenwärtiges Heil. Untersuchungen zu den Gemeindeliedern von Qumran mit einem Anhang über Eschatologie und Gegenwart in der Verkündigung Jesu (StUNT 4), Göttingen 1966.

KUHN, H.-W., Jesus als Gekreuzigter in der frühchristlichen Verkündigung bis zur Mitte des 2. Jahrhunderts: ZThK 72 (1975), 1–46.

KUHN. H.-W., Die Kreuzesstrafe während der frühen Kaiserzeit. Ihre Wirklichkeit und Wertung in der Umwelt des Urchristentums: ANRW II 25.1 (1982), 648–793.

KUHN, H.-W., Art. σταυρός: EWNT[2] 3 (1992), 639–646.

KUHN, K.G., Die in Palästina gefundenen hebräischen Texte und das Neue Testament: ZThK 47 (1950), 192–211.

KUHN, K.G., Der Epheserbrief im Lichte der Qumrantexte: NTS 7 (1961), 334–346.

KÜMMEL, W.G., Verheißung und Erfüllung. Untersuchungen zur eschatologischen Verkündigung Jesu, Zürich [2]1953.

KÜMMEL, W.G., Das Neue Testament. Geschichte der Erforschung seiner Probleme (OA III,3), Freiburg/München 1958.

KÜMMEL, W.G., Einleitung in das Neue Testament, Heidelberg [21]1983.

LACHMANN, R., Kultursemiotischer Prospekt: Haverkamp, A./DIES., Memoria. Vergessen und Erinnern (Poetik und Hermeneutik 15), München 1993, XVII–XXVII.

LACKEIT, C., Aion. Zeit und Ewigkeit in Sprache und Religion der Griechen (Königsberger Dissertationen), Königsberg 1916.

LÄHNEMANN, J., Der Kolosserbrief. Komposition, Situation und Argumentation (StNT 3), Gütersloh 1971.

LAKOFF, G./JOHNSON, M., Leben in Metaphern. Konstruktion und Gebrauch von Sprachbildern, Heidelberg [3]2003 [engl. Originalausgabe: Metaphors We Live by, Chicago 1980].

LAKOFF, G./TURNER, M., More than cool Reason. A Field Guide to Poetic Metaphor, Chicago 1989.

LAMBRECHT, J., Paul's Christological Use of Scripture in 1Cor. 15,20–28: NTS 28 (1982), 502–527.

LANGACKER, R.W., Foundations of Cognitive Grammar. Bd. 1: Theoretical Prerequisites, Stanford 1987.

LANGACKER, R.W., A View of Linguistic Semantics: Rudzka-Ostyn, B. (Hg.), Topics in Cognitive Linguistics, Amsterdam 1988, 49–90.

LATTE, K., Römische Religionsgeschichte (HKAW 5/4), München ²1992.

LAUSBERG, H., Handbuch der literarischen Rhetorik. Eine Grundlegung der Literaturwissenschaft, Stuttgart ³1990.

LAYTON, R.A., Pauline Exegesis: Exegesis and Eschatology in the Commentary on Ephesians: JournEarlyChristStud 8 (2000), 373–411.

LE GLAY, M., Art. „Aion": LIMC I/1 (1981), 399–411 [Abbildungen in LIMC I/2, 1981, 310–319].

LEISI, E., Die Darstellung der Zeit in der Sprache: Meyer, R.W. (Hg.), Das Zeitproblem im 20. Jahrhundert, Bern 1964, 11–26.

LEMMER, H.R., Pneumatology and Eschatology in Ephesians – the role of the eschatological spirit in the Church, South Africa 1988.

LINCOLN, A.T., A Re-Examination of „the Heavenlies" in Ephesians: NTS 19 (1973), 468–483.

LINCOLN, A.T., Paradise Now and Not Yet. Studies in the haevenly dimension in Paul's thought with special reference to his eschatology, Cambridge 1981.

LINCOLN, A.T., The Use of the OT in Ephesians: JSNT 14 (1982), 16–57.

LINDEMANN, A., Die Aufhebung der Zeit. Geschichtsverständnis und Eschatologie im Epheserbrief (StNT 12), Gütersloh 1975.

LINDEMANN, A., Bemerkungen zu den Adressaten und zum Anlaß des Epheserbriefes: ZNW 67 (1976), 235–251.

LINDEMANN, A., Paulus im ältesten Christentum. Das Bild des Apostels und die Rezeption der paulinischen Theologie in der frühchristlichen Literatur bis Marcion (BHTh 58), Tübingen 1979.

LINDEMANN, A., Paulus und die korinthische Eschatologie. Zur These einer ‚Entwicklung' im paulinischen Denken: NTS 37 (1991), 373–399; wieder abgedr.: DERS., Paulus, Apostel und Lehrer der Kirche, Tübingen 1999, 64–90.

LINDEMANN, A., Die Auferstehung der Toten. Adam und Christus nach 1 Kor 15: Eschatologie und Schöpfung (FS E. Gräßer), Berlin/New York 1997, 155–167.

LOHMEYER, E., Christuskult und Kaiserkult (SGV 90), Tübingen 1919.

LOHMEYER, E., Das Proömium des Epheserbriefes: ThBl 5 (1926), 120–125; 233f.

LONA, H.E., Die Eschatologie im Kolosser- und Epheserbrief (fzb 48), Würzburg 1984.

LONA, H.E., Über die Auferstehung des Fleisches. Studien zur frühchristlichen Eschatologie (BZNW 66), Berlin/New York 1993.

LUCK, U., Das Weltverständnis in der jüdischen Apokalyptik dargestellt am äthiopischen Henoch am 4. Esra: ZThK 73 (1976), 283–305.

LÜHRMANN, D., Das Offenbarungsverständnis bei Paulus und in paulinischen Gemeinden (WMANT 16), Neukirchen-Vluyn 1965.

LUZ, U., Das Geschichtsverständnis des Paulus (BEvTh 49), München 1968.

LUZ, U., Rechtfertigung bei den Paulusschülern: Friedrich, J./Pöhlmann, W./ Stuhlmacher, P. (Hg.), Rechtfertigung (FS E. Käsemann), Tübingen 1976, 365–383.

MACH, M., Entwicklungsstadien des jüdischen Engelglaubens in vorrabbinischer Zeit (TSAJ 34), Tübingen 1992.

MALINA, B.J., Christ and time: Swiss or Mediterranean?: CBQ 51 (1989), 1–31.

MARKSCHIES, CH., Die Gnosis, München 2001.

MARTIN, D.B., The Corinthian Body, Chelsea (Michigan) 1995.

MAYER, A., Sprache der Einheit im Epheserbrief und in der Ökumene (WUNT II 150), Tübingen 2002.

MC KELVEY, R.J., Christ the Cornerstone: NTS 8 (1962), 352–359.

MEADE, D.G., Pseudonymity and canon : an investigation into the relationship of authorship and authority in Jewish and earliest Christian tradition, Grand Rapids 1986.

MELL, U., Neue Schöpfung. Eine traditionsgeschichtliche und exegetische Studie zu einem soteriologischen Grundsatz paulinischer Theologie (BZNW 56), Berlin/New York 1982.

MERKEL, H., Der Epheserbrief in der neueren exegetischen Diskussion: ANRW II 25.4 (1987), 3156–3246.

MERKELBACH, R., Die Quellen des griechischen Alexanderromans, München 1954.

MERKLEIN, H., Christus und die Kirche. Die theologische Grundstruktur des Epheserbriefes nach Eph 2,11–18 (SBS 66), Stuttgart 1973.

MERKLEIN, H., Das kirchliche Amt nach dem Epheserbrief (StANT 33), München 1973.

MERKLEIN, H., Zur Tradition und Komposition von Eph 2,14–18: BZ 17 (1973), 79–102.

MERKLEIN, H., Paulinische Theologie in der Rezeption des Kolosser- und Epheserbriefes: DERS., Studien zu Jesus und Paulus (WUNT 43), Tübingen 1987, 409–453.

MERKLEIN, H., Eschatologie im Neuen Testament: DERS., Studien zu Jesus und Paulus II (WUNT 105), Tübingen 1998, 82–113.

MERZ, A., Die fikitve Selbstauslegung des Paulus. Intertextuelle Studien zur Intention und Rezeption der Paulusbriefe (NTOA 52), Göttingen 2004.

MESSIMERI, E., Wege-Bilder im altgriechischen Denken und ihre logisch-philosophische Relevanz (Diss.), Tübingen 1998.

MICHEL, O., Art. οἶκος κτλ.: ThWNT 5 (1954), 122–161.

MILETIC, S.F., „One flesh": Eph. 5.22–24, 5.31. Marriage and the new creation (AnBib 115), Rom 1988.

MORITZ, Th., A profund mystery. The use of of the Old Testament in Ephesians (SNTS.Sup 85), Leiden 1996.

MOST, G.W., Ein Problem in der aristotelischen Zeitabhandlung: Rudolph, E. (Hg.), Zeit, Bewegung, Handlung. Studien zur Zeitabhandlung des Aristoteles (FBESG 42), Stuttgart 1988, 11–25.

MÜLLER, K., Studien zur frühjüdischen Apokalyptik (SBA 11), Stuttgart 1991.

MÜLLER, M., Vom Schluß zum Ganzen. Zur Bedeutung des paulinischen Briefcorpusabschlusses (FRLANT 172), Göttingen 1997.

MÜLLER-WIENER, W., Griechisches Bauwesen in der Antike, München 1988.

MURPHY-O'CONNOR, J., Who Wrote Ephesians?: Bible Today 1965, 1201–1210.

MUSSNER, F., Christus, das All und die Kirche. Studien zur Theologie des Epheserbriefes (TThSt 5), Trier 1955.

MUSSNER, F., Beiträge aus Qumran zum Verständnis des Epheserbriefes: Blinzler, J./Kuss, O./Mußner, F. (Hg.), Neutestamentliche Aufsätze (FS J. Schmid), Regensburg 1963, 185–198.

MUSSNER, F., Eph 2 als ökumenisches Modell: Gnilka, J. (Hg.), Neues Testament und Kirche (FS R. Schnackenburg), Freiburg i.Br. 1974, 325–226.

MUSSNER, F., Petrus und Paulus, Pole der Einheit: eine Hilfe für die Kirchen (QD 76), Freiburg i.Br. 1976.

NIEBUHR, K.-W., Grundinformation Neues Testament: eine bibelkundlich-theologische Einführung, Göttingen 2000.

NILSSON, M.P., Sonnenkalender und Sonnenreligion: Opuscula Selecta II, Lund 1952, 476–504.

NILSSON, M.P., Geschichte der Griechischen Religion II: Die hellenistische und römische Zeit (HAW 5,2), München [4]1988.

NOCK, A.D., A Vision of Mandulis Aion: Essays on Religion and the Ancient World I, hg. v. Z. Stewart, Oxford 1986, 357–400.

NORDEN, E., Agnostos Theos: Untersuchungen zur Formengeschichte religiöser Rede, Leipzig 1913.

NORDEN, E., Die Geburt des Kindes. Geschichte einer religiösen Idee, Leipzig/Berlin 1931 [Nachdruck].

NÖTH, W., Handbuch der Semiotik, Stuttgart/Weimar ²2000.

NÖTSCHER, F., Gotteswege und Menschenwege in der Bibel und in Qumran (BBB 15), Bonn 1958.

OCHEL, W., Die Annahme einer Bearbeitung des Kolosser-Briefes im Epheser-Brief in einer Analyse des Epheserbriefes untersucht, Würzburg 1934.

ODEBERG, H., The View of the Universe in the Epistle to the Ephesians, Lund 1934.

OEMING, M., Art. „Welt/Weltanschauung/Weltbild IV/2. Altes Testament": TRE 35 (2003), 569–581.

OLSHAUSEN, E., Art. „Kleinasien. H. Unter Römischer Herrschaft": DNP 6 (1999), 549f.

OTTO, D., Wendungen der Metapher. Zur Übertragung in poetologischer, rhetorischer und erkenntnistheoretischer Hinsicht bei Aristoteles und Nietzsche, München 1998.

OVERBECK, F., Christentum und Kultur. Gedanken und Anmerkungen zur modernen Theologie, aus dem Nachlass hg. v. C.A. Bernoulli, Darmstadt ²1963 [Erstausgabe 1919].

PERCY, E., Der Leib Christi (Σῶμα Χριστοῦ) in den paulinischen Homologumena und Antilegomena (Lunds Univ. Årsskrift N.F. 1 Avd. 38,1), Lund/Leipzig 1942.

PERCY, E., Die Probleme der Kolosser- und Epheserbriefe (SHVL 39), Lund 1946.

PERES, I., Griechische Grabinschriften und neutestamentliche Eschatologie (WUNT II 157), Tübingen 2003.

PETERSON, E., ΕΙΣ ΘΕΟΣ. Epigraphische, formgeschichtliche und religionsgeschichtliche Untersuchungen (FRLANT 41), Göttingen 1926.

PETERSON, E., Der Brief an die Römer, aus dem Nachlaß hg. v. B. Nichtweiß unter Mitarbeit von F. Hahn (Ausgewählte Schriften Bd. 6), Würzburg 1997.

PFAMMATTER, J., Die Kirche als Bau. Eine exegetisch-theologische Studie zur Ekklesiologie der Paulusbriefe (AnGr 110), Rom 1960.

PFLEIDERER, O., Das Urchristentum, seine Schriften und Lehren, in geschichtlichem Zusammenhang, Berlin 1887.

PILHOFER, P., ΚΡΕΙΤΤΟΝΟΣ ΔΙΑΘΗΚΗΣ ΕΓΓΥΟΣ. Die Bedeutung der Präexistenzchristologie für die Theologie des Hebräerbriefes: DERS., Die frühen Christen und ihre Welt (WUNT 145), Tübingen 2002, 58–72.

POKORNÝ, P., Epheserbrief und gnostische Mysterien: ZNW 53 (1962), 160–194.

POKORNÝ, P., Der Epheserbrief und die Gnosis. Die Bedeutung des Haupt-Glieder-Gedankens in der entstehenden Kirche, Berlin 1965.

POLHILL, J.B., The Relationship between Ephesians and Colossians: RExp 70 (1973), 439–450.

POPKES, E.E., Die Bedeutung des zweiten Thessalonicherbriefs für das Verständnis paulinischer und deuteropaulinischer Eschatologie: BZ 48 (2004), 39–64.

POPKES, W., „Heimat" als eschatologische und ethische Motivation. Beobachtungen zu 1Petr, Hebr, Eph und Joh: Böttrich, C. (Hg.), Eschatologie und Ethik im frühen Christentum (FS Günter Haufe) (Greifswalder theologische Forschungen 11), Frankfurt a.M. u.a. 2006, 225–247.

PORTER, S.E., Verbal Aspect in the Greek New Testament, with Reference to Tense and Mood (Studies in Biblical Greek 1), New York u.a. 1989.

PREISKER, H., Art. μακράν κτλ.: ThWNT 4 (1942), 374–376.

PREUSS, H.D., Theologie des Alten Testaments, Bd. 1: JHWHs erwählendes und verpflichtendes Handeln, Stuttgart/Berlin/Köln 1991.

PUECH, H.C., La Gnose et le temps: ErJb 19 (1952), 57–113.

PUSTER, E., Erfassen und Erzeugen. Die kreative Metapher zwischen Idealismus und Realismus (Philosophische Untersuchungen 6), Tübingen 1998.

RADL, W., Art. νῦν: EWNT² 2 (1992), 1178–1180.

RADT, W., Pergamon. Geschichte und Bauten, Funde und Erforschung einer antiken Metropole (DuMont-Dokumente), Köln 1988.

RAUSCHENBUSCH, W., Christianity and the social crisis, New York/London 1907.

REINMUTH, E., Anthropologie im Neuen Testament (UTB 2768), Tübingen 2006.

REITZENSTEIN, R., Poimandres. Studien zur griechisch-ägyptischen und frühchristlichen Literatur, Leipzig 1904.

REITZENSTEIN, R., Das iranische Erlösungsmysterium. Religionsgeschichtliche Untersuchungen, Bonn 1921.

REITZENSTEIN, R./SCHAEDER, H.H., Studien zum antiken Synkretismus aus Iran und Griechenland (SBW 7), Leipzig/Berlin 1926.

REUMANN, J., OIKONOMIA-Terms in Paul in comparison with Lucan *Heilsgeschichte*: NTS 13 (1967), 147–167.

REUTER, R., Synopse zu den Briefen des Neuen Testaments I: Kolosser-, Epheser, II. Thessalonicherbrief (Arbeiten zur Religion und Geschichte des Urchristentums 5), Frankfurt a.M. u.a. 1997.

REYNOLDS, J., Zoilos: the epigraphic evidence: Alföldi, A. (Hg.), Aion in Merida und Aphrodisias, 38–41.

RICHARDS, I.A., Die Metapher: Haverkamp, A. (Hg.), Theorie der Metapher, Darmstadt ²1996, 31–52.

RICŒUR, P., Die lebendige Metapher (Übergänge 12), München ²1991.

RICŒUR, P., Die Metapher und das Hauptproblem der Hermeneutik: Haverkamp, A. (Hg.), Theorie der Metapher (WdF 389), Damstadt ²1996, 356–375.

ROBINSON, H.W., Corporate Personality in Ancient Israel, Philadelphia 1980.

ROBINSON, J.A.T., The Body. A Study in Pauline Theology (SBT 5), London 1966.

ROETZEL, C.J., Jewish Christian – Gentile Christian Relations. A Discussion of Ephesians 2:15a: ZNW 74 (1983), 81–89.

ROHDE, E., Psyche. Seelencult und Unsterblichkeitsglaube der Griechen, Freiburg ²1898 [Darmstadt 1980].

ROLLER, O., Das Formular der paulinischen Briefe. Ein Beitrag zur Lehre vom antiken Briefe (BWANT 58), Stuttgart 1933.

ROLOFF, J., Apostolat – Verkündigung – Kirche. Ursprung, Inhalt und Funktion des kirchlichen Apostelamtes nach Paulus, Lukas und den Pastoralbriefen, Gütersloh 1965.

ROSCH, E., Human Categorization: Warren, N. (Hg.), Studies in Cross-Cultural Psychology, London 1977, 1–49.

ROSENAU, H., Art. „Eschatologie V. Dogmatisch": RGG⁴ 2 (1999), 1567–1573.

ROUSSEL, P., Le Miracle de Zeus Panamaros: BCH 55 (1931), 71–120.

RUDOLPH, E., Zeit und Gott bei Aristoteles: aus der Perspektive der protestantischen Wirkungsgeschichte (FBESG 40), Stuttgart 1986.

RUDOLPH, E., Zeit und Ewigkeit bei Platon und Aristoteles: DERS. (Hg.), Zeit, Bewegung, Handlung. Studien zur Zeitabhandlung des Aristoteles (FBESG 42), Stuttgart 1988, 109–128.

SANDERS, E.P., Paul and Palestinian Judaism: a Comparison of Patterns of Religion, London 1977.

SANDERS, J.T., Hymnic Elements in Ephesians 1–3: ZNW 56 (1965), 214–232.

SANDERS, J.T., The New Testament Christological Hymns. Their historical and religious background (SNTS MS 15), Cambridge 1971.

SÄNGER, D., Antikes Judentum und die Mysterien. Religionsgeschichtliche Untersuchungen zu Joseph und Aseneth (WUNT II 5), Tübingen 1980.

SÄNGER, D., Bekennendes Amen. Zur rhetorischen und pragmatischen Funktion von Gal 6,18, in: Reinmuth, E./Bull, K.-M. (Hg.), Bekenntnis und Erinnerung. FS für H.-F. Weiß zum 75. Geb. (Rostocker Theologische Studien 16), Münster 2004, 235–257, wieder abgedr.: DERS., Von der Bestimmtheit des Anfangs. Studien zu Jesus, Paulus und zum frühchristlichen Schriftverständnis, Neukirchen-Vluyn 2007, 130–157.

SÄNGER, D., Pagane Bildungsinstitutionen und die Kommunikation des Evangeliums. Erwägungen zu einem Aspekt der paulinischen Verkündigung: W. Härle u.a. (Hg.), Systematisch Praktisch. Festschrift für R. Preul zum 65. Geb. (MThSt 80), Marburg 2005, 71–90, wieder abgedr.: Von der Bestimmtheit des Anfangs, 213–240.

SÄNGER, D., „Das Gesetz ist unser παιδαγωγός geworden bis zu Christus" (Gal 3,24): Ders./Konradt, M. (Hg.), Das Gesetz im frühen Judentum und im Neuen Testament (FS Ch. Burchard) (NTOA 57), Freiburg 2006, 236–260, wieder abgedr.: Von der Bestimmtheit des Anfangs, 158–184.

SASSE, H., Art. αἰών κτλ.: ThWNT 1 (1933), 197–209.

SAUNDERS, S.P., ‚Learning Christ'. Eschatology and Spiritual Formation in New Testament Christianity: Interp. 56 (2002), 155–167.

SAUTER, G., Einführung in die Eschatologie, Darmstadt 1995.

SCHÄFER, K.T., Zur Deutung von ἀκρογωνιαῖος Eph 2,20: Blinzler, J./Kuss, O./ MUSSNER, F. (Hg.), Neutestamentliche Aufsätze (FS J. Schmid), Regensburg 1963, 218–224.

SCHENK, W., Zur Entstehung und zum Verständnis der Adresse des Epheserbriefes: Theologische Versuche 6 (1975), 73–78.

SCHENK, W., ‚Kreuzestheologie' bei Paulus? Zu den ‚cultural codes' von σταυρός, σκόλοψ, ξύλον: Wengst, K./Saß, G. (Hg.), Ja und nein. Christliche Theologie im Angesicht Israels (FS W. Schrage), Neukirchen-Vluyn 1998, 93–109.

SCHENKE, H.-M., Der Gott „Mensch" in der Gnosis. Ein religionsgeschichtlicher Beitrag zur Diskussion über die paulinische Anschauung von der Kirche als Leib Christi, Göttingen 1962.

SCHENKE, H.-M., Die neutestamentliche Christologie und der gnostische Erlöser: Tröger, K.W. (Hg.), Gnosis und Neues Testament, Berlin 1973, 205–229.

SCHENKE, H.-M., Das Weiterwirken des Paulus und die Pflege seines Erbes durch die Paulus-Schule: NTS 21 (1975), 505–518.

SCHILLE, G., Liturgisches Gut im Epheserbrief, Diss., Göttingen 1953.

SCHILLE, G., Frühchristliche Hymnen, Berlin 1965.

SCHLIER, H., Religionsgeschichtliche Untersuchungen zu den Ignatiusbriefen (BZNW 8), Gießen 1929.

SCHLIER, H., Christus und die Kirche im Epheserbrief (BHTh 6), Tübingen 1930.

SCHLUEP, C., Der Ort des Christus. Soteriologische Metaphern bei Paulus als Lebensregeln (TVZ-Dissertationen), Zürich 2005.

SCHMID, K., Himmelsgott, Weltgott und Schöpfer. ‚Gott' und ‚Himmel' in der Literatur der Zeit des Zweiten Tempels: Der Himmel. JBTh 20 (2005), 111–148.

SCHMIDT, T., Der Leib Christi (σῶμα Χριστοῦ). Eine Untersuchung zum urchristlichen Gemeindegedanken, Leipzig 1919.

SCHNACKENBURG, R., Das Heilsgeschehen bei der Taufe nach dem Apostel Paulus (MThS.H1), München 1950.

SCHNACKENBURG, R., „Er hat uns mitauferweckt". Zur Tauflehre des Epheser-briefes: LJ 2 (1952), 159–183.

SCHNACKENBURG, R., Die Kirche als Bau: Eph 2,19–22 unter ökumenischem Aspekt: Hooker, M.D./Wilson, S.G. (Hg.), Paul and Paulinism (FS C.K. Barrett), London 1982, 258–272.

SCHNEIDER, S., Vollendung des Auferstehens: Ein exegetische Untersuchung von 1 Kor 15,51–52 und 1 Thess 4,13–18 (fzb 97), Würzburg 2000.

SCHNELLE, U., Wandlungen im paulinischen Denken (SBS 137), Stuttgart 1989.

SCHNELLE, U., Neutestamentliche Anthropologie. Jesus – Paulus – Johannes (BThSt 18), Neukirchen-Vluyn 1991.

SCHNELLE, U., Einleitung in das Neue Testament, Göttingen ⁵2005.

SCHNELLE, U., Theologie des Neuen Testaments, Göttingen 2007.

SCHNIDER, F./STENGER, W., Studien zum neutestamentlichen Briefformular (NTTS 11), Leiden 1987.

SCHOENBORN, U., Art. οὐρανός: EWNT² 2 (1992), 1328–1338.

SCHRAGE, W., Der gekreuzigte und auferweckte Herr. Zur *theologia crucis* und *theologia resurrectionis* bei Paulus: DERS., Kreuzestheologie und Ethik im Neuen Testament. Gesammelte Studien (FRLANT 205), Göttingen 2004, 9–22.

SCHUBERT, P., Form and Function of the Pauline Thanksgivings (BZNW 20), Berlin 1939.

SCHUMACHER, R., „Metapher": Erfassen und Verstehen frischer Metaphern (Basler Studien zur deutschen Sprache und Literatur 75), Tübingen 1997.

SCHWEITZER, A., Geschichte der Leben-Jesu-Forschung, Tübingen 1906.

SCHWEITZER, A. Die Mystik des Apostels Paulus, Tübingen 1930.

SCHWEIZER, E., Die Kirche als Leib Christi in den paulinischen Homologumena; Die Kirche als Leib Christi in den paulinischen Antilegomena; The Church as the missionary body of Christ: DERS., Neotestamentica. Deutsche und englische Aufsätze 1951–1963, Zürich 1963, 272–292; 293–316; 317–329.

SCHWEIZER, E., Art. σάρξ κτλ.: ThWNT 7 (1964), 98–151.

SCHWINDT, R., Das Weltbild des Epheserbriefes. Eine religionsgeschichtlich-exe-getische Studie (WUNT 148), Tübingen 2002.

SCHWINDT, R., Weltbilder im Umbruch. Himmelsvorstellungen in der Antike: Der Himmel (JBTh 20), Neukirchen-Vluyn 2005, 3–34.

SCHWÖBEL, CH., Die Letzten Dinge zuerst? Das Jahrhundert der Eschatologie im Rückblick: DERS., Gott in Beziehung. Studien zur Dogmatik, Tübingen 2002, 437–468.

SCRIBA, A., Art. „Welt/Weltanschauung/Weltbild IV/3. Neues Testament": TRE 35 (2003), 581–587.

SEIDLMAYER, S.J., Art. „Tempel II. Ägypten": DNP 12/₁ (2002), 110f.

SELLIN, G., Der Streit um die Auferstehung der Toten. Eine religionsgeschicht-liche und exegetische Untersuchung von 1Kor 15 (FRLANT 138), Göttingen 1986.

SELLIN, G., Über einige ungewöhnliche Genitive im Epheserbrief: ZNW 83 (1992), 85–107.

SELLIN, G., Adresse und Intention des Epheserbriefes: Trowitzsch, M.v. (Hg.), Paulus, Apostel Jesu Christi (FS Günter Klein), Tübingen 1998, 171–186.

SELLIN, G., Leiblichkeit als Grundkategorie paulinischer Ethik: Böttrich, C. (Hg.), Eschatologie und Ethik im frühen Christentum (FS Günter Haufe) (Greifswalder theologische Forschungen 11), Frankfurt a.M. u.a. 2006, 329–338.

SIEVERTSEN, U., Art. „Bautechnik I.B. Ägypten": DNP 2 (1997), 513f.

SJÖBERG, E., Wiedergeburt und Neuschöpfung im palästinischen Judentum: StTh 4 (1950), 44–85.

SMALLEY, S.S., The Eschatology of Ephesians: EvQ 28 (1956), 152–157.

SMITH, D.C., Jewish and Greek traditions in Ephesians 2:11–22 (Diss.), Yale 1970.

SOLMSEN, F., Aristotle's system of the physical world: a comparison with his predecessors (CSCP 33), Ithaca 1960.

STÄHLIN, G., Art. νῦν: ThWNT 4 (1942), 1099–1117.

STANDHARTINGER, A., Studien zur Entstehungsgeschichte und Intention des Kolosserbriefs (NT.S 94), Leiden u.a. 1999.

STEIMLE, C., Art. „Tempel II.2. Griechische Tempel und Tempelausstattung": RGG⁴ 8 (2005), 134–141.

STEINMETZ, F.-J., Parusieerwartung im Epheserbrief? Ein Vergleich: Bib 50 (1969), 328–336.

STEINMETZ, F.J., Protologische Heilszuversicht. Die Strukturen des soteriologischen und christologischen Denkens im Kolosser- und Epheserbrief (FTS 2), Frankfurt 1969.

STEMBERGER, G., Der Leib der Auferstehung. Studien zur Anthropologie und Eschatologie des palästinischen Judentums im neutestamentlichen Zeitalter (AnBib 56), Rom 1972.

STEMBERGER, G., Art. „Auferstehung der Toten I/2. Judentum": TRE 4 (1979), 443–450.

STENDAHL, K., Der Apostel Paulus und das introspektive Gewissen des Westens: KuI 11 (1996), 19–33.

STENGEL, P., Art. Ἀποφράδες ἡμέραι: RE II/1 (1895), 174f.

STILL, T.D., Eschatology in Colossians: How realized is it?: NTS 50 (2004), 125–138.

STONEMAN, R., The Alexander Romance. From history to fiction: Morgan, J.R./Stoneman, R. (Hg.), Greek Fiction. The Greek Novel in Context, London 1994, 117–129.

STRECKER, G., Art. „Entrückung": RAC 5 (1962), 461–476.

STUCKRAD, K.V., Das Ringen um die Astrologie. Jüdische und christliche Beiträge zum antiken Zeitverständnis (RVV 49), Berlin/New York 2000.

STUHLMACHER, P., Gerechtigkeit Gottes bei Paulus (FRLANT 87), Göttingen 1965.

STUHLMACHER, P., „Er ist unser Friede" (Eph 2,14). Zur Exegese und Bedeutung von Eph 2,14–18: Gnilka, J. (Hg.), Neues Testament und Kirche (FS R. Schnackenburg), Freiburg 1974, 337–358.

STUHLMANN, R., Das eschatologische Maß im Neuen Testament (FRLANT 132), Göttingen 1983.

TACHAU, P., „Einst und Jetzt" im Neuen Testament. Beobachtungen zu einem urchristlichen Predigtschema in der neutestamentlichen Briefliteratur und zu seiner Vorgeschichte (FRLANT 105), Göttingen 1972.

TAUBES, J., Abendländische Eschatologie (BSSP 3), Bern 1947.

TAURECK, B.H.F., Metaphern und Gleichnisse in der Philosophie. Versuch einer kritischen Ikonologie der Philosophie, Frankfurt a.M. 2004.

THEISSEN, G., Die Religion der ersten Christen. Eine Theorie des Urchristentums, Gütersloh ¹2000.

THEISSEN, G., Das Neue Testament, München 2002.

THEOBALD, M., Paulus und Polykarp an die Philipper. Schlaglichter auf die frühe Rezeption des Basissatzes von der Rechtfertigung: Bachmann, M. (Hg.), Lutherische und Neue Paulusperspektive. Beiträge zu einem Schlüsselproblem der gegenwärtigen exegetischen Diskussion (WUNT 182), Tübingen 2005, 349–388.

TILLMANN, F., Die Wiederkunft Christi nach den paulinischen Briefen (BSt[F] 14), Freiburg i.Br. 1909.

TRAUB, H, Art. οὐρανός κτλ.: ThWNT 5 (1954), 496–543.

TUCKETT, C.M., Nag Hammadi and the Gospel Tradition. Synoptic Tradition in the Nag Hammadi Library, Edinburgh 1986.

TURNER, M., Design for a Theory of Meaning: Overton, W.F./Palermo, D.S. (Hg.), The Nature and Ontogenesis of Meaning, Hillsdale 1992, 91–107.

UEBELE, W., „Viele Verführer sind in die Welt ausgegangen". Die Gegner in den Briefen des Ignatius von Antiochien und in den Johannesbriefen (BWANT 11), Stuttgart/Berlin/Köln 2001.

VEGGE, T., Paulus und das antike Schulwesen. Schule und Bildung des Paulus (BZNW 134), Berlin/New York 2006.

VIELHAUER, PH., Oikodome. Das Bild vom Bau in der christlichen Literatur vom Neuen Testament bis Clemens Alexandrinus: DERS., Oikodome. Aufsätze zum Neuen Testament, Bd. II, hg. v. G. Klein, München 1979, 1–168.

VIELHAUER, PH., Geschichte der urchristlichen Literatur. Einleitung in das Neue Testament, die Apokryphen und die Apostolischen Väter, Berlin/New York 1985.

VOLPI, F., Chronos und Psyche. Die aristotelische Aporie von Physik IV, 14, 223a 16–29: Rudolph, E. (Hg.), Zeit, Bewegung, Handlung. Studien zur Zeitabhandlung des Aristoteles (FBESG 42), Stuttgart 1988, 26–62.

VOS, J.S., Die Kunst der Argumentation bei Paulus. Studien zur antiken Rhetorik (WUNT 149), Tübingen 2002.

VOUGA, F., Une société en chantier. Chrétiens au cœur de la mondialisation selon l'épître aux Ephésiens, Poliez-le-Grand 2004.

WEBER, B., ‚Setzen' – ‚Wandeln' – ‚Stehen' im Epheserbrief: NTS 41 (1995), 478–480.

WEINREICH, O., Ausgewählte Schriften, hg. v. G. Wille, I: 1907–1921, Amsterdam 1969.

WEINRICH, H., Gedächtniskultur – Kulturgedächtnis: Merkur 45 (1991), 569–582.

WEINRICH, H., Semantik der kühnen Metapher: Haverkamp, A. (Hg.), Theorie der Metapher (WdF 389), Damstadt [2]1996, 316–339.

WEISS, J., Die Predigt vom Reiche Gottes, Göttingen [2]1900 [1892].

WENGST, K., Christologische Formeln und Lieder des Urchristentums (StNT 7), Gütersloh 1972.

WENSCHKEWITZ, H., Die Spiritualisierung der Kultusbegriffe. Tempel, Priester und Opfer im Neuen Testament (AngelosB. 4), Leipzig 1932.

WERNLE, P., Der Christ und die Sünde bei Paulus, Freiburg 1897.

WESSELS, G.F., The Eschatology of Colossians and Ephesians: Neotest. 21 (1987), 183–202.

WIEFEL, W., Die Hauptrichtung des Wandels im eschatologischen Denken des Paulus: ThZ 30 (1974), 65–81.

WIKENHAUSER, A., Die Kirche als der mystische Leib Christi nach dem Apostel Paulus, Münster 1937.

WILAMOWITZ-MOELLENDORFF, U.v., Euripides Herakles, zweite Bearb., Bd. III, Darmstadt 1959.

WILHELMI, G., Der Versöhner-Hymnus in Eph 2,14ff.: ZNW 78 (1987) 145–152.

WINK, W., Naming the Powers. The language of Power in the New Testament, Philadelphia 1984.

WISCHMEYER, O., 1. Korinther 15. Der Traktat des Paulus über die Auferstehung der Toten: Dies./Becker, E.-M., Was ist ein Text? (Neutestamentliche Entwürfe zur Theologie 1), Tübingen/Basel 2001, 171–210.

WISSOWA, G., Religion und Kultus der Römer (HKAW 5/4), München [2]1971.

WITULSKI, T., Gegenwart und Zukunft in den eschatologischen Konzeptionen des Kolosser- und des Epheserbriefes: ZNW 96 (2005), 211–242.

WLOSOK, A. (Hg.), Römischer Kaiserkult (WdF 372), Darmstadt 1978.

WOLTER, M., Verborgene Weisheit und Heil für die Heiden. Zur Traditionsgeschichte und Intention des ‚Revelationsschemas': ZThK 84 (1987) 297–319.

WOLTER, M., „Dumm und skandalös". Die paulinische Kreuzestheologie und das Wirklichkeitsverständnis des christlichen Glaubens: Weth, R. (Hg.), Das Kreuz Jesu. Gewalt – Opfer – Sühne, Neukirchen-Vluyn 2001, 44–63.

WOLTER, M., Apokalyptik als Redeform im Neuen Testament: NTS 51 (2005), 171–191.

WRIGHT, N.T., The Resurrection of the son of God, London 2003.

WUNDERLICH, D., Raum, Zeit und das Lexikon: Studium Linguistik 13 (1982), 66–89.

WUNDERLICH, D., Sprache und Raum: Studium Linguistik 12 (1982), 1–19.

YATES, R., A Re-Examination of Ephesians 1²³: ET 83 (1971), 146–151.

YEE, T.-L., Jews, Gentiles and Ethnic Reconciliaton: Paul's Jewish Identity and Ephesians (SNTS.MS 130), Cambridge 2005.

ZAGER, W., Begriff und Wertung der Apokalyptik in der neutestamentlichen Forschung, Frankfurt a.m./Bern 1989.

ZEHNDER, M.P., Wegmetaphorik im Alten Testament: eine semantische Untersuchung der alttestamentlichen und altorientalischen Weg-Lexeme mit besonderer Berücksichtigung ihrer metaphorischen Verwendung (BZAW 268), Berlin 1999.

ZEPF, M., Der Gott Αἰών in der hellenistischen Theologie: ARW 25 (1927), 225–244.

ZIMMERMANN, R. (Hg.), Bildersprache verstehen. Zur Hermeneutik der Metapher und anderer bildlicher Sprachformen (Übergänge 38), München 2000.

ZIMMERMANN, R., Metapherntheorie und biblische Bildersprache. Ein methodologischer Versuch: ThZ 56 (2000), 108–133.

ZIMMERMANN, R., Geschlechtermetaphorik und Gottesverhältnis. Traditionsgeschichte und Theologie eines Bildfeldes im Urchristentum und antiker Umwelt (WUNT II 122), Tübingen 2001.

ZIMMERMANN, R., „Du wirst noch Größeres sehen ..." (Joh 1,50). Zur Ästhetik und Hermeneutik der Christusbilder im Johannesevangelium – Eine Skizze: Frey, J. u.a. (Hg.), Metaphorik und Christologie (TBT 120), Berlin u.a. 2003, 93–110.

ZIMMERMANN, R., Paradigmen einer metaphorischen Christologie. Eine Leseanleitung: Frey, J. u.a. (Hg.), Metaphorik und Christologie (TBT 120), Berlin u.a. 2003, 1–34.

ZIMMERMANN, R., Unecht – und doch wahr? Pseudepigraphie im Neuen Testament als theologisches Problem: ZNT 12 (2003), 27–38.

ZUNTZ, G., Aion Plutonius: Hermes 116 (1988), 291–303.

ZUNTZ, G., Aion, Gott des Römerreichs (Abhandlungen der Heidelberger Akademie der Wissenschaften, Philosophisch-historische Klasse 1989/2), Heidelberg 1989.

ZUNTZ, G., ΑΙΩΝ im Römerreich: die archäologischen Zeugnisse (Abhandlungen der Heidelberger Akademie der Wissenschaften, Philosophisch-historische Klasse 1991/3), Heidelberg 1991.

ZUNTZ, G., ΑΙΩΝ in der Literatur der Kaiserzeit (Wiener Studien. Beiheft 17. Arbeiten zur antiken Religionsgeschichte 2), Wien 1992.

Stellenregister (Auswahl)